华中科技大学新闻传播学科创建四十周年纪念丛书

编委会

主 任

张明新　金凌志

委 员（以姓氏笔画为序）

王四新　许　凯　李卫东　李华君

李彬彬　范长敏　赵志刚　郑　鸣

郭小平　程　祥　鲍立泉

弹指间

我与华中科技大学
新闻传播学科发展的三十八年

吴廷俊 ◎ 著

华中科技大学出版社
http://press.hust.edu.cn
中国·武汉

◎ 作者简介

吴廷俊

  1945年11月生。历任华中科技大学学术委员会委员、教学指导委员会委员，新闻与信息传播学院院长、教授、博士生导师，教育部马克思主义理论研究和建设工程重点项目"中国新闻传播史"第一首席专家，享受国务院特殊津贴；曾兼任中国新闻史学会副会长、中国传播学会副会长、中国新闻教育史研究会会长、中国新闻教育学会常务理事，教育部学风建设委员会委员、教育部新闻传播学专业教学指导委员会委员、北京大学新闻学研究会副会长兼导师。

  其学术研究方向有新闻传播史、新闻传播教育和网络新闻传播。主持完成多项国家和省级社会科学基金项目，出版学术著作十多部，发表学术论文近百篇。多项成果获省级及以上的奖励，其中，《中国新闻业历史纲要》1992年获湖北省新闻学会新闻论著一等奖，《马列新闻活动与新闻思想史》1995年获湖北省首届社会科学优秀成果奖，《新记〈大公报〉史稿》1997年获第三届吴玉章人文社会科学优秀成果奖，《中国新闻史新修》2012年获第六届吴玉章人文社会科学优秀成果奖。《〈大公报〉全史（1902—1949）》为国家"十四五"重点图书规划项目、国家出版基金项目成果；教育部教改项目"文理交叉复合型新闻人才培养模式综合改革与实践"成果于2005年获湖北省教学成果奖一等奖。另外，1995年主持国家重点项目"多媒体技术与新闻传播"，带领项目组采用理论研究与实践探索相结合的方法，不仅出版一套当时处于领先水平的学术著作，而且于1998年在全国率先创办网络新闻专业。

总序

1983年秋,在当时的华中工学院这所理工科大学里,一个文科院系——新闻系诞生了,这是全国理工科院校中创立的第一个新闻院系。经过四十年的建设发展,昔日教师不足十人、学生仅有一两百人的新闻系,成长为今天拥有教职工近七十人、在校生一千余人的新闻与信息传播学院。四十年前的新闻系,只有新闻学一个本科专业,今天,学院拥有从本科到硕士、博士和博士后的全程式新闻传播人才培养链,设有五个本科专业、五个硕士专业、五个二级学科博士学位授权点和一个博士后流动站,成为中国新闻传播人才培养的重镇。

回首四十年筚路蓝缕和艰辛创业的历程,我们感慨不已。这四十年,是在立德树人方面敢为人先、矢志创新的四十年。不论是在理工科院校里首创新闻传播学专业,还是开创网络新闻传播教育、新闻评论特色教育,学院都坚持创新引领,勇立时代潮头。这四十年,是在学科建设上追求卓越、坚持特色发展的四十年。不论是确立"文工交叉,应用见长"的学科建设思路,走新闻传播科技与新闻传播文化相结合的道路,还是全方位实施多学科融合,深入贯彻新文科理念,持续推进中国新闻传播学科发展理念与机制转型,学院走出了一条独具特色的新闻传播学科建设之路。这四十年,是在科学研究上坚持求真务实、服务国家战略需求的四十年。不论是在二十世纪八九十年代面向新闻学基础理论研究和新闻改革探索,还是近十多年来聚焦国际传播能力提升、建构新型主流媒体,学院始终坚持组织精干力量开展科学研究,以优质的学者和学术资源服务国家和社会。

回顾四十年发展的历程,一个值得我们十分关注的

献给华中科技大学新闻传播学科创建四十周年

方面,就是学院非常注重加强文化建设,将其提升到战略高度。一直以来,学院特别强调通过文化建设,提升师生专业认同感和归属感,营造良好生态,培育团队精神,确保可持续发展。传播文化是大学区别于其他社会组织的根本特征,每一所大学都有自己的文化氛围。在某种意义上,大学的文化机制对于所有师生而言,具有强大的感召力和整合力,彰显着大学的底蕴和风格。因此,一所好的大学,必然有其独特的文化作为精神支柱和价值支撑。对于一个新闻传播学院来说,同样如此。四十年来,学院强调"敢于竞争、善于转化""交叉融合、守正创新"的思维理念,致力于打造勤奋务实、合作团结的良好生态;在实际工作中,注重建设文化载体,以院史、院训、院歌、院名石等形式来传承学院文化。

2023年秋,时值学科创建四十周年,学院规划了这套纪念丛书。出版这套系列丛书的目的,既在于回顾学院自1983年创办以来的四十年历史发展进程,总结学科发展经验,更在于通过系统性地挖掘学院的历史文化底蕴,凝聚师生和校友力量,向社会各界展示学院一直以来锐意进取、勇于创新的精神风貌。这套丛书包括以下六部:

《弹指间——我与华中科技大学新闻传播学科发展的三十八年》,是吴廷俊教授的回忆文集。1998年,新闻与信息传播学院正式创立,吴廷俊教授任创院院长,2006年荣休。吴廷俊教授据任院长期间的工作日志,及退休后的学术研究和学术交流备忘录,写作完成本书。作者从院长的视角回顾了华中科技大学新闻传播学科由小到大、由弱到强的发展历程。吴廷俊教授在学院工作了38年,书名源于毛泽东同志《水调歌头·重上井冈山》词中"三十八年过去,弹指一挥间"之句,描绘时间如白驹过隙,倏忽而逝。本书读者将从吴廷俊教授38年工作生涯的生动叙述中,看到他为学院发展所做出的卓绝贡献。

《不惑之年——学院创建与发展纪实录》,由正在和曾经在学院工作的教师们撰写的回忆性和纪念性文章集纳而成。作者们通过对这些难忘经历的回忆,展现了学院创办、建设、发展、转型的四十年历史。这些回忆历历在目,宛在昨日,可读性强。2018年,学院前任院长张昆教授曾主编《三十五年回眸——喻家山下的新闻传播教育情缘》。该书是基于学科创建35周年的历史节点而编撰,收录了学院教职工经历凝练沉淀的回忆录文章。本书与该书的作者有一些重叠,但在内容上则完全不同。两书都是对《华中科技大学新闻与信息传播教育史稿》和《华中科技大学新闻传播教育史稿(1983—2023)》的重要补充。

《桃李春风——优秀院友回忆录》，是学院近三十年来毕业的校友们的回忆录。在此期间，学院共有八千多名校友，分布于世界各地，为中外文化交流和中国社会发展做出了独特贡献。该书收录了部分优秀院友的回忆文章。这些文章以细腻、鲜活的生动笔墨，描写了他们在读期间或毕业后的生动事迹，展现了近三十年来院友们活跃于社会各行各业、奋发有为、追求卓越的身影。书名"桃李春风"，取自宋代黄庭坚《寄黄几复》诗句"桃李春风一杯酒，江湖夜雨十年灯"，以表达校友们毕业之后常回忆当年校园生活和相互思念的深情厚谊。

《华中科技大学新闻传播教育史稿(1983—2023)》，是2013年版《华中科技大学新闻传播教育史稿》的第二版，系在申凡教授原书五章内容的基础上增加了一章扩充而成，该章由陈少华教授执笔完成。该书以系统的架构和翔实的资料，记录了学院四十年的发展史。学院是我国新闻传播教育发展的缩影：它诞生于改革开放初的教育改革萌动期，成就于我国高等教育大发展的时代浪潮之中，其间经历了破冰筹办、红火初创、艰辛探索、迎风起飞、发展壮大、创新变革六个时期，最终建设成为我国新闻传播学术研究和高等教育的重镇。

《拓荒者——优秀院友访谈录》，是对学院早期校友的访谈文集。学院早期培养的毕业生，许多成为中国文化和传媒行业的翘楚，为国家发展、社会进步和文化繁荣做出了自己的贡献。该书通过对一批早期校友的深入访谈，勾勒了当年华中工学院和华中理工大学新闻学子的学习生活和精神风貌，展现他们毕业之后在各自岗位上的恪尽职守和卓越奉献。在某种意义上，早期的学子们和教师们一道，都是华中科技大学新闻传播教育的"拓荒者"；相比于教师，早期的学子们更加全方位地反映了当年新闻传播教育的历史图景。

《梦想——同歌同行向未来》，是学院在校优秀学子的文集，内容包括"我与新闻学院的相遇""我在新闻学院的成长之路""我的新闻梦"等部分的篇章。学子们通过运用不同的体裁，从不同角度倾诉新闻传播学子对学院精神的感悟，表达当今新闻传播学子挚爱学院的心声，充分展示了学院当前立德树人的新近成果。我们期待该书的出版，以引领师生和校友们"回顾来时路"，凝聚广大师生校友和社会各界的力量。

2022年，学院成立了丛书编委会，编委们进行了分工并开展工作。在丛书规划和编撰过程中，得到全院师生和广大校友的热心支持。在此，我们要对各位编者和作者的大力支持表示感谢！特别是老院长吴廷俊教授，他以年近八旬的高龄，不仅撰写了长约50万字的著作《弹指间——我与华中科技大学新闻传播学科发展的三十八年》，还第一个为《不惑之年——学院创建与发展纪实录》撰写长文，令人感动。陈少华教授在申凡教授原著《华中科技大学新闻传播教育史稿》基础上，做了细致的材料搜集和整理工作，将史稿的时间跨度从 30 年拓展到 40 年，向读者们呈现了学院建设发展的历史全貌。学院第一届校友范长敏先生，是三峡日报传媒集团的前任总编辑。他非常支持学院的各项工作。2013 年春，在他与时任三峡日报传媒集团董事长、社长罗春烺先生的倡议推动下，集团为学院赠送了位于东六楼西侧的院名石，如今已成为学校知名地标。此次丛书的策划编撰，范先生亦出力甚多。此外，我们要对北京、上海、广东、江西和武汉等地校友组织的许多校友表示感谢，他们不仅为学院创建四十周年系列活动做出诸多贡献，还为丛书的编写付出许多汗水。这些可亲可爱的校友们，在此不一一列举。同时，我们还要对华中科技大学出版社总编辑余庆先生、人文社科分社社长周晓方女士和首席编辑杨玲女士等，表示我们由衷的感谢。正是他们持续的关心和帮助，本丛书才得以顺利出版面世。

在马克思看来，每个人不仅是历史的"剧作者"，同时又是"剧中人"，我们是文化的创造者，亦被文化所创造。高等教育是"以文化人"的工作。学院文化建设是一个长久的、历史积淀的过程，需要在时代的长河里承前启后、不断发扬。在某种意义上，本丛书承载着学院的办学理念和价值追求、学者学人的人文品格和学术品位，以及学院学子们的生动事迹和当代风采。这种文化风貌和精神，不仅是后辈学子们成长的沃土，更将在他们手中持续传承和发扬光大。

丛书编委会
2023 年 10 月

序
INTRODUCTION

阅读了吴廷俊教授的《弹指间——我与华中科技大学新闻传播学科发展的三十八年》，感同身受。去年，我和大学老同学聚会，交流中产生了一个感悟："一天太长，一生太短。"每一天是用来"过"的，要读书、工作、生活、交往，会感到很长；一生则是用来回忆的，"弹指一挥间"。吴老师的这本书主要回顾、记载了他自己在华中科技大学工作、学习、生活的38年。我和吴老师是同事、朋友，38年中有很多交流、接触，因而读起来更感亲切，阅读过程也是一种回顾、学习、思考的过程。下面谈谈我的三点读后感。

一、为高校学科建设提供了经验

一个学科的建设大体经过创建、发展、提高三个阶段。华中科技大学新闻传播学科四十年的建设，也经过了这三个阶段。三个阶段很难精确划分，根据本书记载，大体可这样划分：创建阶段，从1983年9月新闻系成立，到1994年8月新闻系召开第一次研究生工作会议，提出学位点的建设；发展阶段，从1994年8月到2005年获一级学科博士学位授予权；提高阶段，从2006年开始至今。

本书详细记载了发展阶段的过程。院长吴廷俊，总支书记程世寿、汪佩伟，副院长申凡等带领全院教师共同努力，取得了很好的成效。例如，1994年，教师总数只有16人，其中教授2人，副教授7人；科研项目仅1项（市级）；1个新闻学本科专业；教学场地和办学地点在东五楼二层的东头。2005年，教师总数增至31人，其中教授11人，副教授11人；科研项目17项（国家级3项，省部级5项，横向9项）；1个一级学科博士点，新闻学、广播电视新闻学、广告学和传播学4个本科专业；教学场地和办学地点为整栋东六楼。发展成效是显著的。发展的主要经验有:聚力发展,循规发展,特色发展,借势发展。

聚力发展。推动学科建设的内在力量是教师。新闻学院成立后,学院领导提出,决不搞"武大郎开店",要千方百计引进高水平教师。例如,特聘孙旭培教授,孙老师是中国著名新闻学者、社会科学院原新闻研究所所长,他加盟之后,大大提升了新闻学科的学术水平;先后从国内外学界和业界引进身怀绝技的钟瑛、石长顺、陈先红、舒咏平、杨伯溆、赵振宇等老师;后来"中途拦截"张昆教授,为"提高阶段"做好了准备。同时学院领导十分重视发挥原有教师的作用,注重培养青年教师,除在学院内部实行以老带新外,还选派人员到国内外著名高校进修。此外,为了增加凝聚力,学院抓精神文化、制度文化、标识文化建设,坚持高标准、争创一流的精神,在实践中形成了"团结、实干、创新"的院铭。学院在发展过程中涌现了大量感人的事,例如,在建院时,系主任程世寿极力推荐吴廷俊担任院长,并对他说:"你集中精力抓大事,具体事情我来处理,你大胆地放手干,出了问题我负责。"

循规发展。新闻学院十分重视学科建设及教学规律的探索,仅发展时期,前后召开了九次全院性学科建设和教学科研的研讨会,我参加了其中五次,感受很深。每次研讨会围绕一个主题,在充分准备的基础上自由探讨,形成相应的共识,并努力贯彻实施。例如,在一次研讨中,确立以人才培养为中心的学科研究,提出以"复合型"新闻传播人才为新的培养目标,相应采取人文与科技交融、学理与术理相叠加两项措施;转变专业设置逻辑,将本科专业设置从按媒体类别转变为按学科知识类别;创新人才培养模式,从单学科教育转变为多学科综合教育,从侧重技能训练转变为学理教育与技能训练并重;调整课程设置,增强人文社科类课程,增强新闻史论和新闻伦理等专业基础课程。同时,在增强学科张力,凝聚学科方向,组建学科队伍,搭建学科基地,加强学位点建设等方面,形成了很多好的而且可行的想法。

特色发展。个性＝共性＋特性,共性生存,特性发展。发展要靠特性,要形成自己的优势和特色。在以工科为主、文科薄弱的高校,在全国众多新闻学科蓬勃发展的情况下,如何选择发展特色,十分重要。经过反复研究、论证,新闻学院决定选新闻传播与信息学科交叉,创建新闻传播学科。其思路是:"实行新闻学与传播学并重,人文、社科与信息学科大跨度交叉,传播文化与传播科技紧密结盟,培养既有扎实的人文、社科功底,又能掌握现代传播工具的现代化新闻与信息传播人才。"这个新思路主要有以下几个要点:以新闻学传播学学理为基础,以传播技术为架构,构建办学基础和育人平台;以社会需求为动力,推动人才培养和科学研究;以大跨度交叉为审视,关照学科建设和学院发展。在创建中,采取了一系列措施,如:聘请电信系系主任朱光喜教授兼任新闻与信息传播学院副院长,直接参与管理,并联合培养"信息传播工程硕士研究生";请学校将CAI研究室划归学院,成立"传播科技教研室",由学院管理;与武汉有线电视台共同投资建设"多媒体网络实验室";吴廷俊教授领衔申报并获批国家社科重点课题——"多媒体技术与新闻传播";开办全国首个网络新闻传播班,培养了全国第一批文工交叉的复合型新闻传播人才,毕业生被"一抢而空";后又创建了网络新闻专业;等等。从1998年到2005年,新闻学院的交叉学科建设取得了长足的进步,异军突起,成为全国新闻传播教育的一匹黑马,不仅获得一级学科硕士学位授予权,而且获得一级学科博士学位授予权。特色创建还有办学国际化、社会化等方面,在此不一一赘述了。

借势发展。吴廷俊院长提出"以节点为由头,内挖潜,外求援,扩展空间,增强实力"的办学思路。在力量弱小的情况下,借势发展非常重要。以吴廷俊院长为首的领导班子,广泛借势,例如:拜师求道,从师增识,拜访中国新闻教育界的泰斗、领军人物,成为其私淑弟子,并求得帮助。方汉奇、甘惜分、宁树藩、丁淦林、赵玉明等教授为我校新闻学科的发展都给予了无私的帮助。又如,取得学校领导的支持和帮助。学校领导肯定是希望各个学院、学科都能很好地发展,但最了解情况的是"学院本身",学院领导不能"等、靠"。新闻学院领导采用各种方式,如"个别请示""集体汇报",甚至"集体泣诉"等,使学校领导了解学院发展的目标、发展中遇到的困难、解决困难需要创造的条件等,而且紧盯不放,不达目的不罢休,因而学科发展得到了学校历届领导,尤其是书记朱玉泉,校长杨叔子、周济等的大力支持。周济校长任职期间,就曾13次和新闻学院领导面对面商讨解决问题。他们借势的办法,还有很多。

以上介绍了发展阶段,新闻学科建设在创建、提高阶段同样做得不错,由于不是本书介绍的重点,就不一一阐述了。

这里,还要指出一点,当时的华中理工大学是一所以理工为主的大学,在这里发展文科,相对综合大学而言,所遇到的困难要大很多,这本书虽然叙述的是新闻传播学科的建设和发展,但是实际上可视为我校整个文科建设和发展的缩影。

二、为教师教学科研提供了借鉴

吴廷俊教授在本书中系统回顾和总结了自己的教学、科研情况,从中可以给我们提供以下借鉴。

教师要选择和坚持自己的学科方向。大学教师既要从事教学,又要从事科研,通过科研提高学术水平,从而更好地提高教学水平;一个学科有多个方向,一般而言每个教师应该选择一个主攻方向;人的精力是有限的,集中一个方向,坚持下去,总能有所突破、取得成就。1985年,40岁的吴廷俊由中学到大学,进入了一个完全没有从事过的新闻教育专业。他根据自己从事中文教学的基础、自己的学术兴趣,以及新闻教学的需要,从新闻学科的新闻理论、新闻史、新闻实务中选择了新闻史为研究方向,坚持数年不转向、不动摇。在研究中,他以科学严谨的态度,坚持真、实、正、勇的学术品质,在大量收集文献资料的基础上,通过质疑、考问,弄清事实,探索规律,取得了一系列成果。1990年出版《中国新闻业历史纲要》,获湖北省新闻论著一等奖;1992年出版《马列新闻活动与新闻思想史》,获湖北省首届社科优秀成果奖;1994年出版《新记〈大公报〉史稿》,获第三届吴玉章人文社会科学优秀成果奖;2008年出版《中国新闻史新修》,获第六届吴玉章人文社会科学优秀成果奖。近几年,他仍在不断努力,精心撰著的近300万字鸿篇巨制《〈大公报〉全史(1902—1949)》,被列为"十四五"国家重点出版物出版规划项目,即将由复旦大学出版社和商务印书馆联合出版。在这些研究和著作中,他发现了很多新史料,提出了很多新观点、新理论。吴廷俊教授本着"研究于教学有益"的初衷,将科研与教学紧密相联,根据研究成果和教学需要,开设了"中国新闻事业史""欧美新闻事业史""外国新闻事业史""马列新闻活动与新闻思想史""中西比较新闻史论""传播科技史""中外新闻思潮研究""新闻史论专题"等课程。由于课程建立在研究的基础上,课程内容有深度,方法生动活泼,深受学生欢迎。经过艰苦努力,吴廷俊教授成为中国新闻史研究的著名学者、领军人物,领衔创立了中国新闻传播教育史研究会,担任首任会长,被北京大学聘为北京大学新闻学研究会副会长兼导师。

教师要形成"个体内在教育理念"。我们要学习教育理论,在教育理论的指导下,在教育教学过程中形成自己的"个体内在教育理念",以指导教育实践。吴廷俊教授每时每刻都处于思考中,努力形成自己的个体内在教育理念。这种探索,从认识自我、"寻找自己"开始。正如他在前言中阐述的:"我是一个文明论者,认为人类社会的历史是一个由野蛮到文明不断发展的过程,认定文明主要指'和平''民主''法治''平等''自由',反之为野蛮。我以拥护文明,反对野蛮作为自己的价值观,作为判断一切社会行为正当与否的标准。"这就为他的教学生涯定下了基准。在学科建设的过程中,他也形成自己的理念,这在前面已经阐述。在教育教学的过程中,他要求学生做学问必须从做人开始,"为学与做人一致,学品与人品相关",教学中坚持"有所不为,而后有所为""用自己的研究成果将学生带至学科前沿";将知育、情育、意育相结合;运用"提问式、讨论式、讲评式"开展教学;等等。

教师要善待学生。善待学生,教师首先要严于律己。吴廷俊尊重学生,严于律己。教学生涯中他"不缺学生一节课""上课从来不迟到早退""尊重学生的上课自由""备课一环不可少",认真讲好每一堂课。他采用目标管理与过程管理相结合,校内学习与校外求教相结合,个别指导与集体指导相结合的方式,对学生"传道授业解惑",帮助研究生形成敬畏、求真、求新意识,圆满完成学业。对自己指导的研究生,他既无私关爱,又严格要求,"视如子""非使如子",不让学生为自己干私活,不收受学生任何物质方面的"表示"。2008年10月,吴老师获"我最喜爱的导师"荣誉称号,学生在颁奖词中写道:

作为一个老师,讲台上他传道授业,妙语连珠;生活里他严肃谦逊,平易近人。三尺讲台栽培三千桃李,十年风雨铸造十万栋梁。

作为一个学者,文章里他穷经著史,求真重实;学界中他正直敢言,品格照人。有勇有智洞悉人性世事,自由自为铸就自我本色。

耕耘数载,他坦言自己只想做一个真人,不矫情、不掩饰、不违心。

年过花甲,他依然坚持自我修养的人生信条:不媚权、不媚钱、不媚俗。他就是新闻学院吴廷俊教授。

吴廷俊老师认为,学生的好评是最好的奖赏。

三、为感恩者提供了榜样

每一个人都生活在社会之中,都需要得到社会方方面面的帮助,每一个人都需要懂得感恩。感恩是一个人善良品德的重要方面。在这方面,吴廷俊老师为我们提供了榜样。在感恩方面,本书有三个突出特点。

用于表示感恩的篇幅大。全书分上、中、下三篇,其中下篇是专门"感遇"篇。可见,感恩在作者心目中的地位之高。

吴廷俊老师感恩没有停留在自己的利益发展上,而主要是谈感恩对象对事业、工作、学院的帮助,这体现了一种境界。下篇分别用"感恩知遇""感恩私淑""感恩同事""感恩同仁"四章进行记叙。对感恩对象,无论职务高低、年龄大小,也不分在岗与否、校内校外,凡对学院、自己有过帮助的人,他都铭记在心。人都是既有优点,又有缺点,吴老师总是记住了人家的优点、人家的好。我与吴老师是君子之交,相互理解,相互帮助。我仅仅做了一些力所能及的事,很多我都忘了,但吴老师却记在心中。我以有这样的同事、朋友而高兴。

《弹指间——我与华中科技大学新闻传播学科发展的三十八年》内容非常广泛、深刻,以上挂一漏万,仅仅涉及很少的方面。该书值得高校的领导、教师、学生参阅,特此推荐。

刘献君
2023 年 2 月 28 日

前·言
PREFACE

寻找自己，做自己

一

本书名《弹指间——我与华中科技大学新闻传播学科发展的三十八年》，是借用毛泽东主席《水调歌头·重上井冈山》中的句子："三十八年过去，弹指一挥间。"1927年10月，毛泽东带领秋收起义的队伍初上井冈山，1965年5月他"千里来寻故地""重上井冈山"，写下"三十八年过去，弹指一挥间"的诗句，感叹时间过得真快！我1985年8月进入华中工学院，2023年为庆祝本校新闻传播教育创建四十周年①而写这本书时，也刚好过去三十八年。回想起来，当年搬家华工园的情景历历在目，我同样感到，时间流逝，不舍昼夜，谁也挡不住。孔夫子"逝者如斯夫"的感觉，谁都一样！

二

有人说，人终其一生，都是在寻找自己、认识自己——自己是个"啥"，是块什么"料"，有何长何短，有几斤几两，能打几颗钉，能铺几尺路。

还有人说，在世界上，寻找自己、认识自己是最难的一件事。有些人至死还没有寻找到自己、认识到自己，就糊里糊涂地走了（这里所说的"糊涂"非郑板桥笔下"难得"的"糊涂"），甚为可悲。为了不至于"糊里糊涂地走"，

---

① 教育部的批复《关于吉林大学等校设置新闻学专业的批复》（〔1983〕教高一字041号）："吉林大学、兰州大学、武汉大学、华中工学院、厦门大学：你们先后报来的关于设置新闻学等专业的报告收悉。同意吉林大学、兰州大学、武汉大学、华中工学院四校筹建新闻学专业。同意厦门大学等筹建广告学专业。请即着手筹备，待条件成熟后报部正式批准招生。教育部1983年7月6日。"学校立即成立筹备组，1983年9月30日，举行了"新闻系成立暨第一届新闻专修科开学典礼"。

再难,也要寻找一下、认识一下自己,即使不能完全认识,部分认识也是好的。

我已年近杖朝,人生这本书,虽没有完全读懂,但也翻阅得差不多了。有必要回过头来,数数走过的脚印,寻找一下自己,认识一下自己。

三

我是一个感知论者,既尊重真实存在的客观世界,又在乎自己的主观感知。世界存在于我的感知内,我只认可我所感受到的客观世界。我把这种世界观称为唯物论和唯心论的结合。基于这种世界观,本书所记述的都是我所感知的客观世界,我亲历的事,亲聆的话;又由于我是一个渺小的个体,所以我记述的都是小事和细节。这也许不完整、不全面,并且过于表面、过于碎片,但是,这没关系,因为我不是写华工新闻学科史,也不是写华工新闻学院史,而只是记载我自己的言和行,以及与我有关联的人和事,追求的是一个"真"字,为今后修史者留下一些真实的史料。

我是一个文明论者,认为人类社会的历史是一个由野蛮到文明不断发展的过程,认定文明主要指"和平""民主""法治""平等""自由",反之为野蛮。我以拥护文明、反对野蛮作为自己的价值观,作为判断一切社会行为正当与否的标准。书中所记载的人和事,以及是是非非,都是我作为一名教师、一个学人、一位教育工作者对文明的践行,对野蛮的鞭挞。

如果有人问我的人生观是什么,我很难简单作答。我一介草民,没有什么人生目的,也不追求什么人生意义,但有明确的人生态度。其一是"敬畏"。我知道,人生只有一次,不可逆转,并且短促,必须敬畏,守住底线,否则"一失足成千古恨"。其二是"真实"。我为人做事,求真务实。我知道,我有很多缺点、很多短处,甚至犯过错,但是我不装、不饰,以真实面目示人,宁为真小人,勿做伪君子。我也知道,我知识浅薄,能力有限,但做事认真。书中记载我之做事,无论主动与被动,成与不成,顺与不顺,都体现了我的这种人生态度。

四

北宋吕蒙正有句格言说:"时也,运也,命也,非吾之所能也。"命,是与生俱来的东西,属于天机;时,是机会,由环境衍生而来;运,是运气,由后天降临,可遇不可求。因而,对此三者,都是事后方能知晓。回首过往,我这个人的时、运、命尚可。小学毕业免试进初中;初中毕业时,全校一百多人中唯一考入省重点高中;高中毕业后,顺利进入武汉大学。之后,虽然经过十年浩劫,但是天赐良机,我有幸走进华中工学院新闻系这样一个美好的集体,三十八个春夏秋冬,三十八个寒来暑往,我和她连成了一体,这里成了我不能须臾离开的精神家园!

孔子《论语·为政》有"四十而不惑"的名句，说的是一个人到了四十岁的年龄，就活得比较通透，对万事万物就不再感到迷惑了。四十岁是人生的成熟之年，2023年是华中大新闻传播教育的成熟之年。在这个值得纪念的日子，作为与她同行三十八年的我，思绪万千，感慨万千。唐朝诗人孟浩然在《与诸子登岘山》中写道："人事有代谢，往来成古今。"江山永在，人事无常，华中大的新闻传播教育事业也是如此，经过几代人薪火相传、艰苦奋斗，不断发展至今。我相信，我们华中大新闻传播教育会越走越稳，越行越快，越办越好，为社会培养更多的合格的新闻传播人才！

这本以我为本位的书，就算是我献给华中大新闻传播教育四十周年的礼物吧。

目·录
CONTENTS

上篇　漫步绿园曲中

第一章　返回大武汉

002　一、搬家华工园
009　二、扎根新闻系

第二章　与新闻系共命运

022　一、为生存而抗争
034　二、勉尽微薄之力
055　三、存亡关键的一搏

第三章　推进学科发展

070　一、学院成立伊始
084　二、提高办学层次

第四章　撤出"传达室"

093　一、卸任，急不可耐
106　二、并非高风亮节
119　三、我心依旧

第五章　回到402

144　一、不了事
190　二、不了情

中篇　做事喻家山下

第六章　夫子生涯

196　一、一辈子一职业

201　二、站稳三尺讲台
210　三、润物细无声

第七章　故纸生活

228　一、由茫然到清晰
230　二、由"自选"到"规定"再到"自选"
254　三、置疑与考问
266　四、我的治学态度

第八章　勉为其难

273　一、育人非制器
288　二、抓住"龙头"——学科建设
316　三、"软件"也要硬——学院文化建设
329　四、惶恐与期许

下篇　感遇天地间

第九章　感恩知遇

344　一、感恩校领导
362　二、感恩系领导

第十章　感恩私淑

374　一、拜师求道
412　二、从师增识

第十一章　感恩同事

424　一、难能可贵的坚守人
427　二、可敬可爱的加盟者

第十二章　感恩同仁

431　一、感恩校内同仁
434　二、感恩校外同仁

漫步绿园曲中

柳青在长篇小说《创业史》的第十五章开头写了这样一句话:"人生的道路虽然漫长,但紧要处常常只有几步。"这句话,后来被路遥抄写在他的小说《人生》的扉页上。

1985年8月13日走进华工园,这是我这一辈子紧要的一步。此后,我便伴随着优美的绿园曲①,徜徉在美丽的喻家山麓的林荫大道上,呼吸着喻园里清新而自由的空气,做我想做的事。事实证明,这也是关键的一步,这一步改变了我的人生轨迹。

本篇文字记载我三十八年在华工园所走的路。

---

① 华工新闻系85级干部专修班学生采用航拍制作的20分钟纪录片《绿园曲》,曾在中央电视台播出两次,广受赞誉。"绿园"成为华工(华中工学院、华中理工大学、华中科技大学)美丽校园的代称。

第一章
返回大武汉

我深深地爱着大武汉。爱它的长江、汉水和东湖,更爱比邻东湖的珞珈山和喻家山。求学珞珈山,做事喻家山,我这一辈子与武汉的山水结下不解之缘。

一、搬家华工园

(一)在朱九思的"引力"下

1985年8月13日,我举家搬迁武汉。在我的人生道路上,这绝对是一个值得纪念的日子!

早上,两部解放牌大卡车从沙市出发,沿着汉沙公路向东行驶。

我1970年武汉大学毕业离开武汉(我本为69届,由于"文化大革命",推迟一年离校),襄北搞军垦,荆沙谋稻粱,15年后,又回武汉。不同的是,当初离开武汉是从珞珈山出发,现在回来武汉是到喻家山。珞珈山、喻家山都临近东湖,珞珈山是武汉大学的所在,喻家山是华工的所在。珞珈山原名罗家山,1928年,闻一多在武大担任文学院院长时说,"罗家山"太土气,不如改名为"落架山"。"落架"者,"搁笔架"之别称,罗家山形状确为一座"搁笔架"。罗家山改称"落架山"虽然很形象,有文气,但是被认为不吉利(俗称房屋木架倒塌为"落架";另有落架的凤凰不如鸡一说),又改为"珞珈山"。这个名字好,既有文气又带财气。珞珈山与武汉大学相得益彰,名声大振。喻家山虽然很有历史——因喻氏始祖受封此而得名——风景也很美,山势也很高(海拔149.5米,山顶为武汉市中心城区最高处),但是,当珞珈山出名时,喻家山却默默无闻。直到1953年,新中国要在这里创办一所大学——华中工学院,喻家山才热闹起来。但是,这所大学虽然办得风生水起,为国家培养了不少有用之才,但它只是一所以机电著称的纯工科大学,教师都工科出身,根本没有人想到将喻家山改名"瑜珈山"。喻家山名字"土气",喻家山麓的华中工学院也朴实无华,外人少有所闻。可见文人骚客的重要性!20世纪80年代初,华中工学院老院长朱九思"异想天开",在工科大学办文科,尤其是办新闻学科。新闻者,大众传播也,追求家喻户晓!华工新闻学科越办越好,冥冥中,可能与"喻家山"这座宝山的灵气有关!

  汽车出发时,天阴沉沉的,零星飘着小雨,仿佛是"天亦有情",为我告别这座以整洁卫生著称的明星城市而滴下惜别的泪水。荆州古老的城墙上,沙市现代的街市里,留下了我的青春和爱情、光荣与梦想、成功与挫折、喜悦与沮丧。汽车穿过潜江地段向沔阳行驶时,天放晴了,太阳露出缕缕金光,我的心情也随之好起来了。

  那时的汉沙公路,非高速。汽车经过一整天的行驶,到武汉时,已近傍晚,"人困车乏"。在洪山礼堂附近的一家路边小餐馆请司机师傅简单地吃了晚饭。到关山口时,天已经黑了。马路两旁,路灯稀少,见不到什么人。汽车开进华工校园后,慢慢向东行驶了一段,在东一区一栋二层小楼前停下了。

  小楼前,在原船海系党总支书记袁国荣、袁夫人黎丽珍和附中总支副书记刘青山带领下,田湘德等一众青年教师在此已经等候很久了。

  为何是这些人在此"迎候"?这得从头说起。

  首先,我搬迁华工,与袁国荣先生密切相关。荆州、沙市的中学教育质量很高,这里有湖北省重点中学荆州中学和沙市三中,华工为了招到高分学生,每年向这里派出强有力的招生干部。20世纪80年代初的几年,华工派往荆沙地区的招生干部由船海系党总支书记袁国荣带队。袁国荣工作认真负责,公关能力很强,所以能为华工招到好的生源。一来二往,荆沙地区的中学领导和老师对他熟悉起来,都称他为"华工袁书记"。

  袁国荣书记与沙市三中时任校长陈忠理是扬州老乡,两人很谈得来。无论是为公,还是因私,袁国荣每年到沙市三中的时间相对就多一些。记得1983年,高考招生时节,在一次办完正事后闲聊,袁书记突然转换话题,谈起华中工学院院长朱九思在华工办文科,正派员在四处找合适老师。袁书记对我说:"听说你是武大中文系毕业的,愿不愿意到我们华工工作?"陈校长马上跟了一句:"袁书记,你不会既要我的好学生,又要我的好老师吧?"当时,我只当他们两个老乡、领导之间开玩笑,也就没有插言,更没有放在心上。1984年,袁书记照例到荆沙招生,他见到我的时候,递给我一张报纸,说要我拿回去好好看看。这是当年5月25日的《光明日报》,上面有一篇作家祖慰写的通讯——《朱九思的"引力"》。文章开头写道:"朱九思,这名字铮铮有声,起码在武汉地区知识界很响亮。他是华中工学院党委书记兼院长。无论喜欢他的还是不喜欢他的人们,都喜欢谈论他。他身上有种特殊的引力,即使是相斥的人也能吸引过来。"文章内容是介绍朱九思为了办好华工,千方百计寻找人才的事迹。其实,对于华工我并不生疏。中学同学中有考上华工的,我在武大读书时曾到华工玩过几次。那时,从武大到华工,一般都是步行,出珞珈山,进喻家山,中间穿过武汉邮电学院(即现在的武汉邮电科学研究院),往返一天。每次同学相见,不免交流学校的情况。那时,我对华工校园里印象最深的是"船池",门前有武装战士站岗。同学告诉我那是五系的实验室。当时的五系属于机密系,即当下袁国荣书记所在的船海系。看完袁书记给我的《光明日报》后,我也被朱九思的"引力"所深深吸引——如果真能到华工工作,那当然好。于是,我是"三九天的萝卜——冻(动)了心了"。我又找时间向袁书记了解了一些华工办文科的情况。

刊有《朱九思的"引力"》一文的《光明日报》

我的想法也得到了陈忠理校长的理解和支持。当时,虽有人才流动之说,但是,在一般人眼里,从小城市到大城市、从中学到大学,是"逆向流动",不合乎一般流动原则。经过两年的不懈努力,我终于看到了希望。但是就在我来华工办理调动手续时,发生了一个小小的情况。人事处的同志(记得是当时教师科科长宋国文)对我说:"一则考虑你的具体工作单位没有确定,二则是附中急需语文老师,而你又是省重点中学的语文老师,因而,你先到附中工作两年再说。"我问:"'再说'是什么意思?"他回答:"就是视以后的情况而定。如果你能在学校有关文科系找到合适工作,附中语文老师情况缓解,你就调到大学部里来;否则,就继续在附中。"并说,"如果你同意,我们连你爱人一块调来,就留在学校人事处工作"。这是一个很优厚的条件。原先计划是,我调到华工,我爱人的工作自己另找。现在,华工能接受我爱人,就不用再去麻烦别人了。加上当时,我冥冥中似乎感觉到,我在大学部会找到合适的专业的,于是我便表示同意。我也知道,华工人事处对我爱人万锦屏工作的初步考虑,是基于对她情况的了解——万锦屏各方面的素质都比较高,有长期机关工作的丰富经验。她从沙市政府机关调到华工后的实践也证明了这一点:她先在人事处落实政策办公室工作一年,后调党委组织部,不久,又调到校长办公室,任校长秘书和校办副主任,直到退休。

这就是为何袁国荣书记和刘青山书记带人守在东一区小楼前迎接我,为我卸车搬家的原因。

这栋小楼有两个门栋,号码分别是28号和29号,每个门栋住四户,楼上楼下各两户。每户一大一小两居室,均在南边,过道向北,中间有卫生间,最北边是厨房。每户使用面积不大,总共20平方米左右,但装修十分精致,红漆地板,卫生间里装有抽水马桶。我家住29号一楼靠西边。过道向外开两个门,向东的可出门栋大门,向西的下两坎台阶是一个院子,可以栽花种草。这种房子,当时在华工被称为丙种房。据说,学校教工住房分为甲、乙、丙、丁、戊五类。后来,还听说,不断搬房子,是华工教职员工生活的一个特点。一名教师进华工后,随着工龄增加、级别提升,会调配到相应种类的住房。我后来就于1988年10月调配到乙种房,西一区60号502,两室一厅,带独立卫生间和厨房;1997年元月搬到东三区63号201,这是一次住房飞跃,三室两厅,而且是新房,不属于老房子的类别;2006年搬进喻园小区9栋18单元402,四室两厅,小高层,有电梯,属于商品房。虽然房屋修建质量不好,但是地段很好,名为小区,实在校内,生活很方便;房间设计也很好,装修、搬进来之后,居住感觉更好。

当天,卸完车,时间已经很晚了。帮我大致上归置了一下家具,安置了床铺,袁书记、刘书记等人没有喝上一口水就撤离了。事后,我为没有预先准备一点汽水招待忙了几个小时的老师们而后悔不迭。初进华工园,就感受到了华工人的热情和华工园的温暖。当晚我难以入眠,一则是换了新地方,一则是心情激动。躺在床上,听到外面高大的法桐树叶沙沙作响,仿佛是一曲曲美妙的音乐。

我人生的新篇章由此开始!

(二)心有二用

1985年9月1日,新学期开学。我如期到附中上班;我爱人到人事处落实政策办公室报到;我儿子吴郢成了附中初二年级的学生。一家人开始了华工园的生活。

我任87班语文教师。这是高一的快班。学生全部是教工子弟,一个个都很聪明,教起来很顺手。我用心备课,用心授课,用心批改作业。同时,开始寻找两年后的出路。

我首先比较仔细地了解了朱九思在华工办文科的情况:"文革"后,为促进学校大发展,把"文革"耽误的时间抢回来,1977年暑假,朱九思带领华工党委,组织700余名教师和干部对世界科学技术和高等教育的发展情况进行了一次系统的调查研究,形成了《我院同世界著名理工科大学的差距和赶超的主要措施》文件上报教育部。1979年,朱九思受教育部委派带队出访,用两个半月时间,访问了美国、加拿大和日本。之后,朱九思说:"到三个国家访问,对我思想上影响最大的是两件事。"第一件事是大学必须实现教学和科研并重,国家重点大学必须是"两个中心",既是教育中心,又是科研中心。第二件事是"几乎所有的著名大学都是综合性的"。基于第二点认识,朱九思决心把华中工学院这所单一的工科大学改造成为一所综合大学,于是在创办理科之后,又着手发展文科。

创办文科,与创办理科比较起来更加困难,因为教育部开始并不同意。但朱九思一旦认准了的事,他是要想方设法办成功的。他办文科,不是直接办专业,而是采取迂回的办法,先创办不要教育部批的研究所,等到条件成熟,再转成专业。比如1980年成立哲学研究所、中国语言研究所,后来,在此基础上成立哲学系、中文系;1981年成立经济研究所,后办经济系;此外,还于1983年创建新闻系。

我了解情况后,结合自己的情况进行了分析。我的专业知识与哲学有距离,与经济学不沾边,对新闻学比较生疏,比较熟悉的就是中文。于是我带着几篇有关评论郭沫若晚年著作《李白与杜甫》的文稿找到中文系的领导,提出希望能到中文系教"文学评论"或者"古典文学"。得到的回答是:"这两方面的教师都不缺，所缺的是写作课教师。如果你愿意教写作课，我们可以考虑。"我一听，头都大了，因为教写作课，要为学生批改作文，我知道这是一件苦差事。我不置可否，就离开了。后来，我打听到中文系有一个尉迟治平老师，是武大中文系67届毕业生，"文革"后考上华中师范大学语言学硕士研究生，师从著名语言学家严学宭先生，1981年毕业，严老应朱九思院长邀请到华工创办语言研究所，尉迟便追随严老到了华工。于是，我以学弟的身份拜访尉迟，并就出路问题向他请教。他分析说："你离开中文专业的时间太久。"并说，"大学与中学最大的不一样，就是除了教学之外，还有科研任务。科研与教学是两个不同层面的事情。你进中文系，今后的发展，科研方面是有困难的"。尉迟是华工发展文科的元老级人物，此时已经是副教授了。他对我的情况分析，是中肯的。他还建议我，可以到新闻系看看，说，新闻学是个新学科，大家的起点差距不大，不妨试试。

然而，我不仅对新闻学很陌生，而且对华工新闻系的人一个也不认识，要到新闻系，只能打迂回战。我首先找到大学同班同学陈连生，他在中央人民广播电台驻湖北记者站工作，是地道的新闻界中人，又通过他找到湖北广播电台的65级同学徐光浩。徐光浩不仅是武大中文系同学，还是我在武汉军区政治部襄北农场的军垦战友。听我说明来意，他说："巧得很，湖北广播电台准备提副台长的程道才，去年华工组建新闻系时，被挖去当了系副主任，他是个很热情的人，你去找他。"

大约是1985年放寒假前，我批改完学生的考试试卷，就到东五楼的二楼新闻系办公室找到程道才。此时，程已经是新闻系总支书记了。第一次到东五楼找程书记，心里是诚惶诚恐，生怕程书记不待见我。见面后，完全印证了徐光浩的话，程书记非常热情，问了我的情况后，说："新闻系创建不久，正缺教师，你能来，我们欢迎。"又说，"你没有学过新闻学，又没有新闻工作经历，采写编评等新闻业务课，你可能上不了，只能上基础课"。并说，"正好教中国新闻史课的龚文灏老师在请调，急需要人接替，你如果愿意，就接手龚老师教新闻史课"。程书记说，龚文灏老师是上海人，原本是学外语的，1983年9月被派到中国人民大学新闻系上新闻史论师资班，1984年7月回校，是新闻系唯一的新闻史课教师，1985年还被选拔为系副主任，算是新闻系的骨干，但是，因为家庭原因，他迫切希望调回上海，因此，亟须找到接替授课者。我一听，喜出望外，新闻系不仅接纳我，而且历史一类的课程，也很符合我的兴趣。

过了没几天，程道才书记领着我去见系主任汪新源老师。记得当时，汪主任家在华工西一区一栋两层楼的二楼靠东头的房子，三居室。这是华工的乙种房。第一次见汪主任，我有点神圣感。汪主任操下江口音，堂堂仪表，举止高雅，待人和蔼可亲。他夫人还特意端上一盘削皮后切成片的苹果，苹果片上插了牙签。一看就是城里人的待客之道。估计程书记事先已经把我的情况以及在办公室交谈的情况向汪主任汇报过，所以汪主任见我后，除了说些表示欢迎的话外，还叮嘱我抓紧时间与龚文灏联系，商量课程交接的事。

寒假中的一天，龚文灏老师急急忙忙找到我家。估计他已经知道我拟调新闻系的信息，见面后，他的第一句话就是，终于有接班人了。他是个爽快人，要我抓紧备课，并着手编写讲义。龚文灏老师说，要把新闻史课讲得学生爱听，很不容易，得想办法，把课备好，多准备些资料。还说："中国人民大学新闻系的方汉奇老师的课讲得很好，有可能的话，你也去听听。"

从1986年上半年开始，我一边在附中授课，一边为接手新闻史课而做准备，并按照龚老师的要求编写讲义。为此，我把中国历史，尤其是近现代史好好地复习了一遍，然后尽可能搜集当时已经出版的中国新闻史专著、教材以及与新闻史有关的回忆录来学习。其主要有戈公振的《中国报学史》（三联书店，1955年版）、方汉奇的《中国近代报刊史》（山西人民出版社，1981年版）、黄卓明的《中国古代报纸探源》（人民日报出版社，1983年版）、梁家禄等编著的《中国新闻业史》（广西人民出版社，1984年版）、李龙牧的《中国新闻事业史稿》（上海人民出版社，1985年版）、方汉奇等编著的《中国新闻事业简史》（中国人民大学出版社，1983年版）、曾虚白主编的《中国新闻史》（三民书局，1966年版）、朱传誉的《宋代新闻史》（中国学术著作奖助委员会，1967年版）、《新闻界人物》（新华出版社，1983年版），以及《新闻研究资料》等。

为了区别已有的教材，我充分运用以前读中文系时学习到的中国文学史知识和编写体例，尽量以新闻史上的人物为线索组织材料，除了新闻事件外，还增加大量新闻界人物的新闻思想，并穿插一些小故事，以增加可读性。

1986年，整整一年时间，我基本上没有休息，除了完成在附中的本职工作外，就是编写新闻史讲义。1987年春季开学，我将18万多字的讲义稿交给龚文灏老师审阅，他看后，表示很满意，只是在后面补充了六个附表：《外国人在华所办主要外文报刊》《外国人所办著名中文报刊》《辛亥革命前资产阶级改良派所办主要报刊》《辛亥革命前资产阶级革命派所办主要报刊》《五四时期以后主要现代报刊》《中国新闻事业发展史简表》。龚老师的六个附表，看起来很简单，实际是中国新闻事业史课程的精华，应该是本讲义的亮点。龚老师是学外语出身，所以他特别注重在华外报，附表中有两张是关于外国人在华办报；最后一张《中国新闻事业发展史简表》是龚老师在中国人民大学新闻系学习中国新闻史的总结。看得出,这几张表他是花了大量心血的。

在新闻系领导的大力支持下,这本讲义于1987年6月以内部教材的方式印刷出版。署名为"吴廷俊、龚文灏",封面设计为吴廷俊。这就使得我一接手上课,就使用自己编写的教材。第二年,这部讲义还被评为了华中理工大学1988年度优秀讲义二等奖。

《中国新闻业史讲义》封面　　　华中理工大学"1988年度优秀讲义二等奖"证书

当时高中学制为两年。1987年暑假,送走附中87班的毕业生后,由学校当时主管教学的副校长姚宗干教授签字,我便从附中转入大学部,走进东五楼,成为新闻系的一名教师。龚文灏老师在我到新闻系报到之前,就离开华工,调到上海第二工业大学去了。

二、扎根新闻系

1987年秋季开学,我到新闻系上班,身份由此发生变化,由一个中学教师转变为大学教师。

当年,新闻系有专职教师19人,分为新闻学教研室、采访与写作教研室。我教新闻史课,顺理成章分配到新闻学教研室。新闻学教研室主任是王益民副教授[①],成员有程道才、汪苏华、戚海龙、胡道立、屠忠俊、周萍、幸智敏、王志荣、吴廷俊、唐文彰等。

---

① 那时,新闻系里没有教授,只有3位副教授,即汪新源、王益民、程世寿。

（一）接受考验

一个人新到一个单位，领导和同事对你缺乏了解，接受考验是必须的，虽然这些考验有时是无意的，是被考验者不知晓的。我进入新闻系后，大致上也是如此。

我清楚地记得进入新闻系之初所发生的几件事——

第一件事，代汪新源主任出席"黄山会议"。

我上班的第一学期没有排课。汪新源主任便安排我代替他出席一个会议。时间是 1987 年 10 月 2 日至 8 日，地点在安徽黄山屯溪镇中国人民大学新闻系培训中心，会议名称为"全国高校自学考试新闻专业指导委员会第二次会议"。

据说，汪新源主任同时接到三个会议通知，他决定自己去一个，另外两个，一个交给周泰颐老师，一个交给我。周老师是中国人民大学新闻系毕业的，在新闻单位工作多年，是新闻系一位德高望重的老教师，而我是刚刚进新闻系，所以我十分重视此次出差，谨慎地对待汪主任交办的每一件事，并认真做好记载，以便会后向他汇报。

10 月 2 日上午我从汉口乘船，3 日凌晨 5 时到达安徽池州港，6 时 10 分从池州乘汽车，没有座位，站在车厢里，一路颠簸，于中午 11 时到达黄山屯溪，找到开会地点。

（1）会前主要活动。报到后，我就开始了紧张的会前活动。

首先是按照汪新源主任的交代，拜会相关人员：与广西大学新闻系主任虞达文副教授交流与汪老师共同编写新闻心理学的相关情况；和复旦大学新闻系副主任董荣华副教授联系我系在读硕士生幸智敏、王艾军到复旦申请学位的事情[①]；向杭州广播电视专科学校副教授张默询问《采访写作》教材编写情况以及分配华工新闻系的任务是什么；告知四川大学新闻系副教授张慧仁：寄给《新闻探讨与争鸣》[②]编辑部的文章收到，并欢迎她明年到武汉出席我系召开的"新闻学新学科研讨会"；告知北京广播学院教师王振业：收到北广举办"广播教材编写会议"的通知比较晚，教广播写作课程的程道才去了北

---

① 当时，华工新闻学科没有硕士学位授予权，只有招生权。自己招收培养后，到有学位点的学校申请学位。幸智敏是本系青年教师，由王益民副教授招收培养；王艾军是河北大学新闻系毕业生，由汪新源副教授招收培养。老汪、老王均为复旦新闻系毕业生，所以将自己培养的学生送到母校申请学位。

② 华工新闻系原来公开出版发行的报纸《改革信息报》因纸张无计划而停刊后，又创办学术期刊《新闻探讨与争鸣》，声誉很好，故来稿踊跃。

京,长途电话联系不上,已去电报请假;向暨南大学新闻系主任马戎转达问候,并告知他,程世寿副教授女儿的工作问题我校正准备解决,程世寿也不能调暨大;告知郑州大学新闻系副主任刘敏言:原请他支持讲授中国新闻史课程,现在有了教师,就不麻烦他了①,并向他表示谢意,请他以后依旧大力支持我系的工作。

其次是拜会方汉奇先生。据何梓华老师说,当时,中国人民大学新闻系有甘惜分和方汉奇两位教授,甘惜分参加中国新闻教育学会的工作,方汉奇参加全国自考委的工作。这一次,方先生到会了。我这个刚刚进入新闻史学界的新兵,虽然读了他的书,也与他通过信,但是没有谋面。这次有这样的好机会,当然不能错过。但是我不敢一个人闯他的房间。当时的与会者中,我不仅资历浅,而且年龄小,大家都叫我"小吴"。看到我胆怯的样子,热心的张慧仁教授说:"小吴,我带你去。"我们来到方先生房间时,见他正忙于做卡片。虽然方先生热情接待我,但一则是第一次见面,并且是面对大家,我终究胆怯;二则看到他正忙,不敢耽误他的时间,因此只是说了几句话,就告辞出来。短时间的拜见,对我今后的学术生涯却产生了深远而深刻的影响!

(2)会上主要活动。全国新闻专业自学考试委员会共有委员15人,此次到会12人,派代表参加2人②,1人缺席。会期5天半(10月5日上午至10日上午)。议题主要有两个:检查考试大纲编写情况,讨论下一步教材编写工作。

议程:大纲审定;确定各门教材的编写人员,并审查主编资格;设定教材编写完成时间表。③ 10日上午,会议结束。中宣部新闻局调研员、国家"自考委"(自学考试委员会的简称)副主任洪一龙做会议总结:会议开得很顺利,圆满地完成了任务;委员回去后,一定要向所在省市自考办汇报,争取各省早日开考;要向系里汇报,向全体教师传达会议精神,以确保会议上所确定的计划

---

① 如前所述,本系新闻史教师龚文灏急需调回上海,系里一时找不到合适人选,老汪便打算请郑州大学教新闻史的教师前来兼职。现在,吴廷俊来了,新闻史课师资问题解决了,就不用麻烦郑大了。
② 华中委员汪新源派吴廷俊与会,东北委员孟庆春派冯国与会。
③ 设定教材编写完成的时间表:(1)计划1988年完成的有:《中国新闻史》,丁淦林主编,方汉奇主审。(2)计划1989年6月完成的有:《广播电视新闻》,王振业主编,杨兆麟主审;《报纸编辑》,郑兴东主编,主审暂缺;《采访写作》,张默主编,蓝鸿文主审。(3)计划1989年年底完成的有:《新闻理论》,何梓华主编,余家宏主审;《新闻评论》,秦珪主编,主审待定;《外国新闻事业》,梁洪浩主编,张隆栋主审;《新闻摄影》,彭国平主编,蒋其森主审;《公共关系》,居延安主编,陈韵昭主审;《传播学》,董荣华主编,徐真主审。(4)计划1990年6月完成的有:《广告学》,主编待聘(拟聘暨南大学教师);《中外新闻作品研究》,主编待聘(拟聘中国人民大学教师);《新闻心理学》,主编、主审由汪新源和虞达文协商,每人各任一职,刘海贵副主编。(5)计划1990年底完成的有:《新闻事业管理》,主编待定(拟聘华中工学院教师)。

按时完成;委员自己所承担的任务要抓紧,本系教师所承担的任务要尽快落实;各委员要多加强横向联系;以后开会,委员一定要自己到会,自己实在不能出席的,务必派代表,不能缺席。

(3)了解了许多与我系有关的信息。

洪一龙说,中宣部拟将"新闻事业管理"作为"七五计划"重点研究项目下达给华工新闻系,请新闻系抓紧先把计划搞出来,包括步骤、目标和参加人员,计划最好在1987年11月中旬拿出来,和中宣部联系,中宣部认可后,再正式下达委托书,交付有关资料;中宣部新闻局和国家教委商量,拟在华工新闻系开办一个新闻事业管理专业,华工应努力创造条件,争取能把这个专业上上去;华工新闻系几年来虽然取得了很大成绩,办得也很有些特色,但是应该看到武大新闻系这两年来埋头苦干,做了很多扎实的工作,进展很快,希望华工新闻系更上一层楼。

郑超然和张慧仁等老师听说明年华工新闻系要举办"新闻学新学科学术讨论会,"都表示支持、尽可能与会,并提出一些好的建议:把讨论的问题集中一些,比如,要么集中讨论《新闻心理学》,要么集中讨论《新闻事业管理》,要么集中讨论《传播学》。这样到会的人有共同兴趣、共同语言,不至于各说各话,把会议开得很散。

几位与会老师对华工新闻系的看法:一说华工新闻系办学有特色,课程开得有特色,比如开设理工科的课程,这样培养的学生适应性强一些;一说华工新闻系的仪器设备比较齐全,也比较先进,这有助于培养学生的动手能力;有人委婉地提出,理工科大学办新闻系,要注意加强学生文字功夫的培养;还有人说,武大新闻系就注意学生文字功底的培养——言外之意就是希望华工在这方面要向武大学习。

回校后,我及时地把会议情况和决议详细地向汪主任做了汇报,还结合洪一龙等人的意见,谈了一些我对系里工作的建议。汪主任对我的工作态度和能力说了一些肯定的话。这时,我才领悟到,这次出差是汪主任对我的一次考察。

第二件事,出差京津,联系学生实习和分配。

1987年12月8日,申凡副主任对我说,准备一下,与青年教师唐文彰两人到北京天津出趟差,任务主要是联系学生实习事宜[①]。程道才书记说,顺

[①] 申凡副主任交代的有关实习的政策和要求:(1)实习时间:4至6个月。(2)落实每单位接受人数。(3)希望接收单位解决学生住宿。(4)京津实习差旅费每人152元;住宿费每人每天0.5元;补助费每人每天0.83元;学校给报社指导老师管理费每人每月15元;市内交通,由学校解决。

便也联系一下毕业生分配;同时还到中国人民大学新闻系打听一下是否有硕士研究生毕业后愿意到我系担任教师①。

12月21日,我与唐文彰从武汉乘坐38次特快,于次日下午13:20到达北京。唐文彰是北京大学国际关系专业毕业,与我同时进入新闻系。他对北京市公交线路比较熟悉,这为我们这趟出差提供了有利条件。

我们22日一到北京,就马不停蹄地开始跑路办事。在北京整整6天,跑了28个新闻单位,6个有关政府部门、学校、科研单位,跑遍了北京的朝阳、东城、崇文、西城、海淀、石景山等六大区。东起十里堡(《农民日报》),西至五棵松(《中国法制报》),北起中国人民大学,南至北京体育馆(《体育报》)。每天上午八点钟左右从《经济日报》招待所出发,晚上六七点钟赶回。晚上还要汇总一天的情况,写记载,并规划次日活动,对照地图,确定路线。生活十分紧张,也十分艰苦,但我们很好地完成了任务——在北京落实实习22人,毕业生分派意象性接受14人。

天津一天,主要是跑《天津日报》。该报同意接受7人实习,并解决住宿。

到中国人民大学争取分派研究生事宜未能如愿。是该系主任何梓华老师接待的我们。他介绍说,88级导师制研究生只有3人,有2人代培,1人已经在北京结婚。研究生班的学生,质量得不到保证。何老师说,今年没有研究生分派,以后注意录取有意向到武汉工作的学生,分配到华工。

这次,我们之所以能够很好地完成出差任务,除了我们自己主观努力外,主要还有两条客观原因:

第一,洪一龙先生的鼎力帮助。23日,我们到中宣部新闻局找洪一龙,请他帮忙联系学生实习和毕业生工作分派问题。他与华工新闻系早有联系,加上前不久在黄山,我参加了他主持的会议,他当然还记得我。当得知我们的来意后,他就立即给诸多报社和新闻单位领导一个一个打电话,主要内容是介绍我们是全国第一个理工科大学办的新闻系,很有特色,请对方先接受实习生,用一用,如果认为好,可以考虑留下。洪一龙在全国新闻界享有很高的威望,他的电话和便条很起作用,不仅当时很见效,很多新闻单位的领导热情地接待我们,并克服困难尽可能满足我们的要求;而且从长远看作用更大,为我们作了宣传,提高了我们的知名度,有利于我们今后的办学。

第二,我系往届实习生的出色表现赢得了新闻单位对我系培养质量的信

---

① 程道才书记交代的对引进硕士研究生的具体条件:指标1人;外语成绩好;男生;采写、史论、编评皆可。

任。这里讲一个细节：我们到北京的当天，下火车后还没住下，就直奔位于王府井大街277号的经济日报社，在传达室，登记、等待。不久，一个四十多岁的高个子男同志来到传达室，见面就说："你们是华中工学院来的？"我们说是。我们以为来人是领导派来接我们的，没有想到他说："我叫罗开富。"传达室同志忙介绍说，这是罗开富副总编辑。哇，原来是罗开富！他因"重走长征路"采访而名重一时。我们有点受宠若惊，表示不好意思，烦劳老总亲自下楼来接。他说："冲着你们四位实习学生在我们《经济日报》的表现，我就特意下楼来迎接你们。"于是，罗领着我们到了三楼他的办公室。

一进到罗开富的办公室，他就滔滔不绝地给我们讲起我系四位实习学生的表现："工学院办新闻系，你们是全国第一家，你们来我报实习的几位学生的表现和能力，大大超出了我们的想象！"他说："刚来时，我一看，四个人其貌不扬，完全是一副中学生的模样。好不容易找上面批了四个实习生指标，怎么来了这样的四位？但是，后来，他们的行动，证明我最初对他们的看法错了，大大地错了。""他们勤快，待人有礼貌，不像有些青年人那么不知天高地厚；他们扎扎实实地工作，又确实叫人惊叹！小施（施倩），我们的小施，那次在西安采访，发回两篇稿子。那天我正为版面不好看（指没有吸引人、内容扎实的稿子）而着急。公交部主任送来两篇，我一看，两篇都好，都能用。但是，按规定，一个记者的稿子同一个版面一天只能上一篇。但是，考虑到，施倩的这两篇质量都高，不用可惜，于是决定都用，只是将其中一篇署一个临时的笔名。这种情况在老记者中都不多见。这一下，在编辑部轰动了。我在部主任会议上说：'你们看，实习生都能拿出这样高质量的稿子，我们老记者更应该加油才行！'"

我和唐文彰像听神话一样！我们心里为我们系能有这样的学生感到光荣和自豪！

罗开富听说我们还没有住下，就热情地留我们住《经济日报》招待所，当场打电话叫来行政处处长，亲自为我们安排住宿。之后，罗副总编辑还安排小车把我们送到招待所，关照有关人员说："这是我的客人，要热情接待！"当晚，罗专门打电话来，询问安排好了没有。

此后，他还不止一次把我们学生在"经济日报"的表现向其他新闻单位介绍，以扩大影响，为今后学生实习和毕业生分配造势。

回来后，我和小唐向申凡副主任和程道才书记详细汇报了京津之行的情况。他们很高兴，主要是为我们的学生有这么出色的表现而高兴，同时，对于我和小唐的工作也表示满意。申凡是分管教学的副主任，记得我到新闻系报到后,他向我下达教学任务时,对我编写的内部教材表示过满意,这一次是对我联系学生实习再次表示满意。能让管教学的领导满意,我的心也放下不少。

第三件事,正式接受教学任务。

华工新闻系的专业教育是从 1983 年办干部专科班开始的,专科班的学制是两年,我 1987 年正式到新闻系上班时,1983、1984、1985 级的专科班学生已经毕业了,我同他们其中一些人的熟识是在他们以后来读研究生班时。我最早接触的是 1984 级本科生。我来新闻系上班时,正赶上他们做毕业论文。1987 年 3 月 14 日,系里布置指导 1984 级本科毕业论文的工作,分派给我 4 个学生,张国和、何运林、廖绍芷、李爱清,后来又增加一名叫杨伟的同学。他们的选题意向均与新闻史论相关①。由于没有给他们授课,与他们接触时间也不长,他们所写的论文,只有两篇写邹韬奋的我有些印象,尤其是关于邹韬奋思想发展演变过程的论述,其余三篇我几乎不记得了。

1988 年春季,即 1987—1988 学年度的下学期,按照系里教学计划,我为 1987 级学生讲授中国新闻史课,课时 36,学生人数 65。与其他学校新闻专业本科生教学课时数相比较,我们排 36 课时,显得少很多。作为一名新教师,一个尚未走上大学讲台的人,我拿到课表后,当然不便说什么。后来,我才知道,申凡副主任是担心"有那么多话讲吗"。因为,程道才书记事前也告诉过我,新闻史不好教,学生不爱听,要我做好思想准备,把课备好,多准备点资料。领导的担心,我能理解;领导的关心,我心存感激。

对于上课,对于站稳讲台,我是很重视的,不论是中学讲台还是大学讲台。七尺讲台,三尺教鞭,是一个教师安身立命之本,站稳讲台是一个教师的头等大事。另一方面,对于这一点,我有一定的自信,我深信我可以把课讲好,把这门学生"不爱听"的课讲好。

从在武大读书,到沙市中学上课,先贤前辈言传身教,教了我许多上课秘诀。归纳起来主要有三:"胸有成竹""照顾场子""收放自如"。

所谓"胸有成竹",就是教师必须把要讲授的内容全部准确记录在脑子里,消化成自己的知识,上课时,既要带讲义,又不要看讲义,张口就来,出口成章。在武大上学的时候,我们佩服教文艺理论(后改名毛泽东文艺思想)课的王文生老师,他能把一门纯理论课讲得深受学生欢迎,靠的就是"胸有成

---

① 《论社会主义新闻自由的度》(张国和)、《新闻自由是新闻法的根本》(何运林)、《邹韬奋的办报实践》(廖绍芷)、《新闻媒体在社会协商对话中的地位和作用》(李爱清)、《邹韬奋的办报思想》(杨伟)。

竹"。王文生老师讲课，完全不看讲稿，没有废话，一堂课的课堂笔记，就是一篇很好的文章。所以，每次上王文生老师的课，学生都提前抢座位。

所谓"照顾场子"，就是教师上课，必须看学生的反应，与学生保持交流。教师把目光由注视讲义转向注视学生，关注每一个学生的听课反应，并且不断提问、追问、启发学生思维，这样才能收到好的教学效果。

所谓"收放自如"，就是撒得开，收得拢。该展开时，增加相关内容，丰富学生知识；若课时有限，能做到适可而止。一个称职的教师，能把厚书讲薄，把薄书讲厚。要做到这一点，只有靠教师平时的知识积累和表达功力的修炼。

做到这三条，我深信我能把这门课讲得学生爱听。实践证明也是这样的，第一轮授课下来，学生反映良好。申凡副主任对我再次增加好感。当年秋季，1988级的新闻史课，课时增加到48，以后很长一段时间，我们系中国新闻史课稳定在48课时。

我上课，从不点名。我不反对学生逃课，但是我反对学生迟到，因为学生迟到，打乱了我讲课的思路，影响我的讲课情绪。学生上我的课，如果来迟了，就在教室外等着，等这节课下了，再进来。我主持学院工作时，多次说过，学生逃课，责任不在学生，而在任课教师。我们都当过学生，对自己喜欢的课、喜欢的老师，不仅不会逃课，不会迟到，而且会提前去抢座位。人同此心，心同此理。

第四件事，接手班主任工作。

我们上大学时，只有年级辅导员。武大中文系1964级辅导员张炳煊，虽然只带了我们两年（"文革"起，学校乱，辅导员也不要了），但是与我们的感情很深，我们每次返校聚会，都必须请张老师。拨乱反正后，大学除了辅导员，还安排专业教师兼任班主任。对于这种设置，我是认同的。当班主任，也是大学教师一项十分重要的工作，它可以让你真正靠近学生，收到课堂上收不到的效果。

1988年4月15日，系领导通知我，接任1987级乙班班主任工作。这个班的班主任原来是胡道立老师，她是1985年调进来的新闻摄影老师，人长得很漂亮，课教得好，很有亲和力，班主任工作也很认真，只因家住在校外，开展学生工作不太方便，因此，系里要我接替。程道才书记怕我不愿意，还特地说，每个老师都要做一做这项工作的。我说，我不仅愿意，而且喜欢做班主任。

做大学班主任，与做中学班主任有很大不同。大学生从年龄上讲是成年人，从知识上讲是精英阶层了，有独立生活和独立思考能力。因此，要做好大学生的班主任，首先是与他们交朋友，其次是做他们的父兄，三是立师道。我的班主任工作，大致上就是围绕这三方面进行的。

交朋友。如果没有特殊情况，我每周都要到学生宿舍1~2次。当然，是到男生宿舍，女生宿舍，男士免进。女生如果有事，可以到男生宿舍找我。我到宿舍，除了少数几次找干部开会外，主要是聊天，天南海北，小说、电影、各地见闻。

做父兄。我当时40出头，对于20出头的大学生，亦兄亦父。他们中，有谁出了错，我毫不客气地批评指出，甚至责成其写检讨。当然，我的批评绝对是与人为善的，绝不轻易处分学生，并且在关键时刻，想方设法保护他们，为他们遮风挡雨。

立师道。学校之所以派专业教师充任班主任，就是希望专业教师利用自己的专业知识在学生中树立的威信在思想上引导和帮助学生成长。实践证明，不动声色地结合专业开展思想教育活动是行之有效的。1990年1月至2月，我负责指导1987级学生大报实习，主要负责长江以南几个城市，来回于上海、南京、长沙、广州之间。每到一地，学生见到我，就像见到家里人，感到特别亲切。我除了在生活上予以关心之外，还结合新闻史上的具体事例，教他们如何保持新闻记者的操守，如何处理人与人之间的关系，如何处理采访单位发给的"误餐费""茶水费""交通补助费"。当有人指责说，学校把学生教坏了，我会用事实毫不留情地予以驳斥。我阅读《马克思恩格斯全集》过程中，有了心得，便与他们分享，或者同他们一起学习，因此，1990年9月，我被当时的人文学部党总支和人文学部评为"指导学生学习马列主义积极分子"。

站稳讲台，走近学生，我才算真正成为一名合格的大学教师。我与新闻87级，一道走进新闻系，一道成长。1991年6月20日，在该年级学生毕业典礼上，系领导指定我作为教师代表发言。在发言中，我讲了四点，都是心里话：其一，"别是一番滋味在心头"——既是任课教师，又是班主任，此刻心情，十分激动；其二，增强党性——记住我国新闻事业的基本特点，把脚下的路走好，把手中的活干好；其三，"洛阳亲友如相问，一片冰心在玉壶"——牢记新闻理想，保持职业操守；其四，"莫见长安行乐处，空令岁月易蹉跎"——走上工作岗位后，要抓紧时间，扎扎实实地做出一点成绩来。

第五件事，参加"第三世界"中国新闻史教材编写工作。

所谓"第三世界"，源自当时中国新闻教育界的一种说法：人大新闻系、复旦新闻系为第一世界,北京广播学院、暨南大学、广西大学等几所资历老的大学新闻系为第二世界,1983年及以后新创办的新闻系为第三世界。新闻教育界这个"三世界"的划分与我们华工新闻系有密切关系。1984年10月,在华工新闻系召开的"史沫特莱在中国"研讨会,新创办的新闻系的代表闲聊时,议决集合起来,利用集体力量,编写一部中国新闻史教材。龚文灏老师代表华工新闻系参加了《中国古近代新闻史》的编写;龚老师离开后,系里决定,由我接替龚文灏参与《中国现代新闻史》的编写。

1988年2月20日至26日,我到北京参加在中国新闻学院召开的《中国现代新闻史》编撰的首次会议,有幸认识20多个新闻院系的新闻史教师,他们是黄炜(上海大学)、钟启元(山西大学)、王凤超(中国社科院新闻所)、张涛(中国新闻学院)、白润生(中央民族大学)、王作舟(云南大学)、马艺(天津师范学院)、王绿萍(四川大学)、刘滢(宁夏大学)、朱锦翔(兰州大学)、袁雍文(南昌大学)、程沄(南昌大学)、冯国和(吉林大学)、刘家林(武汉大学)、乔云霞(河北大学)、曾宪明(湖北大学)、史媛媛(郑州大学)、关肇昕(南京师范学院)、姚纪彬(黑龙江干部管理学院)、张真(黑龙江大学)等。

由于我们新闻系领导大力支持,也由于我自己在编写过程中所付出的努力,这部教材1997年1月由新华出版社出版时,我被列为副主编①。我很看重这次全国性的新闻教育活动,没有辜负新闻系领导对我的期望。

参与这次教材编写工作,首先,对于我来说是一个学习机会。整个编写期间,编写组开过多次会议,不仅就新闻史的具体内容以及具体编写工作进行过多次研讨,而且交流了许多新闻学界、业界的动态。在这些活动中,我增长了不少知识。像中国社科院新闻所的王凤超先生,每次都会给我们带来很多新闻界和新闻学界的消息,比如新闻法的制定、新闻改革的动态、新闻界发生的大事等。其次,我与这些参编教师结下了深厚的友谊,有不少一直保持密切往来几十年,比如白润生、冯国和、张涛、马艺、王绿萍、乔云霞、刘家林、曾宪明等。所以说,参与"第三世界"新闻史教材的编写工作,标志着我实质性地进入新闻史研究的学术圈。

(三)难忘1992年

1992年,对于我的学术生涯来说,是关键的一年。之所以这样说,一是这一年发生了两件我学术生涯中的大事,二是这一年我取得了两项学术收获。

---

① 《中国现代新闻史》,主编王洪祥,副主编冯国和、吴廷俊、张涛、白润生。

1. 两件大事

第一件大事是 1992 年 6 月 11 日至 13 日在北京广播学院出席中国新闻史学会成立大会。

中国新闻史学会于 1989 年 4 月经国家民政部正式批准在北京成立。此次成立大会,到会代表 50 多人,最大的 83 岁,最小的 24 岁,来自全国 19 个省市,还有日本、新加坡、意大利等外籍代表。代表主要为三部分:高校教新闻史课教师、研究人员;研究机构的专业研究人员;各省市新闻志编撰人员。此次大会实现了全国新闻史教学和研究人员的大会师。当时,湖北省有 3 人参加会议,除我之外,另外 2 人,一个是武大的刘家林,一个是《湖北老年报》的编辑陈一生。陈是我校 1983 级干部专科班的毕业生。

参加这个会,对于我来说之所以是极为重要的一件事,首先是因为能出席方汉奇教授首创的这个学会,并成为首批会员,使我后半辈子在学术上有了一个依托和平台。从一般理事到常务理事,再到副会长,新闻史学会的活动,我一般是不会缺席的。其次,在那次会议上,我向会议提交的五卷本《新记〈大公报〉史事编年》受到方汉奇会长的肯定,随后,他又亲笔写推荐信,希望我们学校将"《大公报》史研究"立项①。此后,《大公报》史研究成为我的主攻科研方向,做了几十年,算是小有成绩。

此外,此次会议还使我认识到,中国新闻界和新闻学界当时乃至今后一个相当长时间的主要任务是反"左"。会上,老新闻工作者温济泽的讲话,首先讲了党报的四个传统:坚持当党的喉舌;坚持党性与人民性的统一;坚持实事求是精神,既要坚持正面报道为主,又要把国内外真实情况告诉人民;坚持严肃的工作作风。然后,温老结合自己学习邓小平南方谈话的体会,讲了对于新闻工作、新闻史研究工作中反"左"的问题。他说,邓小平南方谈话中指出,从 1958 年至 1978 年,我们吃的亏主要是"左"。今后新闻史研究,一定要贯彻这一点。今年是延安整风 50 周年,新闻史怎么写,是一个大问题,"左"的错误多么可怕啊!从"反右"到"文革",我们新闻史不提吗?能一笔带过吗?这些经验教训能不总结吗?他说他原来主张轻描淡写,现在学了邓小平南方谈话,觉得应该放开写,挖根刨底地写。因为邓小平讲,"左"的东西根深蒂固,不挖根刨底是不行的。泛泛而写有什么意义?他说他已经 78 岁了,他不讲个人的什么,他担心这些教训不总结出来,不引起重视,还搞"左"的那一套,那我们的国家怎么办啊?

---

① 具体情况见下编第十章第一节第一目。

中国社科院新闻所所长孙旭培在讲话中,也如是说。

代表第三排右三为作者

第二件大事是两部著作出版、获奖。

1986年编撰的内部教材《中国新闻业史讲义》经过几轮试用和几次修改,易名《中国新闻业历史纲要》,1990年由华中理工大学出版社正式出版。这是我第一本公开出版的新闻学著作,由于体例新颖、内容丰富,出版后,受到同行好评,方汉奇、宁树藩、陈业劭、姚福申、王洪祥等或著文,或来函给予了很高的评价。该书1992年被湖北省新闻学会评为新闻论著一等奖。

在朱九思老校长的鼎力支持下,我的《马列新闻活动与新闻思想史》1992年6月由华中理工大学出版社出版。这本书后来获湖北省首届社会科学优秀成果奖。为了该书的撰写,我下功夫阅读马克思恩格斯以及列宁有关新闻论述的原著,对马列新闻活动和新闻思想有了比较系统的了解,不仅增加了这方面的知识,更重要的是掌握了观察事物和做学问的武器,增加了我立言和行事的底气。

2. 两项收获

一是晋升副教授职称（见校师字〔1992〕008号《关于审定通过高级专业技术人员资格的通知》）。晋升副教授,现在看来根本不算一回事,但是在那个年代,还是很稀罕的,对于我这样一个起点低、起步晚的人来说,评个副教授,就显得更加的不易！何况当年我已经47岁了。据资料显示,在华工新闻系,我是第8个[①]晋升副教授的人。

二是获学校优秀中青年奖。我从1993年1月至1994年12月,享受学校发给的优秀中青年骨干教师特殊津贴。这项特殊津贴是多少钱,我早已忘记,也从来没有注意过,但是证书我还一直珍藏着,因为这对于我太重要了,表示我的付出、我的劳动得到了学校的认可。整整30年了,现在翻出来看,红彤彤的封面,还是那样鲜艳！

就这样,我一步一个脚印,用7年时间,在华工新闻系站稳了脚跟。

---

① 1992年之前先后晋升副教授的有姚里军(1985)、汪新源(1986)、王益民(1986)、程世寿(1986)、申凡(1989)、周泰颐(1989)、程道才(1991)等7人。

第二章
与新闻系共命运

正当我在新闻系初步站稳脚跟,准备潜心做点学问的时候,由于各种原因,华工园的文科出现生存危机,新闻学科首当其冲。面对各种有形的和无形的打压,很多文科教师深感忧虑,他们为了学科的整体生存,奋起抗争。在这场为学科生存的抗争中,新闻系的许多老师有可圈可点的表现,我也有幸与焉。在新闻系教师"大逃亡"的 20 世纪 90 年代初期,也有几所学校新闻系向我"示意",有的还曾邀请我去实地考察,查看准备分给我的住房。我只能婉拒他们的好意。是朱九思的"引力"把我吸引到华工,是新闻系在我四处求职时收留了我,我不能离开华工,更不能离开新闻系,我必须留下来与它共命运。

一、为生存而抗争

(一)文科出现生存危机

华工文科的生存危机从 1985 年就渐露端倪。1984 年 12 月,华中工学院领导班子换届,68 岁的朱九思退离院长和党委书记的岗位,只担任党委常委和名誉院长。本来,朱九思当初在工学院办文科,就遭遇到内外重重阻力,是他力排众议,并采取迂回路径才一个一个地创办起来的。新闻系公开发行的

《改革信息报》本来办得风生水起,已在全国产生重大影响,仅仅是因为白报纸没有被列入国家计划,需要学校每年多掏几千元钱,于1985年9月就被迫停刊了。

20世纪80年代末,国家整顿教育,紧缩大学里的长线专业。在此大环境之下,华工文科更遭风雨。文科系、所、中心被学校视为累赘,说文科是靠工科养着,还说文科教师和学生爱闹事,是不安定的因素,必须重点整顿。

于是,一方面,学校趁国家紧缩长线专业之机,大幅度削减文科专业的招生指标。以新闻学专业为例:1989年停招,此后,连续几年,每年都只招收二三十人[①]。一个小班编制,要死不活地拖着,直到1997年才有所好转——这一年增加了一个广播电视新闻专业[②],两个专业,共招64人。

其他文科专业的境遇也差不多。

另一方面,学校为了加强对文科的管控,1989年8月,撤销全校各文科系所的正处级编制,成立一个正处级的"人文社会科学学部",简称"人文学部",所辖为社科系、哲学系、外语系、中文系、语言研究所、新闻系、经济发展研究中心、高等教育所。人文学部成立党总支,同时撤销上述各系、所、中心的党总支。人文学部成立后,提出"系办专业"的方针,收缴系、所、中心原有的所有权限,包括党务、政务、教务、财务、科研管理和学生管理等,使其只相当于一个教研室。

管理体制的变动,极大限制了文科的生存和发展,理所当然受到所有文科系、所、中心的一致反对。新闻系系主任汪新源是坚决反对者中的一个。记得他为阻止人文学部的人来拉走新闻系的家具,就搬一把椅子坐在东五楼二楼楼梯口,说,谁来搬,从他身上过去。当然,大势所趋,胳膊拧不过大腿,人文学部还是成立了,新闻系党政办公室的5个行政人员[③]和学生工作组的干部也被调走了,汪新源主任只留下了几个柜子、几张桌子和几把椅子。

压缩规模、变更体制后,华工文科的生存空间被大大挤压。此为有形的危机。还有无形的危机。这主要指校园文化。虽然朱九思千方百计把理科、文科办起来了,但是,无论是1988年之前的华中工学院,还是之后的华中理工大学,校园里仍然都充满了工科氛围、工科视野和工科思维。学校领导和

---

① 华工新闻专业1990年招26人,1991年招22人,1992年招23人,1993年招39人,1994年招29人,1995年招31人,1996年招34人。

② 1998年,广播电视新闻专业更名为广播电视新闻学专业;2012年,广播电视新闻学专业更名为广播电视学专业。

③ 行政办公室主任周贵谟,党总支干事李长玉,教务员朱先云、邓长海,工作人员饶军。

各个职能部门的负责人几乎全部是工科出身的,要么由于学科隔阂,他们对文科很难理解,要么由于学科偏见,他们对文科很是不屑,认为文科没有什么真才实学。在工科氛围充斥的校园里,文科成了"二等公民"。

学校每年制定发展计划,基本上没有关于文科的条款,文科置于可有可无的位置。在管理上,从不考虑文科的学科特性,完全按工科思维和要求管理文科。文科各系、所、中心在学科发展上,与学校领导和各个职能部门负责人之间似乎很难沟通,很难就一些重要问题达成共识,比如,文科是否有科研,要不要搞科研,如何开展科研,文科教师写的文章、撰写的著作算不算科研成果,等等。又比如,教师在课堂上讲课,是否一定要给学生正确与否的标准答案,可否对以往权威观点提出异议、讲授一些自己的独到见解,等等。再比如,如何考核文科教师,完全量化指标考核是否合理,等等。这种无形的危机,更加严重威胁着文科在华工校园里的合法性生存。

生存危机逼迫很多文科教师奋起抗争,以求得学校文科的整体生存。回顾这一系列抗争的焦点,归纳起来为两点:一是争取生存空间,二是争取合法性生存。实际上,这两点是或分别,或交叉,或重合进行的。

(二)秉性使我放胆言说

在这场为学科生存的抗争中,新闻系的许多老师,尤其是老教师出于对学校深厚的爱,更出于对自己辛辛苦苦创办起来的系难以割舍的情,在各种场合、以各种方式表达振兴和发展华工新闻教育的决心。在他们的感召下,作为后来者的我,也参与其中。我的表达主要体现在三次被领导约谈和一次受邀座谈。

第一次,被新闻系"二程"约谈。

1992年春,新闻系行政领导班子换届,程世寿接替汪新源担任系主任,程道才依然担任总支书记,申凡依然担任系副主任。当年10月,屠忠俊被任命为系副主任。由于招生人数少,教学形成不了规模,教师"闲得慌""穷得慌",人心思走,队伍不稳。从1990年至1993年底,因各种原因调离的教师有9人[①]之多,并且多数为中青年;还有人在"蠢蠢欲动",比如李运抟、黄匡宇、刘燕南、沈莉等。此时的新闻系基本上靠几位老教师支撑着——史论教研室:王益民、屠忠俊、戚海龙、吴廷俊;采写教研室:程道才、申凡;编评教研室:程世寿、周泰颐、汪苏华。

---

① 李幸、韩炼、陆晔、辛智敏、刘智、周萍、王木林、唐文彰、刘绩辉。

面对如此危局,程世寿主任、程道才书记心急如焚,他们不断找人谈话,叩问拯救之计。1993年10月17日,"二程"约我谈话。我本来就是一个藏不住话的人,既然领导问我,我就毫不客气地说了自己的一些思考。我说,光着急于事无补,必须想法走出危局。走出危局的办法,就是想法把自己做强做大,使别人不敢小瞧咱们。并具体谈了以下三点:

第一点,关于办系方向与方针问题。

在课程设置上:(1)把文史哲的基础夯实;(2)把新闻专业主干课(新闻理论、新闻史、采写编评等业务课)讲透彻。我还毫不客气地说,我系在这方面存在若干问题:(1)文史哲基础明显薄弱。这一方面与工科大学的文化氛围有关,另一方面与系里不重视有关。而中外名记者、名编辑无一不在这方面有扎实功底。标题制作、社论写作、通讯、专访、深度报道,没有文史哲功底是不行的。要培养名记者,一定要在文史哲功底上下功夫。有了这方面的功底,可以不变应万变。(2)新闻学的主干课,有重业务轻学理的倾向。具体表现为轻视新闻理论和新闻史。如果学生不喜欢学理课程,系领导和教师不应该迁就学生的错误情绪,而应该加以引导,并且还要合理调配师资,加强学理课程。

在办系方针上:"文理渗透,应用为主,交叉见长"的办系方针主体精神是好的,尤其是"文理渗透,交叉见长"需要进一步落实,但是将"应用为主"作为办系方针就值得商讨了。我们是办大学,办本科教育,不能以"应用为主"。如果以"应用为主",那就是专科,甚至是技校,毕业的学生"后劲不足",当然也成不了名记者。建议改为"注重应用"。

系领导设想"系、社、台、刊""四位一体"的发展模式[①],从理论上看,很好,符合新闻学的学科特点,也符合新闻专业的办学需要。但是它落实起来很难:社会上的报纸很难进学校,而学校广播台是校党委的宣传工具,有别于新闻教育的诉求,难以实质性融合。因此,建议这种发展模式缓行。

第二点,关于内部管理问题。主要就行政和教辅人员管理而言:把行政人员当包袱的思想是不妥当的,应该致力于提高他们的素质,充分发挥他们的作用;还要采取有效措施,充分调动他们的工作积极性。资料室人员可以调整,抽出适当人力搞资料收集,做索引,办剪报,甚至可以创办一个小小的"资料园地"刊物。

---

① 当时,系主任程世寿兼任《长江开发报》总编辑。程道才有办广播电台的经验,因而准备向学校建议,由新闻系与校宣传部合办校广播台。另外,新闻系办有刊物《新闻探讨与争鸣》。

第三点,关于知人善任的问题。进人须慎重,防止有人把新闻系作为跳板,调进来后,板凳没有坐热就要调走。要用人之长。比如唐文彰,北大毕业生,是有才气的、有能力的,也是有思想的,只是散漫一点。加之其课程不固定、工作量不足,因而不安心在系里工作,要求调离。唐文彰如果走了,有点可惜。对青年教师的课程安排应相对固定。现在,系里临时拉差、填空补缺的做法,很容易造成年轻教师的思想不稳。

最后,我还说了一句大不该的话:请两位系领导向学校有关方面反映,人文学部捆住了文科各系所发展的手脚,必须予以撤销,这是大多数文科教师的要求。

第二次,被刘献君部长约谈。

也许是"二程"认为我的某些意见尚有些道理,便将其汇报给了对文科较为关心的学校党委宣传部部长刘献君。大约过了两天,程世寿主任对我说:"刘献君部长要找你谈话,你准备一下。"我问谈什么,准备什么,他说:"就把你前天同我们谈到的意见再详细谈谈吧。"

1993年10月25日,我应刘献君部长之约,到南三楼见他。当时,我与他还不是很熟。也许是"二程"向他汇报了我谈话的内容,引起了他的注意。这一次约谈,我一则有了准备,二则反正是豁出去了,谈得更开,主要谈了关于在理工科大学办文科的几点建议:

第一点,辩证理解"应用为主,交叉见长"。(1)应用很重要,但不能"为主"。大学文科教育,必须要打好基础,尤其是文史哲的基础,即使是新闻学,没有丰富的扎实的学科知识,就谈不上应用。老牌、名牌大学的毕业生的质量较高,其中一个重要原因,就是在人才培养上,注意打好基础。(2)交叉是学科发展的方向,但不是硬性搭配上几门不同学科的课程,而是要充分利用理工科学校的氛围,让学生在这种氛围中受到潜移默化的熏陶。比如,引导学生尽可能多听理工科的讲座,另外,就是充分利用现代科学教学手段。即使是适当增开几门理工科的课程,目的也只是拓宽学生的知识面,而不是需要学生系统地掌握某一门深奥的知识。因此应该宜粗不宜细,宜宏观不宜微观。学科交叉,应该有主有从。文科与理工交叉,文科为主体,理工是副体,不能主副不分,更不能反副为主。

第二点,理工科为主的学校办文科,也应该按照文科规律办文科。华工办文科十几年,取得了很大成绩,如果要找差距、找问题的话,集中到一点,就是"用文科规律办文科"做得不够。学校领导处处按理工科的要求来要求文科教师,一切量化考核。华工的文科氛围不够,是制约文科进一步发展的重要原因。

因此，建议撤销以控制为本位的人文学部，成立以发展为本位的文学院。文学院的领导人最好应该懂文科，至少也应该理解文科，尽可能用文科的规律办学院，而不能事事都按照理工科的要求管理文科；文学院应该是代表学校管理文科的一个实体，具有人、财、系科设置、职称评定、教师考核等权限。

此外，我还顺便谈了一下有关新闻系目前存在的主要问题，内容基本是一周前与"二程"谈的内容。

刘献君老师本来话就不多，加之两人不很熟悉，所以他只是听我说，很少插话。我说完了，他说："你的意见很好。"还说："学校最近会召开座谈会，到时候，你再讲详细一些。"

果然，过了十多天，我接到一个书面通知说，1993年11月15日下午，在东七楼五楼会议室开座谈会。通知上还写明了发言提纲：

1.我校文科学科建设的方针应如何确立，原来提出的"应用为主，交叉见长，特色取胜"的学科建设原则是否仍然适用。2.怎样理解文科的教育规律，怎样在校内建立浓厚的人文氛围。3.文科如何在全校发挥作用，在发挥作用的过程中需要学校提供哪些条件。4.学校决定建立文学院，总结以往经验、教训，文学院应采取何种运行模式，院系职权应如何划分。

座谈会按期举行。刘献君老师主持座谈会。在座谈会上，我主要讲了两大方面的内容：其一是关于按照文科规律建设文科，加强华中理工大学文科建设的几点建议；其二是如何使新闻系更上一层楼。

第一方面的内容与20天前向刘老师讲的差不多，只是增加了一点，就是：我们不要总是只讲在工科大学办文科不利的一面，还要看到其中有利的一面。文科要尽可能将工科的科技手段引进自己的教学和科研。从教学上讲，文科教师要尽可能利用现代化教学手段、充分利用实验室以提高教学质量，能在实验室上的课尽量在实验室上，改变以往文科教师一支粉笔上讲台、一张嘴巴从头讲到尾的状况，比如新闻专业的广播、电视、摄影、编辑等课程；从科研上讲，尽可能为教师配备现代化的办公工具，比如电脑、打印机，改变以往文科科研者一支笔一本稿纸通宵达旦爬格子的原始状态，从而提高文科科研的效率。

第二方面的内容与10月17日向"二程"讲的差不多。补充了一点，就是如何尽快营造一个良好的工作环境，使教师感觉到在华工有奔头，在华工新闻系有前途：(1)扩宽专业，改变长期以来只有一个专业的局面，争取1994年至少要增设一个新专业，使全系招生人数从目前的二三十人增至六十多人；

(2)根据不同专业,合理设置课程,并逐渐形成科学的课程体系;(3)争取尽早取得硕士学位授予权,改变目前只有招生权、没有授予权的状况,并且向学校争取增加招生指标,使新闻硕士研究生培养规模化、正规化。

第三次,被杨叔子校长约谈。

座谈会之后,我以为没事了。没想到,又接到校办电话通知,说校长杨叔子院士要找我谈话,中心题目是如何按文科规律办文科。

杨叔子1993年1月接替黄树槐教授出任华中理工大学校长。他虽然是中国科学院院士,但是很重视发展文科,在华工首倡人文素质教育,成立国家大学生人文素质教育基地,并出任主任。杨校长是一个心地善良、虚怀若谷的科学家,我理应直言不讳地对他讲真话。

1993年12月3日,我到校长办公室,拜见杨校长,并讲了以下两点意见和建议:

第一点,我为什么多次呼吁中兴和发展文科?

(1)为华工成为第一流大学的需要,应该发展文科。因为一流大学必须是综合性大学,而综合性大学必须有文科,并且是一流文科。简言之,没有一流文科,华中理工大学就不可能成为一流大学。朱九思老校长1979年访问美国、加拿大等国大学后,谈及一个突出感受就是:"几乎所有著名大学都是综合性大学。"并且这些著名大学开始并不是综合性的,而是单学科的,再由单学科逐渐发展成多学科综合性的,这是著名大学发展的一个共同规律。所以华中工学院从1979年开始就向综合性大学发展,很快办起了理科和文科的系、所。我以为老院长的这个决策是很有战略性的。

华工文科的发展,是有成绩的。但给人的明显感觉是以朱九思离开领导岗位为界,分为两个阶段:1985年以前,我们学校的文科发展是朝气蓬勃、蒸蒸日上的。比如,新闻系办的《改革信息报》公开发行,走向全国;"史沫特莱在中国"研讨会在全国产生巨大影响;等等。1987年7月召开第一次文科工作会议后,文科发展反倒停滞不前。20世纪90年代后,更有江河日下的趋势。我们的科研课题报不上去;文科教师队伍流失严重,尤其是新闻系、外语系;图书馆里,文科资料奇缺;文科教学滞后,科研档次低下,文科教师心情苦闷。这样下去,华工迈不进综合性大学的门槛,怎么成为一流大学?

(2)华工文科发展在全国理工科大学中起步早,而近几年来停滞。其原因是多方面的,其中最重要的一条是学校领导的问题,主要表现为两个"不够":一是思想认识不够。对办综合性大学认识不够,对办文科的重要性尤其认识不够。有的领导口头上说文科重要,实际上不当回事,或只当摆设,或让其自生自灭。每年学校工作计划很少谈文科，或者根本没有文科的内容。新闻系的《改革信息报》因为白报纸没有计划，要求学校每年补助一点点钱去购买计划外的，学校不给，硬生生地把一张办得风生水起的报纸给停了，真可惜！二是情况了解不够。学校领导、学校各部处负责人几乎全部都是工科出身的，他们不太了解文科的特点或规律。如长期以来对文科是否有科研、文科的科研是什么都争论不休；对文科教师写的文章、出版的著作算不算科研成果都表示有疑问；所有工作布置和检查全部要文科向工科看齐，完全不顾及文科特点，有些表格弄得文科教师哭笑不得。

因此，我个人认为，必须采取措施，尽快中兴文科，大力发展文科。为此目的，必须成立一个文学院，并且任命懂文科、爱文科的领导管理这个学院。

第二点，我对文学院的期许。

（1）我个人认为，文学院的主要职责是在这个工科强大的校园制造一种人文氛围，即宽松的政治环境：掌握好政策，厘清政治与学术的关系，在坚持四项基本原则的前提下，实行百花齐放、百家争鸣。文学院要按照文科自身的规律发展文科，为把华工建设成为一流大学发挥一个方面军的作用。文学院建立后，必须做到"三个有利于"：有利于文科学科建设与专业发展，有利于调动广大文科教师队伍积极性，有利于文科教学、科研水平的提高。

所谓有利于文科学科建设与专业发展，主要是指有利于文科学科水平提高与学科专业的发展，专业数量与质量都要顾及。我校文科长期以来，都是一个系一个专业，每年招收一个小班的学生。这种情况，专业教师难以形成梯队，难以开展教研活动，更难以进行科研活动。如果像目前人文学部这样，把每个系作为一个教研室来办，提出所谓"系办专业"的方针是不利于学科发展的，只能是限制学科发展。当然，发展的规模与速度要根据需要与可能。需要主要指社会需要，可能主要指两个方面的条件：学校经济承受能力、学科专业的师资队伍，不能超越经济承受能力，也不能超越师资承受能力。无论如何，要发展，发展是硬道理，不发展就会死亡。

所谓有利于调动广大文科教师队伍积极性，主要是要使大家看到华工文科大有发展前途，在这里工作有奔头。调动积极性，做思想工作是必要的，但创造一个良好的工作环境，使大家看到前途更有必要。然而，文科教师在华工处处感到是"二等公民"，没有地位，不被重视，教师心灰意冷。

所谓有利于文科教学、科研水平的提高，主要是既按文科规律指导文科发展，又充分发挥华工校园里强大的理工科氛围，实行学科交叉，促进文科发展。建议对华工原来的"应用为主，交叉见长，特色取胜"的发展文科的方针做些微调,改为"加强基础,注重应用,交叉见长,特色取胜"。

(2)我希望文学院成为华中理工大学建设发展文科的领导决策机构,而不仅仅是一个执行机构,更不能只是一个办事机构。它担负着重大的任务:一是探求理工科大学办有特色文科的规律、制度和相应政策,并督促各系执行之;二是对外联络,即对国外、校外的联络,首先争取社会的支持,争取国家教委的支持,并逐步与国外的学校建立联系,走向世界;三是通盘考虑专业设置,采取有力措施加强师资队伍建设;四是向学校和社会争取经费,适当增加教学和科研设备,添置图书资料,改善教师工作条件。

总之,文学院应该是一个实体,即学校管理文科的实体,有人权、财权、专业设置申报权、教师考核权等。

现在看起来,我对杨校长所说的无论是内容还是语气都很不合身份,简直有点"冒犯"。真不知道当时是哪来的"毛胆"。事后,我还有点后悔甚至后怕,悔不该那么不知轻重,不管不顾。好在德高望重的杨校长对我的"放胆言说""冒犯领导"好像一点都没有不高兴的表现。谈话结束后,他连连对我表示感谢,还起身把我送到办公室门口。后来,杨校长和其他校领导没有因此给我小鞋穿。这也是我后半辈子拼命为华工工作的一个重要原因吧!

(三)自找的麻烦事

检讨当时向各级领导坦言的动机,其实是很简单的,归纳起来就是两点:第一点是我太爱华工,太爱华工新闻系,不希望它走下坡路;第二点是怕失业。大学毕业后搞普教多年,好不容易找到了一个搞学术的地方,并且初步找到了搞学术的感觉,一旦这地方出了问题,那我怎么办?而我坦言的勇气是知识分子的传统秉性使然:"位卑未敢忘忧国"。一个普通得不能再普通的教师,操心系、学院、学校的学科发展大事;且有话就说,如鲠在喉,不吐不快,不计后果,不管得失。

没想到我是在自找麻烦。1993年底,系主任程世寿找我谈话,说与程道才书记商量、请示了刘献君老师,打算任命我为新闻系副主任,原因很简单,就是"你有很多好的想法"。显然,这是三次约谈惹的祸。

我一听,感觉他有点开玩笑,便毫不犹豫地推辞。我说,我之所以谈那些想法,只是供你们领导参考,于我而言,只是情急之下,把要说的话说出来,图个嘴巴快活。再说,我天生不是做行政的料,脾气暴躁,性格孤僻,个性清高,思想方法简单,一根筋,遇事不转弯。教书还可以,钻故纸堆也有兴趣,跟人打交道是我之短。况且,我已经是奔五的人了,时间对于我来说太宝贵了,我不愿意把宝贵的时间浪费在扯皮拉筋的事情上。

他不能说服我。事情就这样僵持了。

一些老师来做我的思想工作。有的可能是老程授意,有的可能是自发的。谁是什么情况,我不知道,也没有必要知道。

我的顶头上司、教研室主任王益民教授是一个性格耿直、说话也直的人,他的话单刀直入,说:"要你搞,你就搞,为什么不搞?"

周泰颐老师是一个德高望重的老教师。有一次,她十分正式地与我谈话。她说:"以前我说过,吴廷俊只适合钻故纸堆,搞学问,现在我还是这样认为。但是当下的形势危急,新闻系的发展进入低谷,老程很着急,要有人出来帮一帮。你既然贡献了想法,为什么不能做点牺牲,把手中的研究放一放,帮老程他们把想法付诸实施?帮助系走出低谷,把系里的工作搞上去,这比你写几篇文章、写几本书的贡献都大得多。"

老教师们的话虽然语重心长,但是似乎没有说服我。因为我知道,一上套,就得拉车。我这个人身上有点冒傻气,不干则已,要干就全力以赴。全力干行政,那我的身体,我的科研呢?况且,干行政是个无底洞,是一个吃力不讨好的活。因而,这一步不能随便迈出去。

我推辞不就,还有一个原因,就是认为这次班子调整的做法——"吴廷俊替换屠忠俊"——很不合时宜。屠忠俊任系副主任的时间不到两年,这次调整要他下,他会怎么想?我俩今后将怎么相处?我再傻,也不能不对此有所顾忌。程世寿解释说:"老屠是一个'不计名利,乐于做学问'的人[①],我负责他没什么问题。"老程的解释难以使我信服。

老屠似乎看到了我的顾虑。有一次,我到他家借大钳子(他是学工出身,工具比较齐全),他对我说:"吴老师,你就搞吧,新闻系垮了,我们以后领退休工资的地方都没有了。"

我还能说什么呢?

1994年1月,学校撤销人文学部,并发文成立文学院,由学校党委常委、宣传部部长刘献君兼任院长,辖新闻、中文、哲学、政法、社会学、艺术等六个系。文学院设立党总支,各系党总支撤销。新闻系的机构调整,程世寿任文学院副院长兼新闻系系主任,新闻系原总支书记程道才改任系副主任,原系

---

① 程世寿:《我亲历的90年代三件事》,载张昆主编:《三十五年回眸——喻家山下的新闻传播教育情缘》,华中科技大学出版社2019年版,第52页。

副主任申凡留任,新任系副主任吴廷俊。就这样,我成了新闻系第三副系主任,协助系主任程世寿分管学科建设和研究生培养,还协助汪新源老师负责杂志《新闻学探讨与争鸣》①编辑部的工作。

(四)生死存亡之秋

新闻系新领导班子面临着十分严峻的形势。如果说文科在华工遇到生存危机的话,那么新闻系更是挣扎在死亡的边沿。文科在华工没有地位,而新闻系在文科中处于被歧视的状态。其中原因是多方面的,既有中文、哲学、经济学、社会学教师的学科偏见,也有我们新闻系自身的问题。

就前者讲,在文史哲教师心目中,"新闻无学",新闻本身没有学问,新闻系教师也都是转行的,并且大多没有受过学术训练。我在与几个系的老师打交道的过程中,隐隐约约地感觉到这一点。

就后者讲,与我们系这几年发展状况有关。以下两次活动的反馈意见很能说明问题——

第一次,1994年9月23日,国家教委新闻专业评估小组一行人②进校对新闻专业进行评估。他们实地考察,与教师和学生座谈、收集意见之后,在肯定成绩后指出存在问题,提出改进建议。评估小组话虽然说得很委婉,但是内容实际上很尖锐:师资队伍很精干(教师数严重不足);师资队伍确实需要稳定(教师队伍思想不稳);教师有新闻实践经验,需要在学术上提高(教师理论学术水平不高);能否添置、补充、更新实验设备以满足教学需要(实验设备档次低、数量少,不能满足教学需要);能否创造条件,尽快上一个硕士点(没有学位点,说明办学层次不高);能否增加招生指标,适当扩大办学规模(学生数太少,不成规模);特色要探索,但不能理解为只开设几门理工科类的课,也不能只办成科技新闻专业;等等。

评估小组从办学方针、办学层次、办学规模、学科定位、师资队伍、实验设备等方面指出的问题,不能说不尖锐,不能不引起我们的足够重视。

第二次,1995年1月20日至24日,文学院召开学科评审会议。

院长刘献君教授主持会议。他首先讲明为什么要进行这次学科评审:(1)摸清家底。各学科弄清自己在全国的位置;弄清自身的优势、劣势、差距

---

① 《新闻学探讨与争鸣》由原《新闻探讨与争鸣》改名而成。
② 评估组长为何梓华,成员有丁淦林、刘树田、吴高福、刘凤泰、阎志坚。

与问题。(2)明确发展目标。找准定位,突出特色,明确重点,找到突破点,形成强项,改变劣势。(3)制定学科建设的规划。其次,他表示,接下来用整整5天时间,一个系接一个系地会诊,分析实际情况,指出问题,找出解决的办法。

1月23日上午,会诊新闻系。由于与会者都是自家人,话说得很直率,甚至有点不讲情面。根据当时的记载,归纳如下:

(1)现状:档次不高,像"乡镇企业"。主要表现在:没有硕士点,办学层次不高;没有走出国门,甚至走出省门的教师都不多;教师队伍外语水平低,学术研究浅尝辄止,高水平学术成果太少。发言者中,只有社会学系主任刘中荣老师说了一些新闻系的优势,比如说绝大多数的老师都有新闻实践经验,新闻系上上下下比较团结,等等。

(2)如何提高档次? 一是关键要加强师资队伍建设,尤其是加强"60后""70后"教师的培养和提高,尽可能培养自己的硕士、博士,学术带头人要有较高的知名度;二是今年的硕士点要志在必得;三是要走出省门、国门,在全国新闻教育界占有一席之地,并要以这次华文报刊与中华文化传播国际会议为契机与国际学术界建立起联系,开展国际学术活动;四是科研要上水平,要有立项意识,要在立项上有所突破,拿立项课题,上核心刊物,争取科研获奖。

我不知道新闻系其他与会者作何感想,我是如坐针毡,内心喊道:新闻系啊,如果再没有大的举措,再不中兴起来,那只有死路一条。

其实,新闻系新一届领导班子早有危机感和紧迫感。1994年9月19日系会上,讨论本届任期目标时,程世寿就提出了10项指标:(1)上一个硕士点;(2)上一个新本科专业;(3)举行一次国际学术研讨会;(4)走出国门,参加一次国际性学术会议(经费争取学校和系各负担一半);(5)办好一个学术研究中心;(6)新创办一个激光照排实验室;(7)办一个新闻职业培训中心(主要解决经费紧张问题);(8)承接一个有影响的科研课题;(9)出版一部有影响的学术专著;(10)有20万元的资金积累。

教育部专业评估专家的意见和文学院学科评审会议的意见警醒了我们;此外,1996年至1997年,学校某副校长与新闻系的两次谈话虽然有些刺耳,但是也一针见血地指出了我系的问题和存在的危机。[1] 一句话,此乃"生死存亡之秋",我们必须坚定中兴新闻系的决心,加速中兴新闻系的步伐!

---

[1] 具体情况见本章第三节第一目"人争一口气,佛受一炷香"。

二、勉尽微薄之力

阴差阳错,我被逼进了一般人所说的"官场",虽然这种职务没有任何级别,只有每月20元的津贴,但是还得做,并且力争做得好一点。我就是这么一个人,口头答应的事,就一定要付诸行动;一旦付诸行动,就必须尽力把事情做成、做好。我作为协助系主任分管学科建设、科研和研究生工作的副主任,在这场推动新闻系走出死亡边沿、以图中兴的奋斗中,在系党政领导的信任和支持下,在全系老师的共同努力下,主要做了以下三件事:

(一)办好"世界华文报刊与中华文化传播国际学术研讨会"

1. 会议的发起和启动

那还是在我担任新闻系副主任不久,契机是1994年4月底,新加坡南洋理工大学校长率领全校各学院院长访问我校,与我校校长签订两校合作框架协议。

4月29日,新加坡南洋理工大学新闻传播学院院长郭振羽来新闻系访问,程世寿率领系务委员会成员与郭院长座谈,商讨合作事宜。前一天,程世寿应邀出席了校长欢迎南洋理工大学客人的宴会,在宴会上他和郭振羽院长就合作问题进行过简单对话,所以座谈会上气氛融洽,双方很顺利达成两项合作协议:教师互访和联合举办一个大型国际会议。双方就后者进行了讨论:一是关于会议的主题,暂定为"世界华文报刊与中华文化传播";二是关于会议的主办单位,提出除华中理工大学①、新加坡南洋理工大学之外,可考虑邀请中国新闻史学会、新华社新闻研究所,共襄盛举;三是关于会议经费筹集,可邀请几家大型企业,如三峡工程、武汉钢铁公司等赞助,以增加财力;四是关于会议召开时间,定于1995年10月召开,1994年8月发第一次通知(意向通知),1994年12月发第二次通知(征文通知),1995年8月发第三次通知(论文录用及正式与会通知)。

7月24日上午,程世寿召集我和程道才、申凡在学校学术会议中心八号

---

① 华中工学院于1988年改名为华中理工大学。

楼一楼大厅,就有关国际学术会议的事进行了一次实质性商讨。

他首先说,要提高对举办国际学术会议的认识。针对有人"花这么多钱,费这么大力来办这一个会议是否有必要"的议论,他表示,举办这个会议很有必要,是新闻系办学上档次的需要。文学院学科评估时,说新闻系是"乡镇企业"的话对他刺激很大,所以他如是说。他进一步指出,举办这个会,不只是一个会,不是局部工作,而是全系的一件大事,是系里的全局性的工作,必须举全系之力办这个会。我和道才、申凡同意他的意见。

接着讨论办会模式。当时学校各单位办会主要有两种模式,一是自己单独办,二是与校科协合办。我们通过分析认为与科协合办为好:(1)可以解决前期启动经费不足的困难;复杂、麻烦的外事工作不用系里操心;后勤服务工作也不用系里管。(2)系里只管会务就单纯得多,况且我们的人手也不够,也没有办国际会议的经验。(3)经济上利弊各半。如果有盈利,科协会拿大头;如果赔本,也是科协担负大头。

再接着商量成立筹备组。老程说,举办国际会议是件大事,大家都应出主意,想办法。由于办学术会议属于科研口的事,他建议由我负责,办公室李长玉和青年教师李银波参加。后来,筹备工作启动不久,因事情很烦琐,李银波课程较多,没有时间和精力投入,便提出退出。系里决定请老教师屠忠俊加入。因此,在整个筹备期间,事务性的事主要是李长玉办,文秘等方面的事(文件起草和论文征集)主要是屠忠俊办。

最后确定邀请联办单位。虽然新加坡方面答应出资1万新币(相当于5万元人民币),使开会有了一定的经济基础,采取与校科协联合办会模式,可解决诸多困难和麻烦,但是校科协只是负责外事方面的工作,具体会务是由我们负责。对举办这次国际学术会议能否成功,我们心里都没有底,都认为还需要有号召力的大人物牵头。在中国新闻史学会和新华社新闻研究所两者中,程世寿认为中国新闻史学会更合适一些,并指示我与该会会长方汉奇先生商量。

当晚,我便给方汉奇老师打电话,详细汇报了此次国际会议筹备进展情况后,恳请中国新闻史学会举旗参与。方老师听后,很爽快地答应了,并说:"新闻史学会既无钱,又无人,只有一个招牌,你们认为有用就拿去用。"我说:"我们就是需要您和史学会的这块牌子,这是一块金字招牌,一呼百应。"方老师进一步说:"你是新闻史学会的人,我授权你代表史学会参加会务组的工作。"以后,我与新加坡代表郝晓鸣商谈会议筹备事宜时,实际上是三方商谈。

之后，我到校办打国际长途①给新加坡南洋理工大学的郭振羽院长，向他通报了我们这边筹备的情况。郭听后，知道事情已经有了眉目，也很高兴，决定派人专程来汉商量下一步的工作。

8月1日，程世寿和我来到校科协，与科协办公室主任彭世清就联合办国际会议的事宜进行协商，并形成几点意见：

(1)以文学院的名义给学校领导写个报告②；(2)会议尽量减少政治色彩；(3)收费问题：外宾每天120美元，5天计收600美元，内宾收800元人民币，以外宾养内宾，与会人数，内外最好各占一半。当时，我们是国际公认的发展中国家，举办会议时，高收国外代表会务费，是一种国际惯例。

最后还商定，由科协、外事处、新闻系组成一个工作小组，科协为组长单位。

学校有关领导很快批准了这个小组的成立。杨叔子校长明确批示："请科协、外事处、校办等有关部门支持新闻系把这个会开好，并请研究出一个办法报我。"

8月上旬的一天，国际会议工作小组召开第一次会议，并形成以下几点意见：(1)为吸引更多的海外代表与会，会议形式可采取研讨、文化考察一体化。(2)为提高学校知名度，开幕式和第一场大会主题发言必须在学校；然后从宜昌登长江游轮，沿江而上进行文化考察，到重庆举行闭幕式。(3)具体分工为：科协负责整体组织工作、财务安排；外事处负责外宾接待、报批、外宾机票、签证等；总务处负责代表住宿、会议车辆使用、餐饮等；新闻系负责学术论文集编辑出版、代表发言等议程安排，与新加坡方面联系，与与会的代表联络，等等。

不久，新加坡南洋理工大学郭振羽教授派遣的代表郝晓鸣来汉。郝晓鸣教授原本是中国新华社记者，留学美国获博士学位后到新加坡就职。因此他对中国的情况很熟悉，我们沟通起来也很方便。我俩商量决定了这样几件事：(1)明确会议主办单位：中国新闻史学会、华中理工大学、南洋理工大学；(2)三家组成秘书处：吴廷俊、郝晓鸣为主理秘书长，分别在华中理工大学、南洋理工大学设立两个秘书处，分头征集会议论文；(3)确定会议名称："海外华文报刊与中华文化传播国际学术研讨会"。此外，关于外宾代表的收费，郝晓

---

① 两年的筹备时间，我们与国外与会者联系都是使用学校国际长途，此外，还有电传、打印等。当时，国际长途话费很贵，校办为我们办会节省了一笔不小的开支。

② 当时文学院是实体，新闻系没有行文权，程世寿是新闻系主任兼文学院副院长，对于这一条，程当场就答应了。

鸣提出,需要进一步了解后再决定。我也请郝晓鸣回去后,落实南洋理工大学1万新币的资助费问题。

我和郝晓鸣的会商及三项决议的形成,表明此次国际会议的发起工作告一段落。

2. 筹备工作紧张而有条不紊地进行

8月10日,程世寿召开系务会,我报告了国际会议启动的情况。程世寿再次郑重地宣布,国际会议这件事以后由我全权处理,具体事情他不再过问;并决定系里拿出5万元作为启动经费。程世寿宣布的两条又给我增加了压力。领导越是信任我,我越是感到责任重大,越是要把事情做好,不辜负领导的信任。我就是这么一个人。

这次系务会后,国际会议进入正式筹备阶段。在前面提到的9月19日的系务会上,在讨论了本届任期目标后,还议论了"海外华文报刊与中华文化传播国际学术研讨会"的有关情况:(1)关于人员邀请:外宾的人数尽可能多一些,内宾的规格尽可能高一些;(2)资金筹措:以招标方式筹措。

会后,我与新加坡南洋理工大学的郝晓鸣通电话,汇报本次系务会讨论的意见。郝晓鸣说,新加坡1万新币的资助费已落实,此项费用包括新方三位与会者的会务费。

为国际会议筹备事宜和其他的一些事情,根据系里的安排,我于1994年10月9日至16日专门出差北京。

在京期间,我访问了原中新社社长王士谷先生。他对国际会议提出了两点建议:(1)要使会议成为海内外研究华文报刊的学人及海内外华文华语传媒从业人员的一次大聚会。出席会议代表范围划定为:其一,国内研究海外华文报刊的学者;其二,国内向海外发行的华文报刊的负责人;其三,港澳台的报人与学者;其四,海外研究华文报刊的学人与华文华语传媒的从业人员。(2)要以这次会议为契机,成立一个研究海外华文华语传媒的常设机构,对此进行全面的系统的研究。

我到中国人民大学向方汉奇老师和中国新闻史学会秘书长谷长岭汇报了国际会议筹备的情况。方先生对召开这次国际会议很是赞成,表示他和中国新闻史学会全力支持,并提出一点意见:因为有从业人员参加,所以对外宾的文章的录取标准可以稍微放低一点。

我还访问了华声报社总编辑周俪、中国记协国内部主任阮观荣,以及新华社的文有仁、顾文福、徐怀中等。

16日中午,我回到华工。紧张的6天,奔波的6天,收获满满。

时间进入到 1995 年 3 月。从 1994 年 7 月启动,至此已历 8 个月。国际会议筹备工作得到学校领导的重视。3 月 1 日,校长杨叔子院士亲自召开国际会议筹备座谈会,筹备工作组的成员参加。程世寿首先汇报了会议的意图与意义,接着由我报告前期的筹备情况及今后的工作打算。

关于前期的筹备情况,我分为两个阶段进行了汇报:

第一阶段为 1994 年 7 月至 8 月。主要是分析形势,下定召开这次会议的决心。为此,新闻系先后召开过三次系务会,并与校科协彭世清探讨过两次,同朱梅林主席探讨过一次。大家最后形成共识,认为召开这次国际会议是及时的,也是必要的:(1)有助于新闻系学术水平的提高。新闻系教师一定要凭高质量的论文与会,同外宾交流,提高自己。(2)有利于新闻系知名度的提升。通过筹备和举办会议,提高我校新闻系在全国乃至海外的知名度。(3)为新闻系走向国际开一个头。此次打开大门与国际同行学者交往,为以后"请进来,走出去"创造条件。工作组确立办会原则为:(1)以学术交流、提高学术水平和本校新闻系知名度立场办会;(2)以会养会,尽量减少学校在经济上的负担;(3)力求把联系到的名家请到,最大限度扩大学校的影响。

第二阶段从 1994 年 9 月至今。主要做了五件事:(1)向学校写报告;(2)向国家教委提交申请;(3)拟定和发出第一次通知;(4)收阅第一次回执和论文提要;(5)拟定和发出第二次会议通知。

从目前情况看,势头可喜。其主要表现为:

(1)得到校领导和有关方面的关心和支持。杨叔子校长不仅对校科协的报告作出批示,而且多次过问进展,作出重要指示。最主要的有两次:一次是阐明会议的意义,指出这不仅是一次国际学术会议,可以提高新闻系和学校的学术水平,而且是一次很好的宣传学校的机会,请来海内外新闻界的朋友,对宣传学校有很大的好处;一次是指示借开这个会议的机会把新闻系打扮一下,没有钱,借钱也要打扮,将实验设备更新一次。学校领导都很关心会议的筹备,如校科协印制、寄发通知,外事处拟定和提交申请,校办的电传室、打字室也都出力不少。

(2)第一次通知发出后回函情况比预想的好。回执踊跃,包括美国、法国、加拿大、日本、韩国、新加坡、马来西亚、泰国、巴西、埃及等 10 多个国家的学者和报人回执愿意参加;国内收到的回执来自新华社、中新社、农民日报社、江西广电厅、北京大学、中国人民大学、复旦大学、暨南大学、四川大学、郑州大学、武汉大学、国际关系学院、中央民族大学、西北大学、中国社科院、福建侨联、福建社科院、黑龙江社科院等大学、研究单位的学者,以及香港、澳门的学者。他们中80%的人不仅寄来回执,而且寄来了论文提要。应允与会的名家中,不少人还提出了一些好的建议,比如举办海外华文报刊展览,进一步成立"全球华文报刊研究中心"等。

(3)得到各方面的支持:国家教委已经批复,同意会议召开;学校党委宣传部根据国家教委批复文件的有关精神,已报湖北省委宣传部备案。

关于今后拟做的工作,我汇报说,第一,进一步动员更多名人与会。这一点的困难在经费上。国内的一些名人大多数已经离退休,他们与会就必须由我们提供差旅费和会务费,因此要尽可能地拉点赞助费,拟主要请湖北日报社和三峡工程开发总公司新闻处赞助。第二,办一个海外华文报刊展览,进而成立海外华文报刊资料中心或研究中心。这一点,刘献君部长很重视,多有强调,并指示艺术系派人给予协助。

我汇报后,杨叔子校长发表讲话,进一步阐明了此次会议的意义,并表示了学校支持的态度。

最后,刘献君部长总结。他说,一定要争取把这次会议开好;还要争取成立研究中心,学校已将该课题列入学校"九五"重点规划。

当时,由于历史的原因,海峡两岸来往尚未完全松动,此次会议有较多台湾学者报名,引起有关方面的高度关注。为了解决这个问题,7月5日下午,学校党委书记李德焕和分管外事工作的钟伟芳副校长召集刘献君(党委常委、宣传部部长)、程世寿(新闻系系主任)、朱梅林(科协主席)、张兴敏(外事处副处长)、彭世清(科协办公室主任)以及我等有关人员开会,听取汇报,研究对策。

钟伟芳副校长首先讲了三点:(1)此次会议政策性很强。按规定,台湾代表要单独另报。(2)对于国家有关部门和机关派人与会的事,我们要持欢迎态度,并且配合他们的工作。(3)我们开的学术会议,不容许有人掺杂其他因素,授人以把柄。这一点一定要把握好。

接着,李德焕书记针对这些问题发表讲话。他说,要主动到北京找国务院侨办汇报情况,增进了解,争取支持。我们一定要采取积极态度把这个会办好。台湾与会者一定要另报,并且要落实:分两个层次报,一是我们邀请的,一是对方申请参加的。

根据李德焕书记和钟伟芳副校长的指示,为解决台湾代表参会的问题,我于7月12日至15日再次北京行。

我先到国家教委港澳台办汇报台湾代表参会的问题。我首先汇报了台湾代表所在的研究机构及规格,解释说,朱传誉、王嵩音、李瞻、马骥伸、潘家庆、沈慧声、郑贞铭等人的与会对提高会议规格、学术交流都有一定的正面作用;其次汇报了台湾代表的论文提交符合撰写程序——先提交提纲,再撰写全文,内容也是围绕大会秘书处规定的主题①。台办刘主任听完后说,作为国家教委港澳台办,对自己的高校办这样的学术会议肯定是支持的,对台湾代表与会他们也会大力促成,使其成行;当前国台办对台湾问题抓得比较紧,送上来的报告他们还是要请示一下;既然这个会已经批了,并且会期临近,他们一定力所能及,尽力想办法使会议如期开,并开好。

再到国家侨办,孙兴盛处长接待我。听我汇报了会议筹备情况后,他说:"我们长期以来都想组织一次这样的活动,把海外华文报人请回来聚一聚,交流下情况。现在看到你们办这个会,我们很高兴。"他说,要通过办会,把中心也成立起来。台办如何参与,得请示领导后再决定。孙处长自己表示愿意与会。并指示说,湖北省外办、侨办,都应该向他们讲一讲,让他们知道有这么个事。

我还到中国科协宣传部作了汇报,得到他们更加支持的表态。

其他筹备工作,比如争取湖北日报社、三峡工程开发总公司新闻处的赞助款的落实,武汉长航海外游轮公司白帝号游轮的落实,论文集出版的落实,等等,都紧张地有条不紊地进行着。

3. 最后一项工作在绝望中峰回路转,完美解决

筹备工作的最后一项是落实大会在重庆的闭幕。

我原来把这项工作的落实寄托在《大公报》老人王文彬先生身上。由于研究新记《大公报》史的原因,我与王老通信联系多年,但一直未能谋面。他是一个十分可敬可爱的老人,对我的研究给予了很大的帮助。得知我们要办这样一个会,他很高兴,对会议秘书处将闭幕式安排在重庆,他也认为很合适,非常痛快答应帮忙找单位解决此事。他是当年重庆《大公报》馆的经理,是共产党的朋友,新中国成立后,他先后担任过重庆市司法局局长、交通运输局局长、四川省人大常委、重庆市人大常委兼副秘书长等职务,1983年起任重庆市政协副主席,在重庆政界,尤其是新闻界有很高的声望。

虽然如此,但我不敢掉以轻心。闭幕式,很重要的一环,万一有什么闪失,会使整个会议功败垂成,在国际上造成坏影响。

1995年7月19日,我到重庆落实此事。

到重庆后,首要的当然是找到王老。我俩未曾谋面,于是在电话中约定

---

① 台湾代表提交的会议论文为:朱传誉《中国传播史研究述要》、王嵩音《报纸对中国大陆现代化报道之研究》、郑贞铭《现代化与华文传媒》、马骥伸《从经济发展与政治变迁析论台湾华文报刊的过去与未来》。

会面的时间、地点和方式。王老说:"重庆是山城,你不熟悉城区,到我家来不好找,20 日上午 10 点,我在嘉陵江畔某段等你。"并说,"一辆小车旁站一个瘦高个、满头白发、在手臂上挽着一件上衣的老头,那就是我。"王老真是心细啊!

按照王老规定的时间,我与在重庆晚报社工作的华工新闻系 87 级学生江波一道准时在嘉陵江畔顺利见到了王老。在随后的两天,王老带着我先后会见了现代工人报社党组书记、总编辑姜旭中,新闻报社社长赖炳文,重庆日报社社长、总编辑张福华等。也许,碍于王老的面子,他们都很客气,认真接待,并都认为是件好事,但都认为兹事体大,需要研究后再作答复。我只好耐心等待。

25 日,我得到了三家报社拒绝我请求的答复。三家答复,同出一辙:接待外宾,单位作不了主,要报上级。我后来从侧面了解到,他们根本就没有打算接待这个会议的意思。外事活动单位不能作主,这是实情,但是,思想保守,听说有中国台湾代表,唯恐避之不及,才是根本原因。

我绝望了,眼前一片茫然!在重庆,我除了认识王文彬老先生,再就是我的学生江波。江波到报社才 4 年,立足未稳,想帮忙也是心有余而力不足。王老都无能为力,一个小青年有啥办法?但是在聊天时江波无意中给了我一个重要信息。他说,重庆市政府有一个市长助理,此人年轻,敢作敢为,有魄力,抓城市"创卫"敢碰硬,遇到不按规矩泊车的副市长专车也敢下牌照,因而在市民中口碑很好。还说,此人是复旦新闻系毕业,并且他的秘书小赵也是学新闻的,是川大新闻系的毕业生。

说者无心,听者有意。从这些信息中,我似乎看到了一线希望,忙给小赵打电话①,告知了我的身份,并提到川大新闻系,还说我与邱沛篁老师是好朋友。他一下就兴奋了,说要请我吃饭。我说,吃饭就免了,有一事请他帮忙。我就把到重庆的来意和碰壁的情况略微说了一下,并提出想见一见市长助理,希望他帮忙安排一下。小赵痛快地答应了。

当晚,小赵便给我回电话,约我第二天到那位市长助理办公室。我听后兴奋不已。26 日上午 10 点半,我按预约时间准点而至。那位市长助理非常热情。小赵给我倒了茶,就退了出去。我的话题当然从复旦新闻系谈起,那位市长助理很有兴趣地谈到他在复旦学习的情况,特别提到宁树藩老师。宁老师本来也是我敬重的老师,我们一下子找到了共同话题。从宁老师入手,我向他详细地汇报了国际会议筹备情况,并说,作为中国新闻史学会副会长

---

① 该助理为接受市民举报,指示其秘书小赵公开电话,并且 24 小时开机。

的宁老师也是这个会议的积极支持者和参与者。他听后,十分爽快地答应,会议代表到重庆后的一切活动都由市政府负责安排,包括:(1)派大交通车到码头把代表接到酒店;(2)包租一个会场,供闭幕式用;(3)安排一次宴会;(4)会议结束后,派车将代表或送机场,或送车站。

之后,那位市长助理还留我在市政府食堂共进午餐。

正当我走投无路时,老天让我遇到了那位市长助理!一切来得那么突然,并且一切解决得那么完美!我在心里默默祈祷,感谢冥冥中帮助我的诸位神灵!神仙助我,在我"山穷水复"时,碰到"柳暗花明"!7月28日我离开重庆,乘船沿江而下返汉,7月29日回到学校。8月3日,与会者的最终名单也统计出来了:外宾44人,随员11人,计55人;内地代表54人,随员6人,计60人;各类工作人员5人。共计120人。

如此大规模①的国际学术会议,是华中理工大学历史上的首次!

4. 会议隆重召开

9月,会议筹备工作进入倒计时。距离开会的日子10月12日越来越近,我的心情越来越紧张,生怕有什么意外发生。正在这个时候,9月7日,我弟弟从荆州打来电话说,我的老父亲去世了!我的老父亲已经卧病有时,我在到重庆之前曾到荆州看望过他,当时,他精神还好,我用刮胡刀替他刮了胡子,安慰他,希望他尽快好起来,我还特意在他上衣口袋里放了一张我的名片,表示我陪在他身边。还说,等这次国际会议闭幕后,再回来看他。没有想到,他没有等到我主持筹备的国际会议开幕就走了!我和我爱人急急忙忙赶回荆州,办完丧事,没有能按当地风俗至少守孝7日,在第4天就赶回学校。临行前,我对母亲说:"对不起了,自古忠孝不能两全,我要回学校了,好在有弟弟妹妹在您身边。"

回校后,就更忙了。

9月16日,湖北省国家安全厅的处长、科长来学校,在学校保卫处的领导陪同下,向我了解国际会议的有关情况,包括议程安排、境外与会者,等等。

9月21日,筹备工作组讨论有关事宜。首先是最后一次审核工作文件;接下来是确定筹备组各单位(校办、科协、外事处、新闻系)的分工:(1)落实代表住房;(2)落实接机、接车的车辆;(3)报到及收费;(4)校领导到房间看望代表;(5)安排报到的当天晚餐,校领导宴请海内外知名人士;(6)开幕式会场布置;(7)代表合影地点的选择与场地摆设;(8)游览华工校园的车辆、路线、登

---

① 主要是就境外代表的人数之多和分布地域之广而言。

南一楼顶鸟瞰校园全境的电梯安全保障;(9)参观新闻系;(10)开幕当天午宴的准备与安排;(11)文件装袋;(12)向校办借用一部手提电话(当时全校只有两部手提电话,均由校办掌握着);(13)落实荆州、沙市、宜昌的接待及相关活动安排。

9月29日,晚上,杨校长在南三楼二楼会议室,主持召开国际会议筹备工作检查汇报会。会议议程有:

首先,由我汇报前阶段准备情况,特别是与会论文情况。本次会议秘书组共计收到论文60余篇,经专家评审录用48篇。除美国东西方研究中心朱谦教授的论文《二十一世纪的大众传播与中华文化》是英文稿,其余全部是中文稿。秘书处编辑后,将以华工学报社科版的增刊形式出版。此外,还有新加坡南洋理工大学郭振羽教授的《新世纪、新趋势、新挑战——展望21世纪世界华文报业》作为特稿录用。

其次,商讨迎接代表、开幕式活动的分工。除21日安排落实的13项外,还增加2项:邀请省市领导;邀请新闻记者。

最后,学校决定,校党委常委、党委宣传部部长刘献君教授为驻会校领导,从开幕一直跟到闭幕,以便与驻会的国家相关单位代表联系,处理会议的突发事件。

10月9日,下午,新闻系会务组召开会议,对会务工作做最后的检查:(1)关于文化考察的要求与分工;(2)会前几项工作的分工;(3)上船后的几项工作的分工;(4)督促长江海外总公司落实几件事;(5)开幕式会场布置,主席台座次和台签;(6)准备需要带上船的物资。

经过一年半的紧张筹备,会议即将拉开帷幕。10月11日全天为与会代表报到时间。各项工作按部就班地进行,没有出现一点纰漏。当天下午,新闻系主任程世寿与部分与会者座谈。晚餐学校领导宴请,应邀出席的与会代表有:郭振羽、朱谦、李瞻、方汉奇、甘惜分、宁树藩、洪一龙、陈韬文、马骥伸、朱传誉、林景汉、潘家庆、刘恒修、黄克芳、林任君、陈国祥、王士谷、王鼎康、朱文英等19人。

10月12日上午9时,"'95海外华文报刊与中华文化传播国际学术研讨会"在华中理工大学国际学术交流中心——八号楼三楼报告厅隆重开幕。全体与会代表及华中理工大学新闻系全体师生出席开幕式[①]。开幕式由大会

---

① 开会前,我以会议主理秘书长的身份做了一个简短讲话,主要汇报会议的来历、筹备简况、主办单位及会议代表的人数等。

主席之一的华中理工大学新闻系主任程世寿主持,大会主席之一的中国新闻史学会会长方汉奇致开幕辞。

开幕式后,全体代表移步校图书馆门前合影。

第一届会议全体代表合影

接下来,即进行大会主题发言,方汉奇主持,有海内外著名学者朱谦、朱传誉、朱立、贾培信、王士谷等人做大会发言。

之后,按计划游览华工校园。

午餐后,与会者登上大巴直奔荆州,参观荆州博物馆,游览荆州古城墙,出席中共沙市市委宣传部举办的晚宴。而后,全体代表在沙市码头登上长江海外白帝号豪华游轮往宜昌进发。

分组讨论①安排在游轮上进行。

3天半时间内,小组讨论共进行2次,大会交流进行1次。在讨论中,与会学者各抒己见,畅所欲言,大家对华文报刊的发展历史、现状进行实事求是的分析,对其发展前景进行理性探讨。既有观点的交锋,又有思想的交流,有些问题达成了共识,暂时不能达成共识的保留己见。比如,海外华文报刊的爱国主义,到底是指爱中国,还是指爱所在国?

---

① 录用的48篇学术论文按内容分为9个单元,代表对应分为9个小组。9个单元具体为:(1)关于华文传播宏观论述;(2)关于海外华文报刊的宏观论述;(3)中国华文报业的历史与现状;(4)海外各地华文报刊的过去与现在;(5)历史上的华文报刊;(6)华文报刊的个案研究;(7)大众传播与现代观念;(8)中文报业的电脑化问题;(9)华语广播与华语电视。

10月16日中午，白帝号游轮停靠在重庆朝天门码头。重庆市政府安排大巴将代表接到事先联系好的酒店。

17日上午，在重庆市政府礼堂举行大会闭幕式。

重庆市政府的那位市长助理到场发表热情洋溢的欢迎辞。

大会主席之一、南洋理工大学新闻传播学院院长郭振羽致闭幕词。郭振羽说，这次国际学术讨论会是一次具有历史意义的会议，之所以如是说，理由有二：其一，这是有史以来世界华文报人和研究华文报刊的学者的第一次大会师，并且与会者人数多，来源广，大家围绕华文传媒的历史、现状与未来发展这样一个主题进行了比较深入的讨论。其二，这次会议的开会方式极具创新：与会者聚集于雄伟的江城——"白云黄鹤的地方"开幕，然后在白帝号游轮上"畅游三峡，逆流790公里而上"，在轮船上开展学术讨论，听江中波涛翻滚，观两岸美景如画，代表们的思想特别活跃，心情特别舒畅；此外，会下，与会者三五成群，船头船尾，思想和感情的交流、友谊的增进，其成果也不可小觑。今天，大会在美丽的山城——中国抗战的陪都重庆举行闭幕式，也颇具纪念意义。对重庆市政府的热情接待表示诚挚的谢意！

中午，市长助理设宴招待与会者。

这次学术会议在中国新闻界、世界华文传媒界产生了重大影响，中国大陆的《人民日报》《华声报》《湖北日报》《长江日报》《重庆日报》，中国台湾的《中国时报》，新加坡的《联合早报》，以及东南亚、欧洲的多家华文报纸都刊登文章和图片，予以了报道。

这次学术会议极大地扩大了华中理工大学新闻系的社会影响，不仅在国内知名度大增，而且在国际上也产生了一定的影响。

这次学术会议我们还有一个收获，就是比较广泛地了解到了境外一些大学新闻教育的相关发展情况。[1]

这个会议往后办成了一个系列会议，成为中国新闻史学会、中国华中科技大学[2]、新加坡南洋理工大学的一个知名品牌会议[3]。此为后话。

有一点遗憾的是，大家寄予厚望的"华文报刊资料与研究中心"，因为国

---

[1] 会前，对此做了安排：汪新源、周泰颐与台湾文化大学马骥伸、林慧声接谈；程世寿与郭振羽接谈；程道才与马来西亚林景汉接谈；吴廷俊与台湾政大潘家庆接谈；屠忠俊与台湾政大郭贞接谈；汪苏华与香港中大陈韬文接谈。主要了解专业设置、课程体系、师资结构、教学设备、培养目标、科研情况等。

[2] 2000年5月26日，原同济医科大学、武汉城市建设学院与华中理工大学合并，组建华中科技大学，它又可简称为"华科""华科大""华工"。

[3] 2001年召开第二届会议。以后每两年召开一届。

家民政局不批准,始终没有能建立起来。

这次国际学术会议之所以办得如此成功,原因是多方面的。首先是中国新闻史学会、新加坡南洋理工大学和华中理工大学三个主办单位的通力协作。方汉奇会长举旗,大大增加了会议的号召力。郭振羽教授充分发挥自己在海外的影响力,并且首先拿出1万新币作为筹备费,又派出郝晓鸣教授作为会议筹委会的主理秘书长之一,人力财力大力投入办会。华中理工大学的校领导的重视和支持不可或缺,杨叔子校长、李德焕书记、钟伟芳副校长、刘献君部长,还有其他很多校领导不仅对我们有求必应,而且主动过问,当我们碰到大事,他们都是出主意想办法予以解决的。刘献君部长作为驻会领导,保证了会议顺利进行。新闻系更是全力以赴,系务委员会的所有成员认识统一,意志统一,劲往一处使。老程决心大,当时能拿出5万元,几乎是新闻系的全部家底。他在系务会上对我说,他已做好赔光的思想准备,嘱我不要有顾虑,要大胆地搞。所以我一切精打细算,出外办事,能坐公交的尽量坐公交,尽量不打的。如前所说,校办电话、文印室、电传室为我们节约了不少钱。所以会议结束后与科协结算,我们的5万元一分未动,还赚了4000多元。同时,还仰赖全国许许多多专家学者的多方关心,出谋划策。复旦大学新闻系这个牌子和宁树藩老师在学生中的威望,就解决了大会在重庆闭幕的大问题。

当然,毫不谦虚地说,我也尽力而为了。记得10月18日上午,我陪同方汉奇先生和方师母前往拜会王文彬老先生。中午,王老宴请,席间,我居然拿着筷子睡着了。我隐隐约约地听见方师母说:"不要弄醒他,他太累了,睡觉比吃饭更重要。"

(二)争取到新闻学硕士学位授予权

我们华工新闻学专业与武大新闻学专业是国家教委于1983年7月一个文件批下来的(同时批准的还有吉林大学、兰州大学的新闻学专业),并且华工新闻学是建系的当年即1983年开始招生,武大新闻学则是建系后第二年即1984年开始招生。但是,武大新闻系在1985年即获得硕士学位授予权,我们一直没有。没有硕士学位授予权,成为华工新闻教育的短板,成为校内外小瞧我们的口实。

平心而论,出现这种状况的原因是多方面的。首先是我们新闻系的早期领导将办学重点放在本专科教学上,认为办新闻教育的目的主要是培养新闻记者,而不是培养新闻学者,所以有无硕士学位点不是特别重要。其次是学校领导的问题。当时学校每年评职称,不给新闻系正高职称指标,致使新闻系创办多年,一直没有正教授。直到建系10年后,于1993年才实现教授职称零的突破,程世寿、王益民晋升为教授。没有教授,连副教授都很少,构不成学术队伍,怎么能获得硕士学位点呢?

没有学位点,不等于没有研究生教育。华工新闻学硕士研究生教育走的是一条特殊的道路,即先争取招生权,再争取培养权,最后争取学位授予权。对于这条"特殊的道路",以及这一路上的艰难,现在的同人是难以理解和想象得到的。

1. 另辟蹊径

1985年,学校从培养师资的角度考虑,同意新闻系招收研究生,送到校外委托培养,取得学位后,回校任教。当年招收刘智,次年招收刘燕南,送到中国社科院新闻所委托培养。

1987年,又进了一步——自己招生,自己培养,即本系招生,本系配备指导教师,本系设置课程,并由本系教师授课,但要到有硕士授予权的单位组织论文答辩,并申请学位。这种情况一直持续到1994年。因为汪新源主任是复旦新闻系毕业的,又与中国人民大学新闻系何梓华老师关系比较密切,所以1994年以前毕业的几届研究生是到复旦或人大申请的学位。

1992级研究生刘洁、别社红、邓长海(指导教师分别是王益民、申凡、程世寿)到1995年毕业的时候,就碰到麻烦了。不知什么原因,以上两位老大哥学校不再接受外校研究生来申请学位。系主任老程叫我另想办法。

我刚刚从老屠手上接过此事,一时间一筹莫展。后来就决定学习老汪求助于自己母校的做法。于是我带着系里的介绍信来到武汉大学,先找到新闻系办公室,得到的回答是:这样的事情系里无权答复,必须先找学校研究生院;我就找到研究生院办公室,得到的回答是:这种事只要相关系里同意就行了,不必经过研究生院。刚刚"当官"的我,就在母校的官场上遭遇到"踢皮球",被打蒙头了。我没有折回武大新闻系,而直接回华工了。

因为我知道,武大、华工是同城"冤家",两校新闻系的关系也比较紧张,武大是不可能为华工研究生授学位的。于是我只能请示老程:武大不干,怎么办?他当起了"甩手掌柜",说:"那就再找吧!"

于是我试着给郑州大学新闻系主持工作的董广安教授写了一封求援信。很快,郑大新闻系回信,爽快答应了我们的请求。我商量于周泰颐老师,请她带队领着三个研究生前往郑大申请学位。在他们走之前,我还嘱咐周老师多带点钱,答辩完后,请郑大的相关人士吃顿饭。

结果大大出乎我的想象。三个研究生答辩完毕的当天晚上,周老师给我来电话,告知答辩很顺利,郑大研究生院的领导请我们的老师和研究生吃了一顿饭,还说了"倒请吃"的理由:华中理工大学是教育部部属重点大学,郑州大学是省属大学,华工到郑大申请学位,是抬举郑大,看得起郑大,郑大要感谢华工!我听后十分感动,说,这是郑大谦虚的品德。之后,在系务会上我汇报了此事。大家一致认为郑大新闻系和研究生院够朋友,滴水之恩,当涌泉相报!以后,我们的确是这样做了。郑大的事情找到我们,只要我们能帮上忙的,我们都尽力而为。比如,我们有了硕士授予权后,他们每年的推免生我们都会尽量接受,他们举办的学术会议,我们尽量出席。

2. 加快步伐往前赶

学位点的重要性、取得学位授予权的紧迫性促使程世寿带着大家利用各种条件,一步一步加快步伐往前赶。

第一步,争取招生培养方向单独上本校研究生招生目录。

1994年年初,文学院成立后,兼任文学院副院长的程世寿在文学院申请到一个名为"新闻社会学"的课题,与社会学系系主任刘中荣教授一起研究"新闻社会学"。后来,又在刘中荣教授支持下,报请学校研究生院同意,从1994年开始,在应用社会学专业下增添一个新闻社会学方向,正式列入招生目录。新闻系自己招生,社会学系协助新闻系培养,学位论文指导配双导师,授法学学位(当时,社会学属法学门类)。争取到硕士研究生招生正式列入研究生招生目录,这就为我们研究生培养工作提供了很大方便。

当年以新闻社会学方向招收硕士研究生2名:黄涛、冯雪梅。5月,又按照新闻社会学方向招收了一个有43人[①]的研究生班。5月25日,新闻社会学方向研究生班集中授课前夕,举行了比较正规的开班典礼。研究生院、新闻系、社会学系的相关老师出席开班典礼,发表讲话,向学员提出学习要求。

新闻社会学方向研究生招生持续了三年。除1994年的2名外,1995年招收2名:杜成会、顾建明,1996年,我们取得新闻学硕士学位授予权,当年仍然以新闻社会学方向招收3名研究生,他们是李晓樱、王永长、范敏。

在硕士研究生教育上,我们决不能忘记我校社会学系的支持与帮助!他们不仅为我们提供了这方面的条件,而且教我们的老师如何培养研究生,教

---

① 据相关记载,43人为:李彤路、李海明、方政军、姚松平、宋冀红、陈义明、魏劲松、杨晓敏、田红、叶菱、罗德惠、张真弼、徐建华、徐航、程小萍、张忠迪、罗成、石长顺、罗耀南、谢耘耕、赵伟、朱立、杨新民、姜平、胡桂林、李军、刘文君、戴苏宁、谢幸福、蒋玉生、周婷、江山、周兵、谷月红、李迎建、吴铁群、肖锋、景高地、杨志、焦杰、刘裴娜、冯嘉元、黄蕊。

我们的管理者如何做研究生教育的管理和组织工作,还有不少教授为"新闻社会学"方向的研究生授课,并担任双导师。

第二步,抓基础建设,促使研究生教育工作步入正轨。

以往,新闻系的研究生教育由于没有授予权,因此只能"打游击"。为争取授予权,就必须根据学校研究生院的有关要求,大力进行基础建设,推进研究生教育逐渐步入正轨。我在接手研究生培养工作后,在基础建设上,主要做了以下几点:(1)建立研究生资料档案:将以往毕业的研究生和在读的研究生档案整理好,从1994年开始,每届都按人头归档。(2)建立研究生管理制度:制定研究生管理守则、导师工作条例等。(3)加强研究生教学:科学地设置课程,编写教学大纲,编写主干课程研究生教材。

这些工作,每做一件都十分慎重。比如课程设置,先召集副教授以上职称的老师开会、讨论,初步达成一些共识:(1)研究生的课程必须与本科生的课程有明显区别,包括从课程名称到课程内容,到授课方式;(2)研究生的课程要"虚"一点,学理性强一点,无论是史论类的课,还是业务类的课,都要增加深度,要从本科阶段的术理层面上升到学理层面,尤其要增加研究方法的课程,帮助学生提高研究能力;(3)研究生的课程,尤其是学位课程,要根据需要设置,即根据一个新闻学硕士研究生知识和能力框架的必要来设置课程,而不是首先考虑我们现有的老师能开出什么样的课程。要逼着老师上,逼着老师更新知识;(4)当然也要适当考虑师资的现状。选修课可在坚持必要性的前提下,适当考虑灵活性,充分发挥现有教师的科研专长。

此外,还规定:(1)每个研究生在读期间必须撰写两篇课程论文;(2)本科非新闻专业的研究生在读期间必须补修采、写、编、评、广播、电视、计算机原理等七门课中的两门,计算机原理为必补课程,另一门补修课程由导师根据该生的研究方向来定,补修方式是跟随本科学习和考试,不合格者不能进入学位论文写作阶段。

此外,我们在社会学系刘中荣教授帮助下拟定了学位论文答辩的程序。[①]

[①]《新闻系硕士研究生学位论文答辩程序》:一、秘书介绍答辩人姓名和论文题目及导师姓名;介绍答辩委员会主席及委员,并请主席主持答辩会(2分钟)。二、主席主持答辩:1.请答辩人陈述论文主要内容和写作思路(20分钟);2.答辩委员提问(每人限3分钟);3.休会,答辩人准备(20分钟);4.复会,答辩人回答问题(15~20分钟);5.导师介绍答辩人学习情况及对论文的看法(3分钟);6.导师、答辩人及旁听者退席,答辩委员会评议、写评语、打分(30分钟);7.全体进场,秘书受答辩委员会主席委托,宣布答辩评语及得分,答辩人起立肃听;8.答辩人发表感言;9.合影留念;10.主席宣布本场答辩会结束(每场控制在90分钟左右,半天举行两场)。

第三步,召开新闻系第一次研究生工作会议。

为了总结我系招收、培养研究生的成绩,找出差距,开创今后研究生教育工作的新局面,经我提议,系务会决定,1994年8月25日召开新闻系第一次研究生工作会议。

出席会议的硕士生导师有:汪新源、程世寿、周泰颐、申凡、汪苏华和吴廷俊[①];此外还有青年教师代表严赤卫、李银波;研究生代表邓长海、余奇敏;秘书彭巧莲。

程世寿主持会议。

首先,由我作主题发言。

我的开场白是,今年是我校研究生院建院十周年,9月份,学校将召开研究生工作会议。学校要求各系广泛总结本单位研究生工作的情况,发扬成绩,表彰先进,找出差距,加以改进,开创研究生工作的新局面。我系虽然没有硕士学位授予权,但也要借此机会,好好总结招收、培养硕士研究生的经验和教训。

我的发言从三个方面展开——

(1)七年道路不寻常。主要是归纳了七年来我系招收、培养研究生的不寻常路径,总结取得的成绩和找出存在的问题。

我们的成绩主要有三:一是了解和掌握了硕士研究生从招生到分配,从导师配备到论文答辩的全过程;二是为国家培养了一批合格的新闻学和新闻社会学专业硕士研究生,已毕业6人[②],在读7人[③];三是在整个教育过程中,导师的态度是严肃的、认真的,是按照研究生院的有关要求办事的。具体来说,我们每年成立各科命题小组,并且题型和标高趋于稳定,便于考生复习备考,七年来没有发现泄题现象,这说明命题教师的品质是好的,党性是强的;我们阅卷基本上能坚持按标准评分,每年均能完成招生计划,这说明我系阅卷老师宽严尺度掌握得准确,并且没有发现给人情分,更没有给私情分的;我们的任课教师授课认真:研究生教学是一个吃亏不讨好的事,教学容量大,难度大,而课酬少[④],并且我们的研究生少,上一节课,还只能算二分之一节课或三分之一节课,但是我们的授课教师依然是尽心尽力备课、上课,哪怕只有一个学生的课也照上不误;我们的指导教师的工作也是认真的、负责的,也是

---

① 王益民、屠忠俊、戚海龙等3位硕士生导师因事请假未出席。
② 幸智敏、王艾军、周萍、陈惠娟、冷智宏、雷动天。
③ 别社红、刘洁、邓长海、黄磊、张家彭、李庭松、朱丽。
④ 按学校规定,课酬是颠倒的:专科多,本科次之,研究生最少。

很有成效的：七年来，有汪新源、王益民、程世寿、周泰颐、申凡、程道才等6位教师担任研究生指导教师，他们不仅是学生学术上的导师，而且是学生思想上、生活上的导师，其中，汪、王、程、周都有研究生毕业。同时，我们的问题也是明显的，主要有二：一是教学缺乏规范性：有少数教师课堂教学的标高不够，或者照讲本科阶段的内容，或者讲课方法上一灌到底，缺乏启发性；二是管理缺乏制度化：导师主要做些什么，导师工作如何检查，研究生档案如何建立及如何保管，基本没有形成制度，因此七年来研究生档案资料残缺不全，甚至连个完整的名单都没有。此外还有一些具体问题：比如，生源来自不同本科专业，如何授课出现难题，尤其是新闻本科生源与非新闻本科生源的授课起点差别很大。

(2)"而今迈步从头越。"主要是讲今后的打算。

我们要提高对研究生工作的重要性的认识，把研究生工作提到全系工作的重要日程上来。建系10多年了，由于种种原因，至今没有硕士点，我们吃亏吃大了。这对本学科上水平、上档次产生了不良影响，对此不能不引起重视了。对今后这方面的主要工作，我用两句话概括：抓紧研究生教学的规范化建设，抓紧研究生管理的制度化建设。具体来说，就是：抓任课教师的课堂改革——编写教学大纲，研究生的课程教学内容必须与本科生的有所不同，即在本科生的教学内容上要有所提升，不能把研究生当成本科五年级、六年级来教；在教学方法上，一定要采用启发式、讨论式；抓导师队伍建设与管理。

(3)千方百计、满腔热情地做好新闻社会学方向研究生班的各项工作。因为这一工作不仅难度大，而且影响大，必须"千方百计、满腔热情"地去做，必须把它做好。

我发完言后，由程道才传达研究生院"7.7会议"精神。其中很关键的一点是规定研究生毕业前要在公开学术刊物上发表两篇论文。

接着是与会者讨论交流。与会的研究生导师纷纷发言，表示同意我对新闻系以往研究生工作成绩的肯定和问题的分析，并且对今后的研究生工作还补充了一些很好的意见，主要有以下几点：

(1)"研究生考试要改革，培养学生观察事物的能力和社会活动能力，而不是死记硬背几个结论。研究生培养要因材施教，一个一个制定培养方案，不要批量生产。"(汪苏华)

(2)"一定要提高研究生的培养质量，尤其是新闻动手能力的培养，改变研究生不如本科生的状况。非本专业本科毕业的研究生一定要补本科阶段的主干课。"(程道才)

(3)"研究生的研究水平要提高,鼓励学生写课程论文、学年论文;导师根据学生情况,开列阅读书目,指导学生多读书。"(申凡)

(4)"研究生教学应和本科生一样,秩序要稳定,不要随便调课。"(周泰颐)

汪新源老师还提出了一个很严肃的问题,就是如何设法让我们培养的研究生留校。他说:"我们自己培养的研究生都飞了,真是令人惆怅。"当时,师资很困难,本科生都不愿意留校,研究生留校更是当宝贝,他说要想法将自己培养的研究生留校任教。

与会的青年教师代表和研究生代表都发了言。

大家基本达成了一个共识:"我们的研究生教育工作是在困难重重的情况下顽强地坚持下来的,实在不容易,要继续坚持,并求得发展。"

最后,程世寿做总结。他说:"我们今后的道路十分艰难,对这一点一定要有充分认识。"对今后的工作,他谈了五点意见:

(1)把上硕士点提到议事日程,并抓紧申报条件的准备;

(2)提高授课教师的水平,争取把我系研究生带到学科前沿;

(3)要抓紧学位课程教学大纲的编写,每门课程大纲的规模在2万~3万字,教研室主任组织讨论后定稿,打印;

(4)研究生的授课方式要大大改进,要采用启发式、课堂讨论等教学方法,要求学生撰写课程论文;

(5)不能把新闻学研究生的思想管得太死,管得没有想象力、创造力,那怎么能行?

程世寿要求将此次会议的主要精神传达到全系的教职员工,编写成简报存档。①

这次会议的召开,是新闻系研究生教育史上的一件大事,会上达成的共识、形成的文件为今后新闻专业研究生教育发展打下了比较坚实的基础。

3. 冲刺学位点

在1994年8月召开的新闻系第一次研究生工作会议上,程世寿已经明确提出要把上硕士点提到议事日程,并嘱咐抓紧准备材料。文学院也指令,在1995年,新闻学硕士点申报要志在必得。作为分管此项工作的我,感到压力越来越大。

1995年2月15日,文学院召开硕士点申报工作会议,规定日程安排:

---

① 此事只见记载,不见简报。也许没有写,也许没有保存。

"3月份启动,5月份申报,6月份湖北省学位办召开学位委员会评审。"

紧张的申报准备工作开始了。此次申报,我们主要是同华中师范大学竞争,而当年湖北省文学学科组长是华师中文系的黄曼君教授,华工的外语系副主任熊敦礼是小组成员。这就更增加了我们的担心。评审前,程世寿和我找到黄曼君家中,向他汇报情况,寻求他的支持。黄曼君教授是一个有故事的人。程世寿是他的学生,但和他不熟,见面时,只说了场面上的话。

1996年初夏的一天,湖北省学位点评审会在东湖宾馆进行。那天,我一个人在东湖宾馆周围游荡了一整天,午饭都没有吃。中间两次到会场外面打听消息。直到下午很晚会议结束后,从熊敦礼老师口中打听到我们的硕士点被通过的准确消息,我悬着的心才放下了,大大地松了一口气。回到学校后,我打电话把消息告诉了程世寿和申凡等人。他们听后,为之高兴不已。那天晚上,我睡得特别沉!

华工终于获得新闻学硕士学位授予权!"千呼万唤始出来",硕士点的获得,我们落后武大11年!申凡在《华中科技大学新闻传播教育史稿》中,对此做了一个这样的标题:"姗姗来迟的硕士点"。其实,在我看来,这叫"迟开的花朵分外香"!

之后,记得有一天,研究生院学位办主任杨焕祥碰到我,很郑重地对我说:"老吴,学位授予权的取得不易呀!"他嘱我:现在有了"权",必须掌好"权",用好"权"。杨主任的意思很明确,就是要切实遵守国家关于研究生教育的各项规章制度,对导师和学生必须严格要求,确保研究生的培养质量。我把杨主任的话原原本本转告给了程世寿和系务委员会的其他人。

在1997年正式招收全日制研究生之前,我们抢时间于1996年招收了首届(1996级)新闻学在职研究生班。为了确保质量,该届只录取14人(另有本系2名青年教师,共计16人),制定了专门培养计划。9月14日上午,举行开学典礼。系主任程世寿、研究生院领导、任课教师代表讲话后,我做了一个"约法三章"的发言:

其一,角色转换。学员中,有领导干部,有新闻单位的骨干记者。因此,到学校上课,第一就是完成角色转换。每次到学校上课,一进校门,就要在心中告诫自己:我是来上课的,不是来检查工作的,也不是来采访的。无论你在单位担任什么职务,进学校只有一种角色,就是学生。是学生,就要有学生的样:遵守学校的规章制度;服从老师的指导,虚心地学习;遵守课堂纪律,不要迟到、早退,上课时不要开BP机等。

其二,合理安排。大家工作都很忙,学习的任务也很繁重。因此,要合理安排时间:集中授课时,要确保到课率,到课率达不到起码要求,老师会取消你的考试资格;平时要保证读书的时间,将各科老师布置的书目读完,做好笔记,写好课程论文。

其三,端正态度。大家来学校学习,不单单是为了拿学位,而是为了学习知识,提高自身的学术水平。学位与学术,是一个事情的两个方面,学术是内涵,学位是形式。增强了学术,自然可以拿到学位。老老实实学点东西,比什么都好。因此,每个学员都必须把精力和心思放在学习上,而不是放在"公关"上。学习是件十分艰苦的事,要学点知识,非下苦功夫不可。

1997年4月9日,是我们新闻研究生教育史上一个值得纪念的日子——这是我们新闻学硕士点第一次正式招收录取学生。根据研究生院安排,当日下午3:05—3:15为新闻系录取时间,共招收5名研究生:吕斌、薛飞、邹玲、夏西柳、袁江斌。此后,招生数逐年有所增加,1998年招9人,1999年招14人,2000年招30人。

1997年4月28日,又一个值得纪念的日子——1994年在新闻社会学方向招收的研究生黄涛、冯雪梅回本系新闻学硕士点答辩。他们是华工新闻学硕士点首届独立组织答辩的硕士研究生,故系里特别重视,为他们分别组织了重量级的答辩委员会,新老系主任亲自担任答辩委员会主任,湖北日报社社长卢吉安担任外聘答辩委员。①

(三)草拟新的学科改革方案

要把新闻系带出低谷,还必须设法把学科建设好,把专业办好。华文报刊与中华文化传播国际学术研讨会闭幕不久,作为文学院分管科研和学科建设的副院长、新闻系系主任的程世寿对我说,12月,文学院要开会审议各系新的学科建设方案,要我抓紧整理出一个新的学科改革与专业发展方案来。我是分工协助系主任抓学科建设的副主任,当然是无可推脱。

其实,对于这个问题我早有考虑。在1993年的三次"建言"我都谈到了有关这个问题的一些想法。1994年9月教育部新闻专业专家评估组的"评估意见和改进建议"、1995年1月文学院组织的对新闻系的"会诊"评语更加深刻地促使我对新闻系学科建设和专业发展新思路的思考。而华文报刊与中华文化传播国际学术研讨会期间,本系与会教师按照系里安排有针对性地收集到的海外新闻学科建设和新闻教育发展的情况,可供我们拟定新规划时作重要参考。

---

① 两个答辩委员会分别是:黄涛论文答辩委员会主席:程世寿,委员:屠忠俊、程道才、申凡、卢吉安;冯雪梅论文答辩委员会主席:汪新源,委员:戚海龙、汪苏华、吴廷俊、卢吉安。

12月3日,我初步拟出了一份《新闻系学科调整和教学改革方案(草案)》(以下简称《改革方案(草案)》),大致上包括以下几点——

走学科交叉发展之路:新闻传播与信息等工科交叉,创建新闻信息传播学科;

改造传统新闻专业,创建新闻信息传播专业,培养人文功底深厚、能驾驭新传播技术的复合型新闻传播人才;

改革传统课程体系,根据新的人才培养目标设置课程,压缩传统新闻业务类课程,增加文史哲基础课程和信息技术类课程;

经过专业改造后,新闻信息传播学专业是文科中的工科,改传统文科教学方式为现代科学教学方式,必须增加投入,建设起设备先进、配备齐全的实验室;

培养复合型新闻信息传播人才,还必须有复合型教师,因而,新闻系师资队伍要做结构性调整,引进懂信息知识、掌握信息技术的师资,改变纯文科教师队伍结构;

新时期新闻传播人才必须有国际视野,因此,请学校应尽可能为新闻系提供国际交流的机会。

12月6日下午,《改革方案(草案)》提交系务委员会讨论,晚上,提交文学院专家组审议。

在文学院的学科评审会上,专家们对新闻系的《改革方案(草案)》给予了充分肯定,同时也提出了一些修改建议。会后,我根据专家的意见,又作了进一步修改,以便寻找机会向学校有关领导汇报,求得理解和支持。

这份改革方案的要点虽然很简单,但它是我们历时几年的思考的结晶,是我们参考海内外新闻教育发展现状、几经修改而制定的;虽然它一度曾被学校有关领导否定过,但我们依旧珍视并坚守之,使之成为我们以后学科建设和专业改革的基础。

三、存亡关键的一搏

从1998年1月13日到4月28日,是华工新闻教育史上惊心动魄的三个半月!在此期间,新闻系教师们抓住机会,为新闻系的存亡奋起一搏,没想到竟赢得生机!其戏剧性的意外结局,完全扭转了华工新闻系、华工新闻教育的命运!

(一)人争一口气,佛受一炷香

应该说,经过 1994、1995、1996 三年的努力,我们新闻系还是大有起色的,1994 年 9 月系务会确立的本届任期 10 项目标基本圆满完成。除上面详述的"举行一次国际学术研讨会"和"上一个硕士点"外,还有以下几项:

其一,"新创办一个激光照排实验室":1995 年,周泰颐老师到北京有关部门汇报我们新闻学专业引进北大方正激光照排技术,在全国新闻系中率先开设"计算机文字处理与文稿编排"课程及其对培养新闻人才的重大意义,引起了领导的重视,专项拨款 20 万元予以支持。1996 年,新闻系建立起 94 平方米的电脑编排实验室,添置了 9 台性能先进的计算机,2 台大屏幕报纸组版机,以及扫描仪、激光印字机、复印机等。这样装备的实验室在当时算是比较先进的。

其二,"上一个新本科专业":1996 年 7 月,在师资、设备成熟的情况下,我们新闻系申报广播电视新闻专业获教育部批准,1997 年正式招生,学科带头人为程道才、汪苏华,打破新闻系长期只有一个专业的局面。

其三,"承接一个有影响的科研课题":1996 年 5 月,吴廷俊与计算机系冯玉才教授联手申报的全国哲学社科基金重点项目"多媒体技术与新闻传播"获立项。虽然资助总额只有区区 7 万元,但这是全国新闻学科获得的第一项国家社科基金重点项目。

其四,"出版一部有影响的学术专著":吴廷俊的专著《新记〈大公报〉史稿》1997 年获吴玉章奖金新闻学优秀成果奖。《新闻学大辞典》载,吴玉章奖金创设于 1986 年,委员会主任为袁宝华,分设教育学、历史学、语言文字学、新闻学和世界经济学等 5 项奖。"吴玉章奖金是目前中国的最高学术奖"。[①]

其五,"参加一次国际性学术会议":除程世寿到法国参加国际学术研讨会之外,还有屠忠俊、周泰颐、汪苏华、程道才以及吴廷俊参加"海外华文报刊与中华文化传播国际学术研讨会"[②]。此外,我们新闻系教师还参与了一些境外学术交流活动,如,吴廷俊和余奇敏到我国香港地区访学;刘洁、韦路、范龙等青年教师到新加坡访学;等等。

[①] 甘惜分主编:《新闻学大辞典》,河南人民出版社 1993 年版,第 829 页。
[②] 五人是凭论文录用而出席会议,具体交流论文为:屠忠俊《海外华文报刊的文化使命》、周泰颐《武汉地区报业的现状与展望》、汪苏华《论华文报刊在抗日战争中的作用》、程道才《台湾〈自立晚报〉多次被迫停刊探源》、吴廷俊《也谈海外华文报刊发展历史分期》。

虽然我们在短时间取得了这样许多可视性成绩,但是似乎并没有改变学校某些领导对新闻系的刻板印象,因而出现了我们与个别校领导两次不愉快的工作交往。

第一次,1996年5月29日上午,程世寿带着我兴致勃勃地应约到南三楼向当时分管教学的副校长汇报我们新闻系的"学科调整和教学改革方案"。汇报会在南三楼二楼小会议室进行。老程是主汇报人,他首先谈了我们面临的主要困难,然后提出希望与学校领导多交流情况,多交换意见,多沟通看法,争取学校领导对新闻教育的理解,争取学校提供必要的支持,以使新闻系走出目前的困境。接着,我呈上我们的方案,并补充谈了三点:一是新闻学的学科特点是交叉性和应用性;二是华中理工大学新闻系在全国新闻教育院系中还是有些地位的;三是我们今后的改革方案意在发挥华工工科优势,走文工交叉的学科发展路径,出奇制胜。

关于今后的改革,这位副校长谈了三点意见:(1)新闻系要搞上去,不仅仅是加强文史哲的基础课的问题,而且还要硬件、软件一起上。他说,目前新闻系的主要任务是提高学术水平,加强师资队伍建设,一方面要拿出高质量的科研成果,一方面要提高教学质量。(2)可以先启动双学位,赶紧与教务处商量,拿出一个方案。(3)由学校拿点经费,支持新闻系师资队伍建设,比如到校外进修,将具有中高级职称的中年教师送到有博士点的学校做访学研究;发现合适人选引进1~2个,但要选准。进来容易出去难。应该说,该副校长谈的三点意见很具建设性,也很实在,没有丝毫地打官腔。我和老程感到在他这里还是找到了支持。但是他在谈话中有几句话,让我们很扎心,很不舒服——

比如,他听了我们的学科改革方案中提到"走文工交叉的学科发展路径,出奇制胜"时说:"少搞点别出心裁,老老实实地跟在武大新闻系屁股后面学就行了。"

又比如,当他听我说"华中理工大学新闻系在全国新闻教育院系中还是有些地位的"时,插话说:"办了12年的一个系,连一个硕士点都没有,你们有什么地位,有什么资格谈地位?"

我打算开口做点辩解,老程担心我口无遮拦,与领导发生正面冲突,便连忙站起来告辞。我明白他的意思,就跟着起身,离开了该副校长的办公室。

第二次,具体时间记不太清,大致上是在1997年11月间,事由是学校因为"海口办班事件"给予了程道才记大过处分,还要他自谋出路(此事发生的原因详见第九章第二节,此处从略)。对此,我认为不公道,受"爱打抱不平"

的性格支配,便去找学校分管副校长进行理论。我进门就问,为何要这样处理程道才?可能是他也正为此事恼火,也可能是我问话的口气不当,所以他一见到我、一听我说话就烦,便"旧账新账一起算"①,说,一个系办了十几年,才歪歪扭扭地拿到一个硕士点,不把精力和时间放到教学和科研上,而是办这种创收班,还违规,给学校的声誉造成不良影响,不严肃处理还行?我说,事情经过细节我虽然不是很清楚,但是我敢担保,程道才不可能有太大问题,学校这样处理他,实在太不公平。他听后,随即说:"你不要大包大揽!你担保,你凭什么担保?"我随即说:"凭我对程道才的了解……"该副校长没容我把话说完就火了,说:"你还敢顶!"我本来就有气,他一个"顶"字把我的火也顶起来了。我紧跟一句:"顶?你懂得这个'顶'字怎么讲?你不过是一个副校长,以为自己了不起了,别人就不敢与你争辩?你要知道,你我是平等的。你是教授,我也是教授,你是党员,我也是党员,与你争辩两句就是'顶'吗?"也许是他看我火气大,不跟我一般见识,就不作声了。片刻后,他开腔说:"你不要跟我吵,处理意见是学校领导集体研究决定的,也不是我个人的意见。"我本来还想"顶"他:集体研究就不能更改了?哥达纲领还可以批判呢!转念一想,跟他说不清,就怏怏离开了。我没跟他告辞,他也没有起身送我。

出了南三楼,我还是满腹狐疑。是的,我只是一个系副主任,难道位卑就没有权利质疑学校的决定吗?并且,此事关系新闻系声誉,关系到一个老教师的前途,我作为新闻系的一员,关心一下不行吗?

事后,我再三反省与该副校长"干仗"的深层原因,认识到主要责任在我。他对我们新闻系的评价,虽然存在某些学科偏见,所说的话有些刺耳,但是一针见血地指出了我们新闻系的问题,对我们是一个警醒、一种鞭策,而我当时没有正确理解他的用意,头脑发热,"顶撞"他,实在是不应该。

我对他的了解,早先只限于传闻——他性情耿直,以敢管事、不怕得罪人而著称,在担任控制系分管教学的副主任时,将该系的教学工作管理得井井有条,后来升任学校教务处处长,一年后就被提升为主管教学的副校长。他当副校长后,有时会因工作需要叫我与他一道去接待来访客人。闲聊中,才知道我俩有很多相同的地方:比如都是老五届的大学生,大学毕业后都当过军垦战士;都出身农村,小时都家境贫寒,吃上一碗鸡蛋炒饭或一个腌鸭蛋,就以为是最好的生活。平时,他对我的工作还是很支持的。比如1997年春季,我们在宜昌办了一个新闻社会学方向的硕士学位课程班,这个班很特殊,

---

① 1996年5月29日,我和老程向该副校长汇报学科改革方案时,就曾发生过一些不愉快。

学员中有宜昌几家银行负责人,有清江公司总部和分公司的负责人,学位班的召集人打电话说,宜昌市副市长要出席开学典礼。为了对等,我便请该副校长代表学校出席。他虽然工作很忙,还是爽快地答应了。3月11日,他同学校研究生院常务副院长齐欢、社会学系系主任刘中荣、新闻系系主任程世寿以及我一道坐长途汽车到宜昌。次日,该副校长和宜昌市的副市长、教委副主任、宣传部副部长等出席开班典礼,该副校长发表了热情洋溢的讲话,说这个班的课程体现学科交叉,新闻学、社会学、法学的渗透,值得肯定,希望出点经验。还说,在办班的过程中有什么困难,需要学校帮助解决的,学校可以出面协调。

虽然我俩干过一仗,但是我对他个人的看法还是很好的。虽然我在各方面都远不如他,但是我与他有一些相似的地方,我特别欣赏他的耿直、有担当、有事业心、不怕得罪人这一点。2001年,他被教育部看中,调任西南一所985大学校长。

总之,那段时间,新闻系要在华工生存下去,实在是太难了!没有硕士点吧,说你"一个系办了十几年,连个硕士点都没有,还有什么资格谈地位";有了硕士点吧,又说你"一个系办了十几年,才歪歪扭扭地拿到一个硕士点",没有把主要精力和时间放在教学和科研上。反正是你不行!干得再好,也没有人看得起你,在这样的环境里干活,太没有意思!

1996年1月4日,在全系大会上,我在述职的第二部分向大家坦诚地汇报思想说:(1)本人对在华中理工大学办文科的前途、对新闻系的前途,还是缺乏信心:感觉在理工科大学当一名文科教师特别累、特别受压抑,领导不理解、不支持,手脚被捆绑得紧紧的,不得施展;(2)校、院、系的体制关系还没有理顺,因此工作起来,有些别扭;(3)在没有任何级别的系里负责一部分行政工作,吃力不讨好,付出很多,收获很少;(4)本人脾气不好,并且有求全责备的毛病,不知不觉得罪人,因而不想干这个所谓的系副主任了。

不只是我,新闻系其他教师也有类似想法。

(二)一场"集体泣诉"

以刘献君为院长的文学院成立后,为华工的文科发展想了很多办法,采取了许多措施,也收到了明显的效果。尤其是文学院的党政领导有创业精神,励精图治,尊重人才,礼贤下士,广开言路,少官僚气,踏实肯干,工作卓有成效,很好地推动了华工文科的发展。1996年,刘献君升任华中理工大学党委副书记,工作更为繁重,不可能腾出更多的时间和精力管文学院的事情。

1997年初,学校任命社会学系系主任风笑天为文学院院长。文学院院长更换后,随之出现一些新的矛盾,刚刚有点起色的华工文科又陷入新的困境。

为了带领文科走出新的困境,1997年3月25日,风笑天率文学院各系负责人向学校党委常委做了一次集体汇报。汇报会在一号楼410会议室举行,学校主要领导朱玉泉、杨叔子、邹寿彬、周济、刘献君、杨志光、梅世炎、李爱珍等听取汇报。

风笑天在汇报中,首先直言不讳地谈了文学院(文科)面临的主要问题:(1)教师队伍:人数不足,质量不高(学位层次低),且难以补充;人心不稳,流失严重,尤其是50岁左右的教授严重不稳定,有被挖空的危险。(2)科研、创收矛盾,教师超负荷运转,影响科研上水平。(3)面临竞争对手强劲:清华、上海交大、中国科大的文科上得很快,综合大学更不用说。

接着,他讲了今后发展的主要思路:扩大规模,提高水平;加强基础,突出重点;外扩影响,内练功夫。

最后,他提出几个急需解决的问题:(1)文学院改名为"人文社会科学学院";(2)增加系的权重,4个本科专业、7个硕士点的教学以系为主,学院不管;(3)扩大本科、研究生的招生规模,4个本科专业每年招生总数增至300名左右;(4)扩大学术交流的比例(增加公派出国访问的学者指标);(5)科研:选派文科教师任科研处副处长,同时设立文科科,由文科教师任科长;(6)学校设立文科素质教育中心,对全校学生进行文科素质教育;(7)设备处每年专门拨款6万元,购置文科图书资料;(8)加强文科学报的工作:主管部门、经费(每年7.5万元左右)要落实;(9)文学院的办公用房适当增加一些。

风笑天的汇报,对问题的分析中肯,就解决问题向学校提出的希望也很具体。风笑天汇报后,党委常委们纷纷发表了意见,最后,朱玉泉书记总结发言,基本上满足了风笑天提出的要求。后来的实践证明,这是一个卓有成效的汇报会。

风笑天所谈的文学院面临的问题,在新闻系不仅存在,而且表现得特别突出。程世寿决定效法风笑天,联系学校党委常委,由新闻系向他们做一次集体汇报。

1998年1月13日晚,应新闻系的请求,学校几位主要领导朱玉泉书记、李爱珍副书记、刘献君副书记下到新闻系听取汇报。新闻系负责人和部分教师代表程世寿、程道才、申凡、汪苏华、屠忠俊、周泰颐和我参与了这次集体汇报活动。

按照程世寿的布置,我首先做了一个题为"几个必须澄清的问题"的发言。我以前面提到的那位副校长的谈话为切入口,驳斥了学校一些人对新闻系的偏见,以破带立,有破有立,用事实向三位领导展示了新闻系的真实情况,要点如下:

第一点,华工新闻系在学校、在全国新闻教育界有没有资格谈"地位"?

我要向各位领导说明的是,我们所说的地位,是指学术上的地位,教育改革方面的地位。这里有五个指标:有没有在全国新闻教育界比较知名的教授?有没有在全国新闻学界有影响的学术成果?是否举办过在全国新闻学界有影响的学术活动?课程体系在全国新闻教育界是否有特色,是否被认可?培养的学生(本科生、研究生)走上工作岗位后,是否受到用人单位的称赞?用这五大指标衡量,我们系的情况是——

教授情况:6人,退休2人,在职4人。被《中国新闻年鉴》"中国新闻界名人"栏收录3人(武大2人);全国新闻专业自学考试指导委员会委员1人(武大缺);中国新闻教育学会理事1人(武大1人);全国新闻学界唯一全国性学会——中国新闻史学会常务理事、副会长1人(武大缺);湖北省高校文科高职评委1人(武大1人);湖北省新闻界高职评委1人(武大1人);湖北省学位委员会新闻学科评议组1人(武大1人);武汉市新闻史编委会委员2人(武大缺);硕士研究生招生考试试卷被《中国新闻年鉴》收录(武大缺)。

科研情况:国家社科"七五"规划课题子课题1项(汪新源、屠忠俊);"九五"规划重点项目1项(吴廷俊),是新闻学科有史以来的第一个重点项目;国家教委教改项目1项;湖北省"九五"重点项目2项;横向项目若干项;第三届吴玉章新闻学奖1项;省部级以上学术成果奖4项。

举办的有影响的学术会议:1984年举办"史沫特莱在中国"讨论会,名流荟萃,规模宏大,在全国新闻学界产生轰动效应;1988年举办全国第一届新闻学新学科学术讨论会,做了新学科拓荒工作;1995年与中国新闻史学会、新加坡南洋理工大学联合举办"'95华文报刊与中华文化传播国际学术研讨会",其规模、影响在中国新闻学界从未有过,在华工历史上也属空前。

我系课程设置颇具特色,受全国教育界公认:新闻写作训练四年不断线,练好看家本领;注意学科知识的交叉,适当引入理工科课程进入新闻教育,在全国新闻教育界为首次;注重新闻实践,抓专业实习,学生实习时就能发挥一个正式记者般的作用。

我系培养的学生质量高,在全国新闻界是叫得响的:1983、1984、1985三个年级的专科生已经成为各个新闻单位的业务骨干,有的已经走上中层及以上领导岗位;我们的研究生供不应求,几届研究生毕业后几乎全部进入重要机关和热门媒体。

华工新闻系在国内外有了一定的知名度,国家教委、中宣部召开的会议上,海内外学术沙龙中,都有我系教师、学生的身影和声音。

由此可见,我们新闻系是有资格谈地位的,并且是有一定的地位的。

第二点,华工新闻系是如何走向滑坡路的?

这里说的滑坡路是相对的,即别人发展快了,我们发展慢了。其中的原因有我系工作的失误,但主要是学校主要领导决策的失误和认识的落后。

1985年9月1日,办得风生水起、在全国已经产生很大影响的公开发行的报纸《改革信息报》停刊,致使新闻专业教学与新闻实践融合的试验夭折了。这种办学模式在当时全国仅此一家!停刊的原因很可笑:"因纸张(即白报纸)没有列入计划供应,市场纸价不断上涨,使经济困难更加突出。"[1]该报发行8万份,扣除广告收入,一年因纸张费用需要学校补助3万元左右。学校认为是个负担,就不由分说地砍掉了它。1994年,黄石市政府与新闻系商量,提出由他们出资30万元、出一栋办公楼与华工新闻系合办报纸,条件是华工新闻系必须把原有的刊号拿回来。结果是可以想见的:300万元也拿不回了。如此重大决策失误,我只是听到当时党委主要负责人在一次小型会上,在讲其他问题时顺带轻描淡写地说了一句:"停办《改革信息报》,是我和黄树槐决定的,现在看起来是不妥当的。"

1990年,新闻系本科停招,此后,1991年至1996年,每年只招一个小班,20~30人,新闻系正式走上萎缩之路。学生人数少,造成以下后果:一是教师没有课上,或者课时少。老教师都"吃不饱",青年教师更是"闲得慌",出现老少"争抢饭碗"的局面。二是人心不稳,人才流失。1991—1994四年之中,新闻系流失了9名崭露头角的青年教师:陆晔、刘智、幸智敏、周萍、王木林、唐文彰、刘绩辉、沈莉、刘燕南,致使新闻系教师队伍出现明显断层,后继乏人。同时流失的还有中年教师:韩炼、李运抟、黄匡宇。人心不稳,导致军心涣散。三是等到招生人数多一些、各种班办起来之后,仅有的几个教师除了忙于上课,还不得不为"创收"办班,因而科研投入少,有分量的成果明显减少,影响学术水平上档次。

大大削减对新闻系的投入。20世纪90年代以来,除1996年文学院一次性投入8万元人民币之外,学校基本上没有再向新闻系投入过。这种状况持续了六七年。这样对待一个需要高投入的学科,在外校同行看来是不可思议

---

[1] 《致读者》,《改革信息报》1985年9月1日(停刊号)。

的。新闻系实验设备陈旧、残缺到了惨不忍睹的地步。1994年,国家教委专家组评估认为:"华工新闻系的实验设备,由先进变成落后,应该引起重视。"但是,两年过去了,这依然没有引起学校领导的重视。1996年本科专业评审,系里汇报到设备时,专家组的内行打断说:"不要讲了,一看就知道。"新闻系的实验开不全,即使是开出的实验,由于设备套数少,限制了学生接触仪器的机会,直接影响教学质量。我们与武大新闻系一下子就拉开了距离,尤其是在实验设备和教学条件方面,几乎不在一个层次上了。

1996年5月,学校有关领导否定我们的《学科调整和教学改革方案》。这个方案是在广泛收集国内外新闻传播类教学计划,在比较广泛地征求新闻界人士、系友意见后,又经过一年多时间,上上下下几经讨论的结果。报到学校后,不经论证,就被不由分说地否定了,并被扣上"别出心裁"的帽子。现在看起来,这个方案是很有先进性的:它加强了对传播学的引进与研究;加强了文史哲、现代科技类的基础,相应削减了传统新闻应用类课程;它在培养模式上创新,从理工科类二年级学生中招生,按2+2模式培养。对这个先进方案的否定,不仅使我们的发展损失了两年的时间,更主要是极大地打击了我们的创新积极性,使我们再次丧失在华工发展新闻教育的信心。

第三点,华工新闻系的发展,是跟在武大的屁股后面学,亦步亦趋,还是办出特色,后来居上?

据前所述,1996年5月,相关领导否定我们具有鲜明创新特点的改革方案时不仅扣上"别出心裁"的帽子,还明确地指出,华工新闻系"老老实实地跟在武大新闻系屁股后面学就行了"。

不错,我们是应该向武大新闻系学习,但仅仅满足于学习是不够的,还应该有所创新。据有关方面的负责人讲,国家教委当初同时批准武大、华工创办新闻教育,其目的就是希望两校分别根据自己学校的学科背景办出自己的特色。我们不应该辜负国家教委的希望。的确如此,华工新闻系办系10多年,就是力图摸索在理工科学校办新闻教育的道路,并办出与综合性大学新闻教育不同的特色。尤其是在办系之初,在当时学校领导的大力支持下,在中宣部的关怀下,华工新闻教育办得是"咄咄逼人"。1987年以后,由于种种原因(其中主要是学校领导的不重视),华工新闻教育渐渐落后了,而武大新闻教育一方面得到教委的特殊政策照顾,一方面学校领导也重视起来,因而获得快速发展。20世纪90年代后,虽然我们华工新闻系还是保持有自己的优势,但是两校新闻系发展的快慢趋势越来越明显。因此,我们向武大学习,不应是被动地亦步亦趋地模仿,而应是能动学习,取长补短,想法子超越。

要认识到,新闻学科是一个新学科,大家基本都在一个起跑线上。当前,每个学校的新闻教育都在想法子抢占制高点,因此不存在谁跟在谁的屁股后面学的问题,必须是在"入主流"的前提下,在创特色上做文章。走学科交叉发展之路,是在理工科大学里发展新闻传播学科、办好新闻传播教育得天独厚的优势。当下,理工科大学创办新闻教育已经成为一种趋势,比如新加坡关闭国立新加坡大学的新闻系,而在南洋理工大学办新闻学院,中国的上海交大、清华大学、浙江大学都开始办新闻教育。并且,综合性大学的新闻系也开始把多媒体技术、信息传输技术引入新闻传播专业教学,有的学校还专门成立数码图像传播专业、信息传播专业、电子出版专业等。从新闻传播学科的特点看,从理工科大学纷纷创办新闻传播专业和从综合性大学新闻传播专业的改革趋势看,我们华工办新闻教育这一步是走对了,并且早走一步。我们华工新闻教育当下之所以落后一步,主要是学校领导没有利用学校理工科的学科优势来发展新闻传播学科,没有及时把"信息传播""数码图像传播""电子出版"等专业创办起来。我们华中理工大学办特色新闻教育,起了个早床,赶了个晚集。

最后,我说,华工新闻教育能否扭转下滑的趋势,进而赶上,就看学校领导的认识与决策了!

参加对话会的其他教师似乎心照不宣,在我发言后,都争先恐后地、从不同角度进行补充发言。难得有与学校领导面对面对话的机会,这些当年满腔热情投入华工新闻系创建的老教师心中压抑多年的情绪,一下子如火山爆发一般喷涌出来,他们发言时,情绪十分激动,言辞十分尖锐,感情也十分真挚,谈到动情时,不禁泪下。没有料想到,新闻系的这次集体汇报会成了一次"集体泣诉"。周泰颐、申凡说,这几年年轻教师差不多走光了,中年教师也开始"行动"了,老教师之所以没有动,并不是没有人要,而是与华工新闻系的这份情分难以割舍。有人甚至当场拿出相关大学新闻系的商调函来,说,如果学校还不重视新闻教育,那我们只有"走人"了。

夜已经很深了。室外刮着寒风,下着小雨,气温很低。室内的人们似乎没有感到寒冷。大家只有一个炽热的念头:豁出去了!必须把心里话都讲出来!华工新闻系的存亡在此一举!

三位校领导也很激动。他们听后,都发表了意见。

朱玉泉书记首先说:"听了大家的发言,很受感动,感到新闻系是一个很好的集体。新闻系在全国同行中是有地位的,在我们学校也是有地位的,近几年来,前进的步子慢了一些,学校有很大责任,我们没有像老校长朱九思那样理解、那样重视、那样支持新闻专业。根据新闻学和新闻教育的特点,你们制定的学科发展的思路是对头的。学校领导一定尽快研究,给你们答复。我们今天到会的三人的思想是统一的,一定与有关校领导商量一下,也请你们把办学思路进一步完善一下,尽快付诸实施。我们学校领导中有个别同志说话不注意,伤害了新闻系教师的感情和积极性,我代表学校党委作检讨,并向你们表示道歉。"

刘献君副书记接着说了几点意见:如何办文科,这个问题我们学校一直没有很好地解决,新闻系在这方面是走在前面的;对新闻学科的改革,学校要引起足够的重视;必须适当增加对新闻系的投入。

李爱珍副书记说:"听了一晚上,真的很受感动,增加了我对新闻系的了解,原来我们学校的新闻系还办得这样好!以前对新闻学科的确缺乏正确的认识,今后,还要进一步加深理解和给予力所能及的支持。"

在这场"集体泣诉"上,我们把要说的话都说了,为了新闻系的生存,我们算是尽力了,也对得起自己的良心!至于最后结果如何,还是一个悬念。因为在中国,"谋事在人,成事在天",在领导的认识与实际行动!

(三)学校给了我们一个惊喜

值得庆幸的是,朱玉泉书记等人还真把我们"集体泣诉"的意见听进去了,他们三人的表态还真是说话算话!"集体泣诉"后,过了大约一个月,校办给新闻系来电话,通知说,学校党委常委准备于1998年2月20日晚听取新闻系有关学科建设和改革的专题汇报,请做好准备。

1. 一次至关重要的汇报

程世寿对此十分重视,立即召开系务委员会商讨如何汇报的问题。他说:"吴廷俊是协助我分管学科建设的副主任,并且1996年年初拟定的《新闻系学科调整和教学改革方案》初稿也是他负责起草的,因而,由老吴主汇报,其他的人补充。"

汇报会如期在学校国际学术交流中心一号楼410会议室举行。

到场听取汇报的校领导有:朱玉泉书记、周济校长、刘献君副书记、秦忆副校长、李爱珍副书记,各部处负责人有:李振文(宣传部部长)、韩洪双(人事处处长)、赵永俭(设备处处长)、汪佩伟(科研处文科副处长)、张峰(教务处文科副处长)、徐晓林(文学院党总支副书记)等。新闻系系主任程世寿带领系务委员会成员参与汇报。

周济校长主持汇报会。

程世寿说了几句开头语后,指示我将修改后的《新闻系学科调整和教学改革方案》(以下简称《方案》)分发给各位领导,并加以解释。

我知道这次汇报非比寻常。如果说 1 月 13 日的对话是以情动人,这次汇报则是以理服人。我深信,只要我们的道理充分,是可以说服校领导的。我要说的话,《方案》上都写得很清楚,为节约时间,我只是就《方案》的内容强调阐述了两点,另外补充了三点。

我强调的两点为:(1)我校组织发展信息传播学科群的必要性:信息传播学科是 21 世纪最有发展前途的学科之一,它的特点是交叉性和扩展性,具有很强的应用性,即发展媒介产业。我校要成为一流大学,无论从学科建设的角度,还是从产业发展的角度,都必须组建和发展信息传播学科群。(2)我校有组建信息传播学科群和优先发展信息传播学科的条件:有信息、通信、计算机等学科为支撑;有创办和发展了十几年的新闻传播学科和专业;有若干"文理渗透"发展学科的经验积累。

我补充的三点为:(1)组建信息传播学科群、优先发展信息传播学科的三条原则:强强联合的原则;从实际出发的原则;抓住机遇、立足发展的原则。目前,全国各高校都跃跃欲试,不过都还没有成气候,如果我们抢先一步,就抢占了先机,但必须有组织保证——或者请学校批准新闻系脱离文学院成为一个独立的系,或者联合工科相关的系组建信息传播学院。(2)组建信息传播学科群、组建信息传播学院,必须解决三大难题:一是观念上要更新。决心来自认识,认识来自观念的更新。不要局限于新闻传播是纯粹文科的传统观念。二是资金上要投入。信息传播学科是文科中的工科,要适当增加经费投入。三是要解决用房的困难。新成立的信息传播学院有文科,也有工科,必须集中办公,还要增设必要的实验室,因此需要有必要的空间。

我讲完后,与会的其他新闻系同人做了一些简明扼要的补充。

学校领导们一方面阅读手中的书面材料,一方面认真听取我们的汇报。从表情可以看出,他们被我们大胆而新颖的改革计划震撼了,纷纷发言和表态:

(1)随着以网络、电脑、光纤、多媒体为主要标志的信息时代的到来,新闻信息传播将是 21 世纪最有发展前途的学科之一;

(2)大学发展新闻信息传播学科,是适应社会发展知识经济的需要,抢占新闻信息传播学科发展的制高点,是把我们华中理工大学办成全国乃至世界一流大学的需要;

(3)发展新闻信息传播学科,在以理工科大学为主的大学有得天独厚的条件,尤其是像我们华中理工大学经过45年的发展,已经成为一所规模宏大的以理工科为主的文理工管学科门类比较齐全的综合性大学,一定实力的人文、社科的背景是新闻信息传播学科发展的基础,强大的理工科背景是发展新闻信息传播学科强有力的支撑;

(4)把新闻系从文学院独立出来成为新闻与传播学系,意义不大。既然国家把新闻与传播学升格为一级学科,我校还不如直接成立一个相应的学院。

1998年2月20日晚上的汇报会是新闻系走出低谷、走向中兴的起点。因为在汇报会上,各位领导不仅对发展新闻信息传播学科达成共识,而且还一致认为:

(1)新闻系的学科建设和改革的构想是绝对正确的,搞文工结合、学科交叉的定位也很准确;

(2)我校发展信息传播学科正当其时,可将新闻系与学校电教中心合并起来,成立一个新的学院;

(3)既然想搞,就得增加投入;

(4)"步子要加快,时间要抓紧",请新闻系将学科发展和改革计划进一步细化,将成立学院的设想进一步完善,尽快报学校党委常委讨论。

新闻系几位参与汇报的人聆听完学校领导的发言,激动不已,几乎有些坐不住。学校领导对我们支持的态度和力度大大地超过了我们的预想!可以这样说,学校领导给了我们一个大大的惊喜!

2. 我们必须加快步伐

学校领导已经走到我们的前面去了。能否跟上领导的步伐,能否尽快将领导的指示落到实处,就看我们接下来的行动。我们必须加快步伐。

1998年2月22日,程世寿召开系务会,决定成立"学科建设与规划"小组,并就"在新闻系基础上组建新闻与传播学院的方案"的编写工作进行了分工。根据学校领导"步子要加快,时间要抓紧"的指示,系务会进行倒计时安排:3月6日以前完成草案;3月7日至8日请学校文科工作组修订;3月中旬报学校党委常委。

时间紧,任务重。程世寿强调两点:一是我们的方案必须有所创新,尤其是学科改革方面;二是必须排除干扰,集中精力,集中时间,全力以赴。此外,他还专门邀请学校文科办主任(科研处分管文科的副处长)汪佩伟参与并指导此事。为了防止干扰,3月5日下午,程世寿带领汪佩伟和我赴宜昌清江工程公司,入住该公司酒店,关门讨论、修改方案的主体部分。两天后,3月8

日回武汉。这件事后来被人说成是"策划于密室"。

回武汉之后，修改稿又拿到系务会上讨论、修改。3月19日，《新闻与传播学院组建方案(第五次修改稿)》上报学校。

这个方案修改稿分八个部分：组建学院的宗旨、学院的建构与人员编制、人员调配、设备添置与基地建设、普通本科生培养方案、特色本科生培养、研究生培养、培养现代化新闻传播人才的几项特殊措施。从文本看,的确有所创新。这正是学校领导看重并欣赏的地方。所以我们组建学院的方案上报后,很快被学校领导批准。

1998年4月5日上午,刘献君召见程世寿和我谈话,传达学校党委常委会的决议：(1)新闻系从文学院独立出来,成立一个学院；(2)学院由原新闻系和原电教中心组成,以原新闻系为主体。

随后,刘献君、程世寿找我谈话时,透露出一个重要信息：准备推荐我出任即将成立的新闻学院院长,想听听我的意见。据程世寿后来的回忆文章说："在确定学院领导班子时,刘献君书记征求我的意见说：'你与吴廷俊肯定一人任院长,一人任书记,你看如何？'我说：'由吴廷俊任院长,我任书记。'他说：'为什么这么安排？'我说：'其一,从这么几年来看,吴廷俊完全有能力任此职,而且会比我干得好；其二,他比我年轻,而我已经接近退休年龄,让他任院长为好；其三,由我当书记可以为他保驾护航,院里不会有什么问题。'班子主要负责人就这么定下来了。"可见这是他与刘献君书记事先商定的事,但是当时他没有向我有丝毫透露,我毫无思想准备。我知道领导们的好意,但是事情太突然,我不知说什么,并且我还是有点自知之明的,无论是论资历还是论学历,这个院长都不应该是我。前一段时间我之所以说得多了一点,完全是受程世寿的指派；以我的能力,为领导出出主意,参谋参谋还行,当第一把手,不适合。

沉默了一会,我简单地申述了"我不适合"的理由：(1)学历低、资格浅。(2)性格不好,一根筋,认死理,不善变通。当时,有人说,当官一要听话,二要出活。出活,我大约可以做到；听话,我很难做到。我这个人,无论对谁的话,认为正确的就听,认为不正确的,不仅不听,反而会驳斥。这是个性使然。(3)脾气坏,易发火,易得罪人。(4)兴趣在搞点业务,或者说,搞点自己感兴趣的学术,并且适合钻故纸堆。这些还是前几年我拒当新闻系副主任时的理由。

刘献君书记说："老程当书记,为你撑腰把舵,你看怎样？"

老程对刘献君书记说："让他再考虑考虑。"

但是，老程根本没有给我考虑的机会。当天下午，他就拉着我一道到南三楼找朱玉泉书记，汇报我们听刘献君副书记传达党委常委决议后的想法。老程说："让新闻系独立出来成立一个学院，给新闻学科一个发展空间，我们非常感谢，但是缺乏相应的具体内容，有些实质性的问题没有得到解决。比如人员补充、资金划拨、设备添置等实质性问题。尤其是关于新闻系与学校电教中心实质性的合并问题，还有很大难度。希望学校给一些明确的意见。"

程世寿很老到，把事情想得较深。朱书记听后说，这些问题，容他们再商量一下。

那时，学校领导为新闻学科的事特别上心，对我们要求的答复，完全是"立等可取"。次日，即4月6日上午，周济校长、朱玉泉书记和刘献君副书记约见程世寿和我，商谈新闻系与学校电教中心实质性合并的事宜，决定原"电教中心"改名为"现代教育技术中心"合并到新闻学院，实行人员统一调配、资源共享。

次日，周济校长打电话专门把我叫到他办公室，对进一步完善学科发展规划、组建学院的事再次发表意见，要我们一定要抓紧，并建议学院名称叫"新闻与信息传播学院"。他说，院名虽然长了一点，但是既保住了"新闻"，又突出了"信息"。

4月20日上午，学校党委管组织的副书记李爱珍在南三楼219室约谈程世寿和我，正式传达党委常委《关于成立新闻与信息传播学院的决议》。大致内容有：(1)学院行政领导，一正两副，吴廷俊任院长，申凡、张骏任副院长（张兼任现代教育技术中心主任）；(2)学院党总支，程世寿任书记，陈业美任副书记；(3)雷志华保留副处级，由学院任命为中心副主任；(4)学院党政办公室合署办公，主任由人事处委派。

在传达决议后，李爱珍书记说："希望我们的新闻学院办出工科大学新闻传播学院的特色！"

一周之后的4月28日，是有意义的日子，是华工新闻教育史上一个值得铭记的日子，这一天，学校正式发文，成立"华中理工大学新闻与信息传播学院"。

第三章
推进学科发展

学校发文了,学院成立了。没有举行任何仪式,也没有挂牌。在华工校园里,似乎什么都没有发生。

改系建院了,但是似乎并没有什么实质性的变化——物理空间还是东五楼二楼东头的那几间房;实验室里还是那些陈旧残缺的设备;资料室里还是新闻系成立之初的那几本书;经费上,原文学院剩余经费结算时,分得1万元①;另外,人员上,还是原来的"十几个人七八条枪"②。诚然,学校明文规定,原"电教中心"改名为"现代教育技术中心",合并到新闻与信息传播学院,实行人员统一调配,资源共享,快速发展。然而,真正要做到这样,绝非易事。正所谓理想很丰满,现实很骨感。这种情况,越往后越明显。

我感到"压力山大",很着急,而程世寿说,慢慢想办法解决,急有啥用?我俩多次合计后,打算采取"以节点为由头,内挖潜,外求援"的策略,稳扎稳打,逐步扩展学科发展空间,以慢慢增强学院综合实力。

一、学院成立伊始

任何一场戏,开场锣鼓之后的亮相很重要。一个单位的成立也是如此。

---

① 文学院解散时,新闻系和社会学系受优待,各分得1万元,其他各系只分得5000元。
② 资料显示,1997年年底,华工新闻系只有教师17人,其中教授4人,副教授4人。

院务会议上,有人觉得有必要搞个仪式,以彰显声势,鼓舞士气。于是我们确定第一个由头,就是"争取亮一个漂亮的相"。这个"由头"有两个节点,第一个是1999年4月学院成立一周年挂牌,第二个是迎接1999年年底的全国"新闻两会"。

学院工作以"争取亮一个漂亮的相"为抓手向前推进。

(一)搭建组织框架,建立运行方式

为保证学院的整体运行,我们根据学校文件,经协商,组建起了一个由7人组成的院务委员会:总支书记程世寿,院长吴廷俊,副书记陈业美,副院长申凡、张骏、朱光喜,现代教育技术中心副主任雷志华。院务委员会中出现的这个副院长朱光喜是周济校长特意安排的。在学校正式发文成立学院后的第5天,即5月3日,周济校长打电话叫我到他办公室,开门见山地说:"打算给你配备一个正处级的副院长,任命电信系系主任朱光喜兼新闻与信息传播学院副院长,希望你们在新闻传播与信息工程的交叉上作出像样的成绩。"朱光喜的确不负学校厚望,在担任学院兼职副院长期间尽心尽力,为华工的文工交叉作出了重要贡献。

1998年5月5日下午,在东五楼原新闻系圆桌会议室,召开华中理工大学新闻与信息传播学院第一次院务会,由程世寿主持,我以院长身份作了题为《抓住机遇,千方百计,改革进取,力争把一个高水平的新闻与信息传播学院带入21世纪》的主题发言,主要讲了三点:

第一点,抓住机遇,奋发图强,图谋事业发展。

信息时代的到来,为新闻、信息传播学科和现代教育技术的发展创造了一个好的大环境;以周济、朱玉泉为首的学校领导对新闻信息传播学科的重视、对现代教育技术的重视,创造了一个好的中环境;全院的教职员工在一个较长时期内不被学校重视而看到学科走下坡路郁积起来的苦闷情绪,此时如火山爆发,并转化为动力,都想在学院成立后发愤图强,这是一个很好的内在因素。

第二点,千方百计,改革进取,团结一致向前。

我们每个人都要树立一种观念,即工作中坚持高标准、争创一流的观念;我们每个人都要有一种精神,即不把工作干好、不达目的不罢休的精神;我们每个人都要有一种风格,即精诚团结、齐心合力、勇于承担的风格。学校为我们配备了一个年龄结构、知识结构都比较合理的班子,现在就看我们是不是精诚团结、密切配合。学院成立伊始,工作多,头绪多,这都不可怕,最可怕的是班子不团结。团结比什么都重要。

第三点,简化程序,节约成本,提高效率。

学院成立之初,组织结构宜简不宜繁。设一个系(新闻与传播系)、一个中心(现代教育技术中心)、一个研究所(新闻传播研究所),加上院机关和教辅单位(实验室、资料室)。各机构的基本职能为:新闻与传播系主要管理新闻学、广播电视新闻学两个本科专业;现代教育技术中心负责全校教室电教设备的管理与维修,协助学院实验教学;研究所负责研究生教学、科研项目管理、杂志编辑部。学院管理上:实行院、系(所、中心)、教研室三级管理;充分发挥班子成员每个人的积极性和能动性,给每个人创造一个施展才干的舞台;重大问题集体决策,形成决议,分头去办;每个人对院务委员会负责,实行目标管理,定期检查。

程世寿在总结时指出,目前是我校新闻传播学科发展的最好时机,机不可失时不再来,我们一定要抓住这个时机。他要求,领导班子的每一个人在看待问题、处理问题时,要识大体,顾大局。他特别强调要搞好团结,有针对性地提出全院各部门要做到四个一:"一家人、一条心、一盘棋、一股劲。"

6月17日晚,召开第二次院务会。主要议题有三:

一是系、所、室干部的聘任。程世寿为新闻传播研究所所长(兼),屠忠俊为副所长;程世寿为《新闻学探讨与争鸣》主编(兼),柳泽花为副主编;申凡为新闻与传播系主任(兼),余奇敏为副主任;刘洁为新闻学教研室主任,余奇敏为广播电视新闻学教研室主任(兼),刘文予(电信系)为传播技术教研室主任;万哲华为学院办公室主任、党总支干事。

二是开源节流的规定。开源方面:在财政极其困难的情况下,一定要重视创收;实行学院与系、中心两级创收,发挥系、中心创收积极性,现代教育技术中心应该把此事提到重要日程上;学院创收以研究所为重点,总支书记程世寿全权负责此事,扩大创收门路,扩大自修班、在职研究生班、工程硕士班。节流方面:重申出差不坐飞机的规定,如有急事须坐飞机,须事先报告,经批准方可;克服"吃饭财政",杜绝一个客人多人陪的现象;建立打印复印登记制,公私分明,即使公文打印,也要本着节约的原则;其他方面,厉行点滴节约。

三是讨论各口(教学、成教、行政)的工作计划,通过后,组织落实,要争取半年左右出阶段性、可视性的成果。

两次院务会,基本上建立起学院的组织框架和运行方式。

（二）搭建物理空间，安居以乐业

虽然说"大学，非大楼之谓，乃大师之谓也"，但是大楼也是很重要的，"安居"才可更好地"乐业"。学院成立前，新闻系在东五楼二楼，电教中心在东一楼，并且两个单位用房面积极为有限，尤其是新闻与传播系。学院成立后，两个单位需要搬到一起，用房面积也需要适当扩大，并需要添置必要的教学、实验设备。

7月3日下午，我们邀请设备处处长赵永俭一行到新闻学院考察实验设备及公用房的情况。我们首先请赵永俭等参观、了解新闻学院的实验室的情况：一方面是工作人员努力工作，因陋就简，节约办事；一方面是设备陈旧、残缺，严重影响教学活动的开展。而后，我们向设备处提出了三点请求：(1)现代教育技术中心既是新闻学院的一个重要组成部分，又是学校电化教学重要技术职能机构，但是底子薄、任务重，请求设备处继续予以支持；(2)新闻学院成立后，进行学科改造，文工交叉创特色，任务艰巨压力大，请求设备处对新闻学院教学实验室建设给予重点扶持，争取在2～3年内有一个飞跃性的变化；(3)鉴于新闻学院目前的用房情况，我们郑重提出学院整体搬入东六楼，请求设备处予以考虑。

赵永俭处长没有正面回答我们的请求，而是巧妙地说，新闻学院目前的体制（指现代教育技术中心与原新闻系合并）是在中国现在教育投入严重不足的情况下的不得已而为之。希望通过这种体制的建立，真正能达到资源共享的目的，主要是指新闻系的教学可以利用教育技术中心的仪器设备。他简短几句话，表达了设备处领导的真实意图，把球又踢回来了。

在设备处没有得到积极回应，我们只有找学校最高领导。7月21日，我们就学科改革情况再向学校领导做了汇报，朱玉泉书记、周济校长、刘献君副书记、秦忆副校长、于清双副校长、邹寿彬副校长、学校学科办主任李军、研究生院学位办主任杨焕祥、教务处文科副处长张峰听取汇报。周济校长听取汇报后说："新闻学院成立后，精神状态很好，想了很多办法，效果也很明显。""今后，观念要进一步更新，思想要进一步解放，一定要把这个交叉学科搞好，搞成功，出奇制胜。学校对新闻学院的要求要尽可能给予支持！"刘献君副书记乘机提出，可以考虑，新闻学院整体搬进东六楼。刘书记的提议，得到在场其他校领导的一致同意。

有了学校最高领导的指示，11月10日下午，我和张骏再次找到设备处处长赵永俭，直接商谈学院公用房的集中与搬迁，以及实验室设备更新、补齐的事。赵说,这几个问题要由周济校长、分管教学副校长、分管后勤副校长等集体决定,同时,搬迁问题需要教务处测算。其实,7月21日刘副书记说那番话的时候,不仅周济校长在场,主管教学的副校长邹寿彬、主管后勤的副校长于清双也都在场。

看起来,这个问题的解决,没有更大的由头是不行的。正好全国新闻教育界1999年"两会"(教育部高等学校新闻学科教学指导委员会年会、中国新闻教育学会理事会年会)决定在我们学校召开,我们决定以此为由头,促一促学校各个部门加快对新闻学院硬件和软件建设的支持。

11月15日,我们应约向朱玉泉书记、周济校长、刘献君副书记汇报学院成立7个月以来的情况。在汇报了取得的成绩后,我们特别汇报了存在的问题。在谈到"学科基地建设"问题时说,10多年没有得到学校的投入,资料缺乏,实验设备陈旧、残缺到了不能忍受的程度。希望以迎接全国新闻教育界1999年"两会"在我校召开的契机,加速学院的建设,使之迈进一大步,使新成立的新闻学院有一个好的形象展现在全国同行面前。现在离会议召开时间还有10个月,我们已经调动一切积极因素,加紧建设,希望学校尽可能支持我们一下。包括:(1)办公和实验室用房集中与搬迁。尽快将在东五楼的原新闻系的办公室、资料室、实验室以及东一楼原电教中心全部搬迁至东六楼。将东六楼由教学楼改为新闻与信息传播学院大楼,并请拨给搬迁经费25万元。(2)请配齐、并适当更新实验设备。这一项大致预算为64.23万元,其中电视实验设备47.6万元,广播实验设备10.27万元,摄影实验设备6.36万元。

我还特别作了两点说明:(1)这是在学校多年不投入的情况下的补救性投入;(2)这是学校有关领导指示后,设备处派人到新闻学院实地调研之后计算出来的,是在前面两次主要领导主持的汇报会上原则上同意了的,现在是落实的问题。我继续说,如果以上两项工作能按计划完成,到明年10月份,华工新闻与信息传播学院有望以一个崭新的面貌展现在"新闻两会"同行面前,这个新成立的学院不仅有学科改造和建设的初步成果让全国同行认可,而且硬件建设也让全国同行眼睛一亮。再说,硬件条件改善了,也便于引进人才,"栽种梧桐树,引来金凤凰"!

也许是我的汇报言之成理,更也许是学校领导真正认识到,新闻学院的现有状况实在有碍观瞻,所以,我汇报后,学校领导讲话纷纷表示支持:

朱玉泉书记首先说,定了的事,就抓紧办。新闻学院的用房搬迁的事议过几次了,也统一了思想,定下来了,只是考虑东六楼排了课,搬迁的时间没确定。现在要迎接全国"新闻两会",时间紧迫,必须抓紧搞。这是不成问题的。设备更新与添置的问题列入明年的预算,经费问题不由新闻学院提出来,应由设备处提出来,抓紧时间搞。

显然,性格温和的朱书记,发火了。

周济校长接着说:"我完全同意朱书记的意见,抓紧时间搞,不要老拖!除了硬件,软件也要抓,抓队伍,主要抓教师观念的更新与知识的更新。外面的形势发展很快,正像吴老师讲的,有点咄咄逼人。国外发展快,国内兄弟学校发展也很快,时不我待!"他进一步指示说:"传播科技发展日新月异,我们教新闻传播的老师一定要学习新知识,掌握新知识,包括吴老师在内,都要学习新知识。我们新闻传播学院的定位是培养既懂新闻传播学理,又掌握一定的现代传播科技本领的人才,这不能是由工科的人来搞新闻传播学科,如果那样,就会搞成工科的信息工程。这一点一定要搞清楚!朱光喜他们的事情很多,不可能对新闻学院的事情有很多时间和精力的投入,因此,新闻学院的事情主要靠新闻学院的领导和老师们来办,因此,你们一定要更新知识。"周济校长对学科发展的看法非常中肯。学科交叉很重要,但必须分清主客两体,否则就会走偏。

周济校长还同朱书记讨论了演播厅搞不搞的问题。朱玉泉说:"我看可以搞,但开始不要太高档。"周校长说:"同意朱书记的意见。那就抓紧搞。"他再次重申,什么事情一拖就拖下去了,一抓紧就搞起来了。

刘献君副书记也强调说,事情要抓落实,必须明确由谁落实,如何落实,何时落实。

对刘书记的话,周济校长和朱玉泉书记回应说,今天对新闻学院决定的事,由设备处抓紧把具体方案做出来,并尽快落实。朱书记还自告奋勇地说:"我找赵永俭谈。"

这次汇报会上领导的讲话内容和风格,真是叫个"爽"!令人备受鼓舞!我真庆幸,我们新闻学院创业时期,碰到了这样几位好的校领导!

11月19日下午,程世寿召开学院党总支委员会扩大会议,传达11月15日汇报会上朱玉泉书记、周济校长、刘献君副书记的讲话精神,除了日常教学、科研工作要抓紧外,特别布置落实几项突击性的工作:搬迁(陈业美负责);设备更新(雷志华负责);演播厅设计与建设(张骏负责);申报传播学硕士点(屠忠俊负责)。老程还提出几点希望:要充分认识接下来的10个月的工作对学院发展、学科建设的重要性;要有点拼搏精神——人生能有几回搏?现在是搏的时候;党员教师应该在这个关键时候发挥模范带头作用。

随后又先后召开全院党员会议和全院教职员工大会,作动员。

在11月26日全院教职员工大会上,我讲了这样几点意见:

虽然我们成立了学院,也取得了一些成绩,但是必须清醒地看到,我们还没有实质性的进步,几项工作都还处于表面:学科建设大跨度交叉还是表面的;学院的架构刚刚搭建,还没有迈出实质性的步伐。20世纪90年代初的损失太大,不是一下子可能复原的。并且体质过于虚弱,不能强补,只能温补。因此,必须有危机感,必须兢兢业业、脚踏实地地努力工作。要狠抓队伍建设。我们现有师资实在是太少太弱。现在引进高素质人才实在太困难,因此,必须想办法、下功夫,自己培养。要狠抓基础建设。在硬件方面,要千方百计地筹措经费,建设起设备齐全、配置高档的教学和科研实验室。要争取拿文工交叉的大课题,做出有影响力的重大成果。

此外,我们还必须看到外面的形势咄咄逼人,越来越多的院系瞄准文工交叉发展新闻传播学的目标,正快速建设。比如清华、浙大,他们比我们有钱,有区位优势,引进人才就相对容易,要搞起来就很容易超过我们,对此,我们一定要有清醒的认识,有紧迫感。

由于学校领导的鼎力支持,全校各职能部门的积极配合,学院上上下下的共同努力,几项工作进展很顺利,尤其是搬家工作。1999年4月,学院成立一周年前夕,原新闻系办公室、资料室、实验室全部从东五楼搬迁到东六楼第一、二、三层,随后,现代教育技术中心也从东一楼搬迁到东六楼第四、五层。后来学校又将第六层划拨给新闻学院。东六楼渐渐成为新闻学院大楼。只是演播厅的事情解决起来难度太大,便一直拖着。做过几个方案,都没能实施。比如,朱书记带着我到东校区看过韵苑体育馆,我感到大了,用不起。再说,远离主校区,用起来不方便,此方案便搁置了。后来,学校打算建造大型文科楼群,在里面专门设计一个演播厅,然而,文科楼群计划被后来的校长否定了,演播厅的建设也随之泡汤了①。多年后,学校才决定在东六楼北面那块不大的空地上,新建一个小型演播厅——这已是我离开学院行政领导岗位几年后的事情了。

(三)学科改革迈开实质性的一步

学校之所以给我们一个惊喜,支持我们由"系"到"院"的扩展,是因为我

---

① 1999年2月3日,在学校文科发展战略研讨会上,朱玉泉书记首次谈了建造文科楼群的计划。很快地,设备处与基建处拿出了规划设计图,到文科各院系征求意见,做过几次修改。新闻演播厅设计就在其中。可惜,此计划被后来的校长否决了。

们提出的"把文理渗透提升到文工交叉层面,培养复合型新闻传播人才"的学科改革方案。所以,学院成立后,我们必须在学科改革方案的实施上尽快迈出实质性的一步,取得可视性成果。

1. 创造培养复合型新闻传播人才的条件

发展文工大跨度交叉的学科特色,将新闻传播学专业办成文科中的工科,绝非易事,它至少必须具备两个条件,即复合型的师资队伍和配置先进而齐全的教学实验室。

我们原有的师资,除了屠忠俊1人外,其余的学科背景全是纯文科。在那个年代引进师资,连文科硕士生都难以找到,工科硕士就更难,博士想都不用想。为了解决这个问题,朱光喜副院长根据周济校长的指示精神,为了学科交叉的需要,将电信系的刘文予教授和他的实验室整体带进新闻学院,命名为传播技术教研室,后来创办一届传媒工程硕士班,其信息技术类的课程基本上就是他们负责的。

由于电信系的教师毕竟是兼职,本职的教学科研任务很重,不可能抽出足够的时间和精力完成新闻学院布置的教学任务,所以从长远着想,新闻学院要走特色发展之路,还得自力更生组建自己的传播科技师资队伍。学校领导也很关心这件事,帮助我们想办法。其中一个非常有力的措施就是,1998年底将CAI中心合并到新闻系。CAI中心是教务处的一个直属机构,职责是为有需要的教师制作多媒体课件,因为其主任罗晋华是力学系的教师,所以挂靠在力学系。11月10日,我与张骏找设备处处长赵永俭汇报实验室设备的更新问题时,张骏提出,从CAI中心的具体职责看放在力学系显然不合适,而将其归属到现代教育技术中心是比较合适的。老赵也如是认为,但他说,须请示主管教学的副校长。11月15日,我们向朱玉泉书记、周济校长、刘献君副书记等校领导汇报工作时,就提出了CAI的归属问题。朱玉泉书记说,CAI中心在力学系也不是个事,到现代教育技术中心也不行,干脆合并到新闻学院来,工作性质很接近,合适。刘献君副书记说罗晋华本人也表示愿意合并到新闻学院。朱玉泉表示这就更好办了。

就这样,CAI合并到新闻学院,但保留CAI这个牌子,在学院组织结构中隶属于现代教育技术中心。

1999年2月9日上午,我与中心负责人张骏一起研究,确定CAI今后的主要任务为:多媒体课件制作;全校教师培训;网页制作及网络传播,以适应远程教学。

2月22日,新学期第一次院务会作出决定,CAI中心既是现代教育技术中心的一个重要研究室,即 CAI 研究室,也是新闻与传播系的一个教研室,即传播科技教研室;聘罗晋华为现代教育技术中心副主任,兼任 CAI 研究室主任、传播科技教研室主任,由学院发给相应的职务津贴。在周济校长的亲自关怀下,1999 年 9 月,学院派罗晋华和古忠民访学比利时,为期半个月,目的在于了解欧洲传播科技发展方面的情况。后来,罗晋华确实为学院学科改革和专业教学发挥了很大作用,比如编写传播教育技术方面的教材,开设这方面的课程,等等。

在复合型师资的组建方面,还有一项措施,就是在学校研究生院的支持下,2001 年,我们以推免方式从电信系和计算机系各招收应届本科毕业生一名,即鲍立泉、史旻昱,进入我院师资班学习,获硕士学位后留院充任师资;之后,又推免攻博,获得博士学位,成为新闻学院网络传播专业的骨干教师。可惜,史旻昱 2009 年被深圳大学"挖"走了。

在实验室设备的更新与配齐方面,我们一方面申请学校拨款,一方面争取外援,经与武汉有线电视台协商,拟由他们投资 30 万元购置硬件,我们新闻学院配置软件,在院内创建一个多媒体网络实验室。实验室建成后归我们新闻学院所有,有线电视台享有冠名权。1998 年 8 月 12 日下午,合作签字仪式在学校图书馆接待室隆重举行。当年 11 月底,实验室建成投入使用。虽然只有 20 台计算机,但装有北大方正等先进的编辑、制作系统,解决了传播技术类课程的实验教学这一大难题。

2. 培养复合型新闻传播人才的举措

第一项举措是开办网络新闻传播班。

我们的学科发展规划明文写道:依据新闻传播学科的综合性特征,为适应新闻单位对复合型人才的需求,我校可充分发挥多学科的优势,实行新闻教育改革,从理、工、经、管等专业二年级下学期的学生中选拔招生,培养复合型新闻传播人才。学院成立后,创办网络新闻传播班便被提到议事日程上,随即拟定具体计划,报学校领导批准。在各种条件初步具备的情况下,这项改革得以在学院成立两个多月时启动,并顺利实施。经过报名、考试等几个环节,7 月 2 日,网络新闻传播班发布录取通知:从金材、焊接、材料、电力、化学、经管和外语等 7 个专业初录 35 人,再经过面试,最后录取 22 人。

1998 年 7 月 7 日上午,首届网络新闻传播班开学典礼举行。

学校党委副书记刘献君出席并讲话,他首先讲述了该班开办的意义,说这是新闻与信息传播学院发展历史上的一件大事,更是华中理工大学新闻传播学科发展历史上的一件大事——从学院的发展来看,我们的本科专业又增加了一个新的专业方向（网络新闻方向）；从学科发展来看，这是我们文工交叉学科改革上的重大步骤，这个班的课程设置和培养目标充分体现了这一点。其次，他指出："进入这个班，是我们在座的每个同学人生旅途的一件大事，是一个重要的里程碑，关乎你们今后的择业、事业发展、生活道路。你们的人生，揭开了新的一页。"

接着，我对网络新闻传播班的同学提出了要求："不管你们以前是学打铁的，还是学翻砂的，是搞材料的，还是学电力的，从今以后，你们要搞新闻传播，因此既要学好计算机、电信等工科方面的课程，更要学习人文社会科学方面的课程，要接触意识形态，因而一定要改变以往固有的行为方式和思维方式。你们是全国网络新闻传播专业的'黄埔一期'，学院在看着你们，学校在看着你们，全国新闻教育界在看着你们，希望并相信你们不负众望，成为华工的，也是全国的第一批文工交叉的复合型新闻传播人才！"

对这个班的开办，新华社发了通稿，称华中理工大学首创网络新闻传播专业。全国不少报纸都转发了这条消息。

这22位同学非常努力，非常争气，他们克服了许多困难，学完了培养计划上规定的功课；还参加各种比赛，并取得好名次；在新闻媒体实习，也表现得十分出色。2000年6月，首届网络新闻传播班的22名毕业生被《广州日报》《长江日报》以及综合教育门户网站——"网大"等网络新媒体"一抢而空"。《湖北日报》因动作迟缓没有"抢"到一人，总编辑宋汉炎还专门打电话到学院找到主管教学的副院长申凡，请求从其他媒体调剂数人到《湖北日报》。

作为一种人才培养模式的探索，在这届网络新闻传播班之后，学院又尝试将一个传统新闻专业班转为网络新闻传播班；并经学校批准，开始尝试从应届高中毕业生中直接招收网络新闻传播专业学生，文理兼收。几届实验结果表明，理科生的效果更好。于是，从2002年以后，这个专业就一直实行理科招生，文工交叉培养。

第二项举措就是开办"传媒工程硕士班"。

早在1998年2月20日，我们向学校领导汇报学科改革方案时，周济校长就提出，实行新闻传播与信息工程交叉，可以考虑培养传媒工程硕士。因此，我们在学科发展规划中增加了"信息传播工程硕士研究生培养"一项。具体内容是：为适应我国信息传播领域对高层次传播技术人才和管理人才的需要，我校充分发挥文工结合的优势，新闻与信息传播学院与电信系联手招收攻读传播科技工程硕士专业学位。招收对象为新闻传播业和信息传播业中从事技术工作、管理工作的骨干,作为电信系电子与信息工程专业的一个方向授予学位。

1998年9月3日,首届传媒工程硕士班举行开学典礼。

我在讲话中首先指出,华中理工大学新闻与信息传播学院与电信系联手招收培养"传媒工程硕士",这在全国恐怕是第一家。这说明随着信息时代的到来,高科技技术引入新闻传播领域,新闻单位要发展事业,需要既有人文功底又能掌握现代传播技术的复合型的高端人才。

首届传媒工程硕士班的学员主要是武汉有线电视台的工程技术和管理人员。这个班的学员学习起来,难度之大,是可想而知的。由于师生齐努力,克服重重困难,学员大多数拿到了学位。

(四)亮了一个漂亮的相

1999年4月28日,是一个喜庆的日子,是新闻与信息传播学院历史上又一个值得铭记的日子!

当天下午,在学校国际学术交流中心学术报告厅举行新闻与信息传播学院成立一周年大会。

省委宣传部常务副部长李德华、省新闻出版局局长邱久钦、长江日报社社长翟玉勋、武汉晚报总编辑魏锋、省委宣传部新闻出版处处长黄国钧及副处长黄传泽、市记协主席杨振兴等,校领导周济、刘献君、秦忆,退休老领导朱九思、杨叔子、姚启和等出席大会。

程世寿主持大会。

发言的嘉宾有:李德华代表省委宣传部、翟玉勋代表省市新闻界讲话;张昆代表在汉兄弟新闻院系、胡修林代表合作办学单位电信系、方政军代表校友讲话。

我报告了学院成立一年的工作。

会后,与会者移步新闻学院的所在地——东六楼。

此时,东六楼大门前,地上的红地毯充满喜庆,外墙上悬挂的三条标语特别醒目。横幅标语上写着:"热烈庆祝新闻与信息传播学院建立一周年",两条直幅上分别写着:"热烈庆祝湖北省新闻出版人才华工大培训基地成立"[1]

---

[1] 新闻学院成立后,为了充分发挥自身优势服务湖北省新闻出版事业,经湖北省委宣传部批准,在这里成立"湖北省新闻出版人才华工大培训基地"。

"热烈庆祝华中理工大学、湖北省社会科学院新闻与传播研究所成立"①。

李德华、黄国钧、周济、杨叔子、刘献君等为新闻与信息传播学院揭牌，同时也为"湖北省新闻出版人才华工大培训基地""华中理工大学、湖北省社会科学院新闻与传播研究所"揭牌。

之后，学校党委副书记刘献君代表学校领导作总结讲话，对我校新闻教育10多年的发展，尤其是近年来学科改革、复合型新闻传播人才培养上所取得的成就给予了充分肯定。

在我院成立一周年之际，有关媒体发表《人文、社科与自然科学大跨度交叉，传播文化与传播科技紧密结盟，独树一帜，特色取胜——前进中的华中理工大学新闻与信息传播学院》的长篇通讯，对我校新闻传播教育16年的发展历程进行记叙之后，对其走"改革创新、特色取胜的发展之路"给予了高度评价。

华中理工大学新闻与信息传播学院是我国重点新闻院系。作为我国理工科为主的大学中第一个新闻院系，从1983年10月成立新闻系，到1998年4月改系建院，学院走了一条改革创新、特色取胜的发展之路。

……

华中理工大学新闻传播教育成功的秘诀概括起来就是两个字：特色。新闻传播教育16年的历史，就是一部探索办学特色的历史。回顾16年的历史，大致可以分为两个阶段。从1983年创建到1994年为第一个阶段。在老校长朱九思的指导下，新闻系形成了"应用为主"和"文理渗透"的特色。强调教师在教新闻之前必须自己会"干新闻"，避免"纸上谈兵"，全系90%的教师来自新闻实务单位；为培养学生的动手能力，系里十分重视实习基地建设，除建立必要的实验室外，特意创办一份面向全国公开发行的报纸《改革信息报》；在全国新闻学专业的课表上，华中理工大学新闻系率先设置"高等数学""自然科学概论"等课程。1995年以来，经过几年的调研和反复论证，逐渐形成了新的学科发展思路：以人文、社科为基础，实行人文、社科与电信等自然科学的大跨度交叉，实行传播文化与传播科技紧密结盟，培养既有深厚人文、社科功底，又掌握现代传播技能的现代化新闻与信息传播人才，将"文理渗透"推向学科"文工交叉"、社科与科技结盟的层面。

---

① 湖北省社科院与华工于1999年4月12日签署了全面合作协议。协议载：(一)互聘教授和研究员：社科院聘华工的张培刚、吴廷俊、风笑天、尉迟治平、张曙光为社科院研究员；华工聘社科院邓剑秋、陈文科、廖丹青、张正明、夏振坤为华工教授。(二)联合成立研究机构。其中一个是成立湖北省社科院新闻与传播研究所，聘吴廷俊为所长。这个合作协议的项目，不知何原因，基本没有实施。

1999年4月28日,喜气洋洋的东六楼大门前。红地毯上,自左而右为
周济、李德华、黄国钧、杨叔子、刘献君

学科调整后,华中理工大学新闻与信息传播学院在本科生培养方面实行普通本科和特色本科齐头并进的培养策略;在研究生培养方面实行新闻学硕士和工程硕士并举的策略,为新时代培养了大批复合型新闻与信息传播高级传播人才。

华中理工大学新闻与信息传播学院探索、把握住了独特的发展方向和新的学科生长点,在人才培养、学科发展和学院管理方面取得了显著成绩,显示出勃勃生机。

如果说1999年4月学院成立一周年挂牌只是在省内亮相,那么,2000年

学院成立一周年之际,周济校长、杨叔子院士为学院揭牌

5月全国"新闻两会"在我校召开①,则是华工新闻教育在全国同行面前的一次全面亮相。

学校领导对教育部委托承办的这次会议②十分重视,几次听取新闻学院关于迎接"新闻两会"筹备工作的汇报。同时,新闻学院也特别注意趁迎接"新闻两会"召开的机会,狠抓学院硬件和软件的建设,并取得一定的成效。2000年5月,全国"新闻两会"在华中理工大学隆重举行时,新闻与信息传播学院以一个全新的面貌亮相于全国新闻教育同行的面前。

全体代表公认,华工新闻学院有两个领先:(1)文工大跨度交叉建设和发展新闻传播学科,并有实质性的进展;(2)一个学院一栋楼,物理空间很是壮观。

同时,由于学院对会议各项议程进行了周密策划和准备,除了会议开得好,文化考察也很有文化含量。尤其是开幕当天晚上举行的一场学生自编自演的歌舞晚会,达到专业水平。用一位与会代表、上海交大新闻系主任陈先元教授的话说,整个会议的组织安排"无懈可击"。

---

① 这个会原本定于1999年10月召开,然由于教育部工作安排的原因,推迟到2000年5月8—10日。

② 《中华人民共和国教育部关于委托华中理工大学承办全国高等学校新闻学科教学指导委员会暨中国新闻教育学会年会的通知(教高司文函〔1999〕49号)》:"华中理工大学:根据高等学校新闻学科教学指导委员会的工作安排,我司决定委托你校承办新闻学科教学指导委员会暨中国新闻教育学会年会,会议的主要内容是讨论新闻类专业教学改革及教材建设等问题。……请给予大力支持。教育部高等教育司1999年12月22日。"

二、提高办学层次

虽然我们在全国"新闻两会"上进行了一次全面"展示",留下了一个华丽转身的印象,也得到了一些好评和赞许,但是我们心里清楚,那些所谓"成绩"还只是表面的,那些所谓"进步"也还只是肤浅的。要使学院取得实质性、长足的进步,还必须争取提高办学层次。所谓提高办学层次,说直白了,就是申请到博士学位授予权,使学院成为本科、硕士、博士全程教育机构。

博士学位授予权的取得,不仅仅是个形式,而是办学实力的体现。

(一)获新闻学博士学位点

最早提出要求新闻学科拿到博士点的人是学校党委书记朱玉泉。早在1998年2月20日,我们向学校领导汇报学科改革方案时,他不仅肯定我们的改革方案,还说,把动作搞大一点,争取拿大课题,争取上博士点。我们当时只当是领导的鼓励,没有敢往那方面想。

1999年4月学院成立一周年挂牌不久,周泰颐老师对我说:"老吴,可以考虑申请博士学位点的事了。"当时,我还是以为,她就这么一说,遂没有回应。她接着说:"我们长时间没有硕士学位授予权,致使我们在校内外被低看一等,也限制了我们的发展,这方面的苦头,我们还没吃够吗?"我这才感觉这位已经退休的老教师说话是认真的,便回答说,距离博士点,我们还差得很远。她说:"提出这样的一个目标,向它努力。"我一下子明白她的意图了!便说:"谢谢周老师。"

博士学位是国家的最高学位,要获得博士学位授予权,门槛是很高的,而我们的实际情况离这个门槛的要求还差得很远。但是,周老师的话又是那样切中肯綮:一方面,长期没有硕士学位授予权的教训的确是深刻的,博士学位点的获得不能拉得太后;另一方面,我们离博士学位点的距离虽远,但可以此立个奋斗目标。综合考虑后,我以为周老师的提议十分可取——在博士学位授予权的获取上,必须加快步伐往前赶;鉴于我们的实际情况,既不能急于求成,又不能无所作为。我们可以以争取博士点为号召,促进全院各项工作的发展。我把周老师的建议和我的思考同程世寿、申凡进行交流,他们深以为然。

于是，争获新闻学博士点，成为我们推动学院全面工作的第二个抓手。

1. 为申报博士学位点准备条件

1999年7月12日，在学院第二次学科建设研讨会（凤凰山庄会议）上，正式讨论申报博士学位点的问题。经讨论决定：发挥优势，特色取胜，异军突起，围绕网络传播凝练方向，组织队伍，并委托屠忠俊老师会后准备一份申报博士点的材料，拟定2000年度试报，2003年申报成功。到会的学校党委副书记刘献君指出，如果2000年申报博士点的话，现在要进入倒计时。

申报材料的准备倒不难，难的是实际条件的准备，巧媳妇难为无米之炊。因此，在目标确定后，我们就开始抓紧准备包括学科梯队建设、学术成果发表、学科方向凝练、学科基地建设等四个方面在内的条件。经过梳理，我们看到，在学校领导的重视下，在各个职能部门的大力支持下，经过前几年的努力，我院在以上四个方面均有了比较大的进步，为申报博士学位点夯实了比较扎实的基础，创造了比较充足的条件。

这里，还特别提及我校教育科学研究院对我们申报博士点的大力支持。博士学位申报表上有一栏，即申报单位是否有博士生导师，是否有培养博士生的经历和经验。这一条很重要。为了满足这个条件，教育科学研究院向我们伸出友谊之手，接纳我从1999年6月开始参与教育科学研究院博士生指导工作，并以新闻教育学方向招收培养博士研究生。2001年4月6日，华中科技大学学位评定委员会发文（校学位〔2001〕3号），正式批准我为博士研究生导师。由此至2002年，我在教育科学研究院共招收3届博士研究生。这不仅为我们学院申请博士学位点准备了重要条件，而且使我学习了招收培养博士研究生的经验。

2. 申报新闻学博士学位点

根据我院学科梯队建设情况，经过反复推敲，并征求国内专家的意见，我们决定申报新闻学博士学位授予权。

这里还要说明一点，我们申报博士学位点的道路与硕士学位点比较起来，虽然顺利一些，但也不是一帆风顺的。

按计划，我们在2000年首次申报博士学位点。

为了学位点的申报工作，2000年6月7日至10日，周济校长和杨叔子院士带着学校文科院系负责人作北京行。在北京三天，周校长和杨院士分别带领着我们拜访了教育部学位办的文理处、高教司等单位的领导，介绍我们的情况，请求他们的支持。文理处副处长黄宝印听了我们学院的情况介绍后表示，同意我们新闻学博士点、传播学硕士点"两点同报"。我自己还到北京广播学院再次拜访了赵玉明、胡正荣、丁俊杰、黄升民等教授,到中国人民大学再次拜访方汉奇、何梓华、喻国明、蓝鸿文、郭庆光、涂光晋、刘夏阳等教授。6月11日上午,我一个人从北京飞上海,先后拜访丁淦林、张国良、姚福申、陈桂兰等教授,12日晚上飞回武汉。

最让我心里忐忑不安的还是学科队伍。按照申报博士点的要求,需要设置3个研究方向,每个方向需要1～2个学术带头人,共计需要5～6名60岁以下的教授。而1999年上半年,我们60岁以下的教授只有4名。因而,2000年我们申报新闻学博士点、传播学硕士点,虽然在湖北省内均出线,然而全国评审时,我校只有传播学硕士点通过,新闻学博士点因得票不够未果。而武大新闻学博士点获得通过。

对这样的结果,我们虽然有些遗憾,但是也在预料之中。我们没有气馁,也怨不得别人,还是怪我们自身不硬气。摆在我们面前的唯一出路就是抓紧准备,从各方面增强实力,准备2003年的申报。

两年后,2002年7月,学院第五次学科建设研讨会(大冶湛月湖会议)上,大家在分析学科队伍时,明显有兵强马壮的感觉,学院有专职教师38名,其中教授13人,副教授13人,讲师7人,助教3人,无职称教师2人。学科队伍状况无论是职称结构还是学位结构都有了进一步好转。为新一轮新闻学博士学位点申报,我们搭建起来四个杠杠的学科梯队:(1)新闻史论梯队:吴廷俊教授、孙旭培教授、刘洁副教授;(2)新闻业务梯队:申凡教授、石长顺教授、孙发友副教授;(3)新闻事业管理梯队:屠忠俊教授、程世寿教授、舒咏平教授;(4)网络新闻梯队:钟瑛教授、胡道立教授、柳泽花副教授。

虽然如此,对于这一轮申报,我们还是如履薄冰,周密思考每一个环节,认真走好每一步。学校领导也是如此。2003年1月23日至25日,我与总支书记汪佩伟跟着学校党委书记朱玉泉作北京行。在北京,我们夜以继日地奔忙。23日上午,到人大拜会方汉奇老师;下午,到赵玉明老师家中拜会,寻求他的支持;晚上,我和汪佩伟在杨晓的带领下到教育部招待所拜会周济副部长。周部长听完我们关于申报博士点的情况汇报后,希望我们报一级学科博士点,说:"要敢报!"我与佩伟回酒店后,决定按周部长指示办,报一级学科博士点,于是给院里打电话,请屠忠俊老师抓紧整理并打印一级学科的申报材料,送到北京。

24日上午,朱玉泉书记率领我们一行人,带着申报学位点的材料访问学位办,汇报有关情况;下午,我和佩伟到人大拜访郭庆光院长、郑保卫教授。

25日上午,屠忠俊携材料赶到北京,直接到清华大学国家学位办评估所提交申报材料。老屠十分辛苦,在学位办评估所吃了一盒盒饭,于当日下午4时,与我和佩伟一道飞回武汉。

虽然做了充分准备,在结果没有下来之前,我的心始终是悬着,生怕有什么闪失。记得赵玉明老师对我说过北广①博士点申报过程中的教训。北广与人大、复旦一道于1984年申报全国第2批新闻学博士点,因种种原因而失利,直到1998年才在第7批获得新闻学博士点。之所以如此,就在于1984年后,一批老教授退休,原有的成果不能用了,中年教师接不上,要等青年的一茬人上来,这一等就是14年。赵老师所讲的北广的情况与华工新闻学院的情况何其相似乃尔!所以材料上交后,我特别紧张,有时整夜整夜难以入眠,心里总是惦记着申博事,暗暗祈求上天保佑。2003年4月初,我应吴高福老师邀请到湖南大学新闻学院出席该院本科专业教学计划论证会。会议期间,会务组织上南岳衡山进行文化考察。上山后,听说南岳大庙佛道共存,香火很盛,也特别灵验。于是,我特地请了一炷高香,在一位校友(湖南大学新闻学院青年教师)的陪同下,到南岳大庙进香:双手合掌置于胸前,双眼紧闭,心中念念有词,作虔诚祷告状,祈求佛祖保佑我院今年申博成功!良久而毕。也许有人会笑话我愚昧,有人会批判我落后,还有人会上纲上线,说我这样做不符合共产党员的要求,但我只能说,这是我当时真实的心态!

喜事,终于来临!

2003年5月15日上午,刘献君副书记主持召开全校文科院系负责人会议,会议议程第一项就是由校学科办主任李军通报当年申报博士点评审情况。李军主任说,华中科技大学申报的新闻学博士点得票率93.3%(15个评委,我们得14票,排名第一),成为全国继中国人民大学、复旦大学、中国传媒大学、武汉大学之后,第五家拥有新闻学博士授予权的单位。

3. 献礼华工新闻教育创建20周年

获得新闻学博士点的2003年,刚好是我校新闻教育创建20周年,不能不说,此乃天意!

说实话,进入2003年后,我一直在思考一个问题,拿什么东西迎接华工新闻教育创建20周年?如果这一轮博士点申报不能成功,我这个院长有何脸面面对为发展华工新闻教育在此坚守20年的新闻学院的几辈人?有何脸面面对长期支持我们的学校历届领导人和各部处负责人?因而,获得新闻学博士学位授予权与其说是对华工新闻教育创建20周年的献礼,不如说是我

---

① 即北京广播学院的简称。2004年,北京广播学院更名为中国传媒大学,简称中传。

们这一辈人对几辈华工新闻教育人在此坚守和奋斗的一个交代。

2003年7月26日,院务会对院庆活动作出初步安排。院庆活动的指导思想是,以学术庆院庆,以庆典促学术,把院庆活动办成对以往成绩单的检阅,对今后发展的动员。

(1)系列学术会议。

2003年9月19日至20日,举办新世纪新闻传播学博士生教育研讨会。

地点:华中科技大学新闻与信息传播学院会议室。应邀出席者:方汉奇、丁淦林、李良荣、童兵、郑保卫、赵玉明、熊澄宇、龚文庠、罗以澄、戴元光、丁柏铨、邵培仁、黄升民、陈卫星、单波、徐耀魁等16人。

在开幕式上,我校党委副书记刘献君首先代表学校致欢迎辞。

接着,屠忠俊教授介绍我院新闻学博士生培养方案。

再请与会专家就如何培养博士研究生的主题发表高见。大家从生源、招生、培养过程等方面提出来许多很好的建议。尤其是对培养质量讨论得很多,对如何保证不脱产在职生的培养质量表示了特别的关注。

2003年10月3日至4日,举办新世纪新闻评论高层论坛。新闻评论教学和研究是我们学院的一个亮点,因而,这个论坛得到全国高校新闻院系的热烈响应,会议开得很成功。

地点:华中科技大学新闻与信息传播学院会议室。开幕式上,我代表学院致欢迎辞,并讲述了举办本次论坛的初衷。接着是大会学术交流。作大会发言的有赵振宇(华中科技大学)、孙玉胜(中央电视台)、涂光晋(中国人民大学)。再接着是代表分组讨论。会议期间,代表们参观了湖北日报报业集团,湖北日报总编辑江作苏介绍了集团的发展情况和湖北日报新闻评论的写作情况。

2003年10月18日至19日,举办首届电子网络出版学术研讨会。电子网络出版是我院教学和研究的又一个亮点,与会人数多,会议规模大。会议地点在华中科技大学八号楼会议厅。会场会标上写着:"产业与学术探索结合,共创数字出版传媒业的春天;社会科学与技术科学交叉,开拓信息传播学科新领域。"

中国编辑学会常务副会长田胜立主持开幕式。

华中科技大学副校长冯向东、湖北新闻出版局副局长王建辉、国家新闻出版署音像电子与网络出版司司长肖时国、中国版协副主席谢明清以及田胜立在会上致辞。

我作为主办单位负责人主持大会主题发言。我院副院长朱光喜,学校教务处副处长张峰,以及电子出版界的俞萍、张志林等在大会上作了发言。

田胜立在闭幕式上作总结。他说,本次会议代表发言体现了产业与科研相结合、社会科学与技术科学的交叉的特点。他指出:"今后,我们这个会要制度化、国际化、专题化。"

(2)庆典大会。

在各种学术活动热火朝天相继召开之际,华中科技大学新闻教育创建20周年庆典大会于2003年10月4日上午,在学校国际学术交流中心一号楼学术报告厅隆重举行。

应邀出席的来宾有:刘凤泰(教育部高教司司长)、何梓华(中国新闻教育学会会长、中国人民大学新闻学院院长)、方汉奇(中国人民大学新闻学院教授)、李德华(中共湖北省委宣传部常务副部长)、张述传(中共武汉市委宣传部常务副部长)、江作苏(湖北日报社社长、总编辑)、翟玉勋(长江日报社社长、总编辑)、唐惠虎(武汉广播电视台党委书记)等。

出席庆典的学校领导有:党委副书记刘献君,学术委员会主任杨叔子,华工老校长、新闻教育创始人朱九思等。

我在会上发表了《特色发展,走向国际化》的讲话。最后,老校长朱九思深情回顾了当年创建新闻系的情景以及20世纪80年代和新闻系师生一起走过的艰难历程。老校长的讲话赢得了长时间的掌声。

我们举办20年院庆,不仅仅是为了高兴一番,热闹一阵,而是为了总结过去,开拓未来。10月30日下午,召开院务会,各单位各口汇报院庆活动情况。11月6日下午,召开全院教职员工大会,对院庆活动进行总结。我作了《继往开来,揭开学院特色发展和学科建设新篇章——20周年庆典总结》的讲话,主要内容包括:第一,庆典活动的指导思想正确——尊重历史,面向未来。今天的轰轰烈烈、风生水起,不能把所有成绩都记在我们现在工作的人的身上。我们学院的事业发展和学科影响之所以有今天,是几辈人经过20年不断奋斗、积累的结果。我们搞院庆,纪念历史,不是为庆祝而庆祝,而是为发展而庆祝,总结经验,发扬成绩,面向未来,把今后的工作做得更好。第二,庆典活动安排中几对矛盾处理得比较好——形式多样与内容实在的统一;对外轰动与对内激励的统一;精神庆祝与物质庆祝的统一。第三,庆典在总体上讲,达到了预期的目的:比较系统地总结了20年办学和发展学科的经验、教训,为今后的发展提供了一个可资借鉴的宝贵财富;认真思考了我们今后的发展方向;显示出了学院办事的高效运作机制和办事能力。

因2003年是个丰收年,2004年1月8日,学院在汉口华美达大酒店召开

2003 年度总结表彰大会。我在会上说,我们在 2003 年办了两件有意义的大事,一件是取得了博士学位点,表明学院全程式教育模式的建构完成,为今后的发展构建起高平台。二是筹备和举行 20 年院庆,展示了学院的成就和新面貌,总结了经验和教训,作为今后发展的镜鉴。

表彰会后,全院教职员工和家属在酒店吃团年饭,晚上一起联欢,十分开心。我也表现出多年来没有的开心,当场胡诌了几句,名曰《庆丰收》:

啊!同志,同人,同事,朋友,让我们高举酒杯,斟满酒,唱起歌,舞彩袖,满怀激情庆丰收!

庆丰收啊,莫停留,拉紧套,不松手,总结过去找缺憾,展望未来多险阻。要酬壮志,只有脚踏实地向前走!

向前走啊,不回头,在前进的道路上,不容左顾右盼,只能破釜沉舟!

我们要牢记"团结、实干、创新"的院铭,一步一个脚印地创一流!

(二)获一级学科博士学位点

如前所说,新闻学博士学位点获得之后,我们没有以此为满足,更没有就此止步,而是给自己提出了更高的追求目标,即争获传播学博士学位授予权。

早在新闻学博士点评审结果正式公布不久,即 2003 年 7 月,学院就以"获得博士点后的新任务、新要求"为主题召开第六次学科建设研讨会[1]。全体教授、全体院务委员会委员、学术委员会委员、系副主任以上干部参加;学校分管研究生院的副校长王乘、校长助理欧阳康、校学科办主任李军等应邀出席指导。与会者在发言中,除主要讨论如何加强博士学位点建设之外,还提出了一项很现实的工作,就是"抓紧准备传播学博士点的申报"。8 月 17 日至 18 日,学院在宜昌平湖大酒店召开学院党政联席会议,除了学科特色如何实质性推进,全面总结华工新闻教育创立 20 年的经验和教训,院庆活动的检查落实等议程外,还有一个重要议程就是准备传播学博士点的申报。与会者就此问题进行了认真、仔细的讨论。会后,我们便着手进行传播学博士点申报的准备。

截至 2004 年底,我们学院的实力又有所增强,具体表现为:(1)专业教师有所增加,尤其是高职称教师数量有所增加,全院专业教师 30 人[2],其中教授 13 人,副教授 8 人,讲师 6 人,助教 3 人;(2)高学历教育出现前所未有的发

---

[1] 第六次学科建设研讨会于 2003 年 7 月 15 日至 17 日在黄石慈湖山庄召开(称黄石慈湖会议)。
[2] 由于学院内部体制始终未能理顺,2003 年 5 月,学校决定现代教育技术中心从新闻与信息传播学院分离(具体情况见第四章第二节第二目),导致学院规模变小,加上离退休的,教师人数有所减少。

展:已经具有一级学科硕士点,博士研究生的培养独立招收两届,在教育科学研究院招收的学生回新闻学院独立组织答辩一届;(3)科研成果奖、教学改革成果奖在数量上有所增加,在级别上有新的提高;(4)随着学校办学方针的变化,新闻学院在国际化办学方面进展明显。

2005年1月25日下午,我们在向刘献君副书记、欧阳康校助汇报学院学科建设的想法时,欧阳校助讲,新一轮博士点申报工作有新的变化,即只能按一级学科申报。他说,这个新变化对新闻学院是一个挑战,要认真做好申报的准备工作,要保证一级学科博士点申报志在必得。刘献君书记接着讲,要使一级学科博士点申报成功,必须保持清醒头脑,厘清发展思路。

对于欧阳校助讲的新情况,我们已经有所准备。2003年,根据周济部长的建议,我们在申报新闻学博士点的同时,就申报了一级学科博士点。虽然因得票不够未获通过,但是摸清了家底,准备了资料,摸索了经验。

为了做到本次一级学科博士点的申报"志在必得",我们于2005年5月14日至15日召开了"全国第二届新闻传播学博士生教育研讨会",其间,邀请有关专家教授对我们一级学科博士点的申报材料进行了审阅,提出了修改意见。

根据专家们的意见,我们再次修改申报材料。

一级学科博士学位授予权的申报门槛的确很高,难度也的确很大。我们苦心孤诣,最终打磨出一份扎实的申报材料,包括以下几点:

其一,学科梯队比较强大。

新闻传播史论:吴廷俊教授、孙旭培教授、刘洁副教授、黄鹂讲师;

新闻传播业务:申凡教授、赵振宇教授、孙发友副教授、何志武副教授;

广播电视研究:石长顺教授、胡道立教授、余奇敏副教授、袁艳副教授;

传播与科技研究:钟瑛教授、刘文予教授、张屹副教授、余红副教授;

广告与公关研究:舒咏平教授、汪佩伟教授、陈先红副教授;

媒介经营管理研究:屠忠俊教授、张峰教授、李贞芳副教授。

以上12位教授、9位副教授,其中博士生导师6人。近五年发表学术论文650篇,出版学术专著25部、教材11部,获国家级课题2项、省部级课题9项,获省部级及以上奖励6项。

其二,学科研究方向设置合理,体现"入主流,创特色"的要求。我们设置的六个研究方向是根据我们学科改革的需要,在长期实践中凝练提出的,完全符合"入主流,创特色"的要求。

其三,每个学科方向的建设也都体现"入主流,创特色",并且都是在我们学院学科建设的泥土里生长出来的,而不是从别处抄袭来的。

比如"新闻传播史论"方向的三个特色:

第一,注重学科交叉,在学科交叉中不断进行理论创新。20世纪80年代的新闻新学科中的新闻心理学、新闻文化学、新闻事业管理、系统理论新闻学等在国内处于领先地位;20世纪90年代以来,传播学与新闻学的结合与交叉研究,取得突出成果。第二,与时俱进,注重研究新时期新闻事业发展中所出现的新问题,提出的新见解和新观点。中国社会转型出现的市场经济,互联网和加入世贸组织,均极大地影响中国新闻业变化,本方向跟踪研究这些变化,在此基础上构建新的新闻理论体系。第三,以史论结合的方式,进行中西新闻事业发展历史与现实的比较研究。

对于这次一级学科博士学位点的评审,我们的心里稍微踏实一点。一则我们的实力的确增强了,二则我们的申报材料做得非常扎实。7月21日公布的关于第10次博士点通讯评审情况是这样的:当年一级学科博士点申报6家,限额2家。我院得票率最高,以第一名出线,另外一家是北京大学。

这样通过国务院学位委员会学科评议组集中评审这一关,我们就心中有数了。10月15日至17日,"国务院学位委员会学科评议组第十次评审会"在京西宾馆举行。我院一级学科博士点会评时,申凡、钟瑛到会答辩,没有任何悬念地顺利通过。

博士学位授予权的获得,尤其是一级学科博士学位授予权的获得,不仅大大提高了我们的办学层次,而且拓展了我们的办学空间。有了一级学科博士学位点,可以根据自身学科特点和学科队伍情况,以及自身学科发展需要自设博士点,使得我们的学科有了更大的发展空间。

第四章
撤出"传达室"①

  我原本志不在行政,且既无行政之才,又无行政之力,时代阴差阳错把我从系副主任任上又推到院长任上,勉为其难,"错位发展";加上我是一个完美主义者,凡事不做则已,要做就力求做到最好,这样就导致身心很累很累,长期超负荷运转,无形中透支了健康。逝者如斯,岁月蹉跎,我感到十分可惜。所以我表面上在精神抖擞地"努力工作",实际上早萌退志。学院刚刚获得一级学科博士学位授予权,我就急不可耐地退出行政领导岗位。

一、卸任,急不可耐

(一)早萌退志

  2002年7月在党组织生活会上,我在作自我批评时,说自己年近花甲,随着年龄增长,猴气增加,虎气减少;急躁情绪增加,做细致思想工作的耐心减少,对待教师,要求、批评多于表扬;同时,自身健康问题渐渐凸显。因而在工作上碰到一些困难后,退坡思想渐增,进取精神渐减。

---

① 我任院长时的办公室在东六楼三楼302室,正对上楼楼梯,且比较狭窄,故有人戏称之为"传达室"。

2003年1月9日上午,刘献君副书记率各部处负责人到新闻学院检查2002年的工作。我按惯例作年度工作汇报。我说,我们在巩固已有的基础上有所创新。内部管理上,重心下移初见成效,赵振宇、舒咏平两个系主任的工作抓得很好;学科建设上,队伍建设有明显进步,两支队伍——以理论、方法为主攻方向和以实务为主攻方向基本形成,青年教师队伍建设很有起色;博士点的申报,因实力有所增强,材料准备充分,这一轮比上一轮的把握性明显增大。

同时,我也表达了自己的忧虑和苦闷。我说,外部形势逼人:不到一年时间,全国新建了100多个新闻传播专业,其中,不少学校把新闻传播类作为新的学科增长点,领导高度重视,大幅度增加投入,到国内外挖人才,搞得生气蓬勃。比如,清华、北大凭借名校优势和经济实力,后来居上;武大、南大把新闻传播学科作为重点发展学科,突飞猛进;人大、复旦、北广经过班子调整后,在本来先行的基础上又有新的发展;暨南大学、湖南大学、四川大学、河北大学的新闻学科的发展也是咄咄逼人。反观我校,自从合校后,学校把工科和医科作为重点,把理科作为优先,文科再次被忽视,新闻传播学科再次沦为被遗忘的角落。我们的教学条件难以满足扩招后学生人数急剧增加带来的现实需要,实验设备陈旧、残缺,有些实验室到了揭不开锅的程度;教师人数不足,工作人员短缺,基本上是超负荷运转。这些问题和困难我们一再向学校反映,一个月、两个月、半年、一年得不到解决,甚至得不到回复。

我说,在这种情况下,我的表现是:尽可能保持一种奋进的样子,时常告诫自己,作为一院之长,即使有再大的困难,也不能歇气,更不能泄气。我要是一歇气,整驾马车就会松套。对学校领导的不重视有意见,这是事实,心中有牢骚也是事实,但是不能在群众中发泄。我还想,学院有今天这个样子——全国学科排名第四、五的位置,是大家经过多年拼搏奋进的结果,不容易,无论如何不能让它垮掉。逆水行舟,不进则退。如果垮了,就对不起以往几代创业者,也对不起后来人。因而只能硬着头皮顶着。

最后我谈了两点体会:(1)发展是硬道理,落后就要受气,"莫斯科不相信眼泪"。(2)发牢骚于事无补,关键在自己的努力。

2003年,新闻学博士点和一级学科硕士点顺利取得,20周年院庆比较完美举行,我一下子感到肩上压力减缓,于是第一次向学校提出辞职申请,希望学校领导予以理解。

2004年2月6日,校党委副书记刘献君参加学院党政班子民主生活会。

他在会上说:"吴老师提出辞职的问题,学校知道了,尽可能两年左右解决接班人的问题,万一不能,可再延长一点时间。黄德修①老师已经67岁了,还在干,与他比较起来,你还年轻,离60岁还差一岁。"

8月8日上午,我与刘献君副书记交谈时说,自认为自己既有优点也有缺点。优点是作风正派,为人正直,对自己要求严格,事业心强,责任心强,是非观念鲜明。对学院工作尽了心,尽了力,也尽了责。缺点是性格急躁,碰到问题不讲究方法。我表示想早点从行政岗位上退下来,把最后的几年留给教学和科研。

2005年,学院获得新闻传播一级学科博士点。下半年,正是全校各院系党政班子换届的时候,于是,在一级学科博士点刚一公布,我便向校党委第二次递交辞职申请。全文如下:

辞呈

校党委常委会:

本人自1998年4月担任新闻与信息传播学院院长职务以来,至今已有8个年头了。任职期间,除承担繁重的教学、科研任务外,用了大量时间和精力主持学院行政工作,考虑学科建设与发展,推进学院各项工作的全面发展,自认为是尽心尽力、尽职尽责的。

现在,学院的综合实力已经跻身于全国同行的前列,各项工作走上了良性运行轨道。我理应为学院的发展继续作贡献,无奈年已花甲,且身体状况欠佳,多年来患有高血压、心脏病,2004年2月还做过心脏方面的手术,深感精力不支,力不从心,因而再次提出辞去院长职务,恳请批准为盼。

新闻与信息传播学院 吴廷俊
2005年7月5日

2005年9月20日上午,学校"保先"督导组韩洪双、张金楠二人向我传达对我的考核意见。值得肯定的:(1)学院的发展有思路,发展速度也很快;(2)为学院工作全力以赴,敬业精神强;(3)本人学术水平高,在全国学术界有较高的地位。需要改进的:(1)辞职的事应限制在一定范围内,不能影响其他人的情绪;(2)对学院下一步的工作应该有所考虑,尤其是对青年人的成长、师资断层问题的解决要有强有力的措施;(3)分配任务时,不能只相信老同

---

① 黄德修,1937年出生,湖南宁乡人,时任华中科技大学信息科学与工程学院院长。

志,也应相信年轻人。①

10月23日下午,学校分管组织工作的曹树钦副书记约见我和总支书记汪佩伟,代表学校党委征求我和汪佩伟对中层干部调整的意见,并传达党委决定:新闻学院班子调整暂缓到明年5月进行。我听后,强烈要求与学校大多数院系一道今年调整,说早点调整有三个有利于:(1)有利于学院今后的发展。正好新班子任期为'十一五'规划期,自制规划,自己执行。(2)有利于青年干部的成长。(3)有利于我自己的学术研究和身体健康。

11月23日下午,就新闻学院领导班子调整问题,我再次向曹树钦副书记作请求。曹书记说:"朱玉泉书记和李培根校长的意见,新闻学院的班子还是等到明年5月再议,并希望你牵头把学院'十一五'规划制定出来。"关于退任的事,他说:"同意你物色一个人在第一线主抓工作,这是你职权范围之内的事;当然还是把健康放在第一位。"

为了表达我的心情,我当面呈上一封《就新闻与信息传播学院班子调整事给学校领导的信》:

曹树钦书记,并冯友梅书记,转呈朱玉泉书记、李培根校长:

现在,中国新闻传播教育突飞猛进地发展。从2004年下半年到2005年10月,全国新闻传播教育点增加了200多个,达到了661个;第10次学位点评审,新闻传播一级学科博士点增加2个(原来仅有4个),二级学科博士点增加8个(原来仅有11个)。同时,各个高校的领导看好新闻传播学科的发展前景,增加投入,加强硬件建设。复旦大学新闻学院占地800亩,高楼三栋,建有上海最先进的演播厅,四星级的培训中心,每个教师都有配备齐全的办公室;中国人民大学新闻学院即将搬进新办公楼;武汉大学新闻与传播学院在已有一栋装修高档的办公楼的基础上,学校拟着手再为他们建造一栋。

这些前几名的学校,非常重视新闻学院的班子建设。复旦大学聘请原上海文新集团的老总赵凯为新闻学院院长,北京大学聘请邵华泽(原人民日报社总编辑、现任中国记协主席)为新闻传播学院院长,清华大学聘请范敬宜(原人民日报社总编辑)为新闻学院院长,中国人民大学聘请刚刚卸任的国务院新闻办主任赵启正为新闻学院院长;(听说,只是听说,武汉大学也加紧运作,拟聘请即将卸任的人民日报社副总编辑梁衡来担任新闻与传播学院院长。)以上已经上任的院长们除赵凯以外,都是正部级。他们的上任,带来了大量的资源。复旦大学新闻学院的发展很大程度上就是得力于赵凯和上海

---

① 有青年教师当面向我指出过,说我眼睛里只有老教师,不相信青年教师,是"老人情结"的表现。

市委宣传部。范敬宜上任后,使清华大学新闻教育名声大振,将学院的有关情况直接汇报到政治局常委。

反观我们华科新闻与信息传播学院的情况,令人心酸。具体情况,我已经说了多次,我也已经60岁①了,不想再说了。

周济校长曾经说,新闻传播学科是一个有发展前途的学科。实践证明,他的话是对的。从1998年以来,经过短短的8年的发展,我校新闻学科奇迹般地发展起来,硬是拿下了一级学科博士学位授予权,跻身全国新闻传播教育第一梯队的行列(与人大、复旦、中传、武大、清华同列)。华科新闻与信息传播学院是值得扶持的!

现在,我们学校新闻传播学科面临着又一个新的关键时期。跻身第一梯队后,是继续往前挤,还是停止不前?进步的步子慢了,就会落后!停滞不前就是后退!上不去不光彩,上去了,再掉下来,更不光彩!华科新闻传播学科发展到今天这个样子不容易,如果掉下来了,这个责任将由谁负?每当回想1998年春节前,我们系的几位教师含着眼泪,与学校几位领导座谈,请求支持的情景,我总是感慨万千!

我们不能有一丝一毫的松懈!我们虽然进入第一梯队的行列,但是实力、基础、后续、水平,与其他5个学校的新闻传播学院相比,存在很大的距离,这一点,必须有清醒的认识;此外,这次上了二级博士点的北大、浙大、暨大、厦大、川大、上大、南师大等学校的新闻传播学院咄咄逼人,必须有足够的认识!

基于以上分析,我们对以往的成绩,既要充分肯定,又不可估计过高,以此确定我们制定"十一五"规划的起点,才是科学的。我校新闻传播学科下一步的发展,小动作不行,中动作也不行,必须有大的动作!

要使我校新闻传播学科保持良好的发展势头,首要条件就是尽快调整学院领导班子。我们以往的经验表明,一个好的领导班子对于学院的发展至关重要。好的班子,必须团结,必须进取,必须创新,必须实干。

因此,请学校尽快地积极而稳妥地调整学院领导班子。此事不能拖,"拖",有百害而无一利。

为了使学院新老班子交替期间减少振荡,在新班子调整到位之前,我可以做一件事,就是拿出"十一五"规划的总体设计;同时调整一下学院院务委员会,公议一人在一线主事,可叫常务副院长。这样做,可以在试运行中锻炼

---

① 写这封信时,离我60岁仅仅差两天。

和考察干部,也是为正式调整班子做准备。

已经60岁的、身体不好的、已经呈递了三次辞职申请的我,出于党性,出于良心,写了以上的话。妥否,请批示。

新闻与信息传播学院　吴廷俊
2005年11月23日

11月24日,即我向曹书记汇报、曹书记传达党委意见的次日,刚好是周四,是全院教职员工集中开会的日子。大会上临时加上一项议程:按党委指示,就临时主持学院第一线工作的人选进行民意测验。入选条件是:年龄在55岁以下,职称在副教授以上。

投票结果:35人投票,副院长石长顺得票最多。

25日晚上,总支委员会通过石长顺协助院长吴廷俊抓学院全盘工作的决议,同时,通过舒咏平为院长助理、协助石长顺分管本科生教学工作的决议。

当然,遵照党委指示,学科发展"十一五"规划这样的大事,我还是要主持制定。2006年1月18日至19日,在武昌荷田会所召开新闻学院第八次学科研讨会暨2005年总结表优大会。石长顺主持,我作《关于新闻与信息传播学院学科建设与发展的"十一五"规划》的主题报告,副书记张耀宣读表优名单。

寒假过后,新学期开始了!春天也来了!3月1日上午,分管组织干部工作的校党委副书记冯友梅约我谈学院班子换届的事宜。我分析了学院历史的艰难与现状的来之不易,谈了自己的几点意见:(1)继任者最好是对学院历史与现状比较熟悉,对学院有感情的人;(2)希望尽快换届。3月3日晚,冯友梅副书记来电话,传达了学校党委干部小组关于新闻学院党政班子换届问题的意见:(1)新闻学院班子换届可以着手进行了。(2)先动总支书记。根据学校党委关于"二级单位党总支书记轮岗制"的规定,新闻与信息传播学院总支书记汪佩伟同志轮岗到人文学院,社会学系党总支书记唐燕红同志轮岗到新闻与信息传播学院。(3)吴廷俊继续担任院长,等有新院长合适人选再说。我听后,表示:服从党委决定,一方面支持新书记的工作,一方面积极物色合适的新院长人选,争取早日实行新老院长的交替。

(二)物色新院长合适人选

既然已经经过民主测评,推举出了在第一线主持工作的人,为什么还要"物色新院长的合适人选"呢?我就此事向程世寿请教,他也不知其所以然。

我经侧面了解到,学校领导和本院教师中,对石长顺接班有些不同意见。

据了解，他们对长顺的为人和能力，以及学术水平都是认可的，唯一的一条，就是认为他没有博士学位。有人直言不讳地说，像华中科技大学这样的重点大学的新闻学院的院长，不是博士，似乎有点说不过去。有一位老教师形象而通俗地说，新院长既要有用又要好看。言下之意，就是说石长顺有用但不大好看，即不是博士。

我一时间真有些犯难。石长顺，我是很欣赏的。从读书起①到来校任教，到担任学院副院长，他都有良好的表现，当学生，学习用功，成绩优秀；当教师，尽职尽责，教学效果良好；干行政，其能力和水平都令人满意。被民主推举在第一线主持工作后，一些关系处理得也很好。并且我已经在全国的几次相关会议上，把石长顺接任院长的风放出去了。

2006年3月10日至13日，我到厦门出席厦门大学召开的"新闻传播学博士点建设研讨会"，住鼓浪屿海上花园酒店。11日晚，我与黄升民教授作环岛游。岛上不准走汽车，只能步行。我俩边走边聊。我与黄升民初次相识于1997年11月香港中文大学访学期间。之前，多次从北京广播学院的曹璐老师口中听说过他的一些故事。北京广播学院的广告专业因教师的流失一度濒临倒闭，作为系主任的曹璐十分着急，黄升民对曹老师说，只要有黄升民在，北广的广告系就不会倒闭，还会中兴起来。后来，北广的广告专业在黄升民的率领下，办得颇具特色，并发展成为全国同类的领头羊，证明阿黄②是一个有事业心、责任心，有学术水平和领导能力的人。后来，在各种会议上，我与他多次见面，他的发言总是直来直去，没有套话，言简意赅。我到北京出差，到北京广播学院开会，必定要到他的"一亩三分地"上拜访他，并且受到他热情接待。2005年6月25日，我邀他来我院讲学，聘他为兼职教授（聘期2005年6月—2008年5月）。因为我们比较熟识，鼓浪屿当晚的谈话也比较随意。其中有一个问题，就是我们新院长（因为他刚被聘为兼职教授，所以如此说）人选的物色问题。他以"自家人"的身份坦诚地对我讲了许多。其中一个中心观点就是——"就地产生比空降的好"，土生土长的对情况熟悉，对学院感情深。他还列举了全国几个新闻学院换届成败的例子。

新任校长李培根对我院的学科建设和班子换届很是关心。2006年4月12日上午，李校长专门与我约谈。李校长首先说："新闻学科的发展，包括全校文科的发展，想听听你的意见，就我们两人，什么都可以谈。"他进一步说：

---

① 石长顺为我院1994级新闻社会学方向研究生班学生。
② 曹璐老师很感谢这位年轻人，亲切地称他"阿黄"，熟识的人也跟着这样称呼。

"新闻学院的发展,主要应解决什么问题?领导班子换届的问题,到底该怎么解决?这个问题不解决好,学院的发展就会出问题。"

我比较详细地汇报新闻学院的发展历史后说,新闻学院今后的发展,主要可归纳为三个方面:(1)苦练内功,增强实力;(2)加强师资队伍建设,解决青黄不接的状况;(3)尽快解决领导班子,安定人心。同时,学校还必须考虑给新闻学院打点强心剂。比如说增加点房子,给点票子,演播厅计划兑现,等等。

李校长说:"(1)房子、票子是要给的,演播厅是要搞的,把论证报告拿来,排队。(2)从我内心来讲,我校文科要发展,首先发展应用性文科。新闻学院的应用学科发展得很好,做出了成绩,作出了一个样子。(3)我希望新闻学院今后的发展要加快步子。我校新闻学科发展到今天这个样子,不容易。发展新闻学科,目前还有很多重点大学还没有认识到,还没有动手发展,一旦他们动作起来,我们就难保今天的位置了,因此,我们小发展不行,必须大发展。我希望我们新闻学院能推着我们学校领导向前走,搞得我们不得不支持。(4)新闻学院班子的情况,常委都知道,同意今年启动换班子。但是接班人要选好。学位就那么重要?石长顺的学位是低了一点,但是没有太要紧,主要看学术水平;最重要的一点,就是威信,他能不能把大家团结起来,能不能叫别人信服?"

阿黄对选择接班人的意见不无道理,李校长对新院长选择标准的指示,尤其最后的提问,使我一时难以决断。

正在这个时候,张昆调中国人民大学的事不知因何原因"搁浅"。张昆,1962年出生,政治学博士,武汉大学新闻与传播学院副院长,早年成名,在中国新闻学界与新闻教育界属于冒尖人物,所以中国人民大学新闻学院一度着手"挖"他。听说进展得差不多了,连住房都看好了,学院门口的"信笺箱"分给了他一个,贴上了他的名字。张昆调人大"搁浅"的消息不胫而走,当然华中科技大学新闻与信息传播学院的老师不可能不知道,于是,有人建议我进行"中途拦截"。

华科新闻学院的人对张昆不陌生。张昆代表武大新闻学院多次到华科参加各种活动。2003年4月28日,华科新闻学院20周年庆典,他代表武汉地区兄弟院系在大会上致辞,给大家留下了较为深刻的印象。2004年3月25日,他被聘为我院兼职教授。

我与他接触的次数不在少。我是他的博士论文的评审人之一。受罗以澄老师之托,我在中国新闻史学会力荐他为常务理事,不久他又担任副会长。

长时间内,我同他多次一道到全国各地参与各种各样的学术活动,他在我面前执弟子礼,对我也比较尊重。他学历史出身,后攻政治学博士,天资聪慧,读他的文章,能感到他的学术灵气和较为深厚的文字功底。

基于以上事实,我对一些老师关于"中途拦截张昆"的建议很自然地接受了。我把想法告诉老书记程世寿和新任党总支书记唐燕红,得到他们的大力支持。但是我思想上有一个纠结,就是如何向石长顺解释?老程说,长顺是军人出身,又长期担任过领导职务,他应该会理解的。在经过短时间的纠结后,我便将"中途拦截张昆"的计划付诸实施。

2006年6月2日,我与张昆一道到天津,出席在天津师大举行的中国新闻史学会常务理事会。天津之行,为"中途拦截"提供了方便。我试探问他,人大去不了,是否能来华科?他不置可否。他的不置可否,在我看来,可能是"待价而沽"。

(三)完成平稳换届

我从天津回校后,于6月9日下午,与院党总支书记唐燕红一道,向朱玉泉书记、李培根校长、冯友梅副书记、冯向东副校长等汇报了张昆的情况及其态度,并表达我的倾向性意见,希望能尽最大努力把张昆"挖"来华科,同时递交一份《关于争取新闻学院领导班子平稳过度备忘录》。学校领导依据我介绍的情况,根据学校引进人才"一人一政策"的方针,同意给张昆引进人才的最高待遇。6月12日上午,我与唐燕红一道,通过电话向张昆转达学校人事工作小组的意见,如果他同意来华科,引进待遇是:(1)10万元特聘教授,但是三年后参加重评;(2)夫人调入华科,但作为人事代理;(3)在华科喻园买房子,安家费5万元;(4)另拨给科研启动费10万元。这的确是当时华科文科引进人才的最高待遇。著名哲学家欧阳康到华科也只给5万元的特聘教授待遇。

为避免夜长梦多,在随后近一个月的时间里,我除了6月底到日本做一次短期学术访问之外,就是做张昆的引进工作。或者我自己,或者与唐燕红书记一道,有时还请人事处处长周建波出面,通过请喝茶、喝咖啡、吃饭等方式多次与张昆接触,诚心诚意请"尊神"!记得有一次,时间大概是7月上旬,我还特意请了张昆在武大的恩师吴高福教授出面做工作。为了营造一个欢快和谐的谈话氛围,我请院办公室找到一个部队后勤基地作为谈话地点——荷塘中间一小岛,小岛上面一小亭。置身其间,如入仙境。荷叶田田,荷花飘香。亭内餐桌上,"荷塘三宝",虽不名贵,但十分新鲜。大家边品尝边谈话,很是融洽。精诚所至,金石为开,张昆终于同意来华科了。

7月10日下午,我与唐燕红一道,与张昆在华科大学生活动中心里面的老"梧桐雨"咖啡屋,进行了一次重要会谈,对张昆调来华科的步骤以及张昆来华科后新闻学院行政班子的调整交换了意见:(1)张昆按既定方针,7月15日以前到华科人事处报到,其妻小周的工作可缓一步,请人事处在校内寻找几个合适的岗位,可在下学期开学后落实;(2)学院行政班子人选,可在张昆报到后,请学校人事处一并解决,一步到位;(3)请学校特事特办,加快进度,放假前新班子到位,以便假期新老班子交接,新班子商量工作,下学期一开学,就走上正轨。同时,双方还就"学院办公用房""基地筹备工作开始启动"等问题交换了意见。

我当时考虑的是,学院的发展面临第二个关键时刻,时不我待,学院行政班子换届,必须抓紧!

7月11日上午,学校在南三楼召开文科各院系行政领导会议,欧阳康主持,朱玉泉、李培根、王延觉参加。欧阳康传达教育部哲学社会科学工作会议精神。会后培根校长把我留下了,找到一间小会议室,要我汇报一下与张昆接触的情况。这方面的情况,人事处周建波处长已经详细向他汇报了,我只是简明扼要汇报了一些要点。培根校长听后说:"你们已经做了很多过细的工作,人事处也同他协商了条件,对引进张昆,我没有什么意见。但是,有一点,吴老师,你要注意,就是必须保证新老班子的平稳过渡,新老院长交接时,不能有太大的波动。"培根校长认为,张昆从武大到华科,有一个熟悉情况的过程,他和新闻学院的老师还有一个互相了解的过程,为此,培根校长提出了一个"半年、一年的过渡时期"的方案,要我继续再辛苦一下,让张昆先干一段时间的副院长,或者常务副院长。培根校长办事稳妥,用意是非常好的,但是,我说,已经说好了,张昆来后一步到位,就不用再变了。培根听后,没有接话,也没有再坚持,只是再一次反复强调要平稳,并就新班子的人员构成、公用房、基地经费等问题,说了一些原则性的意见。

当天下午,学校党委组织部部长马小洁到新闻学院调研副院长候选人。

12日,组织部反馈昨日副院长候选人民主推荐的情况,按得票多少的顺序是:石长顺、舒咏平、钟瑛、陈先红。

13日上午,组织部部长马小洁一行人到新闻学院,同教职员工逐个谈话,听取对副院长人选的意见。

新闻学院换届的准备工作,基本完成。

15日,我约请张昆,商谈了两件事:一是新班子人选;二是假期会议的三项议程:新老班子的交接、"十一五"规划的修订、研究生教育。

要作出说明的是,在引进张昆的过程中,学院内外也出现过一些不同意见。学院内个别与武大新闻学院联系较多的老教师了解到,由于张昆"出道"比较早,待人处事有点"冲",以致在一段时间内,与学院的一些教师关系比较紧张,甚至对扶持过他的老教师也不够尊重。因而对此有些担心。我说,这是"少年得志"者的通病,相信随着年龄的增长会好一些的。还有议论说,如此高价引进,是否会物有所值?我说,以我的了解,应该会。学院外有人说,一些所谓"名人",往往是"空中飞人"。花大气力把他弄来,对其给予了很大期望,结果耍一阵子,名利得到,学科弄垮,就拍屁股走人。这样的事,华科有个别院系是有过教训的。我说,张昆在武大"名利"都有了,只要华科真心待他,相信他也不会辜负华科,不会辜负华科新闻学院。

这些不同意见,并没有动摇我"挖张"的决心。一则,我对张还是有一个基本了解,二则,我急于找人顶替。我当时想,这一招是对是错,现在下结论,说什么都为时过早,留待历史检验吧。

7月30日下午,召开全院教职员工大会,学校党委书记朱玉泉送张昆上任,组织部部长马小洁宣布新闻学院行政领导换届通知,任张昆为院长,石长顺、舒咏平、钟瑛为副院长。马部长宣布党委文件后,我作为卸任院长,做了《为了生存与发展——我在新闻与信息传播学院的经历与见证》的长篇发言,讲了一个多小时。在讲完12年的经历和一些重要做法后,由衷地说了些感谢的话——

首先,感谢学校领导对新闻学院的关心与支持,使我们学院在全国新闻教育"跑马圈地"的年代能够跻身第一梯队的行列!现在,在我们学院发展的关键时刻,又精心物色并聘任了教育部跨世纪人才、中国新闻教育学界年轻有为的张昆教授来我院任院长,这就使我想起了近年来中央的一个重要举措,就是从东南部和发达地区选派年轻有为的高官到中西部欠发达省区担任党政主官,孟建柱从上海到江西,于幼军从深圳到山西,俞正声从青岛到湖北,使这些欠发达的省区的面貌发生较大变化。从重点综合性大学武汉大学聘任张昆教授来我校任新闻学院院长,一定会把武大办文科、办新闻学科的理念带到华科,使我们华科新闻学科、新闻学院有一个更大发展!以张昆为首的新的学院行政领导班子,具有学历层次高、技术职称高、学术水平高和年龄偏低的特点。这样的领导班子本身就令人鼓舞!我个人表态,拥护学校党委的决定,并保证支持新班子的工作。往后,我作为学院一名普通的教师,除了高质量地完成教学、科研任务外,还要在力所能及的情况下,完成学院党政领导交办的其他工作。

其次,我还要感谢学校领导对我个人的关心和支持,使我在12年所谓"干部"岗位上,尤其是8年院长岗位做了一些分内的工作。没有学校党委和行政领导的支持,我会寸步难行。朱玉泉书记、刘献君副书记,杨叔子校长、周济校长、樊明武校长、李培根校长不仅支持我的工作,而且包容我的多次"冒犯""顶撞"。这是我的得天独厚的条件。

最后,感谢与我一同摸爬滚打12年的从新闻系到新闻学院的各位领导和所有同事。学科建设,学院发展,所有的成绩都是大家伙没日没夜地辛辛苦苦干出来的,但是,很多场合的风头是我这个院长在出,我有何德何能,是我沾了大家伙的光!所以,我要感谢大家!

末了,我说,由于我这个人脾气不好,爱发火,批评人不讲究方式、方法,大庭广众之下指名道姓地批评人,虽说是出于好心,但实际上伤了人。在此,对凡是因我的批评而受到伤害的老师表示歉意!

我讲完后,朱玉泉书记讲话。

他首先说:"今天,汪新源、程世寿几位老同志来参加会议,说明新闻学院有一个好传统,大家都很关心学院的发展,这是新闻学院一个很大的特点。通过我长期对新闻学院的了解,我发现:一个单位、一个学院,什么时候思路对头,什么时候就发展得快,发展得好。学科创新思路,是新闻学院这几年发展迅速的一个重要原因。以吴廷俊为首的学院行政老班子为学院快速发展作出了巨大贡献,我代表学校党委、学校行政表示衷心感谢!"

他希望新班子向老班子学习,主要在以下三方面:(1)加强团结,尤其是党政班子成员的团结;要尊重老同志,尊重学院的每一位老师和员工,把大家团结起来,事情才能做好。(2)科学决策、民主决策。贯彻民主集中制,党政联席会议决定学院大事——这是一种很好的议事制度;院务公开,接受群众监督。(3)坚持老班子的创新理念,以创新求发展,用发展解决矛盾。张院长说,来了之后要争取教育部重点基地,这是一个很好的思路。

他最后祝新闻学院取得更大的光辉成就!

8月12日至16日,以新老班子交接为重要议题之一的"华中科技大学新闻与信息传播学院第九次学科建设研讨会"①在神农架召开。

13日上午,院总支书记唐燕红主持会议,我以院学术委员会主任的身份作了《学科建设与学院发展》的报告。当天晚上,举行新老班子成员恳谈会,

---

① 这次会有两项主要议题:(一)迎接2007年教育部的学科评估;(二)学院行政新老班子交接。

参加者为申凡、屠忠俊、赵振宇、唐燕红、张昆、石长顺、舒咏平、钟瑛、张耀以及我,唐燕红主持。会上,我结合自己的经验和教训,讲了三点体会:(1)知与行的统一。认知是第一位的,凡事预则立。要认识办学的规律,世界发展的趋势,国家发展的大势,教育发展的格局,不是一件易事,这叫知难;但行也难,有些事,说说容易,做起来难。因此,抓事一定要抓到根本,一件一件地落到实处。(2)原则性与灵活性的统一。结合我自己的实践,原则性是有些,但是灵活性不够,易得罪人。党政一把手,要有原则性,要敢于担当,同时也要善于妥协。只有这样,才能团结大多数人。(3)做好人与做好领导的统一。有的人是好人,有的人是好领导。我引用朱九思老校长的话说,好人不一定能当好领导,好领导也许不一定被大家认为是好人。因为一旦做了领导,必然会遇到各种矛盾,尤其是第一把手不仅要敢于直面这些矛盾,还要解决这些矛盾,而解决时不能"打哈哈",不能"你好我好"。我的体会是,将做好人与当好领导统一起来,很难很难。

最后我还说了一句话,新老班子交替后,我保证带头支持新班子的工作,并希望在座的共产党员也以党性保证支持新班子的工作。

8月14日下午,学科建设研讨会圆满完成了预定任务后胜利闭幕。次日,与会者到神农架寻找"野人"足迹,让原始森林里的清新空气洗去往日的疲劳,以更加旺盛的精力迎接新的任务。

"神农架会议"标志着新老班子的交接完成。我终于卸下了"赶着鸭子上架"的任务。

我移交给新院长两样无形资产:(1)一级学科博士点;(2)2004年第一轮学科评估在全国排名第四。

从神农架一回校,我即搬出院长办公室——东六楼302室,将原有的办公用品转移至312室。两年后(2008年),"中国新闻史学会新闻传播教育史研究委员会"①成立,这里也是该研究会办公室。

8月29日,新学期开学前夕,学院总支委员会推选新一届总支委员会,我依旧被推选为总支委员。8月30日上午,全院教职员工大会后,召开全院党员大会。总支书记唐燕红讲话后,我以一个老总支委员身份讲话,号召每个党员以党性保证,支持新班子的工作。并分析说,新班子确实是"新":(1)两个主要领导——书记、院长全换了,百分之百新;(2)行政班子中,老的保留1人,换了75%;(3)总支委员中,老的保留2人,换了72%。这样,优势

---

① 关于这个组织机构的来历,本章第三节第二目会有详细记述。

很明显,困难也存在,就是有一个熟悉情况和相互磨合的过程。因此,老班子的每一个人,尤其是党员,都应该积极支持新班子的工作,不能只是"看",还要有"帮"。多些理解,少些指责;多些宽容,少些埋怨。

二、并非高风亮节

在换届过程中,有些人对我说:"你不能卸任,学院不能没有你。"我说:"这个地球,离开了谁都照样转。"也有人说:"你辛辛苦苦把学院发展成这样,着实不容易;刚发展成这样随即离任,更不容易。"还有人说这是一种高风亮节。我说:"学院发展到这样,是几辈人积累的成效,是大伙一起努力的结果,非我一人之力,一人之能。我的离任,也并非所谓的高风亮节。"我是凡人、俗人,原本就没有什么高尚的地方,也就没有必要给自己硬生生地套上一些光环,把自己打扮得那么高尚。我在系副主任任上、在院长任上所做的事,是应尽的职责,在其位谋其政而已。我的急于离任,其实是我"私心"的表现,也是我无能的表现。

(一)我的私心

我的急于离职,首先是出于私心。

1. 见好就收,留个好印象

我自知我根本不是一个当官的料,一根筋,死抠原则不拐弯,尤其爱顶撞领导;还有许多臭毛病,比如脾气不好,爱发火;工作方法也有问题,表扬少、批评多,并且批评人不看场合,不讲分寸,不分对象,不讲情面。因而,我在任期间发生了不少得罪人的事例。

事例一,信口"四条汉子"。在一段时间,学院的几位中年教师,由于种种原因,在学术上进步慢了一点,师资队伍呈现老的老、小的小,中间断档的状况,令人心焦。2000年7月15日至16日,在新洲道观河召开的学院第三次学科建设研讨会上,在谈到教师队伍建设时,我对四位中年教师的进步较慢表示不满,指名道姓地提出批评时,口不择言地用了"四条汉子"这样一个贬义概念。话一出口,我便后悔不迭。会后连忙找四人之一的S老师道歉。他坦率地说:"听了你的批评,昨晚没有睡好觉;我知道你是为我们好,但是我心里还是很难受。"我只能再三向他道歉。此后,我对此一直耿耿于怀,不能原谅我自己。我卸任院长时，S老师特意找到我说了这样一番话："吴老师，于公于私，我都要感谢你。是你把我调进华工，使我有了一个学术发展平台；是你严厉批评我，促使我进步，读硕攻博，成为一名大学教授；还是你领着大家取得博士点，使我能当上博导，使学院很多人都能当上博导。"我相信，S老师说这番话，是发自肺腑。他这样说话，只能表明他的大度，不能掩盖和抹杀我当时说话处事的不当。

事例二，2004年开始，学校人事制度改革，实行聘任制，评聘分离。2004年8月23日至24日，在学校暑期工作会议上，朱玉泉书记在总结时说，实施教师聘任制的目的是促使教师在业务进步上树立紧迫感，淘汰不合格的教师。10月28日下午，学校又召开了有关教师聘任制的工作会议，要求各院系合理设置岗位，制定聘任条件，拟定聘任程序，签订聘任合同，对于不合格的、不好好干活的教师不予聘任。对于学校制定的"评聘分离"的教师聘任原则学院当然要照着执行。11月18日上午，我在全院教师会上报告了教师聘任工作：(1)总的原则：因需设岗，按岗聘任；(2)岗位设置：根据教学、科研需要，学院首次按7个学术方向设岗：教授11人、副教授14人；(3)聘任目的：有利于推动教学、科研水平的提高，保证教学、科研平衡发展；(4)严格聘任条件，不合相应岗位条件的教师不聘任，尤其杜绝"三无"（无项目、无经费、无成果）教授、副教授和研究生导师的存在；(5)考虑到历史原因，参照其他院系的做法，经学校批准，设立一年的缓冲期，即个别教师欠缺聘任条件之一条者，可暂时签订一年聘任合同。一年以后，满足了条件，再签正式合同，依然没有满足条件，降级聘任。

我们学院教师聘任工作得到学校领导的肯定。12月3日上午，樊明武校长带队到新闻学院调研教师聘任工作的情况，了解到新闻学院此次的聘任结果——有一人暂聘一年，一人降级聘用，既严格按照条件，又注意人情味，有力度，震动小，达到了学校提出的"平稳、安定、波澜不惊"的要求。樊校长认为新闻学院教师聘任工作做得很好：(1)不走过场，坚持原则；(2)将教师聘任与学科建设紧密联系在一起。

虽说如此，但事后回想起来，我们的做法还是有些欠缺：强调了原则性，不走过场，而灵活性注意不够，即对那位"降级聘用"的副教授，抠标准过于严格。"三无"导师不允许，"三无"教授、副教授，在短期内还是可以允许的。如果对这位"降级聘用"的副教授，保留职称待遇不变，只是暂停招收研究生，这样处理可能会更合适些。事情决定后，我思想上存在疙瘩，感觉到处理过重，对他造成了一定的伤害。虽然这位教师表面上没有说什么，但是，将心比心，他内心痛苦是可以想见的。我在路上碰到这位教师,总是要先同他打招呼,以示歉意。在我卸任时,鉴于他科研上进步的表现,经我提议,院学术委员会通过,恢复了对他副教授的聘用和相应待遇。

如果说,在一个相对短的时间,自己的弱点和缺点还能有所收敛,即使有时有所显露,别人还能谅解,尤其是单位处于创业的困难时期。但是时间一长,事业有了一定的进步,自己的地位有所变化,身上的臭毛病会顽强地表现出来。尤其是随着年龄的增长,老年人的固执会更加助长既有的老毛病,不仅当事人名声受损,而且事业也因此受损。"人无千日好,花无百日红。"恋栈者,贪权者,多半会被赶下台,不如自己主动趁早卸任下台。为了给自己留点好名声,给群众留点好印象,最好的办法就是"见好就收"。

2. 不愿继续透支健康

如前所述,我任高校教师时间很晚,搞科研起点很低,本来把全部精力用于教学和科研都已经是很不够用了,结果又被推上行政领导的岗位。高校的所谓系主任也好,院长也罢,与党政官员不一样,不可能锁了办公室就下班。正如秦忆副校长所说,高校的主任、院长只是暂时的,教授才是长期的。当了主任、院长,教学、科研不仅不能丢,而且还必须搞得更多、更好,否则你就没有威信,说话无人听。所以十多年来我是白天搞行政,晚上搞学术,即使出差途中——无论在飞机上还是在火车上,我都带着电脑,抓紧干活。

长期超负荷运转,对于我的身体健康造成很大伤害。

我40多岁便戴上"冠心病"的帽子,长期服药。后来,又于2004年2月做了一个支架植入手术。出院时,医生向我交代了各种术后注意事项。但是各种各样的事情纷至沓来,不允许我"谨遵医嘱",我还是"外甥打灯笼——照舅(旧)",又忙乎了几年。

此外,我体内还长出了一个"膀胱憩室",给我的工作和生活带来了诸多不便,医生几次建议我尽快手术。

为了健康,为了多活几年,我必须离开行政岗位。

3. 希望给自己留点自由支配的时间

"文革"耽误了我十多年的宝贵时光。40岁时来到华工,我好不容易找到一个"做学问"的地方,刚刚尝到"做学问"的甜头,就被"绑架"搞行政。虽说这十多年来,业务没有丢,但是,行政毕竟"耗掉"了我很多时间和精力,我还有几个自己喜欢的题目没有做。我急于请退的私心之三,就是希望给自己留点自由支配的时间,干点"私活"。

鉴于文科教师与理工科教师有所不同——随着年纪的增长,各方面阅历的丰富,可以厚积而薄发;没有生活负担,也没有评职称的压力,慢慢打磨,可以出点精品。懂得文科的刘献君副书记曾经向学校领导建议:少数几位文科教师可以让他们工作到70岁。我在刘献君副书记建议的名单之列。从2006年退任到2015年①我70岁,还有9年,我决心好好地利用这9年! 2011年我还给自己拟定了一个"十二五"研究计划呢!

(二)我的无能

检讨主持学院行政工作的8年,由于我的无能,出现几件做而未成的事,使学院的学科建设不能尽如人意。

1. 未能融合现代教育技术中心

本来,华中科技大学新闻与信息传播学院是原新闻系与改名后的现代教育技术中心合并而成的。学院组织的基本结构就是新闻系与技术中心。学院运转是否成功的一个基本标志就是这两个单位是否能融合成一个有机整体。这一点,作为首任院长,我心里是明确的、重视的,也还是下了一定功夫的。

现代教育技术中心是原来学校教务处的一个副处级单位,人数21人,由两部分构成,一部分人管理学校有线电视台,录制校内新闻节目和专题节目,除在校内有线电视台播出外,还有一个重要任务就是送省台和中央电视台、教育电视台播放,为学校做对外宣传工作;其余的人主要负责全校教室的电教设备的管理、使用与修理,他们之中除了很少几个技术人员外,都是工人,学历和文化层次不高,距离教学与科研较远。当时,学校之所以决定将电教中心改名为现代教育技术中心与新闻系合并,其主要原因是看中了其中制作新闻节目的那一部分人员和设备,可以补充新闻系教学实验室的不足。

原电教中心的经费完全是靠吃"皇粮",旱涝保收,其主要领导也是校机关编制,其心态和工作作风当然属于机关干部型,与第一线教学科研人员存在一定的距离。虽然人都是好人,但是工作配合起来有难度。这一点,学校相关领导多次提醒,老程和我也是有所思想准备的,下决心要使两个单位实质性融合。

1998年5月6日,刘献君副书记在听取我和老程汇报新闻学院第一次院务会的情况后,指示说,现代教育技术中心的工作事关全局,无论是新闻宣

---

① 我最终是2014年3月办理的退休手续,返聘两年,2016年送走最后两名博士生,71岁正式离开工作岗位。

传,还是教室电教设备的管理与维修,都很重要,万一出了问题,会引起宣传部和教务处的不满意,一定要高度重视。

5月7日上午,我向主管教学的秦忆副校长汇报学院今后的工作打算时,秦副校长从正面说,电教中心改名为现代教育技术中心,要求他们除原有的本职工作外,还希望他们参与传播技术类的教学工作。"我不要求他们全面铺开,可以先在少数人中进行试点,取得经验后,再推广。"

为了落实刘副书记和秦副校长的指示精神,5月8日,我和副院长兼中心主任张骏召开现代教育技术中心全体员工大会。我在会上讲了这样几点意思:

更新观念。电教中心更名为"现代教育技术中心",不仅是名称的改变,更应该是任务的改变,所以,要求技术中心的全体工作人员要有新的观念,不要停留在放幻灯片、放录音带、拍摄电教片的层面上,还要为全校教师提供现代化的教学手段,多媒体教学甚至网络教学环境,还要尽可能参与学院传播技术方面的教学工作。

提高素质。一方面是要争取调进一些学历层次高的人员,以后进人一定要本科毕业生以上的,一般操作层面的人可以采用聘任制;另一方面是现有的人员要提高素质,可通过跟班读课程、读学位、做课题提高自己的业务水平。

明确职责。根据学校领导的意见,技术中心要做好三方面的工作:(1)宣传:管好有线电视台,做好省和中央电视台新闻的转播工作,做好学校新闻的录制、播放,录制专题片送往省台、中央台播出;(2)常规电教工作;(3)现代教育科技类课程的试点,有条件的人争取在学院上1~2门相关课程。

最后,我说:"沉舟侧畔千帆过,病树前头万木春。"当前是我们现代教育技术中心工作腾飞的好机遇,我们一定要抓住这个好机遇,每个人都要有乐观的心态、必胜的信心。崭新的现代教育技术中心一定能在我们手中崛起!

6月24日,我同张骏、雷志华一起向秦忆副校长汇报"中心发展规划"时,秦副校长再次强调三点:(1)远程教育的事要抓紧;(2)CAI要出成果;(3)技术培训要迅速展开;(4)有条件的人员尽可能发挥自己的长处,为新闻学院开设出相关课程,先做试点,再行展开。

7月1日,秦忆副校长召开教务处、设备处和新闻学院三家联席会议,专门研究技术中心的工作。会上,对体制、设备、人员重组等主要问题进行了认真研究。

由于领导的重视和中心同人的努力,技术中心的工作有了一些起色,但是问题没有得到根本性的解决。8月27日,我在讲新学年工作要求时,提出:技术中心的工作除常规服务性工作外,还要重点抓:(1)提高人员素质,男45岁以下、女40岁以下的人员,想办法采取各种方式提高自身的学历层次;(2)尽快确定教育技术的突破口,拿出可视性成果,完成两门课程多媒体教学课件的开发与建设。

为了落实这几项重点工作,8月31日上午,我与技术中心负责人张骏、雷志华、古忠民商量以下几件事:

(1)两个亟待解决的问题:其一,如何处理日常工作(即原来电教中心的工作:新闻宣传片的制作与教室的设备管理和维修)与现代技术创新的关系?其二,如何选择一个突破口做好现代教育技术创新的工作,让中心的工作摆脱目前低层次运作而进入较高层次?

(2)拟采取的主要措施:其一,可否将技术中心的人员划分成两支队伍,一支做日常工作,一支做创新工作,包括多媒体开发与制作?其二,创新工作今年必须有所突破:做好准备,在全校开设网络制作课程;做好两门课的多媒体教学的课件准备工作,包括设计与制作。

由于意见不甚一致,此次商谈结果不够理想。技术中心主要负责人认为:中心的主要任务还是原来的两项日常工作,即新闻宣传与教室设备的维护;创新性工作,中心现有人员的素质不足以担负起来,而通过培训提高素质与能力需要时间;人员调整的时机也不成熟。

虽然如此,我没有放弃对现代教育技术中心的提高与改造工作。9月23日,召开院务会,专门听取张骏关于"技术中心工作的进展"的汇报,并就有关问题进行研究。11月11日上午,我与副院长朱光喜同张骏讨论共同开发做课题、办班的相关问题。

1999年2月10日上午,我向秦忆副校长汇报有关"CAI研究中心"的工作问题。2月22日,新学期第一次院务会的第一项议程,就是明确提出了CAI的体制问题,并明确对罗晋华的聘任。

3月25日,学校有关领导约程世寿和我谈当年工作目标时,提出两个需要解决的问题,其中一个就是"现代教育技术中心的工作必须根本改观"。当天晚上,召开院务会,专题研究技术中心的工作。由中心主任张骏首先谈计划,大家听后,提出意见,希望重新制定计划。3月31日,院务会再次专题研究技术中心的工作,讨论后,要求再度修改计划。但几经修改后的计划仍不理想。

由于我们无力解决技术中心的问题,只有请学校主要领导出面解决。

6月2日下午,周济校长带着党委宣传部部长李振文、设备处处长赵永俭、教务处副处长刘太林等人来到现代教育技术中心,听取中心主要负责人张骏的工作汇报。周校长听完汇报后明确指出有三个问题要解决:(1)现代教育技术中心的定位要进一步明确;(2)体制要进一步理顺;(3)任务要进一步落实。并请设备处老赵与现代教育技术中心商量一下,拿出一个可行性方案。6月16日,周济校长把我和设备处处长赵永俭、副处长陈明仁叫到他办公室,具体商量技术中心的搬迁工作,指示:技术中心搬迁,从"211经费"中拿出400万元用于设备更新;中心人员的奖金由学校包起来。

6月19日,院务会讨论6项工作,其中第5项就是讨论技术中心的搬迁方案。6月22日,学院布置暑假工作,将技术中心的搬迁工作列为四项工作之首。7月中旬的凤凰山庄会议上,根据人员统一调配的精神,拟请雷志华出面抓学院教学实验室的工作,请古忠民除了原先负责有线电视台的工作外,还参与抓广播电视专业的建设。

8月26日,召开新学期第一次全院大会,在布置新学期工作时,将技术中心的人员的聘任列为近期重点工作。8月31日,我在实验室人员聘任工作会议讲话时说:"用改革的精神进行这次聘任,通过聘任,大兴实干之风,大兴竞争之风。"并且于9月19日,将这一安排向刘献君副书记做了汇报。

2000年初,趁全校进行副处干部考核之机,我与程世寿分头与技术中心每个员工进行了一次个别交谈,征求他们的意见,试图借用群众力量推动问题的解决。技术中心的员工虽然学历层次不高,但是看问题很准,态度也很积极,都希望技术中心的工作有一个大的改观。我们向中心负责人转达了群众意见和建议。老程根据群众意见明确提出,技术中心与学院实行四个统一:人员统一调配,工作统一部署,设备统一使用,财务统一管理。老程的提议遭到不予理睬的抵制。结果是技术中心人员的聘任工作走了过场;副处级干部考核中提出来的问题基本上没有得到解决;年终考核,学院下达给技术中心的工作任务虽然完成了一些,但是不够理想。

此后相当长一段时间,学院再也没有给技术中心下达任务,我再也没有具体过问技术中心的工作了。

直到2003年,趁迎接学院20年庆典之机,学院打算再次向学校提出解决与技术中心的关系问题。1月26日下午,在1号楼401会议室,新闻学院班子向学校党委常委汇报迎接院庆20周年问题时,重新提出希望解决现代教育技术中心与学院的关系问题,或进一步一体化,或将现代教育技术中心拆散:电视台留下,教育技术分出去。樊明武校长指示,这个问题由刘献君副书记、王乘副校长负责,拿出方案,尽快解决。

3月11日,为落实樊校长指示,我与总支书记汪佩伟一道找技术中心负责人、骨干座谈,通报有关下一步理顺体制的一些设想。

为了有一个比较好的结果,我和佩伟书记首先肯定了原电教中心与原新闻系合并成立学院以来的成绩:(1)壮大了学科声势,为新闻与信息传播学院的成立,为新闻传播学科的发展起了关键性的作用。(2)技术中心的学科意识增强了,尤其是部分人员直接参与学院学科建设,并发挥了应有的作用。比如罗晋华、古忠民等人参与本科和研究生的教学,编写了教材;张骏、雷志华参与学院的管理工作,参与学科建设的研讨,发挥了很好的作用。

接着,我们实事求是地指出,由于体制没有理顺的缘故,学院内部运作不尽人意,没有达到当初"资源共享,共同发展"的目的,很多设想没有得到实施。关于体制,学校很重视,学院很着急。事情拖了数年,现在是解决的时候了。

最后,我们提出三种方案:

第一种:即三年前原总支书记程世寿提出的"实质性融合",实行四个统一:人员统一调配,工作统一部署,设备统一使用,财务统一管理。

第二种:小部分剥离,教室电教管理部分剥离出去,其余部分与学院有机整合:CAI真正成为学院的一个教研室;新闻制作部分与广电教研室合并。

第三种:大部分剥离,除新闻制作部分留下,其余部分剥离出去。

最后的结果是,这三种方案都没有被学校采纳。5月23日上午,刘献君副书记召集我和汪佩伟、张骏、雷志华开会,传达学校研究的意见:将现代教育技术中心整体从新闻学院剥离出去。刘书记说,这样有利于双方今后大发展,这个事情就这样决定了。今天主要谈人员、设备和用房的分割。

从刘副书记当时的讲话神情看,学校领导对这个问题已经很伤脑筋了,不愿意再为此事耗费精力和时间了。记得1998年7月3日设备处处长赵永俭考察刚成立的新闻学院时说过,新闻学院目前的体制(指现代教育技术中心与新闻系合并)是在中国现在教育投入严重不足的情况下的不得已而为之。言下之意,两个单位合并乃权宜之计。赵永俭长期在机关工作,具有丰富的管理经验,对于他的说法,作为一介书生的我当然理会不到。结果,经过几年的实践,赵处长的话一语成谶。

此结果出来后,我心中很难受。同时,也出现了一些对我的负面议论,说吴廷俊对现代教育技术中心只是利用,要用时就拉到怀里,不用时就推到崖里。实际上完全不是这样。如前所述,我是很看重技术中心对学院发展的重要性的,是很在意学院与技术中心的关系的,也的确想了很多办法促成技术中心与学院的"有机融合"。但是,最后双方还是"分道扬镳"了。

这是为什么呢?是学校不重视吗?当然不是。是学院不愿意吗?也不是。是技术中心主要负责人无诚意吗?似乎也不是。检讨起来,主要责任还在我:(1)是我性格太急,急于求成,不顾原来完全不相干的两个单位的实际,急于"有机融合",不切实际地提出"四个统一"。(2)是我思维方式过于简单,非黑即白,不融合就分开。其实,还有一种模式,就是先实行"一院两制",等待时机成熟,再实行"有机融合"。说到底,还是我的无能,至少是低能。

2. 未能留住杨伯溆

杨伯溆,是我们学院引进的第一个,也是唯一的"洋博士"。仅此一点,就足以说明其珍贵。

杨伯溆来院后,与学院上上下下的关系很融洽,他不负众望,努力工作,为学院发展和学科建设做了不少贡献。但是,2002年年初,他产生离开华科到北大的想法。我得知后十分着急。杨伯溆若离开,影响实在太大,对学院发展很不利,一则华科新闻学院来个博士,尤其是"洋博士"实在是不容易,二则我们正值申报博士学位点的关键时刻。春节后,杨伯溆正式提出调动要求。我与屠忠俊商量,觉得必须想办法把他留住,并决定采取以下措施:(1)我和老屠两人一道到杨家,和伯溆做推心置腹的交谈;(2)在学校支持下,落实杨伯溆负责的研究所的5万元经费;(3)请学校领导出面挽留;(4)按原计划,推荐杨伯溆为学院副院长候选人;(5)我利用到清华开会之机,与北大新闻学院的龚文庠教授当面沟通。

2002年4月20日至21日,我应清华大学的邀请参加该校新闻与传播学院成立大会,并出席新闻教育论坛。我入住清华甲所的当晚,北京大学新闻学院常务副院长龚文庠来到我的房间。他来访的目的很明确,就是先发制人,协商杨伯溆的调动问题。

龚文庠教授是武汉人,我俩也比较熟悉,不用说客套话,我按事先与屠忠俊商量的意见,对龚文庠谈了三点:(1)杨伯溆到我校后,学校、学院对他很重视,全力以赴为他出版博士论文和其他专著,为他配备助手,为他落实科研经费。他回国两年多,出了不少成果。他对我们的学科建设出了大力,我们也是诚心诚意挽留他继续在我校工作。(2)我院正处于发展的关键时刻,学院上下正全力以赴为申博而努力,任何一点不利于这一中心工作的事情发生都会产生不良后果。杨伯溆是我们传播学专业的骨干教师,传播学理论方向的学术带头人。无论如何,这个关键时刻不能放他走,请北大予以理解。(3)如果北大看上他,他也愿意到北大,那也只能等过了这个关键点后再说。或者,北大方面实在缺这方面的老师上课,杨伯溆可以先到北大上一门课,都是可以商量的。龚文庠听后,只是强调,不是北大挖杨伯溆,而是杨伯溆主动联系北大,正好北大也需要这方面的人才。

我回校后,把这一情况向学校领导做了汇报。学校领导对此十分重视:朱玉泉书记亲自到杨伯溆家做说服工作;党委常委随即通过杨伯溆为新闻学院副院长的决定,并且很快发文[①];校党委分管干部工作的副书记曹树钦找杨伯溆谈话,表示挽留。杨说,已经答应北大了,不走不好向北大交代。曹说,可由学校出面与北大沟通。

6月18日,党委副书记曹树钦专门会同刘献君副书记,召集人事处处长张七一、组织部部长姜丽华、新闻学院领导,研究杨伯溆的问题。结论是:(1)杨是我校教授、新闻学院副院长,如果北大新闻学院教学需要他,可聘他授课,或聘他为兼职教授;(2)请人事处和新闻学院各派一名负责人到北大就此事沟通一下。

6月21日,我同杨伯溆、孙旭培到复旦参加高校传播学研究委员会筹备会,我院被推为常务理事单位,我即推荐杨伯溆作为我院代表担任常务理事,杨乐于接受了。

与此同时,学校人事处处长张七一与新闻学院党总支书记汪佩伟代表学校专程到北大,与北大人事部门沟通,结果是:杨是否到北大,取决于杨本人的态度。

6月27日,曹树钦副书记再次找杨伯溆谈话,通报了与北大沟通的情况。杨当即说,还是得走。

最后,学校领导考虑到,既不能与北大把关系弄僵,又不能与杨伯溆把关系弄僵。北大毕竟比华科有吸引力,再说,华科今后有很多方面需要北大的支持。华科只有放人。

虽然说人才流动是很正常的事,但是杨伯溆离开华科,对华科、华科新闻学院都有负面影响——对我们申博带来了一定的困难倒是次要的,主要的是名声方面的。不明真相的人会说,华科和华科新闻学院留不住人,或者容不得人。实际上,为了挽留杨伯溆,学校表现出了极大的诚意,也采取了很多措施。问题主要在于我这个当院长的无能——

有这样一件事很能说明问题:杨伯溆来华科后,根据我们学科发展实行

---

① 同时被聘为学院副院长的还有石长顺。

文工大跨度交叉的特点,曾建议创建一个动漫实验室和一个动漫专业,为此提出了一套比较系统的想法。比如派教师到加拿大相关学校进修,购置必要设备,设置相关课程,等等,我听后十分赞赏。但是当听到他提出的经费预算时,我便无语了。那个数目现在不算什么,可在当时对于华科来说,简直是一个天文数字。我只能说,容我考虑考虑。因为经费数目太大,我不好意思向学校开口,便在校外找合作者。比如,由华科副校长于清双牵线同维亚康姆的人谈过;与时任武汉副市长袁善腊接触过;还同武汉电视剧制作中心的人谈过……但是都没有实质性的进展,我因而没有向杨伯溆反馈这些情况。杨伯溆是个责任感很强的人,性子也比较急,看到我迟迟没有动作,就自己跑到学校设备处,找到赵永俭处长谈自己的美好计划,争取支持。一则两人不大熟悉,二则语言表达也有些差距,于是发生争吵,闹得双方很不愉快。杨伯溆气呼呼地回来,向我讲起此事,说:"华科不办动漫专业,我就走人。"我当时听后,只当是句气话,没想到,埋下了他想调离的伏机。

我虽然强调"事业留人",但是由于我的无能,没有能力把动漫专业创办起来,最终导致杨伯溆这样的人才"得而复失",蛮可惜的。

对于杨伯溆这个人,我是很看好的,与他相处时间虽然不长,但是对他的为人为学,我是很认可的。我对他的一家人都有很好印象,包括他那个咿呀学语的儿子。我那时骑自行车上班,在路上碰到他岳母带着小外孙在玩,我一般都要下车,逗小朋友玩玩。杨伯溆离开时,学院为他饯行,大伙和他依依惜别。他到北大后,我到北大开会或讲座,只要他在办公室,都要去找他闲聊几句。有一次我和屠忠俊到北大开会,还专门到他家里坐了一会。

3. 未能做大做强网络传播专业

我们最早提出文工交叉的学科发展理念,最早创办网络新闻专业方向,并挂牌招收培养这方面的本科生,照理来说,我们应该在这方面发展得更好,成为龙头,但实际上我们没有达到这个高度。

如前述,我获得了中国新闻传播方面的第一个文工交叉性的重点课题——"多媒体技术与新闻传播",并以此课题为带动,率先在中国创设了网络新闻传播专业。但是这个专业只是火了一阵子。该专业的招生,由高分第一志愿爆棚,到后来要接受调剂生才能招满。调剂生,专业思想不稳,要劳神费力做专业思想教育。这样下来,这个专业的毕业生整体质量是可以想见的。

如果说网络新闻传播专业的萎缩还可以扯上客观原因——即传播技术飞速发展,网络传播已经不成其为特色了,别的专业赶上甚至超过我们是情有可原的,那么相关学术平台上发言权的渐失,相同领域研究成果影响力的减弱,似乎不能归结到客观原因上了,只能是我们自己努力不够,主要是我的能力不够。

以"新媒体与传播革新论坛"的命运为例说明之。

对于建立一个以新媒体为研究对象的学术平台,我与清华大学的熊澄宇似乎心有灵犀。2004年4月我赴河南,准备到开封参加在河南大学召开的中国新闻史学会年会。按预约,22日我到郑州,住豫财宾馆,次晨在豫财宾馆同清华的熊澄宇教授会晤,商谈联合办会的事。熊澄宇首先说,舒咏平、钟瑛到清华找他,表达两校联合办会的愿望,他对此很有兴趣,并认为这是一件对双方都有利的好事,表示要以积极的态度推进此事。

我俩对此事进行商议,并达成共识:(1)会议主题,要体现"媒体形态""媒介技术"和"传播观念""传播理论"的"新","软硬兼新"。(2)论坛不以规模大取胜,而以规格高取胜,每次会议的与会人数在30人左右。(3)与会者个个都是对新媒体确有研究并有成果者,而不仅仅是听众。(4)每次研讨会研究一个或政府感兴趣的问题,或社会需要的问题,形成一个大致统一的意见,拿出一个论证报告,供政府或企业决策参考。

2004年11月27日至28日,华中科技大学新闻与信息传播学院、清华大学新闻与传播学院联合举办的第一届"新媒体与传播革新论坛"(简称"新新论坛")在华中科技大学国际学术交流中心举行。论坛共收到论文82篇,本着小规模、高层次、交互性、专业化的办会思路,经过论文筛选,清华大学、中国人民大学、南京大学、中国传媒大学、暨南大学、华中科技大学和中国社科院、人民网、荆楚网、武汉市电信局等30多家高校和信息传播机构的42位代表应邀参加了论坛。围绕论坛主题"新媒介·新机遇·新挑战",设有三个子课题:一、网络媒介带来的传播革命与信息管理挑战;二、电子媒介对文化产业所带来的机遇与挑战;三、新媒介推动下的传播理论革新。论坛采用主题报告和专题研讨相结合的形式,参会嘉宾从宏观和微观角度,各自畅谈了对新媒介与传播革新的独到见解。我致开幕辞。熊澄宇做总结。论题集中,研讨深入,论坛达到了预期目的。

2005年11月25日至27日,第二届"新新论坛"在北京怡生园国际会议中心召开,由华中科技大学新闻与信息传播学院与清华大学新闻与传播学院联合主办、清华大学新闻与传播学院承办、博客网协办。论坛主题为"新媒体的个人化趋势及其社会影响"。与会者包括国务院新闻办的网络局领导,清华大学、华中科技大学、中国人民大学、南京大学、中国传媒大学的学者,以及博客网、新华网、和讯网等业界人士,共20余人。本次会议对"新新论坛"的含义作了少许修正：由"新媒体与传播革新"修订为"新媒体与新思维"。

两届"新新论坛"的规模虽然不大，但是层次很高，在全国新媒体与网络传播业界和学界都产生了较大影响，取得了较好的社会效果。

与此同时，全国有许多学校在这方面的研究有突飞猛进的发展。形势显示，这方面的研究优势不仅仅为理工科为主的大学所独有，其他大学，尤其是有实力的综合性大学，只要下决心进行，也是可以出成果的。比如南京大学成立了以杜骏飞教授为主任的"南京大学网络传播研究中心"，并取得令人瞩目的成果；他们还于 2004、2005 和 2006 年分别在南京和香港举行了三届"中国网络传播学年会"。南京大学的这个学术年会，每届参会的人数多，规模大，并且会议地点从内地开到香港，第三届会议后，还出版了《中国网络传播研究》学术集刊，影响也比较大。

虽然两个学术平台各有特点，但是问题也是明显的，就是力量分散。因而很多学者呼吁将其联合成为一个整体，成为一个统一的学术平台。于是，由清华大学、华中科技大学、南京大学、中国人民大学等学校的相关人员组成协调小组，就两个平台间的联合进行磋商。2007 年 10 月 25 日至 27 日，两个会议合并召开，由华中科技大学承办，清华大学、中国人民大学、南京大学等 40 所高校和相关业界的 70 多人在武汉东湖集会，召开"2007 年中国网络传播学年会暨新新论坛"。这次会议的召开表明两个学术平台联合的开始。开幕式上，清华大学的熊澄宇教授提出了进一步实质性联合的希望。我受会议的委托，在会议闭幕后召集有关人士就联合形式、名称和负责人选进行了仔细协商，并建议向中国新闻史学会申请一个二级学会——"中国新媒体与网络传播史研究会"。

2008 年 11 月 15 日，近百名研究新媒体与网络传播的学者与业界专家聚集在中国人民大学，召开"2008 中国新媒体传播学年会"[①]。应大会组委会邀请，我在开幕式上发表了《继往开来，越办越好》的祝词。在回顾了自 2004 年以来，"新媒体与网络传播"研究的历史（主要是两个学术平台 5 年的发展历史）后说："我们已经走过了 5 年的历程。这 5 年是全国新媒体和网络传播研究学者辛勤劳动并取得丰硕成果的 5 年，是全国新媒体和网络研究学者不断加强团结、不断取得进步的 5 年。"并借此机会，向为此作出重大贡献的熊澄宇教授、金兼斌教授、段京肃教授、杜骏飞教授、高钢教授、彭兰教授、舒咏

---

① "2007 年中国网络传播学年会暨新新论坛"组委会决定，从 2008 年起，合并后的会议名称改为"中国新媒体传播学年会"。

平教授、陈先红教授、陈少华教授、钟瑛教授、闵大洪研究员等,以及所有为此作过努力的人表示衷心感谢!祝愿我国新媒体与网络传播研究取得越来越多的成果!

参加这次会,并在这次会上发表祝词,我是五味杂陈,既高兴,又难受。这次学术盛会的召开,实现了两个类似学术平台的实质性联合和中国新媒体研究学者的第一次大会师!作为曾在这个领域里的先行者之一,我由衷地高兴。这次会议宣布国家民政部批准的"中国新闻史学会网络传播史研究会"由南京大学的杜骏飞任首任会长。以这次会议为标志,我们华中科技大学,在这个平台上,由发起者、领导者沦落为仅仅是参与者的角色!

校内网络新闻专业发展的步伐逐渐放缓,全国性平台的丢失,我们的学科特色失去往日的光辉。造成这种结果的主要原因是,我们学院在这个领域长期以来缺乏有理想有能力的学科带头人,一直没有组建起来有实力的学科队伍,教学质量、研究成果跟着受影响。王乘副校长几次批评我们学院近几年在这方面发展慢了,传播系的余红教授、鲍立泉副教授很着急,多次向我反映,希望学院采取措施,振兴该专业。我也采取了一些措施,但由于我自己在网络传播技术方面的知识太少,而懂行的队伍一时又难以组建起来,所以收效甚微。因此,说到底,还是我这个当院长的能力太低。

值得庆幸的是,钟瑛教授另辟蹊径,在网络管理与文化建设上下功夫,经过几年努力,她于 2008 年获得 2007 年度国家社科基金重大项目"互联网管理与中国特色网络文化建设研究",并以此为契机,开始中兴我院的"新媒体网络传播"研究与教学,并且持之以恒,每年都有新成果发表,使得该研究方向重现辉煌。

仅举三例,足以说明问题。

我干了这些年学院行政一把手,虽说尽力了,但已是"江郎才尽",浑身的解数都用完了,再也无法把学院推到新的高度了,只有告退一条路。

三、我心依旧

(一)不离不弃

从行政领导岗位退下来后,有几所学校通过各种方式想请我"再出他山",有的开价还不低,我均以各种理由一一婉拒了。拿得出的理由,除了我急于卸任的三条"私心",还有一条不能说的,就是我内心深处"从一而终"的观念。华工对我不薄,能给我的荣誉和待遇都给我了①,我要对得起华工。对华工,我要以身相许,以心相许,终生相许。

我时常想,我有何德何能,华工给我如此高的待遇和荣誉!我为华工所作的贡献是很有限的,现在,我虽然从行政领导岗位上退下来了,但是,我还是华工的一名教师,只要还能工作,就为华工工作,我哪里也不去,给再多的钱也不去!

2006年8月之后,我作为一名普通的教师,主要履行教师职责,进行教学和科研工作。教学方面,除了因年纪大的原因,不给本科生授课之外,其余一切照旧,招收、培养硕士生和博士生,并给他们授课;科研方面,申请课题,发表文章,等等。

此外,我还做了以下两件可以称之为"事"的事情。

其一,履行学术委员会主任的职责。此间,我还在校学术委员会委员任期,还继续担任学院学术委员会主任。这两个职务,尤其是前者,事情不多;后者的事情稍多一点,主要是教师晋升职称、新教师引进时的业务考察等常规工作。

另还有一个"科技与传播研究中心"学术委员会主任的职务。所谓"科技与传播研究中心",是我卸任院长职务后,与新院长张昆商量成立的一个机构——与学院平行,对学院的整体工作实行分头管理。中心由院长兼任主任,再配备一个高水平副主任,分管科研和研究生教育。

为何如此设置?当时主要考虑到要弥补学科基地,即学院学科建设这一块的短板。

创建"基地"这一点,我和张昆不谋而合。早在2006年7月5日,张昆正式到任前,我与之交谈时,就提到基地建设刻不容缓:(1)与人大、北广、复旦、武大相比较,我们差在基地这一块。没有学校基地,不可能上教育部重点基地,这是规定动作,必须做,必须抓紧做。(2)现在清华筹备成立"马克思主义新闻思想研究中心",并且已经上报教育部,周济部长在哲学社会科学工作会上表态可以支持。(3)我们做基地,有较好的基础,在一年前,我们就计划成

---

① 1993—1994年,享受学校"优秀中青年骨干教师特殊津贴";1995—1996年,享受学校"学科建设突出贡献特殊津贴";1999年6月,享受中华人民共和国国务院政府特殊津贴;同年,被评为"湖北省高等教育系统优秀共产党员";2005年6月被聘为"华中科大大学特聘教授";2007年12月,被聘为华中科技大学二级教授。

立"传播科技与新媒体研究中心",作为学校 985 大基地的分基地,材料已经交给了文科办。张昆在上任时,对学校有"争取教育部重点基地"的承诺。朱玉泉书记也已向张昆表示,学校支持新闻学院成立这个基地,每年拨款 30 万,4 年,共计 120 万,我们学院也可以考虑每年投 10 万,4 年 40 万。一定要把这个基地做成,并试图以此为基础,争取"教育部重点基地"。

张昆接任后,我们俩几次商量成立基地的事,最后确定了基地名称叫"科技与传播研究中心"[①],确定了主任、副主任、秘书长人选[②],学术委员会组成人员[③],以及相关研究所[④]。基地的成立方案报学校批准备案,于 2006 年 12 月宣布成立,聘我为学术委员会主任,并颁发了聘书。

这个经学校批准备案的基地成立后,一段时间基本上没有什么动静。直到 2007 年 11 月 23 日,张昆才找我商讨了一次"加强基地建设,准备明年申报教育部基地"事宜,主要内容有:关于加强基地建设的基本思路和具体做法,决定从做项目开始基地的运转。

2008 年 1 月 19 日,学术委员会进行了 2008 年度研究项目设置与评审。全体委员出席,评出 6 个支持项目[⑤]。

1 月 20 日上午,华中科技大学"媒介技术与传播发展研究中心"召开"战略发展规划咨询会"。应邀出席咨询会的有童兵、丁淦林、胡正荣、赵玉明、张金海、郑保卫、熊澄宇、黄旦、高岗、吴廷俊。张昆以中心主任的身份作"中心发展报告",与会专家发言,基本表示赞同,也提出了一些修改建议。

其二,参加学院和学校各种学术会议。

比如,2008 年 1 月 21 日晚"华中科技大学交叉学科发展战略研讨动员会"在学校八号楼会议厅举行,我应邀在会上作了《融合:学科交叉再上新台阶》的典型发言。这次发言是经过认真准备了的。会前,1 月 17 日上午,副校长骆清铭来电话,通知我在全校学科交叉动员会上做一个典型发言,希望

---

① 基地名称后来更名为"媒介技术与传播发展研究中心"。
② 主任:张昆;副主任:屠忠俊、陈先红;秘书长:陈先红(兼)。
③ 名誉主任:杨叔子;主任:吴廷俊;委员:吴廷俊、屠忠俊、张昆、孙旭培、石长顺、舒咏平、郑保卫、童兵、丁淦林、赵玉明、熊澄宇。
④ 网络与电子出版研究所,所长陈少华;新技术与新媒体研究所,所长刘洁;新技术与影像传播研究所,所长何志武;网络广告与品牌传播研究所,所长舒咏平。
⑤ 申凡:《大众传媒与化解社会风险研究——以网络媒介为例》;舒咏平:《媒介文化产业创意融合工程研究——基于"武汉都市圈'两型社会'建设的媒介产业发展"》;余红:《网络时政论坛舆论领袖与网络舆论》;李贞芳:《我国广告业的经济学分析》;郭小平:《基于环境正义的大众传媒与生态文明建构研究》;赵星耀:《湖北省农村信息传播结构优化和大众传播格局策略研究》。

做好准备。19日,张昆来电话说,李培根在文科院长、系主任会上讲,新闻学院的学科交叉成效显著,应在全校推广一下,希望我准备充分一点,在学校的会议上讲好一点,争取"985第三期"被学校立项。当晚在大会发言的共有三人①。我们三人发言后,李培根校长讲话。他讲到"985第三期"实施的思路时说:"能否得到第三期支持,学科交叉作为重要一条。所以今天召开会议动员全校高度重视学科交叉发展问题。"他指出:"讲学科交叉不能空谈:(1)落实到项目上;(2)和队伍建设联系起来;(3)同资源配置联系起来。"他在大会上再次肯定新闻学院学科交叉的做法。

会后,根据学校的部署,3月11日下午,由新闻学院出面召集社会学系、法学院、行政管理学院、计算机学院、经济学院、梨园医院等单位的领导,召开了"学科交叉发展座谈会",会议由我主持,新闻学院的石长顺、张昆、屠忠俊、舒咏平、钟瑛、何志武、陈先红参加,文科办主任张建华、学科办主任赵忠宇出席。

又比如2008年11月22日至23日,学院在汉口盘龙城盘龙天下俱乐部召开"新闻学院特色专业建设研讨会",我应邀在会上作了《对华工特色新闻专业建设的建议》的主题发言。

(二)惯性使然

离开行政领导岗位后,我以华科新闻学院教授的身份参与全国新闻学界和新闻教育界的一些活动,主要有以下5项。

1. 主持教育部基地重点课题,主编出版《中国新闻传播史(1978—2008)》

2006年7月,经中国人民大学新闻与社会发展研究中心主任郑保卫教授提名,我被该中心聘为第二届学术委员会委员②。10月12日,我到中国人民大学出席研究中心学术委员委会二届二次会议。会议结束后,郑保卫教授和中心学术委员会主任方汉奇教授把我留下谈话。郑对我说:"听说你从院长位置上退下来了,以后没有杂事情了,到中心做课题吧,协助方汉奇老师主持一个重大课题'中国新闻传播史研究(1978—2008)'。"听郑的口气,似乎不容推辞,我当然也是求之不得。我说:"我愿意到中国人民大学新闻学院来做

---

① 另外两人是:生命学院的骆清铭教授,发言题目是"世界学科交叉发展的形势及进行相关研究的必要性";能源学院的潘垣院士,发言题目是"学科之生命在于交叉发展"。

② 中国人民大学新闻与社会发展研究中心第二届学术委员会名单,主任:方汉奇,副主任:郑保卫、童兵;委员:范敬宜、尹韵公、赵玉明、丁俊杰、丁淦林、童兵、罗以澄、吴廷俊、徐宏、方汉奇、郑保卫、高钢、涂光晋、郭庆光、喻国明。

课题,尤其是跟着方汉奇先生学习。"方先生说:"这个课题由吴老师实际负责,我只是挂名。"我说:"您指导,我执行。"郑说:"就这样吧。"事情就这样定下来了,整个过程不过5分钟时间。

不久,项目立项获得批准。方先生授权我着手组建课题组[①]。2007年11月中旬,方先生在北京召集子项目负责人会议,商量项目实施计划、研究原则,确定子项目完成人名单。当年12月9日至11日,在黄陂木兰天池召开第一次课题组成员会议,方先生不畏严寒,莅临现场,主持会议。此次会议主题是确定研究的指导思想,讨论写作提纲,统一写作体例。方先生首先指出,本课题不是写教材,也不是官家修史,而是史家修史,大家从学术研究的角度对一些敏感问题做出实事求是的分析和论述,不回避矛盾,以经得起历史的检验为前提。大家完全同意方先生的意见,并对研究的指导思想达成5点共识:(1)史料要翔实,做成"信史","原则服从历史,而不是历史服从原则";(2)史观要鲜明,注重规律的探讨;(3)对新时期30年中国新闻传播事业的发展要有个科学、合理的把握,既要看到取得的巨大成就,也要看到还存在的问题;(4)研究成果要经得起历史的检验,国际学术界的检验。

会后,课题组成员经过一年时间的紧张而艰苦的工作,取得十分显著的阶段性成果——在权威刊物上发表了2篇有影响的论文;各子课题都将自己研究的精华凝聚成篇,选出其中的13篇论文出版了《新闻学论集》专辑;2009年2月,成果初稿完成。

2009年10月10日至14日,课题组在江西省南昌市卧龙岗宾馆召开第二次全体会议,逐章讨论初稿,提出修改意见。2010年5月,《中国新闻传播史(1978—2008)》修改稿完成,2011年7月由复旦大学出版社出版,2011年8月10日,在中国人民大学举行首发式。

方先生作序,对这部书给予了很高的评价,称其"是研究当代近30年来中国新闻传播事业发展历史的一部鸿篇巨构"。他总结了这部书的三个特点:一、体例新颖。全书分绪论、总论、分论、补论四大部分,不是按照历史时期,而是按照和新闻传播事业有关的几个部门、几个体系、几个板块、几个方面分别进行研究。其间,还借鉴了中国传统历史著作的体例,既有"概述"和"年表",也有"人物"和"媒体的个案",使这段时期的整个新闻史,宏观上脉络清晰,微观上能见度高,媒体运作、人物活动跃然纸上。既见树木,也见森林。

[①] 课题组成员以中国人民大学和华中科技大学的教授为主体,他们是:吴廷俊、郑保卫、张昆、程曼丽、孙旭培、屠忠俊、王润泽、刘洁、李建新、曾宪明、彭兰、周小普。

让读者能够对这 30 年的新闻事业的历史有全面的多方位的了解。二、史料翔实。尽可能地使用最新的第一手的材料,大部分数据都力争截止到 2008 年底,凡有歧说,都进行了认真核对,做到真实可靠,力求经得起时间的检验,成为"信史"。三、注意历史规律的探讨和经验教训的概括和总结。除了史事的叙述之外,行文所至,时时有所反思,做到如梁启超在《中国历史研究方法》一书中所说的,"将过去的真事实予以新意义或新价值,以供现代人活动之资鉴①"。最后还说:"二十年前,我曾经和五十位新闻史的专家学者们一道,共同编写过一部三卷本的《中国新闻事业通史》(以下简称《通史》),其内容涉及的时间下限只到 1987 年。1987 年以后的史事,则付阙如。本书的出版,在内容上弥补了那部《通史》的不足。它既是那部《通史》的延伸,也在很多方面超过了那部《通史》。"②

2. 创立中国新闻传播教育史研究会

中国新闻传播教育史研究会是中国新闻史学会新闻传播教育史研究委员会的简称,俗称"中国新闻传播教育史学会"。是中国新闻学界唯一的一级学会中国新闻史学会的第一个二级分会,正式成立于 2008 年 10 月。学会的宗旨为:联络、团结全国新闻传播教育史专家,推动新闻传播教育史研究,促进新闻传播教育的发展。学会接受教育部和民政部的业务指导和监督管理。

这个学会是在中国新闻史学会时任会长赵玉明的倡导和大力支持下成立的。中国新闻史学会随着组织的壮大,活动的增多,"一统天下"的体制格局有时力不从心,因此,赵玉明会长产生了在总会下面设置分会的想法。他征求我的意见,我表示赞成和支持。但是我提出一点,就是实行过程中要稳妥些为好,根据需要和可能,成熟一个发展一个,不可一哄而起。他以为然,并嘱我考虑一下:首先试点成立哪几个分会为宜。

2007 年 12 月 26 日,我和赵玉明老师被邀请参加北京大学召开的恢复成立北京大学新闻学研究会的论证会。会后,我向他汇报了我的想法,认为有三个领域可以考虑首批设立分会:新闻教育史、外国新闻史、海外华文传媒史。他原则同意,并嘱我领衔申报一个。

几个老牌新闻学院领导和老师大都以为,"新闻教育史"最有发展前景,也最有可操作性。我有同感。因为我以为,大学系主任、院长不是官员,也不是一般的学者,他们除了熟识本学科的知识外,还必须懂一点教育学,掌握一

---

① 梁启超:《中国历史研究方法》,人民出版社 2008 年版,第 122 页。
② 吴廷俊主编:《中国新闻传播史(1978—2008)》,复旦大学出版社 2008 年版,序言第 1-2 页。

点教育学知识。在南京大学的一次会上,我曾经提出过一个观点,就是新闻系系主任和新闻学院院长最好学点教育学。这是我的亲身体会。如前所述,我是在我校教育学博士点申请的博导,招收培养博士研究生的第一个方向就是新闻教育学。在向教育科学研究院的教授们学习培养博士生的过程中,我初步懂得了什么是学科,如何抓学科建设,学科与专业的关系,学科与人才培养的关系,等等。

在同相关学校新闻学院领导商量之后,我草拟了一个关于成立中国新闻传播教育史研究会的征求意见稿①,于2008年2月呈交赵玉明老师审阅。他指示学会秘书处立即起草成立中国新闻传播教育史研究会的报告,并呈送民政部。② 民政部于2008年4月7日签发登记证书。当年5月8日至9日,中国新闻史学会第三届常务理事会第五次会议在广西大学召开。在此次会上,赵玉明会长向我颁发民政部签发的登记证书和学会印章。

赵玉明会长向作者颁发学会登记证书

赵玉明会长向作者授予学会印章

2008年6月26日,我和石长顺因要办几件事飞北京。27日下午,赵玉明携程曼丽、我及石长顺到中国人民大学,找到蔡雯,共同商讨召开中国新闻史学会新闻传播教育史研究会成立大会的具体事宜。

经五人商量,赵老师最后确定:(1)拟定于2008年10月,在纪念中国新闻教育90周年大会上,宣布成立中国新闻史学会新闻传播教育史研究会并

---

① 主要内容有:(一)分会会长、副会长、秘书长产生条件与办法。(二)由于研究对象特殊,本专委会一般只接受团体会员,由入会学院分管学科建设或教学的副院长(副系主任)担任理事;少数对新闻教育史研究卓有成就的教授,也可加入成为个人会员,成为理事,甚至常务理事。(三)主要工作:1.总结中国新闻传播教育的历史经验,以学校院系为单位编写《中国新闻传播教育系列丛书》;2.总结中国新闻传播教育工作者的新闻传播教育思想,遴选合适人员为专委会研究员,协同相关学院进行专题研究,出版《中国新闻传播教育界人物丛书》;3.每年编辑出版一部《中国新闻传播教育大事汇编》(先内部试刊,成熟后公开出版);4.每年召开一次"中国新闻传播教育发展史学术研讨会"。

② 《社会团体负责人备案表(编号12)》;机构代码:50000591-6;登记证号:4591。

举行揭牌仪式;(2)自即日始,筹备进入倒计时,委托华中科技大学新闻与信息传播学院成立筹备小组,吴廷俊任组长,石长顺任副组长兼秘书长,学院青年教师周婷婷、范龙为秘书组成员;(3)7月上旬向全国各新闻院、系发出"征集学会理事函",并要求8月上旬返回,9月上旬发出"大会通知";(4)华中科技大学新闻与信息传播学院必须按总会要求划拨给研究会办公用房和启动经费,布置整理办公室,设立学会账号。①

由于赵玉明和总会秘书处指导得法,全国各新闻院、系积极配合,中国新闻史学会新闻传播教育史研究会成立的筹备工作开展得很顺利,一切事项按期完成。2008年10月24日晚,在"北京大学新闻学研究会成立90周年暨中国新闻教育、新闻学研究90周年学术研讨会"前夕,在北京大学举行中国新闻史学会新闻传播教育史研究会成立大会和揭牌仪式。北京大学是中国新闻教育的发源地,北京大学新闻学研究会是中国新闻教育的初曙。在中国新闻教育创办90周年之际,举行中国新闻史学会新闻传播教育史研究会的成立大会,正适其地,正适其时!

当天,到会的新闻传播教育史研究会团体会员58家,个人会员30多人。我为首任会长,石长顺为副会长兼秘书长,人大新闻学院副院长蔡雯、复旦新闻学院副院长黄瑚、清华新闻与传播学院副院长陈昌凤、武大新闻与传播学院副院长强月新等任副会长。

赵玉明会长代表总会宣布中国新闻史学会新闻传播教育史研究会成立,并与中国新闻史学会顾问丁淦林教授一道为学会揭牌,将这块闪耀发光的铜牌授予作为会长的我。赵玉明向分会提出五点要求:(1)依法办会;(2)民主办会;(3)学术办会;(4)勤俭办会;(5)奉献办会。

作为新闻传播教育史研究会首任会长,我发表讲话,在阐明学会性质和任务后,提出两点与同人共勉:一是团结一致,把学会办成团结的学会;二是加强研究,一致把学会办成研究性、学术性强的学会,成为新闻教育工作者研究新闻教育的平台,成为新闻教育研究者的园地。

会上还通过了秘书处草拟的《中国新闻史学会新闻传播教育史研究委员会章程(草案)》,分为八章47条。②

---

① 很快,华中科技大学新闻与信息传播学院按总会要求,安排落实了学会办公用房和启动经费。
② 第一章总责:第1—5条;第二章业务范围:第6—7条;第三章会员:第8—12条;第四章组织机构和负责人产生、罢免:第13—28条;第五章资产管理、使用原则:第29—37条;第六章章程的修改程序:第38—39条;第七章终止程序及其终止后的财产处理:第40—44条;第八章附则:第45—47条。

中国新闻史学会新闻传播教育史研究会成立大会代表合影

2008年10月25日,新闻传播教育史研究会的全体理事参加"北京大学新闻学研究会成立90周年暨中国新闻教育、新闻学研究90周年学术研讨会",我以新闻传播教育史学会会长身份在会上作主题发言,其他理事在会上也有论文发表。这是新闻传播教育史研究会的第一次年会和学术研讨会。

2010年9月24日至25日,新闻传播教育史研究会第二次学术研讨会及年会在华科学术交流中心召开。会议主题是"媒介融合时代中国新闻传播教育的变革"。来自全国50多所高校的80多位代表聚集一堂,围绕大会主题进行讨论。在大会上作主题发言的有中国人民大学新闻学院副院长蔡雯、南京大学新闻与传播学院副院长段京肃、天津师范大学新闻与传播学院副院长马艺和华中科技大学新闻与信息传播学院副院长石长顺。华中科技大学新闻与信息传播学院的张昆、舒咏平、刘洁、陈先红、何志武、赵振宇、赵星耀、唐志东、胡怡、闫隽、周婷婷等参加了研讨会。

2011年10月28日至29日,新闻传播教育史研究会第三次学术研讨会及年会在天津师范大学召开。这次会议规模略微小一点,来自全国30多所高校的40多位代表参会,围绕"新闻专业主义与新闻传播教育"进行发言。

2012年10月19日至23日,新闻传播教育史研究会第四次研讨会及年会在广西大学举行。会议主题是"媒体转型与新闻传播教育改革",来自全国40多所高校的60多位代表与会。

按照会议章程,学会理事会每届任期4年。换届工作从2012年末开始启动,经过民主协商,确定了第二届常务理事会,并推举出会长、副会长人选,报中国新闻史学会批准。名誉会长吴廷俊;会长石长顺(华科);副会长蔡雯

（人大）、陈昌凤（清华）、丁俊杰（中传）、何志武（华科）、李建新（上大）、刘建明（武大），北大一人待定。据中国新闻史学会发文，中国新闻传播教育史研究会第二届理事会任期为：2012年4月8日至2016年4月8日。① 然而，一年以后，石长顺的会长一职由张昆接替。

3. 被聘为北京大学新闻学研究会副会长兼导师

北京大学新闻学研究会成立于1918年，是中国第一个系统讲授并集体研究新闻学的学术团体，时任北大校长蔡元培担任会长。北京大学新闻学研究会虽然只存在两年多的时间，但被公认为中国新闻教育和新闻学研究的开端。在这里，开设了中国第一门新闻学课程，出版了中国新闻学界的"破天荒"之作《新闻学》（徐宝璜撰），创办了中国第一份新闻学期刊《新闻周刊》。北京大学新闻学研究会不仅为中国新闻事业培养了一批优秀的新闻人才，而且为当时和后世留下了宝贵的精神财富。为了发扬北大的这一光荣传统，扛起历史留下的这面大旗，使北京大学继续成为中国新闻教育和新闻学研究的领跑者，并为新闻学研究建立一个全国性学术平台，北京大学新闻与传播学院副院长程曼丽教授提出，拟在纪念北京大学新闻学研究会成立90周年之际，恢复成立北京大学新闻学研究会。她的想法得到时任北大校长许智宏院士和中国新闻史学会名誉会长、中国人民大学教授方汉奇的支持。

2007年12月27日，我应邀出席北京大学恢复成立北京大学新闻学研究会的论证会。应邀参加论证会的主要有方汉奇、赵玉明、卓南生和我。北京大学校长许智宏主持论证会。大家不仅十分赞同恢复成立北京大学新闻学研究会，而且从不同的角度论证了恢复成立的意义。根据大家的一致建议，许智宏校长担任恢复成立后的研究会会长。许校长表示，一定向老校长蔡元培学习，当好这个会长，办好北京大学的新闻传播教育。当日刚好是方汉奇先生的81岁生日，论证会结束后，许校长设晚宴，为方先生寿！

2008年4月15日，北京大学新闻学研究会恢复成立暨导师聘任仪式在北京大学临湖轩举行。

北京大学校长许智宏宣布北京大学新闻学研究会恢复成立，并与邵华泽先生一道为研究会揭牌。许校长宣布恢复成立后的北京大学新闻学研究会会长、副会长、导师、秘书长名单。②

---

① 《中国新闻史学会二级分会换届公告》，《中国新闻史学会通讯》2013年第1期。
② 会长：许智宏；学术总顾问：方汉奇、邵华泽、范敬宜；导师：宁树藩、丁淦林、赵玉明、吴廷俊、童兵、尹韵公、刘建明、陈力丹、李少南、卓南生；副会长：程郁缀、徐泓、赵为民、程曼丽、陈刚、吴廷俊、卓南生；秘书长：程曼丽（兼）；副秘书长：孙华。

随后，许智宏以会长身份致辞。他说："90年前，正是在我们老校长的带领下，北京大学开展了新闻学研究，一批文章陆续发表在《北京大学日刊》上。当时参加新闻学研究会的会员多数是北大学生，也有不少来自各个社团的进步人士，比如毛泽东同志等。从此，北京大学在新闻教育、新闻学研究方面开始了一系列里程碑式的探索与实践。"他还说："今天我们恢复成立北京大学新闻学研究会，……是对蔡元培老校长有意义的纪念。……蔡元培老校长创会时，将'灌输新闻知识，培养新闻人才'作为研究会的宗旨；今后，我们要努力搭建一个面向全国、面向世界的平台，使新闻教育及新闻学研究迈上一个新的台阶。"

接着，学会学术总顾问方汉奇教授致辞。他对研究会的复立表示祝贺："为许校长贺，也为北京大学新闻学研究会贺！为新聘任的海内外十位导师贺，尤其是为卓南生教授贺！"方先生提出一点希望："希望恢复成立的北京大学新闻学研究会能够集聚全校、全国的力量，整合资源，加倍努力，把新闻学的研究推到一个新的高度、一个新的水平。"

最后，由许会长为学术总顾问、导师、副会长、秘书长颁发证书。

能被北京大学新闻学研究会聘为副会长兼导师,是我的荣幸。我十分珍惜这两个兼职。我知道,我能够受如此高规格聘任,忝列于海内外那些著名学者之后,这是北京大学新闻学研究会为我提供了一个学习的好机会。我不敢放过这个学习的好机会,积极参加研究会的各项活动。

北京大学新闻学研究会恢复成立后,按照既定方针,在常务副会长程曼丽教授和导师兼副会长卓南生先生的主持下,做了很多有益的工作,比如吸收海内外新闻学界、业界人士参加,召开学术年会;举办新闻史论师资特训班;面向新闻学子开设新闻茶座;创设读书会;开设学术文库;等等。我虽然很重视这一兼职,但是由于能力有限,且身在外地,只是参与了其中的部分工作。虽然如此,我对这些工作是认真的,凡是程曼丽会长和卓南生老师布置的工作和下达的任务,我是尽可能地完成好。

我参与北京大学新闻学研究会的工作,主要有三:一是参与年会;二是为新闻史论师资特训班授课;三是参与新闻史论青年论坛的活动。三项活动有时是同时进行的。

关于参与年会并为新闻史论师资特训班授课——

新闻史论师资特训班是2009年8月开办起来的,由北京大学新闻学研究会副会长兼导师卓南生先生任学术总指导,邀请海内外知名学者特别是新闻史学专家授课,点评学员的阶段性学术成果。至2013年,特训班一共办了五届,100名学员前来受训。在卓总指导的安排下,我每期都完成了授课任务:

2009年,在第一届特训班上,我为学员授课三次:8月30、31日,授课题目是"生态学视角:论新闻媒体的正常发展";9月1日,授课题目是"考问新闻史——以《解放日报》改版为例"。

2010年8月19日,在北京大学新闻学研究会年会上做主题发言,题目是"学习苏联新闻工作经验的'历史考察'";8月23日,为第二届特训班学员授课,题目是"'恐龙现象'——民营报纸在中国大陆是如何'集体退场'的"。

2011年8月19日,为第三届特训班学员授课,题目是"北洋时期新闻传播史重考"。

2012年8月19日,为第四届特训班学员授课。本届授课与第23次"北大新闻学茶座"统一。

我为第四届特训班学员授课的题目是"多元媒介群落不均衡生长——南京国民政府前十年媒体生长状态考"。

2013年8月8日,我为第五届特训班学员授课,题目是"传统与现代的双向规约:中国新闻史的发展路径"。

关于参与新闻史论青年论坛的活动——

新闻史论青年论坛开办于 2011 年 8 月,主要是以特训班同窗成员为主体进行学术交流的一个学术平台,也邀请海内外知名学者参与其活动,与青年学子进行学术对话。

论坛每年举行一次,一般在暑假中或秋季开学后举行,至 2020 年为止,共举办了九届。论坛多与北京大学新闻学研究会的年会同时进行。

按照卓老师和程老师的安排,我基本上参与了各届论坛的活动。

2011 年年会暨首届新闻史论青年论坛,8 月 18 日,在北大举行。我为论坛作总结:通过发言、讨论,与会者对"如何看待新闻史教学和研究的现状""如何做好新闻史研究"和"如何使青年学生喜欢新闻史课程"三个问题基本达成共识。尤其是关于"如何做好新闻史研究"这个问题,与会者普遍认为,丰富的史料和精准的考据是新闻史研究的关键所在,在此基础上,立足本土的历史文化脉络与社会关怀,回归历史原点,注重史实,才能较好地实现"论从史出""史论结合",并且成为克服研究中的"西方主义"膜拜倾向,完成学术"出师",寻找与其他学科进行对话的途径。

2012 年年会暨第二届新闻史论青年论坛,8 月 18 日,在北大举行。我主持年会开幕式和大会发言。大会主题发言者依次为:北京大学新闻学研究会学术总顾问方汉奇(《与青年学者谈谈新闻史研究》)、副会长兼秘书长程曼丽(《新闻史研究的史料运用问题》)、副会长兼导师卓南生(《我与中国新闻史学界的不解之缘》)和中国新闻史学会常务理事王润泽(《问题、路径与史料:谈谈新闻史的研究》)。此外,我还与卓南生、孙旭培等人分别担任分会场的评点人。

2015 年年会暨第四届新闻史论青年论坛,在厦门大学举行。我作了《史德为史家之首长——反躬自省并与青年新闻史学者谈史学修养》的演讲。

2016年年会暨第五届新闻史论青年论坛,在吉林大学举行。我作了《唯物史观的学理坚守:对方汉奇教授新闻史观的理解》的演讲。

2017年年会暨第六届新闻史论青年论坛,在吉首大学举行。我作了《大道至简——对新闻史研究的管见》的演讲。

2018年年会暨第七届新闻史论青年论坛,10月在北大举行。此次适逢北京大学新闻学研究会成立一百周年、复会十周年,本次研究会年会的主题为"新闻史论研究的问题意识",旨在对过往的研究进行回顾总结,对当下的研究给予检视反思,同时对未来的研究展开探索争鸣。北京大学新闻学研究会复会十年来提出的诸多问题,如"史观、史实、史料的关系?""何谓问题意识?""学术何为? 前沿安在?"亦将在此次研讨会中得到进一步的深入讨论。我在此次会上作了《播下几粒新闻学研究的学术种子——参与"北京大学新闻学研究会"复立10周年的感受》的演讲。

2019年年会暨第八届新闻史论青年论坛,5月在南京财经大学举行。我作了《说"短"论"长"——天津〈大公报〉五四运动的呈现》的演讲。

2020年年会暨第九届新闻史论青年论坛,11月在湖南大学举行。因为疫情,我不能前往会场,只作书面发言——《谈谈师承》。

4. 继续主理华文传媒大会秘书处

如前述,"世界华文传媒与华夏文明传播国际学术研讨会"是由中国新闻史学会、新加坡南洋理工大学和华中科技大学联合创办的一个著名的品牌学术会议。1995年10月召开的始创会议,当时的名称叫"'95世界华文报刊与中华文化传播国际学术研讨会",其特点十分突出:一是规模大;二是外宾多;三是故事多。其意义也是明显的——搭建起了海外华文传媒研究的平台,使全世界对华文报刊研究感兴趣的人有了分享研究成果的场所。海内外相关学者一周相处下来,不仅学术收获大,而且沟通了思想,建立了友谊。会上,不少人提出,希望能把这个研讨会连续办下去,使海外华文传媒的研究有组织地开展起来,尽快多出成果。但是,当时中国很穷,华工更穷,中国新闻史学会也没什么钱,拿不出钱办会。其他学校的经济情况也差不多。因而1995年会议之后,几年没有下文。

直到2001年才有了第二届会议。第二届会议由兰州大学承办,于8月21日至27日在兰州举行。此次会议很重要,除了交流研究成果之外,对于研讨会本身也有重大意义。兰州会议上,很多海内外与会者再次强烈要求把这个研讨会办成经常性的会议。方汉奇、郭振羽、程世寿三位发起人经再三磋商，达成协议：三家联合办会，设两个秘书处，一个在新加坡南洋理工大学，一个在中国华中科技大学；委任郝晓鸣和吴廷俊为秘书长；同时，还有一个不成文的约定，叫作"有钱的出钱，有力的出力，有名的出名"，即中国新闻史学会举旗，华科出力，南洋理工拿钱①。并形成以下几项决议：（1）会议正式命名：与会者经过讨论，将研讨会正式定名为"世界华文传媒与华夏文明传播国际学术研讨会"；（2）办成一个系列会议：委托中国新闻史学会、华中科技大学和新加坡南洋理工大学三家继续联合举办这个系列会议，由感兴趣、有条件的学校申报承办，并将兰州会议确定为"第二届世界华文传媒与华夏文明传播国际学术研讨会"；（3）确定办会方式：承办学校申报，秘书处组织评议后决定。并决定第三届会议在厦门举行，由厦门大学承办。因为丝绸之路是传播华夏文明的重要通道，兰州是中国陆地丝绸之路的起点，而福建泉州是中国海上丝绸之路的起点，大家认为第三届会议在泉州附近的厦门召开很合适。

兰州会议期间，与会代表从兰州出发坐大巴到敦煌，实地考察当年张骞出使西域的路线。那一路的震撼，给代表们留下了十分深刻的印象。

第二届世界华文传媒与华夏文明传播国际学术研讨会代表合影（兰州，2001年）

成立秘书处之后，筹备两年一届的会议，成为我与晓鸣教授的一项重要工作：接受申报，实地考察、确定开会地点；发布会议通知，论文受理、评审与录用；与承办方协调组织当届会议；等等。由于我们高度重视，承办方人力物力的大量投入，每届会议都很成功。

"第三届世界华文传媒与华夏文明传播国际学术研讨会"由厦门大学承办，2003年10月25日至27日在厦门召开。这次会议期间，中国新闻史学会的常务副会长赵玉明提出，为了使我们的系列会议更加具有号召力，须有一

---

① 从第一届开始，新加坡南洋理工大学每届出资1万新币，相当于5万元人民币。

个会标,并委托厦门大学传播学系广告专业的师生设计一个会标。经过厦大同学的精心设计,几次征求意见,几经修改,产生出了会标,并印刷在文件上了。会议期间,代表们考察了海上丝绸之路的起点——泉州。

第三届世界华文传媒与华夏文明传播国际学术研讨会代表合影

"第四届世界华文传媒与华夏文明传播国际学术研讨会"由香港中文大学承办,2005年9月23日至26日在香港召开。与会代表百余人[①]。

2005年,不仅对我们的研讨会有特殊的意义,对于华文报刊来讲有更大的意义。1815年8月5日,马礼逊在马六甲创办第一份中文近代报刊《察世俗每月统记传》,至今刚好是190周年。在华文报刊诞生190周年之际,召开"第四届世界华文传媒与华夏文明传播国际学术研讨会",这不仅是一次学术研讨会,而且是一次重大的纪念会!

第四届世界华文传媒与华夏文明传播国际学术研讨会与会代表合影

---

① 在厦门会议上,原来拟订第四届会议在主办单位之一——新加坡南洋理工大学所在国新加坡召开,但是香港中文大学新闻与传播学院李少南院长说,2005年是香港中文大学新闻与传播学院40周年院庆,希望第四届会议到香港召开。大家都表示理解和支持。于是,第四届会议在香港召开。

"第五届世界华文传媒与华夏文明传播国际学术研讨会"2007年7月14日至15日在台湾政治大学传播学院举行。台湾政治大学校长吴思华教授、中国新闻史学会会长赵玉明教授、台湾政治大学传播学院院长罗文辉教授分别致辞并对本次盛会的召开表示祝贺。我作为华中科技大学新闻与信息传播学院原院长,代表华中科技大学校长李培根教授向台湾政治大学校长吴思华赠送了纪念品。香港中文大学新闻与传播学院院长苏钥机教授、台湾政治大学传播学院汪琪教授、朱立教授和新加坡南洋理工大学传播与信息学院郭振羽教授先后发言,对美国东西方研究中心去年病逝的朱谦教授深表怀念,并总结了他对传播学的贡献。经专家匿名评审、录用的95篇论文在大会上发表,与会者来自两岸四地及日本、新加坡、英国等国的传播、新闻、广电、广告、公关等相关领域的教师与研究人员、硕博士生。

第五届世界华文传媒与华夏文明传播国际学术研讨会与会代表合影

"第六届世界华文传媒与华夏文明传播国际学术研讨会"2009年8月7日至8日在新加坡南洋理工大学举行。开幕式上,新加坡南洋理工大学黄金辉传播与信息学院①创院院长郭振羽教授欢迎与会学者的到来。中国新闻史学会会长、北京大学新闻与传播学院副院长程曼丽教授热情致辞,并介绍了2008年中国外宣媒体呈现出的信息源多元化、信息流多样化等新特征。随后,我和复旦大学新闻学院黄旦教授、台湾政治大学新闻系汪琪教授、《联合早报》总编辑林任君,围绕大会主题"中华文化传播:从中国走向世界",分别作了《新加坡的华人社会变迁与华文报业的发展》《权力与权利:中国大众

---

① 新加坡第四任总统黄金辉在担任总统前曾是资深记者,热爱新闻事业。因此在他去世后,南洋理工大学为了纪念他,将传播与信息学院改名为黄金辉传播与信息学院。

参加第五届会议的华中科技大学代表合影

传媒的"舆论监督"》《华文传媒、华夏文明与华夏传播研究》《中国媒体航空母舰即将启航——万事俱备,只欠东风》的主题发言。

第六届会议是该会首次跨出国门,走向世界。50多位来自两岸四地以及新加坡、日本、美国等地的专家学者出席了本次研讨会。

第六界世界华文传媒与华夏文明传播国际学术研讨会与会代表合影

中国河北大学新闻与传播学院院长白贵教授专程到新加坡申请承办第七届会议。在本届会议的闭幕式上,他发表了热情洋溢的讲话,诚挚欢迎大家到中国保定做客。会议秘书处当场决定将第七届会议确定在中国保定。随后,由本届会议承办单位新加坡南洋理工大学黄金辉传播与信息学院副院长郝晓鸣教授与中国河北大学新闻与传播学院院长白贵握手,交接!

"第七届世界华文传媒与华夏文明传播国际学术研讨会"承办单位为河北大学,2011年8月26日至28日在中国文化名城保定举行。中国新闻史学会会长程曼丽致开幕辞。

会议收到论文120余篇,80余位来自中国内地、香港地区、台湾地区以及新加坡等地的专家学者出席了本次研讨会。本次研讨会围绕"适应、融合与创新——中国和平崛起与华夏文明的媒体传播"这一主题展开。

我作为中国新闻史学会副会长主持了主题发言。6位海内外知名传媒学者、业界人士在大会开幕式上作主题发言:新加坡《联合早报》前总编林任君的发言题目为"从侨报到新加坡的'国家事业'——《联合早报》国民身份的演变";南京师范大学新闻与传播学院教授倪延年的发言题目为"论中国新闻媒体对外传播观念演变的阶段特征——以《民报》《救国时报》和《人民日报》(海外版)为例";清华大学郭镇之教授的发言题目为"记海外华人学者王赓武教授";新加坡南洋理工大学黄金辉传播与信息学院助理教授徐小鸽的发言题目为"移动族和移动新闻:呈现、个性化和授权";河北大学新闻与传播学院院长白贵教授的发言题目为"从中美领导人外交讲话看宗教因素在文化传播中的作用"。河北大学特聘教授孙旭培也作了主题发言。

闭幕式上,郭振羽致闭幕词。

第七届世界华文传媒与华夏文明传播国际学术研讨会与会代表合影

"第八届世界华文传媒与华夏文明传播国际学术研讨会"2013年7月20日在中国哈尔滨的黑龙江大学拉开帷幕。黑龙江大学副校长闫鹏飞代表学校对莅临会议的学者和嘉宾表示欢迎,中国新闻史学会会长、北京大学新闻与传播学院副院长程曼丽教授致开幕辞。来自两岸四地以及新加坡、日本等国家的60余位专家学者出席本次研讨会,共同在华文传媒历史的回顾与反思中展望中华文化的前途,研讨国际传播视野下的中华文化形象塑造。

第八届世界华文传媒与华夏文明传播国际学术研讨会与会代表合影

"第九届世界华文传媒与华夏文明传播国际学术研讨会"2015年8月20日至24日在华中科技大学举行。来自日本、新加坡、韩国和中国等国的与会者围绕着中国形象的多维理论探析、中国对外传播战略与策略、大国崛起中的中国形象、传播史与中国认同等议题展开深入研讨。华中科技大学党委副书记马建辉出席开幕式并致辞,中国新闻史学会副会长、中国人民大学新闻学院教授王润泽代表陈昌凤会长致辞,中国新闻史学会名誉会长、北京大学新闻与传播学院教授程曼丽等在会上作主题发言。

第九届世界华文传媒与华夏文明传播国际学术研讨会与会代表合影

2015年是本会创建20周年。第一届会议由华中科技大学的前身——华中理工大学承办,转了一大圈,又回到华中科技大学。20岁,为中国男子的弱冠之年、女子的桃李年华,表示成熟的意思。本会的九届学术研讨会,从中国内地开到香港、台湾,再走出国门开到新加坡,又开回到中国,回到始创地武汉,在世界华文传媒界和学术界产生了重大影响,成为一个品牌会议。这在中国新闻学术史上,是值得大书的一笔。

在开幕式上,我以大会主理秘书长的身份向与会者回顾了大会20年的历程后,深情地说:

"回首20年,我们感慨万千,最主要的是感谢:

感谢会议的三位创会人:中国新闻史学会创会会长方汉奇教授、新加坡南洋理工大学黄金辉传播与信息学院原院长郭振羽教授、华中科技大学原新闻系系主任程世寿教授!

感谢历届的承办学校和学院,他们是华中理工大学新闻系、兰州大学新闻系、厦门大学新闻传播系、香港中文大学新闻与传播学院、台湾政治大学传播学院、新加坡南洋理工大学黄金辉传播与信息学院、河北大学新闻与传播学院、黑龙江大学新闻传播学院,以及当时的主要领导人程世寿教授、段京肃教授、陈培爱教授、李少南教授、罗文辉教授、郝晓鸣教授、白贵教授、郑亚楠教授!

感谢历届热情的与会者,其中有'四连冠''五连冠''六连冠''七连冠''八连冠''九连冠'。直到今天,有六位教授,成为'九连冠'与会者,他们是郭振羽、郝晓鸣、卓南生、白润生、乔云霞、吴廷俊。尤其是白润生(年龄最长)、乔云霞(女同人)两位。"

历届承办会议院系负责人(或代表)合影(自左至右为
郑亚楠、陈培爱、张昆、吴廷俊、郭振羽、郝晓鸣、
林元辉、程曼丽、陈昌凤、乔云霞、李惠民)

"九连冠"合影（自左至右为卓南生、吴廷俊、乔云霞、郝晓鸣、郭振羽，白润生老师因事临时离开没赶上照相）

我最后说："愿我们的会越办越好！"

第九届会议之后，我因年龄大的原因再也没有参加此会了，我在本届会议上的那番讲话，算是一个告别演说。

历经20年，九届大会胜利召开，我也算是对得起方先生和中国新闻史学会历届会长对我的信任了！

我1992年6月出席中国新闻史学会在北京广播学院召开的成立大会，成为该会的第一批会员；1998年5月11日在"中国新闻史学会换届暨'98中国新闻史学术研讨会"上被选为常务理事、副会长，这个兼职一直干到2014年学会第四届任期满①；第五届起，我进入顾问行列，但陈昌凤会长、王润泽会长对我依然尊重，我对中国新闻史学会的工作也一如从前一样支持，凡是中国新闻史学会要我办的事情，我从不拒绝，并尽心尽力地完成。

长期以来，我一直在方汉奇先生的关怀下，在赵玉明、程曼丽、陈昌凤、王润泽等历任会长的支持下，在中国新闻史学会各位学者的帮助下从事中国新闻史的研究和教学工作。由于大家伙的信任，我长期担任学会常务理事、副

---

① 1998年中国新闻史学会第二届会长为方汉奇；副会长（按姓氏笔画为序）有丁淦林、马光仁、王毅人、宁树藩、尹韵公、吴廷俊、谷长岭、陈业劭、赵玉明、姚志能、秦绍德。2002年调整后的中国新闻史学会第二届会长为方汉奇；常务副会长为赵玉明；副会长（按姓氏笔画为序）有丁淦林、马光仁、王毅人、宁树藩、尹韵公、吴廷俊、谷长岭、陈业劭、陈昌凤、姚志能、秦绍德、蔡铭泽。2004年选举产生中国新闻史学会第三届班子，名誉会长方汉奇；会长赵玉明；常务副会长程曼丽；副会长（按姓氏笔画为序）有丁俊杰、尹韵公、吴廷俊、张昆、陈昌凤、陈培爱、秦绍德、黄瑚、蔡铭泽。2009年学会换届，第四届班子名誉会长为方汉奇、赵玉明；会长为程曼丽；副会长（按姓氏笔画为序）有丁俊杰、王润泽（2012年增选）、尹韵公、吴廷俊、张昆、陈昌凤、陈敏毅、秦绍德、顾勇华、黄瑚。

2009—2014 是作者任中国新闻史学会副会长的最后一个聘期

会长的兼职,但我除了参加年会外,对于学会贡献甚少。能代表学会与新加坡南洋理工大学的郝晓鸣教授一道出任"世界华文传媒与华夏文明传播国际学术研讨会"主理秘书长,负责这个会议的常规工作,算是我对学会做出的一点点贡献。

记得1995年我打电话向方先生报告会议发起情况时说,中国新闻史学会出旗、新加坡南洋理工大学出钱、华中理工大学出人联合办会。方先生听后,十分高兴地予以支持,说,史学会既无钱、又无人,"这个牌子你们认为有用就拿去用吧"。并且还说,今后办会,授权我代表史学会。当时,我在中国新闻史学会只是一个普通会员,连理事都不是,方先生如此信任我,我不能不尽心尽力地把事情做好,以不辜负方先生的信任。

我是代表华工参与会议的各项工作,会议能办得如此成功,我也算对得起华工历届领导对我的信任!对得起华工新闻系程世寿主任和全体同事对我的信任!

负责这样的大型国际会议,我能力有限,虽然尽力而为,但每次会议难免有不尽人意之处。幸亏有中国秘书处的屠忠俊、杨秀清等几位老师,他们做了大量的工作,功不可没。两年一届的会议,每次秘书处发两次通知,一次是征求与会意向通知,一次是正式与会通知。由于与会者踊跃,投稿较多,秘书处组织专家匿名审稿,根据事先确定的会议规模确定与会者。这些事情都是屠忠俊和杨秀清两位老师负责完成。

此外,我要特别说说郝晓鸣教授。对于本会,他贡献很大。本会成为品牌后,承办方实行申报制,我和晓鸣作为主理秘书长,负责与承办方落实会议各项工作。为了保证会议成功,每届会前一年,我和郝晓鸣都要到承办学校与承办院系负责人商讨有关事项。晓鸣很负责,也很辛苦,每次专程到中国来与我会合,然后进行上述的工作。他在新华社当过记者,美国学成后,到新加坡任教职,对中国情况很了解,为人很谦和,我们合作得很愉快。

5. 继续其他学术兼职

由于担任院系行政职务,所以多年来我担任的学术兼职也比较多。行政职务卸任后,还有几项学术兼职没有到期,得继续。主要有如下几项:

(1)全国自学考试专业委员会委员。

自全国自考委("全国自学考试专业委员会"的简称)一成立,我校新闻学专业就代表中南地区成为其中的成员,从汪新源到程世寿,再到我。

我担任全国自考委新闻专业类委员时,相继担任主任委员的是中国人民大学的何梓华教授和郭庆光教授。直到第四届[①]届满,我因为年龄超过70岁而结束这一兼职。

(2)教育部社会科学委员会学风建设委员。

教育部社会科学委员会学风建设委员会(简称:教育部学风委)成立于2006年5月,是教育部社会科学委员会下设的专门委员会,是全国高等学校哲学社会科学学术道德、学术规范、学术风气建设的指导机构和咨询机构。其工作任务主要有三条:贯彻落实国家和教育部学风建设的有关文件精神,拟定高等学校进一步加强学风建设,惩处学生不端行为的实施细则和文件;总结和推广学风建设的典型经验,指导和推进高等学校哲学社会科学的建设;针对高等学校的学术失范的不端事例进行调研,举行听证会等办法,供有关单位参考。

学风委聘张岂之为主任委员,胡培兆、王宁、葛剑雄、黄进、孙正聿、欧阳康为副主任委员,全国20所高校和社科院系统的27位教授被聘为委员,我在其中。

这个委员会,牌子很大,形式也很正规。成立大会上,时任教育部部长周济出席并讲话。虽然只是一个咨询机构,但是在推动全国高校哲学社会科学学术道德、学术规范、学术风气建设等方面还是发挥了不小的作用。

6. 出席学术会议

应该说,卸下行政职务后,我参加各种学术会议更加频繁。一则是邀请方认为你清闲一些,你也没有理由推辞;二则是以前我们发展学科的时候,别人热情地支持过我们,我们现在也应该回报别人。所以经常是每个月甚至每个星期都要出差开会。这些属于常规,此处从略。

---

① 第四届全国自考委新闻专业类委员会成员:郭庆光(主任)、匡文波(秘书)、李文、毕根辉、吴廷俊、曾健雄、孟建。

  2016年1月20日至28日出席在新西兰召开的"第八届公关广告国际论坛",是我最后一次参加国际会议。后来,还有意大利的会议、南非的会议,都受到邀请,也落实了经费,都因为我退休并且返聘期限已到,按照教育部规定,不能因公出国而没能成行。

第五章
回到 402

2014年3月,我办理退休手续,又被返聘两年,于2016年3月完全离开工作岗位,回到家中——华中科技大学喻园小区9栋18单元402,开始领退休金。

照理说,我可以享受悠闲的退休生活了,但是我积习难改,退而不休,照常干我自己的事情,只是没有任何压力,也没有一点功利性了。

一、不了事

(一)继续主持《中国新闻传播史》的编写工作

2010年度教育部哲学社会科学研究重大课题攻关项目——马克思主义理论研究和建设工程(简称"马工程")重点教材编写专项的立项文件下达时间是2010年10月19日,实际上项目早在2010年8月就开始了。8月30日,教育部在北京"中国职工之家"召开马工程第二批重点教材编写启动工作会议,本项目首席专家和部分成员参加了这次动员大会。

按照规定,本项目应两年完成,即2012年完成。但是由于众所周知的原因,我们的编写一直断断续续地进行着,直到2021年1月19日我们回复国家教材委最后一位委员的提问为止,我们的编写已历经十年半。又因为新冠疫情暴发,经多次审查通过的教材书稿又被搁置了半年。2021年7月,国家教材委主任、国务院副总理孙春兰签字,8月,教材由高等教育出版社正式出版发行。

1. 编写组成员的遴选

当初项目攻关申请时,我和芮必峰、哈艳秋的三个申报组胜出。评审组指定由这三个胜出小组整合为一个新的项目组,并由我、芮必峰、哈艳秋分别担任新项目组的第一、第二、第三首席专家。

我与芮、哈是老朋友,凡事好商量。我们首先商定,新编写组成员的遴选要像《大公报》的胡政之那样,不用已经成名的大佬,而用年轻人。经与各方面沟通、协商,最后确定了在中国新闻史研究方面崭露头角的9名中青年学者为组员,他们是:王润泽、邓绍根[①]、陈建云、艾红红、蒋含平、徐新平、裴晓军、张振亭、阳海洪,加上我、芮必峰、哈艳秋,共计12人,分别来自中国人民大学、北京大学、复旦大学、中国传媒大学、安徽大学、湖南师范大学、陕西师范大学、南昌大学、湖南工业大学和华中科技大学等10所大学。

12人中,除几位首席,其余都是中青年学者、各学校中国新闻史课主讲教师。他们虽然年轻,但是都受过正规的学术训练,掌握学术规范,不仅有开阔的学术视野和实事求是的治学精神,具备史家应有的史胆、史识和史才,而且对中国新闻事业史的全局有准确的把握,尤其是对马克思主义新闻思想有比较系统的了解,这就成为我们编写好这部教材的必备前提。

---

① 邓绍根入选时在北京大学,后调入暨南大学,再后又调入中国人民大学。

编写组第一次会议（合肥会议）合影（前排从左至右为安大青年教师於渊渊、安大新闻学院院长姜红、芮必峰、吴廷俊、安大校党委书记黄德宽、哈艳秋、安大副校长吴春梅；后排从左至右为阳海洪、蒋含平、陈建云、徐新平、邓绍根、裴晓军、张振亭、艾红红、王润泽）

2. 教材编写的过程

这部教材编写了11年。11年的时间，分为提纲编拟和书稿撰写两个阶段。

（1）提纲编拟。

从2010年10月开始提交提纲初稿至2015年10月编写提纲通过，历时5年，修改8稿。

2010年10月15日至17日，编写组在安徽大学召开第一次全体会议，传达启动工作会议精神，学习相关文件，重点是讨论教材的编写提纲。

我以第一首席的身份就《〈中国新闻传播史〉编写提纲（初稿）》做了主旨发言，主要内容为：

指导思想：坚持马克思主义为指导思想，扎根中国本土文化，融入世界文明潮流，在现代性与传统两股力量的双向规约视域下，描述中国新闻传播史的发展历程，阐释中国新闻传播的发展规律，总结中国新闻传播的历史经验。

教材范围：从宏观层面看，新闻传播是一种社会现象；从微观层面看，新闻传播是一种新闻的传播过程。因此，新闻传播史应该是包括作为社会现象的新闻传播史和作为传播过程的新闻传播史。

编写原则：纲领性原则，搭建中国新闻传播史的基本框架；规律性原则，以马克思主义唯物史观为基本方法，探索媒介与环境之间的互动方式及活动规律,把媒体在不同环境下所呈现出来的特点作为叙述重点;适用性原则,尽量考虑教学的需要,既要便于教师教,也要便于学生学;集思与创新结合原则,既要集众家之所长,又要有自己的创新,推陈出新,自成一体。

我发言后,编写组从编写原则、整体框架到章节安排,都进行了详细讨论。讨论围绕两个焦点进行:一是"本土化"与"现代化"作为全书的主线,这两个概念如何界定,标志是什么,它是如何在中国新闻传播史中推进的,如何在观念层面、技术层面、组织层面、业务层面促使中国新闻传播史形成其独有特性;二是如何恰如其分地评价中华人民共和国建立后至改革开放前的中国新闻传播史,特别是"文革"时期的新闻传播史。

在讨论原则的基础上,编写组成员对我根据三个申报提纲归纳整理的编写提纲进行了认定。

2010年11月26日,趁中国新闻史学会在厦门大学召开第二届常务理事会第四次会议之机,编写组邀请部分教师座谈,征求对《中国新闻传播史》编写提纲的意见和建议。

在充分吸纳意见的基础上,编写组成员通过邮件往返,各抒己见,对编写提纲进行修改,并于2011年3月10日将提纲第一稿上报马工程办。

2011年10月18日至20日,提纲审议会在北京"中国职工之家"举行,负责审议《中国新闻传播史》教材提纲的新闻学科专家是复旦大学李良荣教授、原中宣部研究室主任刘祖禹先生、北京大学程曼丽教授、清华大学李彬教授、中国传媒大学雷跃捷教授。专家组对《中国新闻传播史》的编写提纲给予了充分肯定,认为提纲立足于中国数千年文明历程,高屋建瓴;以传统与现代性的互动统领中国新闻史,视角也很新颖;整个历史分期与体例设置都比较合理,符合中国新闻史的发展实际。在肯定成绩的同时,专家组也提出了许多宝贵的意见,以供编写组参考、修订。

2011年11月1日,编写组收到"马办"转来的有五位专家签名的关于《中国新闻传播史》编写提纲的评审综合意见:

大纲以实事求是的态度来编写,以现代性和传统的双向规约为框架,都得到专家组认可。从整体上看,大纲对中国新闻传播史各时期的划分是合理的,基本思路清晰。

专家组对大纲修改的建议:

一、在革命战争年代,要设法突出中国共产党媒介的作用和党报的基本理论、基本工作路线的论述;

二、新中国成立以后30年(1949—1978)期间,在现有的框架下,突出党

的媒体对推动社会经济发展的积极作用;

三、改革开放以后的30年,要进一步清理思路,分清主次、轻重。

审议专家签名:李良荣　刘祖禹　程曼丽　李彬　雷跃捷
二〇一一年十月

同时,"马办"还发来通讯专家的评审意见和修改建议:

(1)本教材以国体来划分中国新闻传播史发展阶段,这是当前中国新闻传播史划分的普遍方法,和现有的新闻史教材相比,本教材大纲更清晰。但也无法克服以国体划分给新闻传播史带来的弊病。①新闻传播活动成为政治的附属,而失去新闻传播自身发展的规律;②推动新闻传播发展的有三大动力:体制变迁、生产力水平以及技术发展,现在的教材大纲只看到制度变迁的影响,难以展示生产力水平、技术发展对传媒的影响,这使许多现象无法展开、无法解读;③我们只能看到政治制度对新闻传播活动强大的制约作用,而基本看不到新闻传播活动对推动社会进步的积极作用。(2)个别章节的修改建议。(略)(3)建议:在每一章前撰写本章提要,要把这一个时期的背景交代清楚,把发展状况概述出来,这特别重要。因为现在的大纲显示出分门别类来写新闻传播史,各种传播看上去毫无关联,有碎片化之嫌,必须在提要中把它们连贯起来,包括政治、经济、社会与媒体发展的关联,世界传媒发展与中国的关联,不同性质、不同政治派别媒体之间的关联。

"马办"联络员还来电话说,20天内上报修改后的提纲。

由于时间很紧,我与芮、哈商量,先由我们三位首席讨论后拿出一个修改稿,然后请全组老师进行修改。

2012年11月30日,编写组第二次上报提纲修改稿。同时也对通讯评审的修改意见作了回复:

1.我们同意三条原则性的意见,并予以充分考虑。

(1)对"新闻传播自身发展的规律"的总结和表现,一直是我们考虑的重点。我们在绪论中就非常明确地指明"中国新闻传播的发展路径(规律)"就是"在现代性与传统的双向规约下"的发展演变。这方面的内容主要体现在绪论和每一章小结上。

(2)我们同意"体制变迁、生产力水平以及技术发展是推动新闻传播发展的三大动力"。这方面的内容会在具体章节中根据具体情况进行具体分析。

(3)"新闻传播活动对推动社会进步的积极作用"这个问题提醒得很重要,我们将在行文中加以注意。

2. 个别章节的修改建议,我们都一一采纳,尤其是认同"文革"时期新闻界不仅仅只写"蜕变的典型报道,要把人的集体记忆的大批判与语录新闻都写出来"。

3. 最后的一条总体建议:"在每一章前撰写本章提要,要把这一个时期的背景交代清楚,把发展状况概述出来。"我们和专家一样,认为这特别重要,已经加在提纲中了。

《中国新闻传播史》课题组 2012.11.30

不知何故,编写提纲修改稿第二次上报之后,大约有一年半时间,没有得到反馈意见,编写工作没有任何进展。直到 2014 年 6 月 4 日,教育部在"中国职工之家"召开"马克思主义理论研究和建设工程重点教材审议委员会第六次审议会"。参加"《中国新闻传播史》提纲审议会"的专委会委员有顾海良、韦建桦、胡培兆、韩震、逄锦聚、胡树祥、胡德坤、娄成武、杨河、杨圣敏、王浦劬、黄进、谢维和、郑杭生、韩大元、杨春贵、陈岩、张力等来自不同学科的 18 位专家。

专委会 18 位专家的发言,基本上颠覆了 2012 年新闻学专家组会评和通讯评审的意见,对我们提交的编写提纲修改稿也基本上予以了否定。有人尖锐指出,提纲没有体现马工程教材的本质特征。

召集人顾海良在总结各位专家的意见后说:"编写者要站在马工程的角度和高度","突出中国共产党在中国新闻传播业发展的先进性的作用。特别是新中国成立以后,从根本上为新闻传播事业奠定了基础。有曲折和挫折,但是总体上是进步的。……把这个自信写出来。"他提出,整个提纲"推倒重来":"希望你们再讨论一遍,再重新提交一个。"

马工程办限定 7 月 5 日上交修改提纲。

当时,我在美国探亲,是哈艳秋教授带领阳海洪、裴晓军代表编写组出席审议会。据说,审议会开始时,主持人就对哈艳秋说,只听不辩。有的专家说:"这不是个人著作,你们想怎么写就怎么写;这是马工程教材,我们让你们怎么写就怎么写。"哈艳秋在听完后发言说:"今天当面听了各位专家的意见,之前也看了大家给我们提供的意见,我觉得确实尴尬,有点坐不住了。"

会后,哈老师发微信给我,简单说了一下审议会上的情况。看到专委会专家的意见后,我不可理解,很是苦闷,因而一度萌生退意。但是,又想到编写组青年学者们今后的路还很长,不能让他们在学术生涯中留下一点遗憾,因而,只能硬着头皮往前走。

鉴于我在美国探亲,在那里还得待一段时间,而时值学期末,编写组老师们都很忙，很难抽出时间集中开会修改，于是我与哈、芮商议决定，大家先消化专委会专家评审意见，而后通过邮件方式提出修改建议，由编写组秘书收集后传我，由我成稿后上传。我在给编写组成员的微信中说：我们必须记住专委会专家的一句话："这不是个人著作，你们想怎么写就怎么写，这是马工程教材，必须按照上面意见写。"

在汇总修改提纲时，我放弃"媒介生态视角"而改为"革命视角"，完全采取"你要我怎么写我就怎么写"的态度，力求"早搞完早了事"。

在这种心态支配下，我重新拟定编写提纲第三稿，严格按要求于7月5日上报新提纲，并附信《中国新闻传播史编写提纲的修改说明》，表示完全接受评审专家意见，同意"一部中国新闻史，就是党如何创办新闻媒体，如何充分发挥新闻媒体的作用，为争取革命和建设的胜利鼓与呼的历史"的说法，强调说："在此次提纲修改中，课题组逐字逐句阅读了提纲审议会上各位专家所提出来的意见，……力图编成一本体现时代特色和国际视野的、具有鲜明马工程特色的新闻史教材。"

11月初，课题组收到第二轮学科组五位专家对7月重拟的编写提纲第三稿的评审意见。学科组专家的意见与专委会专家的意见分歧较大，有的人毫不客气地表示，对重拟的提纲"基本不满意"，指出"该提纲停留在80年代初即改革开放初期中国新闻传播史的研究水平上，没有吸收35年来学术界对中国新闻传播史的积极成果，对中国新闻传播史的认知肤浅，很多观点陈旧，有些方面违背了史学研究的基本原则"。有的人说，"实事求是是马克思主义活的灵魂，是马工程必须贯穿的基本原则"，对中国共产党的报纸也"不要重新神化"；"对审议专家的意见，课题组应该认真听取研究，但专家的审议意见仅供参考（当然包括我的意见在内），不要把它们当作'圣旨'。"有的人针对《中国新闻传播史编写提纲的修改说明》中所说的"课题组逐字逐句阅读了提纲审议会上各位专家所提出来的意见"说："态度认真是好的，但有必要这么战战兢兢地'逐字逐句'领悟吗？"有的人针对"本书的基本观点认为，一部中国新闻史，就是党如何创办新闻媒体，如何充分发挥新闻媒体的作用，为争取革命和建设的鼓与呼的历史"说："难道中国新闻史从中共办报开始的？"还有的人尖锐地说："课题组集中了我国当前中国新闻史研究的领军人物和精英。对评审专家的意见要听，但必须要有自己的定力，坚定自己的主见，坚守学者的学术立场和风骨，坚持实事求是，尤其对史实的敬畏，不能左右摇摆。"

说老实话，看了学科组专家意见后，我心中五味杂陈：我为我缺乏学术定力感到羞愧,但是我不能不按照专委会专家的意见办。因为专委会的级别在学科组之上,不按照他们的意见办,提纲通不过。经过慎重考虑,我打算"折中"。

本着"折中"原则,我和编写组老师再次修改编写提纲,并于2014年12月11日上报了第四稿,并附上其《修改说明》,申述了修改的"四项原则":

1. 兼顾原则。兼顾两级专家的意见,用现代化视角审视中国新闻事业的发展历程。

2. 专业原则。在保证政治正确的前提下,坚持教材的专业性。

3. 求实原则。针对学科专家提出的"不要重新神化"的批评,尊重历史,实事求是地编撰教材。

4. 精干原则。鉴于教材的有限篇幅,删去一些与中国新闻事业发展历史关系不大的枝枝蔓蔓,突出重点。

2015年3月7日,编写组收到"马办"转来的学科专家通讯审议意见。专家们对提纲第四稿持基本肯定的态度,指出:"2014年12月版的《中国新闻传播史》编写提纲在听取第二轮专家意见基础上作了调整、修订。编写者在革命斗争逻辑与新闻传播自身发展逻辑之间煞费苦心、艰难平衡,能做到目前这样已属不易。这份提纲比上一份有很大提升,总体可行。"但又提出了一些修改建议。

2015年3月30日,课题组上报提纲第五稿,并对一些修改细节作了说明。

2015年4月19日,教育部马克思主义理论研究和建设工程重点教材专业委员会在"中国职工之家"召开了第十一次审议会。顾海良、韦建桦、雷跃捷、胡德坤、李龙、胡树祥、逢锦聚、刘贵芹、童庆炳、胡培兆、杨河、王浦劬、娄成武、张力等14位专家参加了《中国新闻传播史》编写提纲的审议。专委会认为修改稿有很大的进步,"内容非常丰富,结构也很合理,整个脉络显得很清晰"。但是又提出一些修改建议。顾海良总结时,提出了两点:一是要贯彻马克思主义新闻观,二是不要以现代化作为中国新闻传播发展的主线。他的理由是:现代化分为社会主义和资本主义,把握不好就成了资本主义现代化。

哈艳秋、阳海洪等代表编写组出席听取意见。他们听后,一方面对专委会各位专家表示感谢,一方面表示:"我们有信心把这个大纲修改好"。

审议会后,编写组根据评审意见,对提纲进行了修改,2015年5月20日上报第六稿。其《修改说明》主要谈了两点:其一,专委会专家质疑最多的就是按照现代化视角对中国新闻史进行分期,所以在这次修改稿中,我们从媒介生态视野,按照"革命——建设——改革"路径划分中国新闻史的发展阶段,重新拟定了各章的标题。其二,按照专委会专家"薄古厚今"的要求,将前稿第一章《古代新闻传播活动》和第二章《近代报刊的出现》合并成一章《中国近代新闻传播业的缘起》，梳理中国近代新闻传播业与中国古代传播活动及在华外报的关系，这样能腾出更多空间展现中国新闻传播业近现代的发展历程。此外，确定了修史的下限为2009年[①]，即中华人民共和国成立60周年。理由是：虽然历史在无穷演进，但是每个历史课题都应该划定时间范围，不可随意更改，以确保研究的科学性。此项目是在2010年申报成功的，所展现的中国新闻传播历史就只是截止到2009年。

不久，"马办"转来21位通讯评委对提纲第六稿的评审意见，要求编写组对专委会专家的意见，尤其是涉及重大历史分期、重大提法、重要表述，进行认真研究，确保准确。根据"马办"要求，2015年6月，编写组提交提纲第七稿。

2015年10月10日，编写组收到"马办"转来的《学科专家通讯审议意见》。这一次，17位专家大都认为，6月版的编写提纲与上一次的相比有显著的提升，"结构合理，思路清晰，重大事件、重要人物无一遗漏"，看后，令人耳目一新。普遍认为："此教材可以进入撰写阶段了。"但还是提出了一些具体的修改意见。

2015年10月，编写组经过修改，上报编写提纲第八稿。11月收到提纲通过的通知。

(2) 书稿撰写。

提纲通过后，进入写作阶段。鉴于临近期末，大家工作都忙，集中开会有诸多不便，我便采取"自领"和"调配"结合的方式，进行书稿撰写任务的分配。2015年12月12日，我将编写任务通过微信下达。并在《几点说明》中，对2010年10月15日第一次会议提出的"四项原则"进行重申和微调[②]，并要求各位作者务必在2017年2月20日以前提交初稿。

[①] 这是回复专委会有专家建议将新闻史写到2012年。

[②] 纲领性原则。本教材主要以提纲挈领的方式，着力搭建起中国新闻传播史的基本架构，使学生对中国新闻传播特别是对马克思主义新闻传播的发展脉络有一个清晰的了解；不能使学生只是记住新闻历史上的几个报刊，而不知道整个新闻史，只见树木，不见森林。至于其中许多具体问题的深究，有待以后他们继续深造时再进行。

规律性原则。本教材改变既往教材侧重媒体罗列的叙述方法，而将新闻媒体与环境之间的互动方式、媒体在不同环境下所呈现出来的特点作为重点，帮助学生理解中国新闻传播发展的规律，并思考其中的经验和教训，以利于他们今后从事新闻传播工作时有所借鉴。

适用性原则。教材与专著不同，要尽量考虑教学的需要，既要便于教师教，又要便于学生学。每章有内容提要、思考题等，务必请大家精心设计与撰写。

真实性原则。本教材严格按照历史唯物主义的方法，把历史事件和历史人物放到历史环境中去考察，是是非非，凡是对中国新闻传播事业的发展做出过贡献的人和事，都应该有相应的历史地位，使学生了解到一部真实的中国新闻传播史。

这里有必要追述一个故事。因为这个故事关系到我和我们编写组的治学态度,乃至学者人格。

2015年2月,马工程办发文,通知马工程教材由课题组负责制改为主编负责制,教材的署名方式,由以往的课题组署名改为主编署名,并规定第一首席为主编,第二、第三首席为副主编。然而,如果按照专委会专家所说,马工程教材只能"我叫你们怎么写就怎么写"的话,那么主编就只是一个傀儡。我不能当这样的主编。所以,2015年11月,在提纲通过之后,我便向马工程办提出不当主编的请求,并表示我负责的部分还是照写不误。

2016年10月,教育部高教司领导打电话给华中科技大学教务处,希望学校出面给我做工作,把教材编写的事做完。几天后,马工程办的领导又直接打电话给我,态度似乎有所变化,意在转圜,说,既然实行主编负责制,就会给主编相应的权限,并催促我尽快组织课题组编写教材初稿送审。既然马工程办的态度有所变化,我似乎没有再硬性推脱的理由,况且我是一名共产党员,起码的组织原则还是要遵守的。11月9日,我发微信给编写组全体成员,请他们按计划提交初稿。

编写组老师们并不知道以上所说的故事,他们都很努力地做编写工作,历经一年多时间,均按期完成任务,并将初稿传给了我。我用一个月时间统稿后,于2017年3月20日上报马工程办。

5月11日,课题组收到《学科专家审议意见》。7位专家意见很不一致,虽然大多数充分肯定,但是个别专家予以否定。这位专家审读很仔细,写了一万多字的评审意见。"意见"分为两部分,第一部分按照书稿章节顺序,针对具体问题逐次提出意见和建议,第二部分是对书稿的总体看法与评价。应该说,第一部分的确提出了一些较好的意见和建议,但是第二部分在对书稿作总体评价时,不仅下否定断语,而且对书稿和编写者扣上了一些吓死人的帽子。比如说,受当下文化思想领域包括新闻学科的大环境的影响,书稿时见"新自由主义""历史虚无主义"等思想烙印。又比如说,编写者的新闻观偏于西方自由主义思想,实际上也是当下新闻学界的流行思维与思想,如新闻专业主义、公民新闻、真实性认识(机械唯物论而非辩证唯物论),等等。

课题组接到这份评审意见后,不知该从何着手修改,编写工作便搁置起来。

4个月后,事态出现转机。9月26日,马工程办在北京辽宁饭店召开了《中国新闻传播史》学科专家审议会,评审专家雷跃捷、李良荣、程曼丽、黄瑚、杨河五位专家和教材局副局长陈矛出席,我和课题组成员芮必峰、哈艳秋、王润泽、艾红红和阳海洪到会听取评审意见。会上,学科组评审专家在高度评价书稿水平和充分肯定课题组成绩的同时,对书稿也提出了许多修改意见。接着,到会课题组成员均发表了意见,首席芮必峰发言最具代表性,他简明扼要而又不失尖锐地向国家教材局的领导吐露了编写组7年来的心路历程和酸甜苦辣。最后,陈矛副局长就教材修改发表了重要讲话。她表示虚心接受意见,说以往的工作确实存在一些问题,给教材编写工作造成一些困难,今后应努力改进;她鼓励课题组要满怀信心向前看;她还说,"编写教材,你们是新闻史方面的专家,应正确对待评审专家的评审意见,合理的就吸取";她希望大家继续努力,把这本教材修改好;她还强调全书实行主编负责制,每个章节责任到人;她要求集中(一个月)修改,由教材局负责经费和向编写组老师所在学校请假,总体经费还可以考虑增加;教材局和高教司要关心课题组老师们的工作和生活,为他们服好务。

这次会议在我们教材编写史上具有重要意义,尤其是陈矛副局长的讲话,使大家受到鼓舞,看到曙光,心情也变得好多了。

对于教材局提出的"集中修改""一个月完成"的要求,我和芮、哈二位考虑到,课题组成员绝大多数都是第一线的骨干教师,教学任务繁重,最好采取分散和集中相结合的方式进行:先分散后集中,减少集中的时间。

从10月5日到11月11日,编写组老师完成了三项工作:编写者自改、三位首席分别对各位的编写稿进行仔细核对核查、高教出版社编辑形式审核。

11月13日至21日,《中国新闻传播史》全体编写成员在北京安徽饭店集中修改:通读全部书稿;对照学科评审专家提出的修改意见,逐章集中讨论修改;同时,对书稿的文风和语句也进行了修改润色。

这次集中修改,每天的任务都有明确的安排。本着当日事当日毕的原则,白天没做完,晚上加班。高教社文科分社武黎社长等人的服务工作也做得很到位,大家度过了紧张而愉快的一周。

2017年11月13日至21日,《中国新闻传播史》全体编写成员在北京安徽饭店集中修改。

2018年1月30日，修订书稿（第二稿）报审。

4月5日，课题组收到高教社编辑关于《中国新闻传播史》学科专家审议后的修改稿的《审读报告》。

根据《审读报告》，课题组对书稿进行了修改，5月5日，将修改好的书稿（第三稿）送教材委评审，在《修改说明》中回应了审读编辑在《审读报告》中提出的问题——

1.《审读报告》说："各章均有未被接受的修改意见，其中包括具体名词使用等较为具体的修改意见，但也有部分被专家指出有历史错误和政治错误的问题未得到更正（如附件序号135、147等处专家审读意见），还有一些专家建议补充内容未增补相关内容（如附件序号198、202等处建议增补2010年后，特别是党的十八大以来有关新闻传播的新思想新动向）。"对此的说明——

（1）的确，"各章均有未被接受的修改意见"。但是，按附件的统计，6位专家提出了210余条修改意见，课题组修改时采纳150余条，占71.43％，这就是说，课题组对待专家组的意见是认真的，接受是虚心的；仅60余条未被采纳，占28.57％，并且未被采纳的是有不采纳理由的。

（2）关于"指出有历史错误和政治错误的问题未得到更正（如附件序号135、147等处专家审读意见）"。之所以这两条未被采纳，因为这两条意见本身就有"历史错误和政治错误"。比如他说："'文革'时期的极左新闻固然存在一系列问题，但新闻业与新闻学从来没有否认唯物史观的认识论、方法论，包括马克思主义对新闻的基本认识。"还说："'文革'时期，我国新闻事业的'整体变质'，这种全称判断与结论也是不符合历史事实与'历史决议'的。"这显然既不符合"文革"历史事实，也不符合《关于建国以来党的若干历史问题的决议》的精神。更为离谱的是，他还说，"至于新闻媒体沦为林彪、'四人帮''篡党夺权'的工具等说法，众所周知是一种政治修辞，对新闻媒体新闻人来说其实并不是实事求是的概括。因为即使'文革'混乱时期，广大新闻工作者听从党的指令也是无可厚非的，哪怕是来自林彪、'四人帮'的指令，也是从毛泽东到习近平念兹在兹的'党性原则'"。这不仅严重违背马克思主义，污化马克思主义新闻工作的"党性原则"，而且是明目张胆地为"文革"翻案，为"四人帮"翻案。

（3）至于未"增补相关内容，特别是党的十八大以来有关新闻传播的新思想新动向"，原因很简单，就是该项目只写到2009年年底为止，通过的编写提纲也是如此。

2.《审读报告》说,绪论"仅仅强调政治推进新闻媒体发展过于简单化,并不妥当"。一般地说,新闻业的发展是社会政治、经济、文化综合发展所推动的,并且主要是经济——商品经济推动的;特殊地说,中国新闻业主要是由政治需要推动的。当然,经济、文化等方面也起了推动作用,但是主要是政治的需要。这是中国的经济结构和政治形式所决定的。中国经济结构,在整体上是"小农业和手工业的统一",虽然进入近代后,经济成分有了一些改变,如清朝末年的"洋务运动"推动近代民族工业的兴起,但是整体结构大体没有变化;同时,国家的政治结构、时代的政治局势和执政者的指导思想,致使中国的新闻业主要由政治需要推动其产生与发展。由于主要是政治需要的推动,才出现一条主线①,三大传统②,这是中国新闻传播史不同于外国尤其是西方国家新闻传播史的特点。绪论对这个问题的论述应该说还是比较清楚的。

2018年8月,马工程办先后返回了教材委专委会通讯评审意见和思政专委会审查意见。专委会专家对我们的书稿给予了较高的评价。思政专委会专家在充分肯定的基础上,提出一些修改建议。9月7日,我在给课题组成员的微信中说:

我仔细读了17位(15加2)专家的评审意见,肯定的程度超过了我的预想。

将17份总体评审意见分类,有16份给了优或良的评价,有的甚至说是"高水平马工程重点教材";做到了"政治性、学术性与科学性的完美结合";是"一部高质量的教材";等等。只有1份给了差的评价。我看后,很受鼓舞,我们项目组教授们的辛苦没有白费。至于个别人的差评,不必太在意!给予好评的16份评审中的修改建议,有的也是很值得考虑的。我相信,再通过这轮评审和修改,我们的书稿会更好!

9月26日上午,在北京"中国职工之家"召开了马工程专家委员会审查会,专委会专家再次对修改稿当面进行评审,并提出进一步修改意见。

为落实教材委专委会和思政专委会的修改意见,为提高修改质量,编写组于2019年1月7日至11日在华中科技大学国际学术交流中心集中,对教材进行了认真修改。会后,我对集修稿进行再次审定,上报。这是第四稿。

2019年6月21日上午,我和哈艳秋、徐新平、邓绍根、艾红红和阳海洪6

---

① 中国报刊(新闻事业)的演进始终贯穿着一条从政治报刊到政党报刊的发展主线。
② 中国新闻事业史上三大传统:报刊论政、政治家办报、"喉舌"功能。

人代表编写组参加了国家教材局在北京"中国职工之家"召开的"《中国新闻传播史》复核反馈会",当面聆听了复核专家顾海良、胡树祥、于沛和李彬教授的复核意见。复核专家对修改送审书稿予以充分肯定和较高评价,称其居同类教材的领先地位,但是也指出了还有进一步提升空间,并提出了许多中肯的修改意见。会后,编写组成员消化吸收了复核专家的意见,进行修改,并对译名、课后的即测即评练习题进行审订、补充和完善,于7月15日将修改后的第五稿上报。

2019年9月,高教社编辑将专委会通过的第五稿编辑加工后,制作成大字本送国家教材委做最终审阅。

从2019年11月至2021年1月的一年多时间,共有林尚立、韩震、贾高建、连维良、杨河、钟秉枢、陈改户、李烈、梁言顺、林岗、马树超、汤涛、田心铭、王荣华、甄占民、张旭、董奇、孟庆海、韦志榕、甘霖、李树深、邓秀新、马志明、沈岩、仲呈祥、葛兆光、马敏、房喻、黄卫、吴德钢、郑泽光、张文显32位专家对书稿进行认真审阅,并提出了近百条意见和修改建议。我和课题组成员对这些意见和修改建议都一一予以了回复:能接受的立即进行修改,不能接受的便进行说明,直到他们没有追问为止。这32位专家均为国家各部门各单位的领导,工作很忙,所以这一工作拖的时间较长。

这本教材不仅仅浸透了我们编写组成员的辛勤汗水,而且与各级领导和专家的精心指导分不开。据不完全统计,先后参与教材(提纲和书稿)审读、审议、审核并签署反馈意见的领导和专家有近100人之多,他们在评审中提出了许多宝贵意见和修改建议:第一轮学科专家组6位专家,提出具体修改意见210余条;第一次专委会17位专家通讯评议,提出各种意见600多条,汇集篇幅2.6万字。这些意见和建议,对编写组修改书稿、提高质量发挥了重要作用,即使有些意见和建议,我们没有接受,但是也引起我们的思考。

3. 主要收益

一本不到40万字的教材,12人编写11年,不是亲身经历者,是不能理解的,就连亲力亲为者,回首往事,也无不为其中的艰难曲折而唏嘘。

11年的编写过程中充满了论争,包括编写组与评审组之间、各级评审之间,以及同级评审组内专家之间的论争。

各种不同意见,尤其是一些对立的意见使我陷入深深的思考。在教材编撰过程中,或萌生退意,或唯命是从,实际上是马克思主义没有学习好、武器没有掌握好,因而底气不足。我深深感觉到,要把这个编教材的活做完,做好,编出一本经得起历史检验的中国新闻史教材,必须增加自己的底气。底气从何而来?从我几十年的经历中认识到,唯一途径就是学习马克思主义,提高马克思主义的理论水平及运用马克思主义的能力。

当下在中国,"马克思主义"一词最为流行,用其自我标榜,似乎也最时髦。但是,真信马的人不多,真知马的人更少,真行马的人少之又少。正如毛泽东1975年所言,我党懂马列的不多。因而,他提出:认真看书学习,弄通马克思主义。但是,包括哲学、政治经济学和科学社会主义理论在内的马克思主义,是一个完整的科学体系,我们不可能将马克思主义三大组成部分的书全部进行研读,因而主要是学习和领会马克思主义的精神实质。

对于何谓马克思主义精神实质这个问题,中国共产党历代领导人都有直接的精辟回答——

毛泽东说:"马克思主义的道理千条万绪,归根结底,就是一句话:'造反有理'。几千年来就是说,压迫有理,剥削有理,造反无理。自从马克思主义出来,就把这个旧案翻过来了。这是一个大功劳。这个道理是无产阶级从斗争中得来的,而马克思作了结论。根据这个道理,于是就反抗,就斗争,就干社会主义。"[①]

邓小平说:"实事求是是马克思主义的精髓。要提倡这个,不要提倡本本。我们改革开放的成功,不是靠本本,而是靠实践,靠实事求是。"还说:"马克思主义是科学。它运用历史唯物主义揭示了人类社会发展的规律。"[②]

习近平指出:"马克思主义是人民的理论,第一次创立了人民实现自身解放的思想体系。"[③]

我以为,这几条语录所表述的内容基本上概括了马克思主义的精神实质。这些精神实质是中国共产党领导中国人民创造伟业的法宝,中国共产党就是凭借它认识世界、改造世界的。

通过学习和领会马克思主义的精神实质,我和编写组老师进一步增强了底气和勇气!

有了这种底气和勇气,无论对待哪一级评审组专家提出的意见和建议,无论是来自哪里的"指示",我和编写组老师基本能坚持这样的态度:认真对待,仔细分析,接受其中合理的意见和建议,对不合理的意见和建议进行耐心解释。

略举几个典型例子:

[①] 《在延安各界庆祝斯大林六十寿辰大会上的讲话》,《新中华报》1939年12月30日,第四版。
[②] 《在武昌、深圳、珠海、上海等地的谈话要点》,《邓小平文选》第三卷,第382页。
[③] 习近平:《在纪念马克思诞辰200周年大会上的讲话》,2018年5月4日。

例一，要不要提"国民政府时期的新闻事业"？在有些人看来，中华民国尤其是南京国民政府是一个由国民党反动派掌权的政府，不能在正统的中国历史著作中出现，更不可与中国共产党领导的中华人民共和国政府相提并论。"北洋政府时期、南京政府时期这个划分在中国的历史的划分"，与"共产党的历史（划分）不一致"。"在我们比较正统"的历史著作中不应该出现"北洋政府时期、南京政府时期"这样的提法，并说："所以你们出来一个南京政府，这是历史的政治导向问题。"①

这种意见是根本站不住脚的。"中华民国"这个国号是 1904 年由孙中山先生最早提出的，他特别指出"中华民国"和"中华帝国"不同，帝国是以皇帝一人为主，民国是以四万万人为主。中华帝国，所谓"普天之下，莫非王土"是也；而"中华民国"的领土则是"普天之下，莫非民土"，"中华民国"的人民则是"率土之滨，莫非国民"了。1907 年，章太炎在《民报》第十七号上发表《中华民国解》一文，引经据典，广征博引，从历史文献中找到很多直接和间接材料，着重解决了"中华"二字的文化渊源，指出只有"中华民国"这个称号才是最好最恰当的国号。毛泽东不仅一直把自己视作孙中山革命事业的继承者，而且对"中华民国"这个名称赞赏有加。1949 年 6 月 15 日至 19 日，政治协商会议讨论国体、政体和国家名称，前两者很快达成一致，关于国家名称发生争论，即将成为国家主席的毛泽东极力赞成沿用中华民国的国号。后来大会通过了"中华人民共和国"的国号，16 年以后毛泽东还在后悔。1965 年，毛泽东接见法国《人道报》记者马嘉丽时，马嘉丽问到毛泽东可有后悔之事。毛泽东答道，1949 年不应该把"中华民国"改名为"中华人民共和国"。②

所以，我们编写组一直坚持以国体变更作为中国新闻事业史的时限划分依据，并将 1912 年以前划为晚清时期（第二章），1912 年至 1928 年划为民初及北洋政府时期（第三章），1928 年至 1937 年划为南京国民政府时期（第四章）。

例二，如何评价 1957—1966 这个阶段的新闻事业。对待这个时期，我们拟定的标题是"探索社会主义道路时期的新闻传播"。专委会评审时不以为然，有委员建议改用"开始全面建设社会主义时期"。对于这种意见，我们未接受。理由是：(1)1957 年开始的不是全面建设社会主义，而是探索符合中国实际的社会道路。(2)"探索"一词是有特定含义的。即 1956 年苏共二十

---

① 2014 年 6 月 4 日马工程专委会评审组评审《中国新闻传播史》编写大纲时的发言。
② 李敖：《李敖有话说 3》，中国友谊出版公司 2010 年版，第 152 页。

大后,基于我们一直照搬和借鉴的苏联体制的弊端已严重暴露,毛泽东果断提出"走自己的路",强调独立自主地探索建设社会主义的道路。1956年4月4日,毛泽东在主持召开中央书记处讨论《关于无产阶级专政的历史经验》(同年4月5日在《人民日报》上发表)的会议行将结束的时候,讲了一段有关探索适合中国国情的社会主义建设道路的话。他指出:"在开始我们模仿苏联,因为我们毫无搞社会主义的经验,只好如此,但这也束缚了自己的积极性和创造性。现在我们有了自己的初步实践,又有了苏联的经验和教训,应当更加强调从中国的国情出发,强调开动脑筋,强调创造性,在结合上下功夫,努力探索出在中国这块大地上建设社会主义的具体道路。"①《毛泽东年谱》上也有如是记载。因而,我们坚持将第八章命名为"探索社会主义道路时期的新闻传播"。既然是"探索",就会有正确的,而取得了成绩;也会有错误的,而出现了问题。这也就不难理解"反右""大跃进"运动中新闻宣传出现的严重失误。

例三,如何对待"'文化大革命'时期的新闻事业"?是否单列?如何评价?专委会几次评审时,或主张将这一段淡化处理,或主张将它与前一段(1957—1966)合并,称为"探索时期的新闻事业",或主张干脆删除。但是,我们一直坚持单列,并对其进行否定评价。因此,如前述所说,一度被有些人上纲为"政治错误"。实践证明,我们的坚持是正确的,既符合历史的真实性,也符合党中央的决议精神。

仅举三例,足以说明。

2019年6月21日的复核反馈会上,当听到专家组负责人顾海良称《中国新闻传播史》居同类教材的领先地位时,我们的心情是激动的。因为这一评价来之不易,它是我们坚持马克思主义,遵循马克思主义唯物史观的结果!

"知马""信马""行马",是我在主持该课题、主编这部教材过程中最主要的受益。"知"是"信"的基础和根据,"信"是"行"的条件和立场,"行"是"知"和"信"的落脚和结果,三者具有高度一体性和不可分割性。每当我面对两难而苦恼的时候,我会跑到喻家山上或喻家湖畔放声高唱《国际歌》:"满腔的热血已经沸腾,要为真理而斗争!"

2012年8月29日,当我拿到刚刚出版的教材时,随即在扉页上写下了这样几句话:

---

① 吴冷西:《十年论战(上)》,中央文献出版社1999年版,第23-24页。

12人,11年,37万字,其间的艰难和曲折,非亲力亲为者不能知。成书虽然不尽人意,但是,我们尽力了,无愧于自己的学术良心。

马克思主义理论研究
和建设工程重点教材

**中国新闻
传播史**

《中国新闻传播史》编写组
主　编　吴廷俊
副主编　培德秋
主要成员
（以姓氏笔画为序）
王润泽　刘伯根　艾红红
阳海洪　张振亭　陈建云
徐新平　薛含平　操慧军

高等教育出版社·北京

上图是马工程重点教材《中国新闻传播史》版权页。读者可能会问,之前所有文件都写明编写组为12人,为何最后版权页上只有11人? 为何少了芮必峰?

对此,作为第一首席、教材主编,我必须有所交代。芮必峰作为项目的第二首席、教材撰写的第一副主编,在项目进行过程中,尽心竭力,贡献良多。但是临近出版时,马工程办对项目组成员进行"政审",芮必峰所在的安徽大学反映他与人打架,一拳把人打伤了,对方不依不饶,并将他告上法庭。"马办"为了"纯洁"队伍,以有碍师德师风为由,决定将芮必峰除名。项目组申述说,芮的问题是性格暴躁所致,与师德师风没有关系,希望能保留他。但是,"马办"坚持将他除名。经过再三再四请求,最后达成协议,鉴于芮做完了全部工作,除了姓名不上版权页,其余待遇保留不变。

按照常规,马工程重点教材出版后,国家教材局要组织编写组成员在全国各地向同行教师进行教学辅导。此时,新冠疫情比较严重,我和课题组的王润泽、徐新平、陈建云、艾红红等人只能通过视频方式向全国新闻史课教师做了授课前的辅导。

领衔编写马工程重点教材《中国新闻传播史》,是我对中国新闻教育事业

作者向全国新闻史教师做线上辅导

所做的最后一个贡献,也是我对中国新闻史学会的一个回报。当教材出版后,许多人通过各种方式向我表示祝贺,我回复说:"教材编撰出版,非某一人之力,更非某一人之功。千万不要贺某一人。要贺,就为项目组贺,为中国新闻史学界贺!为新闻史学会历届会长们贺!"

以华中科技大学教授身份领衔编写这部教材,也是我对华中科技大学的一个回报!

(二)撰写《〈大公报〉全史》

1994年《新记〈大公报〉史稿》出版后,我意犹未尽,觉得新记《大公报》史只是该报历史的一个断代史,有必要弄清楚它的前世今缘,有必要将研究视角拓展到《大公报》全史的范围。我拟在我有生之年,编撰出版一部史料翔实、客观公正的《大公报》全史。

1. 撰写《〈大公报〉全史》的过程

《〈大公报〉全史》的撰写,工作量的浩繁,是不言而喻的。因而我拟组团进行。2010年开始,我采用招收培养博士研究生的方式,组成"《大公报》史"的研究团队,分段研究《大公报》的历史——於渊渊研究英记《大公报》;沈静研究王记《大公报》;江卫东研究新生《大公报》大陆部分;许永超研究新生《大公报》香港部分。我自己一方面指导学生的研究,一方面对新记《大公报》史进行再研究。

应该说,计划进展得还是很顺利的。这几位博士生非常用功,非常辛苦,取得了丰硕的成果,不仅发表了单篇学术论文,而且撰写出了高质量的博士学位论文,其中於渊渊的还被评为湖北省优秀博士论文。按照原本计划,在他们毕业后,遵照各位评审专家和学位论文答辩专家的意见,进一步修改论文,由我统一润色后,出版一套包括《英记〈大公报〉史》《王记〈大公报〉史》《新

记〈大公报〉史》《新生〈大公报〉史(大陆部分)》《新生〈大公报〉史(香港部分)》在内的五卷本《〈大公报〉全史》。但是,这几位学生毕业后,一方面忙于教学工作,一方面还要完成单位布置的科研任务,无暇着手学位论文的修改增订工作。五卷本《〈大公报〉全史》的计划暂时搁浅了。随着我年龄的增大,编撰出版《〈大公报〉全史》计划的实现已经时不我待,念兹在兹,不能释怀,如果此事不做成,我心有不甘,就打算另辟蹊径。

在一次会议期间,我把我的想法对方汉奇老师做了汇报,他非常理解和支持。我提出,希望他牵头,把做《〈大公报〉百年史》的原班人马召集起来,在那本书的基础上,进一步研究,纠谬补缺。方老师说,原来"《〈大公报〉百年史"课题组的人很多人不搞这方面研究了,还有些人不搞学术了,难以召集;再说,他年纪大了(当时,先生米寿),也没有精力了。他建议我组织人搞。在场的时任中国新闻史学会会长、曾是"《〈大公报〉百年史"课题组成员的陈昌凤教授也一个劲地"怂恿"我。我便说,我试试看,并半开玩笑地说,权将这项工程作为"学术养老工程"。我当时69岁,在方先生面前不敢言老,但是毕竟年近古稀,故有"养老工程"之说。

于是,我放弃原来五卷本计划,重新拟定了一个四卷本《〈大公报〉全史》计划,即:"报史"卷、"年表"卷、"报人"卷、"报事"卷。

一旦着手做起来,困难就比想象的大得多。我已退休,身边没有在读研究生,已毕业的学生,工作繁忙,难以组成研究团队,一切的一切,都得我亲力亲为。再说我年纪大,记忆差,反应慢,易出错。每一步,都走得十分艰难。

既然说要做,再难也得做。于是我便按照一般治史程序着手进行——史料收集与考证、年表编写、书稿编撰。

第一步,收集史料。

虽然,很多资料原来都看过,不少都记录过,但是,要编撰全史,必须得重新再看,再录,再理。由于老眼昏花,我看资料的速度非常缓慢——(1)看不太清楚。为了辨别字形,除老花镜外,有时得借助放大镜。(2)常出差错。录一遍,对一遍,校一遍,再校一遍,还是有错。(3)速度太慢。敲键盘,手慢;想问题,脑慢。有时思后忘前,有时前后重复。由于这个慢,就不能按计划完成研究任务,一个月的任务,三个月都难以完成。光阴荏苒,时间一天天、一月月、一年年过去,进展缓慢,对于习惯于"今日事今日毕"的我来说,不免焦急。焦急影响健康,尤其是影响睡眠。在一个相当长的时间,我每晚只能入睡四五个小时,午睡不到半小时,并且是浅睡眠,梦幻不断,这样,反过来又影响工作效率,成恶性循环。我时常感叹,的的确确老了,不能不服!

《英敛之集》《英敛之先生日记遗稿》《季鸾文存》《胡政之文集》《芸生文存》以及相关回忆文章，还比较容易看，难看的是报纸。

阅读英记时期的报纸尤为艰难。我手上的电子版[①]缺少这个时期的报纸，我只有到学院的资料室去看。这个时期的报纸，除了"附件"栏上的文章外，其余全部是文言文，且无标点，加上字迹模糊，读起来很费力，速度当然快不起来。资料室光线不好，我自己带个台灯去加以解决。资料室的熊利萍老师很热情，很周到，不仅为我安排一个好的座位，还指示学生助理为我服务，把我要看的报纸从过刊室搬到我座位上，然后把我看完后的报纸又搬回去。这样，我每周5天泡在资料室，用了差不多一个学期的时间，把英记时期近10年的报纸看了一遍，并将所需要的资料抄录在电脑上。又用了两个多月时间，将抄录的资料看一遍，发现有明显的错误，又到资料室核对两遍。之后，新冠疫情一波又一波，我无法再到资料室校对，多亏我原来的博士生、华中师范大学新闻传播学院的许永超副教授和他的在华师图书馆工作的妻子孙丹霞带着几名研究生，分三组，花了整整一个月，将我整理的英记年表又校对一遍，纠正了不少错误。

然后，我在家里用电脑看王郅隆时期的报纸。王记报纸，要容易看些。电子版可以不受资料室上下班的限制，还可以将版面放大看。但是，长时间对着屏幕，视觉容易疲劳；另外，影印版报纸，有些版面字迹模糊不清，有些影印不全。14年的报纸，用了1年看完。

此后，我又将原来的《新记〈大公报〉史事编年》输入成电子版[②]，按年表格式将其重新编排。

史料的收集，用了3年多的时间。

第二步，年表编写。

编写年表过程中，一个重要环节就是史料的核对和甄别，以保证史料的真实性和准确性。到2017年年底，年表基本编写完毕。

第三步，报史的撰写。

虽然说，我继续做《大公报》研究，没有一点功利性，也不赶时间，但是，我有一个习惯，在规定时间做完规定的事情。从2017年年底算起，到2022年6月17日《大公报》双甲子庆典，只剩下4年多时间了。为了保证进度和思维的连续性，我尽量减少外出活动，几乎没有节假日，更没有双休日，每天工作

[①] 电子版为我的博士生徐基中所提供。
[②] 此事请刘洁老师的几个学生帮助完成。

7至8小时。

好在我得到了许多人的帮助。首先是我的学生向我伸出援手,高海波、喻频莲、许永超、徐基中、张振亭、阳海洪、徐新平、於渊渊、沈静等。他们虽然毕业了,手上有自己的工作,但是还是热情地参加到《〈大公报〉全史》的编撰工作中来,或参与"报人"卷初稿的撰写,或反复校对"年表"卷。於渊渊原来所做的英记《大公报》史的成果、沈静所做的王记《大公报》史研究成果,给《〈大公报〉全史》编撰提供了很大的方便,有些成果可以借用,甚至直接引用。当然,所有引用都做了注释。

其次是中国新闻史学会的教授们,他们听说了我因为困难决定放弃某些内容时,主动提出建议,由中国新闻史学会中对此有研究的教授"集体参战"。实践证明,效果很好,计划中的第三卷即"报人"卷,曾经被我因时间和精力不够而打算"忍痛割爱",后来由于大家"抢救"得以而存活。尤其是北京大学林绪武教授、《工人日报》原副总编辑张刃先生,之前与我无一面之缘,这次无私地伸出援手,令我深受感动。张刃先生不仅承担了六位报人的撰写任务,后来又协助我通读了"报人"卷的初稿,提出修改建议。

最后,是我们新闻学院的领导和同学,尤其是院长张明新教授多次表示,有什么困难尽管说,学院能解决的尽量解决。实际上也是如此:他专门指示实验室夏志强主任为我配置了大屏幕台式电脑,以解决我看报纸原件时的视力困难;几次组织博士研究生为我校对文稿;几次接待专程前来武汉洽谈敝书出版事宜的商务印书馆白中林先生;等等。

原来设计的《报事》卷,其内容也是很精彩的。许多与《大公报》报人和报纸有密切联系的大事,如英记时期的白话文运动、设题征文活动、英敛之与女子学堂的兴起、英敛之与吕碧城姊妹的故事、胡政之与巴黎和会的新闻报道、王记《大公报》与中国早期的社会主义思潮传播、新记《大公报》的星期论文、张季鸾与蒋介石的故事、范长江之进出《大公报》等。这些问题,已经有不少人研究,也出了不少研究成果,但是远远不够,并且比较零散,很有必要编辑出版相对完整的著作。然而,要出版《报事》卷,必须对每件事有更深入的研究,有所突破。这既非"发动群众"所能办到,更非我一个人短时期能够奏功,只能放弃。因而,最终交付出版社的《〈大公报〉全史》只有"报史""年表""报人"三卷。

2.《〈大公报〉全史(1902—1949)》的出版

对于拙著的出版,有几家出版社感兴趣。最后,我倾向商务印书馆。

商务印书馆(英文名称:The Commercial Press,简称 CP)是中国历史最悠久的出版机构。1897年创办于上海,1954年迁北京。商务印书馆的创立标志着中国现代出版业的开始。由这家有百年历史的出版社出版一张有百年历史的报纸的报史,可以说是相得益彰!

商务印书馆负责学术出版工作的白中林先生非常热情,听说我的研究情况后,便与我保持微信联系,并几次专程到武汉与我和华科新闻学院张明新院长面谈出版事宜。尤其碰巧的是,他第一次到武汉的时间是2021年6月17日,刚好是《大公报》创刊119周年的正日子。

在商务印书馆进入出版加工程序后不久,国家新闻出版署公布了"十四五"出版计划,由复旦大学出版社申报的《〈大公报〉全史(1902—1949)》名列榜上。这个指标很珍贵,不能浪费。经协商,拙著由复旦大学出版社和商务印书馆两家联合出版,并计划2022年6月17日在创办地天津举行首发式。

书稿交出版社后,并不表明事情做完了。2022年1月28日,我收到出版社邮寄来的"报史"卷(上下册)一审一校后排版的清样。我一看,大吃一惊!那么大一摞!拆开一看,竟有一千多页。按照责编的意见,只看看编校指出的问题就可以了。然而,我看了一章之后,感到存在的问题还很多,因此不觉一身冷汗——原来在电脑屏幕上看,这些问题没看出来,现在对着纸质文本,才能看出。于是我决定将书稿从头至尾重新通读一遍,边读边改。不少错的、误的、漏的、掉的,尤其是有较多的注释错位,这是编辑和校对无法做的,只能靠作者自己做。

接下来的近两个月,我每天五点多起床,出卧室进书房,晚饭后还得工作两小时,每天定量工作任务,以保证在三月底四月初返回修改稿给出版社。我知道,这样紧张的工作状态,难免对身体造成损害,但是,没办法,只能干!这是我这辈子的最后一搏,再苦再累,也得撑过去。

终于,3月19日,我把"报史"卷修改稿寄返出版社。我的睡眠一直不太好,这两个月期间失眠更加严重。这大概是超负荷工作加上精神高度紧张所致。到医院一查,血压、血脂、血糖都很不正常,由于久坐,泌尿系统也发生炎症。难免挨老太婆的一顿狠"批"!之后,吃药加休息,一个多月后,才慢慢好起来。

虽然两个出版社的领导对拙著的出版十分重视,责编也很努力,无奈新冠病毒肆虐,上海从3月28日开始封控,其后两个多月,市民生活艰难,编辑加工工作因此受到影响,原定的6月17日天津首发式黄了。编辑说,争取能够在2022年年底出版。无奈从2022年12月7日起,由于疫情管控全面放开,全国遍地是"阳",出版时间又不得不再往后延。我提出能否4月出书,

2023年2月1日,出版社编辑告诉我说,4月份有点困难,6月份还是有把握的。

2023年6月17日,作为"十四五"国家重点图书规划书目、国家出版基金项目的《〈大公报〉全史(1902—1949)》(以下简称《〈大公报〉全史》)新书首发式暨新闻史研究与教学学术研讨会在天津举行。此次会议由中国新闻史学会、天津师范大学、复旦大学出版社、商务印书馆共同主办,天津师范大学新闻传播学院承办。来自华中科技大学、中国人民大学、清华大学、复旦大学等全国20余所高校和研究机构的60余位专家学者和《大公报》报人后裔代表参加了本次会议。天津师大校长钟英华到会向大会召开表示热烈祝贺。中国新闻史学会创会会长方汉奇先生亦表示"极愿到会祝贺",只因年事已高(97岁),只能作视频致辞,再次对《〈大公报〉全史》和我做学问的精神予以了很高的评价。现任中国新闻史学会会长王润泽代表中国新闻史学会致辞。中国新闻史学会前任会长陈昌凤在讲话中,对《〈大公报〉全史》的学术价值给予充分肯定,指出,《〈大公报〉全史》是中国新闻史个案研究的最高成就,是一部正本清源的杰作,是一部创新的力作,是一部重视从历史研究中寻觅经验和意义,为中国新闻史研究留下重要财富的珍贵著作。我在发言中,除介绍《〈大公报〉全史》的研究缘起和写作过程外,重点是对支持本研究的组织、领导和学者表示衷心感谢。与会者从不同角度对新闻史的研究和教学发表了各自的观点。新华社、《人民日报》《光明日报》、天津电视台、《文汇报》《湖北日报》等多家媒体对此作了报道。

新版《〈大公报〉全史(1902—1949)》

《〈大公报〉全史(1902—1949)》新书首发式

3.《〈大公报〉全史(1902—1949)》的主要贡献

这部近300万言的史书是我这辈子最后一部学术著作,它凝聚了我几十年的心血。

本书由"报史""年表"和"报人"三卷构成,其内容相互支撑,互为补充。全书对中国报刊史上特有的"文人办报"的典型《大公报》从1902年创刊到

1949 年新生的 47 年历史进行了系统、全面和准确的描述,总结出以"文章报国"为诉求的文人办报的经验,及其对中国乃至世界报业的贡献。

本书与国内外同类著作相比,有如下四个方面的特点:

其一,全面性。无论是纵向还是横向,该著作都是至今为止对《大公报》史所做的最全面的记述。

其二,准确性。全部使用第一手资料,每一个资料也都经过考证,该著作是至今为止有关《大公报》史最准确的记述。

其三,客观性。遵循马克思主义唯物史观,评功不溢美,揭绌不掩过,是是非非,该著作是至今为止对《大公报》历史功过最客观的评述。

其四,丰富性。采用报史、年表、报人的撰史体例,该著作是至今为止有关《大公报》史的内容最丰富的史书。

方汉奇教授对这部著作给予了很高的评价,他在书序中称"本书不仅是迄今为止有关《大公报》史研究的集大成者,而且刷新了以往研究的许多史料和结论,总结出中国特有的文人办报之经验,代表着该领域研究的最新水平,具有很高的史料价值、学术价值。"

到底如何,请读者阅看由复旦大学出版社和商务印书馆联合出版的《〈大公报〉全史》。我自己只能说一句话:我尽力了!

(三)参与"中华民国新闻史"研究与支持史量才研究

1. 参与"中华民国新闻史"研究

这个时期,我参与校外的学术活动,最集中、最系统的是"中华民国新闻史"研究,从 2014 年至 2018 年,前后大约持续 5 年时间。

(1)参加该项学术活动的原因。

我为何乐意参与这项活动呢?原因主要有两条:一是该项目的首席专家倪延年教授诚挚而热情的邀请,使我盛情难却;二是我本人对这个项目有比较浓厚的兴趣。

2013 年,倪延年教授在编制国家社会科学基金重大项目"中华民国新闻史"竞标书时,邀请我作为"民国时期的新闻教育"子项目负责人参加竞标团队,我不仅欣然答应,还邀请上海大学影视艺术技术学院李建新教授等和我一起组成"民国时期的新闻教育"子项目团队。在项目竞标成功后,鉴于时间和精力的原因,我推荐李建新教授担任"民国时期的新闻教育"子项目负责人,我只担任顾问。

哪知道,在当年哈尔滨"世界华文传媒与华夏文明传播国际学术研讨会"

期间，倪延年教授对我说，项目组决定成立成果编撰委员会，希望我能担任这个委员会的主任委员。对于倪首席的这一邀请，我一时很难回答，只是说，容我考虑一下。

2014年3月，"中华民国新闻史"项目组秘书处在通报中说，为了借助全国学界集体智慧，体现多管并举、协同创新的导向，完成新闻史学界共同的重要项目，项目秘书处经过慎重考虑，商请有关专家学者同意，决定聘请著名新闻史学专家、中国人民大学荣誉一级教授方汉奇先生等学科专家、管理专家及出版界专家组成"中华民国新闻史"项目顾问委员会，在本项目研究的重大问题上为研究团队出谋划策，掌舵把关；根据国家关于"最终成果为大型文献典籍或资料整理、多卷本专著、系列丛书等形式的，要成立编纂委员会对成果质量、学术规范等方面进行审核把关，注意编纂体例的科学性、完整性和统一性，避免重复出版；阶段性成果出版须经编纂委员会审核同意并报我办备案"的要求，商请有关专家同意，决定聘请著名新闻史专家、华中科技大学二级教授吴廷俊先生等学科专家、管理专家及出版界专家组成"中华民国新闻史"项目编纂委员会，具体承担本项目研究最终和阶段性成果的成果质量、学术规范、编纂体例审核把关和上报备案等职能。

项目组秘书处在通报中还说，"中华民国新闻史"顾问委员会和编纂委员会的正式组成，是本项目研究过程中的一个重要环节，是整体研究工作的一件大事，也是提高本项目研究成果质量和水平的重要条件保障，是我们团队之幸，更是新闻史研究之幸！我们将在顾问委员会专家学者的精心指导和编纂委员会各位成员的共同努力下，精诚团结，艰苦奋斗，严谨求实，努力创新，争取做到不辜负国家的支持和信任，不辜负同行的信任和厚望，向国家和学术界交出一份满意的答卷。

在公布的这两个委员会组成名单上，我被聘任为顾问委员会委员和编纂委员会主任委员。

既不容我考虑，也不待我回复，便名列榜上了！

(2)在这项学术活动中的主要工作。

2014年上半年和2015年上半年，我均在美国探亲。正式就任这个主任委员是2015年下半年。其主要工作，是按照首席事先安排，主持每次编撰委员会的会议。

编纂委员会第一次会议暨项目组第二次工作会议于2015年11月7日至8日在南京师范大学新闻与传播学院举行。与会人员就有关分册书稿的内容和形式等方面进行了讨论和交流。就有关《民国新闻专题史研究丛书》

分册书稿达成了共识,其中包括:在宏观上,要力争突破传统的"革命史"叙述范畴,以"现代化架构"的基本思路,通过史料解读、内容布局以及表述方式等多种途径,尽可能客观、全面、辩证地再现民国时期新闻业态的发展历程及其内在规律,在史料、史实、史识的基础上,得出史论,阐释史观,体现"民国语境"和内容特色;微观叙述上,对媒介要力求讲清经费来源、创办人的身份和政治角色、宗旨、形态以及影响等基本问题,但对社会影响力和受众的感召力等主观性色彩较浓厚部分的叙述必须言之有据,力戒主观。

编纂委员会第二次会议暨项目组第三次工作会议于 2016 年 8 月 20 日至 24 日在湖南师范大学举行。该会议主要议题为:根据上次会议决定,第二次讨论何村教授提交会议讨论的《中华民国新闻史》第 4 卷部分书稿;讨论倪延年教授提交会议讨论的《中华民国新闻史》第 1 卷部分书稿,并进一步明确项目最终成果 5 卷本《中华民国新闻史》分卷的内容体系;逐册讨论审读本项目阶段性成果《民国新闻专题史研究丛书》的分册书稿并提出修改意见;讨论项目最终成果《中华民国新闻史·绪论》和项目阶段性成果《民国新闻专题史研究丛书·总序》;讨论秘书处草拟的相关工作的规范。

编纂委员会第三次会议暨项目组第四次工作会议于 2017 年 8 月 11 日至 14 日在安徽黄山学院文化与传播学院举行。会议主要审读各篇书稿。会议结束时,我用"充分""周到""深入"和"明显"对会议进行了总结。首先是会议筹备工作准备"充分",提交会议讨论的 15 种材料在会议前全部印制成册,为会议的顺利举行奠定了物质基础;其次是会议承办单位安徽黄山学院对会务工作安排"周到",从住宿安排、餐饮安排以及会议期间的接送等,都是热情周到;再则会议的讨论认真"深入",与会同仁抱着对国家、对同行、对项目负责的态度,认真思考,真诚相助,畅所欲言,深入探讨,体现出团队良好的求学治学氛围;最后是"明显",由于会议准备充分,安徽黄山学院的周到安排,与会同仁认真负责的讨论,这次会议所取得的效果十分"明显",为各册书稿的下一步修改完善和按计划完成研究工作并如期申请结项,奠定了良好的基础。

编纂委员会第四次会议暨项目组第五次工作会议于 2018 年 8 月 15 日至 21 日在天津师范大学新闻传播学院举行。会议主要任务是对最终成果《中华民国新闻史》集体统稿。会议闭幕式上,我在总结时向与会同仁提出下一步工作的要求:首先是要下功夫修改书稿。要把握好以下几个问题:整体框架结构设计要更加科学合理,各卷的内容不能重复,尤其是不能出现"同文重复";史料准确无误,不留"硬伤";语句通达流畅,杜绝病句,句与句之间、段与段之间、章节之间符合逻辑性;注释规范。做到以上几点,可说达到"及格";再加上"独到视角""新颖观点"和"穷尽现有成果",那就可以达到"良好";如能更进一步,在"民国语境"下撰写中国这一阶段的新闻事业史,不是一段"1912—1949 年的中国新闻史",而是一部"中华民国新闻史",这就是"优秀"了。这个要求虽然很高,但是我们要努力达到,才能不愧为国家重大项目成果的名号。

编纂委员会第五次全体会议于 2018 年 10 月 2 日至 5 日在扬州召开,主要任务是审议并通过项目最终研究成果《中华民国新闻史》(5 卷本)书稿。我主持这次会议。四天会议,议程很满,与会者通过认真讨论,圆满完成了预定任务。会议结束时,我说了这样一段话:为了避免内卷化,希望各卷主编在今后加工过程中,尽可能做到运用第一手资料,史料不能出"硬伤";尽可能吸纳最新研究成果;在守住底线的前提下,史观尽可能有所创新。

(3)在这项活动中提出的学术观点。

我清楚地知道,我仅仅是被首席专家和课题组聘来主持每次编撰委员会的会议的,而不是"首席",我的观点不会起多大作用,但是,我对这个项目感兴趣(前面已说,这是我乐于参与其中的主要原因),所以,我还是要在适当的场合发表一下自己的观点[①]。

其一,编撰好民国新闻史首先在观念上必须"脱敏"。虽然,近年来,中国大陆新闻史学界开始重视"中华民国新闻史"的研究,尤其是国家社会科学基金以"中华民国新闻史"为选题先后设立了重点和重大项目,南京师范大学还专门成立了"中华民国新闻史研究所",这都是十分可喜的现象。但是,如何做好这个项目,编撰出一部名副其实的《中华民国新闻史》是有一定难度的。

---

① 我对于民国新闻史编撰的一些观点的表达,集中在 2015 年 11 月 6 日第二届"民国新闻史研究高层论坛"上我所作的《脱敏、破题与叙事:"民国新闻史"的撰写》的主题演讲中。

这个担心不是没有根据的。长期以来,中华民国在中国大陆都是一个敏感话题,故至今为止出版的几部新闻史著作均未出现"民国新闻史"这个概念,没有将中华民国在大陆存在的 38 年(1912—1949)新闻业的发展作为一个整体呈现。方汉奇教授主编的《中国新闻事业通史》从第七章到第二十章是叙述 1912—1949 年中国新闻事业发展变化,只有第七章的标题"民国初期的新闻事业"中出现了"民国"字样,其余均是按"革命史"分期,对各类性质的新闻业分头叙述;刘家林教授编撰的《中国新闻通史》第六章标题是"民国初年及北洋军阀统治初年的新闻事业";梁家禄等人编撰的《中国新闻业史》第六章标题是"北洋政府专制下的新闻事业";即使拙著《中国新闻史新修》将 1912—1949 年新闻史作为一个整体看待,但也只是采用了"民国时期的新闻业"这样的提法,没有提"民国新闻史"。我以为,"民国时期的新闻业"不是"民国新闻史","1912—1949 年新闻事业"更不是"民国新闻史",只是中国新闻事业 1912—1949 年这段时间的选择性叙述。果不其然,项目完成并通过鉴定后,成果出版时就碰到问题了。出版社提出,不能用中华民国新闻史做书名,而要改成中国近代新闻史。

其二,界定"民国新闻史"这个概念,指出"民国新闻史"是在"民国语境"中新闻业发展的结构性叙述。

中华民国在大陆的 38 年中,法统政府发生过两次变迁:1912—1928 年,民国的法统中心在北京,由北洋军阀统治,史称为北洋政府;1928—1949 年期间的法统政府是国民党执政的国民政府。国民政府时期又以 1937 年卢沟桥事变为界分为前后两个阶段,前阶段 10 年,社会相对平稳,后阶段 12 年,战乱不断。

38 年间,虽然都声称是民国,但是执政者的执政理念差别很大,政府性质差别也比较大。北洋政府时期,虽然军阀混战,"城头变幻大王旗",但是,无论哪系军阀执政,都不敢公开抛弃共和与宪政,段祺瑞曾有"三造共和"之说,故北洋政府基本上属于军阀共和政权;与北京北洋政府不同,南京国民政府执政的国民党公开打出"训政"旗号,宣布一党执政,是一个一党专政的独裁政府,尽管国民党一党专制是弱势专制。国民党毕竟没有将中华民国建成为真正的民主共和国。

中华民国,政治上虽然不是一个真正的民主共和国,但是,经济上,资本主义却有长足发展,中国的现代化建设进入启动阶段,出现了所谓的资产阶级"黄金时代"。从 1928 年至 1937 年,中国政局出现的一个难得的相对稳定的统一局面,保证了中国经济的稳定发展和教育、文化事业的有序进行。据统计,这十年中国经济年平均增长率保持在10%左右,尤其是上海、天津等大城市发展迅速;文化教育方面,中央研究院、北平研究院和一些重点大学等都获得较大的发展。简言之,难得的统一局面、相对和平的环境以及政治(弱势专制)、经济、文化事业的发展为新闻事业,尤其是民营新闻事业在言论自由、广告收入、资金调度、设备更新等方面创造了非常有利的条件。

从北京北洋政府到南京国民政府的转换,从军阀共和到弱势一党专制的变迁,现代化建设进入启动阶段,经济、文化事业长足发展,等等,这就是38年中华民国的语境。中华民国新闻史应该是这样一个话语环境的产物——其结构框架的建构,纵向上应按照这个具有法统意义政府的变迁为历史分期,横向上应按照这两个时期政府的执政理念和政权性质支配下所形成的新闻观念、所采取的新闻举措,以及在法统政府新闻理念和新闻举措下全国新闻媒体格局和新闻传播业发展状态为展开维度。

其三,用"现代与传统双向规约"作为编撰民国新闻史的叙事架构。1911年10月10日武昌起义爆发,随后清王朝被迫宣布逊位,中华民国成立,宣布实现符合历史潮流的现代国家制度。中国结束了2000多年的君主帝制,成为亚洲历史上第一个步入现代化进程的国家。但是,在农业文明中形成的以家庭为本位的传统文化鲜有现代性因素,尤其长期积淀起来的文化传统,在中国现代化进程中常常表现出一种与生俱来的惰性。国门打开以后的中国,在其发展进程中,时时处处都充满了现代性与传统这两股力量的博弈。民国新闻业的发展更是如此。故而,选择"现代与传统双向规约"作为编撰民国新闻史的叙事架构是再合适不过的了。

自从1815年《察世俗每月统记传》刊行后,中国传统媒体就面临着向现代传媒转型的任务。在这个转型过程中,一方面"青山遮不住,毕竟东流去",现代性一定会伴随着"西学东渐"的潮流涌进来,一方面"文化是一个顽固的老人",中国文化传统又是无法化约,有时甚至是顽强的,因此,中国新闻传播业的发展必然要承受现代与传统的双向规约。当然,作用于传媒身上的这两股力量不是均衡的,在不同时段还是有所变化的。研究中华民国新闻史就是考量"传统"和"现代"这两股力量对媒体的双向规约过程——在这两股力量的进退之中和起伏之间,演绎出中华民国新闻传播史的精彩和独特。

其四,民国新闻事业在宏观上呈现出可喜的现代化面貌,我曾将其称为"准正常态":

北洋政府时期,新闻事业现代化整体肇启,并完成了三个转变:报业格局由官报、党报主流转向民报主流;传媒属性由政论本位转向新闻本位;记者职业由兼职转向专业,出现了黄远生、林白水、邵飘萍等名记者群体,职业团体也由此形成,新闻教育由此萌动,新闻法规制定,新闻自由逐步在法制轨道上步入有序状态。

南京国民政府前期,新闻事业现代化整体推进,出现新闻事业发展的"黄金10年":多元媒介群落的形成与扩大;媒体的企业化运作,成为这10年新闻事业发展的一个亮点;新闻自由可以争取,媒体干政有所作为。

南京国民政府后期,新闻事业现代化进退维谷:战乱给新闻业现代化在物质层面造成极大障碍;对立的政党意识形态成为新闻业现代化的掣肘。虽然如此,中国新闻界的现代化还是有所作为的,特别是在精神层面上。首先,在抗战八年期间,在中华民族精神的鼓舞下,中国新闻传播业在精神层面的现代化方面上了一个台阶,为中华民族全民抗战作鼓吹,功不可没;其次,在国共对决的战争期间,面对"中国向何处去"的头等大事,中国新闻媒体,主要是民营的自由主义媒体勇敢发声,反饥饿、反内战、反迫害,要和平、要民主、要自由,喊出绝大多数民众的心声。

总而言之,民国新闻事业整体发展,尤其是现代化发展,在中国新闻史上是前所未有的,其经验值得总结,其受挫的教训也应该吸取。但是,一直没有出现一本相对成熟的《中华民国新闻史》。

既然国家社科基金为此设置重大项目,说明国家开始重视,我由此看到希望。既然我接受了邀请担任项目成果的编委会主任,就得做事,不仅按照秘书处安排主持每一次编委会会议,而且本着知无不言言无不尽的精神,贡献自己的观点。

2. 支持史量才研究

(1)支持史量才研究的缘由。

毋庸置疑,史量才是研究中国新闻史绕不过去的人物。他曾经掌握中国新闻史上顶级大报《申报》达22年之久,并把该报推向发展顶峰。我对史量才和《申报》的了解仅仅止于教学,无深入研究。在我肤浅的印象中,《申报》根子是在华外报[①],是商人办报的典型,一个"外"、一个"商",这两点与我的理想办报模式不符。在我看来,在中国最理想的办报模式,是如《大公报》那种文人办报模式——"议政不为参政,营业不为营利",只为以"文章报国"。《申报》是中国新闻史上第一家以营利为目的的商业性报纸,它的创办标志着在华外商中文报纸开始一个新阶段。史量才1912年接办《申报》后,开始几年

---

① 《申报》1872年4月30日由英国商人安纳斯托·美查创办于中国上海。

继续商人办报的路子,经济收益颇丰,在上海滩过上豪华的生活;"九一八"事变后,史量才开始热衷政治,报人身份渐渐越界,导致1934年11月被刺身亡。所以,以纯粹"报人"标准相要求,他与胡政之、张季鸾似乎很有一段距离。

虽然,我也看到,中国新闻史有关报纸的个案研究,《申报》不如《大公报》,甚至不如《新民报》;有关报人的研究,史量才不如胡政之、张季鸾,甚至不如邵飘萍、黄远生等。但是,基于上面的认识,加上时间和精力有限,我从来没有想到着手对《申报》和史量才进行深入研究。

2008年9月,我收到一本名为《申报魂:中国报业泰斗史量才图文珍集》的书,封面左侧上方写明,庞荣棣著。这个名字很生疏,故我没太在意。再说,随着我年龄增大,在这个圈子里混的时间久了,有些年轻同行寄来他们的新作,让我先睹为快的事,也是常有之事。回家翻开书,看到折口上刊有作者倩照和简介,原来本书作者是位女士,从照片上看,不是年轻人。简介写道:庞荣棣,南京市静宁区人,退休教师,系史量才内侄孙女。所写《爱国报人史量才》曾于1990年在《解放日报》上连载,并在报刊上发表有关史量才的文章数十篇,著有《史量才——现代报业巨子》(上海教育出版社1990年出版)等。原来作者大有来头,不仅是史公至亲,而且是一位资深的史量才研究专家。

这部《申报魂:中国报业泰斗史量才图文珍集》是她的新作,2008年7月刚刚由上海远东出版社出版,复旦新闻学院丁淦林教授写的序。丁老师在序言中说:"1999年,我读了庞荣棣女士的《史量才——现代报业巨子》一书,为有人专门研究史量才而高兴。不久,我认识了庞女士,对她的研究逐渐有所了解。我认为,深挖第一手材料是她研究史量才的主要特点。"仔细阅读这本书,也确如丁老师所说,庞老师的史量才研究具有浓厚的"泥土"气息。这部书虽然谈不上是高深的学术著作,但是图文并茂,每一个故事,每一幅图片,都是她辛辛苦苦寻找来的第一手资料,就像刚从"泥土"中挖掘出来的,显得新鲜而珍贵,正如副题所说"图文珍集"。

此后,我便与庞老师有了联系。那时还没有微信,主要是通过 E-mail。庞老师不时给我发来信息,并向我诉说她研究史量才过程中的辛酸苦辣,希望我能支持她;有时发来她写的文章,请我提提修改意见。后来我才知道,她是史量才原配夫人庞明德的侄孙女,1944年出生于南京市江宁县(今已改区)庞家桥村。其父长年在史公馆帮工。庞荣棣10岁那年,被父亲带进史公馆,还在那里住过短短27天,听过旁人讲述史公的故事。

庞老师中专学财会,在工厂当过会计、团委书记,后在建工局职大当数学教师,20世纪80年代初拿到中文专业函授本科文凭,改教语文,1996年退休。文化程度不算高,也没有受过正规学术训练,庞老师凭着对史量才的崇敬之心,着手收集相关资料,研究史量才。在交往中,她还给我讲了许许多多收集资料的辛劳和碰到的曲折,正如丁老师在为《申报魂》所写的序中所说:"(为了收集第一手资料)她查阅了大量报刊与书籍,跑了许多单位,访问了不知多少知情人。不避寒暑,不计远近,不惜疲劳,只要能找到材料,她都欣然前往。有时有意外收获,有时毫无所获,她备尝个中甘苦。"①我也为了她的这种精神所感动,因此,对她提出的问题,尽可能予以帮助。2014 年,她打算出版她的史量才研究文集,希望我写篇序。我不能推辞,只能为之。在序中,我首先表达了对她研究精神的赞许:

"据我所知,庞老师涉足史量才研究始于 1984 年,至今刚好 30 年。谈起史量才研究的经历,她总爱引用岳飞《满江红》中的名句加以自勉:'三十功名尘与土,八千里路云和月'。从庞老师的引用中,既看到了她 30 年的'功名',更看到了研究过程中的'云月'。

在史量才研究中,庞荣棣表现出满腔的热情。做研究,需要冷静,也需要热情,做历史研究也一样。这里所说的热情,除了对研究工作的热情外,还需要有对研究对象的热情。庞荣棣对史量才的仰慕和崇敬之情,从她将自己寓所内的工作间命名为'思量阁'一事可见一斑。这种仰慕和崇敬之情促使她在研究过程中,排除困难,一往无前,在'茫无尽头的陌生征程'中,'不停步、不回头,任一根筋、一股傻劲向前走','并为之坚持 30 年'。她说,正是有感于史量才巨大而深远的影响和人格魅力,一个史量才研究业余、业外人,甘愿为他的'精神不死''三格'魅力之光,照亮世间阴暗角落,尽一份微薄之力。

在史量才研究中,庞荣棣表现出锲而不舍的韧劲。她不仅自己研究史量才,而且鼓动社会各界投入到史量才的研究中来。找领导,筹资金,请专家,求支持。几十年来,她不知跑了多少路,找了多少人,碰了多少壁,但是,她不灰心,不气馁,锲而不舍。她的这种精神感动了大家。在有关方面的大力支持下,中国史量才研究会(2007 年)和上海史量才研究专业委员会(2013 年)先后成立了。这是很了不得的事,不仅改变了她长期以来单打独斗的局面,更重要的是为史量才研究搭起了一个平台。"②

就这样,我被庞老师的精神带进史量才的研究之中。

---

① 丁淦林:《申报魂·序》,庞荣棣:《申报魂:中国报业泰斗史量才图文珍集》,上海远东出版社 2008 年版,第 1 页。

② 吴廷俊:《史量才研究选粹·序》,庞荣棣:《史量才研究选粹》,上海交通大学出版社 2014 年版,第 1-2 页。

(2)支持史量才研究的行动。

与其说是我支持史量才研究,不如说是庞老师给了我一个学习机会。每参加一次活动,我都会学习到不少东西。只是由于精力和时间有限,我参与的活动不多。

第一次,2009年12月出席"纪念中国报业泰斗史量才先生诞辰130周年学术研讨会"。

浙江理工大学打算借史量才先生诞辰130周年搞一次大型的史量才研究学术研讨会。浙理工与史量才少年时代就读过的"杭州蚕学馆"有些渊源关系,早在2007年,在庞荣棣等人的推动下,该校成立了"中国史量才研究会"。不知什么原因,成立之后,活动不多,影响也不大。为了扩大影响,庞荣棣等人又鼓动他们筹办这个研讨会。庞老师把办会初衷告诉我,希望通过我与中国新闻史学会取得联系,请中国新闻史学会的主要领导和人员前往襄赞盛举。结果如愿,12月7日,由中国新闻史学会、中国史量才研究会、浙江理工大学联合举办的"纪念中国报业泰斗史量才先生诞辰130周年学术研讨会"在浙江理工大学召开,来自北京、天津、浙江、上海、福建等地五十余位专家学者,围绕着史量才的生平事迹、办报实践、经营策略等进行探讨。中国新闻史学会的乔云霞、哈艳秋、马艺、赵永华、邓绍根、樊亚平、王灿发、马庆等不少专家教授与会,并发表论文,参与研讨。

开幕式上,我以中国新闻史学会副会长的身份做了一个简单的讲话。首先,代表中国新闻史学会对"纪念中国报业泰斗史量才先生诞辰130周年学术研讨会"的召开表示热烈的祝贺,对为这次会议召开,为史量才研究贡献力量的有关方面和人士表示衷心的感谢!其次论述史量才的贡献和历史地位,及近年来史量才研究所受到的社会各界和学者们的关注。最后说:"浙江理工大学牵头成立中国史量才研究会是一件功德无量的大好事,使史量才研究有了一个共享平台。我们真诚地呼吁社会各界给予史量才研究更多的重视和关怀,切实为史量才'落实政策',采取切实有效的措施,如进一步完善中国史量才研究会的机构,上海和浙江有关部门设立研究基金,为推动全国史量才研究多做出贡献!"

大会研讨环节,我还作了《史量才办报身份的界定》的主题发言。

会后,浙江理工大学编辑出版了《全国纪念中国报业泰斗史量才先生诞辰130周年学术研讨会论文集——仰望史量才》。

第二次,2013年3月参加"上海史量才研究专业委员会成立大会"。

由于庞荣棣等人努力奔走,上海市历史学会与复旦大学历史系联合成立了上海史量才研究专业委员会,熊月之先生任会长,复旦历史系教授傅德华实际主持工作。记得研究会成立之前,庞老师提出,希望我能出任该会会长,我说,我一不是上海人,二对史量才没有研究,不可能担任这个会长。

上海史量才研究专业委员会决定于2013年3月9日上午在史量才第二故乡——上海市松江区泗泾镇举行成立大会,我应邀出席。

在开幕式上,我代表中国新闻史学会表示祝贺,并致辞。我在肯定史量才在中国近代史上占有重要地位、发挥重要作用、做出重要贡献后说:"深入研究史量才,不仅可以丰富中国近代史中教育、政治、新闻、经济、金融等相关领域研究成果,具有深厚的学术价值,而且具有现实的意义。仅就新闻界而言,他为追求民主与自由,倡导的'人有人格,报有报格,国有国格'的'三格'精神,值得我们继承;他凭着'坚卓之毅力'和'敏活之手腕',把《申报》推向现代化,成为中国现代报业之父,其宝贵经验更值得我们学习。"

我在肯定史量才研究所取得的成绩后指出:"史量才研究存在明显不足。时至今日,还没有看到重量级的研究成果。比如关于人物研究的标志性成果——史量才文集和年谱还没有问世。研究视角比较单一,研究面比较狭窄;史量才在中国近代史的政治、实业、金融、文化、教育、报业各个领域多有建树,但以往的研究多集中于报业领域,而忽略了对其他领域的深入开掘;史量才一生丰富多彩,无论是纵向跨度上还是横向广度上都有很多可以研究的东西,但是以往研究多集中在少数几个问题上,如史量才遇害事件。再者,个别研究还不够严谨,结论还有待商榷。"

我还进一步指出:"之所以如此,主要原因是史量才研究基本上处于单打独斗状态,东一榔头西一棒子。毋庸讳言,无论是质,还是量,史量才研究成果与史量才自身的分量不相适应,与同量级的历史人物研究也显得不够。史量才研究、《申报》研究,都是富矿,组织起来开展研究,才能大有作为。这一点,可以说是时不我待。这几年来,庞荣棣老师为史量才研究做了大量工作,十分辛苦,不仅自己动手做研究,而且动员说服有关方面,可以说是'满腔热情,千方百计'。我时时为庞老师的精神和行动所感动。但我又以为,单靠个人的力量是有限的,要有一个机构把大家组织起来,那样力量就大了,研究的成果就会更显著。2007年,浙江理工大学成立中国史量才研究会,令大伙很振奋,成立后,也做了一些工作,但是需要加强。今天成立上海史量才研究专业委员会,令大伙更振奋。"

最后我说:"上海史量才研究专业委员会是由中国史学界重量级学者牵

头成立的学术组织,我们有理由相信,上海史量才研究专业委员会一定会把全国包括新闻传播学界、政治经济学界、财政金融学界、文化教育学界等有志于史量才研究的学者,很好地团结起来,从历史角度对史量才进行全方位的系统研究,推动史量才研究水平上一新台阶。多学科学者的介入,可以拓宽研究视野,系统地研究史量才在实业金融、文化教育、报业以及政治等各个领域取得过的辉煌业绩,总结他留下来的宝贵经验。"

在闭幕式上,我应邀再次讲话,即兴讲了两点:

一、振奋。从今以后,有关史量才和《申报》的研究有了组织,有了机构,有了活动场所。史量才研究由单打独斗状态真正提升到有组织有计划进行状态,一定会把史量才研究推向一个新阶段。

二、期待。期待会后,史量才研究从两个层面展开——宏观着眼,拓宽研究视野;细微入手,深入开掘,取得更多重量级的成果。

第三次,2014年11月参加"媒体·报人·社会责任——纪念史量才遇害80周年学术研讨会"。

2014年11月15日,由上海市历史学会、复旦大学新闻学院、复旦大学历史系、上海静安区文史馆、上海史量才研究专业委员会等单位主办,上海泗泾镇承办的"媒体·报人·社会责任——纪念史量才遇害80周年学术研讨会"在上海文化名城泗泾镇举行。我应邀与上海社科联主席秦绍德、上海市历史学会会长熊月之、上海新闻所前所长马光仁等参加会议。

会议研讨阶段,我发表了《拓展领域,全方位研究史量才》的主题演讲。①

在闭幕式上,我应邀致闭幕词。我对此次会议予以了充分肯定和很高的评价,用"参会人数不多但代表性广,规模不大但规格高,论文数量不多但质量高"等几句话对这次会议的特点进行了归纳,并提出"史量才不仅是上海的,还是中国的、世界的,史量才研讨会要走出上海,走向全国,甚至全球。"

第四次,2016年10月参加"近代中国报人之路——2016史量才研究学术研讨会"。

2016年,不是史量才的任何纪念年,浙江大学为何要举办这次会议?关于这次学术会议的由头我还费力进行了一番考证。据浙江大学传媒与国际文化学院院长韦路说:"在华科那次中国新闻史学会的颁奖典礼上,庞老师跟我说,希望在浙大办会。会后就开始对接了。"韦路给我提供了2015年11月

---

① 会后,组委会出版名为《史量才——媒体、报人与社会责任》的论文集(姜义华、傅德华主编,上海书店出版社2015年11月出版),我的这篇发言作为"代序"放在卷首。

研讨会期间，作者（右）与秦绍德（中）傅德华（左）合影

10日庞荣棣给他写的一封电子邮件，说："这应该就是2016年会议的缘由。"庞荣棣在电子邮件中说："有幸在您曾经的母校相逢，难忘您与吴博导在台上热烈拥抱的动人情景。我也因此心生到贵校的老校区——之江大学瞻仰史公曾经赠送的两栋楼：钟楼、体育办公楼，于是便想到我们两家都有纪念史公的必要。在您校召开一次研讨会，是有意义的。蒙您爽快答应同意。"还说："我回沪后即向史量才研究委员会主任熊月之汇报，他十分赞同。"

经过一年的筹备，"近代中国报人之路——2016史量才研究学术研讨会"于2016年10月30日在浙江大学隆重举行。不仅浙江大学传媒与国际文化学院与上海市历史学会、上海史量才研究专业委员会出动，中国新闻史学会的领导也高度重视，因此，这次会议与会人数较多。除了我，还包括复旦大学原党委书记、上海市社科联主席秦绍德，上海史量才研究专业委员会副主任、史量才侄孙女庞荣棣，复旦大学历史系傅德华教授，国务院学位委员会新闻传播学科评议组召集人、复旦大学新闻学院黄旦教授，北京大学国家战略传播研究院院长程曼丽教授，中国人民大学新闻学院王润泽教授，南京大学河仁社会慈善学院办公室原主任王世清教授，浙江大学传媒与国际文化学院院长吴飞教授、副院长韦路教授，浙江理工大学文化传播学院院长陈改玲教授、传播系主任陆高峰教授，等等。

与会者围绕"史量才的办报实践与思想、《申报》面面观、史量才与近代中国和报人、报刊与社会"四个主题，展开了热烈的探讨。讨论的内容涉及史量才的办报思想与理念、史量才的办报实践及其社会影响、史量才的教育救国思想、史量才的报业救国思想、史量才的生平事迹、史量才的历史遗存、《申报》与现代社会等。我应邀在会上作了《坚守与缺守之间：史量才的"三格"主张与实践》的主题发言。

研讨会期间,专家们还参观了史量才的历史遗存:秋水山庄与史量才墓。

(3)发表关于史量才研究的主要观点。

我对史量才没有什么研究,所以在几次会议上的发言,主要是就我心中的疑问,不揣浅陋地讲出来,就教于方家。其疑问主要有二:

其一,如何界定史量才的报人身份?

胡政之指出,中国历来有两种人办报,一种是"专从生意上打算"的商人办报,一种是"为某党某派作宣传"的党人办报;吴、胡、张接办《大公报》后创造了第三种做报方式,即"议政不参政,营业不营利"的文人办报。史量才办报属于哪种?以往著作对此语焉不详,只是说1931年"九一八"事变是史量才和《申报》的政治态度的分水岭,并对"九一八"之后至史量才遇害前一段的作为予以肯定。《中国新闻事业通史》对史量才办报作了分段论述:始说"史量才独资接办《申报》后",经过10年(1912—1922)努力,"资金积累成倍上升,发展成为实力雄厚的现代化企业报纸"①;次说进入20年代,《申报》"谨慎小心的政治态度"造成了"营业上、业务上的稳步发展";后说1931年"九一八"事变后,"平时慎于言行的史量才,也积极参加了抗日救亡的社会活动",因而,"通常在重大政治事件中谨慎保守的《申报》一改常态,表现出积极抗日和要求民主的进步倾向"②。这样分阶段论述似乎很合乎实际,也基本上描绘出史量才办报思想和政治思想的变化路线,但由于没有对史量才办报身份的整体界定,因此,各时期的史量才就被割裂开了,阶段与阶段之间缺乏必然的逻辑联系,影响对史量才的整体认识,有损历史研究的价值意义。因此,必

---

① 方汉奇主编:《中国新闻事业通史(第2卷)》,中国人民大学出版社1996年版,第75页。
② 方汉奇主编:《中国新闻事业通史(第2卷)》,中国人民大学出版社1996年版,第181、427、428页。

须对史量才的身份作一个整体界定。要对史量才的办报身份作个整体界定，必须搞清楚以下三组问题。

第一，"八字方针"与"委曲求全"。史量才接办《申报》后，与《新闻报》一样，一直施行的是"无偏无党""经济独立"八字办报方针。这个方针原本是福开森在接办《新闻报》后不久提出来的。史量才1912年接办《申报》时，面对资产阶级政党报纸急剧堕落、威信扫地，大批民营报纸也因接受津贴卷入争权夺利的党派斗争之中而陷入毁灭，以致社会对政党报纸普遍地唾弃的现实，他也和其他新闻界人士一样，力求在"独立"的和"非政党"的新闻事业中寻找出路。加上他接办《申报》过程中，与席子佩的一场官司使其倾家荡产，为了恢复元气，迫使他只能更加念生意经；尤其是到20年代后，中国形势发生新的变化，急风暴雨似的革命群众运动席卷中国大地，各界人士都拭目以待，民族资产阶级报人们对这场斗争的性质不理解，也没有实力去干预这场斗争，所以他们力图避开这场尖锐的斗争，为新闻事业开拓一条"安全"发展的道路，这样，"无偏无党""经济独立"的办报方针不仅为《新闻报》《申报》所推崇，而且已被很多同类报纸所采用了。

可见，史量才和《申报》奉行的"无偏无党""经济独立"的八字方针的实质是回避政治风浪，成为"遇到这种问题绕道走"的"典型"。① 与同时期《大公报》提出的"不党、不卖、不私、不盲"的四不方针相比，具有明显的消极取向。其表现为：削弱报纸的政治性内容，加强知识性和社会性内容，以适应更多的读者的口味，以此扩大报纸的销路；招罗一些鸳鸯蝴蝶派的文人为他主持副刊"自由谈"，连载才子佳人的小说以吸引读者；重新闻，轻言论，社论和长篇政论文章在报纸上基本取消，而代之以百数十字的短评，也是尽讲一些不着边际、八面圆通的话；在经营管理上下功夫，千方百计增加赢利，如延聘经营能手张竹平为经理，在报馆设立广告科，抢广告客户，成立"递送公司"，抢发行时间，使用新五号字，降低成本，增加内容。

综观史量才经营报业，与他经营其他实业无异，两个行业，一种方式——企业经营。1922年，《申报》创刊50周年，史量才主持编撰了一部《最近之五十年》，分为"五十年之世界""五十年之中国""五十年之新闻业"三编，前面有张謇和章炳麟作的序和史量才写的自序。可见，在史量才看来，经营报纸同经营其他实业一样，要生存，要发展，有历史，有品牌，存在就是胜利，发展是硬道理。1928年，史量才在《申报发行二万号纪念》中庆幸地说："抑申报舟

---

① 马光仁：《上海新闻史》，复旦大学出版社1996年版，第551页。

也,同人舟之执役也。风雨艰难,晨昏与共。幸无倾覆之虞,免罹灭顶之祸。"并分析说,"民国以来拥重兵振大炮者","其势力之雄千万倍于报纸,然倏尔败,倏尔逃,倏尔死矣。其如虎之兵士,倏尔缴械,倏尔改编,倏尔流为盗匪。试一回顾此冷静之申报,犹得日与阅者相见而无间。若逞其意气取快一时,恐吾同人亦早在缴械、改编之例矣。"他自我解嘲说,"吾与申报周旋者十有六年",虽然"不能使申报光而大之",但是遇事保持"冷静",甚至"委曲求全",以求为民众保存"此笺笺报纸"①。

按经商方式经营报馆,对于小商贩②家庭出身的史量才来说,可谓是"家学渊源"。史量才幼年丧母,不到10岁便随父亲来到泗泾镇谋生。泗泾镇位于上海县、清浦县、娄县与上海市区的交界处,波泾、外波泾、洞泾、张泾在这里交汇,交通方便,米粮集散,水产贸易,商贾云集。史量才到泗泾镇后,被这里浓厚的商贸气息所浸染。加上与经商的父、兄(家桢,为其父亲抱养的义子,在药铺做学徒)密切交往,耳濡目染,难免滋生若干商业意识,成为他后来盘购《申报》的第一块思想基石。1903年,史量才从杭州蚕学馆毕业,到上海闯荡。"以财色为中心"③的上海文化使史量才心中原本懵懂的商家意识被激发而变得清晰。1912年,他之所以盘购《申报》,从泗泾到上海积累起来的商家意识是起了重要作用的。独到的商业眼光,使他看好《申报》商人办报的基础,越来越强烈的商业意识使他在接办《申报》后,萧规曹随,在商人办报的路子上继续前行。

史量才靠商人办报模式把《申报》的事业推到发展顶峰——发行量猛升、营业收入剧增。1912年,《申报》发行量不足7000份,10年后到1922年增长到3万份,1930年增长到近15万份。《申报》经济实力骤增,史量才财大气粗。于是一栋造价70万元、占地736平方米、建筑面积3680平方米的设备先进、宏丽宽敞的《申报》新报馆1918年竣工,成为中国新闻史的破天荒,着实令人羡慕。20世纪20年代后期,史量才先后购进了上海《时事新报》、天津《庸报》和上海《新闻报》50%的股权,成为中国名噪一时的报业大王和当时中国最大的报业资本家。1929年,史量才又修建了"与其身份相匹配"的私人豪宅——史公馆。据当时的报纸介绍:"哈同路9号大门上有铜制SLC巨

---

① 程曼丽、乔云霞主编:《中国新闻传媒人物志》(第2辑),长城出版社2014年版,第160页。
② 其父史春帆在泗泾镇开了一家泰和堂药铺,小本经营药材生意。
③ 杨东平:《城市季风:北京和上海的文化精神》,新星出版社2006年版,第89页;袁行霈、陈进玉:《中国地域文化通览·上海卷》,中华书局2013年版,第8-24页。

字,入门便见宏敞奂丽、有园林之趣的景象。"厅事外有喷水池,池外种花成园,园后是一片小树林,林后是巨大的练身场,可作三个球场。右边有一方游泳池。宅有二厦,西式居中,右为华式大厅,另一座砖木结构的二层小楼将二厦沟通。① 当年7月15日,上海记者工会招待前来访问的美国记者团,地点就在竣工不久的史公馆。史公馆的豪华和生活之奢华程度令来访问的美国记者团领队庄蔼士都感到吃惊。史量才还花数十万两之高价从一个德国人手中购买了一辆"亨斯美"马车,成为第一个拥有"亨斯美"的华人。当时,整个上海拥有这种马车的不到10人。

无论从办报思想还是从办报实践看,此时期的史量才办报基本上属于企业家办报或者说是商人办报,营利是其办报的主要目的,他无疑属于商业报人。

第二,"史家精神"与"报馆独立"。史量才多次提到报人的史家精神,认为"日报负直系通史之任务",要求《申报》同人"以史自役"。② 史量才所谓的史家精神,主要包括两层含义,其一是真实,其二是独立。

1922年,他在《申报六十周年发行年鉴之旨趣》中写道:"日报者,属于史部,而更为超于史部之刊物也。历史记载往事,日报则与时推迁。非徒事记载而已也,又必评论之,剖析之,俾读者惩前以毖后,择善而相从。盖历史本为人类进化之写真,此则写真之程度,且更超于陈史之上,而其所以记载行迹,留范后人者,又与陈史相同。且陈史以研究发扬之责,属之后人;此则于记载之际,即同尽研究发扬之能事。故日报兴而人类进化之记载愈益真切矣!"③在这里,他认为报纸比历史的责任更重大,因而必须比历史更真实。报纸不仅要记载事实,而且要发表评论,明辨是非,陟罚臧否,引导社会,有研究和发扬的双重功能,所以他希望记者报道新闻要近于"写真程度"。他认为办好报纸,"编辑方面,以消息为最难抉择"。他在回答美国密苏里大学新闻学院院长威廉博士关于"中国报纸除了经济原因外,最尴尬的是什么"时说:"盖今日之新闻界,尚少忠诚之通信员也。"④记事要真实,评论更不可有偏差。报纸引领社会,如果评论出现偏差,就会是"差之毫厘,谬以千里",对社

---

① 转引自庞荣棣《申报魂:中国报业泰斗史量才图文珍集》,上海远东出版社2008年版,第85页。
② 史量才:《申报六十周年发行年鉴之旨趣》,李维民主编:《中国年鉴史料》,北京志鉴书刊研究院2003年版,第41-42页。
③ 同上书,第39页。
④ 谢介子:《世界报界名人来华者之言论丛辑及予之感想》,《最近之五十年:申报五十周年纪念(第三编)》,申报馆1922年版,第49页。

会造成极大危害。有人回忆说:"平日先生之于报纸,持论主张公正,新闻主张翔实,孳孳为社会谋福利,尽国民天职。"①"九一八"事变发生的第二天,《申报》就以醒目标题刊出《日军大举侵略东省——蔑弃国际公法,破坏东亚和平》等新闻,并以大量篇幅登载了87条战地消息,其中45条是《申报》记者第一手采访所得,9月23日还发表时评《国人乎速猛醒奋起》,责问国民党军队妥协退让到何时,提出希望国人赶快奋起自救、抵抗。

史量才说:"人有人格,报有报格,国有国格,三格不存,人将非人,报将非报,国将非国。"②在他看来,高尚的报格和高尚的人格,就是我国传统文化中所谓的贫贱不能移,富贵不能淫,威武不能屈。对于报纸来讲,就是坚持独立自主,不为金钱所动,不为权势所屈。1921年12月24日,史量才接待来访的美国新闻学者格拉士(F. P. Glass),在回应格氏所说的报纸要有独立精神时说:"孟子所谓'贫贱不能移,富贵不能淫,威武不能屈',与顷者格拉士君所谓'报馆应有独立之精神'一语,敝馆宗旨似亦隐相符合。且鄙人誓守此志,办报一年,即实行此志一年也。"③

的确,史量才没有说假话,也没有食言,他主持《申报》期间,《申报》都很好地保持了独立精神。1915年袁世凯称帝前后,史量才与《申报》拒绝重金收买,坚决反对帝制。1928年,《申报》公开违抗南京国民政府新闻检查的规定,多次"开天窗",史量才还义正词严地拒绝当局"派员指导"。1932年12月,史量才引进黎烈文,改革《申报》副刊"自由谈":大量发表鲁迅及其他左翼作家的文章;1933年,蒋介石亲率大军对中共中央根据地进行围剿,《申报》

---

① 转引自张育仁:《自由的历险——中国自由主义新闻思想史》,云南人民出版社2002年版,第387页。

② 关于"三格论"的出处,据庞荣棣女士揭载,1929年1月,史量才秘密从福开森那儿购买《新闻报》65%股权的消息传开,遭到《新闻报》员工的抵制,掀起一场轩然大波。国民党上海市党部也借机制造混乱,1月20日,六区党务指委会给《新闻报》报馆发函说:"唯福开森虽去而野心家又来,驱虎进狼,不独影响于民族,且将波累于党治,尚冀不挠不屈,坚决收回,以宁为玉碎不为瓦全之决心而与言论界恶魔相宣战,务使言论机关保持独立而不落入托拉斯或反革命之手,则所愿也。"面对《新闻报》员工和国民党的两面夹击,为了平息风波,史量才一方面退出15%的股权,一方面将《新闻报》代表请进史公馆进行面对面的沟通。他在回答"有无军阀操纵"的发问时说:"人有人格,报有报格,国有国格,岂能受人操纵?"(参见庞荣棣:《申报魂:中国报业泰斗史量才图文珍集》,上海远东出版社2008年版,第97-101页。)此外,庞2016年7月16日给笔者的电邮中又说:"我始终没找到史公关于'三格'的完整原话,仅在《上海文史资料选辑第47辑》第89页马荫良文《坚持抗日,反对内战——史量才1932年》最末有一句:'史量才生前经常谆嘱申报同人:人有人格,报有报格,国有国格。他为维护人格、报格、国格而牺牲,将永远受到后人的尊敬。'"

③ 谢介子:《世界报界名人来华者之言论丛辑及予之感想》,《最近之五十年:申报馆五十周年纪念(第三编)》,申报馆1922年版,第52页。

连续发表陶行知写的《三论"剿匪"与"造匪"》的文章,与蒋介石围剿唱反调;同年7月《申报》刊登了有关"中大学潮"的报道和评论,揭露新任教育部长、原中大校长朱家骅挪用水灾捐款的丑闻。由此,我们看到了史量才身上高尚的人格和"文人办报"的风采。

第三,"《申报》改革"与"双百"较量。《申报》创办于1872年,到1932年即走过了60年历程。为了促进事业发展,史量才决定从1931年9月1日开始的一个年度为纪念年,并于当日发表《本报六十周年纪念年宣言》,围绕"如何以肩荷此社会先驱推进时代之重责、如何使社会进入合理之常轨、如何使我民族臻于兴盛与繁荣"等重大问题,宣布7项改进举措为今后努力之鹄的:介绍科学新知识,指示世界经济转捩情势,探求社会矛盾解决之道路,代表公正舆论,引导并扶掖青年,研究边疆问题,鼓吹移民殖边,陈述国际政治之情势等。该宣言的发表是《申报》改革起始的标志,不幸宣言发布17天,震撼世界的"九一八"爆发了。大难临头,举国惶恐,《申报》决定"以实际精神,从头做起",于是在1932年11月30日,又发表了《申报六十周年革新计划宣言》,宣布了12项具体改革计划,从报纸版面、新闻采写、复刊改进、专栏设置,到发行《申报月刊》《申报年鉴》、编著精详的中国地图等,使《申报》成为"社会的一架伟大的教育机器"和"传达公正舆论,诉说民众痛苦"的"放声机"。《申报六十周年革新计划宣言》将《申报》改革提高到一个新的高度。这一变化的主要原因当然是"九一八"事变的刺激。"实业救国和新闻救国是史量才救国梦的两翼。"①所以,在分析史量才及其思想发展和《申报》改革的时候,应该把视野放得更远一些,看到史量才的全部活动,不要仅局限于《申报》的版面变化和《申报》馆的出版活动。打开视野后,我们看到,史量才在经营报业成功后,就借重在新闻界的地位,把活动天地从报界扩展到实业界、金融界,参与创办中南银行,发起民生纱厂,扩大五洲药房,复兴中华书局,等等。他不仅是中国当时最大的报业资本家,也是当时中国有影响的实业家之一,社会地位得以急剧提升。随着社会地位越来越高,史量才又开始把活动范围从舆论界、实业界扩展到政坛,希望成为政治舞台上的精英;经济实力的增长、社会影响的提高,为史量才走上政治舞台提供了雄厚的资本,于是他从言论干政到实际参政的意向越来越明显。

1931年12月15日,内外交困的蒋介石暂时下野,《申报》竟发表时评《欢送》,矛头所向,情绪表达,十分明确;蒋离开南京前下令杀害了第三党领袖邓

---

① 张育仁:《自由的历险——中国自由主义新闻思想史》,云南人民出版社2002年版,第368页。

演达,宋庆龄知道后,撰写著名的时局宣言《国民党不再是一个革命集团》,《申报》立即在显著位置刊登了这个宣言;史量才不仅在报上发表文章,公开提出"结束一党专政"的政治主张,而且积极支持宋庆龄、蔡元培、杨杏佛、鲁迅等发起成立"中国民权保障同盟"。史量才虽然没有加入同盟,但是出席了同盟的成立大会并发言,还指定了两名《申报》记者以个人名义加入同盟。

淞沪抗战更是为史量才提供了一个施展政治抱负的大舞台。1932年1月中旬,史量才预感到战争不可避免,便约请工商界、文化界有影响的头面人物20多人,发起成立"壬申俱乐部",并多次开会商量抵抗外侮的对策。战争一爆发,1月31日,"壬申俱乐部"立即将组织扩大成为"上海市民地方维持会",史量才被推举为会长。一时间,史量才成了上海最活跃的人物之一,他白天在维持会组织慰劳将士、救济难民、调剂金融、维持商业及其他维持地方秩序的工作,晚上到《申报》馆了解关于战事的报道,确定战事新闻报道策略。一手抓地方维持,稳定市面,一手抓舆论宣传,鼓舞士气。总之,在淞沪抗战期间,史量才成了上海颇具影响力的领袖人物;上海实业界、舆论界,都唯史量才马首是瞻。史量才在蒋介石的发祥地、国民党政府财政后方的上海坐大,凭借他在舆论界、实业界的地位,利用手中《申报》呼风唤雨,指手画脚。

同时,由于社会影响越来越大,社会地位越来越高,史量才的自我感觉也越来越好。早在1931年11月8日,蒋介石邀请上海各界领袖到南京"征询民众对和平、外交、建设各项意见",史量才在被邀者之列。会议休息时,蒋介石与大家合影留念。参加合影的17人,前排7人,最中心位置上站的是史量才,蒋介石被挤到右三的位置上。1932年还发生一件看似个人修养、实为政治的事件。据黄炎培回忆说,"有一天,蒋召史和我去南京,谈话甚洽。临别,史握着蒋手慷慨地说,你手握百万大军,我有申、新两报百万读者,你我合作还有什么问题!蒋立即变了脸色。此后蒋就叫陈果夫、陈立夫给《申报》馆多方为难,一度报纸被停邮,逼报馆撤几个人的职务,一是陶行知,另一个就是我……"①黄炎培的话是可信的。史量才居然把自己放在与总统平起平坐的位置上,蒋介石"立即变了脸色"是不言而喻的。

综观史量才1931年以后的言行,其已经超出了一个民间报人应该保持的言行。于是发生了1934年11月13日在浙江海宁县翁家埠的血案。这场"百万大军"与"百万读者"的较量以后者的"头破血流"而告终。

由以上三个问题的分析,似可得出这样的结论:如果从购进《申报》算起

---

① 黄炎培:《八十年来》,文史资料出版社1982年版,第92-93页。

到1934年遇害为止,史量才经营报业22年。22年中,史量才作为中国报业的经营者,是很成功的。他不仅把《申报》的发展推向了第二个高峰,完全可以同该报的创始人安纳斯脱·美查(ErnestMajor)比肩,而且作为当时中国报业的领军人物把中国民营报业的现代化带进了一个绝无仅有的黄金发展时期,同时,他本人也成了中国新闻史上最大的报业资本家。所以,"企业家办报"或者说"商人办报"是史量才办报身份的主色。而从他强调办报的史家精神,倡导独立人格和独立报格来看,又带有几分中国传统的文人办报成分。中国文人的爱国情怀、责任意识等优秀品质在史量才办报过程都有表现;同时,中国传统文人的"书生气""迂气"在他身上也有所流露。最后,他既没有满足商人办报的成功,而是在腰缠万贯、一呼百应后步入政坛,成为自己所希冀的政坛精英;他更没有遵守文人办报"议政不参政"的规则,不是如张季鸾、胡政之那样只是以言论报国,对政府"小骂大帮忙",而是摆出与总统"平起平坐"的架势,并表现出几分明显的"问鼎"意思。他虽然没有明确地参加某个党派,然而已经带有几许党人色彩;他虽然申明经营报纸"纯以社会服务为职志,不挟任何主义,亦无任何政治背景",不是党人办报,但是从实际行动看,已经开始有政党报人的趋向了。正如恽逸群所说,史量才"一身兼舆论权威、金融家、实业家",又是"社会领袖","他憧憬着欧美资产阶级的民主政治,希望成为政治舞台上的中坚分子"。[①] 所以,史量才办报身份可以这样界定:以商人(企业家)办报为主色,兼有文人办报色彩,并开始趋向党人办报。

其二,如何评析"史量才之死"?

这个问题与前面的问题有一定的连贯性。

学者傅国涌在《"报有报格":史量才之死》一文中以详尽史料论述了"史量才办《申报》22年,始终贯穿着他对报纸独立品格的追求,并以他的办报思想和报业实践丰富、提升了中国新闻史"。[②] 该文最后说:"史量才先生以鲜血染红了《申报》,用他的生命捍卫了报格和人格。"[③]《申报》老人、史量才生前秘书马荫良先生说得更明确:"他为维护人格、报格、国格而牺牲,将永远受到后人的尊敬。"[④]

史量才具有崇高的人格,史量才时期的《申报》具有崇高的"报格",这些

[①] 恽逸群:《杜月笙论》,转引自丁淦林为庞荣棣《申报魂:中国报业泰斗史量才图文珍集》写的序。
[②] 傅国涌:《追寻失去的传统》,湖南文艺出版社2004年版,第123页。
[③] 同上书,第134页。
[④] 马荫良:《坚持抗日,反对内战——史量才在1932年》,《上海文史资料选辑 第47集》,上海人民出版社1984年版,第89页。

判断是毋庸置疑的。但是,要说史量才用"流血"捍卫了《申报》的报格,那就值得商榷;如果从"报人格"的角度看,"史量才之死",更是另当别论了。

何谓"报人格"?"报人格"是"人格"的职业化,是报人履行天职的必备条件。胡政之说,新记《大公报》续刊时宣布的"四不"(后来被归纳称"二不")既是《大公报》的办报的方针,又是《大公报》报人的行事准则。推而广之,这个"四不"可以是做报人的资格,即"报人格"。胡政之、张季鸾坚守这个"报人格",把《大公报》推进到发展高峰,使其在国内外享有盛誉,他们自己也获得成功:张季鸾病逝时,哀荣极致;胡政之作为中国代表团成员出席联合国创建成立大会。

从"报人格"视角看看史量才。众所周知,从 1912 年至 1933 年,史量才因为办报事与当局发生过一系列的冲突(前面已述,此处不赘),这些冲突或者不了了之,或者通过斡旋得以"和平解决"。而所以如此,是因为史量才的办报活动尚在办报活动范围之内。而最后惹上的"杀身之祸"的主要原因不是办报。军统特务沈醉谈到"史量才之死"时说:"我所了解的主要是由于蒋介石得到情报说史当时很同情共产党,曾接济过上海中共地下组织的经费,所以决心要杀害他,并以此警告其他同情中共的人士。加上他所主持的《申报》经常有一些不满蒋政权黑暗统治的言论。"[①]曾在《申报》当过编辑,后任国民政府军事委员会少将参议的龚德柏也说:"因《申报》被共产党利用,成为反政府政策的急先锋,而触怒某方面,致史量才丧失其生命。"[②]虽然他们所说的"接济过上海中共地下组织的经费""被共产党利用"的说法缺少史料依据,但是说明了一点,那就是导致史量才被害的是因为他超越"报人"身份而直接参与"政治"。

实际上也是如此。随着办报业、办实业的成功,随着社会地位越来越高,史量才失去了当初处事的谨慎与对报人身份的坚守,开始把活动范围从舆论界、实业界扩展到政界,从言论干政到实际参政的意向越来越明显(前面已述,此处不赘),尤其是与"中国民权保障同盟"保持密切关系。据《申报》驻南京记者钱芝生回忆,1933 年 6 月 18 日,国民党军统在上海暗杀了同盟总干事杨杏佛,"蒋介石一方面要吓唬孙夫人和另一'民权保障同盟'负责人蔡元

---

① 沈醉:《杨杏佛、史量才被暗杀的经过》,《文史资料选辑 第 37 辑》,文史资料出版社 1963 年版,第 169 页。

② 龚德柏:《龚德柏回忆录——铁笔论政书生色(上)》,龙文出版社股份有限公司 2001 年版,第 229 页。

培;一方面想镇压史量才以劫夺《申报》"。① 这就很清楚了,史量才之死的主要原因不是办报,不是对"报人格"的坚守,而是报人身份的越位,由"干政"越位到"参政"。

黄炎培说史量才"公余之暇,出入道释两家,参览典藏,习静坐……"②可惜得很,"出入道释两家",常打坐悟道的史量才,对于"报人身份不越位""舆论干政不参政"的道理没有悟出来。

二、不了情

(一)我的学院学术委员会主任职务"被卸任"

2006年7月,我从学院行政领导岗位上退下来时,依旧担任第二届校学术委员会委员,保留院学术委员会主任的职务。2014年4月,第二届校学术委员会届满;9月,第三届校学术委员会决定成立分学术委员会,即工科一、工科二、人文社科、理科和医科五个分委员会。我因任新闻与信息传播学院学术委员会主任,而被聘为学校学术委员会人文社科分委会委员,任期与第三届校学术委员会委员一致,即到2019年3月期满。

虽然,在当时,国家把学术委员会的工作说得很重要,赋予了很大的责任,但是实际上它起的作用并不大。虽然学校学术委员会委员只是个虚职,人文社科分委会委员只是参与文科的一些学术活动,比如评奖、项目评审之类,即使是学院学术委员会主任,也没有很多事情要做。虽然如此,但是这两个职务让我制度性地参与学院和学校文科的一些学术活动,使我感到我还没有离开学校,没有离开学院这个大家庭。尤其是作为学院学术委员会主任,想为学院的学科发展和学术进步发挥一点作用。

2017年12月的一天早上,我照常出去走步,经过东六楼时,看到门前贴着一张公告,一看,原来是新闻与信息传播学院的文件,院字〔2017〕4号:

---

① 钱芝生:《史量才被暗杀案真象》,《文史资料选辑 第18辑》,中国文史出版社1989年版,第156页。

② 黄炎培:《史量才先生之生平》,《中华文史资料文库 第16辑》,中国文史出版社1996年版,第182页。

华中科技大学第二届校学术委员会届满合影留念
2014年4月10日于磨山樱园（后排右二为作者）

关于新闻与信息传播学院学术委员会换届的决定

根据《中华人民共和国高等教育法》《高等学校学术委员会规程》《华中科技大学学术委员会章程（暂行）》的有关规定，华中科技大学新闻与信息传播学院对院学术委员会进行了换届选举。

……

华中科技大学新闻与信息传播学院中共华中科技大学新闻与信息传播学院委员会，2017年12月。

从文件上公布的新的新闻学院学术委员会人员名单看，我的学院学术委员会主任"被卸任"了。换届是很正常的，任职卸任也是很正常的，问题是：按照文件规定，此时我的人文社科分委会委员、学院学术委员会主任的任期还没有到期；并且换届的事，我之前一无所知，没有人事先给我打个招呼。因而，我心中泛起几丝的不快，就像东六楼前"眼镜湖"水面上泛的几丝涟漪。不过，几丝的不快持续时间不长，随着当天早晨走步的结束而烟消云散了。后来我多次接到学校人文社科分委会开会通知时，我说，我不能参加了。对方问为何，我回答说，我是以学院学术委员会主任的身份进入人文社科分委会的，现在我的学院学术委员会主任"被卸任"了，人文社科分委会委员也就自动解除了。对方说，我们没有接到新闻学院学术委员会换届的文件，新闻学院也没有上报换届后的委员会主任名单，你还是人文社科分委会委员。我说，对不起，我不能去开会。名不正言不顺！

以上情况，大约持续了有一年之久的时间。

我的学院学术委员会主任职务"被卸任"，虽然是件小事，但是意义不小，它标志我与学校、学院完全脱离了体制关系。

（二）我与新闻学院割不断的情

即使我彻底离开体制了，但是我对学校、对学院的情，却难以割舍，永远也割舍不断。凡是学院组织的退休教职员工活动，我都积极参加，尤其是点名道姓要我参加的活动，我更是毫不推辞。比如2018年年底，学院通知我参加学院教师年终总结述职大会。听完后，要我发个言。我很高兴地讲了自己的感想，为每位教师一年所取得的成绩表示祝贺，并有针对性地说了一点建议。我说，听教师总结成绩时，主要讲了教学、科研情况，只有一位教师（记得是青年教授袁艳）还总结了读书的情况。因此，我建议学院在教师中提倡读书，形成一个良好的读书风气，并以此带动学生读书；以后每年总结时，必须讲讲读书的情况。再比如，有一年，学院举行晚会，青年教师排练节目，邀请我参加，扮演一个角色，我也乐于参与。

总之，虽然我与华工新闻学院脱离了体制上的联系，但是在思想上我永远都是华工新闻学院的一员！华工新闻学院永远都是我的精神家园！我有每天早起走步的习惯，我选择的路线是，从喻园小区出来，向南上紫荆路，经过东六楼大门前,从东至西操场,再从西向东回喻园小区。每天经过东六楼时,我都不禁感从中来,有时还停下脚步,凝视一眼邵华泽先生写的"华中科技大学新闻与信息传播学院"院牌,转过身欣赏一下对面的"世界文化名人园"和如诗如画的"眼镜湖"。

东六楼(新闻学院楼)楼前有世界文化名人园

东六楼对面的"眼镜湖"之东湖,湖中有醉晚亭

/做事喻家山下/

我1945年生,属鸡,命苦,勤劳,是一个做事的人。肯做事,能做事,有时也能做成一点点事,虽然都是些小事。

我是一个尘土小人物,我做事,谈不上"干事业";但我还算是有点理想,有点追求,我做事,也不单单是"为稻粱谋"。

由于众所周知的原因,我在40岁以前蹉跎岁月,40岁以后,既有了机会(国家改革开放了),又有了环境(走进华工园),更要抓紧做点事。

故中篇文字记载我三十八年来在喻家山下所做的事。

第六章
夫子生涯

我不是读师范学校的,我从事教师这个职业并不是出于热爱而自觉的选择,而是无可奈何、别无选择的选择。但在工作实践中,慢慢地,我爱上了教师这个职业,并且一辈子只从事过这一个职业。

一、一辈子一职业

(一)别无选择的选择

我们1964级大学生本来该是1969年毕业,由于当时还是"史无前例"年代,不能按期毕业。当年8月,在工(军)宣队的率领下,我们从武昌珞珈山来到襄阳隆中("文革"前,武大曾在隆中广德寺办过分校),名曰"待分配",实则"斗批改"。正好附近正在建造一个军工厂,我们成了身强力壮的不付工钱的劳动力。我们每天白天去采石场打石头,晚上回工棚搞运动。这样过了大约一年。

1970年7月,我们被带回珞珈山,与1965级的同学一道参加分配。说是分配,实际上没有工作,被分别拉到各处的军垦农场当"军垦战士"。好在国家发工资,每月43.5元。名曰"军垦",实际上是在军人的看管下劳动改造。我和几位同学被安排到武汉军区政治部襄北农场。那里原本就是军队内部的一个劳改农场,有很多犯人在那里服刑。我们分去的100多名大学生①被编成一个连,命名"学生连",以示与服刑犯人的区别。

"学生连"分四个排,三个男生排,一个女生排,连首长和四个排长都是南方人,普通话讲得很不好,对我们这些"军垦战士"管得很紧,要求很严,除了安排繁重农活外,几乎天天都要集中"训话",言语带刺是应有之义。我隐隐约约地听说,这几位年轻军队干部不是武汉军区的,而是从四野127师抽调来的,负有特殊的使命,因而言谈举止中有明显的优越感。"军垦战士"们除少数几个人外,多数对他们的印象不好。"九·一三"事件后,武汉军区政治部来了一位副主任(好像姓周),在"军垦战士"中收集对他们的反映。据说一些女"军垦战士"向部领导反映了许多"问题",这几位连排首长受了批评,一排长还被摘下领章帽徽带走了,据说是因为利用职权同一个女"军垦战士"发生了"关系"。

此后,我们的"军垦"生活也随之进入尾声。还记得1971年的冬天特别冷,襄北地区下了几场大雪,大地茫茫一片。我们学生连的"军垦战士"们的劳动强度似乎有所减轻。1972年元旦后,学生连的"军垦战士"们开始接受"再分配"。所谓"再分配",也很简单,除极少数几个同学被直接分配到湖北省直机关外,90%以上的人都发配到各地县。我和几位同学被一辆大卡车拉到荆州地区②,与其他军垦农场分来的"军垦战士"一起被安排住在荆州地委党校学员宿舍。不几天,"再分配"完毕,大多数同学被分配到各县、公社,我因为女朋友(后来的妻子万锦屏)在荆州地区工作,就被留在沙市市。

当年,我们这些大学生最不愿意从事的职业就是当教师。因为教师被称为"臭老九"。1949年以后,地、富、反、坏、右为五类分子,是专政的对象、阶级敌人;"文革"开始后,增加"叛徒、特务、走资派"三种人;不久,"知识分子"也被划归其中,排在第九位,因为"摆臭架子",故称"臭老九",地位与元代时相同。据大元典制,人分十等:一官、二吏、三僧、四道、五医、六工、七匠、八娼、九儒、十丐。"介乎娼之下、丐之上者,今之儒也。"所以,无论是从政治的还是从社会的角度来看,无论是在今人还是在古人的眼里,知识分子(儒生)的地位都是很低下的;而在知识分子中,中小学教师又是最低下的。据报载,一位公社书记对一位小学老师说:"好好干,表现好了,我提拔你去供销社当营业员。"所以当时分配工作时,不少大学毕业生为了逃避当中小学老师,找

---

① 据说是从当时分配到湖北的众多大学生中挑选出的。
② 荆州地区全称为"荆州地区行政公署",当时下辖1市(沙市市)12县。荆州地区驻地为江陵县荆州古城,毗邻沙市市。

医院开"患咽喉炎"的证明,还有人吃辣椒故意把嗓子弄坏。有一个清华大学的毕业生,宁肯到县文工团吹黑管,有一对天津轻工业学院毕业的情侣,宁肯到小镇的小吃店做发面馒头,也不愿当中小学教师。

我能留在沙市,当然是很幸运的了,并且被分配到沙市三中,那就更幸运的了。沙市三中,1949年以前是湖北省第四高级中学,在全省有较高的地位,1949年后,改为湖北省沙市三中,为省重点中学。相对于我,有一个叫陈和生的人,运气就差了很多。陈和生是武汉人,北京大学核物理专业毕业,"再分配"到沙市后,被打发到本市的青年巷小学。他当然也就认命了。后来,此事被沙市师范一个叫周希铭的老师知道了,就找到市教育组反映,说把陈和生分配到青年巷小学不妥。周希铭是沙市三中前副校长周冰如的大公子,清华大学老五届学生,毕业后没有"军垦",直接分配回沙市教书,因此与市教育组的人熟识,至少能说得上话。周希铭与陈和生素不相识,可能只是出于"清华"和"北大"不能言明的感情吧。周希铭的话还真管用,不久,教育组便将陈和生重新分配到沙市三中。

我便和陈和生成了同事,他在数学组,我在语文组。开始时,三中没有青年教工宿舍,我和陈和生住了大约一个学期办公室。后来,学校才在办公楼(习坎楼)的楼上为我们安排了两间6平方米的房间。陈和生性情平和,不爱交际,只喜学习,每天除了上课,就待在房间学习,除了学数理知识外,就是学外语,不仅复习原有的俄语,还自学了德语和英语。几年后,他费了九牛二虎之力才调回武汉。1979年,他考取了丁肇中教授的研究生,1984年到美国麻省理工学院,获得博士学位后回国,到中国科学院高能所工作,很快就成为我国该领域的领军人物,2005年当选中科院院士。此是后话。

当一名中学老师,对于我来说,是别无选择的选择,不愿意又奈何?何况我分到了沙市市的一所较好的中学。我读荆州中学时,就知道沙市三中,两校都是省重点,我们高三二班与沙市三中高三二班还搞过联谊活动。比起那些分到各县、被打发到公社甚至生产大队教中小学的人来说,我算是比上不足比下有余很多,因而,我当时的基本态度是"既来之,则安之"!

(二)不知不觉地爱上了"她"

沙市三中,到底有湖北省重点中学的底子,教学设备齐全,师资力量雄厚,尤其是语文组,聚集了一批老武大的毕业生,比如老袁老师、老郭老师、老夏老师等,都有五六十岁了。他们对于我的到来,表示欢迎。"文革"结束后,又来了一个叫傅恒祺的老师,我第一次见他,他头发已全白,一些老教师对他很尊敬。原来这个傅老师是沙市刚解放时三中的校长,当时的社会名流,后来因为历史问题(据说他年轻时参加过三青团)被逮捕并被判刑,"文革"结束后被平反释放回家。傅恒祺是老武大中文系毕业生,学富五车,为人正直,加上当时教育战线人才稀缺,所以虽然他年纪大了,教育局和三中领导依然要他回学校教书。也许因为傅老师念校友之情,他对我特别器重,经常指导我读书和教学,还经常邀请我到他家吃饭。每逢过节,都要给我带些他老伴做的菜。他的老伴比他小很多,四川人,姓彭,我叫她彭老师。彭老师待人热情,烹调手艺很好。

  我在那里生活了13年。在这不算短的时间,我生活得还行,包括"文化大革命"的几年。我有一个特点,干什么事,就觉得应该把它干好。所以无论是做任课教师,还是当班主任,我都能尽心尽力而为,把事做好,即使是带着娃娃们到工厂学工、下乡学农,也是这样,因而我的工作受到领导和学生的肯定。再者,有"三中老师"的身份,走在街上,也不觉得有多么低人一等,尤其是打倒"四人帮"之后!

  在三中,我遇到了很多好人,交上了很多好朋友,也学得了很多好东西,尤其在教学方面。打倒"四人帮"后,三中也和全国学校一样,狠抓教育质量。学校领导要求各教研组对每个老师,从备课、板书、讲授到教态,每一个环节,一点一点"抠",一步一步提高。学校的公开课、全市的公开课,甚至全省的公开课,领导和老教师都为我提供了较多的锻炼机会。我不是师范出身,没有学过教育学、教育心理学,没有教学经验,老教师们耐心讲解,言传身教。如果说,我的课教得还行,还受学生欢迎的话,这都是三中的老教师手把手地传授的。到华工后,领导安排我接龚文灏之手,讲授学生不太"喜欢"听的中国新闻史课,我毫不犹豫地接受了,除了我自己喜欢历史外,还有就是我有那么一点点授课的底气,我相信我能上好课,能把课讲得学生爱听。

  就这样,我不知不觉地爱上了教师这个职业。而把这种感情理性化,并对这个职业怀有一种深深的敬畏之心,还得从"批林批孔"说起,或者说,我对师职的理性理解是"批林批孔"的副产品。

  1973年,中国掀起一场轰轰烈烈的"批林批孔"运动,其中有一项重要内容就是批孔子的"师道尊严"论。事情的导火线是当年教育界发生的两起"事件",即"马振扶事件"和"黄帅事件"。

  "马振扶事件"是这样的:1973年7月10日,河南省南阳地区唐河县马振扶公社中学初中二年级的15岁学生张玉勤在英语期末考试时,因不会做,便在考卷背面写了一首打油诗:"我是中国人,何必学外文,不会ABC,也当接班人,接好革命班,埋葬帝修反。"次日,张玉勤受到校长罗长奇的批评,她便跳水自杀了。9月,南阳地区革委会文教局和唐河县革委会文教局组成联合调查组,做出"唐河县马振扶公社中学修正主义教育路线回潮所造成严重恶果的调查报告",要求地委将该调查报告批转全区各级学校。12月15日,唐河县委对"马振扶公社中学事件"做出处理,撤销该校党支部委员、革委会副主任罗长奇的职务,开除班主任杨天成公职,留用察看两年。后来"唐河县马振扶公社中学修正主义教育路线回潮所造成严重恶果的调查报告"被刊登在《人民日报》内参上。1974年1月,江青从《人民日报》看到这个材料后声称"我要控诉",王洪文也讲"对马振扶公社中学的负责人要判重刑"。1974年1月19日,江青派迟群、谢静宜调查此事。1974年1月31日,中共中央下发了"现场调查报告"的文件(即中发〔1974〕5号文件),把这件事称为"修正主义教育路线进行复辟"的典型。

"黄帅事件"是指:1973年9—10月,北京市海淀区中关村第一小学五年级二班学生黄帅,用写日记的方式给班主任齐洪儒老师提意见,师生之间由此产生矛盾。于是,黄帅给包括《北京日报》在内的首都多家报纸写信反映情况。讲自己怎么"挨整","我去上课就是准备挨整""老师拍桌瞪眼"等。最后说是老师的"'师道尊严'在作怪","难道还要我们毛泽东时代的青少年再做旧教育制度'师道尊严'奴役下的奴隶吗?"12月12日,《北京日报》以"一个小学生的来信和日记摘抄"为题,发表黄帅的来信和日记摘抄,并加长篇编者按语。根据姚文元的指示,《人民日报》于12月28日全文转载了《一个小学生的来信和日记摘抄》和《北京日报》的编者按语,并再加编者按语。黄帅被树为"反潮流典型"。

"马振扶事件"和"黄帅事件"后,全国教育战线开展批判教师的"师道尊严"运动。

我当学生时,没有批判过老师的"师道尊严",我做老师后,也没有作为"师道尊严"被批判过;我没有接受过师范大学的文化熏陶,缺乏对"师道尊严"的理解。在这次批判"师道尊严"运动中,为了写大批判文章,我便翻阅资料,查找证据,反复思考,结果"批判文章"写得"不合要求",反而加深了我对所谓"反动"的"师道尊严"论的认识。

"师道尊严"一词出于《礼记·学记》。在《学记》篇中,乐正克系统地阐述了教育的目的、教学的原则和方法、教学制度、教师的地位和作用等,篇中强调尊师重教、教学相长、循序渐进、触类旁通、师德师风、择师之道等。谈到"尊师重教"时,他说:"凡学之道,严师为难。师严,然后道尊,道尊然后民知敬学。"意思是说,做老师庄重、严肃,治学严谨,其所传之道才能受人尊重和相信,老百姓才会尊敬老师,尊重知识。

我理解为,"师道"就是为师之资,即做老师的必须具备的资格,应包括教师的"人品"和"学识"两个方面。

人品即人的品格,指人格和人性。"学识"是指"学问和见识"。韩愈在《师说》中所说的"道之所存,师之所存",指的是只有人格高尚、心地善良、学识渊博的人,方可为"人师";进而言之,只有具备师道的教师,他讲的话才有人听,他传授的知识才有人信,因而他才具备尊严,也才受人尊敬。可见,教师之所以有尊严,之所以受人尊敬,是因为他有"道"。既然"道之所存,师之所存",那么,"道之不存",何以为师?即使在名义上做了"老师",也是没有尊严的,也是不可能受人尊敬的。

依据乐正克的"师道尊严"论,在面对教师职业时,就不是你愿不愿意选择的问题,而是你够不够格担任的问题。因而,一个人在为师之前,要努力使自己具备"师道",即使为师之后,也要一方面履行自己的"师责",传道、授业、解惑;另一方面"不断修炼""不断学习",努力保持和继续提升自己的"师道"。

韩愈在《师说》中明确指出,老师的职责有传道、授业、解惑三项,归根结底是"育人"。世界上,还有什么工作比"育人"更重要,更艰巨?对于教师这一职业,简直可以用"神圣"来定义它。对于"神圣"之职业,还有什么理由不热爱它,不以身相许、以心相许呢?

对"师道尊严"的理解,对教师职业的认识,使我不仅安心做一名教师,而且对教师这个职业怀有敬畏,时时从"人品"和"学识"两方面不断修炼自己,以求无愧于"人师"这一神圣称号。也只有在这时,我才真正理解,在我们农村老家堂屋正中间的神龛上的牌位上将"师"与"天地君亲"并列,令人供奉的道理。

二、站稳三尺讲台

1985年来到华工园后,我对师职的思考仍一直没有停止过。我以为,教师的育人职责主要是通过教书来实现的,自古以来,社会称学校老师为"教书先生"。尽管说大学教师有教学、科研两项任务,但是应有先后和主次之分,教学为先,科研为后;教学为主,科研为次。即使是在所谓研究型大学,也应如此,否则就不能称之为学校,自可改为科研院所。

因而,我十分重视教学工作,并且在教学实践中有以下体会。

(一)设计好课程体系

时至今日,"新闻无学"论仍然在困扰着新闻学界和新闻教育界。我以为,这怨不得别人,主要还是我们新闻专业的领导和教师,没有拿它当"学"对待,除了学术研究不深不新不规范之外,还有就是将严肃的教学,待之如儿戏。专业设置混乱,课程设计无系统性,课程安排有随意性,不讲究课程之间的逻辑关系,更不讲究教学内容之间的逻辑联系。

新闻学作为一门学科,由新闻理论、新闻史、新闻业务三大部分组成一个有机的学科整体,每一部分的知识也是成体系的。虽然整个课程体系设计是学院领导乃至教育部学科教学指导委员会专家考虑的事,但是对于每一个任课教师而言,要搞好教学,首先要设计好自己所授课程的体系。虽然课程安排很大程度上是教学行政部门安排的,或者说是领导指派的,但是教师个人还是可以有所作为的。30多年间,我在新闻系(学院)所开设的课程大致有9门,除了第一门课程"中国新闻事业史"是领导安排的外,后面的课程都是我根据自己对新闻史的理解而设计开发的。我对课程设计的原则是:整个课程成体系,课程与课程之间应当有密切联系。

在讲授"中国新闻事业史"时,不免要涉及外国新闻事业的内容,由于课时所限,不可能讲得过多,学生听了往往感到不满足。当时,系里还没有开设"外国新闻事业史"课程,于是,在教研室主任王益民教授的鼓励下,1988年我开设一门"欧美新闻事业",次年扩充内容后成为"外国新闻事业史";1989年下半年,我为干部专修班开设"马列新闻活动与新闻思想史",由于受到学生欢迎,后来这门课成为硕士研究生的必修课;当年我开始为本科生开设"马列新闻论著选读";1996年起我为1995级硕士研究生开设"中西比较新闻史论";学院有了博士点开始招收培养博士生后,我为博士研究生先后开设"中外新闻思潮研究""新闻史论专题""新闻传播学前沿·新闻史部分"等。

虽然说开设了9门课程,实际上只有一大门,即"新闻传播史",只是各小门课讲授的深度、广度不同而已。

"中国新闻事业史""欧美新闻事业""外国新闻事业史"的教学目的是了解中国和外国(主要是欧美各国)新闻事业发展的历程,偏重于史实介绍,这两门课适于本科生学习。

"中西比较新闻史论"是在中、外新闻事业史课的基础上的提高,其教学目的是比较中西新闻传播发展的异同,进一步打开学生的学术视野;其教学内容是将本科阶段学习到的中外新闻发展史的事实,运用比较研究的方法,在中西文化的背景下,进行比较,找出异同。

"新闻史论专题""中外新闻思潮研究""新闻传播学前沿·新闻史部分"则是中外比较新闻传播史的再次提高,史论结合,以论为主,其教学目的是探索人类新闻传播业发展的共同规律和中国新闻传播业发展的特殊性,让学生不仅知道人类新闻传播业从哪里来,还思考其最终向哪里去。教学方法则主要是专题研究。

以上7门新闻史类课程分为三个层级,授课对象分别对应于本科生、硕士研究生和博士研究生。

而"马列新闻论著选读"和"马列新闻活动与新闻思想史"则是另一个系列:"马列新闻论著选读"的教学目的是引导学生研读马列新闻经典原著,教学方法主要是学生阅读,教师适当点拨和启发;"马列新闻活动与新闻思想史"则是在经典选读的基础上进一步理解马列新闻思想发展的脉络及其主要观点。前者的授课对象是本科生,后者为硕士研究生。开发这个系列课程,完全是一个偶然的机会,此事后面会论述。

这样围绕"新闻传播史"一个主题的课程体系,不仅全面系统地覆盖了这个主题所涉及的范围,而且层级分明,让学生在学习过程中,一个阶段上一个层级,由低到高,由浅入深。通过新闻传播史这几门课程的学习,学生不仅能了解中、外新闻事业发展的历史,而且能通过分析与综合,形成对世界新闻传播业发展的历史概念,了解新闻传播事业发展的规律,增加历史智慧,启发思维,提高彰往察来的能力。

(二)备课一环不可少

记得上大学时,我们特别佩服教"文艺理论"(后改名"毛泽东文艺思想")课的王文生老师,每次上他的课,我们都要提前去才能抢到座位,如果要抢到前面座位,那就得更早一点。为何喜欢他的课呢?就是王老师讲课有绝活,两节连上,他从来不看讲稿(当时没有教材,只有教材科制作的油印讲义),一气呵成,没有废话,也没有"嗯""哈""这个""那个"等语气词或缓冲语。他的讲课内容被记录下来,就是一篇漂亮的文章。

此外,私下听青年教师讲,程千帆先生讲课更精彩。据说,有些学生听一遍不过瘾,还想法将他的讲课录音后,在寝室反复听,说听千帆先生讲课是一种享受。程千帆先生在1957年被打成"右派元帅",我们进校时,他早已被剥夺了授课权,分配在系资料室上班。我们开始不敢同他讲话,怕被说与右派划不清界限。后来看到高年级的同学与他交谈甚欢,也便开始与他搭讪。主要是问资料方面的问题,他不仅可以告诉你,你要找的书在资料架哪一排哪一格,还可以告诉你要找的资料在哪本书上第几页。遗憾的是,我们没有机会听他讲课。

当然,能听到王文生老师的课,也算是一种幸运。1965年,中文系的师生被派到襄阳分校搞"教育革命",半天劳动,半天上课。老师学生住在一起,师生界限不是那么严格。有一次,我们几个同学在田头休息时问王文生老师讲课的秘诀,开始他不肯讲,说没有什么"秘诀",后来在我们的纠缠下,他只是轻描淡写地说了一句:"把课备好就行了。"他解释道,将要讲的内容不仅写在讲稿上,还要尽可能记在脑海里。王文生老师的"备好课",实际上是教师讲好课的一个有用的秘诀。

老师要讲好一门课,首先要充分准备,备好课,这是常识,无须多论。至于如何备好课,每个教师有自己的做法,没有定法。我没有王文生老师天资聪慧,记忆超群,更没有程千帆先生过目不忘的本领,只有笨鸟先飞,人一能之我十之。我的做法大致上按照以下三步进行。

第一步,是编写讲义和教材。

先编写讲义,再扩展成教材。如前,我1987年内部出版《中国新闻业史讲义》,几轮试用后,于1990年出版正式教材《中国新闻业历史纲要》。1992年出版《马列新闻活动与新闻思想史》,也是在学习《马克思恩格斯全集》和《列宁选集》,特别是在仔细研读其中有关新闻传播的文章后,先编写6万字的讲义,再结合伟人们的传记和国际共运史的相关资料,将讲义扩充成27万字的教材。编写讲义和教材的过程,就是一个熟悉教学内容的过程。讲义和教材是我一点一点查资料,并经过消化后,一个一个字写出来的,其内容已经很熟悉了,所以,使用自己编写的教材,讲授起来就方便多了,课堂上,基本上可以不看教材。

有些课程,没有条件用自编教材,但是必须有自编讲义。比如,"欧美新闻事业",我在收集资料后,编写了16万字的讲义。"中西比较新闻史论",开课多轮,学生反映很好,我来不及出教材,但已有近20万字的讲义,并且不断进行修改。

第二步,是编写讲稿。讲义、教材和讲稿三者有联系,但各有侧重,作用也有所区别。如果说,讲义是写作提纲,教材是根据写作提纲编撰成书,讲稿则是教师授课前根据教学大纲规定的内容,结合本轮授课对象的实际,写成的授课讲稿，它是教材的精编或改编，是演出台本。教材相对稳定，而讲稿不断变化，每一轮每一届的讲稿均有所变化。

第三步，是制作授课卡片。卡片上写的是本节课讲授内容的关键词，一张讲课卡片拿在手上，以备课堂上不时之需。教师走进教室，将教材和讲稿放在讲台上，基本不看，只凭一张小小的卡片，就可以讲一节课甚至两节课。老师不看讲稿，不翻教材，眼睛看着学生讲课，做到用眼神与学生交流。这样做的教学效果无疑会好一些。随着多媒体的出现，这种授课卡片被 PPT 代替了。

（三）"有所不为，而后可以有为"

学生手中有教材，他们对教材上的字基本上都认识，内容也基本上能看懂。在这样的情况下，教师该如何授课？俗话说，"有所不为，而后可以有为"，"伤其十指不如断其一指"。我的做法是，每一轮的课，不是从第一章讲到最后一章，事无巨细，面面俱到，而是抓住全书的几个重点章节讲深讲透，打几个深眼，划几道深痕，在学生脑海里留下深深印象，其余的内容留给学生自己看。另外，我对自己的讲课效果，不抱过高希望，一节课下来，学生记住一两句话就不错了；一门课授完后，学生能有一两点收获我就满足了。

不断更新授课内容，是我讲课的又一原则。学界传说，著名学者陈寅恪先生有"三不讲"的格言——"书上有的不讲，别人讲过的不讲，自己讲过的也不讲"，有人因此亲切地称他为"三不讲"教授。陈先生是不是有此三不讲之类的原话？据考证，没有。只是在《陈寅恪先生年谱长编》"附录一"中卞僧慧追忆道，陈先生 1935 年秋在"晋至唐史"一课开课时的解说中有如下一段文字："本课程通史性质，虽名为晋至唐，实际所讲的，在晋前也讲到三国，唐后也讲到五代，因为一时代的史实不能以朝代为始终（卞按：是年十月三日学校通告：本课程改为'晋南北朝史'，下学年开'隋唐史'。）……每星期二小时，在听者或嫌其少，在讲者已恨其多。其原因有三：一则以自己研究有限，自己没有研究过的，要讲就得引用旁人的研究成果与见解（包括古人的与今人的），这些都见于记载，大家都能看到，不必在此重说一遍；一则是有些问题确是值得讲，但一时材料缺乏，也不能讲；一则是以前已讲过的也不愿再重复，所以可讲的就更少了。现在准备讲的是有新见解，新解释的。"这可能就是后人总结的所谓"三不讲"。揆诸陈先生原意，可归纳为："别人讲过的不讲；自己讲过的不讲；自己没有研究过的不讲。"①

---

① 吴其尧：《"三不讲"和"四不讲"》，载《新民晚报》，2020 年 9 月 22 日。

陈寅恪先生高山仰止,我难以望其项背,他授课之"三不讲",我肯定做不到,但是其精神,我可以学习,就是在课堂上,除了讲授成熟的、学界所公认的知识之外,还应该尽量讲授一点自己所研究的最新成果。所以,我除了不断修订自己所编的教材之外,每轮授课都必须随时更新一些内容,其中有国内外相关研究的最新成果,也有我自己的最新研究成果。这也是我对大学"教授"的理解,或者说是"教授"与"教书匠"的区别。教授必须讲自己研究的新成果,用自己研究的新成果将学生带到本学科的前沿;而教书匠则是按照教材照本宣科,传授一些有标准答案的知识。当然,在科技发展、知识爆炸的当下,无论多么饱学的教授,也不可能做到他所讲的内容全都是自己的研究成果,但是必须有自己的研究成果。至于讲多少自己的研究成果,各人视自己的情况而定。我对自己的要求是,从本科生课堂到硕士研究生课堂,再到博士研究生课堂逐渐有所增加。博士研究生课堂上,教师必须就本学科前沿问题,与学生共同探讨。

(四)"不愤不启,不悱不发"

著名教育家叶圣陶先生有一句名言:"教是为了不教。"据考,这句话的文字表述第一次公开出现在先生 1962 年 4 月 10 日在《文汇报》上发表的《阅读是写作的基础》一文中。在这篇文章里,先生说:"凡为教,目的在达到不需要教。"他解释说:"达到不需要教,就是要教学生自己学习的本领,让他们自己学习一辈子。""先生的责任不在教,而在教学,而在教学生学。"

要达到不教的目的,在中国,主张教师在课堂上采用启发式教学法。"启发"一词源于《论语·述而篇》:"不愤不启,不悱不发,举一隅不以三隅反,则不复也。"宋代理学家朱熹解释:"愤者,心求通而未得之意也;悱者,口欲言而未能之貌也。启,谓开其意;发,谓达其辞。"意思是说,教育学生,不到他想弄明白而不得的时候,不去开导他;不到他想说却说不出来的时候,不去启发他。如果他不能举一反三,就不要往下进行了。只有用启发式教学,让学生能举一反三,便可达到叶公所说的"不教"的目的。

与中国的"启发式"相仿佛,在欧洲,苏格拉底主张用"问答法"来启发学生的独立思考,以探求真理,于是,在哲学研究和教学中,形成了由讥讽、助产术、归纳和定义四个步骤组成的独特的方法。讥讽是就对方的发言不断提出追问,迫使对方自陷矛盾,无辞以对,最终产生求知欲。助产术是在对方有了问题而亟须找到答案时,给予帮助,使其找到问题的答案。归纳即让对方从各种具体事物中找到事物的共性、本质,通过对具体事物的比较来寻找"一般"。定义是把个别事物归入一般的概念,获得对于事物的本质认识。

在我几十年的教学中,所采用的主要方法便是"启发式"。具体做法有:提问式、讨论式、讲评式等三种。

1. 提问式

具体做法是,课前下达阅读任务,并布置思考题。课堂上,先检查阅读情况,并抽查学生,回答思考题。接着,就学生回答问题中出现的问题进行讲解,之后,让之前回答不到位的学生继续谈对问题的理解,并请其他同学补充。同学补充时,我会抓住他正确的思路插话说"很好,再往前走一步",或抓住他错误的思路提示一句"此路不通,另辟蹊径",当他一时想不出时,便请其他同学"帮帮他"。

就这样,不断地提问—回答;教师简明扼要的讲解;追问—再回答;教师作结。课堂气氛热烈而活跃,紧张而轻松。时间很快过去,两节连堂课结束,教学任务完成,教学目的达到。

运用"提问式"教学法时,老师对回答问题优秀的同学给予高评分(80~95分),作为平时成绩;而对于回答问题不够好的同学,不予评分。这样的激励机制,促使学生发言十分积极。

此外,我还提倡学生对我的教材和我讲授的内容质疑。如果有学生能够这样做,"质疑"中肯,并能发表自己的看法,我会当场给予高分,记录在案,在最终成绩评定中占有很高的比重。比如,1988级有一位学生,在读大一时,对教材上说唐代"邸报"为中国最早报纸的观点提出怀疑,并说明理由;同年级还有一位学生提出,在华外报不能算中国近代新闻事业有机组成部分,只能算中国新闻事业史的一块"补丁",并说明理由。作为大一的学生,能提出如此问题,实属不易。我便充分肯定,不仅给予高分,而且作为典范,在此后的各届学生中加以宣扬。对于有学生提出与我讲解的不同观点,而我又不以为然时,我会一方面肯定他敢于质疑的态度,另一方面再次讲解我的观点,并补充新的史料加以佐证,直到他信服为止。在硕士、博士研究生中,我更是提倡学生大胆地提出问题,尤其是希望他们能提出与老师不同的见解。为了培养学生独立思考的习惯和能力,我多次表示,在真理面前人人平等,欢迎学生与我"辩论"。

2. 讨论式

具体做法是,课前下达阅读任务,并布置思考题;上课开始后,按事先分好的小组,就思考题进行讨论;教师巡回,旁听讨论情况;讨论结束,全体集中,小组代表交流讨论情况;教师总结,并分别对各组的讨论情况给予适当的评分,作为平时考核成绩。由于考核机制的引入,学生课前准备充分,课堂讨论积极认真,效果很好。

3.讲评式

这种做法用在小型课程论文写作之后。当时,系里规定,16学时布置一次课程论文。"中国新闻史"48学时,一般布置三次小型论文。小型课程论文的篇幅,本科生1~2千字,硕士研究生3~5千字。扩招前,全系每届本科生二三十人,研究生总共才几个人,课程论文布置和批改是很仔细的。

一次课程论文讲评的时间为两节课,分为三个步骤。

第一步,教师报告课程论文的情况:按成绩分为"优"(90分及以上)、"良"(80~89分)、"中"(70~79分)、"及格"(60~69分)、"不及格"(59分及以下)。根据纺锤形结构要求,"优"控制在10%左右,"良"和"中"在80%左右,"及格"在10%左右,一般不评"不及格"。如有实在太差(质量和态度双差),也只能记上"不及格"。不过,我有一个政策加以补救,即允许学生在我讲评后,修改自己的论文,我会根据修改后的论文质量,再行给分,并允许多次修改,直到学生本人不愿意修改为止。

第二步,教师对学生论文进行讲评。讲评学生论文时,本着三个原则:①充分肯定成绩,尖锐指出问题。②不论是肯定成绩,还是指出问题,一方面要基于本次论文实际,避免空对空;另一方面不能仅仅就事论事,必须"由此及彼",打开学生思路,达到"举一反三"之目的。③人文社科,本来就没有什么标准答案,因此,教师要允许学生对教师的评分进行申辩,对教师的讲评提出不同意见。

第三步,请评分得"优"的学生谈论文写作思路,供其他同学参考。

我很重视学生课程论文写作这种形式,每次都会逐篇批改,不仅写上评分,而且写上简短的评语。由于实行"自愿修改"政策,有些学生在教师讲评后继续修改自己的论文,还有同学甚至来找我当面讨论。每届都有学生(多为研究生,也有极少数本科生)的课程论文经过不断修改后公开发表。由于确有所获,学生们很喜欢上这样的"讲评课"。

(五)遵守"宪法"

在学校,教务员排定的课表是教师的"宪法"。课表是神圣的,一经排定,就不得擅自改动,每个教师都应该遵守。可以骄傲地说,在几十年的教师生涯中,我是很好地遵守了这个"宪法"的。具体表现如下。

1. 不缺学生一节课

高校教师有一个不成文的规定,"上课雷打不动,下课自由活动"。"上课雷打不动",是说教师不能"缺学生一节课"。

"不缺学生一节课",不是很容易能做到的。就说"记住课表"这件事吧,一个教师,一个学期上几个头的课,有不同年级、不同层次;有时还分双周单周,每周课时数不一样;教学地点也不一样,有的在东面,有的在西面。我虽然是老教师,但每当一个学期开始,精神也是比较紧张的。课表是新的,教室是新的,生怕忘记课表,走错了教室,耽误上课。很多时候,我都要在上课前一天抽时间去探探路,熟悉一下教室环境。

既然课表是"宪法",就要切实照课表上课,不能视课表如儿戏,随便"调课"。如果有非出不可的学术差、行政公务差,要做到事前请假,做好"调课"安排,并告知学生,事后必须为学生补课,不让学生受损失。即使是生病,如果不是病到不能起床,就得坚持上课。记得有一年,我感冒了,发烧,在医院打点滴。刚好那天有课,上课时间快到了,点滴还没挂完,我就中止点滴赶往教室授课。后来,学生不知怎么知道了,写新闻稿送校广播台,我即予以制止,说,教师按课表上课是天经地义的,有点小病也应该上课,这同工人小病坚持上班、农民小病坚持下地、战士轻伤不下火线是一样的道理,不算什么新闻。

我不主张由自己的博士生给硕士生授课,由硕士生给本科生授课。一则,他们还是学生,没有取得教师资格证,不能授课;二则,排在教师课表上的课,必须由教师本人授,否则就是违反"教师宪法",就是教学事故。

2. 上课从未迟到早退

从为人师表的角度讲,教师要求学生上课不迟到早退,教师自己就必须带头做到;从师职的角度讲,教师应该保质保量地用足每节课的时间。我一般会提前进教室,与早来的学生做课前"闲聊",尤其喜欢听学生讲家乡的故事,包括历史、地理、文化、名胜古迹方面的。这样不仅拉近与学生的距离,而且可以学到很多东西。

3. 尊重学生的不听课自由

不缺学生一节课,上课不迟到早退,这是教师对自己的要求,是一个教师应该而且必须做到的;相反,则不然,教师没有权力要求学生不缺一节课。学生是否来上课,是他的自由。他认为学了这门课对自己有用,他会来;他认为这个老师的课讲得好,他喜欢听,他也会来,并且提前占位子。否则,他可以不来上课,到图书馆看他感兴趣的书,或者到其他教室听他喜欢的课。如果用强制手段强迫学生来上课,那是侵犯人权,也是对学术自由的不尊重。

所以,我授课从来不考勤,不用这种手段强制学生来上课,我用讲好课、提高课堂质量的方式吸引学生来上课。我的课堂,即使是被认为学生不喜欢的"新闻史",似乎很少人逃课。有时候,个别学生,因为有急事不能来上课,请班长或者同宿舍的同学带张请假条给我,我说不用请假,来不来是他的自由,再说,谁能保证一个学期没有一点儿急事呢?如果你没有事,又不想上课,还要搞这个请假的"形式",反而显得虚伪。

记得1989年6月初,由于大家知道的特殊原因,很多学生搞"活动"去了。有一次,我按照课表安排,准时走进教室,看到教室里只有一个叫梁裕华的学生。他是广西人,中等身材,为人实诚,学习用功。我看了他一眼,又环视了一下教室内的桌椅后说"我们开始上课",并嘱咐梁裕华做好笔记,以备没有来上课的同学抄录。那一节课,我如平常一样认真,一点都没有"偷工减料"。很多年后,这个班的学生回校聚会时,还饶有兴趣地谈起这节"一个学生的课堂"。

补充一点:我允许学生缺课,但不容忍学生迟到或早退。为何这样?因为我经常说,老师上课要取得效果,必须"动之以情,晓之以理"。教师自己都不为讲授内容所感动,何以感动学生?所以,我上课是带着感情讲授。我正聚精会神地讲课,或者说,我"正进入角色",突然有人进出,打断了我讲课的思路,影响我讲课的情绪,我会视为对我劳动的不尊重。因此我规定,我的课堂不允许学生迟到早退。记得有一次上课(哪个年级记不清),上课铃声停,我开始讲课。不久,一个学生大概是怕打搅课堂,没有喊报告就进教室,找位置坐下了。看到有人迟到,我本来很火;看到迟到的是个学生干部,就更火;于是停止授课,硬是责令他离开教室在外面听,下一节课再进来。

三、润物细无声

高校教师,除了本科生的教学任务外,还有一项重要工作,就是招收培养研究生,俗称"带研究生"。

在中国,一般来说,"带研究生"的教师必须有副教授以上的职称(后来与国际接轨,改为有博士学位的讲师,即助理教授也可以)。华工新闻学科,由于硕士学位点获得较晚,我获得副教授职称的时间也比较晚,所以,我开始带研究生的时间就比较晚：1994年开始招收第一届硕士研究生，2000年招收第一届博士研究生。

（一）我带研究生

1. 基本情况

（1）硕士研究生。

我是1992年晋升副教授职称，1994年才被评为硕士研究生导师，当年秋季开始正式招收培养硕士研究生。当时，新闻系尚无硕士学位授予权，是挂靠在社会学系"应用社会学"专业以"新闻社会学"方向招收研究生，授社会学学位。当年招收1人，姓黄名涛。黄涛是工作几年后参加全国研究生考试被录取的，各方面很成熟，在校学习成绩也很好，毕业后，他进入中国人民解放军《空军报》社工作，工作业绩突出，数年后，调入国务院办公厅，数年后，晋升司局级，在南方一个地级市挂职副市长，后又被调入中国农业银行系统。黄涛作为我硕士研究生开门弟子的身份列入我研究生教育史的史册。

从1994年开门至2013年关门，我招收培养并取得硕士学位的研究生共有66人。① 此外，还有硕士班的学生。这类学生因为是在职学习，每学期来校授课的时间不长，且流动性较大，无法进行完全统计，只能记得其中的一些代表，如刘行芳、唐国忠、刘娜、陈国生、孙建中、郭林、陈金玲等。

（2）博士研究生。

我是2001年春被华中科技大学学位委员会聘为博士生指导教师的②，当时，我校新闻传播学科还没有博士点，我的博士生导师（简称博导）资格是在教育研究科学院申请的，研究方向有二：新闻教育史、传播与教育。在正式成为博导之前，2000年，我以副导师的名义招收了一名在职博士研究生——李建新，研究方向是中国新闻教育史。李建新入学前是山西工学院教师，不仅

---

① 他们的级别、姓名如下。

1994级：黄涛（新闻社会学方向）；1995级：顾建明（新闻社会学方向）；1996级：王永长（新闻社会学方向）；1997级：薛飞、邹玲（1997级及以后为新闻学或传播学方向）；1998级：韦路、陈俊峰；1999级：胡浩、严燕蓉、范龙；2000级：许欣、朱文轶、严红琳；2001级：曹林、黄文杰；2002级：夏长征、吴瑾、唐颖、图拉（蒙古留学生）；2003级：肖擎、郑玥、张旗；2004级：聂文婷、何锬坡、阮长安、张桂芳、董毅、周思思；2005级：肖志峰、杨志为、夏建军、贺小玲、张丹丹；2006级：王晶、刘路悦、陶巍、李白袁、摆卉娟；2007级：范珍珍、李亚、姚士艳；2008级：梁甜、黄欢、许永超；2009级：王大丽、陈冲、骆园园；2010级：黄天武、李婷、张燕；2011级：夏振彬、周玉洁、游垠、方瑜莹、马腾、金丽梅；2012级：张莹、黄曼、曹思婷、薛聿涵、祝琳隐；2013级：赵佳、李行一、李庄、路雅庆、丁杰。

② 2001年4月6日，华中科技大学学位评定委员会发文（校学位〔2001〕3号），公布2000年选聘担任博士生指导教师名单，共57人，我名列其中。

有比较丰富的教学和媒体工作经历,而且有很强的学习和研究能力,对所学知识能融会贯通。他毕业后,到上海大学新闻与电影学院工作,不久晋升副教授、教授,后又是博士生导师。他的博士学位论文《中国新闻教育史论》(2003年新华出版社出版)成为中国这方面的开山作,在学界反响较大。

我在正式取得博士研究生导师资格后,2001年继续在教科院招收一名全国统一考试的博士生,名黄鹂。黄鹂是应届硕士毕业生,攻博的论文选题是《美国新闻教育史研究》,为了撰写博士论文,在学分修满后,2003年还到美国康奈尔大学访学一年。她毕业后,留校教书,成为我的同事,后来去了北京,先在中国传媒大学研究所工作,不久进入中央电视台研究部。

李建新和黄鹂都应该算是我博士研究生的开门弟子①。从2000年至2013年,我共招收培养博士生45人,其中统考双证的26人②,在职单证的19人③。

2. 基本做法

我没有读过研究生,对于如何带研究生,尤其是如何带博士研究生,我完全没有经验。因此,在取得研究生导师资格后,便四处求教。方汉奇先生、日本龙谷大学的卓南生教授、丁淦林教授等,都对我有所传授。方汉奇先生说,带研究生,尤其是带博士研究生,不要认为导师可以给他们传授多少知识,而是利用他们的在读期间,系统地引导他们多读点书。丁淦林教授说,带博士生,就是老师同博士生一起读书,一起进行研究。卓南生教授说,培养博士生,选好苗子很重要,必须抓好招生这个环节,博士生入校攻博,不能"白手起家",必须是已有明确的研究方向并且有了一定研究基础,等等。

借鉴国内外名家的做法,根据自己的情况,我采取了如下一些做法。

(1)招生时,重面试,重点了解考生的读书情况和已有研究成果。

每年博士招生考试,分为笔试和面试。先笔试,划分数线,入围者进入面

---

① 李建新、黄鹂为谁是"开门弟子"曾经发生过"争论",故特地在此予以说明。

② 26名双证博士生的级别和姓名:2001级,黄鹂;2002级,范龙;2003级,图拉、马嘉;2004级,高海波、鲍立泉、张振亭;2005级,阳海洪、郑素侠、陈俊峰;2006级,李统兴、裴晓军、陈栋;2007级,陈志强、许莹、李理;2008级,罗崇雯、彭广林;2009级,丁骋;2010级,於渊渊、许永超;2011级,王大丽、沈静;2012级,江卫东;2013级,喻频莲、徐基中。

③ 19名单证博士生的姓名和答辩时间:李建新(2002年11月答辩);李炳钦(2007年11月答辩);黄齐国(2008年5月答辩);胡思勇(2008年6月答辩);赵学军(2009年10月答辩);夏长勇(2010年10月答辩);王翠荣(2010年10月答辩);余庆(2010年10月答辩);宋三平(2010年10月答辩);徐新平(2010年10月答辩);张德胜(2010年10月答辩);卿志军(2011年5月答辩);刘立成(2011年5月答辩);周茂君(2011年5月答辩);李兴国(2011年5月答辩);张才生(2011年11月答辩);陈金川(2012年5月答辩);齐浩(2012年5月答辩);刘萍(2013年5月答辩)。

试。笔试科目有专业科目和外语科目。有一些考生,专业课成绩很不错,因外语分数低被淘汰了。进入面试的考生,分数都比较接近。我以为,笔试成绩几分之差不能说明什么问题,于是,特别看重面试。面试时,我一般只问两个问题:第一个问题,请说说,你读了哪些书?先说阅读概况,再重点说其中一本书的内容及读书心得;第二个问题,请介绍一下家乡文化,如文化特点、文化名人和名胜古迹,以及对家乡文化的认识。这两个问题的回答,基本上可以测试出该生的学术基础和研究潜质。

博士生教育的目的是培养做学问的人,所以,我一般不招收"镀金"的人。这方面,有一件记忆很深的事。那是2004年的一天,北京来了一位领导,说因工作需要,想到学校"充电",拟报考我的博士研究生,希望我能给予一些辅导。

我听后,认为领导干部想继续学习当然是好事,作为高校老师,理所应当给予帮助。但是,凭经验,从他的谈话我可以看出,他的文化水平离考上博士研究生的要求还有相当大的距离,这不是一两次辅导可以解决得了的。碍于情面,我不便当面拒绝,只能表示欢迎报考和尽力而为。

我立即打电话给学院分管研究生工作的屠忠俊教授,向他通报此事,共同商量对策,认为既不能拒绝,又必须慎重对待。弄不好,我们会惹上麻烦。"辅导"这个词,含义很深,只可意会,不可言传。在这个问题上,老校长朱九思是有过惨痛教训的。①我与老屠商量,形成两条意见:第一,可以辅导,但必须到学院,不能到领导下榻的酒店房间;吴廷俊和屠忠俊同时在场,辅导两次,吴廷俊辅导新闻学方面的内容,屠忠俊辅导传播学方面的内容。第二,对于他最后能否被录取,要看他的考试成绩。

这位领导同志认真听了我们的辅导课,也如期参加了考试,考试成绩如何,我不得而知,只知道他最终没有进入我们学院,更没有跟着我攻博。

这件事情,后来不知怎的,被泄露出去了,反应不一:有的人责怪我太不顾大局;有的人说我失去了一个捞好处(拿课题、出国等)的机会。这些,我知道,但是,我无悔,至今无悔,因为这位领导干部不是为做学问来报考博士的,不在我招生的范畴之内。

(2)管理中,注重两个结合。

第一,目标管理和过程管理相结合。所谓目标管理,就是在研究生入学

---

① 骗子韩皓冒充国家安全部的人,假传国家领导人的指示,要朱九思帮助他报考我校研究生。朱九思碍于"首长"情面,指示某系某教授"辅导"。韩皓阴谋得逞。事发后,处分了一批人,朱九思也未幸免。

伊始,就提出毕业和取得学位的标准。我国新闻传播学的研究生培养,没有统一的明确的具体的标准,因人而异,因校而异,因科而异。我们学院取得硕士学位授予权和博士学位授予权的时间比较晚,对如何给研究生立标,更是经验不足,各个指导教师各行其是。我虽然是我院第一个博士生导师,也处于摸索阶段。有一次,我听朱九思老校长说,他在访美时,曾与湖北籍的美籍华人学者田长霖有一席谈,其中谈到"带博士生"的问题。田教授说,他培养研究生只有一个标准,就是他能够从自己所带博士生的研究成果中学到新的知识。达到这个标准,就批准其毕业,就发给他学位。1997年,田长霖到武汉大学讲学,在朱九思校长的引荐下,我到武大拜见田教授,在短暂的交谈中,我曾就此问题向他请教,他说,他一直坚持这样做。

田教授的话,见识极高,我当然深以为然,只是当时我还没有带博士生,对此没有深切体会。后来,在我带博士研究生后,便学着照此办理。我知道,我立这个标准,虽然在字面上与田教授的一样,但是实际上要低了很多很多。田长霖那是何等人物,40岁时,便当选为美国国家工程院院士,后来又出任美国加州大学伯克利分校校长,成为美国有史以来的第一位华裔乃至亚裔大学校长,田教授说,要从学生的研究成果中学到东西,这个要求是相当高的。我的肚子有几滴墨水,几许知识,我的学生论文能让我学点东西,应该是比较容易做到的,这只是一个低标准。我不止一次地对我的学生说,我向田长霖教授学习,希望你们的论文能让我学到一点东西,我才能签字让你们毕业。我立的这个标准不高,相信你们都可以做到。如果你们的论文中,没有一点东西让我感觉眼前一亮,那是很难拿到学位的。

实践证明,我的目标管理还是行之有效的。我的学生们都很优秀,我从他们很多人的研究成果中,尤其是博士学位论文中学到许多东西。他们的学位论文,无论是硕士论文,还是博士论文,往往获得好评,有的还获校优,甚至省优[1]。只是我的水平所限,直到退休,尚没有一篇进入全国优秀博士论文的名单。

培养一个合格的、优秀的硕士生或博士生,仅仅靠提目标是不行的,还必须在整个培养过程中,做好每一个环节的工作。

我培养研究生,一个周期大致上分为三个环节:读书;选题与开题;论文写作与答辩。

---

[1] 获得湖北省优秀博士论文的有范龙的《媒介的直观——论麦克卢汉传播学研究的现象学方法》和於渊渊的《"公论"论公——以英记〈大公报〉言论为中心的研究》。获得湖北省优秀硕士论文的有韦路的《关于网络传播学理论建构的若干思考》等。

读书是培养研究生的第一个环节。方汉奇先生和丁淦林先生都很重视这个环节,所以,我给学生的见面礼就是发给他们一份读书单,上有 300 本泛读书目,30 本精读书目。每个人的书目大同小异,文史哲经典是相同的,其余因研究方向不同而有些差异。精读书目是要求写读书笔记的,并定期进行交流。方先生说,一个学生能于在读期间把这些书读完,会受益无穷。抓读书这个环节,每一个研究生导师都会做,很多人做得比我好。比如,人大陈力丹教授、清华李彬教授的读书目录就开列得很好,我向其中借鉴了不少。

选题与开题。确定学位论文选题这个环节是在修学分和读书过程中慢慢完成的。我对学生选题的确定,没有硬性规定,不搞"命题作文",只对他们确定选题提出三项要求:其一,自己感兴趣的,并有了一定研究基础;其二,属于我的研究方向,最好我也比较熟悉;其三,有可延展性,可以成为他今后继续研究的基础。这三点中,第一点最重要,因为论文是学生自己写,必须以学生自己感兴趣并熟悉为主,再说,兴趣是最大的动力;第二点也很重要,因为既然是我带的研究生,理所应当与我的研究方向保持一致,我才可以进行指导。对这一点,可以灵活掌握。如果有的学生对某选题确实很感兴趣,但不合我的研究方向,或者我不熟悉,我也不会断然否定,而是请熟悉这一内容的老师作为第二导师进行指导。比如,范龙的选题为哲学门类的现象学。他特别感兴趣,已经有了不少研究,我当然没有理由拒绝。为了使范龙顺利完成研究,我便请我校哲学系主任、专攻现象学的张廷国教授作为第二导师。张教授非常负责,范龙的博士论文获得省优,张廷国教授厥功至伟。

学生确定选题后,便着手撰写开题报告,准备开题。此时,学生已经通过修学分和系统读书,掌握了大量资料,对同类研究比较熟悉了,可以动手撰写开题报告了。按研究生院统一要求,开题报告主要包括选题理由、选题意义、文献综述(本研究学术史)、研究思路、研究重点、难点和创新点、论文提纲等。开题报告,一般要修改 2~3 稿,上不封顶,直到可以开题为止。

对于开题,我主张从严掌握,邀请对此选题确有研究的专家会诊,首先从宏观角度,审阅此开题报告是否有可行性,如果不行,推倒重来;如果可行,提出修改意见和建议,越细越好,越严越好。开题报告写得好,开题顺利,往下的论文写作就比较顺利。

论文写作与答辩是学位论文写作的最后一个环节。无论对于学生,还是对于导师来说,这个环节都是一个痛苦的过程。

为了保证论文答辩能顺利通过,并且有一个好的成绩,我的要求比较严格,一次不行二次,二次不行三次……为此,有时弄得学生有备受煎熬的感觉,也许有人还背地里埋怨过我,但是,我坚持。我反复同他们讲:不受这番煎熬,哪能出好文章?《青城山下白素贞》中有一句唱词:"勤修苦练来得道,脱胎换骨变成人。"俗话说得好,"只要功夫深,铁杵磨成针";"不经一番寒彻骨,怎得梅花扑鼻香"。

第二,校内学习与校外求教相结合。校内学习,除了导师和学生相互研讨外,我们学院还有一个很好的做法,就是"集体指导"。硕士教育开始阶段,我们的研究生导师不多,每届招收的研究生也不多,虽然分了导师,但在实际培养过程中,不分彼此。至少我是这样做的,我的研究生碰到理论问题,就叫他去请教孙旭培教授,碰到技术和经营方面的问题,就去请教屠忠俊教授,碰到业务方面的问题就去请教申凡教授。除了请教本系本学院的教授,还请教校内相关学科的教授,比如前面所述,请哲学系张廷国教授协助指导范龙的论文写作就是一个典型例子。

我很注意将研究生引入课题组。我这样做,不是想利用学生的劳动力为自己打工。文科科研,尤其是人文科研,一般都是个体劳动,别人插不上手。学生进入课题组的目的,完全是培养的需要,了解资料如何积累,怎样甄别,思路如何形成,提纲如何编写,等等。同时,学生进入课题组后,便于带着他们学术出差,在各种学术会议上,拜会校外专家教授,学到在我这里学不到的知识,见到"天外天",登上"楼外楼",进入学术圈子,开阔学术视野,增长学术见识。

实践证明,这样的效果是很好的。

(二)我予研究生

秦代小篆中的"予"字是由两个三角相互交叠与下面一笔组成,整个字像伸出的肘腕,仿佛两个人互相给与什么东西。"予"表示"给与(使别人得到)"的意思。

教师的职责是对学生传道、授业、解惑,导师对研究生,更应该有所"予"。我"予"了学生一些什么呢?检讨起来,惭愧得很。我予研究生的东西,很少很少,少得可以忽略不计。如果一定要论我的"予",可以归纳为一句话——向学生灌输一个观点:为学与做人的一致性,学品与人品的相关度,做学问必须从做人开始,尤其是做人文社会科学研究。

这是我从梁启超先生那里吸收来的。梁启超先生的《为学与做人》是我要求学生必读的一篇文章。梁先生说,人生在世,追求三方面的圆满,即知、情、意。因而,每一个人都应该从三个方面进行修养,即"知育""情育"和"意育"。"三育"的结果,便可以做到先哲所谓的"三达德"——智、仁、勇。做到了这三条,就能达到孔子所说的:"不惑,不忧,不惧"的境界。

梁先生还说:"你如果做成一个人,知识自然是越多越好;你如果做不成一个人,知识却是越多越坏。"特别是那些有了知识后因为种种原因品德变坏的人,最为可怕,对国家、对人民的危害更大。所以,他把做人放在为学之上。他特别指出:"全国人所痛恨的官僚政客——专门助军阀作恶鱼肉良民的人,是有智识的呀",还说"天下最伤心的事,莫过于看着一群好好的青年,一步一步地往坏路上走"[①]。放眼当下,物欲横流,底线失守,有些贪官污吏,原本也是教授、学者;有些不顾廉耻的学界败类,他们当初还是读了不少书的。一旦人品亏损,立马成为罪人。所以,我希望我的学生应该把做人放在首位,并在做人为学方面逐渐养成三种意识。

第一,敬畏意识。敬畏是待人处事的一种态度。"敬"是敬重、戒惧,"畏"是严肃、谨慎。有了敬畏之心,办事就有"如临深渊,如履薄冰"之感,就能严肃、认真地对待每一件事。我检讨人生的几十年,深深地感到,凡事小心谨慎,事情就办得好;办事出差错,甚至犯错误,肯定是满不在乎的时候。所以我常讲,"人应常怀敬畏之心"。

有所敬畏,为历来名家所提倡。孔子说:"君子有三畏:畏天命,畏大人,畏圣人之言。"(《论语·季氏》)唐太宗李世民在总结他老丈人杨广成为昏君而丢失江山的教训时,想起古人一句话:"畏则不敢肆而德以成,无畏则从其所欲而及于祸。"即人一旦没有敬畏之心,往往就会变得肆无忌惮、为所欲为。他对臣下言,有人说,做天子的可以自尊自崇,无所畏惧,我则以为应自守谦恭,常怀畏惧。我每出一言,行一事,都是上畏皇天,下惧群臣,生怕难称天意,不合民心。

21世纪以来,"敬畏"一词经常被人们提起。比如,2008年9月,中共中央组织部李源潮部长就指出,当干部要有敬畏之心,要敬畏历史,敬畏百姓,敬畏人生。2011年4月和9月,时任国家副主席习近平也两次强调,各级党员干部对待人民赋予的权力要始终保持敬畏之心。俞正声在任上海市委书记时也指出要敬畏法律,敬畏组织,敬畏人民,敬畏舆论。我以为,不仅是领导干部应该如此,每个人都应该如此,从专家学者到工人农民,都应常怀敬畏之心。

我常联系自己的实际给学生讲解我的"三个敬畏",即敬畏人生,敬畏教

---

① 梁启超:《为学与做人》,1922年12月27日在江苏学联的演讲。

职,敬畏学术。2012年5月,我在接受学校研究生院杂志《华中大导师》记者采访时,对此做过阐述,说"人生如戏",一旦开场,不能彩排,不能录播,都是直播。人的每一个行为都应严肃对待。人生没有如果,只有因果。善果是自己结的,苦酒也是自己酿的。因此,必须敬畏人生。教师的职责是"育人",若误人子弟,乃千古罪人,因而,必须敬畏师职。学术的圣洁性、高端性,是不容玷污的,也必须敬畏。

具备敬畏意识,做人就有一定的底线、一定的原则。只有守住底线,遵守原则,才不会出大问题。我虽然退休了,但每天都在关注我的学生,关注他们取得的成绩、获得的进步,更关注他们能否守住底线。因为当今社会上,无论是仕途、商界,还是学界,诱惑太多,没有敬畏之心,底线的突破是分分钟的事。

第二,求真意识。《论语·卫灵公》中载,子贡问曰:"有一言而可以终身行之者乎?"子曰:"其'恕'乎!己所不欲,勿施于人。"孔子把一个"恕"字送给学生,作为终身信条,教学生待人处事应宽宏大量,这当然是没错的。我且也效法孔子,在做人为学方面,送给学生一个字,那就是"真"。

我之所以送这个"真"字,是因为这个"真"字切中当今中国社会之时弊。由于专制主义的桎梏和受儒家"谎言文化"的影响,中国很容易营造出一个说谎的环境,说真话难,说真话遭殃。相反,说假话易,说假话得益。大家都知道,鲁迅先生在《野草·立论》一文中讲了这样一个故事,"说一家人家生了一个男孩,合家高兴透顶了。满月的时候,抱出来给客人看,——大概自然是想得一点好兆头。一个说:'这孩子将来要发财的。'他于是得到一番感谢。一个说:'这孩子将来要做官的。'他于是收回几句恭维。一个说:'这孩子将来是要死的。'他于是得到一顿大家合力的痛打。说要死的必然,说富贵的许谎。但说谎的得好报,说必然的遭打。"于是,有人问:"我愿意既不谎人,也不遭打。那么,老师,我得怎么说呢?"老师回答说:"那么,你得说:'啊呀!这孩子呵!您瞧!多么……。阿唷!哈哈!Hehe! He,hehehehe!'"

从20世纪50年代起,说假话的劣行大有发展势头,如今到了登峰造极的地步。春风文艺出版社早在1999年4月就出版了一本名为《说假话年代》的书,作者以自己的"文革"前后踪迹为线索,选择民间的声音和视角,叙述荒诞岁月一种令人震惊的真实:假——说假。作者韶华,原名周玉铭,1925年生于河南滑县,1939年参加八路军,做文化教员、随军记者,曾任中国作协书记处书记,辽宁作协副主席。他经历过新中国成立的皆大欢喜,感受过屡次运动的大阵痛,大半个世纪的历史烟云尽收眼底。本来,这位青年时代即参加革命的老作家的回顾与思索值得大家认真思考,但是,非但没有引起大家的思考,说假、造假之事反而愈演愈烈。虽然党和政府通过各种方式,多次开展"打假"行动,但是收效甚微,以至于国务院前总理温家宝听取汇报、出外视察,都要反复强调"你们要跟我讲真话",并且还说,"要创造条件让人们讲真话"。虽然如此,他听到的还是有很多假话。社会上说假、造假的情况有增无减。

曾经有人问我,当下中国社会的主要症结是什么,我毫不犹豫地回答说:"假!"官场说假话,办假事,假办事;厂家造假产品,商家卖假货,已经不足为怪。令人气愤的是学校出现假教授,教授"发表"假论文,甚至寺庙出入假和尚。更加令人气愤的是,说假话的仍然得势,乃至飞黄腾达!因此,我不希望我的学生也得这种流行病,便送给他们一个"真"字。

再者,做人追求的三种境界:"真""善""美",真是第一位的,是基础,离开真、善、美也是不可能做到的。并且伪善更恶,假美更丑。李敖曾说:"宁做真小人,不做伪君子。"虽然有些极端,但是有几分可取。小人固然不好,但是比伪君子强。教育家陶行知先生关于学校教育有一句名言,他说:"千教万教教人求真,千学万学学做真人。"陶先生为"真人"提出了四条衡量标准:科学头脑;农夫身手[①];人中人[②];整个的人[③]。这四条综合起来,就是他所说的"知行合一",成一个"本真的人"。

陶先生的话正中我怀,我不仅要求我自己这样做,也要求学生这样做,要求他们在学校这样做,毕业以后也这样做,一辈子这样做,无论是做人,还是为学,都必须守住这个"真"字,做一个"真人"。为此,我在很多场合,从各种不同的角度,反复予以强调。

2007年,我在一次接受访谈时说,强调"真",其实是一个有感而发的命题。当前社会上,真乃稀罕物,假字满天飞。尤其是新闻界"四大公害"之首的虚假新闻屡禁不止、危害极大、亟待解决。出现虚假新闻,原因虽然很复杂,但有一点需要指出,就是新闻队伍自身素质存在问题。所以,"我要求我们的学生今后要做正直的记者,写真实的新闻。要报道真实可靠的新闻,首

[①] 陶行知一辈子致力于乡村教育,他说,"欲化农民,须先农民化";"乡村教师要有农夫的身手、科学的头脑和改造社会的精神"。

[②] 陶行知说,培养出来的人,不做人上人,不做人下人,不做人外人,要做人中人。

[③] 陶行知说,要做一个整个的人,别做一个不完全、命分式的人。他认为,身体残废、生活不独立的、缺乏独立人格的、被他人买卖的、做事不专一的五种人,均不能算是"整个的人"。

先必须做一个真诚正直的人。虚伪的人,是写不出真实新闻的"。①

2008年10月,我被学生评为"我最喜爱的导师"。在接受《华中大导师》记者采访时,我坦率地说:"我给自己确立的做人原则很简单,就是守住一个'真'字。……我就是想做一个真人,一个本真的人,不矫情,不掩饰。一个教师,做真人尤其重要。因为你是为人师表的,不但自己做真人,还要教学生做真人。这甚至比做学问还重要。"并强调说:"说真话,做真人,生活很舒坦,有利于身心健康。因为,作假很累,总怕露了马脚,久而久之,人格扭曲,成为畸形人。"②人非圣贤,孰能无过,君子之过,如日月之蚀,千万不可遮遮掩掩,更不可文过饰非。

对于一个研究生,对于一个想以学术为生命的人来说,做真人,还必须"求真理","做真学"。所谓"真学",就是对做人做事有用的学问,或者说能"解惑"的学问,即科学知识。所谓"真理"是指最符合实际、永恒不变的正确的道理,即客观事物及其规律。马克思主义认为,客观性是真理的根本属性,不依赖于人的主观意志,因而具有一元性。做学问,就必须求真理;求真理,才能写真文——反映客观实际的文章,对人们认识世界、改造世界有用的文章。

对于搞史学的,搞新闻史的人来说,守住这个"真"字,就等于守住自己的学术良心。我反反复复地对学生们讲,治史,搞史学,必须牢牢地树立起"求真意识"。

第三,求新意识。创新是指人类为了发展的需要,运用已有的知识和已备的条件,打破常规,突破已然,在某个知识领域或某项具体工作中"有所发现,有所发明,有所创造,有所前进"。③ 创新是学术研究的第一要义。考取研究生,攻读学位,尤其是博士学位,意味着你进入创造知识者的行列,一辈子与学术打交道,进行学术研究。学术研究必须有所创新,哪怕只有一点点。没有创新的所谓学术成果一文不值!

近代人类文明进步,得益于创新,即科学新发现、技术新发明、制度新转变、思想观念新变化。可以这样说,人类社会从低级到高级、从简单到复杂、从原始到现代的进化历程,就是一个不断创新的过程。不同民族发展的速度有快有慢,发展的阶段有先有后,发展的水平有高有低,原因是多方面的,究

---

① 陈栋、王丽明:《惟真是命　惟真至尊——著名新闻史学者、华中科技大学新闻与信息传播学院教授吴廷俊访谈录》,载《今传媒》2007年第12期,第5页。
② 吴廷俊:《讲真话是一种习惯》,载《华中大导师》,2008年10月。
③ 毛泽东语,见1964年12月31日《人民日报》。

其根本,创新能力是主要因素之一。同样,一门学科发展的快慢,也在于创新能力的强弱甚至有无。

现在,我国的新闻传播学与其他学科一样,设置了很多课题,罗列了很多项目,也出了很多成果,发表了数不清的学术论文,出版了一堆又一堆的学术著作。新闻传播学科似乎成为"显学",但是,实际上,我们的学科地位并没有多少提高。究其原因,就是我们的研究成果创新不多,很多成果缺乏应有的学术含量。因此,在新闻传播学术领域强调求新意识就显得格外重要。我在审查博士论文时,虽然看重写作规范,但我更在意学术创新。其实,规范训练是为了创新,无创新的规范是无意义的规范,或者只是一种学术形式主义。如果一篇论文,写得四平八稳,也很合乎所谓规范,但既无新资料的发掘,又无新观点的提出,更无新方法的运用,只是说了一大篇官话、套话、正确的废话,那有什么意义呢?

(三)我待研究生

如何定义导师与研究生之间的关系,有各种说法。有人以为是"父子关系"("师徒如父子,一日为师,终身为父");有人认为是"雇佣关系"(研究生参与导师课题组,为导师打工,称导师为老板);有人认为是"科研伙伴关系"(研究生参与以导师为首席专家的课题组,共同研究,构成共研伙伴关系,并且研究成果与导师共同享有);也有人认为就是一般的"师生关系"或"导学关系"。

我认为,导师与研究生的关系,既是师生关系,又不同于一般意义的师生关系,如中小学学生及大学本专科生与老师之间的关系。我国大学的研究生教育实行的是完全意义的导师负责制,这种制度要求导师关注学生从入学至毕业整个教育的过程和学生学习、工作、生活的各个方面,对学生的教育要树立整体性、全面性和一贯性的观念,自始至终全方位地对学生进行教育和指导。按照规定,研究生与导师关系的确定,是要经过双向选择和签订协议几道手续的,就像以往"徒弟拜师"一样,一旦完成了这几道手续,就意味着研究生入了导师的师门。这种师生关系是终生的,导师的名字会跟随学生一辈子,不管他愿不愿意,每次填写履历表,都必须填写,就像填写父母亲姓名一样。那些因种种原因,或中途更换导师,或被导师逐出师门的另当别论。

导师要带好自己的研究生,研究生要跟着自己的导师成功攻读学位,导师和研究生就必须正确理解和处理好双方的关系。处理好关系,双方都有责任。我的做法是,无论研究生怎样对我,我都善待他们。我待研究生,用一句话概括:视如子非使如子。

1. 视如子

（1）无私的爱。

古今中外,父母对子女充满爱,这种爱是无私的,不需要回报的。老师对学生的爱也是如此。一个称职的老师,应该具有一颗仁爱之心,以深沉的爱,爱每一位学生。

与一般老师相比较,导师对自己研究生的爱,在表达方式上更加聚焦,靶向性更加明确——他对某个具体研究生的爱,是寄以某种学术期望的爱。

关于生命的属性,有人说具有两重性,即自然属性和精神属性;也有人说是三重属性,除前面所说的两重,还有社会属性。而我经常说,我有两条生命,一条是自然的,一条是学术的。自然生命靠有血脉关系的儿孙来传承和延续,学术生命靠有学脉关系的学生传承和延续。中国人重血统,希望有子嗣将自己的血脉一代一代地往下传。每一个家族都希望人丁兴旺,名人辈出。中国有一句最毒骂语,叫作"断子绝孙"。中国学者,重学统传承,"择天下英才而教之,其乐无穷!"一个教师,总希望多培养一些优秀学生,让自己的道行和学业传承下去,且发扬光大,因而,导师对自己研究生与父母对子女一样,充满无私的爱。

（2）爱之深,责之切。

如前,导师对研究生的爱,是以学术为中心的寄予厚望的爱,所以,这种爱主要表现在对学生学术要求上的"严"。"教不严,师之惰。"导师对研究生,爱之深,则责之切。

正是基于这一点,我对学生要求十分严格。我的开门博士生黄鹂在纪念学院35周年的文章中说:"将近10年来[①]对吴老师的印象,可以总结为三个字[②],第一个就是'严'。吴老师的严格几乎是人尽皆知,我虽然是吴老师的大弟子和他儿子的同学,也一点都没有逃出这个'严'的界限。"接着她列举了她跟着我攻硕、攻博以及与我共事10年经历的若干事实,尤其谈到我对其论文写作的"锱铢必较",感觉我"太严苛,简直不近人情"。[③] 黄鹂的这段话,只说对了一半,我对学生"严",这不假,但绝不是"严苛",更不是"不近人情"。

首先,我的严,主要在学术方面,包括学术规范训练上的严格要求,学术

[①] 这里说的"10年",大致包括她跟着我攻硕3年,攻博4年,在我当院长时她在学院工作3年。

[②] 从文章的表述中,所谓的三个字为"严、扣、冷"。

[③] 黄鹂:《不忘初心,感恩前行》,载张昆主编:《三十五年回眸——喻家山下的新闻传播教育情缘》,华中科技大学出版社2019年版,第119页。

研究过程中的严谨求实。如前所说,我带研究生是实行目标管理与过程管理相结合的管理方式。研究生培养的每一个环节,都从严掌握,不厌其烦:选题的确定,半年中,反反复复,不知要经过几次商谈;一篇博士论文开题报告,2万至3万字,从初稿到定稿,一般也要修改3次;博士学位论文的篇幅一般在10万至12万字,从初稿到定稿,导师至少看3遍,有的多达6遍——不仅篇章结构、内在逻辑、立意和观点要逐一审查,遣词造句,甚至标点符号,也要逐一检查,或直接修改,或提出修改建议。一些学生开始不适应,认为自己费那么大的气力,得到老师肯定的太少,感到委屈。面对我批改的"万山红遍,层林尽染"的稿子,尤其是看到眉批、尾批的批语和修改建议,据说不少人哭过鼻子。还有个别同学,一听到我找他们谈论文,就犯怵,胆战心惊。即使有些学生不太理解,甚至有怨言,我也毫不动摇,决不"放水"。我宁愿学生在校时埋怨我"不好说话",也不愿意他们毕业后说我不负责任。

犯怵归犯怵,话还是要谈的,意见还是要提的;伤心归伤心,哭归哭,文章还是要改的。我常常对我的学生讲,"文不厌改",好文章都是改出来的。有的学生通过几遍修改,感到比原来的稿子有明显进步,才慢慢明白我的苦心。

但极个别在职攻读博士学位的学生,工作太忙,我提出的意见,他一时又难以理解,毕业年限的截止日期又迫近,并且他的本职工作做得相当出色,事业发展也很顺利,我就在学位论文上降格以求了。几年后,这篇论文被研究生院提出了批评,也影响了学院的声誉。检讨起来,不能怪这位学生,是我"教不严"。

严格要求学生,学生受苦受累,导师也不轻松。我经常说,研究生培养,尤其是博士生培养是手工劳动,只能单个打造,不能批量生产。因而,我反对研究生,尤其是博士研究生扩招。一个导师,每一届招1至2人为宜,最多不能超过3人。从入学到毕业,仅就学术方面而言,导师的工作量是很大的。研究生招多了,根本顾不过来,只会降低培养质量。

其次,我的"严",是为学生的长远考虑,是更深的"人情味"。对这一点,学生一时难以理解,不足为奇。黄鹏在回忆文章中还说,吴老师对人不仅"严",而且"冷"。她说,吴老师的"冷",除了做学问"甘于坐冷板凳""耐得住寂寞"外,还有就是"为人也是比较冷漠"。她列举了我对待她评职称的例子。

黄鹏获得博士学位后,留校工作,我们成了同事。2004年12月,她申报副教授职称,同时申报的还有两人。三人中,黄鹂的条件比较优胜①,但考虑到她是我的学生,为了避嫌,时任学院院长和学术委员会主任的我,就以她年龄最轻为由,在上报时,将其排为第二。当年只有一个指标,结果可想而知。她当时很想不通,大哭过一场。她的先生小何怒气冲冲地跑到办公室来找我,质问道:"没有见过像你这样当老师的!别人都是让自己的学生先上,你是把自己条件优胜的学生往后排。"我无话可说,也不便解释,只是请他们理解。这就是她说我冷漠和不近人情的原因吧。第二年11月16日,院学术委员会评审副教授职称时,黄鹂又一次全票通过,顺利评上副教授职称。

这件事过去好多年,她才慢慢理解我的苦心——我这样做,绝不是冷漠和不近人情,而是让她经受点挫折,也许对她今后的人生会有些好处。她说:"离开华中大以后,一点点回想以前的事情,才觉得吴老师那时候教给我们的真的都是做人和做事的大智慧。漫漫人生路,早一年晚一年评上副高职称有什么关系!无论是做研究,还是做人,最重要的是要有一颗平常心,冷静对待一切,才能经得起磨砺和考验。所以,吴老师的'冷',其实是一种冷静的处事方式,在以后的工作和为人处事中,我回想起吴老师当年的言行,时常有一种顿悟和开化的感觉。"②

这一点,我儿子吴郢是有更深体会的。他小时候在外面与小伙伴发生矛盾,回家诉苦,我一般都会首先批评他,要他检讨自己的不对之处。以后,他慢慢习惯了,与同学发生了矛盾,首先检讨自己,多学习同学的长处。记得他高考后,出于专业考虑,他选择了华工,开学第一天便搬到分配给他的学生宿舍,在学校吃住,每周回家一天,不搞教师子弟的特殊化。大学毕业后,他被免试推荐到清华读硕士研究生。一天晚上,我们父子俩有过一次谈心。他说,自己还是比较优秀的,但是,为什么从来没有从父亲口里听到一句表扬的话。我说,中国传统,在父亲眼里,都是"儿子是自己的好"。但是,明智的父亲,只能把这句话放在心里,不能挂在嘴上。自己的儿子好,要别人说才有意义。你的优秀,我当然是看在眼里,记在心中,但是不能常到外面说。不但不说,反而经常指出你的不足,这样严格要求的目的是希望你更优秀。他当时仿佛还不能理解。若干年后,当他在学业上小有成就时,才知道爸爸当时的良苦用心。

---

① 她有两次出国访学经历——一次到美国康奈尔大学,一次到加拿大卡尔加里大学;有一篇国际学术论文。当年,是很看重这些的。

② 黄鹂:《不忘初心,感恩前行》,载张昆主编:《三十五年回眸——喻家山下的新闻传播教育情缘》,华中科技大学出版社2019年版,第121页。

我对学生严格要求,主要是他们在校学习时。他们毕业之后,我则表现出一种牵挂,就像牵挂自己的孩子一样。我为他们取得成绩而高兴,为他们的论文没有被刊物接受而着急,为他们没有按期晋升职称而着急,甚至为他们中有人夫妻间闹不愉快而着急。在他们遇到困难时,我也是予以力所能及的帮助。在社会风气不正的当下,我特别为那些在政界工作的学生牵肠挂肚,生怕他们有人经不起诱惑而"一失足成千古恨"。

2. 非使如子

所谓"非使如子",主要在两个方面。

第一方面,决不将研究生当自己的子女一样使唤,不要求研究生像自己的子女一样,为自己干私活。特别是后来我年纪大了,儿子又不在身边,很多学生便说,家里有什么力气活,他们可以帮忙做做。他们的好意我心领了,但从来没要研究生干过私活。我虽然对他们"视如子",但他们毕竟不是我的孩子,不能"使如子"。

第二方面,决不收受研究生任何物资方面的"表示"。我对在读学生有非常明确的"三不"规定。①不准送我任何礼品,哪怕是一包茶叶。②不准到我家里谈事,更不准带家长到我家里。③不准请我吃饭,哪怕喝茶喝咖啡。我总是觉得,导师收了学生物资礼品,或者吃了学生的宴请,那将如何开口教育学生?!

关于吃饭,我有一个约定俗成的做法:一年之内,我请学生餐叙两次,一次是新生入学,新老学生一起,对师弟师妹表示欢迎;一次是毕业生离校前,全体学生欢聚一堂,欢送师兄师姐走出学校。

(四)丰厚的回报

我对学生真心实意的爱,虽然不图回报,但是最终得到了丰厚的回报。

1. 一声问候,足矣

每当逢年过节,尤其是教师节,接听学生们问候的电话,阅读学生们发来的贺卡或祝福微信,是我最幸福的时刻。一声声"师恩难忘",让我感到"此生足矣"!

当然,有时我也接受已毕业学生赠与我的礼物和生活上的关心。学生们的问候和关心,平时不觉得,防疫(新冠)期间,就弥足珍贵。一声"还好吗"的问候,一句"注意防护"的叮嘱,一声"有事尽管吩咐"的表达,一件防疫用品、一袋米、一壶油、一筐菜、一包点心、一箱水果,甚至几个馒头,都足以使我激动不已,顿消若干"空巢"孤独感,平添几许幸福情。

2. 几张奖证,愧领

清理书柜,发现了若干张有关研究生教育方面的奖牌,和学校颁发的关于育人的荣誉证书。这些奖牌和证书,从一个侧面表明了学生对我做导师工作的肯定。我很在意这种肯定,一直珍藏着。

(1)1998年10月,被评为"优秀研究生指导教师"。

(2)2000年12月,获"优秀研究生指导教师奖"。

(3)2002年12月,获"优秀研究生指导教师奖"。

(4)2004年12月,获"优秀研究生指导教师奖"。

(5)2004年12月,被评为"湖北省优秀研究生导师"。

(6)2005年,被评为华中科技大学年度"三育人奖"。

(7)2008年10月,获"我最喜爱的导师"荣誉称号。

记得2008年的评选活动搞得很郑重其事,研究生工作部和研究生会还为每位参选者制作了精致的评选展板,在全校研究生中广泛征集选票。

颁奖大会上,还有针对每位获奖者的《颁奖词》。下面是颁奖典礼上,我上台领奖时,主持人宣读的《颁奖词》。

颁 奖 词

作为一个老师,讲台上他传道授业,妙语连珠;生活里他严肃谦逊,平易近人。三尺讲台栽培三千桃李,十年风雨铸造十万栋梁。

作为一个学者,文章里他穷经著史,求真重实;学界中他正直敢言,品格照人。有勇有智洞悉人性世事,自由自为铸就自我本色。

耕耘数载,他坦言自己只想做一个真人,不矫情、不掩饰、不违心;

年过花甲,他依然坚持自我修养的人生信条:不媚权、不媚钱、不媚俗。

他就是新闻学院吴廷俊教授。

《颁奖词》是学生撰写的,有不少溢美之词,但是,也有几分写真。平时,都是我给学生写评语,而这次,是学生给我写评语。溢美的成分,权且作为学生对我的希望和要求吧。我很珍惜它,一直珍藏着。

评选活动结束后,《华中大导师》记者对我做过一次采访。我很珍视此次采访,特地做了一下准备,借此机会对青年学生们说几句心里话。学生记者问道:"被学生选为'最受欢迎的导师'之一,您有什么感受?"我说:"很高兴。我已年过花甲,本不愿意参加这种活动,但能获得这样的荣誉我还是很高兴的。我拿过各种各样的奖,但对于一个老师来说,来自学生的肯定无疑是最中肯、最值得欣慰的。就像对于医生来说,没有什么能比得上病人的肯定一样。"①

(8)2009年6月,荣获"2008—2009年度立德树人奖",并作为获奖者代表发表了《"树人"以"立德"为首》的讲话。我首先说:"活了60多岁,开过很多会,发过不少言,但是在今天的会上,作为'立德树人奖'的获奖代表发言,我的心情还是很激动的!"随后讲述了为何"树人以立德为首"的道理,最后说:"十年树木,百年树人。作为一名为国家、为社会树人的教师,我感到光荣,更感到责任之重大!获得2009年华中科技大学'立德树人奖',我感到光荣,更感到压力!感谢学校党委、感谢全校师生给了我这样崇高的荣誉!我虽然年过花甲了,但我还将把这个荣誉作为鞭策,把今后的工作做得更好!"②

(9)2013年6月,学校"第一届研究生知心导师"评选活动中获"赤诚恩师"称号。

2013年获"赤诚恩师"称号纪念牌

---

① 吴廷俊:《讲真话是一种习惯》,载《华中大导师》,2008年10月。
② 吴廷俊:《"树人"以"立德"为首——在"2009年度华中科技大学学生'七一'表彰大会"上的发言》,2009年6月22日。

第七章
故 纸 生 活

　　这一章的内容是关于我的科研情况。我主打的研究方向是新闻史,属于史学研究,主要方式是钻故纸堆。科研成了我生活的一部分,故本章标题为"故纸生活"。

　　相比教书,对于科研,我是陌生的。记得到学长尉迟治平家去请教专业选择时,他说,到大学部工作,教学没有多大问题,问题大的是科研。我当时还不十分理解。后来正式转入大学部后,这个问题很快就摆在我面前。对于陌生的科研工作,我经过了一个摸索过程,成绩不大,教训不小,愉悦不多,苦痛不少。

一、由茫然到清晰

　　文科有没有科研?何为文科科研?如何进行文科科研?这一切,在当时的工学院,全校上下都很茫然,我则更甚。

(一)文科也有科研

　　当时的学校名叫"华中工学院",从领导到职员,从教授到教师的认识上,似乎科研是理工科的事,与文科基本没有什么关系。我在东一区29号居住时,邻居是一位工科老师。我们两家侧门相对,后院相通,夏季天热,都在后院吃晚饭,因此很熟悉。有一次,我谈起系里的工作,说到科研起步很难时,那位老师立即惊讶地脱口而出:"文科老师也搞科研?"言下之意,文科没有科研,也不用搞科研。持有这种看法的人,在这所工科大学里不在少数。多年后,在一次学校召开的小型会议上,任职即将期满的主管教学的副校长,不知在讲一个什么问题时,突然冒出这样一句话,"当了 8 年副校长,才搞清楚了,文科也有科研"。

真可谓"隔行如隔山"。那位邻居老师也好,那位副校长也罢,他们都是好人,他们对文科科研的偏见,足以说明这一点。

我和华工所有的文科老师,就是在这种环境中,迈开科研之步的。

(二)何为文科科研

何为文科科研呢?文科老师内部对这个问题也认识不清,并且出现分歧。

一开始,文科老师没有"立项"意识,也不知道什么叫申报课题。在一般人看来,文科科研,不就是撰文、著书吗?我们读大学的时候,那些著名教授们引以为自豪的不就是那几篇文章、那几部著作吗?但是,现在,要改变观念了,文科也要像理工科那样,有立项意识,申报课题。

文学院成立后,将科研立项、申报课题提到议事日程上。1995 年 1 月 20—24 日,在文学院"学科评审会议"结束时,院长刘献君在讲话中谈到"科研上水平"时,强调"要有立项意识,发动全院老师,根据自己的学术专长,凝练研究方向,积极申报课题。要在立项上有所突破,拿立项课题,上核心刊物,争取科研获奖"。

2 月 23 日,文学院召开科研会议,议题有三:①讨论如何树立立项意识;②布置 4 月份对 1994 年的文科基金项目进行一次检查;③准备申报 1995 年文科基金资助项目。

3 月 28 日下午,文学院分管科研的副院长程世寿召开文学院科研会议。在会上,我汇报新闻系拟申报三个项目:①科技新闻报道对发展生产力的影响;②中西比较新闻发展史研究;③海外华文报刊研究——以日本、星马华文报刊为例。并提出以第一个项目为重点。程世寿副院长要求,会后,各系把重点课题申报的事落实到人,尽快拿出论证报告,4 月 10 日前,报文学院。院长刘献君在总结时,再次强调:"科研要上水平,必须要强化立项意识,特别要抓重点课题申报。"

渐渐地,文科老师明白了,我也似乎有点明白了,文科科研,不仅仅是写几篇文章,还必须像理工科一样,有一整套程序:组织团队,申报项目(课题),争取立项,照申报书完成研究任务,尔后申请结项,优秀者报奖、获奖。

(三)文科如何科研

文科如何进行科研?长期以来,对于文科科研的进行方式,一般都认为只是一个人关门"爬格子",尤其是人文学科的科研。后来,我们也慢慢知道,文科科研不仅仅只是"个体劳动",还必须组织项目团队,进行"集体劳动";不仅仅是"爬格子",还必须借助现代技术手段。

梳理我几十年做的所谓科研项目和所取得的成果,大致上分为两类,一类为"自选"项目,一类为"规定"项目。所谓"自选"项目,就是根据自己的兴趣,找一个问题进行研究,不用申报,也不用政府和企业的经费资助,当然,最终研究成果也不需要鉴定和验收;所谓"规定项目",就是向国家或企业申报而获批准的项目。因为有国家或企业的经费资助,最终成果需要经过资助单位组织相关专家进行鉴定和验收。

二、由"自选"到"规定"再到"自选"

各行各业,各个领域,都有"自选"与"规定"之说,含义大同小异。这里所说的"自选"与"规定",是指科研选题。做"自选"是兴趣所驱使,内动力多一些,获得的愉悦感多一些;做"规定"是任务所指派,外动力多一些,获得的成就感多一些。

由于传统习惯的影响,我比较喜欢"自选"项目。我的科研轨迹大致是这样:从"自选"项目开始,转而做"规定"项目,最后回到"自选"项目。

(一)从"自选"开始

我的科研是在懵懂中从"自选"开始的。

1. 第一篇学术论文

我的第一篇所谓的学术论文《从归义军进奏院状的原件看唐代进奏院状的性质》,最初发表于《新闻探讨与争鸣》(1988年第1期)。该文完全是我在备课时,看到方汉奇先生托人从英国伦敦不列颠图书馆拍照回来的、编号为SII56的敦煌进奏院状原件后而引发的研究欲望。

自从方汉奇教授 1983 年在《新闻学论集》第 5 辑上发表《从不列颠图书馆藏唐归义军"进奏院状"看中国古代报纸》后,中国新闻史学界都认定唐代进奏院状是中国最早的古代报纸。但是,通过研读敦煌进奏院状原件及相关历史文献资料后,我对以上结论产生了疑问。

首先,考察唐代进奏院的来历。柳宗元在《邠宁进奏院记》中,对唐代进奏院的由来做了重要说明:"凡诸侯述职之礼,必有栋宇建于京师。朝觐为修容之地,会计为交政之所。其在周典,则皆邑以具汤沐;其在汉制,则皆邸以奉朝请。唐兴因之,则皆院以备进奏,政以之成,礼于是具,由旧章也。皇帝宅位十一载,悼边氓之未乂,恶凶虏之犹阻,博求群臣,以朗宁三张公为能。俾其建节剖符;守股肱之郡,统爪牙之职,董制三军,抚柔万人。乃新斯院,宏我旧制。高其闳闼,壮其门闾,以奉王制,以修古典,至敬也;以尊朝觐,以率贡职,至忠也。执忠与敬,臣道毕矣。公尝鸣佩执玉,展礼天朝。又尝伐叛获丑,献功魏阙。其余归时事,修常职,宾属受辞而来使,旅赍奉章而上谒。稽疑于大宰,质政于有司,下及奔走之臣,传递之役,川流环运,以达教令。大凡展采于中都,率由是焉。放领斯院者,必获历闾阖,登太清,仰万乘之威,而通内外之事。王宫九关而不间,辕门十舍而如近,斯乃军府之要枢,邠宁之能政也。"根据柳宗元的说法,唐代的进奏院是在周朝的邑、汉朝的邸的基础上发展起来的。周邑仅仅是诸侯觐见时的招待所,汉邸除有招待所的职能外,还兼有办事处的职能。唐代的进奏院作为地方大臣在京师的代理机构,其职能又进一步强化。它甚至可以"质政于有司""历闾阖,登太清,仰万乘之威,而通内外之事"。也就是说,各地进奏官可以向朝廷有关部门查询一些政务,参与朝廷盛典,可以将京师的消息抄写成"进奏院状"直接通报给派他们进京的地方长官。唐代进奏院不但是地方长官在京城的办事机构,而且还是情报机构。

其次,考察唐代进奏院状的来历。唐代进奏院职能的强化和"进奏院状"的出现是和藩镇制度紧密相连的。唐代中后期崛起的独霸一方的、俨然小朝廷的藩镇,平时表面上听令于朝廷,而暗中却在不断地扩充自己的势力,为了解朝廷和其他藩镇的动向,他们必然会充分利用设立在京都的进奏院,选派得力大将担任进奏官主持进奏院的工作。史料记载,由于"唐李藩镇跋扈,邸官皆得入见天子"[①]。唐代进奏官为藩镇所派,对藩镇负责,他们在京城各显神通,大量刺探朝廷和各地情报,将那些与自己长官利害有关的、能引起自己

---

① 黄本骥:《历代职官表·说明》,上海古籍出版社 1980 年版。

长官兴趣的消息抄写下来,派专人送回,故称"邸报""邸吏状""进奏院状"。

最后,归结唐代进奏院状的性质。唐代进奏官收集、抄写的这种"邸报""邸吏状""进奏院状"只对藩镇长官个人抄送,以藩镇长官个人为唯一读者,并且带有相当的机密性,故它只具有情报性质。具有情报性质的唐代"邸报"的材料,大部分来自朝廷官报"报状",还有一部分或是邸吏们在京城的所见所闻,或是执行节度使交办的专门任务后的情况汇报。

不列颠图书馆所藏的这份唐归义军进奏院状就属于这种情况,其内容是归义军节度使张淮深派驻唐王朝京城的进奏官给张淮深写的为张向朝廷讨要"论旌节"一事的专题汇报。

在对前面问题的考证中,我还发现另外一个问题,唐代的确出现过中国最早的古代报纸,那就是孙樵《经纬集》卷三《读开元杂报》一文中所记载的"报"或"报状"。孙樵是著名文学家韩愈的学生,他在《读开元杂报》中,前后叙述了两种"报"。一种是他在襄汉间居留期间看到的"系日条事,不立首末"的"数十幅书",上面的内容都是朝廷政事动态,诸如皇帝行九推礼,百僚行大射礼,宰相与百僚廷争,等等。因"樵后得《开元录》验之,条条可复",故孙樵取名曰"开元杂报"。另一种是孙樵在唐宣宗大中九年中进士之后,"及来长安,日见条报朝廷事者"。虽然分条通报显得极为简单,但内容也还是朝政大事:"今日除某官,明日授某官,今日幸于某,明日畋于某。"这两种"报"虽然一种出现在开元,一种出现在大中,一种叙事较详,一种叙事很略,但两者有其共同点,那就是由朝廷发布并且"条布于外"。从记叙内容和发布形式看,带有较为明显的政府公报性质。可见,唐代从开元到大中都有带政府公报性质的朝廷官报发行,名称可能叫"报状"或"报",但不叫"开元杂报"。孙樵在唐宣宗、僖宗年间曾作过中书舍人,他的记述应该是可信的。

由此,我对唐代官报做出这样两个结论:①据现在所掌握的史料,中国古代官报的确出现在唐代;②唐代出现过两种官报,一种是具有政府公报性质的"报"或"报状",一种是具有情报性质的"邸报""邸吏状"或"进奏院状"。①

2. 第一部学术著作

我的第一部所谓学术著作是《中国新闻业历史纲要》,1990年8月由华中理工大学出版社出版。这部所谓著作是在我教学所用《中国新闻业史讲义》的基础上改编而成。小说《围城》中有一段议论:"教授成为名教授,也有两个阶段:第一是讲义当著作,第二是著作当讲义。好比初学的理发匠先把

---

① 刊登这篇论文的《新闻探讨与争鸣》很难找到,故此,我把内容叙述得稍微详细点。

智力障碍者和穷人的头作为本领的试验品,所以讲义在课堂上使用没出乱子,就作为著作出版;出版之后,当然是指定教本。"我最初的情况大致如此。之所以称之为"所谓著作",是表明这部书离著作的水平还差得很远。出版时编辑问我,是"著"还是"编",我考虑再三,说,既不标明"著",也不标明"编",写上"吴廷俊"三个字即可。实际上是打马虎眼。全书从史料到史论都没有创新之处,只是在体例和编排上有一点新意。既往新闻史史料比较丰富,而新闻史人物和新闻作品分析比较欠缺,因此,读起来比较枯燥。我学习过中国文学史,对文学史的体例比较熟悉,也对其比较认可。这种以年代为经、以作家作品为纬的史书,生动、具体、深刻,而且富有可读性。我便按照文学史的体例,撰写《中国新闻业历史纲要》,突出新闻史上的人物——除文中三言两语的介绍之外,单列"节""目"的人物就有洪仁玕、郑观应、陈炽、汪汉溪、王韬、梁启超(设三节)、严复、唐才常、谭嗣同、章太炎、章士钊、于右任、詹大悲、林白水、黄远生、邵飘萍、陈独秀、李大钊、毛泽东、周恩来、蔡元培、李达、蔡和森、恽代英、萧楚女、瞿秋白、吴鼎昌、胡政之、张季鸾、徐宝璜、顾执中、陈望道、谢六逸、史量才、成舍我、邹韬奋、范长江、郭沫若、潘梓年、博古、王芸生等40多位。对其中一些重要人物的介绍尤为详细,包括他们的家庭背景、生平经历、新闻活动、新闻作品,尤其是新闻思想的介绍,其中还适当穿插一些小故事。我的这部书体例比较新颖,大大增强了内容的深刻性和可读性,而且体现新闻史的特点,因而出版后受到同行好评,方汉奇、宁树藩、陈业劭、姚福申、王洪祥等给予了很高的评价。方汉奇教授指出,该书有"纲领明畅,条理明晰"等4条优点;宁树藩教授认为,该书"博采众长,自成一体";陈业劭教授说该书有明显的新闻事业史的特点(以前不少这方面的著作成了类似政治斗争史),着重新闻界人物的新闻思想的叙述评介更是本书的显著特点之一;姚福申教授总结出该书的4大特点:①把中国古代报纸的传统视为中国新闻事业发展的一个重要组成部分;②以新闻事业自身发展的阶段划分章节,以前的新闻史是套用政治史的分期;③时间为经,报人为纬,有骨有肉;④每章的开始或结尾常常有提纲挈领的小结,其中颇有作者的新意。王洪祥副教授更是明确指出,本书重视新闻界人物的评介是新闻史著作撰写的一大突破。

《中国新闻业历史纲要》1992年被湖北省新闻学会评为"新闻论著一等奖"。

3. 第一部个案史专著

我的称得上学术专著的是《新记〈大公报〉史稿》,也是我的第一部有关中国新闻史个案研究的专著,1994年12月由武汉出版社出版。

在中国新闻通史的阅读和教学过程中,我对新记《大公报》产生浓厚兴趣,认为这张文人办的报纸大有深入研究的必要。众所周知,"文人论政"是中国历史上的一种特有现象,是中国文化对世界文化发展的独特贡献。当西方近代报刊传到中国之后,"文人论政"在近代报刊上找到了用武之地,而出现文人办报现象。文人办报,意在以文章报国,寄托了儒家文化孕育出来的中国读书人深厚的家国情怀。文人办报是中国报刊史上的特有现象,是中国优秀传统文化的产物,而《大公报》是文人办报不可多得的典范。系统研究《大公报》成功的经验,可以使"文人论政"的优良传统保持下来,发扬光大。因此,我从1988年开始专心从事新记《大公报》史的个案研究。

为了这个研究,为了专著《新记〈大公报〉史稿》的撰写,我付出了整整六载心血。

为收集资料,我或独坐冷清之斗室,目不旁视,专心致志。日复一日,年复一年,不知节日、假日为何事。陈旧的报纸,一张一张翻阅,所需资料,一段一段摘抄。数九寒冬,手脚冻僵不稍停;酷暑盛夏,汗流浃背不复辍。熬更守夜,夜以继日,仿佛如迷如痴。或通过各种途径广为搜集有关《大公报》的回忆文章,从中了解到了报馆内部的机构设置、人员调配、管理制度以及一些重大活动的开展情况。还尽可能联络星散在海内外的《大公报》老报人,虚心地向他们请教,通过访谈,得到了许多极为宝贵的"活"史料。

由于史料翔实,评论客观,这部《新记〈大公报〉史稿》出版后,立即在社会上产生很好的影响。长期以来,由于极"左"路线作怪,《大公报》和《大公报》人受到不公正待遇,所以,很多老《大公报》人拿到客观评价他们的工作,以及他们为之服务多年的《大公报》的这部专著时,不禁老泪纵横。同时,这部专著也得到学界的肯定和好评,1997年,获第三届"吴玉章人文社科优秀成果奖"。方汉奇教授评价说:"在有关《大公报》报史的专著中,以吴廷俊的那本影响最大。为了掌握第一手材料,他用了四年时间,通读了这一时期发行的全部《大公报》,对这一时期的《大公报》的政治倾向,言论主张,它的业务特点,以及它的是非功过,作了全面深入的剖析,不掩过,不溢美,还历史以本来面目,纠正此前在旧《大公报》评价上的一些偏颇。"还称这部书的问世,表明有关《大公报》史的研究"达到了新的高度"。①

做这个课题,写这部专著,我感受颇深——我开始知道了什么是科研,什

---

① 方汉奇:《骅骝开道路,鹰隼出风尘,记中国新闻史学会成立六年来的新闻史研究工作》,载《新闻史的奇情壮彩》,华文出版社2000年版,第7页。

么是历史研究,如何在研究中贯彻"史料第一"的原则,如何掌握"论从史出"的方法,如何秉持"客观公正"的治史态度,等等。

这个课题的完成,我得到了很多人的帮助,对此,我铭记在心:众多《大公报》老人、中国新闻史学会会长方汉奇教授、华中理工大学朱九思老校长、副校长朱耀庭教授、文学院院长刘献君教授,以及华工新闻系的老师和同学,等等。

4. 一部马列新闻史专著

1992年6月,一本名叫《马列新闻活动与新闻思想史》的书由华中理工大学出版社出版了,这是我的第一部也是唯一一部关于马列新闻活动和新闻思想史的著作。

我之从事马列新闻活动和新闻思想的学习与研究,纯属偶然。

1990年,我的《中国新闻业历史纲要》出版后,在学界产生了一些反响,吸引了不少读者,其中有一些人读后与我书信联系,探讨一些问题。有这样一位读者问我:您著作第24页上,引用的马克思的一段话,出自何处?原来在谈到《京报》本质时,我在书中写道:"《京报》虽为民报,但是它和朝廷官报'邸报'在本质上是完全相同的。它只不过是'邸报'的翻版而已。正如马克思1942年在《评普鲁士书报检查令》中所指出的那样,在中国,'明朝中叶以后虽然有民间报房出版的京报,但完全是在政府监督下翻印邸报稿件,以至以后对报刊的记载,邸报京报的概念常被混用,因为它们本来是一回事'。"下面没有注释出处,因此,那位读者便有问可提,提得很对,我也必须回答。

这段马克思的论述,我最初确实不是在《马克思恩格斯全集》或者《选集》中看到的,而是在圈内一位专门研究者的论文上看到的,感觉很适合用来论述我的观点,便决定引用。但是,这位学者没有注释出处,于是我就找来几个版本的马克思全集、选集,读《评普鲁士书报检查令》这篇文章。反反复复,一遍一遍地读,就是没有那段论述,真是"上穷碧落下黄泉,两处茫茫皆不见"。只找到一段与之相似的论述:"我们不要那种恶劣的书报检查制度,因为甚至你们自己也不相信它是十全十美的,请给我们(这只要你们命令一声就够了)一种完善的报刊,这种报刊的原型好几个世纪以来就一直在中国存在了。"我当时没有怀疑那位学者的引用,而只是抱怨工科大学图书馆买的马恩全集与综合大学的都不一样!

为了回答那位读者的提问,我一方面继续查找马克思的原文,一方面给那位学者写信,请教马克思那段语录的出处。他说,原话不是马克思的,是他根据马克思文章中前后的意思自己编撰的。

这个玩笑开大了！我没有一丝一毫地责怪这位学者,只是责怪我自己,太想找一段经典来为自己的观点作注,因而没有进行深究,严重违反学术规范。于是,便给那位读者去信,表示歉意,并谈了自己的教训。

于是,我决定按照毛泽东同志的教导,"认真看书学习,弄通马克思主义",并且端正学习态度,在学习中尽可能克服"六经注我,我注六经"的实用主义方法。

对于马克思、恩格斯、列宁的著作,我之前有所了解。我离开大学时,所带的书籍,有四卷本的《毛泽东选集》、四卷本的《列宁选集》、两卷集的《马克思恩格斯文选》和一本斯大林的《论列宁主义问题》等。

我带着寻找"批判的武器"的心态,开始在资料室系统阅读马列的书。除了读经典原著,还选读了几部人物传记,比如梅林的《马克思传》、萧灼基的《恩格斯传》、克鲁普斯卡娅的《回忆列宁》等,并阅读了大量国际共运史的书籍。

这次学习与研究对于我而言是铭心刻骨的。我是抱着"释疑"的心态开始系统阅读马克思、恩格斯和列宁著作的,而阅读所得到的收获,则远远超过了我的初衷。

首先,认真而系统地研读马克思、恩格斯、列宁新闻思想的原著,就像进入到一座深藏宝贝、充满灵气的洞天。我如饥似渴地阅读,边读边做笔记,越读越被吸引。为了加深印象,我开始写读书心得。先贤的论述,尤其是马克思、恩格斯深邃的思想,对我来说简直是醍醐灌顶、茅塞顿开。《孟子·梁惠王下》有言:"独乐乐,不如众乐乐。"我决定通过开设课程,在课堂上与学生分享我的快乐。起初,为本科生开设"马列新闻论著选读",主要目的是引导他们读经典原著;后来又为研究生开设"马列新闻思想史研究",希望进一步引导学生系统学习马列新闻思想的演变与发展。在学生读经典的过程中,我还向他们讲述我的学习体会和心得。不少学生通过课程学习,同我一样,感到收获很大,纷纷表示说:"感谢老师开设这门课程,使我们取到了马克思新闻思想的真经!"我亦备受鼓舞,在老校长朱九思的支持下,开始将阅读笔记和学习心得加以整理,写成讲义,之后扩展成专著《马列新闻活动与新闻思想史》,公开出版。

这部书共26万字,分上下两编。上编为马克思恩格斯的新闻活动与新闻思想;下编为列宁的新闻活动与新闻思想。上编分三章:马克思恩格斯青年时期的报刊活动与"人民报刊思想"(1837—1843);马克思恩格斯壮年时期的报刊活动与"无产阶级报刊思想"(1843—1863);马克思恩格斯中老年时期的报刊活动与"党报思想"(1863—1895);下编分三章:列宁建党时期的报刊活动与"组织者"思想(1893—1903);列宁夺取政权时期报刊活动与"党报的党性"思想(1903—1917);列宁社会主义建设时期报刊活动与"社建工具"思想(1917—1924)。每一章,先写报刊活动,次写论著赏析,后归纳新闻思想。这部书带有明显的读书笔记的痕迹。

列宁的新闻思想我以往虽说没有系统接触过,但是多多少少知道一些,不太陌生,而马克思恩格斯的新闻思想对于我而言是崭新的,因而它对我的冲击尤深,简直可以说是一种前所未有的震撼,感觉学到了"真本":马克思恩格斯的新闻思想的逻辑起点是人的解放,人性的解放,追求的是人的全面发展。其基本内容集中为三条:①言论自由①;②媒体独立②;③舆论监督③。虽然马克思恩格斯的报刊活动和新闻思想的发展分为三个时期,但是,这三点就像三条红线贯穿始终。

其次,掌握了判别真假马克思主义新闻思想的标准。长期以来,国人学风不正,对待经典的学习也是抱着实用主义——寻章摘句,断章取义;六经注我,我注六经;拉大旗做虎皮,挂羊头卖狗肉,等等。对待马克思的经典也是这样,有些人根本都没有读过马克思的书,就信口开河大讲特讲马克思主义,有人打着"发展马克思主义"的旗号,把自己本来错误的思想也说成是马克思主义,谬论满天飞。

诚然,马克思的思想是发展的、变化的,并且在其发展变化的过程中充满

---

① 马克思说:"没有出版自由,其他一切自由都是泡影"[《第六届莱茵省议会的辩论(第一篇论文)》(1842年4月)];"出版自由本身就是思想的体现,自由的体现,就是肯定的善"(《马克思恩格斯全集》第1卷第95、61页)。

② 马克思恩格斯认为,党报不可以全部"国家化",即全部成为机关报,认为党报"国家化走得太远,会产生很大缺点",即使党内失去监督机制;因而主张创办起"一个形式上独立的党的刊物"[《恩格斯致奥·倍倍尔》(1892年11月),《马克思恩格斯全集》第38卷第518页]。为了强调党报和党报主编相对独立的地位,恩格斯甚至还说过这样的话:"依赖他人,即使是依赖一个工人政党,也是一种痛苦的抉择。而且,即使抛开金钱问题不谈,做隶属于一个政党的报纸的编辑,对于一个有首创精神的人来说,都是一桩费力不讨好的差事。马克思和我向来有一个共同的看法,我们永远不担任这种职务,而只办一种在金钱方面也不依赖于党的报纸。"[《恩格斯致奥·倍倍尔》(1892年11月),《马克思恩格斯全集》第38卷第517页]

③ 马克思指导无产阶级报刊工作时,明确提出:"报刊按期其使命来说,是社会的捍卫者,是针对当权者的孜孜不倦的揭露者,是无所不在的耳目,是热情维护自己自由的人民精神的千呼万应的喉舌。"[《〈新莱茵报〉审判案》(1849年2月),《马克思恩格斯全集》第6卷第274、278页]在论述党报性质时,马克思恩格斯认为,党报是同党内机会主义进行斗争的重要阵地,是"党内生活的杠杆"。在论述党报使命时指出,党报除了阐发党的政治主张、宣传党的政治纲领、用科学理论武装党的干部和党员之外,还有一项就是监督党的领导人。当党的领导人践踏党的纲领、践踏党的策略中确定不移的、最基本的原则时,党报有"充分权利"予以揭发和批评,并进行"有力的打击"。

曲折和痛苦,且在曲折和痛苦的嬗变中有所创新,但是,万变不离其宗,核心东西没有变,精神实质没有变,也不能变,变了就不是马克思的思想了。马克思多次讲"我不是马克思主义者"。这实际上是对一些人打着马克思旗号贩卖私货的无耻做法的批判。由此,我不赞成随便提什么主义,因为一提主义,就为塞进私货、贩卖私货大开方便之门。谁的主义,就应该是谁的思想的系统总结——马克思主义就是马克思(包括恩格斯)思想的系统总结,毛泽东思想就是毛泽东的思想的系统总结,邓小平理论就是邓小平的思想的系统总结。

现在,在中国新闻学界、新闻业界和新闻教育界,讲马克思主义新闻观成为热门,有很多人大出其书,大张其口,大言不惭地大讲所谓"马克思主义新闻观",唾沫四溅,蔚然壮观。据我看来,传真经、布正道的不多。一些人所讲的内容根本不是马克思的新闻思想,而是与马克思新闻思想背道而驰的,甚至是反马克思新闻思想的。

一个具有时代洞悉力的思想家所作的论断,放到现在仍具有现实意义;真理思想的力量就如神的力量一样,它能穿越时空阻隔,超越种族间的隔阂,让整个人类社会在经过了若干年之后,依然听到他的声音,感受到他声音的震撼。马克思在《〈黑格尔法哲学导言〉批判》中说:"批判的武器当然不能代替武器的批判,物质力量只能用物质力量来摧毁。"[①]即使取得了马克思新闻思想的"真经",掌握了强大的思想武器,但是还远远不够,还必须拿起这个武器,批判一切错误新闻思想,包括插着马克思主义标签的假马克思主义新闻思想。我要求我自己,也要求我的学生,坚持真马克思新闻观,抵制假马克思新闻观。

若干年后,我主持马克思主义理论研究和建设工程重点教材《中国新闻传播史》编写时,之所以能顶着巨大压力,坚持学术精神,坚守学术良心,底气正在于此。

(二) 转做"规定"

由于学科建设的需要,我不能不做"规定"课题。如前所述,文学院成立后,院长刘献君教授对此反复强调,并亲自带领各系分管科研的系副主任"跑步(部)进京",使出浑身解数,争取课题。功夫不负有心人,我们的活动取得了明显的效果——华中理工大学文科各系开始有了国家级课题,这在当时是

---

① 《马克思恩格斯选集》第1卷,第9页。

鼓舞人心的。我们新闻系在申报课题方面,效果更是明显的,仅由我牵头,几年之内,就先后做过两个国家级课题。其中一个是"重点"(当时无所谓"重大")课题。

1. 国家重点课题——"数字技术与新闻传播"
(1)申报与批复。

为什么申报这样一个课题,是颇费考量的。本来1995年3月文学院召开科研工作会议时,新闻系结合自身特点和已有基础,准备了三个课题,其中第一个"科技新闻报道对发展生产力的影响",是根据我校理工学科优势和我系率先在本科生中开设理工类课程特点设计的。但是,当年9月23日,何梓华教授率领教育部新闻专业评估小组进校对我系进行评估,在反馈意见见面会上,专家们建议华工新闻系进一步"扬长避短,办出新的特色",只增加几门理工科类课程还不行,突出培养学生科技新闻报道能力还不够,应该利用学校理工科的优势在学科交叉上做文章。10月6日,程世寿召开系务(扩大)会议,议题是"消化专业评估会上专家的意见",具体到学科建设和科研上,就是如何进一步做好学科交叉,先从申报国家科研项目开始。

当时,多媒体技术是信息传播领域中一个全球性的热点,它以处理信息量大、实时性强的特点以及独特的人机交互功能,代表着当代信息传播技术的主流。多媒体技术自20世纪90年代以来,在多个领域的应用引起了社会对它的广泛关注,新闻传播领域也不例外。但是由于多方面因素制约,多媒体技术在新闻界和新闻学界并非一个热门话题,如何将多媒体技术适当地引入新闻传播领域这一问题,尚未开展深入研究。尤其是中国国内,对多媒体技术的研究主要局限在信息领域,其应用研究尚处于起步阶段,而新闻学界更未提出成熟的理论成果,帮助人们正确把握多媒体技术对新闻传播带来的影响。因而,这个课题很有研究的迫切性,尤其是从人文社会学科与计算机应用和通信等多学科相结合的角度来研究多媒体技术与新闻传播,既能体现多学科交叉的优势,也预示着研究的结果将具有重大的理论价值,它有可能把大众传播媒介理论、新闻信息传播理论以及媒介管理理论提高到一个新的水平。

经过反复推敲,我们形成了"多媒体技术与新闻传播"这个选题。这个课题的研究内容设计为两个方面:一是根据多媒体技术的现状和发展趋势,研究多媒体技术在传播新闻信息,特别是在特定要求下传播新闻信息所必须解决的关键性问题,包括多媒体技术传播特征研究,运用多媒体技术进行新闻传播的过程,信息网络中新闻信息的控制与管理这三个部分;二是从新闻传播的规律,特别是具有中国特色的社会主义市场经济条件下的新闻传播事业的运作特征出发,探讨多媒体技术与现有大众传媒撞击、交融所产生的结果,包括多媒体技术的发展与普及对新闻传播带来的影响,多媒体技术进入大众传播领域的态势,多媒体新闻传播事业形成的可能性及所需要采取的对策。

为了体现学科交叉和确保课题申请成功,我们邀请了计算机系专攻多媒体技术的冯玉才教授加盟,并作为第二负责人。当时填报申请书时,课题组成员除了我与冯之外,还有程道才、严赤卫、刘燕南(以上三人为新闻系教师)和王元珍、吴恒山(以上二人为计算机系),而最后的实际完成人是吴廷俊、屠忠俊、柳泽花、冯玉才和韦路。

4月8日,为课题申报顺利获批一事,我与文学院党总支副书记徐晓林和新闻系老教师周泰颐等一起前往北京。我们住在北师大附中招待所。两天之内,我们马不停蹄地分别找了中宣部洪一龙、社科院规划办、人民大学何梓华与方汉奇、北京广播学院赵玉明、社科院新闻所徐耀魁、经济日报徐新华等,阐述我们课题的内容及研究意义,请求他们大力支持。

我们申报的重点课题"多媒体技术与新闻传播"获得立项(批准号96AXW003),资金7万元。在今天看来,这点钱实在是太少,但在当时是很多的。据说,这是新闻传播学科第一次在国家社科基金设立重点项目,意义之重大,自不待言。

课题申请书(封面)

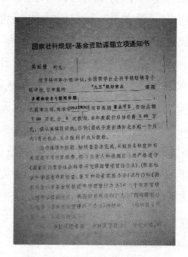

立项通知书(首页)

(2)困难及克服。

由于是交叉学科,在课题的进行过程中,我们遇到了很多困难。归纳起来,主要有两个方面。

其一是课题在学科上的交叉性。本课题是一个文工交叉的课题,要完成这种交叉性的课题,必须有复合型的研究队伍,要求课题组成员既有系统掌握新闻学、传播学理论的人,又有具备一定自然科学尤其是计算机和电信方面知识的人,最好是二者融通的人。为此,我们采取了以下几条措施,以增加课题组成员的科技含量:①在注重发挥课题组原有计算机系教师的作用的同时,注重吸收本学院有理科背景的教师进入课题组;②注重适量招收有计算机和电信专业知识背景的研究生,并将他们引入课题组,在课题研究实践中培养他们。

其二是研究对象日新月异的变化。多媒体技术的发展及其在新闻传播中的应用,在进入20世纪90年代中后期后,其变化速度之快,无论怎样形容都不为过。我们深深感到,本课题的理论研究很难追上研究对象日新月异的变化,费了很大气力研究的成果,没过几天就已过时了!

为了跟上研究对象飞速发展的步伐,我们及时调整了积累和发表研究成果的指导思想:研究一点发表一点,铢积寸累,蓄势渐发。1997年5月,我们制定新研究计划:"研究成果在遵守保密原则的同时,阶段性成果应及时写成论文正式发表。"截至2001年6月以前,我们已发表相关学术论文28篇,其中包括:在国内外重要刊物上发表9篇,《新闻出版报》"多媒体技术与新闻传播变革"专栏上发表6篇,《当代传播》上发表系列论文13篇。这些论文的发表,在学界产生了较为强烈的影响,使我们的多媒体技术与网络传播研究在全国有了一定地位,2000年以来,每个学期都有高校新闻院系派教师到我们课题组进修,或做访问学者。

为了跟上世界学术前沿,我们还不失时机地利用到境外进修和访问的机会,了解发达国家和地区多媒体技术的发展及其在新闻传播中的应用的最新情况,广泛收集这方面的最新成果,使我们的研究相对处于国内领先地位。从1997年至2001年1月,课题组成员有4人先后到新加坡、美国等国家和我国的香港做专题访问,或收集相关资料。

(3)成果及特色。

经过近5年的艰苦努力,我们取得了超过预想的成果。除了前面提到的阶段性成果——28篇论文之外,还出版了两本专著——《网络新闻传播导论》和《网络新闻传播实务》。方汉奇、丁淦林、赵玉明、吴高福、徐耀魁五位专家组成的成果鉴定小组,对我们的成果给予了很高的评价,终评为A等。《光明日报》理论版用整版篇幅评介了我们的研究成果。

"多媒体技术与新闻传播"
项目结项证书

"多媒体技术与新闻传播"
项目的部分成果

总结我们的研究成果,主要有三个特色。

其一,科技与人文结合。如前所说,本课题不是一个纯文科课题,而是一个文、工大跨度交叉的课题,在研究过程中,我们始终本着科技与人文结合的原则,并格外重视技术层面的研究,花了较大功夫搞清楚什么是多媒体、多媒体技术包括哪些方面的技术,以及多媒体技术的特点和发展历程,等等。这是本课题研究的基础,因此,在《网络新闻传播导论》中,我们在"历史的方法与逻辑的方法的统一"原则指导下,用足够篇幅叙述技术层面的问题。使多媒体网络传播理论研究处处紧扣多媒体网络的技术特征和传播特征展开。

至于多媒体网络传播实务,更是一个非常庞大的多媒体聚成式的新闻传播实务系统,具有极强的技术依赖性,所以,我们在研究网络传播实务时,处处都将两条主线——传播实务理论与原则,和支撑、服务传播实务技术有机结合起来进行阐述。

其二,学理与术理并重。多媒体网络传播以迅雷不及掩耳之势出现在我们面前,不仅使新闻的采、写、编、播操作手段焕然一新,而且对传统传播理论提出种种挑战。因此,我们的研究,兵分几路,有的研究偏重理论,有的研究偏重实务,做到学理与术理并重。

其三,理论探索与实践探索结合。多媒体技术运用于新闻传播,已经并且将深入地对新闻传播产生影响,新闻传播出现了前所未有的变化。不断地增加科技含量是新闻传播和新闻传播业发展的必然趋势,也是新闻传播学科和新闻传播教育发展的必然趋势。新闻传播学科势必会突破纯文科尤其是人文学科的范围而成为一种与电信、计算机等工科大跨度交叉的新兴学科,由此带来新闻教育和新闻传播人才培养的新模式。

特别是理论探索的确使我们形成了人才培养的新思路。于是,我们在全国首先倡导创办网络新闻专业(方向),制定了包括新的培养目标、新的培养途径、新的课程体系在内的新的人才培养计划,并且于1998年率先在全校理工科二年级学生中招收学生进行培养,2000年7月送走第一批网络新闻专业的毕业生,大受用人单位的欢迎,在全国产生很大影响。2000年起,该专业(方向)正式列入计划并向全国统一招生。我们在做课题过程中建设起来的一支文工结合的复合型的研究队伍充任网络新闻专业的师资队伍;课题研究的各项成果也正好作为网络新闻专业的教学内容。[①]

2. 国家一般课题——"传播技术发展史研究"

(1)课题申请原因。

"传播技术发展史研究"这个课题是2002年6月被批准立项的。

为什么要申请这样一个项目?一则是我在2001年2月出版了《科技发展与传播革命》一书,对这方面的研究有了一定的基础,二则它与刚刚结项的重点课题内容相近。我在《科技发展与传播革命》一书的后记中写道:"写一部媒介发展史的想法由来已久。麦克卢汉讲,媒介即信息,这话越琢磨越有道理。一种新媒介的诞生,不仅是科技发展,而且是社会文化综合发展的产物,它集中地反映了那个时代的物质文明和精神文明。如果说,一部人类社会发展史从一定意义上讲,是一部生产工具发展史的话,那么,一部人类社会的新闻传播发展史,从根本上看就是一部传播媒介发展史。媒介的进步,不仅提高了传播水平,而且更新了传播意识,变革了传播观念。1996年,我承担了国家'九五'社科基金重点项目'多媒体技术与新闻传播'之后,为媒介写史的想法更加强烈。我们的课题组系统检索了从火媒介到因特网媒介的发展轨迹,并认真研究了每一种新媒介出现后所引发的传播革命,于是,就有了这部《科技发展与传播革命》。可以说,这部书是那个重点课题的派生成果。"[②]

该课题立项时的主要参与者有韦路、鲍立泉和柳泽花,最后完成者是吴廷俊、韦路和鲍立泉。

(2)研究计划执行情况。

项目在内容上完全是按照研究计划执行的,但是进度上有些延期,原因主要有二:其一是身为主持人的我有一段时间担任了学院主要行政领导职务,杂务缠身,抽不出成块的时间进行研究;其二是课题组主要成员,变动较大。最初的主要成员柳泽花大病后,一直不能痊愈;随后,更换的主要成员韦

[①] 吴廷俊:《"多媒体技术与新闻传播"丛书总前言》,载《网络新闻传播导论》,华中科技大学出版社2002年版,第1-5页。

[②] 吴廷俊:《科技发展与传播革命》,华中科技大学出版社2001年版,第380页。

"传播技术发展史研究"
立项通知书首页

"传播技术发展史研究"
结项证书

路刚一上手,又到美国攻博,一去就是 4 年。不过,有失有得,韦路学成回国,业务水平大有长进,虽就职于浙江大学,但继续担任项目主要研究者和最终成果的执笔人,使成果水平有了进一步提高。

(3)成果研究内容及方法的创新、突出特色和主要建树。

本课题从传播学、历史学、社会学和科技哲学等多学科角度出发,对人类近现代传播技术的发展演变及其与社会的互动关系进行了全面深入的考察。研究成果对传播技术史研究中存在的技术革命论和技术决定论倾向进行了反思,确立和论证了三个基本观点:演进观、互动观和融合观。

演进观:本研究认为媒介技术的发展实际上是一种逐渐的"进化",而远非疾风突进式的"革命"。当某种技术逐渐过时,无法满足新的社会需要的时候,各种社会力量开始迫使过时技术做出改进,否则便将其淘汰。过时技术的淘汰或蜕变并非一夜之间的事情。尽管新的社会需要已经开始对旧技术施加压力,然而旧技术通过与社会诸因素的充分互动,已经深植于社会的各个阶层,与社会融为一体;社会系统自身的惯性和发展的连续性,也使得过时技术的蜕变和新技术的引入要以保存现有商业实体和其他机构的基本社会形态为前提。因此,尽管经受了各种新技术的炮轰,但我们所有的文化制度仍然保持了很强的连续性,许多变化都是逐渐呈现的。

互动观:媒介技术与社会之间的关系不是单向决定,而是互相影响。传播技术的诞生和发展之所以呈现出演进而非革命的态势,其根本原因在于传播技术与社会之间存在着一种动态的互动关系。虽然技术决定论和社会文化决定论从某种程度上肯定了技术与社会之间的单向作用,但任何单一的决定论都无法帮助我们全面理性地理解传播技术与社会的互动关系。正如乔纳森·本索尔指出的,"对于任何技术的完整历史分析都必须研究社会因素和技术因素之间的互动,而社会因素则包括经济、政治、法律和文化等诸因素"。因此,当我们考察传播技术的起因时,必须考虑该技术诞生的社会或文化背景。特别值得我们重视的是社会中占主导地位的权力阶层的政治和经济利益。这些群体的价值观决定了社会主流的价值形态,因而在控制和塑造媒介技术的过程中,比那些非主导群体享有更大的决定权。由于媒介技术与社会之间的互动充满了变化,研究者应该避免将技术看作一个静止的概念。任何一种传播技术都是在与社会各因素之间的相互影响下不断发展演变的。

融合观:人类传播技术发展史就是一部媒介融合的历史。人类最原始的面对面人际传播具备最原始的天然感官融合特性,传受双方充分调用各种生理感官实现信息的传播与理解。单媒体技术时期的书写印刷、电报电话、广播电视等媒介则在拓展人类传播的时空穿梭能力上取得了重大突破,然而却将人类的信息传播与接收从感官融合状态转化为感官分裂状态。媒介和感官之间存在对应关系。在一种媒介系统中,对信息的接收和理解往往较多依靠其对应感官完成,人类在此时较容易陷入感官失衡状态。数字新媒介的出现重新唤醒人们对多种感官的需要,也为多重感官在更高层次上的融合提供了条件。人类被分裂的感官逐渐开始恢复为一种技术感官融合的状态。传播技术从原始"全息"到"单媒体"到"多媒体"再到技术"全息"经历了一个循环,相对应地,传播媒介也经历了从"融合"到"分离"到"交叉"再到"融合"的循环。

基于以上三个基本观点,本研究以时间为顺序,对机械、电子和数字三个不同时代的传播技术进行了全面深入的剖析。一方面考察了每个典型的传播技术与社会之间的总体互动,即社会塑造和社会影响,另一方面特别关注了传播技术与现代传播理论之间的历史关联,以突出传播技术与社会之间的学理互动。

(三)回到"自选"

1. 新修中国新闻史

(1)"新修"的缘起。

我进入新闻学科的教学和研究领域后,中国新闻通史方面的教材、专著先后出版过三部[①],也都得到过一些好评和赞誉,但是,自我感觉不是很好,

---

① 《中国新闻业历史纲要》(华中理工大学出版社,1990年版)、《中国新闻传播史稿》(华中理工大学出版社,1999年版)、《中国新闻事业史》(武汉大学出版社,2009年版)。

无论是史料、观点,还是体例,创新不多。进入新世纪后,中国新闻史学界也有很多人对自身研究成果不满意,要求中国新闻史撰写创新的呼声一浪高过一浪,对此,我也有同感。丁淦林、吴文虎、李彬、黄瑚、黄旦等五位教授在2007年第1期的《新闻大学》上专门组织了一次"中国新闻史研究现状笔谈",这几位新闻学界的大家在肯定中国新闻史研究成绩的基础上,指出"从更高的要求看,中国新闻史的研究仍然有不尽如人意之处"。丁先生等人的笔谈,各抒谠论,探寻打开中国新闻史研究新局面的路子,为中国新闻史研究提出了许多好的建议和思路。尽管他们的意见不尽相同,但有一点是相同的,那就是中国新闻史研究急需走上一个更高的台阶。

中国新闻史学界的这种自省和期待是学术研究发展到一定阶段的必然结果。不同的学科在不同的历史阶段都出现过这种危机意识和自省过程,实际上,从20世纪90年代开始,就有学者撰文探讨新闻史研究革新的必要性与可能性。当历史发展到21世纪,这个议题再次引起学术界瞩目,是好事,而非坏事。这说明学者们对新闻史这门学科有着强烈的责任意识和高度的学术期待。

2007年5月,在南京大学召开的中国新闻史学术研讨会上,我做了《新闻史研究者要加强史学修养——论中国新闻史研究如何走出"学术内卷化"状态》的主题发言,率先提出新闻史研究领域的内卷化问题:"当前,中国新闻史研究存在的问题,说明在这个研究领域出现了学术内卷化。"并指出:"在方汉奇教授的《中国近代报刊史》和方汉奇、宁树藩先生主编的三卷本《中国新闻事业通史》出版后,研究中国新闻史的人,都有一个感受,我们所做的研究,只能是在其规定的历史情境中发问,只是在重复他们的工作,而无法为新闻史研究增添知识和学术含量。"①方先生也说,现有的研究"成果的内容有交叉和重复。这一点在教材类的成果中,表现得尤为突出。据复旦大学丁淦林教授所作的初步统计,已出版的以《中国新闻事业史》《中国新闻传播史》之类的书名命名的教材和与之配套的'大纲''文选'等辅助教材,已接近60种……其中有不少属于低水平的重复,没有太多的学术价值"。② 中国新闻史学界出现了一种集体焦虑,并由此又引发了一阵阵创新的呼声。

作为一个试图有所建树的新闻史研究者,我为这个学科创新浪潮所激荡,决心参加这次中国新闻史研究爬坡行动。在2007年5月那篇《新闻史研

---

① 吴廷俊、阳海洪:《新闻史研究者要加强史学修养——论中国新闻史研究如何走出"学术内卷化"状态》,载《新闻大学》2007年第3期。

② 方汉奇:《1949年以来大陆的新闻史研究(二)》,载《新闻与写作》2007年第2期。

究者要加强史学修养》的文章中,我提出了突破新闻史研究的内卷化的四点思考,实际上是为我自己下达的四条任务。

第一,必须将新闻史研究当作历史研究。方汉奇教授一而再、再而三地强调,"新闻史是历史的科学",将新闻史归结为"史学门",强调是"科学"。对这具有重大意义的命题,长期以来,似乎没有被新闻史学界的同人重视,甚至基本认可。历史科学是一门复杂而高深的学问,治史者,必须有专门的史学知识与方法,而我们新闻史学界的同人史学出身的很少,对史学知识了解不多,运用不好,所以写出来的文章,大都不被史学界所认可。因此,要克服内卷,首先必须加强史学修养。

第二,必须高度重视史料的挖掘、收集与甄别。史料对历史撰写的重要性,不言而喻。然而,在当下,受社会"浮躁之气"的影响,新闻史学界的有些人不愿意"坐冷板凳",不愿意"钻故纸堆",所出版的几十部教材和所谓专著,其中的史料大多都是来自戈公振的《中国报学史》和方汉奇的《中国近代报刊史》以及方汉奇、宁树藩主编的三卷本《中国新闻事业通史》。可谓是"豆腐一碗,一碗豆腐"!中国新闻史学界老一辈新闻史学者都对史料高度重视,早在1985年,方汉奇先生就强调:"搞新闻史离不开有关的资料。没有必要的资料,新闻史研究就成了无本之木、无源之水和无米之炊,是难以为继的。"①方先生把史料的重要性强调到了极致,可是,我们很多人似乎不以为然。所以,我以为当下中国新闻史研究要进入一个新的高度,第一位的工作就是做扎实的史料发掘工作。史料的重要不仅在于量,而且在于质,即关键性、可靠性,因而还必须对收集到的资料"去粗取精,去伪存真",即所谓考订、筛选和辨析。

第三,重视研究范式的创新。1949年以后,由研究环境所致,中国大陆的新闻史撰写基本上是政治与媒介功能范式。这种范式以"新闻史是新闻传播活动的历史"为新闻史观,以"新闻事业"为研究对象,以媒介的"政治功能"为关注焦点。这是历史的产物,并且影响了几代新闻史研究的学者,因而不能完全否定,也不可能消失。但是,由于这一范式过于单一,就容易把新闻史写成政治史,因此我认为,中国新闻史研究要有所突破,其关键是必须突破这种范式,而创造出一种新的范式。就连这种范式的代表人物方汉奇先生最近也明确说:"要在新闻史研究的范式上有所创新。首先应该突破传统的与各时期的政治紧密结合的范式。"

---

① 《方汉奇文集》,汕头大学出版社2003年版,第2页。

新范式的探索和建立非朝夕间所能完成,但是,我以为,根据破立结合的原则,首先必须如方汉奇先生所说,"突破传统的与各时期的政治紧密结合的范式",逐步实现5个回归:回归"本体",即研究对象由"依附之物"回到"自主之物";回归学术,即研究立场由"政治"回到"学术";回归和谐,即研究取向由"战时"回到"和谐";回归专业,即站在专业立场上,从专业角度研究新闻史,把新闻史写成新闻媒体自己的历史,而非阶级斗争史、政治运动史、政党斗争史;回归整体,即研究范围从"部分"回到"整体",不断开拓有意无意"被遗忘的角落"和有待开发的处女地,还要加强薄弱环节的研究。

第四,确立明确的中国新闻史观。所谓史观,就是对历史的看法;新闻史观,就是对新闻史的看法;中国新闻史观,就是对中国新闻史的看法。史料是基础,但要复现历史,必须有一定的史观;要复现中国新闻史,就要有明确的新闻史观。像《美国新闻史》的作者就开宗明义地交代了自己的新闻史观:一部美国新闻史,就是一部争取新闻自由的历史。而中国新闻事业的发展进程表明,中国新闻事业走的是政治家办报的路径。所以,一部中国新闻史,就是一部新闻媒介充当政治家(很多是政客)和政党的宣传工具的历史,或者说是一部新闻媒介充当政治家和政党喉舌的历史,简言之,就是一部"喉舌史",这是中国新闻史的独特景观。

(2)"新修"之"新"。

《中国新闻史新修》2008年8月出版第一版,以后多次重印。《新修》是我自研究中国新闻史以来,尤其是新世纪以来的几个重大置疑与考问(具体内容请见下一节《置疑与考问》)的系统总结;我2007年5月提出的四条任务,在《新修》中基本上有所落实。方汉奇教授在为该书写的序言开头写道:"拜读吴廷俊教授的《中国新闻史新修》一书,眼前一亮,觉得这是和中国新闻事业史有关的同类专著中的佳构,是一部从史实出发,不落窠臼,言所欲言,充满新意的好书。"接着,指出本书的"三新":

"首先是框架新。它把一部中国新闻史分成'帝国晚期''民国时期''共和国时代'三个大的板块,分别用形象化的语言'八面来风''五方杂处''定于一尊'作标题,以为区隔。其中的'帝国晚期'部分,以回溯的方式追记了'集权制度下的古代报纸',即把古代报纸历史的那一部分也囊括在内。这种大的区分格局,完全打破了传统的按古代近代史、新旧民主主义革命史和社会主义革命和建设史写新闻事业史的模式,既符合中国新闻事业发展历史的实际,又颇具匠心,颇有新意。"

"其次是体例新。例如古代部分,不是按照朝代的先后顺序写,而是按

'朝廷官报''非法民报'和'合法民报'三种类型,分别开来,综合起来写。这是纵向的方面。横的方面,则每章必设专节,以'本章概要'打头,以'本章简论'作结,以便于读者省览。其中,后一部分的内容,有点像《史记》中的'太史公曰'和《资治通鉴》中的'臣光曰'。沿用的其实是中国史家的传统,因为此前未被重视,使读者反而有新的感觉。"

"再次是内容和观点新。这方面的例子俯拾即是,不胜枚举。举其荦荦大者,如绪论部分提出,'中国近代报纸不是在外报的根基上产生和发展起来的,而是中国原有的报在近现代环境下借西国之报章形式生长起来的'的观点。上编部分分别提出三种媒介的观点,即认为'喉舌媒介、官营媒介、利器媒介是中国新闻事业发展进程中的主流';中编部分提出,媒体区分为'营政''论政''营利'等三种类型;这一编和下一编中提出有关中国媒介生长的特征,以及各时期政党报刊具有不同类型的种种观点,都颇多新意。此外,第七、九两章,分别为半个世纪前一度被斥为旧政权'罪大恶极的帮凶',建国后又屡遭批判的胡适,设置了专目,一个题为'文学革命的首举义旗者',一个题为'想为国家尽一点点力',对这一历史人物作了正面的评价。这些,也都极富新意。"

《新修》出版后,网上好评如潮。有的说,"毫无疑问,这是近年最好的一本中国新闻史。史论结合,以史鉴今,体现了作者非凡的勇气和见识。而史料之丰富,考证之细致,也是当前新闻史学者中罕见的。"有的说:"这次终于找到了这本不拘泥于时间、政治变幻的新闻史,终于有了新的学术视角……欣喜之余颇有几分相见恨晚的感觉。"有的说:"这本书是我目前读到的最好的新闻史了。他讲述历史的方式比较新,框架建构很新颖,分为帝国晚期、民国时期和共和国时代三个大板块。最值得称赞的还是它的内容和新观点。只是一个绪论,就让人大为惊喜!"还有读者指出,这是"饱含新闻界一名知识分子良知的一本书","看这本书,了解新闻史,我能感觉到作者的一腔热情"。

更有不少同行学者著文予以高评。南昌大学新闻系主任陈信陵教授著文称,像《中国小说史略》等一样,《中国新闻史新修》也是一种消弭了讲义与著作界限的读物。消弭了著作与教材的界限,其实也就意味着它同时兼具著作和教材的特性。这在操作上增加了难度系数,唯有进入第二境界(将著作当讲义)的教授才可以完成。第二种境界中的教授寻常一出手便别具面目,完全撤除了著作与讲义之间的樊篱。他还说,许多学术视点与学术估衡,使本书与同类的读物又划开了一道很深的界限。① 李云豪教授在详细分析了全书特点后总结说,《中国新闻史新修》是一部颇具史识、史胆的中国新闻史著作。②

2. 首创传播素质论

(1)研究缘起。

从问题导向性原则看,我进行传播素质研究,当时主要是基于以下四个方面问题的考虑:

一是解决社会上人际关系疏离问题,消除人的孤独感。目前我国社会正向现代社会转型,从传播的角度看,社会现代化的过程是交往不断扩大的过程,个体需要越来越多地与其他人交往。而实际上,随着社会现代化程度的不断推进,人们在对外交往方面出现了这样一种现象:检查信息爆炸性增长和传媒高度发达,使得人们失去了应有的从容和基本判断力,按照"避重就轻"原则,人们选择了逃避,把自己封闭起来,成为"孤立无援的现代人"。精神交往方面的人为割裂、自我封闭和封闭性自恋、交流恐惧症、媒体接触焦虑、沉溺于虚拟世界而不可自拔、信息道德败坏等,这种与人和人之间信息传播直接相关的悖论在当下中国随处可见,成了当前社会的一个值得关注并亟待解决的大问题。

二是解决人际关系紧张问题,增强人的团队精神。人类社会的进步,生活方式和生产方式也随之变化,尤其是商品经济出现后,人与人之间相互依赖,关系越来越密切。但是,人类进入当代后,高科技的介入使得人们生产、生活中的"独立"成分逐渐增加,似乎离开了谁都可以,个体缺乏与人友善相处、合作共事的愿望,也没有这方面的行动,缺乏基本的团队精神,于是,造成人际关系紧张。殊不知,任何一种文化产品(物资的和精神的)生产,任何一次人与人之间的交往,绝非一个人可以完成的。所以,改善交往工具现代化情景下的人际关系,成了一个紧迫的现实问题。

三是重视人际传播研究,填补传播学研究的结构性残缺。回顾我国传播学研究的历程,可以发现一个问题,就是基本上以大众传播层面的研究为主,涉及人际传播、组织传播层次的研究很少,尤其是人际传播研究。殊不知,在所有领域的传播活动中,人际交往是最主要、最基本的,相对于组织传播和大众传播,维系与处理人际关系的人际传播更为普遍、更为基础。即使出于工

---

① 陈信陵:《撤除著作与讲义之间的樊篱》,载《中国出版》2012 年第 12 期。
② 李云豪:《史识、史观与中国新闻史研究——读〈中国新闻史新修〉》,载《新闻与信息传播研究》2008 年秋季号。

作、生产需要而进行的组织传播与大众传播,也往往是建立在人际传播、人际关系协调之上。组织传播与大众传播中的许多伦理和规范也是人际交往准则的延伸和发展,是在人际交往中发展而来的。因而,人际传播研究是传播研究的核心,忽视、轻视它不应该,缺失更是不对,必须将其找回并予以足够重视。

四是找回教育过程中丢失了的灵魂。① 任何人的一生都不可能离开关系而生存,因此,以建立和调整关系为目的信息传播活动是人类最基本的活动,而人受教育(不仅仅是学校教育)的核心内容就是如何提高这一活动的有效性。中国的教育刚好丢掉了这个核心部分,只重视所谓知识传授,不重视教人怎么做人。所以有部分中国人特别自我,不会尊重他人,不善与人相处。因此,中国教育改革最迫切的是,不仅要重视传播教育,而且在传播教育中要重视传播素质教育。

(2)研究经历。

我对传播素质的研究,始于新世纪初。2003年,我在中国传播学会论坛上发表《一种基本素质的教育:中国传播教育发展的新思路》的论文,首次明确提出"传播素质"的概念,将其定义为"人际传播中表现出来的能力";2005年7月,我在另一篇文章中将该定义修改为"传播素质是在媒介发达时代,人与人的交往和沟通能力",旨在强调时代性;2008年又从操作层面将其定义为:"人际交往过程中选择合适媒介、采用适当的方式进行有效沟通的能力。"具体内容包括:健康的传播意识、丰富的传播知识、恰当的传播方式和纯熟的传播艺术。

传播素质概念正式提出后,我又相继通过多种方式发表了几篇相关的文章,并从2004年开始,将此项研究成果引入硕士和博士研究生课堂。同学们对此也表现出浓厚的兴趣,大家围绕着传播本质这个核心,从"本体""学科""应用"和"教育"等几个方面展开热烈讨论,发表了很多很好的见解,几个同学还以此内容撰写课程论文并发表。在此研究基础上,2007年,我以"信息沟通与关系建构——传播素质研究"为题申请湖北省社会科学重点项目,被批准立项,硕士研究生杨春燕、骆圆圆成为项目组主要成员,并以此为选题撰写学位论文。杨春燕同学的《传播素质概念的界定与测量》被评为湖北省优秀硕士论文。与此同时,我还应邀到几所兄弟新闻传播院系就此问题进行学术演讲,广泛听取意见。

---

① 人的一生离不开三种关系:血缘关系、组织关系和社会关系。

2010年开始,我与舒咏平教授及张振亭博士组建"传播素质论"编撰组,三人分工,从几个方面对前阶段研究成果进行系统梳理,采用理论与实际相结合的方法进行深入研究,最后撰写了一部专著《传播素质论》,2015年由河南人民出版社出版。

这部35万字的著作,分为"理论""应用"和"教育"三篇。在理论篇中,通过对人类社会传播现象的考察、传播行为的分析和传播本质的探求,论证了全书的一个中心观点:传播素质是人的一种基本素质,是传播学的一个基本概念,属于人际传播研究范畴;在应用篇中,从人际关系入手,论证传播素质高低与人际关系好坏成正相关关系,并具体阐述了传播素质在家庭关系、组织关系和社会关系中的运用;在教育篇中,在论述传播素质教育可行性的基础上,指出了传播素质教育的性质,即全民性、终生性和时代性,并提出了传播素质教育实施的具体方案。

(3)主要贡献。

传播素质概念的提出和相关理论的建构,至少可以解决以下四个问题,这四个问题正好印证了我的研究缘起。

第一,揭示传播的本质。传播行为是人与生俱来的行为。"我们既不完全像神,也不完全像动物,我们的传播行为证明我们完全是人。"如果说动物之间的信息交换是有机体对刺激(信号)的反应的话,那么信息沟通就是人的传播区别于动物传播的关键。人与人之间通过信息沟通达到认知、态度、情感,甚至行为的变化。

传播是人有意识、有目的的行为,就得讲究效果。沟通效果取决于传播过程、结构的优化,任何一个环节出了问题都可能影响沟通效果。随着传播科技的不断发展,沟通效果受技术的影响越来越小,而作为传播主体的人的传播素质对沟通效果的制约却越来越大。因此,人必须采取各种手段提升自己的传播素质。传播素质论的提出,揭示了传播的本质是沟通,是人际关系的建立和调整。

一个人的素质有多种多样的,如科学素质、人文素质、身体素质、心理素质等,它们指向整体素质的不同方面。传播素质与上述素质一样,是人的基本素质,体现在一次传播活动的始终,也体现在人生产、生活的方方面面,更体现在一个人从生来到死去的全过程。

虽然传播素质古已存在,不是一个新问题,但是,我们提出这一概念是基于我国社会的转型。随着社会的发展,信息越来越成为当代社会的主导性资源之一,媒介对个人生活的介入越来越深,越来越广,社会对人与人之间的信息传播也提出了更高的要求,人与人之间的沟通开始有了与以往不同的特质。人的传播素质也必须与时俱进,不断提升,贯穿于人的整个现代化(社会化)过程中,从这个意义上讲,人类的进步和现代化过程就是人不断提高传播素质的过程。传播素质就成为一个鲜活的时代命题。

第二,抓住传播学的核心。既然人际传播是人类信息传播的基础,那么人际传播研究也应该是传播研究的基础。如前所说,人际传播研究的缺失是传播学研究不能容忍的。施拉姆把传播学定义为研究人的学问,研究人与人、人与他的团体、组织和社会的关系。因此,传播素质是人际传播研究中的核心概念,这个概念的提出和相关理论的研究,抓住了传播学的核心领域。再者,传播素质关注的是人如何通过信息传播建构社会关系的能力,是传播研究中"牵一发而动全身"的新命题,既贴近当下中国社会发展的现实需要,又站在社会学、哲学的高度观照人的社会交往。传播素质研究不同于以往专注于传播技巧的人际传播研究,而是兼顾理论性和实用价值的研究,这正是当下我国传播研究需要积极开拓的领域。

第三,找到传播学与社会现实的契合点。众所周知,学术的创新发展,除了要填补目前研究的空档之外,还必须密切联系社会现实,服务社会现实。传播素质的提出可以使传播学研究联系社会现实,解决社会发展中出现的实际问题。如前所说,我国当今社会在人际传播中出现了这样和那样的问题,如我国独生子女的心理障碍、中年人的婚姻家庭危机、"空巢老人"的信息和情感孤独、留守儿童由于父母爱的缺失而造成的心灵创伤和心理障碍等。此外,由于居住条件的改善,原来大杂院居住,左邻右舍亲密接触的生活光景,已被独门独户的单元楼房、单纯家庭的生活形态所取代,随之而来的则是人们对家庭之外的传播沟通产生了普遍需求。传播素质的提出因应了上述社会结构与社会形态巨大变化带来的需求,是传播学研究服务社会实际的一个路径。通过这条路径,深奥的传播学走向千家万户,走向每一个家庭,每一个人。这就把传播学由被视作一门形而上的学科而回归本原,使其与每一个普通人联系起来,消除民众对传播学的隔膜。每一个个人都可以从如何提高传播素质入手,学习传播学,研究传播学,把传播学理论变为自己的交往行为。诚然,提高传播素质不能解决所有问题,但它给我们提供了一个研究的视角,一种可以尝试的途径。

第四,引导新闻教育走出困境。由于传播学研究的结构性缺陷,传播教育也出现若干困惑。通过对我国高校36个传播学专业(本科)课程的分析,我们发现传播教育存在着几个明显的问题:传播教育新闻教育化、简单传播技术化、教育内容泛化等。简言之,中国传播教育不仅与学科核心越离越远,而且与社会现实严重脱节。传播素质的提出,不仅成为传播研究创新发展的一个突破口,还进而成为传播教育的一个新的生长点,整个传播教育应该是以此为基本点向专业教育发展,再深化为学术教育,从而构建起传播教育的体系。

此外,还有继续研究《大公报》史,撰写《〈大公报〉全史(1902—1949)》,从史料到观点刷新了以往的同类成果。这一点在第五章第一节有专门叙述,此处不赘。

三、置疑与考问

这里说一下我治史的基本方法。对于我来说,从事新闻史的研究和教学都是半路出家,因而,从一开始,我就本着学习的态度,几十年研究和教学新闻史的过程实际上是一个学习的过程。检讨我学习、研究新闻史的基本态度和方法,可以总结为两个词,一个是"置疑",一个是"考问"。置疑是心态,考问是方法。基本过程为:置疑—考问—释疑。

(一)置疑与考问是治史的基本方法

1. 置疑与存疑

《现代汉语词典》解释,置疑就是怀疑。马克思在1865年曾经说,他所喜欢的座右铭是"怀疑一切"。马克思所说的"怀疑一切"不是中国"文革"期间鼓吹的"怀疑论",而是毛泽东所说的,做事认真,对任何事情都要问一个"为什么",不盲从,不盲信,不"人云亦云"。胡适先生说得更清楚,他说:"做学问要在不疑处有疑。""学问,学问,有了'疑问',要解决'疑问',才要学习。善于发现问题,是善于学习的前提。所以,做学问的人,必须具备"置疑"的态度。没有置疑的态度,就不可能发现疑问,永远处于"无疑"状态,当然也就不可能有"质疑"和"考问"的行动,不质疑,不考问,哪来创新?

"置疑"是严肃学者做学问的基本态度,更是史家治史的应有态度。史家"置疑"是因为历史存疑。存疑是历史自身所决定的,是与生俱来的。

一般来讲,"历史"有二重意义:一是发生过的涉及、影响众人的事件;二是史家对于这些事件的讲述,包括口头的,或文字的。第一重意义上的"历史"属于本体论或存在论范畴,这种意义上的"历史",由于时间的不可逆性,它成了一种过去的存在,我们谁也看不到,即使是当时的当事者,肯定也看不全。我们通常所看到的历史,是第二重意义上的"历史",是史家通过对史料的整理和理解而叙述出来的历史,简言之,是治史者"治"出来的历史。

历史已成过去,留下来的是残缺不全的史料,史家须花很大精力收集史料,甄别真伪,但是无论如何下功夫,都难以做到史料的"绝对翔实"。此外,史家在进行历史解释时必然会融入自己对于历史的生命体验,从而呈现出他"自己的历史",难以"绝对客观"。因而,任何史家"治"出来的历史都难免不打上自己的烙印,都不可能完全符合"发生历史"的真相,这就决定历史研究只能是一种"遗憾研究",即使再伟大的史家所叙述的历史都会"存疑",留下后人提问和置疑的空间。

再者,随着人类的生产实践水平与认识能力的提高,旧的历史解释被推翻与改写,新的历史解释在不断呈现,历史研究就在这种不断"改写"的过程中,去逼近"发生历史"。因此,历史研究是客观发生的"历史"与现实治史者之间永远的对话过程。史家只有与时俱进,不间断地发掘新史料,不间断地进行新解读,不间断地置疑与质疑、考问,才能有新的历史呈现。

以上说的是一般情况。中国历史更是处处"存疑"。自古以来,中国就有盛世修史之说。盛世修史就是胜利者修史,统治者修史。胜利者修史,实际上是撰写自己得意的历史,统治者修史,实际上是撰写他们如何取得政权的历史。因此,难免不贯彻"以我为主"的原则,难免不渗透出"成王败寇"的价值取向,"抬高自己,而贬低失败者",甚至不顾历史事实,完全按照自己的意志,编造一部历史。此外,中国文化中,还有一种"为尊者讳"的潜规则,把统治者的缺点掩盖起来,或者抹杀掉,这样的历史,其真实性又大打折扣。所以,鲁迅说过,中国的历史书上,处处存疑,只有"吃人"两个字是真实的。

历史存疑,因此无论是读史,还是治史,都必须以"置疑"的心态对待之。

2. 存疑须考问

对于"存疑"的历史"置疑"还远远不够。历史研究之鹄的乃在求得历史之真相,这个历史真相是前面所说的"发生历史"的真相,虽然这个"真相"难以还原。仅有置疑,而不努力"释疑",则"疑惑"永存,世世代代读者更是陷于永远的"疑惑"之中。为此,我们还必须把"置疑"态度付诸行动,那就是质疑和考问。考问历史,主要包括史料考证、史实考释和史论考辨等三个层面。

前面说了,发生过的历史已经过去,留下来的只是一些史料,并且这些留下来的史料还是"残缺不全"的。这对于发生过的完整的历史事件来说,只是

"九牛一毛"。有人认为研究近代史,无论如何刻苦用功的人,都不能阅读已经出版的书籍的十分之一。面对这浩如烟海的史料,要选择有用的史料,非轻而易举可得。加之史料的价值判断、真伪辨别更是难上加难,"史料认识与采集方面,则全恃史家识力之判断。"故史料收集、整理、考证是治史者的基本功。史家治史,首先要练好这个基本功,炼就"火眼金睛",认识史料的价值、考证史料的真伪。

史料固然重要,但是史料不是历史,经过史家在遗存的史料片段之间建立逻辑联系,由此呈现出来的才是"历史"。其间还必须完成一个"半成品"即"史实"的生产。史实是经过史家选择、考证并解释后的史料。"任一客观资料,其能产生历史价值者,皆经解释而得,亦因解释而明。……史家所能以提供历史知识者,则必须经过解释,方可成为知识。"①治史者的责任,是克服主观和客观在内的各方面条件限制,将发掘的"史料"进行符合历史逻辑和事实逻辑的解释,使其成为"史实",即尽可能符合"发生历史"的真实。

史论,是史家对历史研究所作出的结论,及通过某种方式表示的观点。这是治史的最后一步。史实加史论,就成为历史。没有史论,解释再准确,仍然不是历史,只是史料堆砌。史家治史,非发思古之幽情,而是为当下提供历史镜鉴,即"以正确研究解释建立人类过去活动之重要史迹,使后人如参考记忆中经验,足资采择以适应现在创造未来者"。为此,史家对历史的研究必然要作出自己的结论,在史籍中必然要表达自己的观点。当然与纯粹的论著作家直接表达自己观点和主张的方式不同,史家观点的表达是隐含的,隐含在对史料的选择上,隐含在对史实的解释上,当然也有如"太史公曰"那样的表达方式。作为历史镜鉴,史家对历史作出的结论须尽可能恰当。为此,史家首先必须树立正确的历史观,即唯物史观,使自己的研究建立在史料的基础上,切不可先入为主,带着观点找材料;也不能做无根的游说,应做到论从史出,力争做到言必有征,字字有出处有根据。这样所作出的结论除了经得起历史的检验外,还能经得起后人的质疑。后人治史,也要基于历史事实,联系当时的政治、经济、文化背景,对前人叙述"历史"中的结论进行考辨。

(二)八个置疑与考问

如上所述,中国史书处处存疑,只要沉下心看,疑惑俯拾即是。但是,并不是所有的疑惑都适合作研究对象的。因而,研究者不但要善于置疑,而且

---

① 王尔敏:《史学方法》,广西师范大学出版社 2005 年版,第 164 页。

还要善于从疑惑中找到合适的研究对象。检讨我寻找研究对象的标准,为三:①有意义,即为中国新闻史上的关键问题;②有兴趣,即切中我的兴奋点,能调动我的研究兴趣;③力所能及,即以我的知识储备能否解决,能力所及就做,否则就放弃。

梳理对中国新闻史的研究,我置疑和考问的问题主要有以下八个。

其一,中国古代报纸为何没有演进为近代报纸?

在世界报史上,无论是中国,还是西方,都有古代报纸。然而,为何西方的古代报纸演变成了近代报纸,而中国古代报纸则随着清朝的灭亡而自行消亡了?这是我学习中国新闻史产生的第一个困惑。通过多年的中外比较研究,我找到了解答:"中国古代报纸是建立在封建社会政治、经济、文化的基础之上的,尤其是朝廷官报和合法民报《京报》是封建统治者政治需要的产物,是为维护封建中央集权统治服务的,所以,它必然会随着中国封建社会的灭亡而自行消亡,不可能发展演变成为近代报纸。"①

其二,中国报纸为何为一种政治的需要?

新闻事业概论上说,新闻事业是商品经济的产物,或者说,商品经济孵化了新闻事业。但是为何戈公振先生说,中国古代报纸"为政治上之一种需要"②?不仅古代报纸如此,近现代乃至当代的新闻事业均是如此。为何如此?这是我学习中国新闻史时遇到的第二个困惑。

通过研究,我发现,说"新闻事业是商品经济的产物",是对西方而言。马克思在《共产党宣言》中,描绘近代商品经济出现后,西方社会发生了六大变化,这些变化促使了新闻业的产生,所以说,资本主义商品经济不仅孵化了新闻事业,而且推动新闻事业不断发展。而在中国,经济上是"小农业和家庭工业的统一形成了生产方式的广阔基础"③,不能为新闻业提供必要的经济条件;政治上是专制主义,统治者需要新闻业为维护自己的政治统治服务。所以,政治需要成了新闻业发展的首要推动力。这不仅成为中国新闻史的现实,而且成为中国新闻发展史上的一大特色。④

其三,"在华外报"是中国新闻史的有机组成部分吗?

从19世纪初开始,至40年代第一次鸦片战争后,外国人在中国创办近代报刊来势汹汹,从传教士办报,到教会办报,再到外商办报,甚至在一个时

---

① 吴廷俊:《中国新闻传播史稿》,华中理工大学出版社1999年版,第33页。
② 戈公振:《中国报纸进化之概观》,载《国闻周报》1927年第4卷第5期。
③ 《马克思恩格斯文集》(第7卷),人民出版社2009年版,第372页。
④ 吴廷俊:《中国新闻传播史》,高等教育出版社2021年版,第5-8页。

期,几乎垄断了中国大地上的新闻事业。故此,几乎所有的新闻史著作和教材,都把在华外报放在突出位置,给予了较大篇幅。需要这样做吗?值得这样做吗?维新运动和革命运动时期,我国也在外国创办过许多报刊,所在国的新闻史为何没有将这些列入他们的研究范围?这是我学习中国新闻史时遇到的第三个困惑。

经研究我发现:①"在华外报"的兴起是帝国主义侵华政策的产物,是他们殖民活动的一部分,而不是中国社会政治、经济、文化的发展的结果,它除了用中文、在中国出版之外,与中国没有半毛钱关系,在华外报不是中国新闻史的有机组成部分。②19世纪70年代,由于救亡运动的需要,在"师夷制夷"思想的支配下,国人开始创办的近代报刊并没有按照在华外报的"商业性、企业化"的主流发展起来,而是沿着从政治报刊到政党报刊的路径发展起来的。据此,我的结论是,在华外报不是中国新闻史的有机组成部分,最多只能算是一块补丁。①

其四,北洋政府时期的新闻事业是最黑暗的吗?

以往的新闻史专著和教材上,一边倒地对北洋时期的新闻事业全盘否定,并断言其为中国新闻史上最黑暗的一页。果真如此吗?这是我学习中国新闻史时遇到的第四个困惑。

经过周密研究我发现,虽然既往新闻史教材和专著所列史料均为事实,但是,那些事实过于表面化,过于简单化,并且是出于"革命史"视角。从现代化的视角对北洋时期新闻业发展情况进行一番新的审视后,便得出了另外的结论:北洋时期,中国报业格局实现了整体转型,即由官报、党报主流转型为民报主流;报纸内容由以往的政论本位转变为新闻本位;职业报人、报业教育、报业职业团体和报业法规都出现了。这一切变化是宏观的、整体的,因此,这标志着中国职业化报业,即现代化新闻业的启程。② 北洋时期的新闻事业是应该得到充分肯定的。

其五,是否需要给南京政府前十年的新闻事业一个整体评价?给一个怎样的评价?

关于南京政府前十年(1927—1937年)新闻事业的发展状况,以往新闻史著作和教材上一般都是或将其划分为国统区、根据地两大块,或将其分为北伐后、"九一八"前和"九一八"后三个时期,分开叙述的。那么,作为一个断

---

① 《从政治报纸到政论报纸——中国近代报刊发展主线略析》,载《华中理工大学学报(社会科学版)》1988年第2期。

② 《民报主流发展与职业报业启程:北洋政府时期新闻史重考》,载《国际新闻界》2012年第8期。

代史,南京政府前十年的新闻事业发展是否应该有一个整体性的叙述和评价呢？这是我学习中国新闻史时遇到的第五个困惑。

以媒体生态的理论视角,审视这十年间新闻媒体的生长状态,我有几点发现:①虽然执政党和政府的媒体在资源获取上占有绝对优先权,但是民营媒体还有相当的生长空间,并争取到了一定的生长资源,因此这一时期新闻媒体生长和发展呈多元状态;②虽然国民党试图通过"党化新闻界"从而褫夺新闻媒体的新闻自由权利,但是,由于国民党专制的弱势,它"心有余而力不足",对媒体的控制尚不能达到"天衣无缝"的程度,因而,民营的,乃至不同政见的报纸和报人能经过艰苦斗争争取到几分新闻自由;③报纸争取到的新闻自由哪怕是极有限的,也能使新闻界显示出几分活力,并在一定范围内行使舆论监督的权力;④这十年,中国新闻事业,尤其是民营新闻事业有很大的发展。根据这四条,我们可以用"准正常"这个词对这十年中国新闻事业的发展作出一个整体性结论。① 应该指出,在中国,一个时期新闻事业发展、新闻媒体生长状态被评判为"准正常",是很难得的。

其六,如何看待中国新闻史上的"文人办报"？

与西方新闻史上主流的"商人办报"和"党人办报"不同,中国新闻史上还出现过一种"文人办报"（书生办报）。一方面由于西方人对中国的"文人办报"感到无法理解②,另一方面由于毛泽东对"文人办报"的严厉批评③,这个概念便显得扑朔迷离。那么,如何看待"文人办报"？这是我学习中国新闻史时遇到的第六个困惑。

何谓"文人办报"？《大公报》总经理胡政之称"文人办报"为中国做报的"新路径",是很准确的,因为它既区别于"唯利是图"的商人办报,也区别于"一心营政"的党人办报。文人办报,不为"利",不为"官",甚至不为"名",而是为"国"为"民"——"以文章报国""代民众说话"。实践证明,"文人办报"在中国新闻史上写下了浓墨重彩的光辉篇章,彪炳史册,"功在国家"！

---

① 《多元媒体群落不均衡生长——南京国民政府前十年的媒体生长状态考》,载《考问新闻史》,复旦大学出版社 2013 年版。

② 20 世纪 50 年代移居美国的梁厚甫先生曾说过:"美国人对《大公报》的看法,与中国人的看法是两码事。《大公报》是文人办的报纸,在美国是少见,甚至是没有的。美国人对《大公报》,虽然敬佩,但认为,这是你们的呆劲,我们却不敢苟同。"参见梁厚甫:《美国人怎样看大公报》,载周雨:《大公报人忆旧》,中国文史出版社 1979 年版,第 326-329 页。

③ 1957 年和 1958 年,毛泽东两次对邓拓和《人民日报》进行严厉批评时,指斥邓拓是"书生办报",并把"书生办报"与"死人办报"等同。由此,"文人办报"不仅成为插在邓拓头上的一根死标,而且也给"文人办报"判了死刑。

之所以如此,就在于它有两大法宝,一是"国家中心论",二是"小骂大帮忙"。然而,从 20 世纪 40 年代末 50 年代初开始,这两个"办报致胜"的法宝反倒成了判决新记《大公报》为"反动报纸"的两大罪名。经过我的反复考证,这两条绝不是"罪名"。

先看"国家中心论"。文人办报,要做到"文章报国"的切实性,有一个先决条件,就是确立起"国家中心"的观念。《大公报》之所以被公认为全国舆论重镇,深得朝野重视,一个重要原因就是它始终心怀"国家中心"论,并将其视为自身生存和发展的精神支柱。英敛之时期的《大公报》以光绪帝为国家中心,与袁世凯结怨十多年,斗争十多年,当 1913 年袁世凯成为中华民国正式总统后,《大公报》立即支持袁世凯主政,以袁世凯的北洋政府为国家中心;新军阀混战时期,《大公报》视蒋介石南京国民政府为正统和法统,为"党国当局",为"中央",认为其他军阀都必须向这个法统政府靠拢。西安事变和平解决、抗日民族统一战线初步形成时,《大公报》正式提出:"全国各界,尤其一切智识分子,俱认定救国之道,首在维护国家中心。"并明确指出,当下的"中心",就是南京国民政府和蒋委员长。为了抗战大业,全国朝野必须竭力维护蒋介石这个中心。"九一八"以来的事实说明:"拥护国家中心的国民政府,以贯彻自主自卫之目的,这是唯一的路,此外无路。"《大公报》认为,任何时代,任何国家,都必须有自己的"政治中心"或者"核心"。政治中心是国家团结统一的首要条件。① 有了一个公信力高、执行力强的政治中心,国家就能有巨大的向心力和凝聚力,国家就会统一、强盛,否则,就会是一盘散沙,没有战斗力。《大公报》说,如果"政治失其中心",国家就会混乱,意见不能统一,内部运转不灵,外部障碍甚多,因此,任何时候,国家强盛的第一要务就是保证"政治中心点确定不动"。报人报国,报纸报国,必须牢牢树立"国家中心"观念,并且付诸实践。在"国家中心"形成前,报纸必须成为这个中心形成的推手;一旦这个政治中心形成,报纸应该向导"全国人以心愿智慧维护之,增强之"。即使这个中心"缺点尚多",报纸也不能拆台,而破坏这个中心。否则,"报国"必然成"泛",甚至成"灾",不仅不能有效报国,反而会祸害国家。

再论"小骂大帮忙"。文人办报,要达到"报国"的有效性,必须选择一条有效的报国路径。《大公报》的经验表明,这条有效路径就是"小骂大帮忙"。"小骂大帮忙"不仅是新记对蒋介石国民党政府的态度,而且也是从英记、王记以来的《大公报》对历届政府的态度;"小骂大帮忙"不是别人强加给《大公

---

① 胡政之:《政治之中心点》,载王瑾、胡玫:《胡政之文集(上)》,天津人民出版社 2007 年版,第 499 页。

报》的,而是它从自己的实践中总结出来的,并且是它孜孜以求的境界。《大公报》虽心怀"国家中心"的理念,但是自创刊以来,与历届政府之间总是磕磕碰碰。在尝尽其中酸甜苦辣的滋味后,1943年10月1日,中国新闻学会第二届年会在重庆举行,《大公报》发文明确提出"小批评,大帮忙"的新闻主张与报纸追求:"为了国家的利益着想,有人谓报纸对于政府,应该是小批评,大帮忙。假使批评为难,则帮忙时也就乏力。因为在那种情形下,一般民众以为反正报纸都是政府的应声虫,不会有真知灼见,而国际读者也认为你们的报纸没有独立的精神,而不重视,到那时报纸虽欲对政府帮忙,而也没有力量了。"①这段阐述"小骂大帮忙"的话大致上包含如下几层意思:①"小批评、大帮忙"的立足点和出发点:为国家的利益着想,为政府的利益着想。②批评与帮忙之间的关系:批评是为了帮忙;批评本身便是帮忙,批评顺畅,则帮忙有力;批评为难,则帮忙乏力,因为国内民众不信任,国际读者不重视。③政府放宽新闻检查尺度,使报纸有活力,报纸批评顺畅,帮助就会有力度有效果。

撇开《大公报》一直"小骂大帮忙"的对象——"清朝政府""北洋军阀政府""南京国民党政府"——的性质不论,单从新闻学视角看,报纸对国家合法政府"小骂大帮忙",则是一条很好的新闻规律,它用非常通俗的话十分恰当地表述了合法民报与法统政府之间的恰当关系,划定了报纸对国家勉尽言责的有效路径。

不难看出,在中国以文章报国为鹄的、以"小骂大帮忙"为报国路径的"文人办报"不仅当时"功在国家",而且泽被后世,其形态虽然灭绝半个多世纪了,但是它的精神为中国新闻业留下了一笔宝贵遗产,并且随着时代进步和社会转型,越来越显示其难得的光辉。②

其七,为何20世纪50年代中后期之后,中国新闻界问题频出,以致陷入泥潭不能自拔?

众所周知,1957年之后,中国新闻媒体的形象越来越差,以致到十年"文革"期间,沦落为阴谋家、野心家祸国殃民的打手,新闻界也成为重灾区。何以至此?新闻史书上一般都把这些问题推到王张江姚"四人帮"身上。这样"甩锅",能自圆其说吗?"四人帮"最多只能对"文革"烂账部分买单;1957年反右派、1958年"大跃进"、1959年反右倾的系列烂账,谁来买单?再说,"文革"灾难是突如其来的吗?这一系列问号是我学习中国新闻史时遇到的第七

---

① 《今后的中国新闻界》,载《大公报》,1943年10月1日。
② 关于"文人办报"的研究,主要有《中国新闻史上的"文人办报"现象研究》《秉持公心,发言论事——"书生办报"再检视》等文。

个困惑。

为了解答这些困惑，我花了巨大精力。经过仔细研究后发现，中华人民共和国的前7年，虽然中国新闻事业获得巨大发展，呈现崭新面貌，但是已经埋下了随后即将发生灾难的伏机——经过"学习苏联新闻工作经验""民营报纸集体退场"和"1956年新闻改革夭折"等几件大事后，中国新闻体制、媒体结构、报人角色均随之出现问题，新闻事业的发展开始偏离正确轨道。

关于"学习苏联新闻工作经验"。本来，中共新闻事业是"以俄为师"建立起来的。1949年之前，我党强调学习列宁的党报理论，学习苏共领导俄国人民"说服俄国"时期的新闻工作经验，办好中共党报党刊，增强党报党刊的党性，使党报党刊很好地服务于党的中心任务，成为党的"第二个方面军"。革命时期的党报威力是人所共见的，就连中共的政治对手也无不佩服之至。1949年中共取得政权之后，在"学习苏联一边倒"的总体政治方针下，新闻界"学习苏联新闻工作经验"也顺理成章。但是，由于没有注意到此时的"苏联新闻工作经验"在斯大林思想支配下已经蜕变成为新闻专制主义，成为阻碍苏联社会主义事业发展的障碍。所以，从1951年9月开始，中国新闻界把苏联新闻工作经验学习过来，并且当成金科玉律加以实施时，中国共产党在解放初期倡导的包括新闻批评之风在内的一系列好做法也就夭折了，并造成了很坏的影响：报纸报喜不报忧，批评报道难，舆论监督功能随之很快减弱。①

关于"民营报纸集体退场"。中国的民营报纸不仅历史悠久，而且有光荣传统。所谓的"民营报纸"，即由民间人士出资创办并经营的报纸，既包括个人独资报纸，也包括民间资本联营报纸。② 1949年，绝大多数民营报人和报纸都选择了共产党，留下来加入共产党领导的人民报刊行列。照理说，在中华人民共和国成立后，民营媒体应该有一个大发展，即使不能像西方发达国家那样占主流位置，至少也应该如南京政府的头10年那样在媒体生态位中有相当显著的位置。但是，很遗憾，选择留在大陆的民营报纸，出版三年后就"集体退场"了。所谓"集体退场"，不是指个别报纸被当局查禁，而是指作为一类的"报纸"由于生存环境的"恶化"而"自动整体退场"。

民营报纸"退场"的背后是取得政权的共产党对民营报纸的"清场"，是效法苏联的成法，即查封一切非党的报纸，使苏维埃的报纸成为"一个阶级专政

---

① 吴廷俊：《对"学习苏联新闻工作经验"的历史考察》，载《国际新闻界》2011年第7期。
② 1949年前的中国新闻史著作一般都把报纸分为官报、民报和党报，自中共新政权对民营报纸去掉民营帽子，换上私营帽子，将民营报纸改成"私营报纸"后，新闻史著作就一律称"私营报纸"了。

的机关报"。① 民营媒体失去了必要的生存环境,便"集体退场"了。中国民营媒体的集体退场,就构成了整个国家舆论监督的结构性缺失。

关于1956年新闻改革的夭折。中共中央政治局当时分管新闻工作的刘少奇比较敏锐地觉察到学习苏联新闻工作经验的片面性,以及民营报纸"集体退场"导致新闻界出现的问题,1956年,他大力倡导和直接领导中国新闻界进行了一场前所未有的改革。①改革《人民日报》,强调"今后《人民日报》发表的文章,除了少数的中央负责同志的文章和少数的社论以外,一般地可以不代表党中央的意见;可以允许一些作者在《人民日报》上发表同我们共产党人的见解相反的文章";"各级党委今后也要强调地方党报是地方党委的机关报,又是人民的报纸。我们党的各种报纸,都是人民群众的报纸,它们应该发表党的指示,同时尽量反映人民群众的意见"。② ②新华社调整工作思路,制定出新的发展规划,提出把新华社办成民办通讯社,"作为一个舆论机关来考虑,特别考虑到新华社要成为世界性通讯社,要跟西方资产阶级通讯社竞争,争取民办的形式好处较多。因为民办以后,政府在外交上对新华社可以不承担什么责任,而新华社可以更自由地进行活动和报道,同时,这样做也可以减少新华社的报道是官方宣传的印象。"③广播事业不仅进行体制改革,而且要贯彻"双百方针",开展自由讨论,纠正广播不能批评的错误观念;丰富文艺广播,广泛采用各种文艺样式;重视听众关心的问题,开办直接为听众日常生活服务的节目。

1956年的新闻改革是中华人民共和国成立以来一次较为系统和全面的新闻方针调整和新闻业务改进活动,具有思想解放性质。在历时一年多的新闻工作改革过程中,新闻工作者在总结经验的基础上,大胆创新,使我国新闻工作出现了崭新的局面。可惜的是,这场具有历史意义的新闻改革很快就夭折了,一些行之有效的做法被终止,刘少奇提出的一系列发展新闻事业的正确主张也被视为"修正主义新闻学"而受到批判。特别是毛泽东结合"反右派"的形势,在批评邓拓"书生办报"时,提出了他具有特别含义的"政治家办报"主张,要求党的新闻工作者在政治上必须同第一书记个人保持高度一致,要随着主要领导人的意志转,并且要"转得快"。如此一来,"政治家办报"变成了"为政治家办报",党报完全丧失了应有的"独立性"。新闻批评、舆论监

---

① 南开大学中文系:《马克思恩格斯列宁斯大林文艺论著选编》,南开大学中文系1974年,第240-241页。
② 《中国共产党新闻工作文件汇编(中)》,新华出版社1980年版,第483-484页。

督成了奢望。①

其八，如何恰当评价改革开放30年新闻事业的发展？

毋庸置疑，改革开放30年(1978—2008年)是中国新闻事业发展最快最好的时期。然而，冷静分析，却有不少问题，有些问题还不可小觑。为何出现这些问题？如何看待这种情况？如何给改革开放30年中国新闻事业的发展有个中肯的评价？这一系列问号是我学习中国新闻史时遇到的第八个困惑。

为求解此困惑，我把新时期新闻传播史置于中国历史的坐标中加以审视。

(1) 改革开放30年的新闻事业发展"从负起步"。由于极左思维根深蒂固，也由于历史包袱沉重，新时期30年新闻事业的发展，虽然成就有目共睹，但是整个过程并非一帆风顺，而是步履维艰，有时还一波三折。中国30年的新闻改革，严格地说，只是"改良"，或者说"改造"——在既有体制内的改良或改造，不会出现根本性的改变，当然也不会有什么大的作为。

(2) 30年新闻改革之路——"边缘突破"。所谓"边缘突破"，是指新闻改革的行动往往首先在距离"党的喉舌"原则这一核心较远、意识形态色彩相对较淡的地带展开。同时，新的"边缘地带"又通过改革行动不断地被开拓出来。② 这种"边缘突破"的表现是渐次的、多种多样的：①30年来，我国新闻传播观念经历了从"政治宣传"到"服务建设"再到"服务大众"的过程，发生了较大变化；②改革开放以来，我国新闻传播的形式发生重大变化；③30年来，我国新闻媒体经过几次调整，规模有明显扩大，但是结构没有发生实质性的变化；④经营与管理的方式也发生了变化；⑤新闻立法虽然伴随着新闻改革一起被提上议事日程，但是由于众所周知的原因，新闻法立法工作无疾而终，中国对新闻媒体的管理依据基本上还是领导人讲话和党的宣传纪律；⑥新闻教育与新闻学研究貌似轰轰烈烈，实则成绩很少。新闻教育超度发展导致教育质量下降；新闻传播学术研究内卷化严重，创新性成果缺乏。

以上六个方面的情况表明，中国新闻事业30年表面上看成绩巨大，实际上新闻传播的中心地带变化不明显，尤其是在舆论监督、新闻法治和新闻体制等三个方面明显滞后，因而新闻媒体的活力不够强、公信力不够高，尤其是对

---

① 吴廷俊：《"政治家办报"——研究20世纪五六十年代中国新闻史的一个关键词》，载《国际新闻界》2010年第3期。

② 潘忠党：《新闻改革与新闻体制的改造——我国新闻改革实践的传播社会学之探讨》，载《新闻与传播研究》1997年第3期。

外传播效果不够好,在全国空前改革开放的格局中显得不相适应、不相匹配。

(3)30年的新闻改革经历,有经验,也有教训。

经验主要有二:第一,30年的新闻改革是在党的领导下,新闻业界、学界一起努力的结果,改变了以往通过"运动群众"以及对学界意见视而不见甚至作为敌对观点进行批判的做法。党的三代领导集体都重视、关心新闻传播事业的发展和新闻改革,做出了不少重要指示,发表过许多讲话。新闻业界的同仁深受"四人帮"搅乱新闻界之苦,充分发挥主观能动性,投身到新闻改革的潮流中来,提出了许许多多行之有效的想法,并且创造性地将其转化为实践,引领、带动和促进了我国新闻传播事业实实在在地创新与发展,在新闻传播发展史上留下了一笔经得起历史检验的成就和经验。新闻传播学界解放思想,积极引进新概念、新理论、新方法,为新闻改革提供理论支撑和合法性论述,督促政府出台相关政策,鼓励业界锐意创新,如大规模新闻调查的实施,为新闻改革营造了浓厚氛围。

第二,探索出了一条符合中国实际情况的新闻改革发展的路径——"渐进改革,边缘突破"。中国与当时的苏联、东欧各个国家都属于"转型国家",需要从"僵化社会主义"走出,探索新道路,没有现成经验和模式可以借鉴,全靠自己探索,"摸着石头过河"。苏联由于改革措施失当而解体。我们国家在1992年以前做过多种探索,甚至付出了流血的代价,才找到了"渐进改革,边缘突破"的改革路径。由于"突破"的巨大震动,相对于主业而言,"边缘"反而成了改革实践者关注的"中心"。于是,先易后难,先打外围战,后打攻坚战成为一种共识。回顾过去三十年,尤其是1992年以来,我国新闻传播事业的发展与这种"边缘突破"的做法是分不开的。正是在这种改革的推动下,我国的新闻传播事业发展迅速,正逐渐成为世界媒体大国。

从社会发展的整体性、系统性反观过去三十年我国新闻传播的发展,一个基本的教训就是,新闻传播改革必须与我国社会发展相适应,否则就无法满足社会其他子系统对新闻传播系统的需求,从而影响新闻传播功能的充分发挥,甚至会给整个国家的整体发展造成损失,阻碍新闻传播事业自身的发展。为此,必须做到以下三条:第一条,阻碍新闻传播进一步发展的体制瓶颈必须打破;第二条,要求新闻传播必须走法治化道路;第三条,要求媒体充分发挥舆论监督功能。

以上八个置疑与考问,让我形成了对于中国新闻史的一套"与众不同"的,或可称为"创新"的看法。这些看法除了成文单篇发表之外,在专著《中国新闻史新修》、教育部重点基地重点课题成果专著《中国新闻传播史(1978—2008)》和马工程重点教材《中国新闻传播史》中均有体现。

四、我的治学态度

记得有一次记者来访,他称我为"有建树的学者",我急忙纠正说:"我感觉自己还不配学者称呼,只是一个学人,一个老学人,有点迂,或可称老学究。学者是视学术为生命、有高深学问的人,我虽敬畏学术,将做学术视为一种生活,但尚未达到视学术为生命的境界,更主要是没有'藏之名山,传之后人'的论著,所以不够格称学者,只能是学人。"

既非学者,当然也就无权谈学术思想;既是一个学人,就应有一定的治学态度。检讨我的治学态度,主要有两条:坚守三个原则;抱定"三不"主义。

(一)坚守三个原则

1. 研究自己感兴趣的

我做了几十年新闻传播学研究,实际上研究方向只有一个,那就是"史"(新闻传播史、媒介技术史、马列新闻思想史、新闻教育史)。我之于"史",乐此不疲,原因很简单,我喜欢,我乐意。用"学术"一点的话说,就是"兴趣使然"。兴趣是最大的动力,它激发我的潜能,充实我的精力,增添我战胜困难、持之以恒的勇气和争取成功的信心。

我为何钟情历史?中华民族是一个有悠久历史并重视历史记载的民族,我敬佩中国历史上各方面的英雄和为推动民族进步做出过突出贡献的豪杰,他们是中华民族的脊梁,是我们中华民族五千年文明得以传承的中坚!

我为何钟情史学?因为历史科学是一门极其重要的科学,正如马克思、恩格斯说:"我们仅仅知道一门唯一的科学,即历史科学。"尤其是人类科学史,"几乎整个意识形态不是曲解人类史,就是完全排除人类史",[1]这种状况必须加以改变。我们中国不仅有着悠久的文明史,而且十分重视历史记载,

---

[1] 《德意志意识形态》(1845—1846),载《马克思恩格斯全集》(第三卷),人民出版社1960年版,第20页。

重视史学研究。1902年,梁启超先生在《新史学》中说:"于今日泰西通行诸学科中,为中国所固有者,惟史学。史学者,学问之最博大而最切要者也。国民之明镜也。爱国心之源泉也。今日欧洲民族主义所以发达,列国所以日进文明,史学之功居其半焉。"①我时常想,我们这个重视历史记载的民族,又特别容易患健忘症,"好了伤疤忘了痛",甚至伤疤未好就忘了痛。口头上说,要以史为鉴,行动上则刚刚相反。不敢正视历史的伤疤,阿Q头上的癞痢是不准人说的,于是就歪曲历史事实,掩盖历史真相,甚至编造历史,自欺欺人。所以,史学研究,揭示真相,编撰信史,为民族、为国民树立镜鉴,就显得格外重要。

检讨我所谓的"学术成果",有点学术含量的,基本上都来自"自选动作"。尤其是退休以后,更是把全部时间和精力用于"自选动作",用于"兴趣课题"。具体到中国新闻史,我最感兴趣的是近现代部分,尤其是对中国新闻史上特有的"文人办报"现象,和对那些"以文章报国"的报人感兴趣。对梁启超、章太炎、严复、英敛之、胡政之、张季鸾等人,无不佩服得五体投地。读他们的文章,与他们对话,一方面为他们深刻的思想、对问题的洞悉能力所折服,一方面让自己的灵魂受到一次次洗礼;我对马克思新闻思想感兴趣,当我阅读了马克思、恩格斯有关新闻的论著后,思想上茅塞顿开,感到我取得了"真经",掌握了辨别真假马克思主义的武器、解答各种困惑的利器,增加了说话做事的底气!

2. 研究于教学有益的

我的职业是教师,不是专职研究员,我的第一位工作是教书,所以,我的科研必须与教学相关联,必须为教学服务,有益于教学,有助于人才培养。

我当过中学教师,中学教师的教学有统编教材和教学参考资料,只需要教师"照本宣科"就可以了。虽然教师也要发挥自己的主观能动性,但是空间不大,而且一般是在教法上、表达上和作业批改上。大学教师则不同,教师在教学上能动性的发挥,主要在教学内容上,因而空间要大得多。大学教师要有自己的教材,即使用别人的教材,也不能"照本宣科",必须加入自己的科研成果。我以为,大学教师所担负的"教学""科研"双重任务是相互关联的,科研为教学作支撑,学生是教师科研成果的第一受益者。学生读名校、从名师,主要是要从这些名师的最新研究成果中获取与众不同的最新知识,从而居于本学科的前沿。如前所述,我对学生授课,加入自己科研成果的比例是有要

---

① 陈书良:《梁启超文集2》,北京燕山出版社2009年版,第206页。

求的,本科生、硕士生和博士生不一样,越往后的比例越高。我虽不是名师,但必须按照名师的要求做。所以,我的科研方向与所授课程紧密相连,我做科研的目的是提升教学水平,提高教学质量。

3. 研究于社会有用的

做学问,要学以致用;治史,要史以致用。当然,这里所说的"致用"不是实用主义的用,不是牵强附会的用,而是用其实质,用其精神。谈到史学作用和为何治史,梁启超先生说:"史者何?记述人类社会赓续活动之体相,校其总成绩,求得其因果关系,以为现代一般人活动资鉴者也。"①学者杨奎松说,他研究历史的最大的乐趣,就是他的每篇文章或每本书,都有相当多的读者,而绝大多数读者都能够因为读了他的文章和书而对历史或现实有所反思和警悟。②他认为史家还应该尽可能让自己研究的动机更多些社会责任感和忧患意识。

我虽然无梁先生的雄心,也无杨奎松的壮志,但是我研究历史,除了陶冶情操之外,也希望自己的研究成果于现实有所镜鉴。我研究文人办报现象,研究文人办报的典范《大公报》,一方面是为梁启超、章太炎、严复、英敛之、胡政之、张季鸾等人的思想和行动所折服,另一方面想使文人办报、文章报国的精神于当今新闻事业发展有所裨益,因此在研究过程中,一次次在心里呼唤先哲"涅槃"! 我研究马克思新闻思想,也是迫切希望马克思、恩格斯新闻思想中的三个核心思想能够继续贯彻到中国当下新闻事业中来!无论是文人办报精神,还是马克思新闻思想,都正是中国当下新闻事业和新闻工作的稀缺品,当然也是急需品和有用品。

(二)抱定"三不"主义

1. 不搞"大跃进"

在中国官场,从20世纪开始就养成了"大跃进"喜好,凡事追求高指标,好大喜功。上有所好,下必甚焉。最高当局指挥棒一挥,全国各界闻风而动。学界当然也不例外,几年来愈演愈烈,各校之间、各人之间比论文数、著作数。有人一个月发表论文数篇,甚至十数篇,一年出版著作数本,甚至十数本。真不知道他是怎么写出来的。这样的论文、著作的质量如何,也许只有天知道。中国科学院地质与地球物理研究所研究员秦四清在微博上引用一位朋友的

---

① 梁启超:《中国历史研究法》,江西教育出版社2018年版,第1页。
② 杨奎松:《研究历史,需要悟性和想象力》,载葛剑雄、丁东、向继东:《望尽天涯路 当代学人自述》,二十一世纪出版社2012年版,第231页。

话说：砍掉中国90%的学术研究什么也不影响。清华大学人文学院历史系孙正军在2020年第6期《文史哲》上发文指出：翻看《中国史研究动态》上的年度回顾，每年数以千计的论文发表，多达数百部的论著刊出，包括讲座、会议、研学、考察乃至夏令营在内的各类学术活动，"你方唱罢我登场"，几乎不见间歇。不过，这幕由数字搭建的繁荣，其实质又如何呢？李华瑞曾统计近五十年的宋史研究状况，指出在多达1.5万篇的研究论著中，有1/3～1/2是完全没有学术价值的废品；李伯重也坦言国内学术著作中大多数作品是平庸之作。葛兆光不止一次说到，当下90%的书可出可不出，学术杂志上90%的文章可看可不看。① 杨奎松说："我们那个时候做过粗略的统计，不要说大量地方杂志上发表的史学论文，仅以北京当时最好的《历史研究》《近代史研究》上发表的论文来说，其中许多文章发表后，除了作者自己用来评职称需要和极少数几个因为要写相关论文的学生会去读一下以外，就成了废纸一堆。"② 我敢说，新闻传播学界教授学者们发表的论文、出版的著作，其中有质量的不会高于以上比例，绝大多数属于平庸之作。

如果说，工农业生产还可以搞点大跃进，学界是千万不可以的。自然科学不可以，社会科学也不可以。每门科学都有它自身的规律，史学也是一样。如果没有扎扎实实的史料和刻苦用心的求证，任何宏伟的"学术巨构"都会是建立在沙滩上的大厦，或许可以哗众取宠于一时，但很难维持长久。

我一向不赞成学术研究搞"大跃进"，尤其不赞成科研成果搞数量攀比，而主张精品意识，以质量为主。对我自己，不求"著作等身"，只求有所创新，哪怕只有一点点，哪怕这一点点创新是不完美的，甚至有瑕疵。没有创新的所谓成果，不是真正的学术成果。

由于读书不多，功底不深，加上非新闻学科班出身，我在做学术研究时，便时时告诫自己，不可好高骛远、贪大求全——目标不可定得太高，太高达不到；摊子不可铺得太宽，太宽看不住；内容不可贪多，贪多嚼不烂；方向不可分散，分散做不精。方汉奇先生从学术研究的规律，提出"打深井"的要求，我则只是从我的实际情况出发，提出打一口小井，没有指望打多大，更没有指望打多深，但是，有一条，那就是打一眼真"井"，一眼有清洁之水的"井"。

从1985年开始，确定新闻史研究方向以后，我就一直咬住不放，从来没

---

① 孙正军：《搁置历史理解的经典图式》，魏斌、孙正军、仇鹿鸣等：《重绘中古史的可能性（笔谈）》，载《文史哲》2020年第6期。

② 杨奎松：《研究历史，需要悟性和想象力》，载葛剑雄、丁东、向继东：《望尽天涯路　当代学人自述》，二十一世纪出版社2012年版，第230页。

有摇晃过,偏移过。虽然还有新闻教育和网络新闻两个研究方向,但是新闻史是主打,始终如初,忠贞不贰,并且以中国新闻史为主,兼顾外国新闻史。在中国新闻史研究领域,又集中在近现代,在近现代史研究中,又聚焦《大公报》。在进行《大公报》研究中,先抓住"新记"一段,后扩展到"英记",再扩展到"王记"。即使新闻史研究慢慢不招人待见,我却乐此不疲,越来越有兴味。

2. 不"弯道超车"

我从小就牢记马克思的教导:"在科学的道路上没有平坦的大道,只有不畏艰险沿着陡峭山路向上攀登的人,才有希望达到光辉的顶点。"做学术,搞研究,没有捷径可走,绝不可以投机取巧,弯道超车,必须脚踏实地,一步一个脚印地做。有耕耘才有收获,有几分耕耘就有几分收获。具体而言,主要有二:一是下苦功夫;二是厚积薄发。

一般地说,做学术,必须下功夫;特殊地说,做史学,治史,则需要下苦功夫、笨功夫。史学是一门"冷学",历史研究者需要一种特殊的素质,即"冷"素质。江西师范大学的方志远教授讲得好,你选择学术就选择了"冷",选历史研究,就选择了"特冷"。① 中国新闻史学界的老教授秦绍德也深有体会地说:"做新闻史研究,就是要下'笨'功夫,做'笨'学问。少凑热闹,少赶场子。"我自己深深感觉到,寻找史料、考证史料,需要静下心来下功夫;分析史实,形成史识,需要静下心来下功夫;对话古人,形成史论,更需要静下心来下功夫。做史学,撰史书,没有捷径可走,只有下苦功夫、下笨功夫,才能有所成效。

"下笨功夫"既是针对当下浮躁世风而言,也是做史学的普遍要求,更是"笨人"我的自我要求。做学术研究需要十足灵气和高度悟性,而我才疏学浅,资质驽钝,少有灵气和悟性,只能靠下笨功夫。"笨鸟先飞","人一能之,己百之;人十能之,己千之。"我从青少年时起便以这句话为座右铭,逐渐养成勤奋的习惯。加上我生性爱静,兴趣不广,除了读书写字,没有其他爱好,不坐麻将桌,不临钓鱼池,不进歌舞厅,每天在书房枯坐七八个钟头甚至更长时间是常态。有人说,吴廷俊别无所长,只会钻故纸堆。我不认为这是矮化我,而是写实,是"知我者之言"。俗话说,"板凳要坐十年冷,文章不写半句空",后半句很难说做到了,但是前半句,我敢说,我做到了,我从不在学术研究上"赶场子""凑热闹",不是与我研究方向有关的会议,我不出席,没有做切实研究的问题,我不发表。

做学问,不能急于求成,必须厚积薄发,水落石出。记得在大学读书时,

---

① 方志远:《关于〈历史学研究中的四个"误区"〉的几点想法》,载《光明日报》,2015年5月16日。

老师多次对我们说,四十岁以前不要发表文章。当时对此不能理解,后来才慢慢感到,老师的话是有道理的,是叫我们做学问必须厚积薄发。如何厚积?首要的做法当然是"读书"。"读书破万卷,下笔如有神",这是学者们的经验之谈。我深感自己被"史无前例的'文化大革命'"所耽误而读书不多,因而除了自己平时抓紧读点书之外,还在每年研究生、博士生进校时,对他们讲的第一次话,就是希望他们多读点书,并发给他们读书目录,提出读书要求;之后,定期召开读书"沙龙"。与其说是我要求学生读书,不如说是让他们逼着我读书。因为,要求学生读的书,我未读的必须先读,读过了的还要重读,才能参与他们的讨论。

读什么书?记得上大学时,老师对我们说过的一句话:非先秦的书不读。当时听后,感到这种要求似乎太绝对。后来才感悟到,老师这句话的精神是:"读书,要多读元典。"各种书籍,汗牛充栋,由于时间和精力所限,无论谁都不能穷尽,只能读其中的极少数。每个民族、每个学科都有自己的"元典",只有读懂了这些"元典",你才能在此基础上有所发展。正所谓"问渠哪得清如许?为有源头活水来。"①除"读万卷书"之外,还必须"行万里路"。所谓"行万里路",一方面是指不断积累人生阅历,增长见识,一方面是指将书本知识与人生阅历结合起来,进行综合思考,使自己的思想不断成熟,认识不断深化。

所谓"薄发",一是不可急于求成,"十月怀胎,一朝分娩",瓜熟蒂落,水落石出。二是不要"赤字消费",蓄水一桶,舀出一瓢,推陈出新,游刃有余。涓涓细流,方能长久。我深知自己资质驽钝,写起文章来,没有梁启超先生那样"如泉喷涌",我写的文章都是一个字一个字从头脑里"抠"出来的,所以,我的一篇文章初稿写成后,还多方听取意见反复修改,拖上几年,才拿出来发表。

3. 不违背史德

中国史学界,有"良史""秽史"之分。我在新闻史学这个学术园地耕耘了几十年,不断地警惕自己,守住治史底线,千万不能成"秽史",要争取做一个"良史"。

清代章学诚认为:仅仅把记诵当作史学,把文采当作史才,把专断当作史识,这不是良史所具备的才学识,还必须加"德","能具史识者,必具史德"。进一步说:"德者何?谓著书者之心术也。"就是说,史德即是治史者的"心术"。心术正与否,是良史与秽史的本质区别之所在。"盖欲为良史者,当慎辨于天人之际,尽其天而不益以人也,虽未能至,苟允知之,亦足以称著述者

---

① 朱熹《观书有感二首》其一。

之心术矣。"①

就是说,若想成为良史,就应当审慎地区辨天道与人道,尽量尊重客观事实而不要掺杂个人的主观情感。即使未能完全达到所期望的效果,但如果确实知道这么去做,那也足以称作著述者的心术了。

章氏强调史德的重要性,是因为当时治史风气日下:"人心日漓,风气日变,阙文之义不闻,而附会之习,且愈出而愈工焉。在官修书,惟冀塞责。私门著述,苟饰浮名,或剽窃成书,或因陋就简。使其术稍黠,皆可愚一时之耳目,而著作之道益衰。"②现今的治史风气,更是不敢恭维。"求实存真",本为史家应有的品质和态度,却被扣上"政治不正确"的帽子;还原历史,揭示历史真相,本来是史家的首要任务,却被斥为"历史虚无主义"。我深感立足新闻史学界做良史之不易,有必要不仅重温章学诚的治史者"必具史德"的名言,而且要重提梁启超"史德"为首的教诲。

我敬重良史,爱读他们秉笔直书的史书;我唾弃秽史,排斥他们杜撰的歪曲历史、欺骗后人的史书。清代大儒戴震的名句"治学不为媚时语,独寻真知启后人",现今读起来,依然令人感到震撼,深感学者只有洁身自好,才能做到撰文讲话,不趋附、不媚俗、不出违心之言,才能求得真知,于后人有所启示。史家治史,更应如此,因而,必须严格要求自己,做一个良史,担负起史家的责任。近年来,我产生了一种治史原罪感,害怕自己写的那几篇文章、编撰的那几本著作因史实或史论错误而误导读者、贻误后人,因此,一旦发现错误,即刻脸红不已,随即采取适当形式予以纠正,随着年龄的增加,这种惶恐心态越是严重。我十分感谢读者来信善意指出我书中的错误。

方汉奇先生经常拿刘知己、章学诚等人的古训来教导我,他在为拙著《中国新闻史新修》所写的序言中说:"中国的史家历来有讲究史胆、史识、史才的传统,作者于此三者都有所追求,也都有所表现,是十分难能可贵的。"在为我的论文集《考问新闻史》所题的140字中亦写道:"他既有深厚的文学功底,也有出色的史德、史才和史识。文史相通,在他身上得到了很好的体现。"我知道,距离史家的要求,我还差得很远,方老师的话是对我的鼓励和期望,也是对所有新闻史研究者的期望。我时常将方先生的要求转送给年轻新闻史学者和我的学生,希望他们做得比我好。

---

① 章学诚:《文史通义·卷三·史德》,上海书店出版社1988年版,第63-64页。
② 章学诚:《文史通义·卷三·史注》,上海书店出版社1988年版,第71页。

第八章
勉为其难

学校发文成立新闻与信息传播学院、任命我为院长时,我已经53岁,可以说是"半百挂帅"。记得上任不久,学校组织部通知我上学校党校接受新干部岗前培训,我没有去。倒不是因为我不愿意去学习,而是因为不好意思——一个头发已经花白的老头儿,同二三十岁的年轻人一块接受培训,实在拉不下这张老脸。当时我想,虽然之前没有正儿八经地当过什么干部,但是,做一个好干部,尤其是一把手,无外乎就是做好两条,一条是私心少一点,另一条是责任心强一点。后来我才意识到,学校的"院长"虽然不是真正意义上的"官",要做好这个职务,仅有这两条还远远不够。

如前所述,我喜欢教师这个职业,我热衷于钻故纸堆,兴趣不在做管理。我在新闻系和新闻学院做行政管理工作,完全是被"绑架",是赶着鸭子上架,勉为其难。然而,我又是一个诚实守信的人,既然时代的浪潮把我推上了这个位置,那我只能尽我最大的努力把工作做好。只是由于我能力所限,实际效果不尽如人意。说句实在话,当院长,我只能算是尽责,不能算是称职,更不能称为优秀。

一、育人非制器

一个学校教师同所有人一样,通过工作领取一笔薪水,以维持自己的生活。但是,教师同别的行业工作者还有不一样的地方,那就是他的工作不仅仅是"求一支托",更不仅仅是为稻粱谋,而是要担负起为社会培养人的责任,非同小可。育人,非制器,其责任大如天,压力大如山。一般教师是这样,作为大学里一个学科的行政负责人更应这样。他更应该明白:学校是育人圣地,而非制器场所,从而时时掂量自己肩上的担子和所负的责任。

(一)我的育人观

1. 培养"大写的人"

"育人"非"制器","育人"的内涵既非常明确,又非常难以做到,特别是在一个专制传统很深厚的国度。大学所育之人,不是如"器"一样仅仅"有用",更不能仅仅被别人所用,必须具有创造能力,在工作中发挥主观能动性,主动为推动社会进步发挥作用。

我以为,大学所育之"人",应该是"大写的人"。所谓"大写的人",其内涵主要有三:有人格,有思想,有良心。

所谓人格,就是做人的资格。"格"的本义是"树木的长枝条",引申为范式、标准、规格,如"言有物而行有格也",并进一步引申为品格和格调。"人"与"格"组成人格,表示做人的资格。

"独立直行"既然是人区别于其他哺乳动物的基本标志,当然也就是人格的基本内涵,故有人把人格径直称为"独立人格"。当然,人作为一个独立的生命个体,不仅仅是一个简单的肉体存在,而更是一个精神的存在,所以,独立人格的核心是精神独立。人的魅力主要来自人格,称人格魅力。人格魅力与地位高低、财富多寡、学问大小的关联度不大。在中国哲学视阈中,人格不光是常识意义,也不只是心理学层次的,而更是道义层次的。

"人格如金"。自古以来,我们中华民族最讲人格,最注重人格尊严。"可杀而不可辱",对人格尊严推崇到极致。从孔子的"三军可夺帅也,匹夫不可夺志也"、孟子的"富贵不能淫,贫贱不能移,威武不能屈,此之谓大丈夫",到李清照的"生当作人杰,死亦为鬼雄"、文天祥的《正气歌》、于谦的"粉身碎骨浑不怕,要留清白在人间",再到林则徐的"苟利国家生死以,岂因祸福避趋之"、谭嗣同的"我自横刀向天笑,去留肝胆两昆仑",一代又一代的仁人志士以自己的凛然正气诠释着人格尊严的精神要义,激励着华夏子孙直立前行。

所谓思想,即人的灵魂。有思想是人与动物的根本区别,当然也是人的本质特征。18世纪法国思想家卢梭曾经说过:"无论就男性或女性来说,我认为实际上只能划分为两类人:有思想的人和没有思想的人。"人有许多划分的方法,卢梭将人分为有思想的与无思想的,无疑是抓住了人之为人的要害。

我很喜欢罗丹的一个作品——《思想者》。所谓思想者,是指用大脑考虑问题的人,通俗地说就是"有脑子的人"。实际上,有思想是人格独立、精神独立应有之义。人格独立了,精神独立了,才可以独立思考,不至于被他人所左右。"有脑子",这种说法是比较形象的,是指一个人面对人生、社会与世界有自己独到而系统的看法。

思想是一个人的灵魂。没有思想的人,只是一个臭皮囊,或者一具行尸走肉;有思想的人,才是一个内心强大的人。有形有灵的人,他不仅能站立起来,而且能行走得远,不会被有形的或无形的牢笼禁闭,也不会被有形的或无形的枷锁束缚。

卢梭在讲到"思想者"的时候,把人有没有思想差不多完全归因于教育,虽然有些绝对,但是,无论如何,教育肯定是影响思想形成的最重要的因素。人的思想的形成,没有教育是万万不能的。教育的本质就在于启发人的思想,教育的主要责任是培养思想者。因此,好的学校,就是营造有利于开发学生思想的环境;好教师,不是教学生以答案,而是教学生寻求答案的方法和途径,就是常说的"启蒙",让人觉醒,让人摆脱思想的牢笼。亚里士多德在2500多年前说:"人生的最终价值,在于觉醒和思考。"觉醒决定思考,只有觉醒才能思考,觉醒的程度决定思考的程度。只有觉醒和思考到了一定的程度,才能对局势变化作出正确的预警和判断。

所谓良心,是做好人的资格。良心,就是一个人要有颗善良的心。所谓善良之心,就是人性之善。对于人性善恶的认识是有差别的。西方基督文化认为人性本恶;中国儒家文化中,孟子以为"人之初,性本善",而荀子以为"性本恶"。我则以为,人之初,善恶兼具。善恶与生俱来,一个人之所以后来表现为好人或坏人,或者时好时坏,就在于他对人性中善恶抑扬的程度。具体而言,抑恶扬善,表现为"好人";抑善扬恶,表现为"坏人"。

是抑恶扬善,还是抑善扬恶,则在于内因和外因两个方面。一方面靠人的自我道德力的约束,一方面靠制度和法律的威慑。学校教育,从积极方面讲,就是启发学生的道德感,即儒家主张的四心——恻隐之心、羞耻之心、辞让之心、是非之心,以及墨家提倡的恻隐之心、同情之心和"与人为善"。从消极方面讲,就是培育学生的敬畏感,即守住底线,拒绝诱惑,抑制人性中与生俱来的"恶",不做害人害己的事;同时,还要教育学生掌握区别善恶的标准,自觉奖善惩恶,比如告密、构陷之事,人皆不耻,万不可为。

独立人格、独立思考和善良人性是一个人能称得上好人的基本要求,培养好人,是学校"育人"的基本含义。

毋庸讳言,在一个相当长的时期,我们在人才培养的认识上出了一些误差,不讲这三条,而是在"为无产阶级政治服务"的教育方针指引下,培养了一批又一批没有独立人格和真才实学,只会耍嘴皮的"听话"的"好用"的"器"。以致后来钱学森先生发出"天问":为什么国内的大学老是冒不出有独特创新的杰出人才?

一个民族、一个国家的人,尤其是受过高等教育的人,缺乏独立人格,不会独立思考,没有善良人性,那将是一幅多么可怕的情景啊!我既然主持了一个学院的工作,就应该在"育人"上下点真功夫。

2. 培养合格的"新闻人"

如果说,培养"大写的人"是大学"育人"的基本要求的话,那么培养"新闻人"(又称报人、新闻记者)还必须有更高要求。我以为,"新闻人"除了"人"的三条要求外,至少还应有以下三条:理想、责任、操守。

美国哥伦比亚大学新闻学教授弗里德曼在《媒体的真相——致年轻记者》一书中说:"技术的进步正一步步剥夺记者所有外在的'神秘'和优势。但正如不是每个戴上听诊器的人都是医生一样,有了拍照手机、有了便携 DV,并不意味着每个人都能成功地报道新闻。记者意味着长期专业的训练,意味着对新闻价值的把握,意味着对正义与公平的追求。每个人都可以成为信息传播者,但不是每个人都足以配得上'新闻记者'的称号。"① 英国传播学者 S. Splichal 和 C. Sparks 在考察了 22 个国家的新闻教育后,提出 21 世纪新闻记者应具备四种素质和三种才能。四种素质是具备广博的知识,具备客观的视角,具备批判的态度,具备准确的判断;三种才能是写作才能、传播才能、创造才能。② 结合我国新闻从业者的实际,我将美国教授和英国学者对新闻人的"要求"凝练为"四个具备",即具备新闻理想、职业精神、职业伦理和职业技能。

所谓新闻理想,就是要有"王者风范"。记者被誉为"无冕之王",他虽不是"王",却要操"王"之心,要从"王"的高度去看待社会的政治、经济、文化、军事与外交,体现出一种"王者"的精神、境界、理想和胸怀。他跟"王"一样,要面对各行各业,面对各种事件,面对各类人群;他要看到世界潮流如何奔流,

---

① [美]塞缪尔·G. 弗里德曼著,梁岩、王星桥译:《媒体的真相——致年轻记者》,中信出版社 2007 年版。

② 转引自陈昌凤:《人文学科与社会科学汇流:世界新闻传播教育走向研究》,2003 年 10 月 9 日,http://tech.sina.com.cn/other/2003—10—09/1626241966.shtml。

看到国家道路向何处延伸,他要思考社会演变的全局,思考经济发展的大势,思考国家、民族的命运与未来。所以,记者应该是一群有政治眼光而没有政治野心的社会精英,是对社会变迁、世态炎凉、人情冷暖,及政治、经济、军事方方面面变化最敏感的人。他们应该是睁着眼睛睡觉的人,"在别人都熟睡的时候当夜间卫士"。①

所谓职业精神,即新闻职业精神,是新闻记者(报人)特有的精神,即道义感、正义感和侠义心肠。记者要有社会正义和良知,弘扬正气、谴责邪恶,路见不平,挺身而出,拔笔相助,仗义执言。为什么要强调新闻职业精神?因为新闻媒体是人类社会的保障系统,肩负着抵御危害、为社会提供"免疫"或"去病"机制、保证社会健康正常运行的责任。正如马克思所指出的:"报刊按其使命来说,是社会的捍卫者。"②报人和记者是时代的"布道者"和社会的"卫道士"。2009年1月6日,《时代周报》公布了2008年度时代十大风云人物,简光洲因率先发表《甘肃14名婴儿疑喝"三鹿"奶粉致肾病》的新闻稿当选,成为全国知晓的名记者。简光洲说,他的成名缘于新闻理想和记者的职业精神,他一直认为,"记者不是一个谋生的职业",而是一种职业担当。我们要培养像简光洲这样的记者,担负起守卫社会的责任。美国新闻教育之父布莱耶(Willard G. Bleyer)认为,学生应被浸润于文理贯通的博雅教育之中,新闻教育应该逐步向他们灌输强烈的社会责任感,使其能够把专业研究领域的知识创造性地应用到面向公众的新闻报道中。③

所谓职业伦理,即新闻职业伦理,又称新闻职业道德,就是邵飘萍在论述记者资格时所指的包括"人格、操守、侠义、勇敢、诚实、勤勉"在内的"品性"。只有具备新闻职业伦理的人,才能做到"贫贱不能移,富贵不能淫,威武不能屈","泰山崩于前而色不乱,麋鹿兴于左而目不瞬",才能履行记者的职责,"忠于事实、忠于真理",客观真实地报道新闻。在全球范围内新闻职业伦理和记者职业道德呈现日趋下滑的态势下,加强对学生新闻职业伦理和记者职业道德的教育,培养学生"不媚权""不媚钱""忠于事实""忠于真理"的职业道德修养尤为必要。

至于职业技能,主要指"新闻事实发现能力""新闻价值判断能力""与所有人平等沟通能力"和"多种媒体驾驭能力"。这些是新闻记者特有的能力,

---

① 吴廷俊、陈栋:《中国社会结构变化与报业格局重组》,载《国际文化研究》2006年第12期。
② 中国社会科学院新闻研究所编:《马克思恩格斯论新闻》,新华出版社1985年版,第234页。
③ 李晓灵:《当代中国新闻教育的集体无意识症候及其对策——以美国新闻教育为参照》,2008年全国新闻学研究会首届中国新闻学学术年会论文集,第149-156页。

是新闻教育应该教给学生的,是绝大多数非新闻专业的人所不具备的,也是新闻记者特有的本领。因为,并非所有的新近发生的事实都会成为新闻,都有新闻价值,优秀的新闻记者应该具备绝对高于普通公民的新闻敏感度,发现能够成为新闻的事实,发现新闻事实背后的价值;再者,记者是"无冕之王",他既是"王",又"无冕",就决定了他无论是与总统总理,还是与挑夫走卒,都是平等的,一个合格的记者要有这样的心理素质,在总统总理面前不自卑,在挑夫走卒面前不自大,平等对话,平等沟通;随着传播技术的发展,掌握多种媒介技能是记者职业技能的应有之义,这就像一个优秀士兵会使用多种武器一样。

我既然主持了一个新闻学院的工作,就应该从各方面下功夫,努力按照上述"四个具备"培养学生,使他们成为合格的新闻人。

(二)我的育人法

从一般意义上讲,我敬畏教职;从特殊意义上讲,我更敬畏新闻教职。因为培养合格的、能够"铁肩担道义,辣手著文章"的新闻人,并非易事,必须有科学的育人法,从育人环境、成长平台、合适路径等几个方面下功夫。

1. 营造"三宽"育人环境

人才成长,环境很重要。独立人格、独立思想的养成,必须有一个自由宽松的环境。关于这一点,我十分赞赏朱厚泽同志任中宣部部长时,在1986年文化部全国文化厅局长会议上讲的一段话,他说:"文化要发展,各行各业要发展,推而广之,要使一个社会充满生机、充满活力,有一件事情恐怕值得引起我们注意,就是:对不同的意见,不同的看法,与传统的东西有差异的观点,不要急急忙忙做结论;同时,对积极的探索、开拓和创新,要加以支持。""有篇文章,讲到宽厚、宽容和宽松。三个'宽'字,提出一个问题,就是:对于跟我们原来的想法不太一致的思想观点,是不是可以采取宽容一点的态度;对待有不同意见的同志,是不是可以宽厚一点;整个空气、环境是不是可以搞得宽松、有弹性一点。"[①]这就是著名的"三宽(宽容、宽厚、宽松)政策",朱厚泽因此被誉为"三宽部长"。

复旦新闻系第三任系主任陈望道先生曾提出,新闻系的学生"要成为猴子,不要成为绵羊"。要培养"猴子",就必须有猴子自由活动的空间;要培养

---

① 转引自张显扬:《"三宽"是一篇大文章——怀念朱厚泽先生》,2010年5月21日,同仁交流活页《往事》。

有自由思想的人,就必须有一个自由宽松的环境。于是,我按照望道先生、厚泽先生的意思办学,尽量营造宽松、自由的环境。

首先,改革学生工作。一般来说,大学的学生工作由党的系统负责,但是,我认为,学生是学校的主人,没有学生,学校就不能叫学校。学生工作,不仅学院党委书记要管,院长也要管,每个教师都应该管。其次,立德树人,是学校的根本职责。在树人方面,学生口的任务很重,所以,我主持学院工作时,很重视学生工作。我还以为,学生口的工作人员很辛苦,他们的工作是一个无底洞。由于众所周知的原因,当时学校的学生工作不能尽如人意,有很大的改进空间。所以,每年我都要与学生口的工作人员开一次座谈会,年终还要代表学院请他们吃顿饭。通过这些活动,一则听取学生口工作的意见,尽可能帮助他们解决一些困难,比如活动经费,工作环境等;二则结合我早年当班主任的体会,以及我了解到的学生工作中存在的问题,谈谈我对学生工作的要求。

我对学生口工作的要求很简单,大致上有这样几条:新闻专业本身是思想性、政治性很强的专业,因而做新闻专业学生的思想政治工作,不要空对空地说教,要结合专业进行;考上新闻专业的学生素质一般都比较高,所以新闻学院的学生不好糊弄,学生口的干部也要相应地提高自己的素质,工作中必须言传身教,潜移默化,不可说一套做一套,失去师道尊严,让学生看不起;学生工作是有规律的,要把学生工作当一项科研工作;做学生思想工作,要采用开导式、启蒙式,切忌洗脑式;对学生的思想,千万不可管得太死;对学生,纪律上管理从严,思想上约束从宽,并且要鼓励学生敢想、敢说、敢干,有所创造,有所作为,有所前进;对学生中存在的思想认识问题,要进行开导、解释,不要随便扣帽子、揪辫子、打棍子,学生口的干部要好好领会朱厚泽同志的"三宽政策"精神,并落实到自己的工作中去。

我从来不主张处分学生。常对分管学生口的同事们讲,要爱护学生,即使有学生犯了错误,也要以教育为主,思想教育从严,组织处理从宽,能不进行组织处理的就不处理。千万不可不教而诛。

营造宽松环境,培养学生活跃的思想和敢讲真话的习惯——每年新生进校和欢送毕业生的集会上,我都要念这本经。我一直强调:新闻学院培养的学生要有人格,有思想,有节操,有情怀,做真人,求真理,讲真话,报道真实新闻。

对于改革学生工作,我们学院党政班子和学生工作组的同志们的思想认识是很统一的。大家认识到:管理学生,要"纪律严格一点,思想自由一点";

禁锢学生思想,是新闻教育不能允许的。在我主持学院工作的八年,几任主管学生工作的党总支副书记领导的学工组经常把思想工作与新闻实践活动结合起来,开展学术研究活动,鼓励学生自由研究问题,收到很好的效果。

我的这种想法和做法符合老校长朱九思的办学思想。朱九思向来主张大学里要有学术自由,"学术自由、追求真理是大学的灵魂",还说"在学术自由问题上,我们没有很好地解决,尤其是在社会科学领域"。①

同时,我这种想法和做法得到了时任学校领导的肯定和支持。2004年6月11日下午,校长樊明武院士带队到新闻学院听取工作汇报后说,评价一所学校办得好不好,主要看它培养的学生在社会上的表现。因此,人才培养是学校立足的根本。人才培养,要有自由的空间,有人才成长的机制。尤其是新闻人才的培养,没有一定的自由空间是不行的。不敢讲真话,这样的人才是不会有前途的。这个理念一定要明确,我校新闻学院培养的人才,一定要敢于讲真话。我们学校的新闻学院能否办出特色,办得成功,主要看能否培养出有独立思考能力、有思想、有作为的新闻传播人才。

2. 提供人才"飞梦"平台

学生在校时,学院应该给他们一个按照合格新闻人的标准自我设计、自我成长、小试锋芒、放飞理想的平台,这一点十分重要。复旦大学新闻系早期领导人谢六逸、陈望道先生做出了很好的榜样。

有一段时间,社会上曾有一种说法,说学校领导和教师政治素质不高,把学生教坏了,需要派党性强的党政干部和媒体工作者到学校从事教育工作。我听后则很不以为然。我曾经就"到底是谁把学生带坏了"这样一个问题和有关方面的人士进行过一场辩论。我说,在学校,我们是严格按照新闻人的要求从思想、道德、操守和业务几个方面教育学生的,但是,我们的学生在实习过程中,经常碰到与学校老师教导相悖的现象。比如,记者出现场前,领导事先定调子,然后记者带着这样的调子到现场找材料,不符合事先定调的新闻,即使是事实,也不能见报。学生问我,这样行不?再比如,有一段时间,新闻记者拿红包司空见惯,有时候,实习学生也有。学生问我,拿还是不拿?诸如此类,不一而足。一些学生在"大报"实习后回校说,社会上的情况与学校老师讲的是两回事。有的学生还认为,学校老师太天真,还指名道姓地说,吴老师太理想主义。我不认为"理想主义"有什么不好,相反,我们应该坚持这种理想主义!

---

① 王炯华:《朱九思评传》,华中科技大学出版社2011年版,第250页。

所以,我认为,有必要让学生在还比较纯洁时,学校为他们提供一个按照理想化记者(新闻人)的标准塑造自己的平台,让他们放飞自己的新闻理想,当一当理想中的新闻人。于是,在经费十分紧张的情况下,学院仍决定每年拿出一点钱,支持学生办报纸、办杂志,让他们在教师的指导下张开他们思想的翅膀,小试一下"无冕之王"的锋芒。这就有了《大学新闻》报的创办与刊行。

当年,学校有关方面还是比较开明的,学生报刊的创办只需要报学校党委宣传部批准就行了。

《大学新闻》是学院成立不久创刊的,四开四版,新闻纸印刷。由学院学生会主持,学院党总支主管。具体筹备工作由时任院学生会主席的许凯(1996级本科生)与党总支副书记陈业美、学生辅导员黄鹏等人负责。当他们筹备得差不多的时候,许凯和陈业美找到时任党总支书记的程世寿教授和我做了一次汇报。记得我听完汇报后,谈了以下几点意见:①报名叫"大学新闻"为好,由大学生自己当记者,自己当编辑,主要报道学校内的新闻,不要涉及学校外的事,因为校外的事情比较复杂,发生了问题不好解决;②在遵守四项基本原则的前提下,鼓励学生按照自己对新闻记者的理解,对新闻理想的理解,放开手脚地做;③报纸的性质为院报,由学院主管,但是,学院党总支具体管理者不要管得太死,要给学生放飞理想的充足空间。程世寿书记当过地市报总编辑,由他担任顾问,这个度是会拿捏得很准的。程世寿书记也谈了一些自己的想法。他讲话的主要精神是鼓励学生放手干,出了问题由他负责。

1998年11月20日,《大学新闻》出版试刊号第一期。

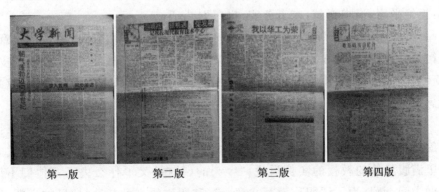

第一版　　　第二版　　　第三版　　　第四版

《大学新闻》试刊号第一期

《大学新闻》四个版,开始设置有"要闻""新闻时空""新生活""新闻调查"

"文苑",分别由杨玲、曹林、肖小蓓、王建峰主持,1996级、1997级不少同学都参与了撰稿和编辑等工作。

《大学新闻》试刊三期,由许凯主编。正式出版后,先后任主编的有1996级本科生许继东、1997级本科生曹林、1998级本科生龙振威、1999级本科生李智勇等。

《大学新闻》创刊后,学院广大新闻学子在这块园地上纵横驰骋,大显身手,刊登了不少引人注目的校内新闻,更是发表了一些影响较大的新闻评论。有些稿件参与学校办学方针的讨论,比如提问:理工科大学的文科怎么办?有些稿件讨论校内的热门话题,比如开展"逃课"问题的讨论,提出:学生逃课,授课教师要不要负责?还有的揭露学校脏乱差,批评后勤工作人员服务态度,评说图书馆不合理的规章制度,等等。这些报道和评论得到了相关部门的反馈,他们表示接受批评,迅速改进工作。总之,《大学新闻》较好地报道了学校新闻,干预了学校生活,实施了舆论监督。

华中师范大学老校长章开沅先生说,学生"头长在自己身上,理应属于自己"。要大力发展学生社团,提倡学生自治,通过各种社团载体,学生的精神风貌会被振作起来。作为新闻学院的负责人,我认为,我有责任帮助这些热血沸腾的青年学生放飞理想,而不是相反。为了鼓励学生把这张报纸办好,2000年1月,我为《大学新闻》写了一篇《新年寄语》,指出:"展望未来,我们将面临新的机遇与挑战。我希望青年朋友增强三种意识,培养三种精神,积极主动地抓住机遇,迎接挑战。三种意识是精英意识、创新意识和全球意识;三种精神是求实精神、求真精神和拼搏精神。"最后说:"二十一世纪是我们民族振兴、国家富强的世纪。青年朋友们,任重道远,我愿以四句话与大家共勉:拒绝平庸,追求卓越,求真务实,拼搏创新。"

《大学新闻》影响最大的当属曹林任主编时发表的他自己写的两篇文章,一篇是发表于总第15期(2000年3月15日)第四版的《教授,我来剥你的皮》(简称《剥皮》),另一篇是发表于总第16期(2000年3月31日)第一版的《政治思想工作者和辅导员们,我来为你们上课》(简称《上课》)。

在《剥皮》一文中,曹林开宗明义地说:"本文谨献给长期无耻地耕耘在抄书编教材误人子弟第一线的教授们。"文章罗列众多二十世纪二三十年代大学里满腹经纶的教授的实例后说,"今天的(教授)又干什么去了?"他们不认真做学问,而是为了评职称而写文章,成了"职称的奴隶,印刷垃圾的产婆,误人子弟的罪魁"。更有甚者,一些人为"凑齐论文",不惜采用种种卑劣手段,或吸古人骨髓,或对已有文章"排列组合,再版重印",或"转向故纸堆","剪刀

《剥皮》和《上课》

加糨糊",等等。这些文章、著作,有新意吗?没有。有学术价值吗?没有。其价值,就是供出席学术会议、发表、升职。

《上课》一文认为,思想政治教育本来是应该教育青年人"思想解放,张扬个性",但是实际上,他们视此为"洪水猛兽""大逆不道",视批评意见为"攻击××""反对××","不得了了,对抗正统和主流,造反了"。接着指出,学校的"思想政治教育开始走入误区:圈定一个既定的轨道和确定的结论,青年们没有自由思考的空间,任何反诘和可能性都成为多余"。该文提出一个很严肃的问题:"思想政治教育的目的,到底是僵化思想,还是解放思想?手段到底是用'定论'启迪青年,还是用'问题'启迪青年?"文章最后写道:"通过拨乱反正,青年人的主体意识已经觉醒,正如钟沛璋所说,许多思想敏锐的年轻人,已经不愿意别人把现成的结论硬塞给他们,而要用自己的脑袋去思考、去辨别。"

这两篇文章发表后,在学校引起强烈反响。有说好的,有说坏的。对此,我不仅没有批评学生,反而旗帜鲜明地说好。我认为,曹林的文章虽然有点偏激,但是揭露了当前大学校园的两大残酷的现实。从中我似乎看到了希望——这不正是我要培养的有思想的新闻学子吗?对于"告状"者、"指责"者,我据理而辩,希望他们理解、支持我们办好新闻,并利用我们的"新闻批评"好好改进自己的工作。我不止一次地在全院教职员工大会上念曹林文章的某些段落,希望我们教授(包括我在内)都不可做被学生剥皮的教授,我们的辅导员不要成为要学生来上课的辅导员。

同时,我也鼓励不同观点的相互碰撞。当时读研二的高海波就不认可曹林的文章,于是,他写了一篇《曹林的悖论》,痛斥曹文:"说什么剥教授的皮,给辅导员上课,很不合适,至少是不尊师重道。""师恩如山,做人不能忘本!"高海波用归谬法,指出曹林提出要有思想,但思想的定义似乎太含混;并且,曹文中也未见其突出什么新思想。事后,高海波对我说:"《大公报》最吸引我的是张季鸾的报恩主义,报亲恩,报国恩,报一切恩,当然也包括报师恩。所以我无法同意曹林的'剥皮说'。当时,我恨不得扇他两耳光!"我听后,更高兴:学生能有不同观点发表,是新闻教育的胜利。高海波和曹林两人是从不同角度谈问题,他们的观点并不矛盾。

有意思的是,许凯、曹林本科毕业后成了我的硕士研究生,高海波硕士毕业后,成了我的博士研究生。

《大学新闻》不仅受到广大学生的欢迎,而且形成了一股思想自由的小气候,点燃了学生自办校园报刊的热情。2000年,《大学新闻》停刊,随后就有《新闻青年》《青年时代》先后创办,并且在新闻业务方面走得更远,不仅全方位地报道校内新闻,而且将新闻触角伸向社会。

《新闻青年》创办于2001年11月8日,即第二个中国记者节,由陈栋与周虎城、张彦武、王慧芳等几位本科同学创办,由陈栋担任社长。创刊后,先后推出《透视学校图书馆盗案》《揭秘校园自行车盗案》《暗访武汉女大学生陪聊》《直击华科西一门封门全过程》《学生旷课老师要不要反思》等调查报道、评论,激发了广大师生的强烈关注,一纸风行校园,被誉为"华中科技大学的《南方周末》"。

《青年时代》创办于2004年11月8日,即第五个中国记者节,由陈栋与邹伟、张桂芳、沈明涛等硕士生一起创办,由陈栋担任总编辑。

《青年时代》

2005年春节,陈栋等四名学生记者带着方便面等食品"潜入"河南沈丘的"癌症村""艾滋村",进行"零距离调查"。他们根据调查到的素材,撰写出5万字的调查报告,引起了中央媒体和社会的广泛关注,得到时任河南省委书记徐光春和华中科技大学校长李培根院士的批示表扬。随后,《青年时代》推出了《中国第一矿区大冶调查报告》等调查报道,在华中科技大学学生实践活动中掀起了新一轮社会调查热潮。

不要小看这几张校内报纸和期刊。它们的刊行,不仅为新闻学子们放飞自己的新闻理想提供了一个平台,更重要的是营造了学院思想自由的氛围,有利于合格新闻人的培养。

但是,对于学生"放飞新闻理想",我也有些担心,担心他们进入社会后,"不管不顾地放飞"而出问题,因而,必须向学生讲清楚另外一面,就是如何在特定环境中保护自己,列宁说,保护好自己是为了更好地战斗。有一年,在欢送毕业生的大会上,我在讲话中说:"你们在家里,有父母保护你们,在学校,有老师保护你们,到了社会,就只能靠你们自己保护自己了。既要放飞'新闻理想',又必须审时度势,保护好自己,千万不可不管不顾。"

曹林在毕业20年后回母校聚会时说,想起自己的大学,自己的新闻学院,最经常回忆起的,是那些勇敢的试错给自己留下的宝贵财富,还有那些在你试错付出代价时,宽容了、保护了、鼓励了自己的人。他说他想起当年办校园报刊《大学新闻》,又是批评教授,又是批评一些校园管理规定,引发争议,甚至带来一些麻烦。但是,老师包容了他,让他在放飞新闻理想中摔打成长。他说:"在这里,所受到的熏陶,已经融入我们的血液中,让我们终身受益,在不经意中成就着、滋养着我们。"

跟着我硕博连读的陈栋,更是深有体会地说,大学生活,最有意义的事情是创办校园报刊,激荡校园文化;最深刻的记忆是一往无前追梦想,身无分文"玩理想"。至今,每当他回想起在图书资料室里争论观点、在建校纪念碑草坪上开选题会、在寝室里编排报刊、在校园路口和学生宿舍发行报刊等场景,依然感慨万千。他还说,大学时代,是一个理想起航、梦想放飞的热血时代,也是一个最适合"玩理想"的激情年代。他十分怀念大学放飞理想的日子,说:"华中科技大学不仅是一所以严谨学风为名的大学,也是一所以兼容并包为誉的大学。作为新时代的青年人,我理想和信仰的种子早已在华中科技大学新闻与信息传播学院学生办报办刊时就种下了。"

3. 探索"两化"办学路径

培养有独立人格和自由思想的新闻传播人才,必须有国际化的理念和社会化的舞台。因此,我们不断探索、践行"两化"办学路径,即:走出国门,推进办学国际化;走出校门,实行办学社会化。

(1)办学国际化的理念与行动。

早在1998年2月20日的汇报会上,周济校长肯定我们的学科改革方案而原则上决定成立新闻学院时,就提出了国际化问题。周济校长是一个有国际视野的科学家,能够站在国际学科前沿看到学科发展趋势。他之所以欣赏我们的学科改革方案,就是基于新闻传播学科发展的信息化趋势,因而提出了"新闻信息传播将是一个很有前途的学科"的命题;又从科学技术的角度,提出了"在以理工科为主的大学发展新闻信息传播学科有得天独厚的优势"的命题。据此,他果断决定成立新闻与信息传播学院。1995年10月,刘献君副书记作为学校代表全程跟踪"海外华文报刊与中华文化传播国际学术会议",与我们教师一道同境外新闻传播学界与业界人士广泛接触,了解到发达国家的新闻传播信息化发展已成为事实,所以,他在2月20日的汇报会上说,新闻系提出新闻与信息学科结合建设新闻信息传播学科的想法,是1995年国际学术研讨会期间了解了国际上的情况后产生的;现在,又根据国内学科的发展、社会的需要正式提出,是有根据的,应该积极支持。

学院成立后,周校长一再强调要与国外合作办学,学习国外先进技术和办学经验,为此,他几次安排我陪同他接见外宾,寻求合作办学的机会。比如与比利时鲁汶大学校长见面,谈合作事宜,并与之签订联合培养研究生和教师互访的框架协议。在这个框架协议下,我们于1999年9月安排罗晋华、古忠民等老师到鲁汶大学访问,学习信息技术,以便开设这方面的课程。同时,我们还派青年教师到新加坡南洋理工大学、英国相关大学以及香港浸会大学、中文大学访学,以开阔他们的学术视野。

虽然如此,但是当时国际化仍然是学院的短板。我们长期没有引进海外留学人才,教师中懂外语的不多,没有人能用外语教学,更没有使用外文原版教材,因而给人以"土八路"的印象,在全球化的新时代,显得很落伍。

2001年9月中国加入WTO,国家发展大局由此发生了深刻变化。2001年12月,中国工程院院士樊明武调任华中科技大学校长,明确提出国际化的办学理念,学校办学模式也发生了相应变化。

2002年6月11日,樊校长与欧阳康校助等到新闻学院考察时,明确提出,办学国际化,文科也要走向国际——要提倡教授在国际刊物和国际会议上发表论文;要懂外语,要培养国际化人才,要提高毕业生的质量,使他们能到国际上工作。樊明武校长说,为何要明确提出新闻教育国际化呢?因为中国加入WTO对新闻传播业的挑战,对新闻传播人才提出的新要求,对新闻传播学科和新闻传播教育的发展提出的新挑战,都是严峻的。我们要创办国际知名高水平大学,一定要与国际接轨。新闻传播教育也不例外。①

对于学校提出的国际化办学理念,我深以为然,并决心贯彻这种先进的办学理念,补齐我们学院发展的短板。在当年9月15—16日召开的第四届学科建设研讨会(汉阳小南湖会议)上,我在主题发言中,明确提出学院发展、学科建设再上台阶的总体思路,其中有一条就是"国际化"——走出国门,加强国际交流,学习国际先进办学思想与人才培养模式。副院长朱光喜也说,今后,新闻学院在国际化交流方面要有切实的进展,要与国际上的学者对得上话,共同培养研究生,共同做课题。

2003年2月22—23日,学校在咸宁阳光大酒店召开华中科技大学文科工作研讨会,提出"建设高水平特色文科"的任务。如何才能建设起高水平特色文科?会议决议中有一条,就是要高举国际化的大旗,走国际化发展道路。

2月25日下午,新闻学院召开学院总支委员、院务委员、学术委员联席会议,讨论如何贯彻落实学校文科工作会议精神,走国际化道路、建高水平特色文科的具体措施。次日,学校在一号楼学术报告厅召开国际化办学工作会议,党委书记朱玉泉做报告,要求各院系按照学校提出的国际化办学思路制定自己的教学和科研规划。学院党总支书记汪佩伟代表新闻学院在小组会上做了发言,介绍了新闻学院推进办学国际化的想法和准备采取的措施——帮助教师走出国门,走向国际。具体办法是采取有效措施帮助青年教师提高外语水平,通过各种途径把他们送出国访学、进修、读学位等。

10月4日,我以院长身份在会上发表了题为"特色发展,走向国际化"的讲话,旗帜鲜明地提出:"华中科技大学新闻传播教育要再造辉煌,就必须走国际化办学道路!"

国际化办学理念的确立,支撑我们采取相应的行动。其中一个有代表性的事件就是教师组团出访。以往,我们学院虽然有不少教师走出国门,或访学,或进修,但都是个别行为。2004年12月12—22日,新闻学院教师第一次组团澳洲行②,出席在昆士兰大学举办的国际会议,第一次在国际学术会议上亮相,产生了一定反响,并与国际知名大学签订了联合办学的协议。

从长远发展看,此次澳洲行对于我们学院的国际化发展是有意义的——它开启了国际化办学的大门,往后,组团出访,参加甚至与国际著名大学联合举办国际会议,渐渐成为一种常态。在这方面,陈先红教授作出的贡献最大。由她主持、由华中科技大学新闻与信息传播学院和香港城市大学媒介与传播

---

① 2004年6月11日,樊明武校长来新闻学院检查工作,再次强调:"高等教育要国际化,新闻教育更要国际化。"

② 澳洲行的教师有吴廷俊、陈先红、舒咏平、屠忠俊、余红、陈少华。

系联合发起、香港浸会大学传理学院和台湾世新大学广告与公共关系系共同主办的"公关与广告国际学术论坛",作为亚太地区一个最具盛名的国际学术研讨会,从 2007 年至 2020 年,一共召开十四届,每届都有我院教师组团参加。

(2) 办学社会化的理念与行动。

新闻专业本来是一个应用性、实践性很强的专业,新闻人才的培养不能只在课堂上进行,而应该走出校门,实行办学社会化。

"办学社会化"是我们学院在 2002 年 9 月汉阳小南湖会议上讨论"学院发展、学科建设再上台阶"的总体思路时,与"办学国际化"一道提出来的。办学的社会化,就是走出校门,与社会相结合;走向新闻实务单位,在实践中学习。①教师到媒体挂职。华工新闻系创办之初,就有干新闻、教新闻的传统。我们必须坚持这一传统:55 岁以下的担任新闻业务课程的教师每三年抽出 3 个月到媒体挂职(不拿工资);教师除了发表学术论文外,还必须发表新闻作品,除了科研获奖外,还必须有新闻作品获奖(有此,科研获奖和科研项目的考核工作量可相对减少)。②学生走向社会,包括新闻专业的学生进媒体实习,广告专业的学生到企业、公司去,接触实际。前者与教师评职称挂钩,后者记入学生平时成绩。

最后,要说明一点的是,我们 1998 年提出的"文工交叉"的学科改革方案,2002 年 9 月提出"走出国门,走向国际化;走出校门,走向社会化"的"学院发展、学科建设再上台阶的总体思路",与 2005 年 3 月上任华中科技大学校长的李培根院士提出的"开放式办学"高度契合。李校长的"开放式办学"思想包括:学科开放、实行学科交叉发展;学校开放,实行校际联合办学。2005 年 3 月 27 日晚,刚刚上任不久的李培根校长来到新闻学院,听取我院学科发展和学科建设情况汇报后说,完全同意将新闻学科的特色定在应用、交叉上;学科交叉,思路要更宽一些,不能仅限于与电信交叉,还要与其他学科交叉,比如与医学交叉,成立健康传播研究中心,学校肯定要支持、要鼓励的。实践表明,在培根校长主政学校期间,我们新闻学院的教育事业和学科建设走"开放式"道路,又有了进一步发展。

二、抓住"龙头"——学科建设

一个学院,尤其像我们新闻学院,规模很小,一开始就只有"十几个人七八条枪",然而"麻雀虽小,五脏俱全",工作一样是千头万绪。我作为一个只会钻故纸堆、年老的"新干部",一时间还真有点抓瞎。每天"眼睛一睁,忙到熄灯"。1998年5月6日下午,刘献君副书记在听取了我们院务会情况的汇报后说,今后学院工作最重要的一条就是要紧紧抓住学科建设。学科建设是学院的"龙头",抓这项工作,可以带动其他工作,比如师资队伍建设、基地建设、项目的申报与完成。刘献君不是一般的党委副书记,他是教育科学专家,他的话,不是一般的工作指示,而是学术指导。随后,我又向他进一步请教,何谓学科,如何抓学科建设,等等,并在自己的工作实践中加以消化。

(一)弄清学科建设的几个概念

要抓好新闻学科建设,首先必须明确什么是学科,什么是学科建设,学科建设包括哪些内容。

我通过学习教育的有关知识知道了学科一般有三种含义:其一是将广博的知识按照一定的标准分门别类。如自然科学中的物理学、化学,社会科学中的历史学、语言学。一个学科就是一门相对独立的知识体系。其二是学校教学的科目。这是将学科落实到人才培养上——人才培养必须靠专业;学科是专业的知识基础和理论支撑;专业是学科在培养人才上的运用。一个专业可以以一个学科的知识为基础和理论支撑,也可以以两个甚至三个学科的知识作为基础和理论支撑,这样的专业被称为交叉学科或跨学科专业。一个专业培养掌握一门专业知识的专门人才。其三是专业训练中各种理论知识性的科目,与"术科"相区别。

学校学科建设中的学科以第二种含义为主,与第一种含义相关联。可见,学科建设是学校实行人才培养最主要的工作。它既不是行政行为,也不是单一的学术研究,而是一种以学术研究为基础、扩展到人才培养上的系统建设活动。

学科建设,即建设学科,从建设主体来看,有学校、学科群、学科点(院系)。

任何一个学科都是变动不居的。一个学科在某个学校、院系建立起来后,还要不断地进行建设,使之与时俱进、不断壮大,否则就会萎缩。一个学科的壮大或萎缩,主要由两个方面决定:一个是以学术研究为中心的学科建设,一个是以人才培养为中心的学科建设。前者包括:增加学科张力,凝练学科方向,组建学科梯队,搭建学科平台,申报及建设学位点。后者包括:专业设置和课程体系建构,教师队伍和教学设备,课程结构和教学内容。可见,学科建设确实是学院发展的龙头。

(二)学科建设面面观

根据学科建设的应有之义,为了促进学科的壮大,我在主持新闻学院工作期间,从以下两个方面着手进行新闻学科建设。

1. 抓好以学术研究为中心的学科建设

长期以来,新闻教育在大学里处于"二等公民"地位,其根本原因还在于有人认为"新闻无学",新闻教育没有资格进入神圣的高等学府。我虽然不同意"新闻无学"论,但还是认为,新闻学缺乏严格的知识体系和学科体系,因而缺乏应有的学科张力。故此,我以为,新闻学的学科建设,首要的是增加知识内涵,并建构起基本的知识体系和学科体系,以增强学科张力。

(1)增强学科张力。

由于新闻学的后发,尚未形成知识体系和学科体系,新闻学不被承认是一门独立的学科,甚至连学科归属都不明确,一时划归法学门类,一时又划归文学门类。长期以来,新闻学研究者把自己的视野和精力投放在术理层面,新闻教育工作者也多半把视野和精力放在术科层面,尤其是随着传播技术的进步,新媒体的出现,无论是研究者还是教育者,都更显"浮躁",更不愿意坐下来从事学理研究。从表面上看,新闻学似乎成了一门"显学",实际上在学科大家庭中,新闻学的地位并没有实质上的提高,其所谓的研究成果依然得不到其他学科的重视和承认,新闻学的学科张力明显低下。缺乏专精的学科配合,缺乏宏观的通识和操守陶冶的基础,这样的新闻教育"充其量也只是挂了大学招牌的职业训练而已"![1]

认识到了这一点,许多有识之士便从三个方面给新闻学补充学理知识。

其一,提升新闻学自身的造血机能。

首先是正确理解西方新闻学,吸收其合理的成分。长期以来,中国新闻学界和业界对西方新闻学存在着严重的误解和曲解,一方面认为那是资本主义的、资产阶级的东西,另一方面认为它只是一些操作层面的东西。第一点是误解。殊不知,西方新闻学与所有文化知识一样,是人类的共同财富,不可排斥,必须吸收其精华部分。第二点是曲解。诚然,西方新闻学是以新闻业操作为逻辑起点,它关注的重点是新闻的采集、新闻作品的写作、新闻产品的加工和新闻媒介的内部运作,包括媒介功能、特点、新闻工作的原则等,这就

---

[1] 朱立:《大学新闻教育往何处去?》,载《潮流月刊》1988年第11期。

决定了西方新闻学显现在外的主要是操作层面的技术性内容,然而以"社会公益"和"政治民主"为指向的新闻学的核心内容往往被中国新闻学界所忽视。如果只看到前者,看不到或者忽视后者,就是忽视了新闻学的灵魂;单单局限于操作层面,传授一点新闻技能,那样培养出来的人才是没有思想的"新闻买卖人",不是真正的"新闻人"。因此,我们必须正确、全面理解西方新闻学,并科学地对待。

其次是重视发掘中国新闻史上"文人办报"和"报刊政论"的传统理论,继承其精神。以往,新闻学界不仅对西方新闻学抱有误解和曲解,而且对中国新闻史上一些好的、行之有效的传统理论也持有不恰当的态度,比如将"文人办报"等贴上"死人办报"标签弃之如敝屣,还对其进行批判。殊不知,我们中国报人在办报实践中积淀出的"报刊政论""文章报国"传统,以及形成的一整套"文人办报"理论是无比的珍贵。这套理论饱含中国文人深沉的爱国情怀和社会责任感,这套理论是中国报人对世界新闻学作出的重要贡献。这种以"向导国民""监督政府"为指向的报刊理论在社会主义和平建设时期,仍然大有用武之地。对此,应该深入发掘,系统整理,重新认识,使其精神发扬光大。通过长期对文人办报典型《大公报》的研究,我认为,一部《大公报》史,就是一部生动、深刻而丰富的,包括新闻理论、新闻业务和报业经营管理在内的中国新闻史。

其二,从其他学科吸收营养。

首先是导入传播学,改造新闻学。传播学是20世纪40年代兴起的一门新兴学科,60年代开始风靡北美和西欧而成为一门显学,并且在那里,许多大学纷纷创办传播学或大众传播学学科。何以如此?因为传播学以人类社会的传播现象为逻辑起点,它关注的重点是媒介与社会的互动,即社会对媒介的作用,媒介对社会的影响,尤其是把研究的重点放在"受众"和"效果"上。这就使得传播学具有多学科性。传播学是政治学、社会学、心理学、教育学等社会科学,甚至自然科学交叉的产物,它从这些学科中借鉴理论和方法,作为自己的理论建构和方法形成。所以,传播学的兴起虽然比新闻学晚得多,但是它很快就形成了自己的理论体系。新闻学可以把传播学中的有关理论,如"受众理论""效果理论""媒介理论"等"拿来",为我所用,增强自己的学术底蕴和理论功底。

中国改革开放后,物质文明和精神文明以惊人的速度向前发展,大好的政治形势和经济形势要求新闻学的研究和新闻事业的发展应有新的突破,但是中国的新闻学研究依旧局限于政治宣传范畴,新闻理论依然还是那几项党报工作原则,这就与变化了的形势很不相适应。为了寻求新闻学的理论突破,一些新闻学者便把目光投向了传播学。1984—1988年,中国传播学研究出现了一次高潮。"他山之石,可以攻玉",导入西方传播学,吸取传播学中的合理内核,改造中国传统新闻学,这是当时大多数研究传播学的人士的想法。1984年何微先生写的《面向未来改革新闻教育》一文对此进行了说明:"传播学在世界上已引起不同程度的重视,我国也有人在研究,并没有这样的专业。现在处于介绍、了解、研究阶段。有的研究者断言:传播学重视理论研究,而新闻学重视业务研究;传播学以'学理'为重点,新闻学以'术'为重点,新闻学是站在新闻业务圈子内研究新闻工作的,所涉及的问题只是新闻机构及其工作人员即传播者单方面的问题。它不是从社会整体上去考察新闻事业,也没有或很少将新闻传播的对象——读者、听众、观众列入研究领域内。暂不去评论此种观点,理应首先感谢他提醒我们,应进行新闻学与传播学的比较研究,先把他们的相似和差别的特征确定下来,更进一步运用唯物辩证法分析其内在的过程,深入到被比较的现象的本质,揭示它的产生和演变规律,从而正确地认识传播学。"可见,中国导入传播学的目的是改造新闻学,弥补新闻学学理的不足。由于主客观原因,在这方面,我着手得很晚,但还是认识到了其中的重要性,跟着先行者从事传播学研究,并于2002年在《新闻大学》春季号上发表了《传播学的导入与中国新闻教育模式改革》的文章,2006年4月被中国传播学会聘为副会长。在学院内,我积极支持相关教师从事传播学研究,并组织成立传播学系。

其次是加强文史哲基础。

开始一段时间,社会上有一种流行的说法,说我们华工新闻专业培养的人"上手快,后劲不足"。这一方面是个误解,一方面也从一定程度揭示出了我们在文史哲基础教育方面的不足。我还担任系副主任时,在1993年10月17日的系务会议上讨论课程设置时,我就提出"文史哲的基础要打坚实"的建议。我说,中外名记者、名编辑无一不在这方面有扎实的功底。标题制作、社论写作、通讯、专访、深度报道,没有文史哲功底是不行的,张季鸾如果没有扎实的文史功底,他能写出那么深刻的社评吗?范长江如果没有丰富的文史知识,他能写出视野开阔而富有内涵的通讯吗?要培养名记者,一定要在文史哲功底上下功夫。针对原有课程设置重业务、轻学理的倾向,我说,借口学生不喜欢新闻理论、新闻史等学理课程,就减少这类课程的想法和做法都是不对的,对学生的错误情绪,应该加以引导,而不应该迁就。我还利用我的专业优势，自告奋勇为学生举办过几场文学讲座。①

10月25日，在文学院讨论课程设置时，我提出了"理工科大学办文科，尤其要把文史哲基础知识夯扎实"的主张。

11月15日下午，在文学院召开的文学院发展座谈会上，在谈到课程设置时，我再次说，10多年来，我们办文科提出"文理渗透"的发展思路，从知识的交叉、渗透来讲，这是非常对头的，但是在实践过程中则不尽如人意。主要表现在：一是没有很好利用华工校园的理工科条件，对学生进行科研成果介绍，让学生接受理工学术熏陶；二是在文科中硬性增开几门理工科类的课程，片面要求学生掌握一点理工科的知识，只在微观上做文章，而没有在宏观上下功夫，不注重拓宽他们的知识面，所以收效甚微。如果将高等数学、微积分等课程改为机械图学史，甚至数学史、数学运用、数学思维方法等，这样就不仅可以拓宽文科学生的知识面，而且可以改变文科学生的思维，效果会好得多。对文科的课程设置，我提出了三条原则：文史哲基础课程须加强，这是文科学生的基础，打好了这个基础，以后才能有发展前途，这是文科学生成才、是否有后劲的关键；文科主干课程要开足，这是文科的本科学生培养的重头戏，是专业人才培养的关键；渗透课程宜开选修课，此类课程不可与前两类课程争课时。

12月3日，应约向杨叔子校长汇报"华工文科该怎么办"的想法时，我说，对华工原来提出的"应用为主，交叉见长，特色取胜"发展文科的方针可以做些微调，增加"加强基础"一句。所谓"加强基础"，主要指加强文史哲的基础知识。

我在主持学院工作后，在老师们的支持下，尤其是分管教学副院长申凡教授、石长顺教授的理解和支持下，对我们学院的课程体系进行了几次大幅度改造，增加了文史哲基础课，我的"加强基础"的思想得以贯彻。

其三，实行学科交叉，寻找新的学科生长点。

走学科交叉创新之路，这既是一个历史命题，又是一个现实命题——历来有之，现实更显。大家均致、均为，只不过我们华工新闻专业认知较早、行动较自觉，效果也较好罢了，因而成为我们新闻学科建设的一大特色。

总结起来，我们走学科交叉创新之路，主要经历了三个阶段。

第一阶段，1983年建系至1997年，学科交叉处于"引进渗透"阶段，即在

---

① 据记载，我为本科生举办过两次讲座：《繁星丽天万花攒锦——唐诗发展评介》《配乐长短句 诗国开新花——词的发展简史》。

新闻学专业中引进若干自然科学的因素,希望这些因素能有利新闻学自身的发展。这一阶段的做法,是将一些理工科专业的课程纳进了文科专业的课程体系,如"高等数学""自然科学概论"和"微机原理"等。由于这在全国新闻教育史上的破天荒之举,我们新闻专业的课程设置与全国相同专业比较起来有明显的特色。华中工学院的新闻系办学特色很快被全国同行赞扬,用当时同行们的话讲,华工新闻系一创办,就"咄咄逼人"。

但是,我们的这一特色很快不成其为特色了。一方面,我们当时对学科"交叉与渗透"理解不深,只从"本科教学"角度着手,没有从专业建设和学科建设的高度考虑,采取的措施也仅仅是在课程设置上引进若干自然科学的因素,开设几门自然科学类的概论和原理方面的课程,还没有实行真正意义的学科交叉。站位不高,采取措施也不得力,只是下了一点毛毛雨,或者说是"蜻蜓点水","渗"而不"透",当然没有达到"交叉"的程度。另一方面,高科技迅速发展,国内新闻教育也迅速发展,不少学校新闻学专业也开设了一些理工科类的课程,我们所做的事情、我们所采取的措施,他们大都做了,都采取了。于是,我们的特色就不太明显了。

第二阶段,从 1997 年至 2007 年,为"大跨度交叉"阶段。当我们的"引进渗透"进入瓶颈时,有人要我们走回头路,说什么"办文科,就是跟着武汉大学的屁股后面老老实实地学,搞什么文理渗透、文工交叉?文不文,理不理,工不工,四不像"。学院内部也有人出现动摇,说什么既然"交叉"走不下去了就说明走错了。但是,我们认为,学科交叉既是学科发展的必由之路,又是当下发展新闻学科的急需之路。常言道:"靠山吃山,靠水吃水。"在华工办新闻,必须牢牢靠住工科背景,尤其是强大的信息学科,跟着别人屁股后面走是没有出路的。特别是 20 世纪 90 年代中期,网络作为第四媒体进入中国后,对新闻教育和人才培养提出了新的要求,这对我们新闻教育机构来说,既是挑战,又是一个极好的机遇,我们必须及时抓住这个机遇,把学科交叉推进到一个更新的阶段。

带着如何将"文理渗透与交叉"推进到新阶段这样一个问题,经过一年的调研和思考,1997 年初,我们的新的学科发展思想和办学理念基本形成,概括起来为:"实行新闻学与传播学并重,人文、社科与信息学科大跨度交叉,传播文化与传播科技紧密结盟,培养既有扎实的人文、社科功底,又能掌握现代传播工具的现代化新闻与信息传播人才。"这个新思路主要有以下几个要点:以新闻学、传播学学理为基础,以传播技术为架构,构建办学基础和育人平台;以社会需求为动力,推动人才培养和科学研究;以大跨度交叉为审视角度,关照学科建设和学院发展。

新闻与信息传播学院的组建,使我们的文工交叉的学科建设有了可靠的组织保障。从1998年到2005年,我们的交叉学科建设取得了长足的进步,异军突起,成为全国新闻传播教育的一匹黑马,不仅获得一级学科硕士学位授予权,而且获得一级学科博士学位授予权。

第三阶段,学科融合,学科交叉再上新台阶。

虽然我们的学科建设取得了一些成绩,但是存在的问题也是明显的:第一,有一个根本问题没有很明确,就是我们搞学科交叉是目的,还是手段?我们不能为了交叉而交叉,交叉只是手段,不是目的。目的是学科创新,要通过学科交叉,创新一些新的学科或专业。第二,我们这些年的学科交叉没有把重点放在创建新学科上,只是在课程结构上、科研项目上做文章,交叉的跨度虽然很大,但深度不够,依然只是停留在"物理"层面上的交叉,文科和理工科的知识在一起,是交而不合,合而不融。第三,由于目的不是很明确,我们的交叉没有很准确地落实在学科创新和专业创新上,学科还是老学科,专业还是老专业(除网络传播专业外),于是人才培养和科学研究缺乏有机整合的载体,形成不了合力。

此时,我虽然不主持学院工作了,但是作为学院学术委员会主任,我对学院今后学科交叉发展的总体设计做出了这样的设计:要把学科交叉从"物理"反应层面推进到"化学"反应的层面,把"交叉"推进到"融合"的层面。要"以国家、社会需要为引领,以教学、科研实践为途径,通过学科交叉、融合,达到学科创新和专业创新之目的",通过"学科交叉",创造出"交叉学科"和"交叉专业"。

2008年1月21日,学校召开了交叉学科发展战略研讨动员会,我应邀在会上做了《走向融合:学科交叉再上新台阶》的发言。在回顾了我们已经走过的学科交叉创新之路后,我重点讲了创新专业和创新学科的思路和设想。从新闻传播学科特性和内在机制出发,结合我校整体学科的分布,提出我校新闻传播学类至少有6个新学科可以在融合中创立。

①传播社会学:新闻传播学与社会学、管理学、文化学等相关学科的交叉,进行传播技术对农业社会的解构、新兴媒体对社会意识形态的解构、广告与消费社会、电视电话对社会生活方式的影响、公共关系与社会和谐等方面的研究,培养一种擅长信息沟通、化解社会矛盾的新型社会工作人才。

②新闻传播法学:新闻传播学与法学、公共管理学等相关学科的交叉,进行传播中的隐私保护、新闻立法、广告立法、网络侵权防范与治理、知识产权

保护等方面的研究,培养新闻传播法制人才。

③媒介经营管理学:新闻传播学与经济学、管理学等相关学科的交叉,进行媒介经济的发展、传媒产业的经营、媒介集团的管理等方面的研究,培养新时期急需的媒介经营管理方面的人才。

④危机公关传播学:新闻传播学与公共管理学等相关学科的交叉,研究公共事件与社会信息传播、危机事件与策略传播、新媒体政府公关、城市形象塑造与推广等方面的研究,培养新时代急需的危机公关人才。

⑤信息安全传播学:新闻传播学与管理学、法学、社会学、公共管理学、计算机科学、通信工程技术等学科的交叉,进行信息安全技术、新媒体传播与政治信息安全、新媒体传播与舆论安全、电子政务与信息安全、信息安全技术在文化领域中的运用等方面的研究,培养新媒介环境下的信息管理人才。

⑥健康传播学:传播学、公共关系学、广告学、新闻学、生命科学、基础医学、卫生学等相关学科的交叉,进行公共健康危机处理对策、医疗卫生政策传播、医学科技成果传播、全民健身、优生优育、戒烟、药物滥用控制、突发性健康灾难等方面的研究,培养小康社会急需的健康传播人才,等等。

这个发言内容,经我进一步修改后,成了2008年2月21日新闻学院第十次学科建设研讨会上的主题报告。但是由于我不主持学院工作了,这些设想能不能逐步实现,我就不得而知了。

一言以蔽之,我的总体想法是,从各方面增加新闻学科的知识内涵,以增强学科发展的张力。

(2)凝练学科方向。

学科方向与专业是两个既有联系又有区别的概念。专业是从人才培养的角度而言,学科方向是从学术研究的角度而言。专业设置由国家行政部门根据国家社会对人才的需要而定,而学科方向是各学校根据本学科发展的需要而定。学门下分学科,学科下分一级、二级、三级,三级学科一般称之为学科方向。比如在中国,新闻传播学为一级学科,属于文学学门,下分新闻学、传播学两个二级学科,学科方向则由各个学校自己凝练。任何一个学科的内涵都有其独特的规定性,但是,每一个学科建设必须因地制宜,因时而变。学科方向的凝练也必须如此。

凝练学科方向是学科建设实施并落到实处的必要一环。据我理解,学科方向的凝练原则有两条,一是需要与可能相结合,二是"入主流"与"创特色"相结合。

所谓需要,是根据建设单位总体设计的需要;所谓可能是指建设单位的人力、物力等条件;所谓"入主流",是指该学科的规定性内容,即该学科发展的普遍性;所谓"创特色"是指建设单位根据自己总体设计的需要和可能而提出的学科建设的特殊性。同样的学科,根据"入主流"的原则,任何单位学科方向的凝练都有其相同之处;根据"创特色"原则,各个单位学科方向都有其相异之处。

比如,2003年我们申请新闻学博士授予权时,所凝练的学科方向是新闻史论研究、新闻业务研究、新闻事业管理研究、网络新闻传播研究等四个方向。前两个是"入主流",后两个是"创特色"。2005年我们申请一级学科博士点时,所凝练的学科方向是新闻史论研究、新闻业务研究、广播电视研究、广告与公关研究、传播与技术研究、媒介经营管理研究等六个方向。其中前四个涵盖新闻传播的主要内容,是"入主流"方向,后两个是"创特色"方向。

还有一点要说明,就是我们学科方向的凝练,无论是"入主流"的,还是"创特色"的,都很注意自身的特点。比如基本的"新闻史论研究"方向,就明确表明三个特点:第一,注重学科交叉,在学科交叉中不断进行理论创新;第二,与时俱进,注意研究新时期新闻事业发展中所出现的新问题,提出新见解和新观点;第三,以史论结合的方法注重中西新闻事业发展中历史与现实的比较。又比如"新闻业务研究"方向,也有三个显著特点:第一是紧密跟踪社会发展、媒介进步对新闻业务提出的新课题,注重新科技手段引入导致的新闻业务的新变化;第二是重视新闻业务与现代传播科技结合的研究;第三是不断拓展新的研究领域。

(3)组建学科梯队。

学科梯队与专业教学的师资队伍相似,并且在人员上有很大的重合度,但是,任务有较大的不同,要求上也有所不同。学科梯队是出于学科建设的需要,成员选择以科研能力和科研成果为主要标准;师资队伍是出于教学需要,虽然要求其成员有项目及成果,但是主要看能否适应教学需要。

学科梯队组建与学科方向的凝练相辅相成。学科梯队的实力是学科方向凝练的基础,学科方向是学科梯队组建的依据。

学科梯队组建的要求很高。每个方向的梯队,由四名成员构成,每人有职称、学位、研究成果的要求,尤其是两名带头人,必须是正教授,第一带头人必须是该领域中被认可的小有名气的学者。

2003年申请新闻学二级博士点时,尽管局限于"新闻学",但是新闻学专业是我们的母专业,所以在组建学科梯队时,还能从容应对,并保证明确的专业特色。

新闻史论研究：吴廷俊教授、孙旭培教授、刘洁副教授、顾建明讲师；
新闻业务研究：申凡教授、石长顺教授、赵振宇教授、孙发友副教授；
新闻事业管理研究：屠忠俊教授、程世寿教授、舒咏平教授、李贞芳博士；
网络新闻传播研究：钟瑛教授、胡道立教授、柳泽花副教授、江传慧讲师。

2005年申请一级学科博士点，要组建六个梯队，人员搭配就有些费劲。好在学院组建时，电信系有一个教研室整体划归新闻学院，当时正好名正言顺地派上用场。刘文予教授、张屹副教授成了"传播与技术研究"方向的主要成员。

新闻史论研究：吴廷俊教授、孙旭培教授、刘洁副教授、黄鹂讲师；
新闻业务研究：申凡教授、赵振宇教授、孙发友副教授、何志武副教授；
广播电视研究：石长顺教授、胡道立教授、余奇敏副教授、袁艳副教授；
传播与技术研究：钟瑛教授、刘文予教授、张屹副教授、余红副教授；
广告与公关研究：舒咏平教授、汪佩伟教授、陈先红副教授；
媒介经营管理研究：屠忠俊教授、张峰教授、李贞芳讲师。

(4) 搭建学科基地。

有人把学科基地与实验中心（室）看成一回事，其实不是。实验室专指学生上实验课的场所，是学院建设的组成部分，属于教辅机构，主要构成除了实验员外，就是实验用的仪器设备，而学科基地是学科发展体系中的一个机构，其内涵比起实验室就复杂得多，包括机构（人员）、项目（课题）和设备。

机构（人员）是学科基地的主体。就中国新闻学科的基地而言，有中国人民大学新闻与社会发展研究中心、复旦大学信息与传播研究中心、中国传媒大学国家传播创新研究中心、武汉大学媒体发展研究中心等四个教育部人文社科重点研究基地。由于历史的原因，我们没有争取到教育部重点研究基地，只能自创基地。虽然，我们先后两次成立了学科基地（第一次是2003年成立信息传播研究中心，第二次是2007年成立媒介技术与传播发展研究中心），尤其是后者，设计是相当好的，争取到了一些经费、设置和评审的项目（具体情况见上篇第四章第三节第二目的记载），但还是无疾而终。

总之，基地一直是我院学科建设的一块短板。

(5) 抓学位点建设。

对于学位点的获得，无论是前期作为分管该工作的系副主任，还是后来作为学院的院长来说，我都体味到了其中的辛酸苦辣。我总忘不了，我们1992级硕士研究生培养出来后，寻找学位授予单位时四处碰壁的窘况。于是下决心，花气力申请学位授予权。终于在1996年获得新闻学硕士学位授予权,2003年获得一级学科硕士学位授予权和一个二级学科(新闻学)博士学位授予权,2005年获得一级学科博士学位授予权。如上篇所述,我们在获得学位授予权时,研究生院学位办主任杨焕祥教授曾对我说过一句话:学位授予权来之不易,要"掌好权,用好权"。我知道"掌好权,用好权"的含义是指在学位点获得后要加强管理和建设。

早在1994年8月25日召开的新闻系第一次研究生工作会议上,我们就提出了学位点的建设。在取得硕士点和博士点后,这方面的工作抓得更紧了,就其大者,主要有以下三次。

第一次,2003年我们在取得新闻学博士点之后不久,7月15—17日,学院第六次学科建设研讨会在黄石慈湖山庄举行(称黄石慈湖会议),主题就是博士点取得后,如何加强学位点建设,提高博士、硕士的培养质量。我在会上做了题为"加强学位点建设,提高办学层次"的报告,指出:博士点的取得不是终点,而是新起点。我们面临的任务,是如何建设博士学位点,提高我们的办学层次,培养高层次人才。

与会的副校长王乘教授在讲话中说,有了博士点之后,怎么办?他提出了两点要求:第一,明确博士点的任务是培养研究型人才;第二,加强博士点建设,包括导师队伍建设,大课题的获得,优选生源,提高博士生的培养质量。

学位办主任李军讲话说,学位点的取得来之不易,取得后的建设更加不易,新闻学院要按照王乘校长的要求一项一项地抓落实。

校长助理欧阳康教授在总结中,首先指出取得博士点意味着对过去努力的肯定,意味着对全程式办学体系建立的完成,更意味着对高层次学术研究的强力推动。接着他要求我们从一个新的高度抓学院的教育改革,提高包括博士生培养在内的教学质量;从一个新的高度抓我们学院的学科建设,在形成学科方向后,就"咬定青山不放松",出大成果;从一个新的高度抓学院的管理,以学科建设为中心抓学院的全面工作。

第二次,2003年9月19—20日,在本院会议室召开新世纪新闻传播学博士生教育研讨会,出席者有方汉奇、丁淦林、李良荣、童兵、郑保卫、赵玉明、熊澄宇、龚文庠、罗以澄、戴元光、丁柏铨、邵培仁、黄升民、陈卫星、单波、徐耀魁等16人。

分管研究生教育工作的屠忠俊介绍我院新闻学博士生培养方案后,与会专家从生源、招生、培养过程等方面提出许多很好的建议。对于培养质量说得很多,尤其是不脱产在职生的培养质量问题。

第三次,2005年5月14—15日,在湖北黄冈召开全国第二届新闻传播学博士生教育研讨会。方汉奇、甘惜分、童兵、赵玉明、罗以澄、单波、熊澄宇、孙旭培、卓南生、龚文庠、刘燕南、尹鸿、刘卫东、陈培爱、丁柏铨、曾健雄、方晓红、董广安等出席研讨会。

从此以后，学位点建设被纳入学院学科建设的常规工作。在抓学位点的建设方面，主要是抓两个方面的工作，即制度建设和纪律建设。

首先，抓制度建设，包括招生制度、考试制度、导师管理制度等。这些制度总体上是由学校研究生院制定和掌握，学科点的活动余地不大，但是，如何贯彻这些制度，学科点还是能发挥一些作用的。

比如把握招生入口，宁缺毋滥，招收优质学生。研究生，尤其是攻读博士学位的研究生，应该是立志做学问的人，而不是其他。所以，每次博士生复试时，必须考察他的入学动机，即对学术的兴趣和已有的学识功底。有段时间，国家公务员读学位成风，相当级别的官员到学校读学位，名曰"充电"。当然，其中确实有人是想通过学习在理论上提高自己。他们进校后能够"转换角色"，好好学习，有的还能发挥自己广泛接触社会的长处，结合自己的工作经历，从理论与实际的结合上写出高质量的学位论文。但是，也有人只是来"镀金"的。因此，对待官员读学位，尤其是读博士学位，我的态度是比较保守的，处理上更是谨慎的，以免出现一些漏洞，给学校、学院，也给自己平添麻烦。这个问题，全国有些学校出现过，我校也有教训。前车之鉴，记忆犹新，大意不得。

再比如，在研究生培养的每一个环节，学院都制定了相应的规章制度，甚至学位论文答辩会的程序都有严格规定，以便有章可循，照章办事。修学分环节，强调教学规范，授课教师不能把硕士生当大五、大六学生；不能博士生硕士生"一锅煮"；学位课程必须有教学大纲，并要求每门课程大纲的字数为2万～3万，由教研室主任组织讨论后定稿、打印，要求该门课程教师必须"以纲为纲"，基本内容不离大纲，避免研究生课程"脚踩西瓜皮"。学分修满后，对每个学生进行中期筛选，合格后才能进入开题报告撰写阶段。开题报告通过后进入论文写作阶段，学位论文写作的格式和工作量均有严格规定。为了严格答辩程序，保证每一场答辩会顺利进行，我根据研究生院的要求，参照先进学校的做法，亲自拟定了《华中科技大学新闻与信息传播学院研究生学位论文答辩程序》。

其次，学校研究生院对从招生到培养的全过程制定了各种纪律。纪律既是研究生工作顺利进行的保障，也是对参与此事的相关人员的爱护，学院必须严格执行。从初试到复试的命题和阅卷，完全由学位点负责，其中的每一项工作都必须严格保密。从全国情况来看,在这个问题上"出事",时有发生。为避免"出事",我们每年都十分严肃地强调纪律。命题时,按照学科成立命题小组,每人命一题,交命题组长,组长拼题,交研究生院招生科密封,尽量减少中间环节。这么多年来,我们从未发现泄题现象。阅卷时,密封阅卷,流水作业,严格按照事先拟定的标准答案和评分标准阅卷,保证了阅卷的公平。复试时的笔试和面试,程序正义,一切公开、公平、公正,杜绝暗箱操作。每年的硕士生、博士生录取名单公布后,基本上没有"扯皮拉筋"的事情发生,这说明我们学院的研究生招生工作是过得硬的。

2. 抓好以人才培养为中心的学科建设

(1)确立人才培养目标。

由于学科交叉建设的规定性,我们以"复合型"新闻传播人才为新的培养目标。所谓"复合型"是指既有深厚的人文社科知识功底,又熟悉新闻采编业务,同时还能掌握现代化传播技能的现代新闻传播人才。这个培养目标表现出两个明显的特点。

一是人文与科技的交融性。长期以来,我国教育走着文、理、工分流的路子。近年来随着高新科技革命强劲的发展势头和人们对素质教育的重视,出现了科学教育与人文社科教育整合的趋向。但开始的趋向仍然是单向流动,只强调对理工科学生进行人文教育。而我们在教育改革的进程中,强调对新闻传播学科的学生进行自然科学知识的教育,在教学实践中实现文理科大跨度交叉,确立起科学教育与人文教育双向整合的新理念。我们从建系初期,就确立了"文理渗透"的育人方针,学院成立后,又果断地将这种"渗透"推进到学科"交叉"的层面,即将计算机、互联网等高新传播科技知识融入到新闻传播、人文社科知识结构中去,使学生确立全新的传播价值观,掌握网络传播的规律和受众的心理。所谓"复合型"新闻传播人才,就是将最新的传播技术与新闻传播知识体系和思维观念整合为"智慧与技术的结合体",能够从对社会变动的宏观把握出发,根据自己思维和逻辑分析的结果选择最合适的传播方式与传播工具,并运用之,而不仅仅是一个技术熟练的操作工。

二是学理与术理的叠加性。传统模式下的新闻传播人才的培养,强调其"应用型",当然是对的,但是毕业生因之缺乏应有的学术功底。"上手快,后劲不足"成了长期以来人们对我们华工新闻专业毕业生的评语。前面已经指出,这样的看法有一定的偏见,但也反映出了一些问题,必须加以改进。新的培养目标,强调人文功底,倡导学理与术理并重,可以有效地改进这个问题。尤其是在信息传播的全球化时代,需要新闻工作者从收集、传递信息为主,转变为以信息流通(包括传播和接收)指导为主。要完成信息流通指导任务,要求信息传播人才学、术皆强。对全球眼光和国际传播视野的具备,对网络传播知识和技能的把握,是实现未来新闻传播工作者角色转换的最基本的条件。一个新闻工作者没有现代传播观念,没有对网络传播的本质、过程、意义问题的深入理解,没有对网络传播工具的熟练掌握,他在现代信息社会中会寸步难行,更不用说去指导别人,完成新闻记者的社会职责了。

(2)转变专业设置逻辑。

所谓转变专业设置逻辑,就是将本科专业设置从按媒体类别设置转变为按学科知识类别设置。

以往,我国的新闻专业是按媒体类别设置的,分为报刊专业、广播专业、电视专业、新媒体专业等。如果这样,随着传播科技的发展,新媒体会层出不穷,专业设置也会无穷无尽,并且,专业设置跟着媒体转,无论如何也赶不上。因此,要以不变应万变,将新闻专业设置跟着媒体转,改为按照新闻学学科知识类别设置。新闻学学科知识大致上分为三大类,分别是"史论"类、"业务"类和"经管"类。除"史论"类知识作为专业必修外,整个新闻学科只可设置两个专业,即"新闻业务专业"和"新闻媒体经管专业"。当然,专业设置权限在国家教育行政部门,即教育部,我们只有建议权。

(3)创新人才培养模式。

这里所谓的人才培养是指本科生培养。

中国以往新闻人才培养一般都是采用以课堂教学为主的模式。根据新的培养目标,通过几年的理论研究和实践探索,我们初步创建起了一种新的新闻传播人才培养模式。这种模式可以表述为:在学理和术理并重的育人环境中,实行理论讲授、实验模拟和实践训练三头并进。与传统模式相比,这种新的培养模式在培养途径上实行了三个转变。

其一,从单学科教育转变为多学科综合教育。中国以往的新闻教育都是一种单学科教育,即单纯的人文学科教育。在新的教育模式下,为培养复合型人才的需要,必须实行新闻学与传播学并重、传播学理与传播科技结盟的战略,从单学科教育转向多学科综合教育。学生在学校不仅要接受文、史、哲等人文学科教育,接受社会学、心理学、政治学等行为科学教育,还要接受电信、计算机等自然科学方面的教育。

其二,从侧重技能训练转变为学理教育与技能训练并重。新闻学属于应用性文科,采、写(摄)、编、评(播)是新闻学教育的主要专业课,是新闻学专业学生的看家本领。但是,仅侧重技能训练培养出来的学生功底不深。虽然我国新闻学界的有识之士对此已经呼吁有年,希望新闻院系加强学生的理论修养,夯实学生的理论基础,但是由于传统新闻学自身的原因,侧重技能训练的教育模式不可能根本转变。传播学的导入,文史哲课程的加强可以较好地解决这个问题。当然,网络时代的新闻传播对从业人员技能方面的要求也很高,新闻教育对学生的技能训练不仅一点不能放松,而且还要注重现代化的技能训练,因此"学理教育与技能训练并重"是最佳选择。

其三,从廉价教育转变为高投入教育。传统新闻教育划归纯文科教育,大都为廉价教育,不需要多少投入,甚至不需要投入就可以办起来。教师有一个本子、一支笔就可以备课,有一支粉笔、一个黑板就可以授课。学生带着两只耳朵就可以听课,至多做点练习,搞点实习就可以毕业了。如果说,网络传播出现之前认为新闻教育是廉价教育的观念是落后的话,那么,网络传播出现之后,依然抱着"廉价教育"的观念不放则是有害的。广播、电视纷纷抢滩上网,学生在学校如果不学习和掌握一定的相关知识和技能的话,毕业无疑等于失业。网络时代,新闻教育成了文科中的"工科",要办新闻教育,必须有"投入"的观念,投入相当的经费,建设起设备先进、配备齐全的专业教学实验室,否则免谈。

(4)调整课程设置。

培养目标变了,培养模式也变了,课程设置也必须作出相应调整。根据美国新闻教育家布莱耶提出的"新闻专业课程为四分之一,其余四分之三为社会科学和人文类课程"的原则,我们确立"一压缩两增强"为课程体系调整的指导思想。所谓"一压缩"是压缩操作层面的业务课程;所谓"两增强",一是增强人文社科类课程,对学生进行通识教育,夯实人文功底,提高人文素质;二是增强新闻史论和伦理等专业基础课程,提高学生的专业理论水平,提升职业伦理,同时精开一些传播技术类课程。

根据这个指导思想,我们于1996年和2003年两次对课程体系进行了调整和建构。

第一次调整(1996年初)是在我主持的国家社会科学基金重点项目获得批准之后进行的。为配合"多媒体技术与新闻传播"文理交叉性课题的研究,我们首次对传统专业课程进行了压缩调整,落实"宽口径教育",给学生留下了充分的选课支配空间。第二次调整是在2003年初,为适应学校完全学分制改革,我们再次对专业课的课时设置进行了较大幅度的调整。调整前后对比,有两个突出点:一是总课时压缩了384课时、24学分,其总量已大致与辅修专业培养计划(总分≥25学分)相当;二是部分相近专业课合并,与其相应的课时、学分也进行了大幅度的缩减。如"广播新闻"与"电视新闻"合并后，课程总量由原来的 188/10 压缩到 48/3，调整前的"新闻写作"与"新闻摄影"也分别从 93/6、104/6 统一压缩到 40/2.5。

新的课程体系的基本框架是这样的：

整个课程体系由学科大类基础课程（俗称大平台）、学科专业基础课（俗称小平台）和专业课三部分构成。大平台中的人文社科类课程四年不断线，包括文、史、哲、经等；专业基础课中的传播技术类课程四年不断线，包括"计算机概论""计算机文字处理与文稿编辑""多媒体制作基础与网络传播"等。这两个"不断线课程"的充实与完善，增加了学生的人文功底和科技含量，提升了学生的综合素质。

必修课与选修课的课程学分比例约为 6：4。选修课涵盖自然科学类公共选修课 6 学分，学科专业基础课 20 学分，专业核心课程与专业方向选修课 30 学分。自然科学类公选课侧重理工科门类，对扩大新闻传播学专业学生的视野，提高学生的综合素质和专业能力，都具有较大的作用。为此，我们规定学生必须在自然科学类课程中选修 6 学分才能毕业。为保证这一计划的实现，我们依据学校工科背景的优势，开列出了 32 门自然科学类的课程，鼓励学生跨学科、跨专业、跨年级选课。这些课程除传播技术类课程之外，还包括"物理学与高新科技""虚拟现实导论""人类环境学概论""现代生物技术导论""博弈论""信息安全"等课程。

专业方向核心课程的设置体现了"文理渗透，交叉见长"的办学思路。有一段时间，在课程设置上，文理科课程处于分而不交、交而不合、合而不融的尴尬地步。比如，我们在 1998 年开设了"2＋2"理工转文特色试验班，从第 3 学年度起加开了部分新闻传播专业核心课，这是典型的分而不交。后来，我们直接从应届高中生中招收理科生进入网络新闻专业学习，打破了原有的"2＋2"界限，试图将文、理类课程一以贯之地"渗透"，但由于对文理交叉的认识缺乏理论上的支撑，仍然存在"贴标签"式的盲目添加课程的现象，如对"高等物理学"的设置，大部分学生（尤其是文科学生）都感到听不懂，更不可能在实际中运用。后来，我们经过全体教师的多次研讨，逐步统一认识，明确了"文理渗透"特色的准确定位。按照信息学科的分类，一般分为物理层、服务层和应用层三个层次，我们的课程设置就应在第二层和第三层上交叉，而不必考虑物理层的课程设置，这样就解决了长期以来形成的课程设置上的一些问题。从 2002 年夏季我们提出新的教学改革开始，经过长达一年的反复论证，五易其稿，成就了一套全新的课程体系结构，其中网络新闻专业的技术核心课程设置有:"数据结构""数据库设计""应用软件开发基础""网络编辑与策划""动画制作与网页设计""信息网络管理概论""电子商务""网络传播综合实践"等。

(5)扩建师资队伍。

谁都知道,无论干什么事,人是第一位的,办学办专业更是如此。对于新闻学院来说,这一点显得更为重要。华工新闻系从创办之初就高度重视教师队伍建设,之后逐渐形成传统,每届领导都把这一工作放在首位。

如前所述,20世纪90年代初期,华工新闻系中青年教师"大逃亡"[①]后,教师队伍人数不足成了我们新闻系生存和发展的一大难题。学院成立时,全院只有14位教师,并且老的老,小的小。用时任学院总支书记程世寿的话说,可用之兵不多。没有一定数量和质量的教师,怎么办学,怎么教学?因此,新闻学院成立后,我花了很大气力扩建师资队伍。

首先是认识上重视。学院组建前后,学校领导多次指示我们要重视教师队伍建设。我在大小会上也明白地承认,师资是我们的紧缺,是必须首先解决的问题。1999年1月28日下午,我在全院总结表优大会上讲话时说,我们虽然取得了一些成绩,但必须清醒地看到我们的不足。其中最大的不足,就是师资队伍的不足,具体表现为:学位层次不高,尚未实现教师中博士零的突破;职称层次不高,在职教师中,教授仅3人;高级职称教师年龄偏大,没有45岁以下的教授和35岁以下的副教授;学术水平整体不高,尚无在全国新闻教育界叫得响的教师,尤其是青年教师冒尖人才太少。

更为严重的是,补齐这块短板非常非常困难。当时,全国新闻传播学硕士不多,博士奇缺;新闻事业蓬勃发展,新闻事业单位收入高,愿意到大学教书的人是少之又少,大学文科院系尤其是新闻院系进人很难很难。加上武汉又没有区位优势,愿意到武汉来的人就更少了。

再难也得想办法解决。学院的几次学科建设研讨会,师资队伍建设都是重要议题之一。

1999年7月12—14日,在第二次学科建设研讨会上,提出了"引进与培养并举"的建设战略。

2000年7月15—16日,在第三次学科建设研讨会上,重点讨论中青年教师队伍建设问题,以增强后劲。

2002年7月18—19日,在第五次学科建设研讨会上,专门研究中青年教

---

① 从1990年至1993年底,因各种原因调离的教师有9人之多。

师建设问题。我在主题报告中再次用数据说明学院发展的主要矛盾依然是师资队伍的问题,希望引起高度重视。

其次是行动上到位。我们进行师资队伍建设的行动,就是落实第二次学科建设研讨会提出的"两手并举"战略,具体为:坚持两手抓,两手都要硬。所谓两手抓,即一手抓培养,一手抓引进。

关于抓培养。针对不同年龄段的教师提出不同的要求。针对青年教师,实施"朝阳工程",鼓励他们读学位(硕士、博士)。学院成立后,在学校有关职能部门大力支持下,我们先后在高教所教育学博士点设置教育传播学方向、在管理学院管理工程博士点设置媒介管理方向联合招收培养博士研究生,还有人考入文学院攻读文学方向的博士学位。2003年后,我们自己有了博士学位授予权,就鼓励青年教师在自己的学位点攻读学位。到2006年,有8位青年教师获得了博士学位。对于中年教师,实行"中天工程",主要是提供各种便利,创造各种条件,鼓励他们申请课题,出成果,上职称。只要是够升职条件的,我都尽量到学校争取指标。学校对我们新闻学科非常支持,一般都能满足我们的要求。对于50岁以上60岁以下的人,启动"精品工程"。他们一般都是教授,不鼓励他们出一般的成果和论文,而鼓励他们出高水平论文和专著,争取在全国产生一定影响,拿奖,甚至拿大奖。

为了提高师资的实际水平,我们一方面在内采取"老带青"的办法,帮助青年教师尽快成长,一方面还送青年教师出去进修:有送到人大新闻学院、复旦新闻学院进修、访学或进博士后流动站的,有送到国外、境外进修的。至2005年,有3人到新加坡南洋理工大学新闻传播学院进修,2人到香港中文大学进修,5人获国家留学基金项目资助分别到英国、法国、澳大利亚和北美国家进修访问。当时,青年教师形象地说我抓学院青年教师培养的方式是"手拿三子"(钳子、鞭子和梯子)——钳子,不断拧紧螺丝钉;鞭子,不断催促前进的步伐;梯子,搭桥牵线,提供各种方便。

关于抓引进。我和学院班子的同事,均把引进人才作为头等大事,以求贤若渴的心情抓人才引进。《诗经·国风》中的一首《关雎》所表述的君子见到"窈窕淑女"之"好逑"神态,就是我当年见到有博士学位的青年教师时的写照:"关关雎鸠,在河之洲。窈窕淑女,君子好逑。"据不完全记载,我曾经所"逑"之"窈窕淑女"者,主要有雷绍峰、李彬、李磊、黄旦、朱建华、余明阳、毛羽、张威、钟瑛、杨伯溆、商娜红、黄岭峻、梅琼林等。这些人中,有的是通过工作关系、学术会议了解到的,有的是通过翻阅著作神交到的,有的是通过评审博士论文知晓的,有的是通过他人介绍认识的。

为了引进有博士学位的青年教师,学院和学校可以说是想尽了办法,只要有点缝隙,就把手伸过去"撬",有时甚至"无所不用其极",有百分之一的希望,就付出百分之一百的努力。毛羽,我校人文学院副院长、副教授,1998年考入复旦大学攻博。入学前,9月12日上午,我与之约谈,诚恳地说,你的外语基础好,考入复旦攻博,希望在攻博期间,多关注一下复旦新闻学院学科发展的动向;还希望他博士毕业后到我们学院工作。并说,我年纪大了,只是过渡,你来后,任院长比较合适。毛羽对此表示感谢,并说至于毕业后的动向,现在还不好说。黄岭峻,1995年毕业于中国社会科学院研究生院,获中国近现代史专业博士学位,后调华工工作,为政教系副教授,2000年下半年准备到以色列访学。我几次与他商谈,希望他这次访学期间多多关注以色列的政治传播,回来后,调到新闻学院搞政治传播学,愿意担任一定的领导职务也行;并承诺,在他出访期间,家里有什么要办的事,新闻学院办公室可以给予帮助。黄访学归来后,进入武汉理工大学工作了一段时间后转入华工马克思主义学院。

对于引进人才,我们还提出"满腔热情,千方百计"八个字的要求。根据这八字要求,具体做到:

事业诱人。即把我们现有的事业搞得红红火火,尽可能把学院文化建设好,栽培梧桐树,吸引凤凰来。

诚意求人。对于人才引进,决不能有"武大郎开店"的思想,要以开阔的胸怀引进高学历、高学位、高职称、高水平的人才。

待遇引人。我们要根据学校有关文件精神,尽量为引进人才解决后顾之忧,配偶、子女问题,能解决尽量解决。当时,学校有专项基金,专门用于文科人才引进,实行"一人一政策",即不做统一规定,因人而异,根据引进对象的学术含量而给予相应的待遇。学院也尽量利用这一政策,与引进对象反复协商,只要政策允许,尽可能满足他们提出的条件。

由于各方面的原因,我之"好逑",有成的,有不成的。但由于学校和学院在引进人才上所表现的"诚心诚意",无论成与不成,均有收获,成则收获了人才,不成则收获了友谊,并且每一次"好逑"中都有精彩的故事。

先看成者的故事。

石长顺,长期在电视业界工作,并担任过湖北省钟祥电视台台长,有丰富的电视工作实践经验,还曾到北京广播学院进修,师从高鑫教授。1994年他进入华工新闻社会学方向硕士学位班攻读学位,学位论文选题是"从社会发展看中国电视纪录片的流变",指导教师是程道才教授。1995年4月19日开题,1996年4月29日通过论文答辩,并得到好评。于是,我反复做他的工作,希望他拿到学位后,把人事关系转到华工来。记得那一年,我系老师到钟祥参观明显陵,他热情接待母校老师。我说:"长顺,赶快下决心吧,到时候,我亲自来为你搬家。"1998年学院成立前夕,他被调进华工,2000年晋升教授,并很快成为新闻学院广播电视专业的学术带头人,还长期担任主管教学的副院长。

钟瑛,1998年12月华中师范大学历史文化学院博士毕业,次年6月进入我院工作,是我院第一个有博士学位的教师,学校和学院对她特别器重,并寄予厚望。由于她是非新闻传播类出身,拟送她到名校博士后流动站访学。① 经刘献君副书记特批、学校有关方面与复旦大学方面沟通,2002年钟瑛带职进入复旦大学新闻学院博士后站访问学习。她进站后,在合作导师刘海贵教授的指导下,获得了许多新闻传播学的知识,研究水平得到大幅度提高。回校后,她不负厚望,成为学院传播学方面的学术带头人,尤其是克服困难,学习网络传播方面的知识,主持这个领域的国家重大研究项目"互联网管理与中国特色网络文化建设",研究成果在全国产生重大影响。

杨伯溆,1980年本科毕业于北京广播学院无线电系,1980—1985年供职于中央电视台,其间,他曾以访问学者的身份先后在美国的密歇根大学和哥伦比亚广播公司(CBS)长期进修电视技术,一直关注电子媒介技术的发展。他于1989年在加拿大温莎大学传播学系获硕士学位,于1998年在加拿大多伦多大学社会学系获博士学位。

对杨伯溆的引进运作始于1999年6月。当月30日下午,我接谈了从多伦多回来的杨伯溆,得知他的博士论文是《个人价值观念对电子媒体扩散的影响》,个人学术强项是传播伦理和研究方法;另外,他对经济社会学有研究,对传播技术有浓厚兴趣。这样的人才,我们是求之不得。于是,学院报告学校,请求给予特殊政策,将其引进。当年10月,我们思考组建学术梯队时,就将其列入理论传播学方向的学术带头人。

学校对于杨伯溆的引进确实给了不少有利的政策:通过绿色通道解决他的教授职称,拨给经费供其出版博士论文。为了使杨伯溆来到华工能安居乐业,学院专门安排做事仔细认真的实验室副主任张华鸣协助他装修住房,等等。2000年春节前,终于把杨伯溆博士盼来了,实现了学院洋博士零的突破!

---

① 按照当时国家统一规定,教师进博士后流动站是必须在原单位办理离职手续的。

杨伯溆教授不负众望，他通过发挥自己在国外的学习专长，从做课题、开讲座、带进修教师等方面，为学院带来一种浓厚的学术空气；同时，杨伯溆为人实诚，一副学者派头，赢得学院师生的尊重和喜欢。

陈先红，武汉交通科技大学法商学院教师，中国人民大学本科生，1997年5月进入华工新闻系新闻学硕士学位班攻读学位，1999年12月毕业。她虽然不是博士，但是成果较多，年轻，32岁就晋升副教授。于是，我向她发出邀请。2000年5月，陈先红被调进华工，打破华工新闻学院35岁以下副教授零的纪录。后来，陈先红一边工作，一边到我校管理学院在职攻博，师从邹珊刚教授，拿到博士学位。再后来，她成了我院广告、公关的学术带头人，并出任院长助理。

舒咏平，原来是安徽师范大学教授、新闻传播系主任，还是芜湖市人大常委，品学兼优。我听到他打算挪动到安徽大学新闻系的信息后，立即让陈先红联系他，表示欢迎他"挪动"到华工新闻系来工作，并希望他先到华工来考察考察后再下结论。不久，舒老师携夫人来到华工，陈先红陪他们参观，我当面诚恳邀请他加盟。精诚所至，舒教授和夫人当即表示愿意来华工工作，只是担心安徽师大不肯轻易放人。为防止夜长梦多，2000年10月18日，我请示主管人事的刘献君副书记，可否让舒老师先来上班，后转关系。刘书记首肯，舒咏平次年春季便到了华工新闻学院报到。舒咏平本来就是广告专业的教授，所以调来后即被任命为广告系主任，此后又担任副院长。

赵振宇，《长江日报》新闻评论部主任，湖北武汉新闻界名人。我和程世寿同老赵早就认识，不仅欣赏他的新闻评论作品，而且对他在新闻评论方面的理论研究更为推崇，尤其是他把新闻评论视为新闻工作者的一种特殊的思维方式，而不仅仅是一种写作方式。后来，得知老赵有挪动一下的想法，我和老程怦然心动，立即落实此信息是否属实。在知道"有戏"后，我们就开始找《长江日报》的负责人请求支援，然后又找到中共武汉市委宣传部，请求他们支持一下高校的教学。2000年底，我们打听到张述传副部长的行踪，找到他开会的会场，在会场外，一直等到他散会后，堵住他。张部长大概是为我们的精神所感动，便答应放人。这样，赵振宇于2001年2月到华工报到了。赵振宇来华工后，不仅开出漂亮的新闻评论课程，而且在全校组织成立新闻评论团，创建新闻评论专业，使新闻评论从一门新闻业务课程升华为一门新闻评论学。

孙旭培，中国社会科学院新闻所原所长，中国新闻理论界的名人。我最初见到孙旭培是在1992年中国新闻史学会的成立大会上，后来，我每次出差北京,一般都要到新闻所去拜访包括他在内的几位朋友。我与他在学术上有实质性的交往始于 1996 年。那年,我系学术刊物《新闻探讨与争鸣》第 3 期刊登了孙旭培的一篇文章《政治倾向性等同党性吗?》,受到中宣部阅评员的指责,我和程世寿被湖北省委宣传部叫去,在他们的指导下,很快平息了事态。①

后来,孙旭培因为学术思想分歧,与所里的个别人出现摩擦,弄得很不开心。记得 2001 年春节前,我让刘洁打电话给孙旭培,代表我对他表示问候。因为刘洁在人大新闻系进修时,与社科院新闻所的孙旭培、陈力丹等几位学者比较熟悉,也知道孙旭培当时的处境。我便要刘洁试探一下,问孙旭培是否愿意到华工来工作。孙旭培几年前就是司局级干部,著名新闻学者,怕华工新闻学院的庙太小,请不动他,不敢贸然行事,所以请一个年轻人试探一下。没想到,刘洁很快给我回话说,孙老师对我的问候表示感谢,并爽快表示愿意到华工工作。于是,我立即将此情况汇报给刘献君副书记,他听后,明确表示欢迎。鉴于孙的学术观点一度受到"左视眼"关注,为了稳妥起见,我请中国人民大学的方汉奇先生和复旦大学的丁淦林先生分别为孙旭培写了一个评价的意见。两人的意见大致相同,认为孙旭培是一个学术思想前卫的学者。刘献君书记和学校人事处拿到方、丁的评价后,心中更踏实。于是,我打电话给孙旭培,传达学校对他的欢迎,希望他赶快下定南下武汉的决心。随后,我请刘洁陪同学校人事处处长张七一到北京见孙旭培,当面向他发出邀请。之后,学院安排人为之落实住房。2001 年 3 月孙旭培到华工报到。从刘洁打电话试探到尘埃落定,前后不到三个月。孙旭培受聘在华工工作十年,学术成果累累,还为国家培养出近 10 名新闻学博士和 30 多名新闻学硕士!这些成果有力地提高了华工新闻学院的学术地位,为我们取得新闻学博士点和一级学科博士点,厥功至伟!

此外,还有新闻学院成立前后调入我们学院工作的孙发友。孙发友原来在黄石广播电视报社工作,通过开会认识了王益民②老师。有一天,王老师

---

① 中宣部阅评员在《新闻舆论动向》(第 571 期)上说,该文首先把新闻工作分为党内党外,然后提出党内要讲党性,党外不宜用党性相要求。这种错误观点,在新闻理论界、新闻教育界有一丁点市场,似应引起重视。省委宣传部副部长李德华同志 11 月 21 日批示:这件事要引起重视。首先可以从正面组织一篇文章,对其进行批评,然后考虑在适当的范围内讲讲这个问题。11 月 26 日上午,省委宣传部新闻处把程世寿和我叫去,唐源涛处长根据李副部长的批文,讲了几点意见:①正面组织一篇文章,发表在第 4 期上;②在杂志编辑部组织一次学习;③以编辑部的名义给省委宣传部写一个认识报告;④省委宣传部在适当的范围内,不点名地讲一讲。

② 王益民老师是华工新闻系新闻学教研室主任。

向我推荐一本书——《同题新闻写作思辨》,作者叫孙发友。我看后,感觉不错,能把一个新闻业务的论题写得如此有理论深度,实属不易。新闻业务,我毕竟是外行,就问程世寿,他说,老王也推荐给他看了,他对此书有同感。于是我请王老师把我们两人的意见转告作者,如果他愿意来华工,我们表示欢迎。经过见面了解后,我发现他有两个短板,一是地方口音太重,二是学历层次较低。我就直言不讳地对他说,如果愿意来大学教书,首先要好好练练普通话,不然过不了教学这一关;其次最好在职攻读学位,没有学位,评职称是个难以逾越的障碍。后来,孙发友调进华工后,十分努力,教书,做课题,发文章,出著作,完成本职工作外还抽时间读书,通过刻苦学习,先后拿到了硕士、博士学位,先后评上了副教授、教授、硕士生导师、博士生导师,一步一步向前走,收获满满的。

再说不成者的故事。

余明阳,深圳大学新闻系教授,全国公关界的大师级人物,身价颇高。我们先聘其为我院教授[①],除了为学生授课之外,还成立了品牌传播研究所,聘他为所长,还列入正式计划,招收培养研究生。我院现任院长张明新教授,就是当年余明阳招收培养的硕士研究生。余明阳在华工兼职工作期间,我和广告系的舒咏平、陈先红等人多次做工作,希望他能全职到华工工作。但是,武汉在区位优势上争不过上海,最后,他与他夫人及宝贝女儿一家人去了上海,夫妇两人均任职上海交通大学。余教授虽然没有到华工,但长期与我们保持友好往来。

李磊,原本是兰州大学新闻系的青年教师,后考入中国人民大学新闻学院跟着方汉奇教授攻博,其妻张燕也是兰大新闻系的老师。我们分析李磊博士毕业后回兰大的概率很小,于是就开始打他的主意。我一方面到人大找李磊,表示相邀的诚意;另一方面请人事处派人专程到兰大做张燕的工作,准备先把她调入华工,再"逼"李磊就范。但是,毕竟武汉的华中科技大学的吸引力不如北京的北京广播学院。最后,李磊毕业后,与张燕一道进入北广。由于我们尽力了,人才没有引进,却留下了人脉和人情。李磊、张燕每次见到我都表示歉意,张燕还特别感谢华工人事处派到兰大找她谈话的张淑君老师,凡是华工新闻学院找他们帮忙办事,他们都会尽力而为。

张威,澳大利亚悉尼理工大学新闻学博士,回国谋职,各方面条件不错,

[①] 2001年4月4日下午,举行余明阳教授受聘仪式暨学术讲座,王乘副校长颁发聘书,并发表欢迎词;程世寿讲话。

我对他很看好。我与之多次约谈,从武汉谈到北京,穷追不舍,对他提出的条件,与学校有关方面反复商讨,但还是功败垂成。对此,我只能表示遗憾。虽然张威没有来我院工作,但是对我院的学科发展比较关注,与我们保持着友好的联系。

总而言之,由于实行"两手并举"战略,在当时极其艰难的条件下,我院的师资队伍建设还是取得了比较明显的成绩。教师队伍无论是年龄结构、职称结构,还是学位结构都有明显的改变。到2005年,学院有专职教师30名,其中教授14人、副教授7人、讲师6人、助教3人。30名教师,明显分为两大类,一类以新闻业务见长,另一类以新闻传播学理著称。这样的师资队伍基本适应学院学科建设和教学、科研的需要。

(三)学科建设节节高

这里主要讲讲抓学科建设的方式。我们抓学科建设的方式,可以用一句话概括,就是"整体设计,循序推进"。具体而言,就是根据学科建设的整体设计,分几段,步步推进,逐个落实,也就是刘献君副书记所总结的:新闻学院抓学科建设,一年开一次学科研讨会,一年上一个新台阶。

在我主持学院工作期间,总共召开了九次学科研讨会。

第一次学科研讨会:1998年7月15—16日,在武汉黄陂木兰湖召开新闻与信息传播学院第一次学科建设研讨会,称"木兰湖会议"。刘献君副书记、秦忆副校长、研究生院学位办主任杨焕祥出席并讲话。学院全体副教授以上的教师参加。主题是制定学院学科发展规划,明确学科发展思路,明确学科特点,凝练学科方向,制定学科建设规划。新闻学院学科建设研讨会闭幕当晚,即7月16日晚上,在学校学术中心八号楼报告厅召开学科建设动员大会,刘献君书记做动员报告。我和机械学院院长李培根、力学系谭主任在会上做发言,介绍本院学科建设的做法。

新闻学院抓学科建设的做法受到学校主要领导的高度重视。7月21日,学校党委书记朱玉泉、校长周济、副书记刘献君、副校长秦忆、于清双、邹寿彬,以及学校学科办主任李军、研究生院学位办主任杨焕祥、教务处文科副处长张峰集体听取了新闻学院关于学科建设规划设计的专题汇报,我和学院班子成员程世寿、朱光喜、张骏、陈业美、屠忠俊等参与汇报。听取完汇报后,朱玉泉、刘献君等几位领导分别讲话,最后,周济校长做总结讲话。周济说:"新闻传播学院成立后,全院精神状态很好,对此常委开会多次予以肯定;对学科规划,下一步,要进一步调查研究,摸清国内外的新闻传播学科的发展状况,再搞一次战略研究;请国内相关专家来论证一次,提提意见,使你们的战略发展规划更科学一些。"他还说,观念要进一步更新,思想要进一步解放,把这个交叉学科搞好,搞成功,有新的学科特点,新的发展思路,出奇制胜。学校的根本任务是育人,育人为本。无论是传统学科,还是交叉新学科,都要把育人放在首位,育人的层次要逐渐提高,从工程硕士的培养到硕士研究生的培养,直至博士研究生的培养。他特别强调三个方面的建设:进一步提炼学科方向;大力加强师资队伍建设;着手基地建设,进行大小两个基地的总体规划。他最后说,国际合作,要坚定不移地搞,发展信息传播学科,尤其不能关门,想办法与国外公司合作建立实验室,设立展示培训中心。

按照学校领导的指示,从8月开始,我与程世寿、申凡分头带队到人大、复旦、广院进行调研。

8月27日,新学年全院大会,主题是"发动群众,集思广益,进一步修订学院学科发展规划"。我汇报了调研情况和学院修改后的学科发展规划,提出,学科建设既要符合学科发展规律,又要适应时代发展需要。下午分学科小组制定各学科小组的发展规划,并要求每一个人都要订出两年、三年、五年的个人发展规划。

1999年1月15日,学院向朱书记、周校长、刘献君副书记做了《进一步厘清学科发展思路,制定学科发展计划:我们文工交叉的学科发展思路》的汇报,得到学校领导进一步的肯定,说新闻学院的学科建设规划,经过全体教师几轮讨论后,不仅得到广大教师的认同,而且在校内外产生了较大的影响。认为这个学科规划体现了两个符合:符合学科发展趋势,即传统新闻学—传播学—社会信息学;符合21世纪信息时代的需要。要求新闻学院按照学科建设规划的学科方向,尽快建立起学科梯队。

4月,学院创建一周年,有关媒体发表《人文、社科与自然科学大跨度交叉,传播文化与传播科技紧密结盟——独树一帜 特色取胜——前进中的华中理工大学新闻与信息传播学院》的文章,称华中理工大学新闻传播教育1995年以来,经过几年的调研和反复论证,逐渐形成了新的学科发展思路:以人文、社科为基础,实行人文、社科与电信等自然科学的大跨度交叉,实行传播文化与传播科技紧密结盟,培养既有深厚人文、社科功底,又掌握现代传播技能的现代化新闻与信息传播人才,将"文理渗透"推向学科"远程交叉"、社科与科技结盟的层面。

第二次学科研讨会:1999年7月12—13日在鄂州凤凰山庄召开新闻与信息传播学院第二次学科建设研讨会,称"凤凰山会议"。主题是进一步凝练学科方向,组建学科队伍,准备申报博士点。学院全体副教授以上教师参加。学校党委副书记刘献君和科研处副处长汪佩伟出席并讲话。

这次会议的重点有二:一是学科队伍建设,二是学科特色建设。关于第一点,我在主题报告中说,无论是从长远打算,还是着眼于眼前工作,我们都应该花大气力,抓学科队伍建设。关于第二点,党委副书记刘献君讲话时指出,学科特色建设,首先要强基础,入主流,然后才能谈得上创特色;就新闻学科来讲,还是要走特色取胜的路径;组织一个班子,对"特色"好好研究一下,从理论和实践的结合上论证一下。党总支书记程世寿在总结时说,学科建设要进一步搞清楚"特色"是什么,还要正确处理好几个关系:学科交叉的主从关系,是文工交叉,还是以文为主体的交叉;主流与特色的关系;目前工作与长远发展的关系;人与物的关系。

新闻学院抓学科建设情况再次受到学校重视和肯定。12月4—6日,学校在仙桃宾馆召开华中理工大学学科发展与学科梯队建设研讨会,按照会议组委会安排,我在大会做重点发言,再次介绍新闻学院学科发展的做法和经验。在大会重点发言的还有黄德修、李培根、卢正鼎、潘垣、费奇、骆清铭、任德刚等。

第三次学科研讨会:2000年7月15—16日,在新洲道观河召开新闻与信息传播学院第三次学科建设研讨会,称"道观河会议"。主题是狠抓师资队伍,争取大课题、大成果,增强学科底气。学校党委刘献君副书记、人事处韩洪双处长、科研处汪佩伟副处长与会。

此次会议再次强调:一是树立一个观念,进一步破除"武大郎开店"的思想,敢于引进高层次人才;二是树立一种风气,营造宽松的学术氛围,百花齐放,百家争鸣。

为了落实"道观河会议"精神,12月16—17日,学院再次在鄂州凤凰山庄召开会议,专题讨论"学科建设与研究生教育'十五规划'"。校长助理欧阳康、教务处副处长李光玉与会。

2001年1月11日,在学院2000年度总结表优大会上,我在总结成绩时说,首先是学科建设方面取得的成绩:明确理念——"强基础,重应用,入主流,创特色";明确育人宗旨——"人文、社科与工科的大跨度交叉,培养复合型新闻传播人才"。我们用这些统一全院教师的思想,不仅在学校产生了反响和认同,而且在全国同行中产生了一定影响。如果说,我们学院在全国新闻教育界取得了一点点地位的话,那就是我们的学科有比较鲜明的特色。这一特色可以概括为"学科建设新思路,教学育人新模式"。今后,我们要继续在"强基础,入主流"的前提下,进一步突出我们的特色,"以特色取胜"!

第四次学科研讨会:2001年9月15—16日,在汉阳蔡甸小南湖召开新闻与信息传播学院第四次学科建设研讨会,称"小南湖会议"。全院教授、学术委员会委员、系副主任以上干部参加。主题是讨论学科建设的"两化":走出校门,实现社会化;走出国门,实现国际化。学校党委副书记刘献君、科研处副处长张建华与会并讲话。

总支书记汪佩伟主持会议。我做主题报告,主要讲了学科建设的"两化"问题,一是走出校门,与社会相结合,学科建设社会化;二是走出国门,与国际接轨,学科建设国际化。学校党委副书记刘献君讲话时,特别强调国际化办学,他说,对国家今后的变化要有充分认识。加入WTO,是"共产党进城",党中央总书记"七一"讲话提出"三个代表"重要思想,党和国家都会有大的变化。国际化是近代大学的本质特征之一,是应有之义。

张建华副处长讲话说,新闻学院学科建设战略研讨会制度很好,值得推广;这次研讨会提出的学科发展"两化"路径很好,要具体化,落到实处。

第五次学科研讨会:2002年7月18—19日,在大冶湛月湖召开新闻与信息传播学院第五次学科建设研讨会,称"湛月湖会议"。学院全体教授、院务委员会委员、学术委员会委员、40岁以下的中青年教师参加;校长助理欧阳康、文科办主任张建华、人事处副处长王安华出席。主题是中青年教师队伍建设,优化学术梯队,审议申报新闻学博士点的材料。

我在主题报告中指出学院学科发展的主要矛盾是师资队伍与教学、科研要求之间的矛盾。在谈到师资队伍建设时,还特别指出了一个值得注意的问题,就是浮躁,教师不肯花时间读书,不肯下功夫做点扎实的学问,急于求成,赶场子,凑热闹。这个问题一定要克服,尤其是中青年教师在成长过程中,要特别注意提高自己的学术含金量。

总支书记汪佩伟总结时说,通过研讨,明确了目的,关键是狠抓落实,切实建设一支高水平、高层次的中青年教师队伍。

8月16日晚,召开院务会,专题研究学科建设国际化、社会化和教师队伍博士化问题。汪佩伟做主题发言。

第六次学科研讨会:2003年7月15—17日在黄石慈湖山庄召开新闻与信息传播学院第六次学科建设研讨会,称"慈湖会议"。全体教授、院务委员会委员、学术委员会委员、系副主任以上干部参加。副校长王乘、校长助理欧阳康、学科办李军等与会。主题是博士点取得后,如何加强学位点建设,提高博士生、硕士生的培养质量。具体内容,前面已述,此处不赘。

2004年6月11日下午,校长樊明武院士带队到新闻学院听取学科发展情况汇报后,说,新闻学院的学科发展有特色,以特色取胜,这很好。学科创新很重要。所谓创新,就是要敢于与众不同。不仅从当下看,而且要经得起历史的检验。某些东西,当下看,可能不对,但是若干年以后,就显示出它的正确性。办学,一定要有与众不同的理念。他还特别提出,高等教育要国际化,新闻教育更要国际化。

第七次学科研讨会:2004年7月27—28日,在湖北京山召开新闻与信息传播学院第七次学科建设研讨会,称"京山会议"。主题是研究生培养问题。具体来说,就是研究生培养由三年制改为两年制后,如何培养。我因出差北京,参加北京广播学院广播电视基地评审,未能出席。研讨会由总支书记汪佩伟教授主持。

第八次学科研讨会:2006年1月18—19日,在武昌荷田大酒店召开新闻与信息传播学院第八次学科建设研讨会。本次研讨会本应该在2005年召开,因申报一级学科博士点的事情而延迟,与学院2005年总结表优大会一并举行。会议除表彰先进之外,主要是制定"十一五"学科发展规划。会议由石长顺主持,我做主题报告。一级学科博士点取得后,石长顺提出"苦练内功,增强实力"八字方针。

第九次学科研讨会:2006年8月12—16日,在湖北神农架召开新闻与信息传播学院第九次学科建设研讨会,称"神农架会议"。学院全体学术委员会委员、总支委员会委员、教研室主任以上的干部参加。会议内容有三:总结学院学科建设的经验;迎接2007年教育部的学科评估;学院行政新老班子交接。总支书记唐燕红主持会议,我以院学术委员会主任的身份做《学科建设与学院发展》的主题报告,从理论与实际的结合上阐述了学科建设的重要性,分析了学科建设的主要内容,重点回顾了本院学科建设的历史与阶段。

实践证明,学科建设的确是学院工作的"龙头"。"龙头"抓住了,可以带动一切;抓好了,学院就正常快速发展;成制度的学科建设研讨会的确是抓好学科建设的有效方式,按照这种方式,学科建设确能抓出成效。

三、"软件"也要硬——学院文化建设

这里所说的"软件"是指学院文化;"'软件'也要硬"是讲必须抓紧抓好学院文化建设工作。

（一）学院文化建设的传统

重视学院文化建设是我们的传统。我们学校涂又光先生有一个"泡菜理论"，说的是，泡菜的味道取决于泡菜汤。虽然泡菜的原料、制作工艺、保存方式等会影响和决定泡菜的质量，但是真正决定泡菜口感风味而又不易为人所模仿的却是泡菜汤。校园文化好比泡菜汤，它影响和决定了浸泡其中的莘莘学子的思维方式和行为风格。泡菜理论形象而深刻地说明了校园文化建设的重要性。

马克思说："人们自己创造自己的历史，但他们并不是随心所欲地创造，而是在直接碰到的从过去继承下来的条件下创造。"[①] 珞珈山孕育出了"自由、宽松"的武大校园文化，喻家山孕育出了"统一、严谨"的华工文化。校园文化一旦形成，就成为一种无形而强大的氛围，影响在这个场域中生活的每一个人。

早在汪新源老师主政时期，华工新闻系就很重视系文化建设，只不过当时没有明确提这个概念。我记得当初进入新闻系时，就常常听到老汪说，一个新单位，一开始就要养成一种好"风气"，并且我也能明显感觉到当时新闻系里洋溢着团结、平等、和谐、淳朴的风气。系里的教职员工基本上没有等级之分，大家喊系主任汪新源为老汪或者汪老师，叫总支书记程道才为道才。老师之间基本都叫名字或者"老X"。经济上也平等，那时除了工资之外，基本上没有什么额外收入，即使有，也是很少一点，而且也都是平均分配。老汪总说"我与饶军[②]一样多"。记得1992年中秋节，系里给每个人发了20元慰问费。刚好那年我晋升副教授，我就用这20元钱印了两盒名片，买了两本方格稿纸。

每周系里教职员工在资料室集中开会，老汪常常到得最早，把桌子上的书报杂志收拾干净，把凳子摆整齐，等候大家。无论是老汪，还是道才讲话，完全没有官话套话，更没有废话。他们讲完后，问申凡等几位副手有没有什么事，他们若有，就三言两语说一说。之后，就问在座的各位有没有话要说，若没有，就散会，或分教研室活动。新闻系的会不多，每次开会时间也不长，教研室活动每周都有，大家在一起"教研教研"，主要讨论教学问题，当然也有

---

① 《马克思恩格斯选集》第1卷，第603页。
② 饶军是当时系里唯一一名工人编制的员工。

"海阔天空"侃大山的时候。老教师如姚里军、王益民、周泰颐、程世寿就像大哥哥大姐姐或长辈一样爱护关心年轻教师,年轻教师对他们也很尊敬,人与人之间相处得很轻松、愉快。

新闻系组建之初,教职员工来自五湖四海,为了发展华工新闻教育走到一起,无论是搞教学的,或是办报纸(《改革信息报》)的,还是在实验室、资料室工作的,既没有团团伙伙,也没有帮帮派派,新闻系是一个十分和谐、团结的集体。记得1995年1月,文学院召开学科评审会议,在评审新闻系的现状时,虽然总体评价不高,说新闻系像个"乡镇企业",教职员工像些"土八路",但是,对新闻系的团结给予了充分肯定。

程世寿主政时,也重视系文化建设,不过他将老汪的"风气"概念换成了"氛围"。他说,一个单位的氛围很重要,人在一个好的氛围中工作和生活,不仅工作愉快,心情愉悦,而且还能长寿。老程基本上延续了老汪时的系风。那时,虽然很困难,也走了不少人,但是,留下来的人还能稳住阵脚。申凡曾经与我闲聊时说:"华工新闻系组建以来,多少苦难都能够挺过来,靠的是什么?是风气,是文化。"①

新闻学院成立后,学院文化建设被提到议事日程。第一届班子成员、时任学院副院长的申凡首先明确提出了"学院文化"的概念和"学院文化建设"的命题。

由于有基础,关于学院文化建设的问题,学院党政班子很容易统一思想。大家认识到,文化是学院的灵魂,是团结教职员工的凝聚力、向心力,是推动学院发展的恒动力。建设起好的学院文化,能激发教职员工的使命感,能凝聚教职员工的认同感,能增强教职员工的归属感,能加强教职员工的责任感,也能赋予教职员工荣誉感。2001年4月到学院任党总支书记的汪佩伟对学院文化建设有更高的认识,他经常说,建设好学院文化,才能使学院成为每个教职员工的精神家园。

(二)学院文化建设的做法

文化是个很宽泛的概念,学院文化也是如此。要着手建设学院文化,必须找到抓手。

正好,我们学院品牌研究所的几位教授以企业文化建设方向面向企业招收硕士研究生。学校虽不是企业,但是企业文化建设的知识可以借鉴。企业

---

① 申凡:《华中科技大学新闻与信息传播教育史稿》,华中科技大学出版社2013年版,第247页。

文化由三个层次构成：一是物质文化，称为"硬文化"，包括厂容、厂貌、机械设备、产品造型、外观、质量等；二是制度文化，包括领导体制、规章制度和厂规厂纪等；三是精神文化，称为"软文化"，包括各种行为规范、人际关系、价值观念、群体意识、员工素质和传统等。精神文化是企业文化的核心。

于是，我们便参照企业文化建设的相关要求进行学院文化建设。

1. 精神文化建设

精神文化是学院文化的核心，我们从精神文化抓起。

文化靠积淀，不可能凭空而起，精神文化尤其如此。学院党政联席会议根据老汪的"风气"说、老程的"氛围"说以及已经形成的"正风气"和"好氛围"，提炼出"团结、实干、创新"六个字，作为我们精神文化建设的主要内容。

1998年5月5日，学院第一次院务会，我在会上做《抓住机遇，千方百计，改革改进，力争把一个高水平的新闻与信息传播学院带入21世纪》的主题发言，讲第二个问题"千方百计，改革改进，团结一致向前进"时，强调三点，即"观念""精神""风格"。首先，我们每个人都要树立一种观念，创造第一流工作的观念，这就是说，我们在工作中要坚持高标准。其次，我们每个人都要有一种精神，不把工作干好、不达目的不罢休的精神。最后，我们每个人都要有一种风格，精诚团结，齐心合力，勇于承担责任的风格。学校为我们配备了一个年龄结构、知识结构都比较合理的班子，现在就看我们是不是精诚团结、密切配合，把学院建设好。学院成立伊始，工作多，头绪多，这都不可怕，最可怕的是班子不团结。团结比什么都重要。总支书记程世寿在总结时指出，目前是我校发展新闻传播学科的最好时机，我们一定要抓住这个时机，机不可失时不再来。他要求，进入领导班子的每一个人在看待问题、处理问题时，要顾大局。他特别强调要搞好团结，提出了"四个一"的要求，即全院"一家人、一条心、一盘棋、一股劲"。

（1）团结。

所谓团结，就是心往一处想，劲往一处使。"团结就是力量"，"人心齐，泰山移"，团结是华工新闻由系到院发展的"传家宝"。

团结的前提是坦诚。在这里，人与人之间坦诚相见，互不设防。无论你是哪路神仙，既然来到华工园，就都是华工人，不是"谁"的人。在这里，拉小圈子的人是没有立足之地的。在这里，提倡光明正大，反对搞阴谋诡计，有了问题摆到桌面上谈，不在背后搞小动作，更不容许"口里喊哥哥，手里掏家伙"。

团结的基础是平等。在这里，大家平等友善，相互尊重，对领导不称呼职务,称呼"老汪""道才""老程""老吴""佩伟";老师之间,或称呼"老申""老屠""老赵",或直呼其名"长顺""咏平""先红"等。

团结的内核是人品。在这里,以大局为重,以学院利益为重,以学科发展为重。资格最老、当年学位最高的申凡在班子里一直甘当助手,维护班子团结的言行在全校传为佳话,深受大家的好评。团结是表象,核心是品质。品质端正,团结就自然能搞好。

团结体现在相互关心中。在这里,一人有难大家帮;有了利益好处,相互推让;评先指标主要用于教职员工;年终分配,学院领导总是考虑教职员工利益的最大化;该给教职员工的经费,绝不移作他用,更不克扣一分。

尽可能多组织一些群众性的联谊活动。教职员工由于工作性质平时彼此接触少,联络的机会不多,于是学院每年组织春游、秋游、节日晚会,为教职员工提供更多的接触机会。我们还十分注意将家属也融入学院,请新入职的教师吃饭,往往也一道请其夫人(或先生)。尤其是学院每年组织的春节团拜会,也邀请家属来参加。一同吃顿团年饭,全院一家亲,其乐融融,可增加教职员工的归属感和在学院工作的幸福感。

(2)实干。

所谓实干,就是一步一个脚印地干事。从新闻系到新闻学院,从培养专科生、本科生,到培养硕士生、博士生,以至一级学科硕士点、博士点,这都是几代人脚踏实地地干出来的。"实干"是我们新闻学院的第二个"传家宝"。

在这里,发展有愿景,工作有计划,并且有检查,有评估,将计划逐一落实到行动中。比如,我们新闻学院的学科建设,每年围绕一个主题,开一次认认真真的研讨会,"新闻学院一年一次学科研讨会,一年上一个新台阶",被全校传为佳话。

在这里,拒绝夸夸其谈、空喊口号、摆花架子,只欢迎踏踏实实干事的人。晋级、升职、评先,决不允许钻营者得利,让实干者吃亏。在这里,无论在什么样的工作岗位上,人们都讲奉献,不计个人得失。没有任何职务和名分的屠忠俊教授负责抓学院科研工作和研究生教学工作,认真负责,成绩显著。在这里,只要是像老屠这样一心为了学院发展埋头苦干的人,就会深受广大的教职员工的尊敬!

在这里,每个人都能扎扎实实地干好自己的事情。孙旭培教授把新闻法制研究、赵振宇教授把新闻评论研究做成了全国标杆,受全国同行景仰!申凡教授把新闻采访学研究、石长顺教授把广播电视研究、舒咏平教授把品牌学研究、陈先红教授把公关学研究、钟瑛教授把网络传播研究做成了品牌,在全国同类占有一席之地！办公室老主任李长玉长期默默无闻地工作，对于领导交代的每项工作不折不扣地完成。记得1995年为筹备第一次华文报刊与中华文化传播国际研究会，她一个50多岁的女同志一人担负起会务组的工作，内外奔忙，干得非常出色，受到了与会者的广泛赞扬！接任办公室主任的万哲华有军人作风，对学院忠心耿耿，干事雷厉风行，受批评多，得实惠少，但毫无怨言。资料室主任钱锋多年来履职勤勤恳恳，不仅建立规章制度把图书资料管理得很好，而且办简报为广大教师教学、科研服务，深受大家好评，多次被评为先进。实验室副主任张华鸣工作不分分内分外，勤恳踏实，认真细致，被海归教授杨伯溆誉为"其作用不亚于教授"。

在这里的人，有一种敬畏精神，有一种忧患意识，遇事如履薄冰，如临深渊，生怕把事情干坏了，干砸了，没有很好地完成任务，而有负自己的职责。在这里，取得成绩后不是开庆功会，而是找差距。因为成绩摆在那里，别人看得见，也抹杀不了，只有不断找差距，摆问题，才能巩固已有成绩，在今后取得更大成绩。2003年获得新闻学博士点后，当年的学科研讨会的主题就是"对照人大、复旦新闻学科找出我们的差距，制定申报一级学科博士点的计划"；2004年学院综合实力评估全国排名第四，我们没有任何张扬，更没有一点自喜。我多次在会上讲，本次评估之所以有这样"好看"的结果，是因为很多有实力的院系没有申报，因而我们的实力与这个"名次"不甚相符，可以把这个"名次"当作今后奋斗的目标。2005年获得新闻传播学一级学科博士点，我们立即提出"苦练内功，走内涵发展"的新方针。

（3）创新。

所谓创新，既包括"推陈出新"，又包括"标新立异"，有继承也有发展。做任何事情，率由旧章不行，因循守旧更不行，必须有所突破，有所前进，有所创新，有所发展。办教育，办新闻教育更是如此。

朱九思老校长当年在这样一所以工科为主的大学创办新闻教育，本身就是创新，提出"应用为主，文理渗透"八字方针，发展新闻学科更是妥妥的创新。没有这样的创新理念，就不可能有现在的新闻学院。"创新"是我们的第三个"传家宝"，更是我们学院迅速崛起的秘诀。

在"应用为主，文理渗透"方针的指导下，我们特别重视新闻实践。建系之初，就创办了一张全国发行的报纸《改革信息报》，将办学与办报融为一体，这在全国别无二家。同时，注重从新闻实务单位引进师资，并规定：没有新闻实践经历的人没有资格讲授新闻实务类的课程。"教师干新闻，教新闻""学生学新闻，干新闻"成为华工新闻系区别于全国其他新闻院系的显著特征，并由此形成自己的光荣传统！

在"应用为主,文理渗透"方针的指导下,我们率先开设高等数学、自然科学概论等理工科课程,试图以此一方面增加学生的自然科学知识,打开学生的学科视野,另一方面训练学生的逻辑思维能力。后来,在周济校长的支持下,学院将"文理渗透"提高到"学科交叉"的层面,提出"新闻学与传播学并重,人文、社科与信息学科大跨度交叉"的办学思想,并在全国首创网络新闻传播专业方向。经过几年的实践,"文理交叉复合型人才"成为华中科技大学新闻传播教育的品牌。

创新离不开大学精神。老校长朱九思同所有著名大学校长一样,提倡大学精神,主张"科学研究无禁区"。新闻系建立后,即创办学术期刊《新闻探讨与争鸣》,鼓励师生在学术上不同观点的碰撞。进入新世纪后,我们引进了前卫新闻学者孙旭培先生,并为他营造了一块可以放心、安心做学问的绿洲。孙旭培在这里10年的学术生涯和学术成就向世人表明,华中科技大学是一所具有"独立人格、自由思想"大学精神的大学,这里很适合真正的学者做学术！

2. 制度文化建设

制度是文化的中间层面,不能不抓。新闻系时代,在研究生培养方面逐步建立起一些必要的规章制度(比如研究生管理制度,包括研究生管理守则、导师工作条例等),学院建立后,又逐步加以完善。这里重点说说"分级、分类管理"制度。

1998年学院第一次院务会就专门研究了学院的管理体制问题。学院成立之初,宜简不宜繁,设想的管理机制是:实行院、系所、教研室三级管理。具体是:充分发挥班子成员每个人的积极性和能动性,给每个人创造一个施展才干的舞台;重大问题集体决策,形成决议,分头去办;每个人对院务委员会负责,实行目标管理,定期检查。

为了学院的发展,我们在2001年初制订新年计划时,针对学院内部管理改革提出了"重心下移,分级管理""理顺体制,分类管理"的设想。

所谓"重心下移,分级管理",即系办专业,让系成为一个办学实体,本科教学、教研、年终考核等项工作都由系主任掌握,相应的运行经费也划拨到系。

所谓"理顺体制,分类管理",即"系办专业,管本科生教学;所管科研和研究生教学;中心管现代教育技术中心"。

2001年9月,在第四次学科研讨会上,有一项议题是总结半年来"分级分类管理"的经验与问题。我在主题报告中说,重心下移,分级管理有了眉目,建立的机构有了框架,有了目标,并开步走了。比如,每个系按计划进行集体备课、开展教研活动、召开学术会议,有的还筹措经费独立召开档次较高的学术会议等。当然也存在不少问题,主要是认识不到位,认为系没有独立地位,系主任是学院任命的,没有级别,因而习惯依赖学院。会上,学院再次强调了分级管理的重要性,并进一步落实政策,加以推进。

以后的实践证明,这种分级分类管理,有利于调动系主任的积极性,发挥他们的主观能动性,对学院的发展是有意义的。

3. 标识文化建设

按企业文化理论,标识文化是由外部特征表现出来的企业的形象,称表层形象,如招牌、门面、徽标、广告、商标、服饰、营业环境等,能给人以直观的感觉,容易形成印象。我们也按照这些项目,着手建设学院标识文化。

(1)办公大楼的装修。

新闻系建系之初,一则规模小,二则学校用房紧张,系行政办公室、教师办公室、实验室、资料室全部挤在东五楼东头的几个房间里,每个教研室一间房,仅供教师开会和集体备课用,党政领导全在一间办公室,实在是有点"不成看相""有碍观瞻"。

学院成立后,学校领导十分重视新闻学院的形象,将东六楼整体划拨给新闻学院。学院成立一周年,学院搬迁完毕,学校领导周济校长、杨叔子院士和湖北省委宣传部常务副部长李德华为学院挂牌剪彩。新闻学院大楼正式亮相,还是很壮观的! 2000 年 5 月,全国"新闻两会"在华工召开,与会者参观新闻学院大楼时,很多人羡慕不已。(这一点在第三章第一节第四目已有描述,此处从略。)

(2)标识的设计与制作。

标识是学院标识文化的重要内容,为此,学院请学艺术设计的申凡教授的女公子申敏同学设计了一个标识——以新闻的英文"News"第一个字母 N 转向 90°为设计构思,动感线条象征新闻六要素;其围绕中心,既象征新闻的沟通交流时效性,又表示新闻人所必须具备的发散性思维。

经过近 20 年的积淀,新闻学院基本形成一个好的文化环境。2003 年 8 月 17—18 日,学院在宜昌平湖大酒店召开了学院党政联席会议,主题是总结经验教训,准备迎接 20 周年院庆。大家在发言中,不约而同地谈到了学院文化与学院发展、学科建设的关系。程世寿的发言题目是"团结奋斗,与时俱进";申凡的发言题目是"加强学院文化建设,营造小环境";我的发言题目是

新闻学院标识

"抓学科建设,带学院发展";屠忠俊的发言题目是"团结、实干、创新与学科建设";汪佩伟的发言题目是"学院 20 年的历史是一部团结—发展—创新的历史"。归纳起来,就是一种好的文化建设起来后,会成为一种无形而巨大的力量。

(三)学院文化建设的发展

著名新闻教育家何梓华先生在主政中国人民大学新闻学院期间,提出"着力打造'温暖的家庭文化'",在学院内部,人与人之间像亲人一样,彼此关爱。

我们向何老师学习,践行何老师"着力打造'温暖的家庭文化'"的理念,按照程世寿"一家人"的要求,将"关爱"的要素融入到学院这个大家庭中,使学院文化建设在原有基础上有了新发展。

1. 我的"家长"情

在我主持学院工作的后期,听到有人说,吴老师有家长作风;还听到有人说,吴老师就像一个家长。我知道,前者是一种批评,说我作风"不民主",搞"一言堂";后者是在说一种现象,或者说一种事实——我就像家长一样,关心家庭中的每一位成员,对每个人的成长,我都有所设计,比如读学位、升职称,我都有所规划,都要关心。

对于前者,我不以为然,也不接受。我认为,我没有所谓的"家长作风",倒是相反。这一点,班子里的各位同事都可以作证。无论是开党政联席会议,还是开院务会,无论研究什么问题,我都是让每位与会者尽量发表意见后才说出我个人的意见,很少首先拿出主导性意见,更没有把我个人的意见强加给大家;讨论问题,我鼓励各抒己见,畅所欲言,主张不同意见可以争论,甚至拍桌子,但是,一旦形成决议,都得服从,会后坚决执行。当然,不可否认,在发生不同意见时,同事们一般都很尊重我的意见,这就难免给人以"老吴说了算"的印象。

对于后者,我基本同意。并且,我年龄大一点,"家长心态"天然形成,在思想上,很自然地把学院的每一位同事都视为"家里的人"。在我脑海里,全院十几号人的影子总是晃来晃去,我一个一个盘算,谁谁谁,哪年升职,哪年晋级;谁谁谁,哪年拿到学位;安排谁谁谁出外访学;等等。①"不是家长,胜似家长。"对于这一点,家中老太婆经常批评我不该如此。在理智上,我也认为不应该把同事视为家人,但在感情上,我又摆脱不掉。

2. 我的"家长"行

(1)所谓"鞭子"和"钳子"。

由于有了这样一种"家长"情,所以,我在同事们面前从来不装,不掩饰。尤其是对年轻教师,我总是一副"凶神恶煞"的样子。有些年轻教师说很怕我,还说,吴老师一手拿着钳子,一手拿着鞭子,看到有人进步的步伐慢了,就用鞭子在他后面"赶";看到有人松懈了,就用钳子紧螺丝。

记得 2003 年,我们取得博士点并举行了 20 周年庆典后,照理说,应该让大家休息一段时间,但是我不,而是要求大家一鼓作气,拿下一级学科博士点。2004 年 1 月 8 日,在汉口华美达大酒店举行的 2003 年度总结表优大会上,我胡诌的《庆丰收》,实际是"进军令",很能说明我当时的心态(见第三章第二节第一目)。

还记得在一次青年教师座谈会上,大家都说很苦、很累,问怎么办?于是,我在 2005 年 1 月 29 日下午的学院总结表优会上说:"你说,你很苦,做学问怎能不苦?没有辛苦的耕耘,哪能有庆丰的锣鼓?你说,你很苦,做学问怎能不苦?没有艰苦的努力,哪能有创新的学术?你说,你很苦,做学术怎能不苦?耐不住清贫,守不住寂寞,就永远看不到灿烂的日出。十分的辛苦,万分的艰苦,再加上若干的清苦,既然你选择了学术人生,那你就要准备一辈子吃苦!你说,你很累,爬坡登峰怎能不累?只有一步一个脚印地拾级而上,才能领略到峰顶上的多彩光辉。你说,你很累,爬坡登峰怎能不累?只有不惧风雨、衣带渐宽终不悔,才能体会到什么叫无坚不摧!你说,你很累,爬坡登峰怎能不累?只有具备坚强的意志,才能品尝到高境界的滋味!爬坡登峰,百

---

① 1997 年 11 月我在香港大学访学期间,抽时间访问了浸会大学传理学院,同院长朱立教授会谈,商讨派教师到该院访问的事宜。朱立说,你像个共产党员。我说,此话怎讲?他说,大陆有的学者来访时会说,希望下次再来,而你是希望安排你的同事来。我说,谁叫我是院长!

折不回,再加上坚强的意志。既然你选择了进步人生,那你就要准备一辈子受累!"据说,当时几个青年教师听后,戏曰:"看来,吴老师在任一天,我们就没有好日子过,只能吃苦受累了!"

我何尝不知道大家很累,又何尝不知道休息一下会舒服一些。但是我不能让他们松劲,"逆水行舟,不进则退"。我深知,我们学院学科建设的底子薄,积累不厚,稍不留意,就会掉到后面。我只能狠下心来,不断地抽鞭子,拧钳子。他们现在怪我,恨我,甚至说我不近人情,但是当他们取得成绩了,进步了,学院学科发展稳步了,会明白我的一番苦心的。其实,当一些青年教师在这样"严厉"的环境下迅速成长起来,晋升了职称,获了奖时;当我们学院不断往前赶,接连获得一级学科硕士学位授予权、一级学科博士学位授予权,大家登上学科发展高平台时,都从内心感觉到,这些年的"吃苦受累"没有白费!

(2)所谓"梯子"和"雨伞"。

首先,当好梯子。由于有了"关爱家人"的感情,对于学院每一个人的进步,尤其是年轻人的进步,我都会用各种方式,或"促一促",或"推一推",或"托一托"。比如,对升职的,看到谁的条件还不够,就帮他创造条件;如果条件够了,指标不够的话,就去说服学校争取指标。在学校职称评定会上,尽量说服评委,"多拉点票",争取多画圈。由于我平时注意"广结善缘",我们学院老师无论是报项目,还是评职称,基本上都能通过。有人说我像"梯子",我听后,一则有些感动,一则深深感到还做得很不够,对有些老师的帮助还不到位,他们的要求没有能满足,对我有意见也是很正常的。

对待教师的权益,我尽可能予以维护,尤其是当教师的切身利益得不到保证时,我比他们还急,并想方设法予以弥补。

2005年,我院获得一级学科博士点。在评审博士生导师时,学校规定一条:1953以后出生的人,除了有教授资格外,还必须有博士学位。按照这样的规定,舒咏平不仅当年评不上,而且被终身排斥在博导行列之外。这明显不合理。舒咏平,无论在哪方面,条件都是很好的,但是学校的红头文件写得很清楚,似乎毫无办法。舒咏平是一位修养很好的人,虽然心里不痛快,很着急,但是口中不说。

我比他还着急。我找了刘献君副书记反映此事。他说,这种情况不仅舒咏平一个人,全校文科还有几位,比如社会学系的系主任雷洪、公管学院的钟书华,只能从政策上想办法统一解决。他嘱我动动脑子。

我向全国老大哥学校的新闻学院打听,看他们碰到这样的情况是怎样解决的。中国传媒大学的一位领导对我说,申报博士点的表格上,研究方向的第一学术带头人是理所当然的博士生导师,他不够格当博士生导师,那这个博士点是怎么批下来的?

这个理由太充分了!我把情况向刘书记汇报了,他说,他也打听到这样的信息,要我抓紧向学校分管领导反映。2006年4月10日上午,我找到分管研究生院的刘伟副校长,谈两件事,其中第一件事就是舒咏平评聘博士生导师一事。我说,舒咏平,1953年4月生,无博士学位,是广告与公关的第一学术带头人,希望能按照兄弟学院的做法,批准他的博士生导师资格。

不久,舒咏平同雷洪、钟书华等人一道被学校学位办审批成为博士生导师。

其次,当好雨伞。有人说,学校是师生的雨伞,为他们遮风挡雨,尽到保护师生的职责。我的"家长"情愫使我不但要保护学生,更要保护教师。对于个别教师不甚尽职尽责,甚至出现教学事故(比如缺课,上课迟到早退,或讲授错误),可以批评,甚至严厉批评,但是不能随便处分教师。即使有的教师因为一些事情而外界有反映,学院应在调查清楚后再作打算。在这方面,我们华工的领导是做得很好的,我们学院也是做得很好的。

大家都知道,孙旭培老师到我们学校后,被上面有些人盯住了,时不时地挑他毛病,找他碴子。他虽然早是局级干部,但到学校来了,就是我们学校、我们学院的教师,我们就有责任保护他,让他安安心心在这里做学问,不能让他受到丝毫伤害。孙旭培在华科工作十年,学校领导对他极尽保护之能事(我也从旁做了一些具体工作),使他能安心做学问,让他感受到,华科是一个能够让学者安心做学问的地方。

孙旭培到校后,发生过这样一件事:2002年,他牵头主持学校的一个大课题"加入世贸对我国新闻传播业的影响及对策研究",结项后,研究报告《加入世贸与我国新闻传播业的发展》刊登在本院内刊《新闻与信息传播研究》2003年春季号,拟征求全国同行意见后再行修改。中宣部阅评员看到后,写了一大篇"阅评意见"(见本章附录1)。这本属于正常。不正常的是,一篇阅评员的意见被有关方面的某些领导拿来大做文章,并掀起了一场不大不小的"波浪"。

湖北省委宣传部接到阅评员的意见后,立即要《新闻与信息传播研究》编辑部写出检讨,上交了事。4月25日,编辑部将检讨送省委宣传部。4月30日,学校党委宣传部接到教育部某秘书的电话,说新闻学院内刊上发表的文章,中宣部批了,还说,中央分管意识形态的最高领导做了批示,学校要引起高度重视。次日,我给学校分管宣传工作的刘献君副书记写了一封信,详细汇报了我对阅评员观点的看法和我的若干"想不通"（见本章附录2）。刘书记见信后，打电话给我说，没有什么大不了的事，也不要告诉孙旭培，以免他有思想负担。在一次职称评审会的休息时间，我向樊明武校长简单汇报了此事，并说了我的一些担忧。樊校长听后说得更干脆："有什么可怕的？上面要怪罪下来，我同你们一起扛！"

我以为事情到此为止了，其实还远没结束。5月下旬，中国新闻教育学会会长、中国人民大学新闻学院院长何梓华老师从北京打来电话，说教育部高教司找了他，要他把最近出版的新闻理论教材清理一遍，看有没有像华中科技大学新闻学院杂志上发表的研究报告中的观点。何老师说，看来，大有"清污"之势！他嘱咐我要引起重视，并采取规避措施。

的确，事情在向更严重的方向发展。6月中旬，中宣部某副部长在首都新闻单位负责人会上的讲话中，根据阅评员的摘录，把我们的研究报告批评了一通。之后，还有人四处打电话，发传真进行宣扬，一时间弄得满城风雨。6月18日，教育部又来电话，催问学校党委对此事的态度。朱玉泉书记指示党委宣传部李振文部长，以党委名义写了一份处理情况的报告呈上去了。6月21日，我得知此事，便找朱书记，表示了不同看法，认为没有检讨的必要。朱书记说没办法，不写个检讨不行。我说："这件事是我们新闻学院造成的，要检讨应由我们新闻学院来写。"朱书记说："学校能为你们做的，就尽量做，没有必要惊动你们，你们该做什么就做什么。"我听后，一则很感动，一则心有不甘。

尽管学校主要领导态度鲜明，但是"上面"来头大，我心情还是有些紧张，倒不是怕别的，主要是怕影响即将开始的博士点评审。6月26日，我给当时党中央分管意识形态工作的最高领导同志办公室的负责同志打了一个电话，向他详细说明了此事，问首长是否真的对此事有所批示，中央主管意识形态的最高领导对此事到底有什么看法。他回答说："您反映的这个问题，从来没有听说过，首长也不可能对这样一个级别的事做批示。"还说"新闻宣传有纪律，学术研究无禁区"，这是基本常识。他劝我不要太紧张。

7月6日，我把中宣部210期新闻阅评员的阅评、中宣部某副部长的讲话摘要，以及刊有孙旭培研究报告的《新闻与信息传播研究》2003年春季号，一并寄给上述中央分管意识形态工作的最高领导办公室的负责同志，并附了一封信（见本章附录3）。我的主要意图是请他组织人看一看是否有问题。即使有些不同观点，那也是学术研究范围内的事，是否应该给点学术自由？

7月23日，我再次与该办公室的负责同志通电话。他在电话中说了这样几层意思:研究报告没有发现什么问题,至少没有什么大的问题,更用不着那样兴师动众;首长根本没有对此事做过批示;你们不用紧张,干好你们自己的事;这件事不会影响华科新闻学院下一轮博士点的评审。

我当即把这几点意见用电话转述给朱玉泉书记和樊明武校长。朱书记听后说,事情过去了就不要再提。樊校长说:"在国务院学位委员会上,如果有人提及此事,我会抗争的。我不怕扣帽子、上纲上线。"

后来的事实证明:其一,中央上层的领导同志还是很开明的,只是中间有少数人存心找由头挑事。他们挑的不是这个报告本身,而是"孙旭培"这个名字(他们之间有宿怨)。这个课题是由我们新闻学院15位教师共同完成的,孙旭培只不过是课题组组长;再说阅评员所列举的7个所谓"误人子弟"的观点也不全是孙旭培的。其二,湖北省委宣传部的领导,特别是我们学校的党政领导朱玉泉书记、樊明武校长、刘献君副书记都是能扛事,能保护老师,能保护学术的。其三,此事既没有影响我们博士点的评审——当年我们获得了新闻学博士学位授予权;也没有影响孙旭培研究成果的发表——在这个研究报告基础上修改的《中国传媒的活动空间》,2004年4月由人民出版社顺利出版了。

四、惶恐与期许

我搞了近四十年新闻教育,并且阴差阳错地在中国一所重点大学新闻学院(系)的领导岗位上干了上十年,还兼任过中国新闻教育学会常务理事、教育部新闻传播学专业教学指导委员会委员,创建了中国新闻教育史学会并任首任会长,出版过新闻教育学论文集《新闻传播教育的认知与践行》,对中国的新闻教育算是有些了解吧,所以我既看到了改革开放以来中国新闻传播教育取得的成就,又感到其中的问题多多,从而产生了几分惶恐。但我不绝望,不赞成"撤销"论,相反,我充满期许,主张通过改革解决出现的这些问题。

(一)非改革不可

为何说中国新闻传播教育到了非改革不可的程度?

从教育整体而言,在一个时期,中国的教育方针与正确的教育理念"育人非制器"相去甚远,有些时候有些地方甚至背道而驰,不是以人为本,而是以政治为本,不是在"育人",而是在"制器",因而培养出一批又一批没有灵魂、没有思想的"器",不是"人",更不是"新闻人"。

如果说,对于理工医农学科的某些专业,这样的"制器"教育还有那么一点存在价值的话,那对于人文社会科学专业,尤其是对于新闻传播专业来说,就没有存在的价值。前面,我详细论述了"独立人格"和"自由思想"是"新闻人"的资格,没有这两条,不够格成为"新闻人",所以,对于中国新闻传播教育中存在的问题,我曾多次著文从不同角度指出,并呼吁采取有效措施予以改正。

这方面的文章主要有《守住一个"真"字》[1]、《问题与成绩同行:1978—2008中国新闻教育发展研究》[2]、《从内容调整到制度创新:中国新闻教育改革出路》[3]、《我国传播教育向何处去?》[4]、《增强核心竞争力,减少"可取代性"——二论中国新闻教育改革的出路》[5]、《加入WTO与中国新闻教育国际化思考》[6]等。在这几篇文章中,我主要指出了以下三个问题:新闻教育与传播教育两者关系不清;新闻教育缺乏核心竞争力,从而迅速弱化、退化、式微;传播教育异化或泛化。

(二)改革的设想

以上问题的解决只能靠改革。对于新闻教育改革,我的主张是,在将新闻教育与传播教育分立的前提下,一方面振兴新闻教育,另一方面守正传播教育。

1. 分离并列,各行其道

新闻学与传播学两者虽然有联系,但是区别也是显然的,无论是学科门类、研究对象、研究方法均大相径庭。在西方发达国家,两者泾渭分明,而在中国,两者混为一谈。其原因是20世纪80年代中国从西方引进传播学的初

---

[1] 吴廷俊:《守住一个"真"字》,载王永亮、成思行主编:《传媒论典:与传媒名家对话》,中央编译出版社2004年版,第57-67页。

[2] 吴廷俊:《问题与成绩同行:1978—2008中国新闻教育发展研究》,载《新闻大学》2009年第2期。

[3] 吴廷俊、王大丽:《从内容调整到制度创新:中国新闻教育改革出路》,载《西南民族大学学报》2012年第7期。

[4] 吴廷俊、张振亭:《我国传播教育向何处去?》,载《西南民族大学学报》2008年第2期。

[5] 吴廷俊、王大丽:《增强核心竞争力,减少"可取代性"——二论中国新闻教育改革的出路》,载《新闻春秋》2013年第1期。

[6] 吴廷俊:《加入WTO与中国新闻教育国际化思考》,载《新闻春秋·第三届世界华文传媒与华夏文明传播国际学术研讨会论文集》,厦门大学出版社2004年版。

衷是改造新闻学,虽然新闻学的确得到了一定的改造,但是,新闻学、传播学两者却成了"一碗豆腐,豆腐一碗",难以分清。更有甚者,出现了一些含混不清但又似乎约定俗成的概念,比如"新闻传播学"等。至于新闻教育和传播教育,在西方,两者是各行其道,从培养目标、教学内容、教学模式都有明显区别,而在中国,则基本上合二为一。随便一个二级学位点,无论是新闻学的还是传播学的,既可以招收新闻学研究生,也可以招收传播学研究生。研究生写出来的论文,有不少难分"雌雄"。课程设置更是难以区分。我们在检索一所重点高校传播学研究生培养方案时,发现"其课程设置绝大部分仍然还是属于新闻学领域的",所开设的18门课程中,有15门冠之以"新闻""媒介"或"党报"的名称,真正意义上的传播学课程仅有3门。本科教育中,两者重合的程度更为严重。这样,不仅导致新闻学和新闻教育蜕变,而且导致传播学和传播教育失去了它自身存在的价值。所以要进行新闻传播教育改革,首要的是将新闻教育与传播教育分列,让它们按照各自的学科的规定性发展。

2. 振兴新闻教育

"振兴新闻教育"是针对新闻教育的弱化、退化、式微的现状而言的。

与世界发达国家一样,在中国,新闻教育的存在本来在传播教育出现之前。曾几何时,新闻专业是个很热门的专业,但是,进入新世纪,随着信息技术的快速发展,新媒体的出现和不断更新,人们接收新闻信息基本上依靠新媒体——网络、手机等,看报纸,甚至看电视的人越来越少。加上中国政治体制改革的迟缓,真实报道困难增大,言论自由空间变窄,传统媒体的生存危机日益严重,原有的从业者开始"逃亡",并且这种"逃亡"现象越来越普遍。《现代传播》的前身《北京广播学院学报》主编朱光烈先生 1994 年 2 月在《我们将化为"泡沫"——信息高速公路将给传播业带来什么》这篇文章中写道:"在安徒生的童话里,当太阳升起的时候,可爱的海的女儿就化为泡沫,不复存在;在未来的时代里,当信息高速公路这颗 21 世纪的太阳升起的时候,我们现在可爱的大众传播工作者,也将化为泡沫,不复存在。海的女儿化为泡沫加入大海,大众传播工作者化为泡沫归入社会。社会是人的大海。"

在这种情况下,新闻教育大踏步地后退,在迅速弱化,昔日招生季,新闻学院门前车水马龙,后来慢慢变为"门前冷落鞍马稀",过去招收高分第一志愿学生,后来招收分数平平的学生,甚至"调剂生"。即使招进来的学生,对本专业的热情也不是那么高,更谈不上"新闻理想",新闻教育仅仅陷于操作层面而悄然异化。2022 年 6 月 16 日,我晨练经过东六楼新闻学院门前,看到那里摆了一排展板,原来是 2022 届本科生、硕士生毕业作品展,我便停下脚步,饶有兴趣地看了起来。大致浏览了一遍后，便觉得有些不对劲，又从头至尾仔细看了一遍。展板共计24块，分为四个部分。从右至左：①摄影作品8块，全部是艺术摄影作品；②文字作品1块，刊登一位学生写的三首小诗，记录他的大学生活；③视频作品2块，其中一块为揭露社会上若干种欺骗行径，一块为曲艺杂耍；④策划案例分析13块，内容为商品营销。从这24块展牌展出的作品上看不到一丝一毫新闻专业学生"铁肩担道义"的新闻理想、新闻精神和新闻职业责任，看不到新闻人作为时代布道者、社会守望者的身影；从作品的内容里，也闻不到一点点国内外矛盾错综复杂、形势瞬息万变的时代气息。于是，一股悲凉之气从我心头涌出。我们的新闻教育就这么办下去吗？当年新闻学院学生创办《大学新闻》《青年时代》的精神怎么就一点都没有了呢？后来，我把这一情况和我的感想私下对一些在职的教师讲了，他们说："不仅仅是我们学校如此，全国新闻院系都基本如此。学生不愿意学新闻，哪里还谈什么新闻理想？这次学院通知办展览，收集作品，新闻系的学生反应很冷淡，很少有作品交上来，所以就成了您看到的这个样子。您所念兹在兹的新闻教育已经消失，您原来教育学生追求的新闻理想早就成为历史。"

前几年，听到新闻界有人发出这样的呼吁：中国新闻教育只需保留人大、复旦和中传少数几个新闻院系，其余撤销。传统新闻教育出现了空前的危机，这一点我承认，也看到了，但是我不同意"撤销"论，而主张改革，并且认为对于逐渐式微的新闻教育来说，不是一般意义的改革，而是要不断加大力度的改革。

当下，自媒体充斥在社会的每一个角落、每一个层面，于是，一方面有人轻而易举地制造、传播新闻，致使"新闻"成灾，一方面人们被这些五花八门、真真假假、虚虚实实的"新闻"所包围。生活在这样的媒体生存环境里，人们急需要"新闻传播指导者"，一方面指导报道者如何选择真实的、有价值的新闻加以报道，一方面指导受众如何接受真实的、有价值的新闻，以消除心中的疑惑，增加确定性。

在这样的形势下，我们的新闻教育除了培养新闻的传播者，还必须培养新闻传播的指导者。如何培养新闻传播的指导者？2012年，我在一篇文章中曾提出"增强核心竞争力，以减少新闻教育的'可取代性'"的改革主张。虽然那是针对传统新闻专业的改革而言，但是增强核心竞争力的提法现在依然适用。

核心竞争力（core competence）也称核心能力，最早是1990年美国经济学家普拉哈拉德(Prahalad)和哈默尔(Gary Harmel)在《哈佛商业评论》上提出的,是企业管理的一个新概念,指组织中的积累学识,特别是如何协调不同的生产技能和有机结合多种技术流派的知识。不论对于组织,还是对于个人,核心竞争力都是最具独特性和不易模仿性的内容。因此,任何专业的核心竞争力就是培养无可取代的专业人才。就像法律专业培养律师和法律专业人才,电气工程专业培养电气工程师,医学专业培养医生,口腔专业培养牙科医生一样,新闻专业教育的核心竞争力就是能够培养新闻专业人才,即"合格新闻记者"。"合格新闻记者"即"新闻的传播者",他们的核心竞争力主要是新闻理想、职业伦理和操守以及新闻产品制作能力;"新闻传播的指导者"的核心竞争力,除了前面的几条外,还必须加上正确的新闻价值观和敏锐的新闻识别能力。

3. 守正传播教育

(1)守正传播教育的提出。

守正传播教育是针对传播教育方向迷失的现状提出来的。如前所述,既往的传播教育,要么新闻教育化,种别人的田,荒自己的地;要么技术技能化,把培养目标瞄准培养"操作性"的实用人才,把大学教育降低为技能培训班;要么泛化,把传播教育变成没有边界的"大口袋",无论什么都往里面装,传播教育变成无目标教育。方向的迷失,导致传播学和传播教育丢失了它的本质,丧失了它自身存在的价值,必须纠正而坚守之。

我的"守正传播教育"论包含两个认识:

一是对传播本质的认识。传播是人类进行信息与情感交流和分享的过程,其目的在于人际关系的建构与调适,最终达于社会整合。人类社会是一个庞大、复杂的系统,它的运行,按照信息论的理论,是通过物质、能量和信息的交换实现其有目的的运动,可见信息传播是整合社会这一大系统的基本机制之一,"传播是社会得以形成的工具"[①]。控制论的创始人维纳就把传播比作"社会这个建筑物得以粘合在一起的混凝土"[②]。社会学家勒纳则把大众传媒比作社会变革的推进器。[③] 可以这样说,传播的本质是通过"信息与情感的交流与分享"来建立与调适人际关系,整合人类社会。

二是对传播素质的认识。传播的本质如何实现,每一次传播能否达到预

---

① [美]威尔伯·施拉姆著,陈亮等译:《传播学概论》,新华出版社1984年版,第2页。
② [美]N.维纳著,陈步译:《人有人的用处——控制论和社会》,商务印书馆1978年版,第17页。
③ [美]丹尼尔·勒纳:《传统社会的消失——中东的现代化》,转引自张国良主编:《20世纪经典传播学文本》,复旦大学出版社2003年版,第315页。

期的效果,既在于传播工具,又在于传播者的传播素质。随着传媒科技含量的剧增,传播工具操作越来越易,而对传播者传播素质的要求却越来越高。在 2003 年"中国传播学论坛"上,我率先提出了"传播素质"的概念,将传播素质定义为"人际传播中表现出来的能力";2005 年 7 月,将该定义修改为"传播素质是在媒介发达时代,人与人的交往和沟通能力",旨在强调时代性;2008 年又进一步提出了传播素质的操作化定义:"人际交往过程中选择合适媒介、采用适当的方式进行有效沟通的能力。"我将传播素质落脚到有效沟通的能力,并不是将"沟通能力"作为传播素质的全部。

传播活动是人的一项基本活动,传播素质是人的一种基本素质。从结构上看,与人的其他"素质"的结构分为"与生俱来"与"后天养成"两层一样,传播素质大致上亦分为"内层"与"外层"。内层为先天的传播品性,外层为后天的传播能力。

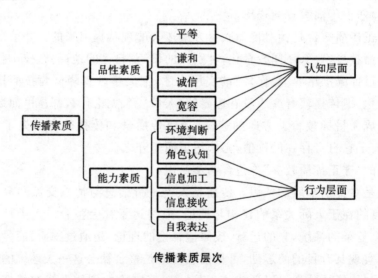

传播素质层次

既然传播素质与人的其他素质一样,是先天与后天的结合产物,既有先天的成分,又依赖于后天的开发,则教育在它的形成和诱发过程中起着主导性作用,这就为传播教育提出了一项艰巨的任务,即开发先天,提升后天,全面提高人的传播素质。关于传播素质的问题在第七章第二节第三目有专门论述,此处不重复。

(2)守正传播教育的实施。

依据传播素质的结构及传播素质教育"开发先天,提升后天"的任务,我们将传播教育分为三个层次:基础传播素质教育、专业传播素质教育、传播学术教育。

①基础传播素质教育。

基础传播素质教育与国家实施的素质教育战略是一致的。1999年6月召开的第三次全国教育工作会议把素质教育提高到事关国家发展大局的重要地位，素质教育被赋予新的时代使命。从此，素质教育实施的领域更加广泛，贯穿于幼儿教育、基础教育、高等教育、成人教育、职业教育等各级各类教育，贯穿于学校教育、家庭教育和社会教育等各个方面。既然传播素质是人的一项基本素质，那么，传播素质教育可以纳入全民素质教育体系，面向全体国民，从婴幼儿到老年的教育。虽然他们年龄不同，但其与人交往，结成社会关系的实践性社会活动并没有停止，只不过交往的方式和范围有所不同，因此，人的一生，每一阶段都必须接受传播素质教育。

传播素质的高低，直接关系到一个人事业发展空间的大小和生活质量的好坏。随着信息社会的到来，传播素质在人们生活中的地位越来越重要。在社会急剧转型的今天，开展传播素质教育意义重大。

传播素质教育的具体实施，则需细分教育对象，从而有针对性地展开。根据教育对象，可以将传播素质教育的实施分为婴幼儿传播素质教育、青少年传播素质教育、成年人传播素质教育、老年人传播素质教育；根据传播素质教育的途径，可分为家庭传播素质教育、学校传播素质教育、社区传播素质教育、社会传播素质教育等。当然，它们之间是有关联的。如婴幼儿传播素质教育主要在家庭里完成，青少年传播素质教育主要由学校来承担，成年人、老年人传播素质教育主要由社区和社会教育来实现。

②专业传播素质教育。

专业传播素质教育是培养具有一定专业知识和较高传播技能人才的教育，即把传播素质作为某一专业领域的基本素质来培养。它介于大众传播素质教育与传播学术教育之间，是其他专业教育与传播教育相结合的产物，如组织传播、口语传播、营销传播、网络传播、健康传播、对外传播等。与其他两个层次的传播素质教育相比，专业传播教育只适应某些专业。

提出专业传播教育的初衷是将专业教育和传播教育结合起来，提升专业人员的沟通能力。开展专业传播教育也是现代社会的基本需求。社会现代化的过程是一个不断原子化的过程，职业越分越细，结构越来越复杂多样，各个单位之间在高度松散的基础上进行高度互动，其中必然需要更多的交流和沟通。作为一个自然人，需要提高基本传播素质；作为一个专业人，需要提高专业传播素质。

③传播学术教育。

虽然传播学诞生较晚,但是它从相关学科吸收营养,很快形成了比较完整的知识体系,并且有比较科学的研究方法。从学科发展的角度来讲,要进行传播学术教育;从为传播素质教育和专业教育提供理论支撑的角度来讲,也要进行传播学术教育。

传播学术教育主要在研究生,尤其是博士研究生层次上进行,除培养少数学术研究人才外,主要是为传播素质教育和专业传播教育培养师资。

总之,在对目前传播教育存在的一些问题做了一番检讨和思考后,结合社会需求、境内外的经验,我们提出了基础传播素质教育、专业传播素质教育和传播学术教育三个层次的传播教育设想。如果我们这样一个设想、探索能够被教育界所认可,那就可以改变目前传播教育的混乱局面。如果我们的基础传播素质教育设想能够更进一步地得到全社会的认可,那么其引发的效力将突破传播学教育的本身,为我国国民素质教育做出一定贡献;如果我们的专业传播素质教育设想能够得以实现,那就可以使传播教育很好地满足社会各种从业者提高传播素质的需求;如果我们的传播学术教育思想能够成立,那就可以大大提高传播学和传播教育在大学中的地位,促进这个学科的顺利发展。

本章附录 1

阅评员意见：标题是"孙旭培课题报告《加入世贸与我国新闻传播业的发展》中许多观点值得注意"，内容是：华中科技大学新闻与信息传播学院刊物《新闻与信息传播研究》今年春季号，刊发了以孙旭培为课题组主持人的课题研究报告《加入世贸与我国新闻传播业的发展》，全文约16万字，其中有些论点值得注意：一、创立国有民办的公共报纸。可以考虑在适当的时候创办一些民办而非私有的报纸。这种报纸可以称为公共报纸。其产权是国家所有（比如，用一家国有报社来办），实际可以由新闻评议会这样的组织推荐人来经办。这样办报没有太多的限制，有利于加强舆论监督的作用，有利于在渐进的基础上推动新闻自由的发展。二、制定新闻法，党对新闻的具体事务不管或少管。现行的新闻法规虽有很多，但有不少不足和缺陷之处。这些空缺应该由专门的新闻法加以弥补，通过新闻立法调整新闻活动同国家、社会间的关系，保证公民通过新闻媒介实现知情权，行使表达权、舆论监督权。实行新闻法后，由于法律具有确定性、稳定性，新闻的自由度会有所提高。实行法制时，党对新闻的具体事务不管或少管，这是无碍大局的，是正常的，本来就是新闻法治要达到的目标之一。三、我国传媒业长期以来受宣传口径、宣传纪律的约束，依法管理的色彩不浓。那些宣传纪律主要是传媒管理者作出的书面或口头的规定，不可能在法律条文上找到。而宣传口径往往是临时性的指令，比正式法规文件规定的要严得多。实际上，如果哪个媒介没有遵守这些宣传纪律、宣传口径，很难说它违背了法律、法规。四、新闻无正面与负面之分。新闻是对客观事实的报道，本身并无正面与负面之分。在新闻实践中，比较突出的倾向是对正面新闻信息持积极态度，而对负面新闻和敏感新闻的态度则正相反，或熟视无睹，或有意回避，有时甚至故意歪曲。之所以如此，主要是对新闻以正面宣传为主原则的无限夸大和绝对化。五、走出"喉舌新闻学"。中国新闻教育之所以成为中国高等教育国际化的"雷区""盲区"，深层次的原因是对新闻传播认识的错位。中国新闻教育的培养目标虽然也培养出许许多多优秀的新闻宣传人才，但是，这种人才通常缺乏理论功底，缺乏市场竞争力，尤其是缺乏国际竞争力。所以，认识上走出"喉舌新闻学"，造就与国际接轨的人才培养规格，重新确定培养目标，使自己培养的人才具备参与世界市场竞争的资格和能力。六、传统新闻学的理论偏误，主要是"喉舌"论与"党性"论。什么叫传统新闻学？它的理论偏误是怎样造成的？所谓传统新闻学,简言之,就是深深地植根于中国封建文化土壤上的一种新闻学,其主要观点就是一个:"喉舌论"。中国共产党一方面继承孙中山的"喉舌论",一方面从列宁那里继承了党报的"党性"论,形成了有中国特色的传统新闻学的系统理论。传统新闻学本质上是政治家的新闻学,或者说是政党新闻学。按照政治家要求和政党要求,新闻媒介的属性定位在上层建筑内,是党和政府的"宣传工具",只讲政治效益;新闻产品不具备商品性,报纸不讲经营、不计成本、不走市场,由政府大包大揽;强调信息的纵向流通,尤其是上对下的灌输式流通。新中国成立后一个相当长的时期,依然如此,并且被推向极端。七、要看到企业家办报的意义。为适应新闻传播企业化运作,加快建构具有中国特色的现代新闻学理论体系,至少确认以下几个观点:新闻媒介的双重属性,既从属于上层建筑范畴,又属于信息产业范畴……在市场经济条件下,除了坚持政治家办报外,要看到企业家办报的意义,强调媒介的企业化管理;等等。阅评员认为,这个课题报告有许多观点同党关于新闻工作的理论、方针、政策相悖。报告谈到"国际化""与国际接轨",但它某些观点在西方也行不通。这次伊拉克战争,美军对随军的美国和外国记者规定了严格的"报道口径"和"新闻纪律"。这就很好地说明,不宜向新闻院系学生灌输这些不恰当、误人子弟的新闻观。

本章附录 2

《关于〈新闻与信息传播研究〉杂志发表孙旭培主持的课题研究报告被中宣部阅评小组通报批评一事给学校党委刘献君副书记的汇报》,信的内容如下:

尊敬的刘献君副书记:

我院主办的《新闻与信息传播研究》今年春季号上发表了孙旭培教授主持的课题研究报告《加入世贸与我国新闻传播业的发展》,我们的本意是,此研究成果在正式出版之前,先在内部刊物上刊出,征求一下方方面面的意见。事实上,有一些学者已经来信谈过一些很好的看法,其中不乏赞扬的话,有核心刊物的主编还来信,希望把其中的几个问题独立成篇,在成书出版之前,在他的杂志上先于发表,等等。就在这种情况下,省委宣传部新闻处向编辑部转达了中宣部阅评小组的批评意见……接到这些意见后,已经由主编程世寿教授和副主编孙发友副教授商量,写了一个检讨,送到省委宣传部,请他们代我们向中宣部阅评小组作自我批评(见附件)。

　　昨天晚上,我刚从东校区学生宿舍看望学生回来,接到您打来的电话,转达了教育部有关人士的问话。整个晚上,我很难受,睡得不安稳。作为学院的院长、杂志的编委会主任、课题组成员之一,我有责任将一些情况向您作一个汇报:

　　一、该课题报告是一个预测性的研究报告,既然是预测性研究,就不可能与以往的"理论",甚至"方针""政策"完全一样,就不可能完全准确,甚至有可能失误。但这些都应该由历史作出检验,而不能是事先下结论。孙旭培在序言中也说:"进行预测性的分析研究,则是很不容易的。探索就有风险,预测就难免失误。好在我们都是马克思主义的传人……我们在建设社会主义政治文明和精神文明的时代,在提倡与时俱进、开拓创新的今天,对我国新闻传播未来发展进行探索,自然应该在鼓励之列。"

　　二、我们进行的是学术研究,是理论探讨,不是在做工作报告,不是要求新闻实务单位"照着做"。做学术研究,就得有点"学术自由"的氛围。江泽民总书记关于发展哲学社会科学的三次讲话语重心长,要很好地发展哲学社会科学,就必须有起码的"学术自由"。再说,即使我们的研究有什么原则性的问题,也应该由学术部门用学术研究的方式加以解决。

　　三、阅评小组所列的七个"值得注意"观点,分为这样几种情况:

　　①有的提法上的确"值得注意",如第一点。②有的取其一句,如第二点。原文本意是批判"新闻立法会削弱党对新闻事业的领导"的观点。原文说:"把中国全面推向法治,是党的奋斗目标之一。而新闻立法是在党的领导下进行的,把符合国情和新闻规律的认识和做法凝结在新闻法中,这本身就体现了党的领导作用。……至于实行法治时,党对新闻具体事务少管或者不管,这是无碍大局的,是正常的,本来就是新闻法治要达到的目标之一。"(第29-30页)而阅评员把中间一句话抠出来,在"少管"之前加上一个"要"字,意思就全变了。又如第七点,"看到企业家办报的意义",原文是,"我们应该以江泽民'三个代表'的思想为指导,与时俱进,为适应新闻传播企业化运作,加快建构具有中国特色的现代化新闻学理论体系,并至少确认以下几个观点",(最后一个观点是)在市场经济条件下,"除了坚持政治家办报外,要看到企业家办报的意义,强调媒介的企业化管理"。前后文联系起来,意思是很清楚的,是在坚持政治家办报的前提下,强调媒介的企业化运作。③有的没有原话,是阅评员概括出来的,如第六点:"传统新闻学理论偏误主要是'喉舌论'和'党性论'。"原文的篇幅很长,在回顾了"喉舌论"的发展演变过程后,归纳

说，几个时期的"喉舌论""都是讲的媒介的政治功能"。政治功能是媒介的主要功能，但不是唯一功能，如果把媒介的政治功能推到极端，并在具体运作中，不讲信息服务，不讲经营管理、不注重信息的双向沟通，就会造成理论偏误。④有的是事实如此，如第三点："我国传媒业长期以来受宣传纪律约束，依法管理色彩不浓。"⑤有的是争论了好久而没有定论的学术问题，如第四点："新闻没有正面、负面之分。"至于阅评员在结论部分说"国际化""与国际接轨""行不通"，其实研究报告是讲的"新闻传播教育"应走"国际化"道路，"与国际接轨"，而非指新闻实务运作。

学术研究中有不同的观点是很正常的，此研究报告产生如此大"反响"的原因，可能不是研究报告本身，而是"孙旭培"三个字——他被盯"死"了。

情况就是这些，我们该怎么办？请刘书记指示。我们恳请刘书记出面，向省委宣传部及教育部有关领导说明一下情况，把"阅评风波"的负面影响降低到最低，尤其是不影响到我们此次博士点审批。

新闻与信息传播学院　吴廷俊
2003年5月1日

本章附录3

主任同志：

您好！今年10月上旬，我校将要举行50周年校庆，在此期间，我们学院也将举办20周年院庆，届时，欢迎您在百忙中抽时间来学院看看，并指导工作。

现寄上刊有孙旭培主持课题研究报告的《新闻与信息传播研究》一份和中宣部阅评员的审读意见、中宣部J副部长讲话的有关内容，请予审阅。

湖北省委宣传部接到中宣部阅评员的意见后，就找我院《新闻与信息传播研究》编辑部的主要负责人谈话，并责成其写出了书面检讨；后来，教育部有关负责人又几次打来电话，希望学校党委有一个态度，于是学校党委宣传部又以党委名义向教育部写了一个处理意见。

如此对待一篇学术研究报告，作为一个学人，我心里十分难受，有时整夜不能入睡，很有些想不通。孙旭培教授的课题研究报告是否"有许多观点同党关于新闻工作的理论、方针、政策相悖"，中宣部阅评员所列举七个观点是否"非常错误"，我不想在此详说，因为反正有文字在，白纸黑字。我只想向您反映一点，就是如何对待学术研究及其成果，尤其是人文社会科学的学术研究。中国的人文社会科学研究相对落后，几十年来没有出现在国际有影响的成果，这是不争的事实。为此，江泽民同志2002年曾就哲学社会科学研究问题三次发表重要讲话；"十六大"后，胡锦涛、李长春同志对思想解放、学术研究、新闻事业发展发表了几次讲话，这些讲话语重心长，意义深远，使大家倍受鼓舞，甚至有人说，中国哲学社会科学研究的春天来了！我想不通、也不理解的是，对于人文社会科学的研究，最高领导早就强调要解放思想，鼓励创新，为什么时至今日还会出现这么一种尴尬局面？为什么对一个学术研究报告要如此大动干戈？我十分赞成"新闻宣传有纪律"，党的新闻宣传必须如此，我是一名共产党员，应该在政治上同党保持一致；但作为一名学人，我也认为"学术研究无禁区"，如果学术研究，尤其是人文社会科学的研究没有必要的自由度，人人谨小慎微，生怕"打棍子""揪辫子"，生怕说错了一句话，不敢"越雷池半步"，那么，出创新性的研究成果就只能是一句空话。

此信为私人信件，说得稍微开一点，不当之处，请批评指正。如果方便的话，向首长反映一下，对于此类学术研究的事情，中央领导如能有个说法，当然是中国人文社会科学研究的一大幸事。

专此即颂

　　安祺！

华中科技大学新闻与信息传播学院　吴廷俊
2003年7月6日

下篇

感遇天地间

我生在旧社会，长在红旗下。出身低微，没有后台，没有背景，且天性驽钝；托共产党的福，能上学读书，参加工作，一个农家子弟，居然当上大学教授，还阴差阳错地在一段时间主政一个学院；在新闻史学研究上还能发表几篇所谓学术论文。之所以能"如此风光"，检讨起来，主要是一路走来，不仅得到党和政府的培养和照顾，还得到许许多多好人的支持和帮助，其中有师长，有同学，有同事和朋友。对于这些恩泽及我的人，我无以为报，只能铭记在心。

下篇文字记叙的是我在华工三十八年工作中遇到的施恩予我的好人。

第九章
感恩知遇

一、感恩校领导

　　一般来说，在中国做事，必须搞好同领导的关系，负点小责任的人，更应该如此。特殊地讲，在以理工科为主的大学办文科，文科院系的负责人与领导搞好关系还有另一层意思，就是要向学校领导宣传文科，让他们理解文科，从而支持文科。学校领导都是理工科出身的，隔行如隔山，要他们理解支持，是需要一个过程的。因而，文科院系负责人要向这些理工科出身的校领导耐心地、反复地宣讲什么是文科，理工科大学发展文科的必要性与重要性，以及如何按文科规律办文科，等等，以争取领导的理解与支持，争取领导的领导。这一点，我在上篇第二章有详细记叙，此处不重复。这里，我要说的是，我们学校的领导都是很通情达理的，当他们认识到文科的重要性，看到了文科发展对整个学校的重要作用后，都以实际行动积极支持文科。至少在我的实际感受中是这样的，我们的新闻传播学科能够快速发展起来，并有今天的成绩，与学校历届领导的理解与支持密不可分。

（一）干新闻，教新闻

——感恩朱九思老校长

我虽然是被"朱九思的引力"吸引到华工来的，但是，我来华工后，好久都没有见到"九思同志"（当时，学校的老师都这样称呼他）。他是一个"老新闻"，率先在理工科大学创办新闻系，成为中国新闻教育史上第一个吃螃蟹的人，并且在创办新闻系的同时创办了在全国公开发行的报纸《改革信息报》，将办学与办报融为一体，召开全国性的学术研讨会产生重大影响的事迹，我都是后来知道的。

大约是1987年夏季的一天，那时，我家还在华工东一区29号楼丙种房，我和妻子万锦屏下班回家，念高一的儿子吴郢说，刚才接到一个电话[①]，是找妈妈的。问他来电话的人是谁，他说没听清楚，听口音不是本地人，并模仿来电人口音说："他说他叫'煮纠是'"。万锦屏一听，就知道是九思同志打来的，随即回电话过去。因九思从领导岗位上退下来了，没有专任秘书，他的一些事情由万锦屏兼管，这种状况一直持续到她调离校办。九思同志对万锦屏的工作十分认可，他在几年后给党委常委的一封信[②]中，指出校办工作的问题，说办公室几位主任、副主任的工作不够负责，但加括弧特别指出，万锦屏除外[③]。

由于有这层关系，我开始与九思同志有了一些接触。他听说我在新闻系工作，对我也很是关心。在担任新闻学院院长之前，九思同志对我的关心主要表现在支持我的研究。比如，我在《马列新闻活动与新闻思想史》的书稿写作中，经常得到他的指教。1992年，这本书出版时，九思同志还作序，高度评价这部书的出版对新闻界的意义，尤其是对提高新闻工作者马克思主义思想水平的意义，同时，也对我说了很多鼓励的话："作者吴廷俊同志是一位中年教师，近年来，他在华中理工大学新闻系为硕士研究生开'马克思主义新闻思想史研究'课，这部书是在他讲义的基础上修订而成的。系统研究马克思、恩格斯、列宁新闻活动与新闻思想的著作，目前尚不多见。为了撰写这部书，他孜孜不倦地学习和研读了大量经典著作，搜集和翻阅了大量有关资料，本书

---

① 当时华工个人家中装电话的还不普遍。因妻子万锦屏在校办工作，工作需要，家里装了电话。

② 出于对学校发展的关心，九思同志退下来之后，经常给学校党委常委写信，有时一周两三封，每封信一般三四页，最长的一封信53页，每封信复印送每个常委。他的信涉及学校工作的方方面面，多数都是老师们向他反映的，其中难免"一面之词"或"道听途说"。对于九思的这一做法，常委们看法不一。

③ 万锦屏到校办工作一段时间后，被任命为分管文秘的副主任。

是作者多年辛勤劳动的结晶。"①我在后记中,也如实地写道:"本书在撰写过程中,……得到不少同行专家的指点,新闻界的老前辈朱九思教授还对本书的写作给予了具体指导,并为之作序。……在此表示衷心的谢意!"②1995年这部书获湖北省首届社科优秀成果奖时,他和我一样高兴。

九思同志在1949年以前是《大公报》的忠实读者,对这张报记忆很深。听说我在研究《大公报》史,多次打电话给我进行指导,还不断为我搜集资料。

1994年,我在《新记〈大公报〉史稿》后记中这样写道:"感谢老校长朱九思教授的支持与帮助。这位'老新闻'出身的著名教育家,以他特有的敏感率先看到这一选题的意义,从选题、立项到《史稿》付梓,几乎每一个难题的解决都与他的帮助分不开。他直接参与史料搜集工作,只要一发现与《大公报》有关的资料,就复印下来;有几次,清晨就接到老校长打来的电话,告知某处有什么资料。他直接过问书稿的出版,不仅通过校友四处联系出版社,而且几次亲自登出版社的门,为筹措出版补贴费,他更是千方百计③。他对我说:'我不是支持你个人,而是支持一本有价值的书的出版,支持所有安心做学问的人'。"1997年这部书获得吴玉章新闻学奖,11月3日,文学院在一号楼203会议室为之举行表彰大会,九思同志亲临会场,发表热情的讲话,说吴廷俊的这部书的出版并获奖,证明文科教师是可以搞好科研的(因为当时有些人对文科是否有科研还表示怀疑),是可以获大奖的。

1998年新闻学院成立后,我主持新闻学院工作,老校长对我的支持和帮助主要表现在对办学的指导。他是"老新闻",深谙新闻教育之道,新闻系是他主持学校工作期间创办的最后一个文科系,并且得到特别关爱,故有人称新闻系是朱九思的"小儿子"。新闻学院成立后,他特别高兴,多次称赞时任校长周济有魄力。1999年4月28日举行学院成立一周年大会暨揭牌典礼,老校长出席大会并讲话。平时,或我碰到问题后去向他请教,或他打电话让我去他的临时办公地④。后来,为了节约开支,他把临时办公室退了,我有事只有到他家里去。由于他家住洪山张家湾湖北省委宣传部的宿舍(是他1975年兼任省委宣传部副部长时分配的房子),很不方便,所以我到他家的

---

① 《马列新闻活动与新闻思想史》,华中理工大学出版社1992年版,第2页。
② 《马列新闻活动与新闻思想史》,华中理工大学出版社1992年版,第325页。
③ 学校当年的学术著作出版经费用完了,九思同志就到学校后勤借了3000元交出版社,使书能按期出版。次年,学校主管科研的副校长朱耀庭教授从科研口划拨3000元还清。
④ 因南三楼没有他的办公室,有一段时间,学校在招待所一号楼二楼给他安排了一个房间,供他办公和午休。

次数很少,每年一两次,时间也不固定,只有大年初三代表新闻学院去给他拜年是比较固定的。春节拜年,我都是与万锦屏一块去,在水果湖商店买一盆花送去。

因缺乏原始记录,不便写出每次交谈的内容。根据记忆,除了少数几次专题汇报请教之外,其余绝大多数时间,都是老校长谈,我听。归纳起来,主要有以下几个方面的内容。

(1)关于他的历史,尤其是办报纸、搞新闻的历史。这主要是应我的请求。这是几次在招待所一号楼临时办公地谈的主要内容。我根据得到的材料,写过一篇长文《南北数千里,前后几十年——朱九思新闻活动述评》,这篇文章经老校长阅改后,批示①印发学校常委,后被刊发在由石琪高等主编的《探索与发展》(漓江出版社,1994年10月)一书中。

(2)关于新闻教育该怎么办。他还是坚持"干新闻,教新闻"的原则,没有新闻实践经历的人不宜讲授新闻业务类的课程。他向来主张大学里要有学术自由,"学术自由,追求真理是大学的灵魂",还说"在学术自由问题上,我们没有很好地解决,尤其是在社会科学领域"。② 他多次对我说,新闻教育必须注意开发学生思想,启发学生思维,给学生以思想的空间;他说,新闻系的学生要有正义感、道义感,要学习邵飘萍,"铁肩担道义,辣手著文章";他还说,办报纸一定要表达和反映民众心声,对此,他经常列举他当年办报的实例加以说明。

(3)对当前新闻界状况的看法。这是很重要的话题。关于这个话题,往往是他提问"你认为当前哪张报纸好看",或者说"近期中央电视台办得怎么样",甚至问"哪个节目怎么样",等等。我当然直言不讳,简要地谈谈我的看法,之后,他便谈他的看法。比如,为什么《南方周末》好看,《中国青年报》有哪些地方值得其他报纸借鉴,《焦点访谈》对问题的提出还应该更尖锐一些,等等。以上两个方面的内容的谈话往往是我最受教育的地方。他高瞻远瞩的看法,使我深受教益。

(4)有关学校工作的改进,有时也会谈到对学校一些现任领导人的看法。这个话题我只有听的分,不便插话,更不能发言。但是,有一次,他在谈到领导者的素质时,说了一番关于"好人与好领导"关系的话,对我启发很深。他说,好人不一定能当个好领导,尤其不能当好主要领导。"好人"往往是遇到

---

① "此稿拟发常委、新闻系等。请打印。朱九思1994年3月5日。"
② 王炯华:《朱九思评传》,华中科技大学出版社2011年版,第250页。

矛盾绕道走,当"好好先生",而主要领导,尤其是一把手,不能回避矛盾,不敢回避矛盾,必须直面矛盾,解决矛盾,这样难免得罪人,当然也就不是某些人眼中的好人。这应该是他自己"夫子自道",有感而发。九思同志在位时,喜欢批评干部,并且批评时不讲情面,因而不少中层干部不喜欢他,甚至恨他。但是,当他退出领导岗位后,大家都很怀念他,尊敬他,甚至有人说,后来的领导人加起来都不如一个朱九思。即使他"阴沟里翻船",其在老师和员工中的威望和高大形象也有增无减。

(5)关于养身的话题。这方面,主要是由健康问题引发的。老校长转战南北,工作劳累,但是身体健康;他很注意养身,所以他有期颐之年。谈养身,有时谈得很细,比如晨练多长时间为宜,哪个动作该怎么做;午睡多长时间;每天摄入水果的种类、数量、红枣、枸杞的数量及吃法;等等。这可能是对万锦屏说的。万锦屏由此有了"尚方宝剑",常以老校长的事迹"教育"我。的确,老校长对我们一家人都很关心,有几次问到吴郢在美国学习和工作的情况;有几次他还送我们一些西洋参片,并教我们如何使用。有一次送的西洋参,不是片,他怕我们没有切片工具,就专门打电话给校医院中药房,请药剂师帮忙加工。

除此之外,有两次谈话的话题比较集中,我印象特别深。

一次是在一号楼他的临时办公地,时间大概是1998年。在谈完正事后,我突发奇想地对他说:"您的党龄比我的年龄长,我问您一个问题:大家都说,改革开放后,华工的发展上两个台阶①,都是您顶住教育部的干预才搞成功的。请问,这与依靠党的领导是否矛盾?"他听后,先是仰头哈哈大笑了几声,停顿了一会,才说:"不矛盾。他们在上面,不了解情况,你得想办法说服他们。"我又说:"您是怎么说服他们的?"他脱口而出:"软磨硬缠。"后来在一次座谈会上,他对此进行了公开说明:"当年要走向综合化,要办文科和理科,教育部这道关是不好过的。但是,我采取的办法是跟教育部磨,终于磨通了,办了文科和理科。"②

另一次是在2001年秋冬之际。老校长摔跤了,腿骨折,住在水果湖医院(现武汉大学附属中南医院),我和万锦屏到医院去探视。看到他很痛苦的样子,我们不敢久留。临出来时,他突然拉住我的手说:"老吴,你说,我现在最想什么?"我以为他又要谈新闻教育的事,没想到他说:"我最想儿子!"我们

---

① 20世纪80年代初,发展理科,尤其是文科,把工学院办成综合大学;随后,又开始成规模的招收研究生,成立研究生院,把一所以教学为主的大学办成研究型大学。

② 王炯华:《朱九思评传》,华中科技大学出版社2011年版,第155页。

知道,他儿子在国外,还没有赶回来。只能安慰他,不急不急,他很快就赶到。走出医院后,我感慨不已:"老革命",老共产党员,一辈子以工作为重,可他也是人,有七情六欲的活生生的人! 为此,我更敬重他!

朱九思,不仅是"老革命""老新闻",而且是中国不可多得的教育家。我每次与他接触,都隐约地感到他是一座高山,高山仰止,崇敬之心油然而生。从他那高瞻远瞩的谈话中我总是受到深深的教益。比如,他态度鲜明地反对合校,我就亲耳听他说过:"一流大学不是靠合并来的,而是努力办出来的。"

另外,到老校长家里汇报和拜年,还有一个收获,就是认识了他的老伴王静,我们叫她王老师。王静是哈尔滨人,身材高挑,普通话讲得很好,一看就知道她年轻时肯定很漂亮。1947年10月,任《冀热辽日报》副总编的朱九思到哈尔滨为报社购买器材和设备时,认识了王静。当时,王静在文工团工作,同朱九思结婚后,来到冀热辽解放区,后又随着朱九思进入天津,南下湖南、湖北。在天津,朱九思创办《天津日报》、天津人民广播电台,王静成为广播电台主要播音员,也算是个"老革命",离休前为武汉水利电力学院的校领导。王静老师很平易近人,讲话慢条斯理,每次我们到张家湾去,事前打电话预约,都是王老师接的电话。我们到时,都是她开的门,上果盘、递热毛巾,都是她亲力亲为,从不劳驾阿姨。我们离开时,老校长把我们送到门口,她坚持送到楼下,弄得我们很难为情,从中也看到这位"老革命"身上的高贵品质。

对于老校长,我除了感恩,还有两件憾事:一是我答应过他为他写一部评传,也收集了不少资料(这些资料还在我书柜里保留着),由于手上杂事太多,一直没能动手,只写了那篇《南北数千里,前后几十年——朱九思新闻活动述评》。好在王炯华教授撰写了一部《朱九思评传》。二是老校长2015年6月去世时,我在美国探亲,没有送他最后一程。

(二)新闻教育不能开些无师自通的课

——感恩黄树槐校长

有人说,黄树槐当校长不重视文科。这可能是事实,比如,九思同志创建的、具有时代意义的《改革信息报》就是在他任校长时被砍掉的,他即使不是主谋,至少也是合谋。但是,我认为他是个正直的人,一个没有一点花花肠子的人。他是机械专业的,因科研成果突出,1978年5月直接由讲师晋升为教授,1984年接朱九思手,任华中工学院院长。我进华工时,他任院长刚一年。后来,我妻子万锦屏被调校长办公室工作,任校长秘书,后兼任分管文秘的副主任，我有时去找万锦屏，得以同黄校长有了打照面的机会。开始时的感觉是，黄校长是名副其实学机械的，说话生硬，办事死板，处理问题不拐弯，"丁是丁，卯是卯"。后来接触多了，对他的看法有所改变。

最令人感动的是，有一年暑假，那时我家已搬到西一区60号502，顶层，无电梯。黄校长来到我们家，还拎了个大西瓜，从一楼爬到五楼，满头大汗。那天，他来说了些什么，我没有印象了，但是他那种满头大汗、气喘吁吁的样子，一直历历在目。

虽然他对办新闻系不是很支持，也没有做什么直接的指示，但是他有两句话对我触动很大。

第一句是我与他一次对话时，他说的。

我当面问他，您为何不重视文科？他反问道，谁说我不重视文科？我对哲学研究所、语言所不是很重视吗？你们新闻系净开些无师自通的课，我为什么要重视？学生毕业后，只能写点"豆腐块"（指"本报讯"这类新闻报道），还要大学四年培养吗？我希望你们新闻系的毕业生能写《人民日报》社论。这个湖南宁远汉子，说话虽然难听点，但是从某个方面指出了新闻教育发展的方向，给我的震动很大。这也成为我主持新闻学院工作后，大刀阔斧压缩新闻技能类课程，大幅度增加文史哲课程的依据。

第二句话是："我不为个人利益五斗米折腰，但是，为了学校利益，一把米我也要折腰。"说这句的背景是这样的：1990年6月，陈香梅来华工参观，正好香港邵逸夫先生捐赠建筑的新图书馆刚落成，黄树槐希望陈香梅也像邵逸夫一样，给学校捐点款。当月，正值陈香梅65岁生日，因而在陈来之前，黄校长就要校长办公室通知食品厂做一个大蛋糕，准备在华工为陈香梅庆生。结果，陈因为有事，将她到华工的时间推迟了一天，准备的蛋糕不新鲜了，只得重新做一个。事后，有人就说，黄校长为了讨好陈香梅，不惜浪费公款。黄校长听后很生气，就说了上面那句话。当时，学校经费十分紧张，校长只有放下架子，四处"折腰"讨钱，黄树槐校长当然也未能免俗，便有"为一把米折腰"的话。我把这句话称为黄树槐"折腰观"。这句话成为我主持新闻学院工作后，厚着脸皮找学校"要钱"的动力。申凡经常讥笑我，说老吴脸皮厚，会要钱，要钱的事，让他去。殊不知，我是最不愿意开口找别人要钱的，没有办法不是？谁叫我是院长呢！为了学院的发展，我可以为"一把米""折腰"。在黄树槐校长"折腰观"的鼓励下，我还的确是为学院"要"了一些钱。

(三)发展新闻教育要营造一个好的氛围

——感恩杨叔子校长

杨叔子出身名门①,天资聪慧,记忆超强,1991年当选为中国科学院院士,1993年1月接替黄树槐出任华中理工大学校长。杨校长不仅学问做得好,而且品德高尚,是绝对的谦谦君子。他任校长时,万锦屏仍然在校办工作,仍任原来的职务;1997年6月,杨叔子校长任期满,转任校学术委员会主任,万锦屏也因年龄而被调至学术委员会办公室,加上我亦为校学术委员会委员,这样与杨院士打交道的机会就多了起来。

杨叔子在校长任上时,我还只是新闻系的一位普通教师,后来出任系第三副主任,仍然没有资格为工作上的事与校长直接打交道。

我与杨校长的正式接触是1993年12月3日。

那是我向刘献君老师汇报发展文科的个人想法的事情被杨校长知道后,他通过校办打电话约我谈话。记得那次谈话主要围绕着理工科大学办文科和为什么建议成立文学院这两个问题进行的。我谈得很开,杨校长听得很认真。他一直听我讲,听后只说了一句:"非常谢谢,我们会认真研究你的意见的。"随后把我送到门口。谈话的具体内容,上篇第二章第一节第二目有详细记载,此处不赘。时间仅仅过了一个月,文科老师呼吁了好久的文学院就成立了。这说明,杨校长虚心听取了群众的意见和建议。

1995年,我负责具体筹备海外华文报刊与中华文化传播国际学术研讨会,杨校长亲自听取我关于大会筹备情况的汇报两次,并做出相关指示②。此外,2000年6月7—12日,杨叔子院士和周济校长为博士点申报的事,带领我们几个文科院系负责人有过北京一行。那几天的活动,使我亲自领略到这两位领导为了学校的事鞠躬尽瘁的精神和雷厉风行的办事风格。

说实在的,杨叔子作为校长,对新闻系和新闻学科的发展,过问得不算多,但他重视人文素质教育,为学校发展文科、发展新闻教育营造了一个好的氛围。杨校长虽然是机械工程专家,但因家学渊源,有很深厚的人文功底,钟情古典诗词,出版有《杨叔子槛外诗文选》;他大力推动学校开办人文讲座,创立了国家大学生文化素质教育基地,在华工乃至全国高校界掀起了一股"人

---

① 杨叔子的父亲杨赓笙是一位奇人,与李烈钧时称江西的"一文一武"。
② 1995年3月1日,杨叔子校长出席海外华文报刊与中华文化传播国际学术研讨会筹备座谈会,听取会议筹备情况的汇报,并发表讲话,表明学校支持的态度;1995年9月29日,南三楼二楼会议室,杨叔子校长主持召开国际会议预备会议,听取筹备情况的汇报,对会议的召开做出进一步的指示。

文风暴"。他应邀在国内百余所院校举办人文讲座两百余场,吸引了近二十万人次的听众。在本校的人文讲座的讲坛上,更是不乏他的身影与声音。学生们都说,听杨院士讲座是一种享受;还有人说,杨院士讲话,各种用典信手拈来,连珠炮似的说话风格,表明他思维的敏捷!

杨校长对我的教育和影响主要是精神上的。由于万锦屏在杨校长直接指导下工作多年,我们俩都从他身上学到不少东西。杨校长对我们一家人也是关怀备至:我儿子吴郢到美国后,杨校长常常关心地问及他的学习和工作情况;在《杨叔子散文序函类文选》中,还收录了一封写于 2007 年 10 月 9 日的《给吴郢校友的信》,对吴郢提出了"更上一层楼"的希望。在这部书的后记中,杨校长还专门写道:"同万锦屏同志相处,头尾 11 年。我的工作中,渗透了她默默无言的心血,我衷心藏之,何日忘之?!"

杨校长谦谦君子的言行,与生俱来,我想学,但是确实学不来,只有敬佩的份。只说一件事:每年大年初一清早第一个打电话给我家拜年的,一般都是杨校长,并且开口就说:"感谢吴院长对发展学校新闻教育所做的贡献,感谢万主任多年对我工作的支持!"真弄得我们不好意思,只能重复说一句话:"谢谢德高望重的杨校长!祝您身体健康!"这种情况一直持续到他生病、行动说话困难后才终止。

近朱者赤。与杨校长相处时间一长,多少也被感化一点点,学到一点点。他赐予我的几部他的著作《杨叔子教育雏论选》《杨叔子散文序函类文选》《杨叔子槛外诗文选》,我都比较认真地读过,从中获益不少。

杨校长很幽默,有时我们到他家里去看望他,他和夫人每次都会到门口迎接。他夫人徐辉碧教授,先后任本校化学学院院长、生命学院院长。见面后,我们说:"杨院士好!徐院长好!"杨校长会接一句:"我们家是院长管院士。"于是四人都大笑了!

(四)新闻传播学科发展必须走学科交叉之路

——感恩周济校长

同之前的几位校长相比,我与周济校长基本上没有什么私人往来。虽然他从 1995 年 11 月开始出任华中理工大学副校长,一年半后,又于 1997 年 6 月担任华中理工大学校长,但是在 1998 年 1 月之前,我与他没有正面打过交道,更谈不上熟悉。自 1998 年 1 月 20 日之后,周济校长与我、与新闻传播学科的关系飞速发展,据不完全统计,从 1998 年 1 月至 2003 年 1 月的短短五年间,周济直接、专题过问新闻学院和新闻学科的工作——不算全校大会、文科调研,只算亲自下到学院或请我们到他办公室听取汇报,做指示,解决问题——就有13次①。周济校长的关心和支持,使得新闻传播学科不仅"起死回生",而且获得飞速发展。

首先,他独具慧眼,看中我们的学科发展规划,高瞻远瞩,迅速批准成立新闻与信息传播学院。

1998年1月20日,周济校长率领学校党政领导和有关方面负责人听取新闻系有关学科改革的专题汇报。看看这个听取汇报的阵营——校长周济、书记朱玉泉、副书记刘献君、副校长秦忆、副书记李爱珍、宣传部部长李振文、人事处处长韩洪双、设备处处长赵永俭、教务处文科副处长张峰、科研处文科副处长汪佩伟、文学院副书记徐晓林等——可见其重视程度!

为什么学校如此重视?原来是1月13日晚上,朱书记等人到新闻系听取我们的"集体泣诉"时,我们在谈到如何改变我校新闻系暂时落后的状况时,说了这样一个观点,就是必须走学科交叉之路,实行新闻传播学科与信息学科交叉,并说:"新闻传播学科在理工科大学里有得天独厚的优势。"我们列举了新加坡的例子——新加坡关闭国立新加坡大学的新闻系,而在南洋理工大学创办新闻学院;还列举了国内不少理工科大学纷纷创办新闻传播学科的例子。我们说,华工新闻专业当下之所以落后一步,主要是学校领导对新闻传播学科缺乏正确的认识,没有真正发挥学校理工科的优势发展新闻传播学科,没有及时把"信息传播""数码图像传播""电子出版"等专业创办起来。华工新闻系能否扭转下滑的趋势,进而赶上,就看学校领导的认识与决策了。

我估计,我们的这番话传到了周济校长耳朵里,也起了作用。所以,这位

---

① ①1998年1月20日,一号楼410会议室,周济校长与朱玉泉书记一道率领学校领导和学校各部处负责人听取新闻系有关学科改革的汇报,并发表讲话;②1998年1月21日,周济校长请我到他办公室,进一步谈学科交叉发展的问题;③1998年4月6日上午,周济校长与朱玉泉书记、刘献君副书记、程世寿以及我商谈新闻学院的组建问题;④1998年5月3日,周济校长请我到他办公室,告知打算给我配备一个正处级的副院长,任命电信系主任朱光喜为新闻与信息传播学院副院长;⑤1998年7月21日,周济、朱玉泉等学校领导听取新闻学院主要负责人汇报学科建设规划,并发表总结讲话;⑥1998年10月21日,周济校长召集研究生院院长齐欢、北京校友会曹少芳以及我等人,商讨与经济导报社联合在北京创办工程硕士班的事;⑦1998年11月15日,周济校长、朱玉泉书记及刘献君副书记听取新闻学院成立7个月以来的情况汇报,之后发表讲话;⑧1999年4月28日下午,周济等学校主要领导出席学院成立一周年大会暨揭牌典礼;⑨1999年6月2日下午,周济校长率有关职能部门负责人听取现代教育技术中心的工作汇报;⑩1999年6月16日上午,周济校长请我去校长办公室,谈比利时文理学院拟与我校合作联合培养多媒体研究生事宜;⑪1999年12月1日,我陪同周济校长接待比利时鲁文大学校长韩德华一行,并与之签订联合培养研究生和教师互访的框架协议;⑫2000年6月7—12日,为学位点事宜,我随周济校长、杨叔子院士北京行;⑬2003年1月23日晚上,我与汪佩伟因报博士点的事一道到教育部招待所,拜会周济副部长,他鼓励新闻学院申报一级学科博士点。

本来就站在世界学科发展前沿的校长要亲自听一听我们的学科改革的想法。

为了汇报会,我们进行了充分准备。在1月20日的汇报会上,我们不仅有书面材料呈上,而且做了进一步补充,分析了我校有组建信息传播学科群和优先发展信息传播学科的条件;建议组建信息学科群和优先发展信息传播学科的三条原则;提出组建信息传播学科群、组建信息传播学院必须解决的三大难题:观念、资金、用房。

汇报会取得圆满成功。周校长在听取汇报后,明确表示:新闻系发展信息传播学科的构想是绝对正确的;但是有些问题还要进一步研究,规划要进一步修改。并且说,既然想搞,就得投入。信息传播肯定是要投入的。他的话虽不多,但分量十足,奠定了学校今后支持新闻学科和新闻教育发展的基调。

次日,周济校长专门打电话把我叫到他办公室,对进一步完善学科发展规划、组建学院的事再次发表意见,要我们一定要抓紧,并建议学院名称叫"新闻与信息传播学院",并说,虽然长了一点,但是突出了信息。

为落实周校长"要抓紧"的指示,2月22日,新闻系成立了一个"学科建设与规划"小组,着手起草《在新闻系基础上组建"新闻与信息传播学院"方案》,此方案经过五次修改,于3月19日打印出来,呈报周济校长和学校相关领导。

周济校长等学校党政领导的办事速度和力度,大大超出我们的想象。我们组建学院的方案呈上仅仅过了半个月,4月6日上午,朱玉泉书记、周济校长、刘献君副书记召请程世寿和我谈学院的组建问题,并具体提出,原"电教中心"改名为"现代教育技术中心"合并到新成立的新闻与信息传播学院,实行人员统一调配、资源共享;又过了十多天,4月20日,分管组织工作的李爱珍副书记找程世寿与我谈话,传达党委常委关于成立新闻与信息传播学院的决议精神;一周后,4月28日,学校正式发文成立"华中理工大学新闻与信息传播学院";5月3日,周济校长召见我,说任命电信系主任朱光喜为新闻与信息传播学院副院长,希望我们在新闻传播与信息工程的交叉上做出像样的成绩;他又召见朱光喜,要求他抽出一定的精力和时间,投入到新闻学院的工作中。朱光喜教授也的确不负周校长重托,在往后的具体工作中十分努力,为华工新闻与信息传播学科的发展做出了突出贡献。

其次,他千方百计,把新闻学院和新闻学科赶上了发展的快车道。比如,不失时机地安排新闻学院在全校大会上介绍学科建设的情况。1998年7月16日晚上,学校在学术中心八号楼报告厅召开学科建设动员大会,我与机械学院院长李培根、力学系谭主任在大会上做典型发言;在以后学校召开的暑期工作会议上,有好几次都安排新闻学院就学科发展情况进行大会交流。我知道,这并不是说我们的学科建设有多好,取得了多大成绩,而是周校长和学校领导在借机鞭策我们。

学院成立后,周校长每次碰到我,挂在嘴边的一句话就是,老吴,决定了的事就抓紧点,搞快点。还说,有什么事,尽管找他。当然,我也毫不客气,遇到问题直接找他。记得1998年11月中旬,学院成立半年后,学校承诺的经费、用房没有落实,学院还没有整体搬迁,并且距离我们学院承办的1999年全国"新闻两会"召开的时间不到10个月①,学院完全不成看相,我心里十分着急。我几次找分管领导均未能解决问题,因为涉及经费和用房的问题,非找校长不行,而这个时候,周校长出国访问去了。11月15日,我到校办打听到周校长当日上午回来,于是我在校办等。结果,国内飞机晚点起飞。办公室的同志与他联系,告诉他新闻学院的吴老师在办公室等了他几个小时。周校长听后,指示办公室通知分管财务、设备的副校长及有关职能部门负责人下午开会,解决吴老师提出的问题。下午,周校长回来,顾不得休息,立即召开会议,解决新闻学院的困难。那是一个高效率的会,经费和用房基本上全部解决(具体情况见上篇第三章第一节第三目)。这就使得1999年4月28日,学院成立一周年之际,在东六楼挂牌时,有了一个"看相",更使我们在随后召开的全国"新闻两会"上能有一个比较光彩的亮相。

记得2000年,周济升任湖北省委常委、科技厅长,依然担任学校校长。有一次,我在招待所八号楼遇见他,他不顾工作繁忙,主动问我学院发展的新进展,并对他的秘书说:"把吴老师的电话记下来,他有事打电话,一定告诉我。"2003年,他已经上任教育部副部长,我为申报博士点的事到北京出差,晚上,到他下榻的招待所拜访他,他听说我们当年只是申报新闻学二级授予权,就鼓励说,二级要报,一级也要报。万一一级不能批,挂一个号也是好的。我们按照他的意见做了,果然,当年高票获得新闻学二级博士点,为下一轮一级学科博士点申报打下了坚实基础。

在这样的校长手下当差,你不快点做,不抓紧做,还真是不行!

周济校长希望我们的学科建设走出国门,在国际上寻求合作。比如他几次安排我与比利时鲁汶大学校长见面,谈合作事宜,并与对方签订联合培养研究生和教师互访的框架协议。根据协议,我院安排老师到鲁汶大学学习访问。

---

① 计划是1999年10月召开,后来因为教育学会的安排问题,推迟到2000年5月中旬召开。

在周济校长的指导和催促下,华中理工大学新闻与信息传播学院快步发展,异军突起,在全国新闻传播教育界有了一定的地位。如果说,是朱九思老校长以一个"老革命""老新闻"的眼光,认识到新闻学科和新闻专业的重要性,率先在工科院校创办新闻系,提倡"教新闻,办新闻"的办学方针,使华工新闻系一创办就"咄咄逼人",那么可以说,是周济校长以现代科学家的眼光,看准新闻信息传播学科在新时代的发展前景,高瞻远瞩,振兴华工新闻教育,大加改革,使华工新闻信息传播学科和新闻与信息传播学院于2005年获得一级学科博士学位授予权,基本上跻身全国新闻教育界的第一方阵。

(五)新闻教育也必须树立国际化办学理念
——感恩樊明武校长

相对前面几任校长都是华工"土长"而言,樊明武校长是"空降"的。不过,他是喻家山下"土生"的。他1965年从华中工学院电机制造系毕业后,长期在中国科学院工作,其间曾到美国学习、工作近10年,1994年回国,1999年当选为中国工程院院士,任中国原子能科学研究院院长,2001年12月调任华中科技大学校长。

我与樊明武校长接触不算多,但是,他给我的影响不算小。最深的有三点。

其一,是他的国际化办学理念。由于人生和工作经历的缘故,樊校长上任后,就提出国际化办学理念。2002年8月22—25日,在荆州宾馆召开的华中科技大学2002年度暑期工作会议上,樊校长做了《以国际化为办学理念,坚定信心,扎实工作,持续提高教学、科研和社会服务水平》的主题报告,对国际化办学理念做了清晰阐述。据不完全统计,樊明武任校长期间,到新闻学院检查工作或召见我们汇报工作,共计4次。[①] 在这几次的活动中,樊校长几次谈到国际化的理念。他说,办学要国际化,文科也要走向国际,要懂外语,要提倡教授在国际刊物和会议上发表论文,要培养国际化人才,提高毕业生的质量,使他们能到国际上工作。[②] 他还说,高等教育要国际化,新闻教育更要国际化。[③] 他进一步说,办学创新很重要。所谓创新,就是要敢于与众不

[①] (1)2002年6月6日上午,到学院参观;(2)2003年1月26日下午,在1号楼401会议室听取新闻学院班子关于院庆20周年筹备情况的汇报;(3)2004年6月11日下午,到新闻学院听取关于学科建设情况的汇报;(4)2004年12月3日上午,到新闻学院调研教师聘任工作情况。

[②] 2002年6月6日在学院参观时的讲话。

[③] 2004年6月11日下午在新闻学院听取关于学科建设情况汇报时的讲话。

同。某些东西,当下看可能不对,但是若干年以后,就显示出它的正确性。办学,一定要有与众不同的办学理念。要造就一个宽松的学术环境,鼓励学生的创新思维,使学生在宽松的环境中培养创新思维。① 我们学校的新闻传播学院能否办出特色,办得成功,主要看能否培养出有独立思考能力、有思想、有作为的新闻传播人才。② 我认同樊校长的办学理念,所以不仅在各种场合也表达这种办学理念,而且采取一系列措施,将我们的新闻传播学科推向国际化发展道路。

其二,是他的实事求是的思想路线。比如,他对学校评职称的"唯项目论"和"唯学位论",就多次提出异议。所谓"唯项目论",就是某人只要一拿到项目尤其是国家自然科学基金、国家社会科学基金的重点或重大项目,就可以直接上高级别(三级甚至二级)职称。对此,他说,拿了项目只是科研的第一步,关键一步是项目做得怎样。如果拿了项目,做不出来,或者做不出好成果,就是浪费国家经费,不仅无功,而且有过。他主张将"唯项目"改为"重成果"。可惜的是,他的主张没有被接受。所谓"唯学位论",即上高级职称、上博导,一定得有博士学位。对此,他也有看法。有一次,他主持学校职称评审会,中间休息时,在会议室外面的走廊上,他突然问我是否有博士学位,我说没有。他说,他也没有。他又说,评职称关键看研究能力和学术水平,不能只看学位。这样的话,我平时不敢说,生怕别人说我因为自己没有博士学位,就为没有博士学位的人开脱。

其三,是他的敢于保护老师的责任感。比如,2003年7月24日,我院内刊《新闻与信息传播研究》刊登孙旭培主持的课题研究报告《加入世贸与我国新闻传播业的发展》,其中有些观点被中宣部阅评员指为"犯忌",一时黑云压城。当我向他汇报后,他说:"怕什么?有事,我替你扛!"(具体情况,第八章有述,此处略去。)

由于是"空降"的,樊校长上任后,开始有点"水土不服",他对学校的一些做法看不惯,学校的一些人对他的做派似乎也不能理解,认为他办事有点"死板",一切抠规章制度。后来,他的思想和做法慢慢被多数人接受,认为他是实事求是的按科学办事的科学家。正当他与学校之间相互了解时,不知什么原因,他一届任期未到③,2005年3月,上面突然来人宣布换届。樊明武卸任校长后,改任校学术委员会主任。

---

① 2002年6月6日在学院参观时的讲话。
② 2004年6月11日下午在新闻学院听取关于学科建设情况汇报时的讲话。
③ 樊明武校长的任期为2001年12月至2005年12月。

樊明武平时不苟言笑,似乎给人不好接近的感觉。而我与他有另一层关系,所以有时谈话比较随便。他是沙市三中的毕业生,而我曾在沙市三中当过老师,他有时开玩笑地说:"你是我母校的老师,也是我的老师。"另外,我在三中教书时的同事陈和生院士与樊是中科院原子能研究所的同事。我与他曾有两个约定:一是我陪他回沙市三中看看;二是如果陈和生来武汉,就一起聚聚。但是时至今日,一个都未能如愿。

(六)有求必应,应必能办

——感恩朱玉泉书记

在华工,大家都说,朱玉泉书记是一个好人,一个大大的好人,连对干部要求甚严的老校长朱九思都很认可他。从1996年至2008年,朱玉泉担任华中理工大学(华中科技大学)党委书记12年,在长达12年的任期中,他先后与杨叔子、周济、樊明武、李培根等四位校长搭班子共事,没有出现过党政分歧、闹矛盾的传闻,仅这一条,就足以说明朱玉泉的为人。

在我眼里,朱玉泉书记是华工新闻教育的拯救者,和周济一道是华工新闻教育的中兴者。

据不完全统计,朱玉泉书记亲自到新闻系(学院)检查、指导工作8次[①],另外有几次对我单独的指导和帮助。

朱书记对新闻系的帮助,开篇不凡。我永远也忘不了1998年1月13日那个寒冷的夜晚,在东五楼新闻系办公室,朱玉泉书记带领两位副书记到新闻系听取部分老师的倾诉(称"集体泣诉")的情景。他耐心地听老师们倾诉后,发表了简短而有力的讲话。他一方面肯定了新闻系是一个很好的集体以及做出的成绩,尤其肯定了我们所谈的新闻学科改革思路;另一方面,对近几年对新闻系关心不够,尤其是对个别领导说话言辞不当伤害新闻系教师的感情和积极性一事,代表学校党委做检讨,向新闻系的老师表示道歉。并表示,一定把新闻系老师们的意见带回,与其他校领导商量解决的办法。

---

① ①1998年1月13日晚,朱玉泉书记与刘献君、李爱珍副书记下到新闻系与部分教师对话;②1998年1月20日,在一号楼410会议室,朱书记与周校长及几位副校长、副书记和有关职能部门负责人听取新闻系有关学科改革的汇报;③1998年4月5日下午,朱玉泉书记听取程世寿和我对校党委成立新闻学院的决议的想法。④1998年4月6日上午,朱玉泉书记、周济校长、刘献君副书记与程世寿和我商谈新闻系与学校电教中心实质性合并的事宜;⑤1998年7月21日,朱玉泉书记、周济校长等校领导审议新闻学院的学科建设规划;⑥1998年11月15日,朱玉泉书记、周济校长、刘献君副书记听取新闻学院成立以后7个月的情况汇报;⑦2000年5月28—30日,我随朱玉泉书记访问澳门;⑧2003年1月23—25日,我随朱玉泉书记等赴北京,为报博士点事。

由于朱书记把新闻系老师们的话听进去了,并把新闻系的事情当一回事情办,这样才有了周济校长对新闻学科的高度重视,并采取一系列措施,振兴新闻传播学科。完全可以这样说,是朱玉泉书记及时挽救华工新闻学科于既倒。在此后,他大力支持并积极参与周济校长中兴新闻教育的所有活动。据我所知,有几次党委集体做出扶持新闻学院的决定,都是朱书记一件一件地落实到位的。在我和他的接触中,从来没有见到他摆出书记的官架子,不是只说不做,而是亲力亲为。记得1998年11月15日那次汇报会后,为迎接全国"新闻两会",周校长等领导同意新闻学院建设演播厅的要求,但由于时间紧,新建来不及,只能找一个合适的建筑物改建。有一天,朱书记领着我,骑着自行车在全校考察,他一度看中了东校区(原城建学院)体育馆(现称为"韵苑体育馆"),提出将该体育馆改建成电视演播厅。我把朱书记的意见通报给程世寿和班子里的其他成员,他们认为,一则体育馆太大,我们用不着;二则东校区离主校区较远(当时尚未修建连接两个校区的大马路),没有接受朱书记的建议。后来还是在东六楼后面一块空地上修建了一个演播厅。

说朱玉泉书记是一个好人,绝不是指他是那种"遇事绕道走"的老好人,而是指他是一个有担当、能扛事、敢负责的好党委书记。如前所述,他在我们学院孙旭培的课题研究报告事件上的表现(见第八章),就足以说明这一点。事后,我想,在那种高压形势下,不是谁都能那样做,并能做得那样好的。

他集"好人"与"好领导"于一身!

(七)在振兴华科新闻传播教育每个关键发挥关键作用

——感恩刘献君副书记

刘献君,这是一个与华工文科发展史紧紧联结在一起的名字!他担任过华工文学院院长、党委宣传部部长、校党委常委、党委副书记。他"自告奋勇管文科"(他自己的话)多年,为华工文科的发展做出了卓越贡献。华工文科院系的老师,凡是年长一些的,与他都很熟识,也都很尊重他。在这本书中,刘献君的名字出现得最多,这从一个侧面说明华工新闻学院、新闻传播学科发展的每一个关键时刻都有他的身影,每一次进步都与他的支持与帮助分不开。

刘献君是一个干实事、不求虚名的人,只要是有利于学校和学科发展的事,不论分内分外,他都干,并且他身上有一股不干好不罢休的韧劲。对此,老校长朱九思说,刘献君能干事,他想干的事,没有干不成的。虽然他一直是我的领导,但由于他为人平实,没有官架子,所以我从未称呼过他的官名,只称呼"刘老师",遇事总是喜欢找他,请他帮忙,他对我也是有求必应。据不完全统计，从1993年至2005年，12年间，刘老师亲临新闻系、新闻学院或考察、或检查、或参加专项活动等，共计30次①，创一个学校领导下到一个基层单位的最高纪录！

刘献君老师对我们新闻传播学科、新闻传播学院以及对我个人的支持与帮助，不单只是形式上的，而且都是有实际效果的。

首先，刘老师是挽救、振兴新闻学科和新闻系的关键人物。1994年文学院成立后，作为文学院院长的刘献君，几次听取新闻系关于学科改革的汇报和关于创设广播电视专业的讨论，对新闻学科和新闻系情况的了解自然比学校其他领导要多一些，尤其是清楚新闻系老师愤懑的思想状况。我猜想，1998年1月13日晚上，朱玉泉书记应邀到新闻系与部分老师对话，是刘献君老师起了一定的作用。这有他当晚的讲话为证。与朱书记、李爱珍副书记

---

① ①1993年10月25日，学校党委宣传部部长刘献君听我汇报关于在理工科大学里办文科的想法；②1994年1月26日，文学院成立课程建设委员会，文学院院长刘献君提议黄国营为主任委员，张太行和我为副主任委员；③1994年1月27日，文学院院长刘献君听取新闻系教学改革情况汇报；④1994年6月30日，文学院院长刘献君在新闻系系务会上对申报广播电视专业提出要求；⑤1995年3月1日，刘献君与杨叔子校长等校领导一道出席海外华文报刊与中华文化传播国际学术研讨会筹备座谈会，并讲话；⑥1995年7月5日下午，刘献君出席李德焕书记、钟伟芳副校长召集有关人员研究国际会议相关问题的会议，并发表有关意见；⑦1995年10月12—17日，刘献君以党委宣传部部长身份作为学校政治代表全程参加海外华文报刊与中华文化传播国际学术研讨会；⑧1998年1月13日晚，学校党委副书记刘献君随朱玉泉书记到新闻系与部分教师对话；⑨1998年1月20日，在一号楼410会议室，刘献君副书记与其他校领导听取新闻系有关学科改革的汇报；⑩1998年4月5日上午，刘献君副书记召见程世寿和我谈话，传达学校党委常委会关于成立新闻学院的决议；⑪1998年4月6日上午，刘献君副书记与朱玉泉书记、周济校长召见程世寿和我商谈新闻系与学校电教中心实质性合并的事宜；⑫1998年5月6日下午，程世寿和我向刘献君副书记汇报新闻学院第一次院务会情况；⑬1998年7月7日上午，刘献君副书记出席新闻学院首届网络新闻班开学典礼，并发表讲话；⑭1998年7月15—16日，刘献君副书记出席新闻学院第一次学科建设研讨会，并发表讲话；⑮1998年7月21日，刘献君副书记与朱玉泉、周济等校领导一起审议新闻学院的学科建设规划；⑯1998年8月12日下午，刘献君副书记出席华中理工大学新闻与信息传播学院与武汉有线电视台合建多媒体网络实验室签字仪式；⑰1998年11月15日，刘献君副书记与周济校长、朱玉泉书记一道听取新闻学院成立7个月以来的情况汇报；⑱1999年3月9日上午，刘献君副书记带领学校各部处负责人到新闻学院听取关于1999年工作计划的汇报；⑲1999年4月28日下午，刘献君副书记与学校及省市领导一道出席新闻学院成立一周年大会暨揭牌典礼；⑳1999年7月12—14日，刘献君副书记出席新闻学院第二次学科建设研讨会，并发表讲话；㉑2000年1月11日，刘献君副书记带领学校年终考核小组到新闻学院考核；㉒2000年7月15—16日，刘献君副书记出席新闻学院第三次学科建设研讨会，并发表讲话；㉓2000年10月18日，刘献君副书记听取新闻学院关于落实第三次学科建设研讨会精神（人才引进）的汇报；㉔2001年1月2日上午，刘献君副书记带领学校考核小组到新闻学院考核2000年度工作；㉕2001年9月15—16日，刘献君副书记出席新闻学院第四届学科建设研讨会，并发表讲话；㉖2003年1月9日上午，刘献君副书记率各部处负责人到新闻学院检查2002年度工作；㉗2003年5月23日上午，刘献君副书记召集我与汪佩伟、张骏、雷志华，商讨现代教育技术中心分出去的问题；㉘2004年2月6日，刘献君副书记参加学院党政班子民主生活会，并发表讲话；㉙2004年8月8日上午，刘献君副书记听取我的思想汇报；㉚2005年1月25日下午，刘献君副书记与欧阳康校助听取新闻学院学科建设新想法。

的表态、道歉不同,刘献君谈的更接近实质问题。他说,我们学校如何办文科,这个问题一直没有很好地解决,而新闻系在这方面走在前面;对新闻学科的改革,学校要引起足够的重视;要增加对新闻系的投入。

在其后,学校主要领导周济、朱玉泉等研究支持新闻学院的大小会议,刘献君都在场,并且每一次都发挥了关键作用。他的话虽然不多,但是句句管用、锤实。比如,在1998年11月15日我们向学校要经费、要住房的会议上,各位领导和职能部门都纷纷发言,积极表示支持,刘老师没有说表态的话,只是对周济校长、朱玉泉书记说了一句话:"你们两位不在家,老吴整天找我,我无法解决,我没有这个权限。现在既然决定了,就要落实,由谁来具体抓落实?"这句话太重要了!因为话好说,态好表,落实难。朱书记表态说:"我来给赵永俭(设备处长)说,要他以校长助理的身份协调有关方面统筹解决新闻学院的经费和公用房问题。"

果然,一切均按计划落实了!想起这些,我由衷感激刘献君的那句话。

再比如,2002年,新闻学院打报告给学校,申请送钟瑛到复旦大学博士后站深造。按当时国家的规定,教师进博士后站是要离开原单位,将关系转到博士后站所在单位的。但是,当时我们新闻学院就钟瑛这么一个有博士学位的教师,如果把关系转走,很难保证她能回来。于是我找刘老师请示办法。后来,学校出面找到复旦方面商议,复旦同意钟瑛在其博士后站工作时关系保留在华工。

其次,刘老师不仅是学校领导,而且是教育学家,他十分清楚学科建设的重要性,我亲自听他说过,凡是有利于学科发展的事,他都支持。比如,1994年人文学部的解散、文学院的成立,1998年文学院的一分为三[①]。新闻学院成立后,他多次对我说,学科建设是办学的"龙头",抓住了这个"龙头",不仅可以带动学科梯队、学科基地、学位点建设,而且可以带动专业建设、人才培养等。他不仅支持我们发展特色学科方向,而且亲自指导我们如何抓学科建设。我主持新闻学院工作期间召开的9次学科建设研讨会,刘老师亲自参加了5次,还有3次听取了学科建设的专题汇报。每次,他都有关于学科建设的讲话,从如何凝练学科方向、如何建构学科梯队、如何进行基地建设、如何进行专业建设等,讲得很仔细。我几次在全国性的学术演讲中提出的"新闻院系负责人要学点教育学"的主张,就是向刘老师学习而引发的。

---

① 1998年4月5日,刘献君传达党委常委决定,原文学院一分为三:①新闻系独立出来成立一个新的学院;②社会系独立出来成为一个独立的系;③中文、哲学、政教系成立人文学院。

再次，刘老师对我个人也给予了很大的支持和帮助。我曾多次说过,以我的能力和性格,不适合做领导工作,尤其不适合做主要领导。起初,在新闻系做一个第三副主任,协助主任分管一方面的工作,还行。想干就干一点,干好干坏,有一把手负责;想说就说几句,听不听在一把手。所以,刘献君与程世寿找我谈话,要我当院长时,我毫不犹豫地拒绝了,并申述了拒绝的理由。但是,没用。所以我常说,我这个院长是被刘献君和程世寿两人"绑架"的,是被他们"赶鸭子上架"的。不过,话又说回来,八年"勉为其难"的当差,虽然耽误了我许多做学问(如果能称得上学问的话)的时间,但是也使我在其他方面得到了磨炼,学到了许多东西。同时,如前所述,也正是刘老师,在关键时刻,帮助我和我们的学院跨越难关,一点一点取得成绩。有一个文科系的负责人说,吴廷俊与刘献君的关系好,所以要风得风,要雨得雨。刘老师得知后说了两句话："我对谁都一样,能帮就帮,不仅仅是对新闻学院;我的帮助,也没有那么大的作用,我只不过是'踢了临门一脚'。"

另外,刘老师根据学校文科发展的需要,建议学校将几位文科教授退休年龄延迟到70岁。我有幸被列其中,为我争取了5年的学术研究时间。

总之,刘献君老师对华工新闻学科、对华工新闻学院、对我本人的支持与帮助,都是巨大的。

此外,我在主政新闻学院的最后一年,还得到了李培根校长的支持与帮助,尤其是在新闻学院行政班子换届时他给我的支持和帮助,我亦铭记在心,其主要事实在上篇有关章节中已有记载,这里就不另叙。

二、感恩系领导

(一)华工新闻传播教育的创业者与奠基人

——感恩汪新源主任

汪新源,1932年出生在江苏苏州,早年参加中国共产党组织的革命运动,1954年调干进入复旦大学新闻系学习,之后,进入湖北日报社,从记者干到部主任。1983年,新闻科班出身、又有丰富新闻实践经历的汪新源,因为十分符合朱九思"干新闻,教新闻"的新闻教育办学思想的理想人才要求,于是,经湖北省委宣传部推荐,被调进华中工学院,出任华工新闻系首任系主任。

常言道,创业难。这一点,对于华工新闻系第一任系主任汪新源来说,更是如此。

新办一个专业,首先要确定办学方针和培养目标,这是纲。在朱九思的指导下,新闻系制定了"应用为主,交叉见长"的办学方针,以培养既有"多学科视野",又能"上手快""动手能力强"的新闻从业者。接着,根据这个办学方针,进行三大件——师资队伍、图书资料、实验设备——的建设。

华工创办新闻专业,与众不同——"以招生促建设",即先招学生,后找教师,以及进行其他方面的建设。汪新源上任后,便是急于找教师。当时,全国新闻教育刚刚恢复不久,几家复办的新闻系,自己都缺教师,哪有教师支援新办单位?并且,朱九思对新闻系教师有特殊要求,一是他认为"新闻专业要突出应用为主,实践先行,新闻系的教师要有新闻从业经验,发展新闻系应该从报社等媒体中引进优秀干部和工作人员担任教学、管理工作";二是他认为既然要培养学生多学科视野,那么教师中还必须有理工科知识背景的人。根据这两条,汪新源四处活动,多方奔走,"按图索骥"。经过两年努力,他陆续物色到几位合格人才,调进来,组成新闻系最初的师资队伍。他们中除了申凡是从社科院新闻研究所引进的新闻学硕士外,其余均为从新闻单位调进的业务骨干,比如调进有新华社随军记者、湖北人民广播电台记者等丰富媒体经历的姚里军,从长江日报社调进中国人民大学新闻系毕业的戚海龙,从黄石日报社调进复旦新闻系毕业的王益民,从湖北广播电台调进业务骨干程道才、汪苏华,从内蒙古报社调进骨干记者曹承容、周泰颐,等等。同时,还从学校当年毕业的理工科学生中择人留校培养,如计算机专业的陆晔,船舶制造专业的王志荣、刘燕南等。他们留校后,先安排他们到新闻单位见习锻炼,然后回校跟着老教师学习教学。

在教师队伍组建的同时,丰富的资料室、高水准的实验室也迅速建设起来,"文理交叉"的课程体系也逐渐建立起来。同时,在朱九思的策划下,华工还与《光明日报》驻湖北记者站联合创办了一张全国公开发行的报纸《改革信息报》,朱九思任总编辑,华工新闻系主任汪新源和《光明日报》驻湖北记者站站长樊云芳任副总编辑,新闻系新闻学教研室主任王益民任编辑部主任,其余所有教师均为编辑和记者,实行办学与办报的统一。从干部专科班到应届本科班,学生在以"应用为主,交叉见长"为办学方针的华工新闻系学习,收获之特别,非一般综合大学新闻系所可比拟。在当时的新闻业界,华工新闻系的毕业生以"业务能力强,上手快"著称,因而成为全国多家媒体争先恐后抢夺的"香饽饽"。用教育部有关部门的话说，华工新闻系一创办，就"异军突起""咄咄逼人"。这一点一滴，都离不开汪新源的辛劳和汗水。

学科建设与发展方面，华工新闻系在全国率先创办新闻事业管理专业，开办新闻事业管理干部专修班。1986年9月15日，根据中宣部的要求，华工新闻系创办新闻事业管理干部专修班。当时，很多人对此不是很看好，但是汪新源说："国外发达国家的新闻媒体都是管理人员领导媒体，随着改革开放的发展，中国的媒体终究会朝这个方向走。"他积极拥护中宣部的决定，贯彻老校长指示，积极筹备创办新闻事业管理干部专修班，一边积极制订教学计划，一边组建教师队伍，保证了第一届专修班按时开学。

此后，华工新闻系还陆续开办过几届专业媒体经营管理干部专修班。汪新源和新闻事业管理专业教师屠忠俊还参与了洪一龙先生牵头的中宣部下达的有关新闻事业管理的课题研究，屠忠俊还承担了全国自学考试教材《新闻事业管理》的编写工作。因此，华工新闻系的新闻事业管理学研究和教学在全国一度处于领先地位。

汪新源还倡导新闻新学科的研究，并召开全国性新闻新学科学术研讨会。他虽是资深媒体人，但是也具备相当的学术敏感。改革开放后，学术界兴起介绍世界各国新的学科、新的方法的热潮。新闻学界也是如此，多位学者纷纷提出引进相关学科，拓展新闻学科发展道路，因此出现了新闻社会学、新闻美学、新闻法学、新闻伦理学、新闻管理学等新学科。汪新源在全国率先研究新闻心理学。不仅如此，他还首先在华工召开全国首届新闻新学科学术研讨会。1988年10月27—31日，来自全国40多所高校、新闻研究机构、新闻事业单位的70多位代表聚集华中工学院，研讨新闻新学科的发展问题。汪新源在开幕式上做了《开拓新闻新学科的前景和意义》的致辞。他首先分析了世界新闻学科发展的趋势，在回顾了我国新闻学科的发展历程后指出："新闻学与其他学科的交叉，开阔了新闻学研究的视野，扩宽了新闻学发展的领域，丰富了新闻学研究的内容，前景无限广阔。"[①]会后，成立了新闻新学科丛书编委会，汪新源担任编委会主任。从此，新闻新学科的研究在全国勃然兴起。我们新闻系新闻新学科的研究也随之出现可喜的成果，除汪新源的新闻心理学研究外，还有申凡的新闻采访心理学研究、姚里军的新闻美学研究、屠忠俊的新闻事业管理研究、刘智的新闻文化学研究、吴廷俊的中西比较新闻史研究等。

---

① 申凡：《华中科技大学新闻传播教育史稿》，华中科技大学出版社2013年版，第54页。

1987年春，汪新源创办学术刊物《新闻探讨与争鸣》，并亲任主编。第一期，刊登汪新源撰写的文章《新闻教育要面向现代，面向世界，面向未来——论新闻教育的知识结构改革》，从新技术的挑战的角度，论述新闻教育要做到"三个面向"，就必须改革知识结构，做到社会科学知识和自然科学知识的交汇。汪新源的论述，奠定了华工新闻学科走文理渗透发展新路的理论基础。

　　汪新源对华工新闻系建设的贡献，除了这些看得见的"硬件"之外，还有一个更重要的贡献，就是"包容、团结"的系风建设。汪新源是复旦新闻系毕业生，他多次公开宣布，"华工新闻系要搞五湖四海，绝不搞复旦派"。他自己严格要求自己，言行一致。在他的模范作用下，全系上下，同心同德，和睦相处。系里的教职员工，一律平等，互称老师，甚至直呼其名，与他年龄不相上下的人呼他"老汪"，年轻一点的呼他"汪老师"，而我一直呼他"汪主任"，因为我第一次见他时就这么称呼。系里没有团团伙伙，没有钩心斗角，大家在这里工作心情舒畅，系里始终充满朝气和活力。正如申凡所说："汪新源为人正直，工作正派。他身上有新闻人特有的正气，为新闻系开了好头。"

　　以上"硬件"和"软件"建设的成果，为华工新闻学科今后的发展留下了一笔宝贵财富！

　　汪新源对于我，更是热心扶持，关心备至。我进华工新闻系时，受到汪新源主任诚恳的欢迎。我永远记得1985年冬天，程道才书记领我到华工西一区一栋两层楼的二楼靠东头的一间房子，第一次见汪主任的情景：我的紧张、汪主任的高雅、汪夫人（姓王，以后我称她王老师）的热情，至今还历历在目。具体情况见上篇第一章第一节第二目相关记述。

　　我更忘不了1987年10月，我正式进入新闻系不久，他委派我代表他出席全国高校自学考试新闻专业指导委员会第二次会议。汪主任是一个很细心的人，关于这次会议的性质、主要议程、参会者的情况，以及应该注意的事项，我走之前，他都一一做了交代。

　　照理说，这种事情无论从哪方面看，都是好事，不大应该落到我这个"新人"头上。我知道，这是汪主任对我的信任，也是他对我办事能力的考察，因而，我带着兢兢业业的心态与会，会上会下忙个不停，不仅完成了汪主任交代的所有任务，而且打听到了与我们新闻系发展有关的很多信息。回来后，我向汪主任做了口头汇报，并呈交了文字汇报材料。具体情况见上篇第一章第一节第二目。

　　事后，我越来越体会到汪主任的良苦用心，我感激汪主任派我去参加此次会议。这是我由一个新闻学的圈外人、新闻教育的圈外人，迈入圈内的第一步。虽然说今后总会"入圈",但是这次会议加快了我"入圈"的步伐,并且第一次就近距离接触众多圈内核心人物:何梓华(中国人民大学新闻系主任)、董荣华(复旦大学新闻系副主任)、洪一龙(中宣部新闻局副局级调研员)、方汉奇(中国人民大学新闻系教授)、郑超然(中国人民大学新闻系副主任)、马戎(暨南大学新闻系主任,副教授)、王中义(安徽大学教研室主任)、邓长荪(江西大学新闻系副主任)、张慧仁(四川大学教研室主任)、刘敏言(郑州大学新闻系副主任)、赵玉明(北京广播学院新闻系副主任)、虞达文(广西大学新闻系副主任)、冯国和(吉林大学新闻专业主任)等。结识如此多的重量级人物,这对我今后的发展,无论是学术上,还是管理上,都有极大的好处。在第十章我记述的7位私淑中,有4位是在这次黄山会议上首次遇见的,另外3位虽然在这次会上未见其人,但是始闻其名;同时,我初步了解了兄弟学校新闻系的情况,初步认识了中国新闻教育界的状况,以及主要教材的编写情况。这些不仅拓宽了我的知识范畴,引我进入新的学术领域,也为我打开了一个崭新的社交圈子。此外,我还了解到圈内核心人物对我们新闻系有较高的评价,这增加了我对新闻系热爱的感情,决心今后努力工作,为把新闻系建设好贡献自己的一点力量。

汪新源品性纯正,人格高尚,由此显现出来的言行,让我感动,使我折服。他1992年从领导岗位上退下来,并同时办理离休手续。由于种种原因,他离休时,职称还只是副教授。其实,无论是学术水平,还是对学科建设的贡献,他完全够得上评教授的条件。后来,系里反复向学校申述,学校才批准他的名片上可以印上"教授",可以以教授的身份对外交往,但不享受教授待遇。系里很多老师为他鸣不平,但是他对此不嘀不咕,平静如常。不仅如此,而且依旧关心系里的工作,显示出一个老干部、老党员的高尚品质。

记得1994年8月25日新闻系召开第一次研究生工作会议,汪新源在发言中,不仅详细回顾梳理新闻系培养研究生的发展过程,充分肯定已经取得的成绩,而且中肯地指出存在的问题,并提出了一些解决的办法。

还记得1995年,我受程世寿的委托主持筹备海外华文报刊与中华文化传播国际学术研讨会,他看我忙得不可开交,几次对我说,他比较闲散,有事如果要他做,尽管分派。我哪敢分派他做什么事,只是说,到开会时,请您出面,接待一些与会的老同事就行了。后来,他的确如是做了。从代表报到到会议结束,他不顾年事已高,跑前跑后,为我分担了很多。

（二）华工新闻教育创建时期厥功至伟

——感恩程道才书记

程道才，湖北英山人，年龄与我同庚，学历与我同届，只不过他攻读中国人民大学，学经济，我就读于武汉大学，学中文。程道才1972年起在湖北人民广播电台担任编辑、记者，渐成台里中坚；1984年调入华中工学院，初任新闻系副系主任，次年，接刘春圃[①]之手担任系党总支书记；1989年，学校为了加强对文科的管理，成立人文学部，新闻系党总支与其他各文科系党总支一起被撤销，学部建立党总支，下设行政党支部和教工党支部，程道才为教工党支部书记；1991年4月，学校决定恢复学部所属各系所总支，程道才仍为新闻系总支书记；1994年文学院成立，所属各系党总支撤销，程道才改任新闻系常务副主任，一直到1998年春离开华工新闻系。

在华工新闻系的历史上，程道才是在主要领导岗位上任职时间最长的人，他作为党总支书记和常务副主任，在长达14年的时间内，先后与汪新源、程世寿配合组成新闻系领导班子，无论是党建工作，还是行政工作都做出了重大贡献。作为党政负责人，程道才有一个显著特点，就是事无巨细，亲力亲为，且不论分内分外。汪新源主任在外面有较多兼职，再加上他不爱管具体事务，所以他有一句口头禅——"找道才！"程世寿当系主任后，还兼任《长江开发报》总编辑，很多时候要到报社上班，所以系务委员会决定，系里的工作主要由常务副主任程道才执行。加上程道才热心快肠，任劳任怨，大家有事，也总爱找他。

此外，他一直是广播采写的主讲教师，讲授3～4门课程；编撰出版了数部高质量的专著和教材，比如《广播新闻写作》，1989年由中国广播电视出版社出版，先后重印7次，发行总量达4.3万册。他教学认真负责，教学效果好，深受学生欢迎。

程道才是我到华工新闻系见到的第一个人，也是我进新闻系后，对我支持和帮助最多的一个人。

1985年之前，我与程道才没有见过面，也不相识，是通过别人介绍才去

[①] 华工新闻系第一任党总支书记刘春圃，1925年出生，老新闻工作者。1949年进入《湖南日报》，当过记者、编辑，记者部副主任。1957年被错划成右派，1979年平反，1980年调入华工，历任图书馆副馆长、馆长，1983年参与筹备创建新闻系，新闻系成立后调任新闻系党总支书记，1985年9月退居二线。作为第一任总支书记，虽然任职时间短，但由于他工作敢于负责，作风踏实，又是新闻里手，与汪新源相配合，为新闻系的创建和初期发展做出了重要贡献。

找他的。当时,程道才如何接待我、如何领着我去拜见汪新源主任,以及如何安排我讲授中国新闻史课程的情况,上篇第一章第一节第二目已有详细记述,这里只补充一点,就是我和龚文灏编写的讲义,也是由程道才书记一手操办印刷出来的。

1987年春节过后,我将编写讲义的情况向程道才书记做了汇报,他说:"很好,想办法印出来,先在内部发行。"我一听,便愣住了——"印出来,内部发行",这是我连想都不敢想的事,便没有接话。他见我不作声,停了一会儿,便说:"这事你不管,我来想办法。"

1987年9月,就在我刚到新闻系报到之后,程道才书记在办公室对我说,他同老汪商量了,由系里先垫付成本费,把我和老龚共同编写的《中国新闻史讲义》印刷出来,待书销售后,再还给系里。并且说,他已经计算了,20万字,印刷3000册,大约需要4000元。他还说,他已经通过熟人联系了公安县印刷厂,叫我尽快去,争取明年春季开学用此书。我立即到公安县跟进此事。因为是道才找的熟人,他们很重视,说保证按时交货。果然,10月下旬,我便接到印刷厂电话,要我去提货。1988年春季开学,1987级本科两个班79人、夜大两个班71人、湖北函授站116人同时开课,都用上了我们的自编讲义。

从这件事可以看出程道才书记的眼光和办事效率。这既是对我工作的支持和帮助,又推进了系里的工作,有利于教学。学生,尤其是夜大和函授的学生拿到书后,普遍叫好。

从那之后,直到1998年他离开华工南下广州,13年间,他作为我的领导,指导和支持我的工作,关心我的进步;我作为他的部属,也能配合他的工作,完成他布置的任务。我俩都是从农村走出来的,身上都带有比较浓厚的泥土气息,为人实诚,因而平时尚能谈得来。再加上他夫人汪苏华老师是我大学不同系(她是哲学系)的同届同学,我们之间结下了深厚的友谊。

新闻系的人都说,程道才是一个大好人,心地善良,待人不设防;他助人为乐,无论谁找他帮忙,他都是"能帮尽帮"。他的这些优良品质,深深地感动着系里的每一个人。潜移默化,我从他身上学到了许多好的东西。这样一个新闻系的元老级的人、一个人人称赞的好人、一个对新闻系建设做出了重要贡献的人,就因为与外单位合作办班的事出了一点纰漏而被逼离开华工,我和系里的大多数同事一样,心里很难受,如前所述,我还为此曾经一个人跑到南三楼找有关校领导"理论"。此事上篇第二章第三节第一目有详细记述,这里补叙一下事情的原委。

当初，系里经济状况很不好，教师待遇很低，青年教师纷纷要求调走。为了解决这一问题，系领导经研究决定，利用新闻系为湖北省自考办新闻学专业主考单位的有利条件，在校内外开办新闻专业自学考试辅导班，由程道才负责。1997年夏天，黄石市财政学校一位姓王的老师来到新闻系，与程道才老师洽谈合办新闻自考班之事，说他们负责招生和教学管理，华工新闻系只派老师去上课就行了，收入按五五分成。程道才请示系主任程世寿。程世寿同意了，要求于当年秋季开始合作办班，指定程道才负责落实；并强调说，最好在本省范围内招生，办学条件一定要得到保证。后来，对方没有认真履行承诺，为了扩大生源，竟然跑到海南去招生，并向生源家长吹嘘说，该校的办学条件如何如何好，以吸引对方报名。结果学生进校后，发现该校的办学条件比较差，吃住都没有安排好。当年9月上旬，有一名海南学生的家长给湖北省教育厅领导写信告状，反映该班的问题。省教育厅将告状信转到华工，引起了校领导的注意，责成主管这方面工作的副校长彻查此事。按国家规定，主考院系是不能直接出面举办辅导班的，即使是有权办班的单位也要规范管理。学校领导很生气，说此事严重影响了学校声誉，随即派人到黄石和海口调查，还说要给新闻系和程道才本人以处分。

为了消除负面影响，做好善后工作，程世寿找到中南财经大学新闻系办公室主任胡炳南，将该班转到该校新闻系，由他们负责主办，避免已经报名的学生继续上访。同时，经内查外调，问题主要是黄石市财政学校违反协议，擅自到海南招生，并且打出不合实际的招生广告。虽然如此，由于当时国家教委正在整顿办班乱象，学校还是给予了新闻系和程道才以处分：第一，停止新闻系与对方合办新闻自考班；第二，给予负责此事的程道才以记大过处分，还要他自谋出路。对程道才的这个处分是很重的，离开除只一步之遥。他是新闻系创办时期的负责人之一，并长期担任新闻系党总支书记；他还是新闻系广播电视专业的创始人和学术带头人——无论是党的工作还是教学工作，均做出了可圈可点的成绩，为新闻系的创建和发展贡献颇丰。更值得说道的是，程道才人品纯正，在与他认识的人中间，口碑甚佳。在办班中，即使有错，也是工作中的错，这样的处理，很不公道。

转眼到1998年初，程道才及其夫人汪苏华南下广州的事情已定。有一次，同程世寿谈起此事，他说，程道才、汪苏华离开华工，虽然对新闻系是一个重大损失，但对于他们来说，未免不是一件好事，他们的两个儿子都在广深发展，他们南下，可以一家团聚。话是这样说，但在我心里，程道才受处分这件事总是一个疙瘩。不知什么原因，程、汪离开时，新闻系既没有开送别会，也没有为他们设宴饯行,只有程世寿私人"表示"了一下。老程叫我去作陪,我没去。原因是,不知在场说什么,无论是说高兴的话,还是说伤感的话,都不合适,场面都会很尴尬。

后来,我同程道才谈起此事,他平静地说:"这件事虽然对我造成了一定的打击和影响,促使我下决心南下执教,但是,我也存在一些不足:没有到黄石去实地查看该校的办学条件,只听信对方的一面之词;对他们的招生宣传也没有把关,从而留下隐患。这些教训也是应该吸取的。"[1]这就是程道才,一个严于律己的人。

程道才虽然离开华工新闻系[2],但并没有影响他在新闻系师生中的形象和威望。广州校友聚会,总是诚挚邀请他出席,我到广州出差,一般都要抽出时间去看望昔日老领导程道才和老同学、老同事汪苏华。

(三)承前启后,继往开来
——感恩程世寿主任

程世寿,1964年毕业于华中师范大学中文系,之后从事新闻实务工作25年,1985年从《襄樊日报》副总编辑任上调华中理工大学新闻系执教,1992年接汪新源之手担任新闻系主任,1998年4月新闻学院成立,他改任党总支书记,至2001年退居二线。

程世寿担任系主任期间,正是华工新闻系最艰难的日子。1989年全国新闻专业停滞,华工新闻专业也进入低谷。学校对文科不重视,对新闻专业更是持压制态度,1990年本科停招,办学规模萎缩,全系仅有本科生120多人。教师教学工作量不满,因自考生也停招而创收无门,经济十分困难[3],教师收入很低。用当时青年教师的话讲,就是"闲得慌,穷得慌",因此外流现象严重,尤其是青年教师。

程世寿既看到了困难的一面,又看到了有利的一面。他分析到,我们是全国第一个以理工科为主的大学创办的新闻系,创出的"应用为主,交叉见长"办学特色,通过近10年的实践,已经在全国产生了一定的影响,此其一;华工新闻系是全国新闻专业自学考试委员会成员,拥有湖北、湖南、河南三省

---

[1] 2021年1月1日,程道才和我在微信上的交流内容。
[2] 程道才、汪苏华南下后,都进入广州大学新闻传播系,程道才任该系主任。
[3] 1993年底,系主任程世寿打算为新闻系教师每人发放500元奖金,无奈系里账上已无力承担这笔开支。他就利用兼任《长江开发报》总编辑的便利,从报社借了一笔钱过来,最后把教师们的这笔年终奖都发了。

的主考权,此其二;拥有一支事业心强、新闻实践经历丰富的教师队伍,并且,系风正,此其三。这三条是前任领导留下的宝贵财富,是我们走出低谷、走向复兴的基础。

  在上任后召开的第一次系务会上,程世寿冷静分析形势后提出,新班子要做的第一件事就是稳住教师队伍。为此,打算做三件事:一是想办法找到湖北省自学考试办公室,说服他们恢复我系新闻专业自考班招生;二是说服学校,从1991年开始,不仅恢复新闻系本科招生,而且要扩大招生规模;三是与有硕士点的社会学系合作,开办在职研究生班。经过两年的努力,这几件事基本完成:从1991年开始,新闻系新闻专业每年招生人数由20多人扩大到80多人;1994年与社会学系以新闻社会学方向联合招收在职研究生43名;1995年开始恢复招收自学考试学生。这样一来,教师工作量解决了,经济困难也得到一定程度的缓解。

  有人问他:"当时面对常人无法想象的困难和压力,你是否想过离开?"他回答说:"汪新源退休时曾交代我要管好新闻系,我答应了他,就必须做到!"虽然外面有学校向他抛来橄榄枝,但被他拒绝。"我们那一代人都很讲道义和信用的,我没有理由放弃。与我一同留下来的各位老同志他们也都各自有别的出路,大家都没有犹豫没有放弃,我更不能走!"[①]就这样,程世寿带领着大家,硬是跨过了华工新闻传播学科发展的这个坎,走出低谷,走向继续发展的坦途。

  程世寿还是一个有远大抱负的人。他除了担任华工新闻系主任之外,还兼任武汉市《长江开发报》总编辑。系里的一些人,希望他辞掉这个兼职总编,全力以赴把新闻系工作抓上去。对此,我也当面向他提出过。但是他说,这不矛盾。他想恢复朱九思老校长当初办新闻系时的那种"办学与办报一体化"模式,认为那是办新闻教育最好的模式。同时,他不满足《长江开发报》只服务武汉市的经济,准备联合长江沿岸的重庆、湖北、安徽、江苏等省份的相关人士,办一份为长江经济带服务的报纸,将报名改为《长江经济导报》,并且,他为之而奔走过,努力过。但不知什么原因,进展不大,他便告辞报社回学校。

  再来说程世寿对于我的支持和帮助。

  程世寿为什么重视我,几次推荐提拔我,对于我来说一直都是一个谜。

---

  ① 陈亭竹:《程世寿与华中科技大学新闻传播教育》,载中国新闻史学会新闻传播教育史研究委员会编:《中国新闻传播教育年鉴2016》,武汉大学出版社2016年版,第514页。

1993年底,身为系主任的他找我谈话,说与程道才书记商量、请示了刘献君老师,打算任命我为新闻系副主任,接替屠忠俊。突如其来的话,使我有点蒙。我反复申述,我不合适。一则我的性格不适于搞行政,也没有搞行政的能力;再说,新的系领导班子已经配备齐全,临时下一个上一个,是用人的"大忌"。但是,他坚持。不仅如此,在往后的工作实践中,他还不间断地给我压担子。开始,只说要我协助他分管研究生工作,后来又要我协助他抓学科建设,尤其不能理解的是,从1995年开始,他在系务会上宣布,他因事出差在外时,"系里的工作由老吴主持"。而我当时只是摆在最后一位的系副主任。25年后,他在一篇文章中才说出当时这样做的原因:"为什么要这样调整?因为我上任时曾给自己规定了任期目标:为新闻系搭台子(目标是创建学院)、建班子(目标是选一个好接班人)、开路子(目标是有一个好的办学思路与方向)。经过多方考虑,我认为吴廷俊是最合适的接班人。因为他有思想,有能力,做人光明磊落,做事开拓进取。"①而当时他只对我说了一点:"你有很多好的想法。"

既然他和刘献君老师信任我,那我只好干。我这个人就是这样,把领导的信任看得很重,领导越是信任,我越是要干得好一些,不能使领导失望。在程道才、申凡等人的大力支持和配合下,我比较好地完成了分管工作——整理研究生工作档案,召开第一届研究生工作会议;与社会学系联合创办研究生班;取得新闻学硕士学位授予权;想尽一切办法,筹备召开首届海外华文报刊与中华文化传播国际学术研讨会;等等。另外,按照老程的布置,我还参与"集体泣诉",秘密策划新闻系"独立",等等。

1998年4月5日上午,就在刘献君老师向程世寿和我传达学校党委常委关于成立新闻与信息传播学院的决定后,当场,刘献君、程世寿跟我谈话,说准备推荐我出任即将成立的学院的院长,想听听我的意见。我再次向他们分析了我的不合适,希望组织上"另请高明"。但是,似乎无效。刘献君老师说,事情就这样定了,你当院长,老程当书记,为你保驾护航。

学院成立后,作为总支书记的老程多次对我说,你集中精力抓大事,具体事情我来处理;你大胆地放手干,出了问题我负责。虽然他这样说,但是我能摆正位置,凡事都向他请示,得到他的同意后才去做。

2001年4月,超期服役的程世寿从总支书记岗位上退下来,并办了退休手续。然而,学院还需要他,就返聘他继续负责成教(继续教育)办。程世寿

---

① 程世寿:《我亲历的90年代三件事》,载张昆主编:《三十五年回眸:喻家山下的新闻传播教育情缘》,华中科技大学出版社2019年版,第52页。

在书记任上时,除党务工作外,还分管成教工作。这项工作很重要,既可以扩大我们的社会影响,又可以创收。学院教职员工的生活条件的改善,完全指望成教办。老程返聘期间,工作依旧兢兢业业,利用自己长期积累的人脉关系,加上他的办学经验,把这项工作抓得风生水起,既有社会效益,又有经济效益,深受全院教职员工的好评。这种状况一直坚持到2003年20周年院庆之后。

程世寿身上有许多好的品质给我以影响和教育。如果说程道才和我身上充满乡土气息的话,那么程世寿就完全是个农民。他从汉阳蔡甸农村走出来,满口乡音,一点未变;因为办报值夜班的缘故,烟瘾很大,全身散发出很浓的烟味,身上的衣服,无论是冬装还是夏衣,都被香烟火星留下一个一个小洞。他办地市报主要面向农村、农民发行,因此,他总结自己办报的实践经验,写过一本《为农民办报》的专著,很有些影响。他是典型的农民教授,说话、办事、做学问都是实实在在的,就像农民种地一样,不搞半点花花动作。

程世寿是个乐观主义者,能力超强,大事小事,提得起放得下,举重若轻。我这个人则刚刚相反,忧患意识有余,办事能力不足,凡事提不起放不下,举轻若重。在长期的共事中,我注意点点滴滴地向老程学习,从他身上吸取营养,但还是学得不多。

程世寿的生命力极强。记得2006年12月的一天早晨,老程到银行取款时心脏病突发,他强忍着不适,打电话给原院办公室主任万哲华。万立即将他送进陆军总医院抢救。当我和党总支书记唐燕红赶到时,医生已经停止抢救,仪器也撤掉了。医生说,患者的心脏停止跳动已经超过5分钟,很难再抢救过来了。我听后如五雷轰顶,不能接受这样残酷的现实。我顾不得许多,当即大声要求医生重新架上仪器,继续抢救,再来5分钟。负责抢救的医生是一个身材很高大的女医生,见到我们着急的样子,便照我们的要求继续抢救。大约2分钟后,奇迹出现了,老程的心脏又重新跳动,他被抢救过来了。之后,他转到协和医院,做了心脏搭桥手术。直到现在,他健康地生活着,该吃吃,该喝喝,该玩玩,该乐乐!每天准时到学校老年活动中心"上班",或下象棋,或打麻将,或"咵天"(武汉话,聊天)。下象棋,尽管是"臭棋篓子",他也乐此不疲!打麻将,尽管是"以输为纲"①,他也是照打不误!"咵天",尽管别人不能全听懂他的汉阳话,他也津津乐道!

农民顽强的生命力、天生乐观的性格,成就了程世寿不浅的后福!

---

① 《湖北日报》原社长卢吉安曾为程世寿打麻将送他一副对联:上联"小输算大赢";下联"大输算小赢";横批"以输为纲"。

第十章
感恩私淑

我40岁改做新闻史研究与教学,53岁开始兼职行政办教育。无论是做学问,还是搞行政,我都是老兵新手,因此我迫切需要学习。令我庆幸的是,我遇到了许许多多好老师,虽然没有正式登堂入室,拜师学艺,我只能算是他们的私淑弟子,但是这些私淑们的言传身教,使我受益良多。

这里记叙的私淑,分两种类型,一种侧重学问型,一种侧重行政型。前者,我追随他们主要学习做学问;后者,则主要仿效他们做行政办教育。

一、拜师求道

新闻学在中国是一个小学科,新闻学界的范围不算大,根基不算深,影响也不算广,但是很团结,没有门派之分。我进入这个学术圈子后,感到这里就像一所大学校,大家共同学习,相互帮助,一起进步。尤其是一些长者,奖掖后学,促进学科发展。我衷心地感恩所有教我知识、长我学问的人。

(一)人品学品,高山仰止

——感恩方汉奇先生

方汉奇是中国新闻史学界的泰斗,这已是世所公认,他的人品学品,堪称楷模,这也是不争的事实。以我的知识和能力,不足以对先生做出整体评价。

这里只是记叙一些在与先生的交往中,我从他那里所得到的教导,以及他对华工新闻教育的扶持。

1. 我与方先生的交往

1987年10月初,在安徽黄山中国人民大学新闻系培训中心召开的全国高校自学考试新闻专业指导委员会第二次会议上,我与方汉奇先生第一次见面。他是与会者中唯一的教授。记得报到的那天(10月2日)下午,四川大学张慧仁老师领着我到先生的房间拜访他,只见他已经满头银丝,正伏案做卡片。因为是首次见面,我只是和他打了个招呼,就告退出来。从那时算起,至今已有36年。

36年中,我与先生的交往,数不清有多少次,大致上分三种情况:一是只要到北京出差,我必到中国人民大学去拜访先生;二是只要有合适的机会,我便邀请先生到华工出席各种会议,或到学院指导学科建设;三是在各种学术会议上与先生交流,向先生请教。虽然2020年以来,线下活动大大减少,我不能向先生当面请教,但我依然保持和先生线上会面,不放过每一次学习机会。

出席《大公报》创刊一百周年纪念活动和参加"世界报业发展论坛"时,与方先生合影
(2002年6月于中国香港)

说到学习请教,我有一件终身遗憾的事——记得1995年,先生嘱我以同等学历攻读博士学位,以《大公报》史为研究方向。我因惧怕外语不能过关,便没有能做他的入室弟子。我甚至连如白润生、乔云霞、刘家林等人进人大新闻系举办的教师进修班这样的机会都没有,因而只能做私淑弟子。但是,先生依然视我为入室弟子。2001年春节,先生一封回复我的信颇有讲究:抬头写上我和拙荆的名字,落款是他和师母的名字,还附了一张他和师母与14位入室弟子的合影。这封信和这张照片,我作为珍品收藏着。

还有一次在中国人民大学新闻学院的会议上,先生在讲话中讲到他的学生的现状时,历数数人,最后说出了吴廷俊三个字,我立即说:"请在座的各位作证,先生承认我是他的学生了。"润泽随即说:"我可以作证。"虽然这样,但是我知道,我够不上入室弟子的资格。

即使是私淑弟子,先生在我身上所花的功夫也不小,几十年的言传身教,扶持提携,使我获益巨大。2021年,先生主编的《中国新闻传播史(第三版)》荣获中国教材一等奖,之后修订时,要调整编写组成员,先生又给我一次学习机会,纳我进编写组。在第四版修订启动会上,在提到我时,先生说,这部教材开始编写时,你还隐居隆中,躬耕陇亩,没有机会参加,这次请你出山。

毫不讳言,几十年的交往,我与先生的感情已经突破学术关系范畴。先生年长我 19 岁,我视先生如父,心中装着他,时时惦记着他。我们一家人与先生一家都有往来,我儿子吴郢在清华读书时,多次到先生家做客,受到热情招待。后来,吴郢到美国学习、工作,其住地与先生儿子方彦家只有不到一小时车程,往来也很方便,我们在美国探亲时,还曾有几次"他乡遇故知"的愉悦见面。

随着时间的流逝,先生年事渐高。师母走后,90 多岁高龄的他一人独居北京,生活之艰难,不言而喻。我很想在生活上对他进行一些照顾,但是无奈京汉两地相隔 1200 公里,我心有余而力不足。尤其是 2020 年以来,我连到北京看望他的机会都没有,只能发微信问候。我每天早上的第一件事,就是在微信上问一声"先生,早上好",文字后面跟上一朵鲜花和一杯咖啡的表情。随后,我便接到先生发来的"新闻早餐"三则。天天如此,不漏一日。有时候,彼此还相互转发几则自认为有参考价值的帖子,加上三言两语的感想。偶尔有时没有看到先生的微信,便担心起来,就请邓绍根或王润泽到先生家看看,他们看后回话说,先生好着呢,我也就放心了。

2. 方先生对华工新闻教育的扶持

作为中国新闻史学界的泰斗、中国新闻史学会创会会长、国务院学位委员会第四届新闻传播学学科评议组召集人,方先生对我们华工新闻传播学科建设和新闻传播教育事业发展的扶持和帮助也是巨大的。

1983年9月,中国人民大学新闻系为支援全国新闻教育事业的发展,举办师资培训班,刚刚成立不久的华工新闻系有戚海龙和龚文灏两人参加,龚进方汉奇教授主持的历史班,戚在甘惜分教授主持的理论班。这可以算是方汉奇和甘惜分两位先生对华工新闻教育支持和帮助的开始。

1993年,华工新闻教育创建10周年,先生应邀前来参与庆典活动,做学术讲座,题词鼓励我们:"在新闻教育的领域内不断探索新的规律,总结新的经验,走出新的道路,创出新的水平。"

自1994年开始,方先生热情支持我们与新加坡南洋理工大学联合举办"世界华文传媒与华夏文明传播国际学术研讨会"(具体情况见上篇第二章第二节第一目),并亲自参加了前四届,其中前三届作为大会主席,在会上致开幕辞。当初,我曾说,中国新闻史学会、华中理工大学和新加坡南洋理工大学三家联合办会,三家各尽所能:史学会举旗,华工出力,南洋出钱。事实上,的确如此,史学会的旗帜举得好,德高望重的

方先生为华工新闻系建系十周年题词

方汉奇会长登高一呼,应者云集,这个会之所以每一届都开得很成功,并且持续不断,成为品牌会议,方先生可记首功。

此外,据不完全统计,方汉奇先生先后3次专程莅临华工新闻学院,指导工作。

第一次,1999年9月23日,方先生与丁淦林、赵玉明一道受聘为我校兼职教授。因为是新闻学界三位顶级教授受聘,我校领导特别重视,受聘仪式由秦忆副校长主持,朱玉泉书记发聘书,杨叔子院士讲话。接受聘书

后,方汉奇先生做了《互联网络的发展》的学术报告,我院师生深受教益。

当日下午,三位兼职教授以"自己人"的身份对华工新闻传播学科的博士、硕士学位点申报材料提意见。方先生指出,华工新闻传播学科走"交叉发展,特色取胜"的路子是值得大大肯定的,这是中国也是世界新闻传播的特色。这条路看准了,就要坚持走下去。但是有两点要注意:一要立足于人文基础;二要注意教师队伍的年轻化,这是传播科技发展的需要。

第二次,2003年9月19—20日,方先生与丁淦林、赵玉明等人一道出席我院新世纪新闻传播学博士生教育研讨会。

第三次,2005年5月14—15日,方先生与甘惜分、丁淦林、赵玉明等人来我们学校出席第二届新闻传播学博士生教育研讨会。在会上,他与其他与会者一样,结合自己带博士研究生的实际,主要谈了如何指导博士生系统读书的问题。14日晚,他与丁淦林、赵玉明等人一起审核了我们申报一级学科博士点的材料,对我们依然本着"入主流,创特色"的指导思想表示赞许,对我们设置的"新闻史论""新闻业务""广播电视""传播与科技""广告与公关""媒介经营管理"5个方向也表示认可,并就各个方向特点的表述提出了修改意见。当年7月,我们照此申报新闻传播学一级学科博士授予权,被高票通过。

从最初申报二级点到一级点学位授予权的获得,每走一步,我们都得到了方汉奇先生的扶持。

3. 方先生对我的教导与提携

通过各种方式的交谈,包括与师母的交谈,我力求在一些不经意的言谈举止中走进先生的心灵,①加深对先生的了解,以取得若干真经。

1922年12月27日,梁启超为江苏学生联合会做讲演时说,人类心理,有知、情、意三部分。这三部分圆满发达的状态,先哲名为"三达德",即"智""仁""勇"。② 我不敢说先生是圣人,但是我敢说,先生具备了先哲所谓的"三达德",是智者、仁者和勇者。先生的"三达德",深深地教育着我,影响着我。

(1)作为智者的方汉奇对我的教育与帮助。

说先生是智者,首先是指他博学,有丰富的知识,是大学问家。先生博览群书,且记忆力超强;著作颇丰,且多为精品。其专著《中国近代报刊史》是中国新闻史学史上继戈公振《中国报学史》之后的第二块里程碑;其主编的《中

---

① "我有幸成为您家显微镜下被观察的一只小虫豸。有些分析和议论,先得我心。"——我将《方汉奇新闻史观》文稿传给方先生,请他指正,北京时间2016年9月1日00:03,我收到方先生于芝加哥回我的微信。

② 梁启超:《为学与做人》,《饮冰室文集》之三十九,台湾中华书局1978年版,第104页。

国新闻事业通史》(三卷本)被誉为代表当时中国新闻史研究的最高水平;《中国新闻传播史》荣获首届中国教材一等奖。他是当代马克思主义唯物史观坚定的捍卫者和模范的践行者——他提出的"事实是第一性"和"论从史出"的治史观具有永恒的真理性;他提出的"新闻史是历史的科学"的新闻史学理论切中时弊,具有深远的历史意义和现实价值;他倡导的"打深井"治史法,对中国新闻史学界,尤其是年轻学者有特殊的指导意义。我通过阅读先生的诸多新闻史著作,不仅学到了新闻史知识,而且认同先生的新闻史学理论,并于 2016 年撰写《唯物史观的学理坚守:我对方汉奇教授新闻史观的理解》一文,在几个会上发表后,刊登于 2016 年第 4 期《新闻春秋》上。这篇学习心得被先生称为"一种'学案'式的研究成果"[①]。

2007 年,方汉奇先生荣获第六届吴玉章人文社会科学终身成就奖,可谓是实至名归! 正如颁奖词所言:"先生以毕生心力,七十余年如一日,潜心治学中国新闻史,为新中国新闻学重要的奠基人和开拓者。"

先生博学而不知足,以读书为乐。在北京大学,为了讲好中国新闻史这门课,从 1953 年至 1958 年,他看了 2000 多部书。[②] 他任何时候都不忘读书,无论是在乡下搞"四清",还是住"牛棚"挨批斗。后来到"五七干校",他最以为痛苦的不是繁重的体力劳动,而是"不能看书,或无书可看"。对于读书,对于获取知识,他永不知足。有一次,他无意中说了一句话,对我的触动很大。他说,他少读了 20 年书。他没有具体说明 20 年的上限下限,我推想可能是指从 1958 年至 1978 年的 20 年。这不是先生个人的错,而是时代所限。也许先生言者无意,但我闻者足惊。我反躬自省,无地自容。我们这一代人,中学时代先是碰到"大跃进";困难时期,强调"休养生息";进大学刚刚好一点,满以为可以安安心心读点书,没想到,仅仅读了一年半书,"史无前例""大革文化的命"的运动就开始了。读书太少,腹中文墨不多,做教师,尤其是做大学教师后,我倍感吃力,于是便抓紧时间读书。先生无意中说出的这句话,时时如鞭子抽打着我,催我抓紧读书,加紧学习。

说先生是智者,其次是指他对人生、对社会了解透彻,"世事洞见",因而有极强的判断力,遇事不慌,遇难不惑,永远保持着清醒的头脑,宠辱不惊,善始善终,以至期颐之年。先生的父亲是国民政府体制内的人物,1949 年先去香港,后至台湾,在政府内任职。先生有兄弟姊妹 7 人,他为老大。7 人中,

---

① 2016 年 9 月 8 日 9 时 21 分方先生给我的微信中所言。
② 方先生 2016 年 9 月 1 日给我的微信中说:"当时是作为走白专道路的'检讨'时统计的。"

只有先生1人在境内生活、工作,其余6人,1人在香港,5人在美国。① 这样的家庭背景,在那个特殊的年代,若在言行上稍有差池,便可能大祸临头。人是环境的人。人要生存下去,首要的是必须应对环境,先生不能不谨言慎行。

当然,他不是胆小怕事,而是智慧生存,什么事情可做则做,什么事情不可做则不做,绝不"知其不可为而为之"。即使研究学问,也是如此。"文革"期间,新闻史上许多著名报人都被指为有问题,不能研究,他就研究鲁迅。鲁迅总可以研究吧!毛泽东对鲁迅有极高评价,还说,他的心与鲁迅的心是相通的。再说,鲁迅也是中国近现代报刊史绕不过去的人物。于是,1977年,方汉奇对鲁迅的报刊活动和办报思想进行系统研究,撰写了《鲁迅的报刊活动和他的办报思想》《鲁迅的报刊编辑活动和他严谨的写作态度》《鲁迅对某些报刊的批判》等文,并以此为教学提纲,向北大中文系新闻专业的学生进行讲授。

记得2018年10月,在北大新闻学研究会年会暨第七届新闻史论青年论坛上,先生用非常平静的语调对青年新闻史学者们讲述他的新闻史研究经历和经验。其中有一句话我记忆尤深。他说他这一辈子只教了一门课,只有一个研究方向,就是中国新闻史。几十年来,能研究时,他就研究,不能研究时,他就不研究。实际上,他的研究从没有停止过。他这里所说的不研究,绝不是真的不研究,而是不"明目张胆"地研究罢了。

他的智慧,还表现在幽默和达观上。在他面前,再大的事情,都可排解。了解了这一点,我们就不难理解先生为何能平安地走过几十年的"阶级斗争一抓就灵"、政治运动不断的岁月。"文革"期间,他被关"牛棚",与黄河同住一间。黄河原名王君平,是一个1932年入党的老党员,时为中国人民大学新闻系报刊史教研室主任。有一天,方先生跟黄河开玩笑说:"毛主席已经为你的问题发表过'最高指示',你很快就会被'解放'了。"黄河听后忙问:"毛主席是怎么说?"方先生翻开随身携带的《毛主席语录》,一本正经地说:"毛主席指示:'一定要把黄河的事情办好!'"② 这句语录的出处是,1952年10月,毛泽东视察黄河,对沿途党政负责人讲,你们一定"要把黄河的事情办好"。方先生巧妙地将河名换为人名,在场的人就此一乐,愁苦为之一消。

(2)作为仁者的方汉奇对我的教育与帮助。

梁启超说,"仁"之一字,儒家人生观的全部内涵大都包在里头。孔子说:

---

① 刘泱育:《方汉奇传》,江苏人民出版社2016年版,第10页注2。
② 方汉奇:《新闻史的几个园丁》,载《溢金流彩四十年——人大新闻学院师生回忆录(1955—1995)》,人大内部资料,第57页。

"仁者人也。"意思是说,人格完整谓之"仁"。人格不是单独一个人可以表现的,要从人和人的关系上来看。要彼此交感互发,成为一体。人不能单独存在,无论是物质的还是精神的财富,都不是一个人创造出来的。人既要有独立人格,又要乐于助人,乐于与人,"生而不有,为而不恃",此为仁者。生养却不占有,帮助他人却不以功德自居。方汉奇就是这样一个仁者,内有仁爱之心,凡事以助人为乐。2006年,他在接受《光明日报》记者采访时说:"我有一句座右铭,'人之有技,若己有之;人之彦圣,其心好之'。就是说,别人学术上有了成就就如同自己拥有一样。对年轻人要多扶持,对同辈人要多借鉴,不要得红眼病,不要嫉妒人家,应该有这样的襟怀。"[①]

对于先生奖掖后学,我是有切身体会的。我与先生相识之后,常为学术上的事写信向先生请教,他是凡信必复,有求必应,循循善诱,耐心解答。我对《大公报》的研究,就是在先生的鼓励下一步一步向前行,并取得一点成果的。1992年6月,在北京召开的中国新闻史学会成立大会上,是先生首先在公开场合肯定了我的研究成果《新记〈大公报〉史事编年》(五册本)。会后,我同吉林大学的冯国和教授、郑州大学的王洪祥副教授到中国人民大学去拜访他。那时先生还住在人大的林园一楼。他翻箱倒柜,找出了自己收藏多年的有关《大公报》的资料,包括报馆内部的规章制度、会议记录等全部交给我,并说:"《大公报》史的研究,你已经有了很好的基础。这些就全交给你了。"当我从方先生手中接过资料时,感激的心情难以用语言表达。我感到接过来的不仅仅是一包资料,而且是一项神圣的使命。我敬佩他那无私的襟怀和扶持后进的品质!随后,他亲笔写信给华工,推荐将该项研究予以立项。[②]

立项后,他不断来信,或寄来新发现的资料,或对研究工作给予指导,进行督促。他要求我做到:"集中精力,专力致志。"提纲初拟后,他从体例、结构到用词都进行了仔细推敲;书稿写作时,我写成一章,他审阅一章。他审阅得很仔细,连错、漏字也不放过。1994年,《新记〈大公报〉史稿》(简称《史稿》)出版前,他欣然写了一篇3000多字的序言,对我的治学态度和《史稿》的价值给予了充分肯定。

[①] 吴晓晶:《方汉奇:冷门做出热学问》,载《光明日报》2006年2月26日。
[②] 方汉奇推荐信:《大公报》是本世纪(20世纪)以来在中国、在东亚,乃至于在全世界有过重大影响的中文报纸。它的诞生与发展,和中国近代、现代、当代的政治、经济、文化、军事等诸方面,都有着密切联系。同时还为新中国培养了两至三代数以十百计的优秀的新闻工作者。吴廷俊同志以"《大公报》史研究"为课题,对这家报纸进行深入的个案研究,厘清了一些史实,总结其经验和历史规律,具有极为重要意义,是一项填补新闻史研究空白的工作。我乐观厥成,并愿为之推荐。中国人民大学新闻学院 方汉奇 1992年6月15日。

《新记〈大公报〉史稿》1997年获第三届吴玉章新闻学奖。对此,先生比我还高兴。

作为一个怀有仁心的大学者,先生不仅在学术研究上乐于助人,而且能包容不同学术观点和持有与他不同观点的人,无论这些观点与自己的如何相左,也无论这些人的地位身份如何低微。记得我刚刚接触到中国新闻史的时候,就写了一篇《从归义军进奏院状原件看唐代进奏院状的性质》的文章,文中提出了几个与方先生不同的观点:第一,唐归义军进奏院状不是报纸,只是一种具有情报性质的内部文件;第二,中国古代报纸不是始于唐朝,而是始于宋朝,其标志是"小报"的出现;第三,"条报"不是报名,条为动词"即日系条事"。我将载有此文的1988年第1期《新闻探讨与争鸣》(华工新闻系内刊)寄给方先生,请他指正。先生看后,很快给我复信,说了这样几点:对我能够提出不同观点的求学态度给予充分肯定,说学术研究就是要提倡百家争鸣,并告诉我,持相近观点的人还有谁谁;对"条报"的理解,认为我的是正确的。此后,先生主编出版《中国新闻通史》,在论述唐归义军进奏院状性质时,在注释中提到我的那篇文章[1],并且在《方汉奇自选集》所载《从不列颠图书馆藏唐归义军"进奏院状"看中国古代的报纸》一文中,在叙述"条报"时,特意加括弧指明:"这里的'条'也可以作动词。"[2]这类情况,在许多和他交往的学人身上发生过,如复旦姚福申、南京师大倪延年等。先生虚怀若谷,令我倍加敬重。

1946年9月6日,《大公报》总经理胡政之在《追念张季鸾先生》一文中,有一段描述张季鸾的话:"季鸾为人,外和易而内刚正,与人交辄出肺腑相示,新知旧好,对之皆能言无不尽。而其与人亦能处处为人打算,所以很能得人信赖。"我以为,这里描述的极像方汉奇先生。

先生言传身教,我便东施效颦。不求达到先生的高度,只望能够提升自己。比如来信必复,无论来信者是谁,身份如何,认识与否;对来信者的要求,无论是解答问题,修改文章,请做书序,还是寻找资料,索要著述,我都尽量予以满足。

(3)作为勇者的方汉奇对我的教育与帮助。

梁启超说,所谓勇者,指意志坚强者。并认为,欲意志坚强,首须心地光明,次要心底无私,再要手握真理。

---

[1] 方汉奇:《中国新闻事业通史(第1卷)》,中国人民大学出版社1992年版,第60页。
[2] 方汉奇:《方汉奇自选集》,中国人民大学出版社2007年版,第20页。

先生光明磊落,胸怀坦荡,以浩然正气,立于天地之间。一辈子没有做过对不起国家、民族的事,没做过对不起他人的事,没做过对不起自己良心的事,所以能"至大至刚"。2021年11月10日14—17时,人大新闻学院举行线上会议,庆祝先生主编的《中国新闻传播史》荣获首届全国教材建设奖一等奖,我应邀与会,并发言谈感想。之后,我与先生的一组微信往来,很能说明这一点。

会刚一结束,17时15分,先生给我发来一张照片,以及一句说明文字:现场聆教时的留影!

17时26分,我给先生回微信,写道:今天特别高兴,又一次听先生讲筚路蓝缕的故事,深受教益。先生95岁高龄,在会议室坐了三个小时,讲了近一个小时,声音洪亮,思路清晰,史实准确,一般人都难以做到。说明先生的身体非常健康,尤感欣慰!敬祝先生永远健康。

先生随即回信:多谢您家的善颂善祷!

次日,清晨7时23分,先生再发来微信说:多承锦注,其实我身体并不咋地,有多年的糖尿病,至今还天天服药打针,(他们)还不给(我)打新冠的防疫针。只是心态较好,不嘀咕,该吃吃,该喝喝,不知老之已至而已。

先生的这条微信,使我想了很多,尤其是对"不嘀咕"三个字,反复体味。我以为,先生凡事不计较,宠辱不惊,"不嘀咕"既是对他"光明磊落"精神境界的通俗注解,也是对他"坦荡人生"的形象描绘!

先生心底无私,具体表现为:第一,不为私利而苟且,不为迎合做违心的事,说违心的话,宁可不做不说。第二,急人所难,慷慨助人,无论是生活上还是学术上。前述先生将他保存多年的《大公报》史料毫不犹豫地交给我的事实,就是慷慨无私的表现。历史研究,史料之宝贵,不言而喻,史家对史料保密,唯恐不周,何来主动与人?2007年,先生荣获第六届吴玉章人文社会科学终身成就奖,他将100万元奖金慷慨捐献给中国新闻史学会,设立基金,用于支持新闻史学、新闻传播学研究。第三,先生与人交往,不分远近,无所偏私。先生不仅对入门弟子一视同仁,就是对我们这些私淑弟子也同样如此。对此,凡是认识先生的人,无不称道。

先生治史,忠于史实,忠于真理。他不仅将政治性极强的新闻史科学地划归史学范畴,突出新闻史的史学特征,而且勉励治史者依据史识,将新闻史修成"信史"。为此,他强调史家修养,多次论述"三长"对于治史者的重要性,尤其看重史家的史德,并以此来鼓励后学。他在为我的《中国新闻史新修》所作序言中说:"中国的史家历来有讲究史胆、史识、史才的传统,作者于此三者都有所追求,也都有所表现,是十分可贵的。"在为《中国新闻传播史(1978—2008)》一书所写的序言中,强调指出:"前人论述史家修养,有史德、史学、史才、史识之说。史德是第一位的,我认为本书的作者们,是坚守了史家的道德底线的。至于史学、史才、史识,则是他们的共同追求。"我以为,这不仅是对我和我们几个人的希望,而且是对全国新闻史学研究者的希望,希望大家要做良史,千万不可做秽史。能像方先生那样,忠于史实,忠于真理,遵照历史唯物主义原理,还历史以本来面目,以修信史为要旨,有什么可畏惧的?

先生奖掖之恩,山高水长!

(二)一辈子为追求马克思主义真理而斗争

——感恩甘惜分先生

甘惜分,1916年4月出生,中国新闻教育家、中国新闻学界泰斗,中国人民大学新闻学院荣誉一级教授。

1. 我与甘惜分先生的交往

虽然我在1986年备课、写教学讲义时,就拜读了甘先生的《新闻理论基础》,但那时只当是入门学习,没有仔细研读。虽然说史论一家,但是两者的关注点还是各有侧重,所以,相对于与方先生的交往而言,我与甘先生的交往,在时间上要晚得多,在频次上要少得多。但是,甘先生的人品和学品对我的影响同样是那样深刻,他对我的教育和帮助同样是那样重大!他的形象在我心里,同样是那样美好!

(1)在我记忆中,与甘先生第一次面对面交谈,请教是在1993年夏天。那时,甘先生与方先生应武大新闻系邀请前来武汉参加学术活动,住武大珞珈山庄。报到的当天晚饭后,我前往拜访两位先生。除了礼节性问候外,还有一个实际目的,就是想请甘先生为我即将出版的《新记〈大公报〉史稿》题写书名。对甘先生的书法,我有所耳闻。该书已有方先生作序,如果再有甘先生题写书名,岂不是完美!当时,我与甘先生不熟,见面时,不免有些紧张。好在有方先生在场。我见到两位先生,寒暄之后,探询近况。甘先生刚刚从中国台湾参加"政治大学"新闻传播学研讨会回来,话题自然离不开这个。据说,他在台湾地区接受记者采访时,说了一句当局认为不太恰当的话。回来后,有关方面找他谈了话。甘先生说:"我没有讲什么,他们要神经过敏,我也没办法。再说,我也不怕。"对于甘先生在台湾讲了什么,我不知道;回来后,中宣部找他谈话的具体情况,我也不清楚,也不便细问。方先生在旁说了一句"老甘死猪不怕开水烫",把甘先生逗笑了。后来,我读甘先生的《一个新闻学者的自白》时,才知道这句话是甘先生自己说的①,方先生是拿甘先生自己的话来跟他开玩笑。甘先生当时自若的神情深深印刻在我脑海里。随后,我向甘先生提出了自己的请求,没想到,他二话不说就答应下来,并说,"家把什"随身带着,现在就写。记得当时写了两幅,甘先生自己挑了一幅觉得满意的,交给我带回。一点大家的架子也没有,太令人感动了。《新记〈大公报〉史稿》由武汉出版社出版后,我立即给甘先生寄上一本,一则对他题签表示感谢,二则敬请斧正。没过多久,先生就来信,对《史稿》赞赏有加,特别地说:"《大公报》敢言,你也敢言!"

(2)1993年9月1日,华工新闻系建系10周年,甘先生应邀前来参加庆典。他除了给师生进行学术演讲外,还题词予以鼓励:"建设一支具有现代大视野大思路大学问大手笔的中国社会主义新闻大军。"我当场看到甘先生的题词,心中暗想,他是一个有远大抱负的社会主义新闻学者,对我们的希望也是如此。

甘惜分先生为华工新闻系建系十周年题词

(3)1995年10月12日,中国新闻史学会、华中理工大学、新加坡南洋理工大学联合举办海外华文报刊与中华文化传播国际学术研讨会。作为大会主理秘书长,我有幸邀请到了甘先生与会。报到时,我才从方先生口中知道,甘师母文家荣8月21日去世了,才不到两个月。我后悔不该此时劳驾甘先生参会。方先生说,让他出来散散心也好。整个会议期间,甘先生的精神状态很好,他在大会发表论文,在小组参与讨论,畅所欲言。由于中外交流所限,会上还发生过一点小"争议"。先生向大会提交的论文《爱国主义——海外华文报纸的重大主题》说,海外华文报纸"对于时局见仁见智,各有不同,但

---

① "我是死猪不怕开水烫,多少大风大浪都过来了。"引自甘惜分:《一个新闻学者的自白》,香港未名出版社2005年版,第83页。

有一点是共同的,即热爱祖国的爱国主义办报方针"。分组讨论时,几位海外年轻华人学者对此有不同意见,说,二战后,东南亚各国华侨早已经转为各所在国的华人,中国不承认双重国籍,因而海外华人的国家意识也有了相应转变,所谓"爱国"也应该是爱所在国,而不是爱中国。当时,我正好在场,担心甘先生难堪。没有想到,甘先生平静地接受了那几位年轻学者的看法。在中国有崇高学术地位的甘老如此虚怀若谷,在场的人不禁佩服,会后传为佳话。

1995年10月,甘惜分先生为作者题词

会议期间,甘先生也是将写字的"家把什"随身带着,对与会者讨要墨宝,都一一予以满足。先生也惠赠了我一幅:"留心身前身后诸事,敢写浪起浪落奇文。"又一次强调"敢言"。

拿到先生的惠赠,当晚我在"白帝"号游轮上心潮起伏。我想,先生的这两句话,既是对《新记〈大公报〉史稿》的肯定,更是对我今后学术道路的期望。

(4)20世纪80年代后期,尤其是1989年以后,先生发表的文章和言论,明显与以前,尤其是与1982年出版的《新闻理论基础》的基调有所不同。因此,学界开始出现一些对先生的微词,说他的观点从"左"转到"右",比他原来批判的王中先生的观点还"右";有人甚至说先生是"风派";等等。是否"风派"?这个问题不回答,有损先生的英名。于是我建议他的关门弟子刘燕南①写一篇东西,比如专访之类,详述先生学术思想转变过程,在报刊上公开发表,以正视听。燕南说,他已经有一篇成熟的东西,到时候会发表的。

大约在2004年7月,我到北京公干,正事办毕,买好了下午回武汉的火车票,便到铁狮子胡同中国人民大学教工宿舍拜访甘先生。在他书房小坐片刻后,我提出请他餐叙。于是我们爷俩来到附近一家路边小餐馆,点了三盘小菜,要了一壶茶。我的主要意图是想了解先生学术思想转变的来龙去脉,先生似乎也很想找人诉说一下心中想说的话。所以,那天我俩吃得很少,主要是说话——先生说,我听。从《新闻理论基础》说起,说到舆论研究所成立及其活动,再说到1989年以后的几篇文章。对于《新闻理论基础》,先生说,写这部书重在拨乱反正,正本清源,清算被"四人帮"搞乱了的新闻理论,由于

---

① 刘燕南,原为华工新闻系最早的教师,后成为甘先生的关门弟子。

当时还是一个"解放脚","左"的痕迹较重,对毛泽东新闻思想保持尊重态度,因此被读者视为"左"。先生说,真是天大的"冤枉"！对于舆论所的成立及开展的几次重大调查活动,他认为,这是他思想转变的标志,"通过舆论调查,了解到不少民情,也摸了摸新闻界的脉搏,思想上才有了大的变化"。很多社会问题和新闻界出现的问题,引起他深深的思考;思考的结果,就是"觉醒","彻底同陈腐思想告别","经历了一番涅槃,达到了新的境界"。不知不觉两个多小时过去了,我要赶火车,只好结束餐叙。我要送他回家,他说他自己可以,我就告辞离开了。

　　2006 年初,我收到先生寄来的一本书,书名是《一个新闻学者的自白》,香港未名出版社出版。我连忙打开阅读。这本书分上下两编,上编是《一个新闻学者的自白——师生访谈录》;下编是《四十年学术论著选编》,"以作为上编论述的佐证"。原来,约 14 万字的上编《一个新闻学者的自白——师生访谈录》,就是前年先生在铁狮子胡同附近路边小餐馆对我讲述的主要内容。书稿于 1996 年写成,到 2005 年才面世,可以想见,中间经过了何等曲折的过程。先生在后记中提到了帮助过他的人,其中就有刘燕南。可见刘燕南早就知道这份书稿的存在,故她对我说:"他已经有一篇成熟的东西,到时候会发表的。"上编分七章,详细叙述了他几十年不断探索真理的过程。文中,他将自己的新闻思想发展总结成"探索、徘徊、清醒"三个时期。[①] 先生写道,第一个时期,是"文化大革命"以前的十多年内。"我是一个完全的正统派。不但对马克思、恩格斯、列宁的革命思想十分信服和崇拜,而且对斯大林和毛泽东也缺乏具体分析。"第二个时期,从"文化大革命"到 20 世纪 80 年代前半期的思想徘徊。"批判'四人帮'我是积极的,但是我对毛泽东还不能说全部清醒。我在革新与保守、创造与拘谨之间徘徊近十年之久。"第三个时期,1987 年以后。"我完成了觉醒的全过程,彻底同陈腐思想告别。"他总结说,"数十年革命生涯给了我以生命,也是这数十年革命生涯到晚年给了我以清醒的头脑。我经历了一番涅槃,达到了新的境界。"[②]

　　(5)2005 年 5 月 14—15 日,我们新闻学院在黄冈举办第二届新闻传播学博士生教育研讨会,邀请了当时全国著名教授共襄盛举。甘先生欣然接受我们的邀请。在会上,甘老结合自己的经验,对博士生培养问题侃侃而谈,发表了很好的意见。甘先生此次出京,已是 90 岁高龄的人了,是与会者中年龄最

---

① 甘惜分:《一个新闻学者的自白》,香港未名出版社 2005 年版,第 152 页。
② 甘惜分:《一个新闻学者的自白》,香港未名出版社 2005 年版,第 151-152 页。

长者。我作为邀请者,特别慎重,事前已经同童兵和刘燕南讲好,甘先生白天由刘燕南(关门博士生)负责,晚上由童兵(开门博士生)负责。然而,他们说老爷子身体很好,不用特别照顾,因而基本不管。这让我更加紧张。

甘老自己也感觉良好,参加完黄冈会议后,又应罗以澄邀请到武大讲学和考察。之后,郑大新闻学院董广安院长又安排了先生郑州一行:5月17日到郑州;次日考察郑大穆青研究中心,与研究生座谈、题词;19日到《大河报》社考察、交流、题词。《大河报》时任总编辑王继兴是甘老1976年在北大教书时新闻研究班的学生,两人一直保持书信往来,在王继兴的书柜里保留着甘老来信300多封,甘老对他办好《大河报》指点不少。因此,甘老在《大河报》的活动兴致更高,一连活动了数日。为了减少折腾,活动结束后,王继兴派车将甘老直接送回北京家中。甘老16日离开黄冈后,我依然紧张,他后面的几站行程,我都请求罗以澄和董广安逐天告诉我有关甘老的身体状况,直到甘老平安到达北京家中,我紧张的心情才松弛下来。

(6)2008年11月14—16日,以"融合、创新、变革"为主题的2008中国新媒体传播学年会在中国人民大学隆重召开。这个会议是发端于2004年的中国网络传播学年会与新媒体与新思维论坛合并之后的第一次盛会,来自内地、香港和澳门近50所高校与科研机构的120余位新媒体传播学专家、学者以及中国互联网主管单位领导、我国知名网站的高层管理者欢聚一堂,就新媒体领域共同关心的话题展开了精彩对话和广泛深入的研讨。中国人民大学很重视这个会,也请到了甘先生参加开幕式。由于我在会议期间有些杂事要办,并且先生由于身体原因,在会场待的时间很短,开幕式之后就回家了,我来不及与先生充分接触。会后,我也没有到先生家告辞就回武汉了。此后,有一天,我收到从武大新闻学院转过来的一封信,一看就知道是甘先生寄的。原来他把收信人地址写重复,既写了武大又写了华科,武大在前,于是信就被投寄到武大去了。更有意思的是,我打开信封看,里面没有信瓤儿。我生怕是有人把信瓤儿取走了,立即打电话给甘先生。甘先生说让他找找看。过了几天,先生来电话说,他在抽屉中找到了信瓤儿。还说,也没有什么紧要内容,先存放在他那里,等以后我再到北京时,当面给我。12月初,我到教育部开学风建设委员会会议,就到先生家去,拿到了信笺。原来,信笺是11月16日即人大会议开幕式那天他回家后写的,而信是11月20日发出的。中间过了4天,估计是写信封后忘记装信笺了。

以往,寄信、校对文稿等事情,都是他夫人文家荣老师包办。甘夫人1995年去世后,这些事都要他亲力亲为,他年事已高,难免丢三落四。听方先生和方师母说,甘夫人去世后,他们拟帮甘先生物色续弦者,问甘先生有什么要求,甘先生提出两条:一是身体好,贤淑,能照顾生活起居;二是有一定文化,能帮忙打理文案杂务。但是一直没有物色到合适的,甘先生只能搬到儿子家住。儿子上班后,他一人"整天关在儿子家里,冥思苦想",很想找故交聊天。

(7)2009年1月,在长城饭店会议听先生的演讲。2009年1月8—9日,中国传媒大会①·2008年会在北京喜来登长城饭店举行。这次会议来的人不仅多,规格还很高。开幕式上,邵华泽和赵玉明致辞。已经93岁高龄的甘惜分先生不仅被他们请来了,而且安排了大会演讲。那天,甘先生的兴致很高。大会秘书处规定,演讲者每人发言限15分钟,甘先生演讲时,15分钟才仅仅开了个头,接着又讲了15分钟后,有工作人员给他递条子,提醒他注意时间。他看后,有些生气。于是,大会主持者李良荣示意工作人员不要打断老先生的讲话,并搬来一把椅子,请他坐下来讲。这次发言,甘先生前后讲了大约一个小时,主要讲了三点内容:一是要解决新闻无学的问题;二是要用马克思主义为指导,整理和创建新闻理论体系;三是媒体要表达民情,反映舆论,要允许"民间办报"。我清楚地记得先生说最后一句话时,声音顿时提高八度,手在面前一挥,近乎呐喊道:"看不到民间报纸在中国创办,我死不瞑目!"先生当时的神情深深刻在我脑海里!

2009年1月8日,甘先生在中国传媒大会上演说

其实,办一张为人民说话的报纸,是甘惜分先生长期的思考和追求。他

---

① 该会议由中国报业网邀请中国新闻史学会,以及中国人民大学新闻学院、复旦大学新闻学院、中国传媒大学电视与新闻学院、武汉大学新闻与传播学院、清华大学新闻与传播学院、华中科技大学新闻与信息传播学院、暨南大学新闻与传播学院、厦门大学新闻传播学院等全国八所新闻学院共同举办,每年开会一次。

曾说:"我们天天讲为人民服务,我们可知道人民在想什么?我们到底给了人民什么?我们在延安住了12年,我们进大城市以后,到底有几位领导人回延安看过?周恩来总理去了三次,其实抗战八年,周总理大多数时候不在延安,而在重庆同蒋介石谈判。现在延安还是老样子,我们心里不难过?我们的报刊有多少反映人民生活和人民思想的报道和文章?办好一张真正为人民的报纸,是我'文革'之后所有论文的核心。一直到2007年我编辑《甘惜分自选集》,写了一篇《这个老头何所思》,那是我90岁之作,都在为这个核心思想呐喊。"①

2. 甘先生的品质令我佩服之至

我不是搞新闻理论的,对先生在学术上的贡献,我不敢妄加评论,但是对先生做学问的精神和自身的人品,我佩服之至。高山仰止,景行行止,虽不能至,然心向往之。

其一,先生追求真理、不休不止的斗争精神教育我。

先生追求的真理,就是马克思主义。他在青年时代,通过阅读进步书籍开始接触马克思主义,并组织进步读书会,22岁奔赴延安,同年加入中国共产党。他说,他从青年时代就信仰马克思主义,一辈子没有动摇过;为了坚持马克思主义,与非马克思主义进行坚决的不妥协的斗争。甘先生自己说,他就"像一只好斗的公鸡"!

1960年,中国人民大学新闻系和全国一样,开展批判"修正主义"和"右倾机会主义"思想,批判的主力军都是年轻的教师和刚毕业的学生,他们把教师的讲义、讲稿、文章、书一一清查,做摘要,清出了800多条。甘惜分发现,这些人不是以马克思主义批判右倾言论,而是以极"左"思潮来批判正确言论或批判并不错误的言论。甘先生白天开会,晚上读马克思主义经典著作,把他们的言论和马克思主义相比较,并逐一加以反驳,并指出,这些人是列宁所说的"共产主义运动中的'左派'幼稚病"的那种人。结果引火烧身,遭到批判。但是他"真理在手,无所畏惧",坚持到底,直到1961年春天,他看到形势有点变化,就给中央写信反映中国人民大学新闻系所谓批判修正主义的情况。中宣部副部长张磐石带着工作组来,查了三四个月,肯定了甘惜分反映的意见是正确的。每当谈起这段经历,甘惜分说:"我之所以有这么大的胆量,是因为我坚持认为马克思主义是正确的,辩证唯物主义、历史唯物主义是

---

① 《甘惜分自述:我反对那些把我称为泰斗的人,我只是一个探索者》,中国人民大学官网,2016年1月9日。

正确的,共产主义的崇高理想是一定要实现的,人类发展的历史道路,将来必然最后要到达共产主义。这些基本思想、基本立场、基本观点,我坚信。"

粉碎"四人帮"后,经历了十年浩劫的甘惜分陷入沉思。在经过中国新闻事业发展正反两方面经验教训,尤其是对"文革"时期新闻界自身质变而给党和国家造成巨大灾难的教训的总结后,他认为,中国新闻事业必须改革。1979年9月,他拿出了一篇将近2万字的长文《打破报纸批评的禁区》①,提出报纸必须要有一点独立自主性,需要一点站在人民立场发表独立言论的空间。甘惜分说,他所投下的这颗重磅炸弹,打破了20多年来中国新闻界的沉寂空气。② 文章反对为报纸批评设立禁区:"一个现代民主国家,堂堂中国,规定一个批评禁区,这总是可笑的。"最后说:"应该坚信,打破报纸批评禁区,会立刻在全国政治生活中引起生气勃勃的反映。党的威信会更加提高,群众的政治热情会更加昂扬,社会风气会更加健康,不正之风将逐渐减少。"然而,他又说:"我在革命队伍中干了几十年,深知这个禁区是开放不了的。但为了对历史负责,把这个问题作为一个学术问题来探讨,总是可以的吧!何况言论自由是历史的必由之路,总有一天会实现的,时间早晚而已。"③

同时,他还直言不讳地指出,1948年4月2日毛泽东对《晋绥日报》编辑人员谈话中说的"报纸的作用和力量,就在它能使党的纲领路线、方针政策、工作任务和工作方法,最迅速最广泛地同群众见面"具有很大的片面性。

20世纪80年代,已经进入老年的甘惜分以更加急迫的心情站出来,一人担纲编写《新闻理论基础》,用马克思主义为指导建构新闻理论体系,向"四人帮"新闻主张开炮。他指出,"四人帮"把封建专制主义当作社会主义而大加吹捧;把个人崇拜吹上天,而把所有比封建主义更为先进的社会思潮贬入地狱,为政治野心家登上皇帝宝座制造舆论。

《新闻理论基础》出版后,虽然被誉为第一本马克思主义者的新闻理论著作,但是因有明显的长期积存的"左"的思想痕迹,而受到读者质疑。甘惜分广泛而虚心地听取广大读者的意见,吸收了其中他认为正确的意见,1986年又写成了《新闻学原理纲要》,系《新闻理论基础》的修订本,它用简明扼要的提纲式语言阐述了新闻学原理精华。《新闻学原理纲要》虽然往前进了一步,但他仍不太满意。他说:"我从来不认为我的任何一本书是令我满意的,我从

---

① 本文没有公开发表,只是油印几十份在新闻系教师中散发,并以庆祝国庆30周年名义召开的全系教师会议上宣讲。
② 甘惜分:《一个新闻学者的自白》,香港未名出版社2005年版,第90页。
③ 甘惜分:《一个新闻学者的自白》,香港未名出版社2005年版,第93-94页。

不知足。我反对那些把我称为'泰斗'的人,我只是一个执着的新闻规律的探索者。"

甘先生几十年孜孜以求的目标是什么?他说,很简单,就是"为了争取人民有敢于说话的宽松的政治环境,为了争取人民有言论阵地,为了争取新闻媒介真正发挥监督社会的作用,为了争取真实的新闻报道,为了争取描述一个真实的世界,为了争取实现中国与海外的信息交流,为了争取世界人民之间有真正的彼此了解,以求得中国与世界的和平发展。如此而已"。进入耄耋之年,有人劝他回归田园,颐养天年。他说:"颐养天年不是我的人生哲学,战斗到死才是我的人生哲学。……尽管我上述那些目标在我生前可能达不到,但最后总有一天会实现的。"① 他还说:"我对中国,对世界,都充满了希望。在我有生之年,只要有可能,我总要尽最后一点力。"②

的确,甘惜分先生就像一只好斗的公鸡,为了真理而斗,为了追求真正马克思主义而斗,直到生命的最后一息!先生把这种关心国家大事、为真理不断斗争的行为称为他"长寿"的秘诀。

其二,先生独立思考、唯实求是的行为感召我。

在追求真理的道路上,甘惜分坚持独立思考,不逢迎,不唯上,不唯书,只唯实。在《新闻理论基础》出版后,各种议论扑面而来。有人指责他不能坚持原则,有人说他依然坚持"左"的那一套,"左""右"不讨好。他听后说他不用讨好谁,他一辈子没有"讨好于人而随人俯仰",也"从不奉承任何一方"③,他只说他想说的话。后来,当他的学术思想进一步转变时,便有人说他"左""右"摇摆,是在搞"投机"。对此,他说:"检讨我这40多年,并没有'左''右'摇摆,'正统'时我没'左','清醒'时,也没'右'。"他认为他始终"是在马克思主义轨道上行动"。从这个意义上来说,他是"万变不离其宗,没有当投机商,没有随风摇摆"。④

他无论是"正统",还是"清醒",抑或是由"正统"到"清醒"的转变,都是独立思考的结果。他说:"我的新闻思维方式开始是完全正统的,也可以说是官方的思维方式。但是,经过40年来的长期研究,对科学真理的追求,探索新闻规律,再加上40年来中国各方面情况包括新闻工作的几次急剧变化,我的思维方式逐渐向第二种思维方式(科研人员的思维方式)转移。我运用自己

---

① 甘惜分:《一个新闻学者的自白》,香港未名出版社2005年版,第156页。
② 甘惜分:《一个新闻学者的自白》,香港未名出版社2005年版,第166页。
③ 甘惜分:《一个新闻学者的自白》,香港未名出版社2005年版,第155页。
④ 甘惜分:《一个新闻学者的自白》,香港未名出版社2005年版,第154页。

的独立思考,一步步向真理靠拢。"①

比如,"文革"对中国人民造成巨大灾难,新闻界是否也有责任?作为一个多年的新闻工作者和新闻学研究者,对此,他进行苦苦思索:"为什么林彪、江青之流在一夜之间就把党中央的领导权篡夺了呢?《人民日报》到底是党报,还是派报?它还能够代表全党和党中央吗?它还是党的喉舌吗?为什么中央党报一变色,全国报纸就必须跟着变色?堂堂中华人民共和国十亿人民为什么就没有一家独立的报纸来为自己说话呢?为什么明明白白的中央领导的变质,就没有一家报纸敢于站出来批评领导的错误呢?如果说有这么一家报纸根据国家宪法赋予的权利反对那时的领导大乱天下,敢于批判'四人帮'的胡作非为,那么这些野心家还敢于那么猖狂吗?当然我这里说的是'如果说',这个'如果说'在中国是不存在的,是一种幻想。那么请问:为什么在中国这就只能是一种幻想,而在西方国家,在其他国家,就不存在这种幻想,而是现实的存在呢?为什么它们的报纸就能够批评政府,批评总统,批评首相,批评任何政府官员,批评任何政党呢?为什么人家的政府和执政党能接受报纸的监督(尽管这种监督有时是他们阶级内部矛盾的表现),而中国的报纸就没有这个权利呢?说是两种社会制度的不同,这种制度只能实现于外国,而不能实现于中国,那又是为什么?社会主义制度不是最优越的社会制度吗?我们的优越性表现在什么地方呢?难道报纸只能受领导的控制,'只准规规矩矩,不许乱说乱动',这不是对待敌人的政策吗?为什么用以对付人民?……总而言之,一连串的问题向我奔来,要我解答。而我却解答不了。我苦恼之至!我呼天天不应,哭地地不灵。我陷于极度的痛苦之中。"②

在经过一番痛苦的思索后,先生才有新闻思想的转变,才有一系列崭新的新闻改革主张的提出。

其三,先生襟怀坦荡、率性耿直的秉性感召我。

有人说,甘惜分的举手投足间尽显骨子里的爽快与率直。此话一点不假,从与他的接触交谈中,我深深地感到了这一点。

他有话就说,且直言不讳,更不会拐弯抹角。比如,前述1960年中国人民大学新闻系搞的批判修正主义运动,本来是对准系领导和几位老先生的,但是甘惜分对"寻章摘句""断章取义,罗织罪名"的卑鄙伎俩反感,于是仗义执言,写文章进行反驳,结果"引火烧身,自投罗网"③;又比如,前述1979年在

---

① 甘惜分:《一个新闻学者的自白》,香港未名出版社2005年版,第4页。
② 甘惜分:《一个新闻学者的自白》,香港未名出版社2005年版,第89页。
③ 甘惜分:《一个新闻学者的自白》,香港未名出版社2005年版,第36页。

中国社科院举行的学术讨论会上,他直言不讳地指出毛泽东1948年对《晋绥日报》编辑人员的谈话中关于报纸作用的论述不全面,而同年刘少奇在西柏坡对华北记者团的讲话强调报纸要反映人们呼声的重要性,比毛泽东的论述要更为全面、更为深刻。① 虽然,这种观点和看法,在新闻理论界,很多人都这样认为,但是,当时"文革"结束不久,政治思想战线尚未拨乱反正,刘少奇的冤案也未平反,甘惜分在会上公开言他人所不敢言,真够"直率"的,简直是"直率"得可爱。

太直率,太书生气,这到底是优点还是缺点,见仁见智。甘惜分先生自己说,"太书生气"是他性格上的一个缺陷,但是,天性使然,改不了:"这几十年我没有变过书生味道。社会交往,我都不用心;人情世故,我都不太关心,一天就专心到书本中去了,眼睛老看到外面,对身边的事情就不太关心。因为这个,我吃了不少亏苦。"吃了苦,还是改不了,秉性使然! 直到2009年1月,93岁的他,在中国传媒大会上,还是那样一副"愤青"神态,大声疾呼"民间办报"的回归。

我以为,中国知识分子,还是需要有点"书生气"。胡政之认为,《大公报》如果还有点价值的话,就在于有以张季鸾、胡政之为首的一批有一点中国书生的迂气、傻气和骨气的《大公报》人!

以上所谈的几点是我的亲身体会。我只是甘先生的私淑弟子,向他学习属于"瞟学"。甘惜分先生作为中国新闻学专业第一批博士生导师,十年中,为国家培养了10个博士生,甘先生对这些已经"成为我国新闻界年轻一代领军人物"的学生,时常引以为自豪。中国自古以来很讲究师承传统,甘先生的学术成就值得传承,他的精神和品格更值得传承!

(三)必须建立起完整的新闻学知识体系和学科体系
——感恩宁树藩先生

宁树藩先生,1920年出生于安徽青阳,1950年进入复旦大学,从事中国近代革命史的教学与研究工作。1955年,因教学关系,他与当时新闻系主任王中先生相识,一方面是宁先生的学术见解给王先生留下深刻印象,另一方面是当时新闻系正缺少教中国新闻史课程的师资,王中先生认为搞中国近代革命史的人转入搞中国新闻史很合适,两情相悦,一拍即合,于是宁树藩被调到新闻系,从事中国新闻史的教学与科研。从此,他在中国新闻史这块学术

---

① 甘惜分:《一个新闻学者的自白》,香港未名出版社2005年版,第97页。

园地辛勤耕耘60余载,成为国内新闻学界的泰斗、中国新闻史研究的最主要开拓者之一。

1. 我与宁先生的交往

(1)我与宁先生初次见面于1992年6月,在北京广播学院举行的中国新闻史学会成立大会暨第一届学术研讨会上。宁先生是学会副会长,开会时坐在主席台上,我作为一个最普通的与会者,只能是远远地望着他。在午宴时,我才怯生生地前去和他打了招呼。会议从报到到闭幕计3天(6月11—13日),我既没有机会也没有胆量接近先生。在闭幕上,我有幸聆听宁先生做总结报告。据我的笔记本记载,先生主要讲了三点:第一是大会盛况;第二是与会者所提交论文所反映的新闻史研究方面的成绩和存在的问题;第三是对今后新闻史研究的建议。对第三个问题他讲得比较多:一是说要继续克服极"左"的影响。他指出,长期以来,所写的新闻史不像新闻史,而像党史、政治史。十一届三中全会以来,虽然有所好转,但是还没有根本改变。对一些报人,如陈独秀、胡适等,对一些报纸,如《大公报》等的研究,没有像样的研究成果。新闻史学界的反"左",任重道远。二是说要特别注重史实考证,历史研究切忌空口说白话。三是说在方法上,要史论结合。既不能空发议论,也不能是史料的简单堆砌。四是说研究者要加强理论学习,提高新闻史研究的质量。

之后,我阅读宁树藩的文章渐渐多起来,并思考如何在中国新闻史教学和研究中贯彻他的思想要求。再者,我系汪新源主任、王益民老师都是复旦新闻系的毕业生,他们也经常提到宁老师的故事。此外,王益民老师的大公子王放和新闻系同事陆晔先后考上宁老师的博士研究生,宁先生更是成为华工新闻系老师的崇拜对象。

(2)宁先生不仅积极支持、热情参与1995年召开的海外华文报刊与中华文化传播国际学术研讨会,而且在我最难的时候,帮助我圆满完成筹备工作。如前述,从1994年开始,华中理工大学和中国新闻史学会、新加坡南洋理工大学联合筹备海外华文报刊与中华文化传播国际学术研讨会,我受华中理工大学和中国新闻史学会委托,与新加坡南洋理工大学新闻传播学院郝晓明教授组成秘书处,我负责具体会务工作。整个会议日程大致上分为三个阶段[①]。前面两个阶段的筹备工作进展得比较顺利,第三阶段的安排碰到意

---

① 第一阶段,开幕式及大会主题演讲,在武汉的华中理工大学进行;第二阶段,分组学术交流和讨论,在长江游轮"白帝"号上进行;第三阶段,大会总结和闭幕式,在重庆举行。

外。原来指望通过《大公报》老人、原重庆政协副主席王文彬先生的关系请《重庆日报》社帮忙安排,王老也认为此事问题不大,但是,当我7月份专程赴渝落实此事时,遇到了问题。报社领导说,有外国人来,得报上级有关方面批准,要我等一等。我等了两天,得到"拒绝"的答复。年迈的王文彬先生也只有干着急。

在我近乎绝望的时候,是宁树藩先生解决了这个难题。

因为我听说,重庆市政府有一位市长助理是复旦新闻系的毕业生,干工作有魄力,在市民中有很好的口碑。我抱着一线希望找到该助理。我们从复旦新闻系谈起,该助理十分高兴,他特别提到宁树藩老师,说宁老师是他敬重的老师。一听说宁老师要随会议代表来重庆,更是高兴。我还告诉他,复旦新闻系的与会者还有丁淦林教授和黄瑚副教授,他越听越高兴,痛快地应承,会议代表到重庆后的一切活动都由重庆市政府负责安排。

国际会议按计划如期举行,宁先生很高兴地前来武汉参会,与方汉奇、甘惜分等国内外知名学者一道受到我校领导的热情欢迎,并参与了会议所有议程。重庆市政府那位市长助理不仅落实了应承的所有事项,而且还在大会闭幕式上发表了热情洋溢的讲话,给与会者留下深刻而美好的印象,使大会画上了完美的句号,对此,宁先生也感到很满意。会后,我系的汪新源老师有一次无意中对我说:"宁树藩老师表扬你了,说原来只知道吴廷俊能钻故纸堆,没想到他还能办'外交'。"我猜,可能是宁老师从重庆市政府那位助理口中知道了事情的原委,我便说:"这都是宁树藩先生的威力,是他的威望帮我渡过难关,帮了我们会议的大忙。"这件事使我认识到一位名师的威力,更具体地看到宁先生当年在学生中的威望。

(3)宁先生给我提出了一个醍醐灌顶的问题,就是如何建立起完整的新闻学知识体系和学科体系。1998年5月11—13日,中国新闻史学会换届暨学术研讨会在复旦大学新闻学院举行。在11日全体会议上,我除宣读事先准备的学术论文《中国新闻史上的文人办报现象研究》外,还借机发布了一个"新闻"——华中理工大学新闻与信息传播学院成立了,并说,学院成立,不仅仅是一个名称的改变,规模的扩大,而是一次质的变化——传统新闻教育向现代新闻传播教育转变,实行新闻学与传播学、学理与术理的结合,培养有较深厚的人文功底的,具备系统的新闻学、传播学知识的,以及掌握比较丰富的传播技术的复合型新闻传播人才。当时,我们学院刚刚成立,尚未挂牌,外界还不知晓。我的即兴发言引起与会者较大兴趣,宁树藩教授似乎表现出更大的兴趣。会下,他几次向我谈他对我们办学思想转变的看法,他说,中国的新闻学研究和新闻教育,搞到现在,知识体系不完备,学科体系的建设更谈不上。他希望,华工新闻学院应重视新闻学、传播学知识体系和学科体系的建设。宁先生提出了一个深刻而尖锐的课题,而这成为我以后几十年一直思考并力求解答的问题。

13日上午,宁树藩先生做了《对中国新闻史研究的前瞻》的大会总结,主要讲以下问题:一是强化新闻史的主体意识;二是理清新闻史科学的总体目标,即不仅仅是挖掘史料,而且要探索规律,要正确认识和处理新闻史研究的两个阶段——史料挖掘和整理与新闻史规律探求;三是加强新闻史研究的薄弱环节;四是广泛吸收相关社会科学研究成果,提高新闻学研究和新闻教育的质量。这四个问题,核心意思指向就是他会下对我所说的,注重新闻学知识体系、学科体系的建设。

宁先生提出的问题,我一直铭记心间,时时刻刻努力思索,努力实践。虽然有了一些答案,但是还远远不够。

2. 宁先生的治学精神教育我

从形式上看,我与宁先生交往的频次不算多,或者说很少,但是先生的治学精神深深感动着我,激励着我。宁先生在我内心,一直是高山仰止的老师。

第一,他一心向学,全心治学。这一点,他的入室弟子们总是津津乐道。秦绍德说,宁老师"把治学当作生活习惯,始终对学术问道如赤子,寤寐思之"的精神深深感染了他。黄瑚说,宁老师跟大多数人做学问最大的不同,就是他充满爱与激情。他从不觉得疲倦。只要你跟他谈学问,他劲头就来了,谈别的都不感兴趣。陆晔每次提到宁先生时,常说,老师只知道谈学术,别的东西似乎都不是他所关心的。对此,我也有实际感受。

1998年秋天,他的入室弟子——在《广州日报》发行部工作的王放,邀请他和老伴到广州散散心,参观参观广州。因为王放是我们学院王益民教授的大公子,与我也很熟,就邀请我与内人作陪。在广州考察的两天中,宁先生留在我脑子中印象最深的有两点:其一,宁先生的兴趣是与我谈学问,或者是告诉我他发现了一个什么史料,在思考一个什么问题,或者是和我探讨新闻事业的发展规律、新闻学的知识体系和学科体系,等等。其二,每餐吃饭,基本上都是师母给他夹菜。师母给他夹什么,他就吃什么。有时候还要边吃边说,继续一路上没说完的话题,为此,常挨师母的"批"。

2002年,我到复旦大学参加中国新闻教育学会传播学分会筹备大会。先生没有与会,因而,在会余,我请陆晔老师带我去先生家拜访和探视先生。先生见我来,十分高兴,简单地寒暄几句后,便大谈学术。这次谈的主要内容

1998 年秋天作者陪宁树藩先生游广州

是他领衔的大课题"中国地区比较新闻史"。因为他知道我进行过多年中西比较新闻史研究,于是就与我讨论"比较"的问题。他十分赞成将中外新闻史进行比较研究,认为规律不分国界,只是各国有各国的特性。一方水土养一方人,一方水土养一方媒体,从不同文化传统入手,比较各国、各地新闻媒体的异同。先生主谈,我偶尔插话。他似乎越谈越来劲,声音还是那样大,语速还是那样快。不知不觉谈了大约一小时。师母进来示意谈话可以结束了,我这才想起,先生年事高,且身体不好。于是只好告辞。先生送我们到门口。陆晔说:"老师特别想找人谈新闻史,你来了,他特别高兴,一谈就没完没了。"

2006 年春节前夕,我照例给先生寄上一张贺卡,以示问候与祝福。先生不仅给我回赠一张贺卡,还给我一封亲笔信。这封信文字虽然不多,但是内容丰富:对我们长期赠阅我院内部刊物《新闻探讨与争鸣》(后改为《新闻与信息传播学刊》)表示感谢;说自己健康尚可,惟视力减退严重;还有点"文债"(搞研究,写文章)要还;寄来主要由他参与主编的《王中文集》一本。这封手笔十分珍贵,我一直妥善收藏着。

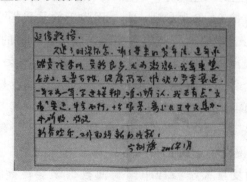

宁先生给作者的亲笔信

第二,先生严谨的治学态度,是我学习的楷模。在《中国地区比较新闻史》首发式上,方汉奇教授称宁先生"是一位德、才、识兼备的新闻史学者。他是学外语出身的,英语很好,这使得他在治学上从一开始就具有世界眼光。……他有深厚的理论功底和文史基础。50年代中期以后,他专攻中国新闻史,教学研究,成绩斐然,成为一代宗师"。① 就是这样一个中国新闻史研究的开拓者,一代宗师,而著述不多。就像孔子那样"述而不著",这一方面是由于他将很多时间用到了教育学生方面,一方面是他的治学严谨所致。他极其注重史料的收集,秉持"言必有据"的原则。他女儿回忆说,为了查找资料,先生晚年还常独自乘一个多小时的公交车,从上海东北角的复旦大学到西南角的徐家汇藏书楼寻找旧书文献。每次路过旧书店、旧书摊,他也一定不会错过。哪怕出差到外地开会,也要到当地图书馆找资料。"每找到一份重要学术资料,他都会高兴半天。这是他最幸福的时候。""中国地区比较新闻史"立项时,先生已经72岁高龄了,从撰写研究设想和提纲,到向研究者说明要求,统一思想,他全都亲力亲为。初稿甫成,对不满意的文稿,他就和姚福申教授一起花了几年工夫逐章修改,有的部分几乎重写。连续研究、写作,20余年从不间断。直至病危住进医院前,他还审阅了总论的部分稿件。因而,这部《中国地区比较新闻史》得以成为"传世之作"。②

板凳甘坐十年冷,毕生向学是吾师。宁先生的治学态度和精神永远是我辈学习的榜样。

(四)低调做人,诚恳待人

——感恩丁淦林先生

丁淦林,1932年出生在江西吉安,1951年考入复旦大学新闻系,1955年毕业后留校任教,历任复旦大学新闻学院院长、首席教授、博士生导师,兼任国务院学位委员会学科评议组成员、教育部社会科学委员会委员、中国新闻史学会副会长等职。

1. 我与丁淦林先生的交往

我与丁先生交往比较晚。我在1986年编写《中国新闻事业史讲义》时,读过丁淦林主编的《简明中国新闻史》,1987年10月在黄山自学考试委员会

---

① 宁树藩:《中国地区比较新闻史》,复旦大学出版社2018年版,第2页。
② 宁树藩:《中国地区比较新闻史》,复旦大学出版社2018年版,第2页。

会议上,我听说过丁淦林的大名①,但是我一直无缘见到丁老师本人。直到1994年9月,他作为教育部新闻专业评估组成员来我校公干,那时,我也已经进入新闻系务委员会,能亲耳听到他的指示。此后,与丁先生的接触便慢慢多起来。在新闻史学会、在教育部新闻传播专业指导委员会、在全国新闻学界和新闻教育界组织的各种会议上,每年都要和他见面几次。

由于研究方向、学术兴趣相同,脾气秉性互补,我希望向他多学点东西,所以每次开会期间,我同他接触时间最多,当然同时也少不了赵玉明先生。赵先生视力不好,每次出外开会,只要我在,他总跟着我,尤其是晚上,还得拉着我的胳臂。所以无论会议组织什么活动,我们三人一般结伴而行。赵老师幽默,丁老师随和,我爽朗,三人相处,甚是和谐。比如,2002年1月19日,我们仨跟着方先生到哈尔滨(哈尔滨日报社做东)参加地方新闻史学术研讨会和中国新闻史学会常务理事会。晚上,会务安排看冰灯。方先生说不去,赵老师问我去不去,我说:"你要去,我陪你。"赵老师又问丁老师去不去,丁说:"你们去,我就跟去。"这一下,我的责任就大了,他俩年长,我理所应当保护他们。于是我居中,一只胳臂挽一个。临走时,我开玩笑地说:"记住了:左边赵,右边丁,不要走丢了。"赵老师突然来了一句:"左手一只鸡,右手一只鸭。"我连忙对丁老师解释说:"我可没有这样说。"丁笑笑说:"反正老了,是鸡是鸭无所谓了。"

我与丁老师最后一次一起参加学术活动是2010年4月在西安出席陕西师范大学举办的首届"风险社会、大众传播与国家发展"学术研讨会。会议期间,我和丁老师应西北大学新闻学院邀请,前往该学院与部分师生座谈新闻传播教育的相关问题,之后,陪先生游览西安城墙。

会后,陕西师大组织与会代表到延安考察红色新闻事业发展的历史。记得到延安的当天,即4月19日,晚饭后,我们一行人陪先生在延安街道上散步,走了一段后,先生感到有点凉意,说,延安街道进深不厚,只有一层,后面就是山,不像上海的街道,一层又一层。暮春的延安,晚风一吹,人的身上确实感到凉。于是,我们便返回酒店。会后听说,丁先生回上海后就生病了。

我与丁先生最后一次通电话,是2011年8月9日,我到北京出席中国新闻史学会常务理事会前夕,打电话给丁先生,一则问候他的健康,二则希望能在北京见到他。他说他身体不太好,去不了。我便说:"您好好休息,我有时

---

① 会上在讨论《中国新闻事业史》这门教材的主编和主审时,方汉奇老师提议由复旦丁淦林主编,方汉奇主审。

西安会议期间,作者陪丁先生游览西安城墙
(2010 年 4 月 17 日)

间到上海去看望您。"万万没有料到,这是与先生的最后通话。一个月后,知悉丁先生病逝的噩耗,我如五雷轰顶,悲从中来,不能自抑。我通过微信发了一封唁电:

复旦大学新闻学院丁淦林先生治丧委员会并转丁师母:

2011 年 9 月 14 日晚上 8 点多钟得知丁淦林先生病逝的噩耗,心情十分沉痛。先生的音容笑貌出现在我的眼前,是那样的亲切;先生对我个人及对我们学院的帮助一下子从我的记忆中跳了出来,是那样令人感动。丁淦林先生品德高尚,性情平和,为人为学均称楷模,先生对新闻学研究和新闻教育的贡献已经载入《中国新闻传播史(1978—2008)》。

记得 8 月 9 日我到北京出席中国新闻史学会常务理事会前夕,还与先生通过电话,一则问候他的健康,二则希望能在北京见到他。当他说去不了时,我说,以后我到上海看望他。没想到这次通话竟然成了永诀。

我们只能用努力工作来纪念这位新闻学界和新闻教育界的大家!

华中科技大学新闻与信息传播学院　吴廷俊
2011 年 9 月 15 日

之后,我总想写点文字,纪念我心中的这位私淑,每次一开头,眼前总是会出现他的音容笑貌。他年纪不大,平时也没听说他有什么病,怎么也不相信他离开了我们。因而终不能成篇。

2. 丁淦林先生对华工新闻教育的帮助与支持

丁淦林先生不仅是著名的新闻史学者,而且是公认的卓有成就的新闻教育家。赵玉明老师在《亦师亦友三十年——怀念丁淦林教授》一文中写道:"最后一次通话是今年(2011 年)8 月 17 日,我告诉他,吴廷俊教授主编的《中国新闻传播史(1978—2008)》出版了,上周开了个首发式,并特意告诉他,书中将他列为改革开放以来新闻教育界七位代表人物之一加以介绍。他立即回答:'我不够吧……'我说:'你是当之无愧的。'"①以我的亲身感受,在中国新闻教育界和新闻学界,丁淦林先生是对我们学院事业发展及学科建设支持和帮助最大者之一。就其大者,主要有以下几次:

(1)1994年9月27日,丁淦林老师作为教育部新闻专业评估组成员来到华中理工大学新闻系。当时,我们系经过1989年的波折后,还没有缓过气来,各方面情况很不好。在听完程世寿等人的汇报后,专家组成员均发表了中肯的看法,对我们今后的发展提出了很好的建议。据我的记载,丁淦林老师主要讲了两点:第一,华工的教师有好的一面,比如大都有新闻实践经验,有干劲;也需要在学术上进行提高;当下,尤其需要稳定教师队伍。第二,请调查一下毕业生,回顾一下办学思想和办系方针,以便系里为今后的发展定位。

(2)1998年5月11—13日,中国新闻史学会换届暨学术研讨会在复旦大学举行。如前述,在11日全体会议上,我除宣读事先准备的学术论文外,还借机发布了华中理工大学新闻与信息传播学院成立的消息,并大致阐述了我们学院新的办学方针以及几项措施。丁老师听后,很是高兴。因为他对华工新闻20世纪90年代初的情况有所了解,并为我们的改进提出过建议。13日中午,利用休息时间,丁老师专门找到我,对我说了这样几点意见:第一,要正确处理好人才培养中通识、通才与特色之间的关系;第二,对学生的外语要求,须从实际出发,四级为普遍要求,少数提倡六级;②第三,新闻传播学的普及问题要予以重视。他还特意介绍了复旦新闻学院的做法——向全校学生开设两门选修课,即"新闻传播与社会"和"新闻传播实务",很受学生欢迎。丁老师的话,对我有很大的启发性,乃所谓"听君一席话,胜读十年书"。

(3)1999年9月23日上午,丁淦林先生与方汉奇、赵玉明先生受聘为我校兼职教授。下午,三位教授对华工新闻传播学科的博士、硕士学位点申报材料提意见。丁淦林老师尖锐指出,无论是报新闻学,还是报传播学,都不能忽视史论,不能仅仅停留在操作层面。我知道,丁老师一直都强调加强基础,重视史论,重视学理。

从此,丁老师作为我校兼职教授,参与我们的学术活动几乎成常态。

---

① 载《新闻大学》,2011年冬季号。
② 这一点是针对我们制定的新培养方案上的规定——本科生在校学习期间,要求英语达到国家六级水平——而言。

2000年6月11日上午,我专程到上海,向丁淦林先生汇报我们申报新闻学博士点的想法,听取他的建议与意见。

2002年10月26—28日,华中科技大学召开"创新时代的哲学社会科学高层学术论坛",学校要求各学院邀请本学科顶尖级学者与会,并做学术报告。新闻学科邀请的三位兼职教授,除方汉奇老师因在美国探亲未能与会,丁淦林、赵玉明欣然应邀与会,共襄盛举。会余,两位教授亲临学院,帮助我们审核新闻学博士点的申报材料。

2003年9月,我们刚刚获得新闻学博士学位授予权,19—20日,召开"新世纪新闻传播学博士生教育研讨会",丁淦林与方汉奇、赵玉明等16位教授与会。

2005年5月14—15日,我院在湖北黄冈举行"全国第二届新闻传播学博士生教育研讨会",全国有博士学位授予权的新闻院系的30多位博士生导师与会,盛况空前。丁淦林先生不仅与会,联系自己培养学生的实践发表意见,而且在闭幕式上做总结讲话。他首先肯定这个会开得很及时:今年是中国新闻传播博士生教育20周年;新一轮博士点评审改为按一级学科申报。总结过去,开创未来,正逢其时。接着说,会上各位博士生导师的发言,都是第一手资料,自己的亲身感受。大家提出了问题,留下了很大的讨论空间。他希望会议秘书处整理这次会上各位谈的培养博士生的经验,写一个详细的会议纪要并发表出来,供全国相关院系参考。他还提出两点:建立一个平台,如"联席会议"或"论坛",定期研讨一次;出个博士生教育简报。

2008年1月,丁淦林先生来我校出席"华中科技大学媒介技术与传播发展研究中心2008年课题评审会暨基地学术委员会成立大会"和"媒介技术与传播发展研究中心:战略发展规划咨询会"。

3. 丁淦林先生是我的楷模

丁淦林身上光环甚多,他不仅担任中国顶级新闻学院复旦新闻学院的主要行政和学术职务,而且兼任中国新闻传播学科领域、教育领域中几个学术组织的主要领导,甚至长期担任教育部社会科学委员会委员。这个委员会包括人文社会科学领域各学科的上百人,丁淦林是新闻传播学科唯一的代表。但是他全然没有利用自己的光环为自己贴金,没有利用它来张罗什么活动,为自己营造一个表现自己的"舞台",而只是以一个普通学者的身份出现在新闻学界,以一个普通的教授出现在新闻教育界。要了解他,只能在与他的接触中,通过仔细观察和品味他的言行来进行。

在与丁先生近20年的交往中,我利用一切机会,再三"引诱"他谈他自己的"故事",并试图从这些"故事"中感悟出他身上的闪光点。

(1)低调做人,诚恳待人。对先生最为了解的、他的夫人周秀兰说:"他(丁淦林)为人低调,虚心学习别人的教学经验。"①方汉奇先生说:"在我的印象中,他(丁淦林)是一个待人诚恳,不事张扬,恂恂然有儒者之风的谦谦君子。这种印象保持了几十年,一直到现在。"②这些评价是极为中肯的。对于丁先生的这一高贵品质,我是亲眼所见的。丁老师出席任何学术活动,从来不往前凑。如果没有人专门介绍,他是不会自动去"显山露水"的。他在任何场合讲话,语气都是平缓的,绝无丝毫"煽情"之意,更没有"语不惊人誓不休"的做派。

丁老师与人交往,无论是谁,他都能以诚相待。记得我与丁老师第一次单独深谈是1998年10月在南京大学出席全国"新闻两会"期间。那时,我们学院刚刚成立,学科建设也刚刚步入正轨,我也是刚刚主持学院行政工作,很多问题需要向人请教。于是我就利用会下时间,"缠住"丁老师,问这问那,尤其是如何当院长的事。我知道,他是"民选"院长,一定有很多当院长的"绝活"。然而,对此,他表示没有什么可谈的。经不住我"盘问",他也说了一些当院长的做法,其中给我印象很深的是,如何帮助老师解决实际困难,如何解决学院经费困难的问题。当时,复旦大学新闻学院与全国新闻院系一样,形势复杂,困难很多,尤其是经费紧张。他带领一些教师四处奔走,发动系友筹集经费,先后设立了"陈望道新闻教育奖教金"和"新世界新闻人才教育助学金"。他说,奖教金、助学金的设立,不仅解决了学院的燃眉之急,而且增加了系友与学院之间的紧密联系。

(2)坚持真理,主持正义。丁淦林老师曾详细对我讲述他参与为王中教授平反的过程。王中是1938年入党的"老革命""老新闻",仅仅因为提出"报纸的两重性""社会需要论"和"读者需要论",就被打成右派,蒙冤几十年,受到极不公正的待遇。对王中的遭遇,丁淦林一直深表同情。"文革"结束后,全国进行拨乱反正。丁淦林认为,王中的案子必须予以平反。当时,复旦新闻系党总支刘书记、胡副书记都很同情王中。复旦大学党委书记夏征农是一位思想解放的老干部,也支持为王中平反。早在1979年初,丁淦林就撰文指出,"王中同志的观点有益于加强新闻学理论建设",为平反作铺垫。然后,丁淦林多次与学院的书记、副书记等人讨论为王中平反的事。他还执笔草拟

---

① 复旦大学新闻学院编:《丁淦林教授纪念文集》,复旦大学内部资料,2012年,第5页。
② 复旦大学新闻学院编:《丁淦林教授纪念文集》,复旦大学内部资料,2012年,第7页。

《关于王中同志错划右派的改正报告》,呈学校党委。很快,学校党委作出为王中平反的决定。丁淦林和新闻系领导班子组织学术会议,重新评论王中的新闻理论。不久,学校党委恢复王中新闻系主任职务。在王中去世后,复旦大学新闻系又组成编委会,编辑出版《王中文集》,丁淦林也是编委之一。丁老师说,在这件事上,他是实干者,不是"挂名"编委。

(3)有志于学,严谨治学。丁先生说,他有志于学,不愿入仕途。他1955年复旦毕业时,本来有机会到别处发展,走另一条道路,但是他都放弃了,选择了留校工作,被分配在新闻史教研室。在政治运动接连不断的年代,他被抽调干过很多工作,比如"文革"前,他被抽调到社会科学处任科研组组长。最后他还是回到了新闻系。他认为,他适合做教师,做学术。

他做事的原则是:做喜欢做的、感兴趣的。做学术也是如此。他对我仔细讲过1955年留校后被派到北京听苏联专家讲课的事。他说,对此事,他开始寄予很高希望,满以为"可以大抓一把"。但是后来失望了。苏联专家讲课的内容都是领袖语录,再加上一些新闻实践的例子,缺乏学理分析;并且脱离中国实际,有明显教条主义倾向,越听越乏味,越听越不感兴趣。于是他就跑到人民大学新闻系,找搞新闻史的黄河、方汉奇、陈业劭等人聊天,向他们请教如何收集新闻史资料。同时,还用很多时间跑到中共中央政策研究室资料室翻阅现存的报纸,积累了很多资料,为后来的新闻史研究打下了坚实基础。

他认为,做学问,要注重基础研究,注重学理研究,尤其是做新闻学研究。他和宁树藩老师一样,追求新闻规律,追求新闻学科体系的建立,认为不能满足于新闻操作层面的东西。他在对我们学校新闻专业进行评估时,在博士生教育研讨会上发言时,再三强调新闻学教师除了要有新闻实践经验外,还必须从学理上进行提高。新闻学研究也好,新闻教育也好,创特色是必需的,但必须是在"强基础,入主流"的前提下创特色。他多次指出,我国的新闻学体系还不完善,学理性不强,政策阐述多于理论分析,因而他强调要加强理论建设,夯实学科基础。对此,他还专门写过一篇《加强新闻传播学科的理论建设》的文章。

他强调,做学术必须有所创新。对中国新闻学术界的内卷化问题,他一再提出过批评。早在2004年,他将改革开放后出版的新闻史方面的专著和教材进行统计分析后指出,以"中国新闻事业史""中国新闻传播史"之类命名的教材和与之配套的"大纲""文选""资料"等辅助教材,"估计在60种以上。

数量不少,但在内容和体例上基本上相同或相似。……缺乏创新"。① 他认为,这种低水平的重复没有太多的学术价值。他呼吁,做学术,写文章,宁肯少一点,但要好一点。他以身作则,不求著作等身,而求有所建树。他说,做新闻史研究,必须建立在丰富史料之上,不可空口说白话。他平时讲话言简意赅,做学问,写文章也是这样。他的文章与他的发言一样,没有空话、套话。2005年复旦大学出版社出版的《丁淦林文集》,排版字数为27.8万字,按照常规计算,书写字数大致上为25万字,这是他一辈子的研究成果。该文集收集34篇文章,每篇文章大致为0.74万字,可谓是字字珠玑。

(4) 行事中庸,与人为善。丁淦林先生的性格特别好,不愠不火,似乎从来不曾与人发生过矛盾。我听说,复旦新闻学院内,有人戏称他为"法师""和事佬"。然而,我认为,这是他对中国文化中"中庸"之道的把握。这是很多人所缺乏的,更是我所难以企及的。尽管我很羡慕,很向往,也很想在自己的处事行为中能有所效法,但是,很难奏效。

尽管丁淦林先生无意"仕途",但是群众还是把他推上了"院长"的位置(如果当院长也算是"仕途"的话)。对此事,我早有所耳闻,想请他亲口说说。对此,他说得很清楚:1988年,复旦新闻系改组为新闻学院,首任院长为徐震。徐身体不好,不能坚持上班,需要有人出来主持工作。复旦党委决定,新院长人选由民主推荐产生。鉴于各方面的条件,丁淦林被"民选"为院长,成为全国新闻学院历史上唯一的民选院长。从他谈话的语气可看出,他不是在意"院长",而是在意"民选"。他虽然只在院长位置上干了三年半(1990年6月至1993年12月),但是,他给学院教职员工留下了极好的印象。他几次对我谈起,他从院长位置上退下来后,即使后来退休了,到学院去办事或查资料,无论是教师还是工作人员对他依然很热情,一般还能给他倒一杯茶,一点没有"人一走茶就凉"的意思。每次讲到这些情况时,他那一贯平静如水的脸上会露出少有的欣慰神情。丁先生逝世后,复旦新闻学院编辑的《丁淦林教授纪念文集》中,许多文章均有丁先生与人为善,乐于助人的事迹记载。

虽然丁老师已经离开我们,但是,他的音容笑貌一直铭刻在我的脑海里。他永远是我学习的楷模。

---

① 丁淦林:《中国新闻史教学需要适时革新》,载《丁淦林文集》,复旦大学出版社2005年版,第278页。

(五)选定一个研究方向就持之以恒

——感恩赵玉明先生

赵玉明,1936年生于山西汾阳,1955年考入北京大学中文系新闻专业,1958年转入中国人民大学新闻系,1959年毕业后到北京广播学院(今中国传媒大学)任教,先后担任新闻系副主任、主任,副院长等职务,兼任国务院学位委员会学科评议组成员、教育部高校新闻学学科教学指导委员会副主任委员、中国新闻史学会副会长、会长、中国广播电视协会广播电视史研究委员会会长等职。

1. 我与赵先生的交往

我最初见到赵玉明先生是1987年10月在黄山召开的全国高校自学考试新闻专业指导委员会第二次会议上。我是作为我系汪新源主任的代表与会的,赵先生当时是北京广播学院新闻系副主任、副教授,是自考委的正式委员。此次会上,我估计赵先生对我并没有留下什么印象,只是认识而已。以后的几年,我们几乎没有什么往来。

5年后,1992年11月11—13日,中国新闻史学会成立暨学术探讨会在北京广播学院召开,当时,赵玉明不仅已经是中国广播史学界的权威,而且还担任北京广播学院副院长。开会期间,我俩虽然认识,但是不很熟识,并且地位相距甚远,他高坐主席台,而我作为一个最普通的与会者、新闻史研究的初学者忝列末座。那次会议是中国新闻史学研究者的第一次聚会,到会人数多,且还有外国学者,可谓"盛况空前"。当时,举办这样规模的大会,筹集经费、寻找场地很困难。会长方汉奇先生对大家说,我们的成立大会之所以顺利召开,首先得感谢一个人,那就是赵玉明老师。因为他是北京广播学院校级领导,有能力召开这么大的会议。从方先生的介绍中,我对赵玉明的认知又增加了一层:原来他还是一个新闻教育家。

新闻史学会成立后,方汉奇先生常常向大家提起赵玉明,说他搞广播史,完全是白手起家,并且坚持数年,执着追求,最后拿出了可观的成果。还常常说,赵玉明搞广播史,"独此一家,别无分店"。我知道,方先生是拿赵玉明的事迹教育我们,要我们认准一个研究方向后就"咬定青山不放松"。于是,在我心中,赵玉明就是我等治史的榜样。

由于赵先生与我们新闻系的周泰颐老师、曹承容老师(曹以后做了学校党委宣传部部长、党办主任)是大学同学,所以他到武汉出差,一般都要到我们学校见见周、曹二位老同学。有时候,他们也把我叫去见见面,吃吃饭。方先生已经明明白白地拿出这样一个治学的榜样,我当然不会放过向赵玉明请教的机会,所以见面的时候,我都要询问一些关于搜集史料的经验。还有层关系,我校杨叔子校长的哥哥曾在中国广播局工作过,与赵老师同住广电部宿舍大院,因而,有时候,老赵来了,我们也请杨校长来见见。这样几个情结把老赵同我、同我们学院的关系一下子拉近了许多。

1998年4月,华中科技大学新闻与信息传播学院成立,学校党委任命我主持新闻学院的行政工作,由于工作关系,我与北京广播学院来往增多,自然与赵先生的交往也明显增多。一方面,我到北广参加会议和各种活动,一般来说,都必须与赵老师见面;即使我去北京其他地方而不是到北广,也一般要打个电话向他报告一声,或到他府上探望一下。另一方面,我们也主动邀请他到我们学院指导工作。由于他与我们学院关系不一般,所以凡是我们发出的邀请,他只要有时间都会前来。同时,他要是到武汉其他单位公干,也一般会打个电话给我,我接到电话后,肯定会到他下榻的酒店探望他,一起聊聊天。

2002年,赵玉明老师出任中国新闻史学会常务副会长,两年后,正式接任会长。我作为学会副会长,无论从哪个方面讲,都必须积极协助他工作;他对我也很尊重,重大问题在决定前大都征求我的意见,我当然也是知无不言,因而我和他来往就更为密切。我和他几乎每年都有几次共同参会、见面的机会,或在新闻史学会年会上,或在新闻史学会常务理事会上,或在新闻传播专业教学指导委员会会议上,或在新闻学界和新闻教育界举办的其他各种学术会议上。

作者与赵玉明老师参加中央民族大学白润生教授学术思想座谈时合影
(2018年)

我与赵玉明老师共交往33年。他对我们学院的支持与帮助,对我个人的教育与帮助,都是很大的。

2. 赵先生对我们学院的支持与帮助

作为新闻学界的知名人士、国务院学位委员会新闻传播学科组成员、教育部高校新闻学学科教学指导委员会副主任,赵玉明先生对我们华中科技大学新闻与信息传播学院的发展和学科建设,均给予了鼎力支持与帮助。仅在我主政新闻学院的前后10年中,赵先生专程到我校指导工作就有六次。

第一次,1999年9月23日,赵玉明老师与方汉奇先生、丁淦林老师到华中理工大学参加新闻传播学科发展咨询会,并受聘为我校兼职教授。整整一天,他们三位听取我们学科发展规划和准备申报博士点的方案,对我们"入主流,创特色"的学科发展思路给予了充分肯定,对我们申报博士点的方案进行仔细推敲。据我的笔记记载,赵先生提出:"你们的强项是新闻史论,特色是网络传播和新闻事业管理,到底是报新闻学还是报传播学?必须考虑清楚。"方先生和丁老师都说,老赵提的问题值得认真考虑。经过讨论,最后我们决定报新闻学,但是突出网络新闻的特色。

第二次,2000年5月9日,赵先生来华工出席中国新闻教育学会和教育部新闻教学指导委员会联席会议。为了充分利用资源,会议期间,我们将赵玉明等几位先生请出来开了个小会,向他们汇报我们根据上年咨询会梳理的关于新闻学博士点申报的基本想法。

第三次,2002年10月25—26日,我校举办人文社科高层论坛,邀请全国人文社科领域的顶级学者聚会喻家山下,纵论国家学科发展大计。赵玉明先生欣然应邀来我校参加盛会。我们见缝插针,请出赵玉明、丁淦林等先生来到我院,最后审核博士点申报材料。

第四次,2003年9月19—20日,赵老师来我院参加"新世纪新闻传播学博士生教育研讨会"。这是我院获得新闻学博士学位授予权后第一次举办这样的高层次研讨会。会议规模不大,校外专家邀请16位,赵玉明老师再次欣然应邀。会议议题主要是审核我们培养博士生的方案。每个专家都发表了很好的意见。据我的笔记记载,赵老师主要就不脱产学生管理问题发表了意见。

第五次,2005年5月14—15日,赵先生来我们学校出席第二届新闻传播学博士生教育研讨会。会议地点在湖北黄冈。专家们围绕如何提高博士生培养质量进行了研讨。据我的笔记记载,赵玉明老师的发言主要是提出一个问题,就是新闻传播学的二级博士点太少,他希望有了一级学科博士学位授予权的学校就如何科学而合理地设立二级学科点进行思考,拿出一个意见。他对此也发表了自己的看法。

这次研讨会更使我们大获丰收。大会套小会,我们特别请方、赵、丁审核了我们一级学科博士授予权的申报书。几位先生在研究方向的设置、学科梯队的组建等方面又提出了许多修改建议,使我们的申报材料更加完善。当年,我们顺利获得了新闻传播学一级学科博士授予权。

第六次,在我卸任院长之后。2008年1月,赵玉明老师来我校出席"华中科技大学媒介技术与传播发展研究中心2008年课题评审会暨基地学术委员会成立大会"和"媒介技术与传播发展研究中心:战略发展规划咨询会"。据我的笔记记载,赵老师的发言说了两点:一是要有一个发展目标——"你们的中心现在只是学院的基地,要争取教育部的小基地,再争取国家人文社科大基地";二是千万不要"忘记自己"——"要突出你们自己的特色和重点"。

我经常在我们学院的会上讲,我们学院的每一点进步,每一次发展,都得到了老大哥学校和各位教授的鼎力支持。赵玉明老师是支持力度最大者之一。

3. 赵先生对我的教育与帮助

赵玉明先生年长我9岁。他平易近人,我与他相处,毫无拘束感。他对我来说,亦师亦友。在与他的接触交往中,我从他身上学到很多好东西。

凡是接触过他的人,都感觉到,赵老师很质朴,为人很实诚,以本相示人,以真心待人,能帮人之处,尽量帮人一把,能助人之时,尽量助一臂之力。我也有同样感觉。并且,我从来没有从他嘴里听到过说他人的坏话,甚至微词,这一点,我和他有相通之处。

赵先生为学扎实,做史学研究肯下笨功夫,一丝不苟,锲而不舍。方先生说,赵玉明搞广播史研究是开拓性的,他所需要的史料只能靠他一条一条地搜集而来。所以他特别注意第一手资料的收集,从不说无根之语,撰无据之文。他做学问不"赶场子",不"凑热闹",抓住一件事,执着地做,一辈子没有离开广播学院,一辈子没有离开过广播史,终成大学问。他之所以成为中国广播史学的开拓者和奠基人,首先归功于他的这种为学态度。他心态好,很豁达、幽默。搞史学研究本来是很严肃、很苦的事,可他开玩笑地说,广播史、电视史、广播电视史,一堆史(屎),搞了一辈子史,做一辈子"搅屎棒子"。

赵先生一辈子,似乎只知道工作,不知道享受。他不抽烟,不喝酒,不打牌,不钓鱼,唯一的爱好,就是"吃醋",无论到哪里吃饭,都向服务员要一碟子醋,典型的山西人。他在生活上低标准,但在工作上高要求,参加大小会议无数,会上发表无数,每次与会,每次发言,他都事先做好充分准备,哪怕是个规模不大的会议的讲话,他都有讲稿。我看到,很多时候,老赵拿的讲稿是手写的,密密麻麻,删改的地方很多。我真担心,他视力不好,看不清删改的地方,接不上,就麻烦了。实践证明,我是杞人忧天。他每次都能很顺畅地把稿子念完,而且有根有据,还充满激情,赢得热烈的掌声,乃情理之中的事。

赵先生具有学者和领导者的双重智慧。记得他在中国新闻史学会会长的第一个任期上,吸收了几个学院院长作常务理事,甚至副会长,而相应减少了普通教授的"常务理事"名额。一些老师对此有些议论,说中国新闻史学会不能办成院长联席会。此类事在个别学校还起了纠纷。有人要我向赵老师反映一下。有一次,我同他提到此事,他说,他也听到议论了,但是没有办法。他又说,他有难处:他没有方老师那么高的学术威望,振臂一呼应者云集。学会搞活动,需要有人办事,吸收相关院长"入常",是为了办事。当时,各个学校不像现在这么有钱,搞活动没有钱肯定不行。再说,一个普通教授根本调不动人,只有院长才可以。既然矛盾是确实存在的,教授们的意见也是正确的,那就得想办法解决。赵老师随即想出了一个两全其美的办法:为了搞活动,依然可以适当吸收院长"入常";同时为了保持中国新闻史学会的学术特征,可另外设立一个"特邀常务理事"制度,吸收那些在新闻史研究上有成就的老教授为"特邀常务理事"。赵会长的想法得到了常务理事会的认可。实践证明,这是一个很好的制度,一直保留到以后几届。

赵先生大力支持和帮助我所负责的中国新闻史学会的工作。我受方先生的委托,担任由中国新闻史学会、华中理工大学和新加坡南洋理工大学联合举办的"海外华文报刊与中华文化传播国际学术研讨会"主理秘书长,负责每两年召开一次这个会议,赵玉明先生几乎每届会议都出席。尤其是他接任会长后,不仅与会,还过问具体筹备情况,在会上致开幕词等。

2007年底,我向赵先生提出创办一个中国新闻史学会的二级学会——新闻教育史研究会的设想。赵先生听后,不仅充分肯定,而且指示学会秘书处将我们申请成立二级学会的报告呈送民政部。民政部于2008年4月7日签发登记证书。当年5月8—9日,中国新闻史学会第三届常务理事会第五次会议在广西大学召开,会长赵玉明先生向我颁发民政部签发的专委会证书和图章。随后,他指示我成立筹备小组,进行具体筹备工作。由于赵玉明先生和总会秘书处指导得法,全国各新闻院系积极配合,"新闻传播教育专业委员会"(俗称"中国新闻传播教育史研究会")于2008年10月24日晚,"纪念中国新闻教育90周年"大会前夕,在北京大学举行了成立大会和揭牌仪式。

赵玉明先生代表总会向我们分会提出五点要求：依法办会，民主办会，学术办会，勤俭办会，奉献办会。

2020年8月30日，得知赵玉明先生病逝的噩耗，我很悲痛，曾写过一篇《悄悄的，你走了——赵玉明老师的故事》的小文，以纪念这位可敬可亲的老师兼挚友。

我和我们新闻学院全体同事永远怀念我们的兼职教授赵玉明！

二、从师增识

（一）学院要着力打造"温暖家庭"文化

——感恩何梓华先生

何梓华，1931年10月出生，祖籍广东南海。1949年入燕京大学西语系，后转新闻系，1952年随院系调整转入北京大学中文系新闻专业学习，1953年本科毕业后先后在北京大学新闻专业和中国人民大学新闻系任教。从1984年起，历任人大新闻系主任、人大新闻学院副院长、院长等职，兼任教育部新闻学学科全国教学指导委员会主任（两届）、中国新闻教育学会会长（两届）、全国高等教育自学考试指导委员会新闻学专业委员会主任（三届）等职务，2018年11月病逝。何梓华先生从事新闻教育近50年，担任新闻教育机构领导职务30多年，不仅为中国人民大学新闻教育，而且为中国新闻教育事业的发展作出了重大贡献。

我与何梓华先生初见于1987年10月的全国高校自学考试新闻专业指导委员会第二次会议上。何梓华先生是这个委员会的主任。我最后一次面见何先生是2017年10月，中国人民大学建校80周年，大会开始前，在人民大学会议室，我俩坐在会客室谈了10多分钟。当时，他的精神状态还是挺好的，没想到，这是我向何先生的最后一次当面请教。

1. 何先生对华工新闻教育发展的指导与支持

从与何梓华先生长达31年的交往中我感受到，无论是作为中国顶尖级新闻学院院长，还是作为中国两个主要新闻教育研究机构的主要负责人，何先生对我们华工新闻学科的支持与帮助是全方位的，是他人所不能企及的。

2017年10月作者在中国人民大学拜会新闻学院老院长何梓华

据我的不完全记载,何梓华先生专程到我校指导新闻学科的发展,举其大者,有4次。

(1)1994年9月27日,何梓华先生率领教育部新闻专业评估小组①莅临我校新闻系进行专业评估。在听取了系班子的汇报后,何先生首先肯定地说,在1989年以前,华工新闻系辉煌了一阵子,当然,现在也不错。主要表现在:办学方针是正确的,也是有特色的;师资队伍很精干,也有特点,19位教师中,有16位来自新闻单位,有新闻实践经验;学风严谨;重视教材建设;重视教学实践。然后,他以商榷的口吻提出了几条建议:扬长避短,办出新的鲜明特色,比如,能否在理工科三年级学生中招生,按"2+2"的模式培养;能否创造条件,尽快上一个硕士点;能否向学校申请,增加招生指标,适当扩大办学规模;能否添置、补充、更新实验设备,实验设备可否更上一层楼,以满足教学需要;图书资料可否再丰富一些。

何先生很讲究说话艺术,他看到了华工新闻系存在的严重问题,但只是用商榷的口吻提出。5条建议,条条打中我们的要害。1989年经历波折后,新闻系在学校备受压抑,招生指标被压缩,办学不成规模,师资流失严重;学校多年不给经费投入,实验设备陈旧且残缺不全,图书资料不符需要。华工新闻系一度面临倒闭的境地。当然,他也为我们在办出特色方面指出了努力的方向。何先生讲完,其他几位专家也发表了自己的看法。

---

① 组长何梓华,成员刘树田、吴高福、刘凤泰、阎志坚。

何先生等此行,与其说是专业评估,不如说是为我校新闻专业诊断病情,并开列处方。何先生和各位专家的意见,以后成为我们向学校"集体泣诉"和请求支持的依据。

(2)1998年10月,在南京大学召开的全国"新闻两会"上,我与程世寿联名发表了《特色·前沿·优势——在理工科为主的大学发展新闻教育的实践与认识》的演说,主要介绍我们两年来充分发挥学校强大信息学科的优势,将新闻传播学科与信息学科交叉、走交叉学科发展的情况。我们的发言在会议上引起很大反响,与会者对华工新闻系近年来学科建设的做法给予较高的评价。作为两会会长的何梓华先生听后,更是赞赏不已。他当然还记得4年前到华工进行专业评估的情况,他对我和程世寿说:"你们办学的路子正,方向明,很有特色,并且在特色发展道路上起步最早,希望能坚持下去,取得实质性的成果。"我们知道,他的话是很有针对性的。因为对华工新闻教育发展道路曾经出现过各种不同意见,有人建议我们沿着综合大学新闻专业的道路走,有人建议我们增加一些自然科学课程,重点培养科技新闻记者。前者发展的道路太泛,后者发展的道路过窄,最后,我们决定在前一个时期"文理渗透"的基础上,进一步明确"新闻传播与信息科学大跨度交叉,培养复合型新闻传播人才"。所以,在最后的总结大会上,何梓华先生特别指出,近几年办学有新思路的有两所学校,其中一所是华中理工大学,另外一所是中国青年政治学院。当然,何先生对我们的肯定,并不是说我们已经做得怎么好了,而是对我们的一种鼓励和鞭策。

(3)在南京"新闻两会"的闭幕式上,何老师宣布,下一届"新闻两会"在华中理工大学召开。我和总支书记程世寿十分理解何老师的意图,他这个决定,是想借机促进我们学院的发展步伐。会议结束后,我和程世寿回来向院务委员会做了详细汇报,并决定以迎接全国"新闻两会"为抓手,争取学校进一步的支持,加快学院"硬件"和"软件"建设。具体情况第三章第一节第二目已有叙述,此处不赘。2000年5月8—10日,全国"新闻两会"在我校召开,我们新闻学院以一个崭新面貌展现在全国与会者面前。何梓华先生参观后,十分高兴,并对学院发展和学科建设予以了很高评价,他说,华中新闻学院有两个亮点:一是走文工交叉之路建设和发展新闻传播学科,并有实质性的进展;二是一个学院一栋楼,物理空间也很是壮观。

从此,我们新闻学院在全国新闻教育界的地位有了明显提升,在2001年10月22日杭州召开的中国新闻教育学会第五届理事会上,我们新闻学院被增补为常务理事单位。

(4)2003年10月4日,何梓华先生应邀出席华中科技大学新闻学科创建20周年大会。何梓华先生再次来到华工,看到华工新闻学科的发展,兴奋不已,说,当初,教育部批准武汉同时创建两个新闻系,是想武大、华工各自发挥自己的学科优势,办出特色,现在看来,这个愿望达到了。华科新闻学院的发展和新闻传播学科的特色发展取得突出成绩,不仅创建了特色本科,而且取得了新闻学博士学位授予权,值得庆贺。他再次叮嘱我,既然方向找准了,就一定要坚持下去,取得更大成果。

总之,华工新闻学科建设和新闻教育发展,一路走过来,每一步都离不开何梓华先生的指导和支持。

2003年,《新闻与信息传播研究》春季号上发表孙旭培领衔做的课题成果《加入世贸与我国新闻传播业的发展》后,一时间闹得满城风雨。何梓华老师得知一些消息后,十分着急,也十分担心。5月下旬,他从北京专门打来电话,把他听到的信息告诉我,提醒我对此必须高度重视,妥善处理,既要想办法化解矛盾,又不能伤害有关教师。我听后,特别感动,一再表示感谢。

2. 何先生是我学习的榜样

从1987年10月与何先生在黄山中国人民大学新闻系招待所初识之后的31年中,我与何先生一直保持着较为密切的联系,包括在各种会议上的见面,他受邀到我校指导工作,以及我到人大去拜访他。我一直以他为学习的榜样,他的一言一行对我都产生了潜移默化的影响。

何先生对我影响最深的在两个方面:一是他的人格魅力,二是他任院长的做法。

(1)他的人格魅力对我的感召。所谓人格魅力,是指一个人在性格、气质、能力、道德品质等方面具有的很能吸引人的力量。一个具有高尚人格的人,他的身上能放射出亲和力和凝聚力。何先生正是这样的人。

何先生尊重人,包括尊重前人和同人。1996年,何先生在总结人大新闻学院40周年发展成绩的时候,首先深情地说:"今天的中国人民大学新闻学院是昨天的人大新闻系的继承和发展。蒋荫恩同志、安岗同志、罗列同志、余致浚同志等老一辈新闻教育家为新闻教育事业的发展倾注了毕生的心血。是他们以自己对新闻教育事业的无比忠诚和高度责任感,为培养新型的社会主义新闻工作者探索了一条成功之路。还是他们,以自己的聪明才智和辛勤劳动,为中国人民大学新闻学院以后的发展打下了坚实的基础。我们正是沿着他们所指出的方向,继续开拓创新,奋发前进的。"①在他主政新闻学院期间,他和领导班子承前启后,勤奋工作,为"文革"后人大新闻系的恢复与发展,为以后人大新闻学院在全国新闻界的学术领军地位奠定了基础。他谦虚地说:"人大新闻学院能有今天,是全系教职工奋力拼搏的结果。工作是大伙做的,成果里自然有我的一份微薄贡献,但更多的成绩是大家共同努力的结果。"②

何先生关爱人。他主政人民大学新闻学院期间,关爱学院的每一个人,着力打造"温暖家庭"文化。在学院内部,人人平等,大家彼此之间像亲人一样,很少有人称呼他的职务。年龄大一点的称他老何,年轻一点的称他何老师。方汉奇先生说:"我一直叫何梓华老师为老何,他不当官时我这么叫,当官时我也这么叫。"还说:"他特别会团结人,善于组织、团结教师团队。"喻国明说,正是他的这种对人的态度,才让整个人大新闻系有着多样的、活跃的学术风气,才能保证学院在各个方面都有一流的表现,才让人大新闻学院的教工彼此支持、相互包容,有着温暖小家庭的气氛。"这也是人大新闻学院成为我国新闻传播学研究第一重镇的重要原因之一。"

何先生平等地对待全国每一个新闻院系,并尽力支持他们的事业发展。人民大学新闻学院以其在全国新闻教育界中的学术地位,多次被选定为教育部新闻学学科全国教学指导委员会、中国新闻教育学会的牵头单位,顺理成章,作为院长的何梓华先生也就兼任这两个委员会的主要负责人。在长达十余载的时间内,通过这些组织,他和兄弟新闻院系建立了密切的联系。他认为,要顺利开展和做好这些工作,最重要的是正确处理好人大新闻学院与兄弟新闻院系的关系。不论其历史的长或短,各新闻院系之间的地位都是平等的,彼此之间应当互相尊重,互相学习,互相支持;工作中要发扬民主,讨论重大议题时,应耐心听取各种不同意见。

不仅如此,他尽力支持兄弟新闻院系的发展,从师资培训、教材等方面,对兄弟新闻院系尽可能地提供帮助。这一点,我和我们华工新闻系(学院)是有亲身体会的。1987年12月,我受系领导的委托,到人民大学新闻系,争取他们能分配研究生到我系充任师资。何梓华老师仔细向我说明情况:1988级导师制研究生只有3人,有2人代培,1人已经在北京结婚。研究生班的

---

① 何梓华:《继往开来》,载《溢金流彩四十年——人大新闻学院师生回忆录(1955—1995)》,人大内部资料,1995年,第19页。

② 《何梓华与中国人民大学新闻传播教育》,载中国新闻史学会新闻传播教育史研究委员会:《中国新闻传播教育年鉴2016》,武汉大学出版社2016年版,第423页。

学生,质量得不到保证,不宜到大学当教师。并承诺说,以后注意录取有意向到武汉工作的学生,分配到华工。此后,我每次到人大新闻学院,只要何老师在办公室,他都热情接待我,尽可能解决我提出的要求。比如,1998年接受我校青年教师刘洁到人大进修。

何先生平易近人,没有一点点架子。和蔼可亲,但又不怒自威,凭的是他的人格魅力。无论是在中国人民大学新闻学院内,还是在全国新闻教育界,也无论长幼,大家都服他。喻国明说:"何老师担任新闻学院院长时在学界积攒下非常好的口碑,所以大家对人大新闻学院有一份感激和敬重。"

(2)他的"四重视"做法对我的启发。从1984年起,何梓华先生历任人大新闻系副系主任、系主任;从1988年中国人民大学新闻学院建院起,又先后担任人大新闻学院副院长、院长,直到退休,是人大新闻学院迄今为止任职时间最长的院长。他做院长的做法很有特点,我将其总结为"四重视"。

第一,重视学科建设。他认为,学科建设关系到专业教学质量、学科的发展程度,以及学科在社会上的学术地位,这是任何从事新闻专业教学的老师不能不考虑的重大问题。学科建设的目的就是科学地总结和探索本学科发展的规律。他认为,师资队伍建设和教材建设是任何一个学科建设都必须具备的两个最基本的条件,新闻学科建设也不例外,这两方面的工作抓好了,学科建设就有了坚实基础。[①] 基于这种认识,他在主政人大新闻学院工作期间,花很大气力抓这两方面的工作,并取得明显成效,奠定了中国人大新闻学院在中国新闻教育领域第一重镇的地位。

第二,重视人才培养。他认为,大学里,科研固然重要,但是还是应该把培养人放在第一位。因此,人大新闻系(学院)充分利用自己的优势资源,多方开拓,采取多种形式办学,为国家培养不同层级的新闻传播人才。在人才培养方面,何梓华不仅看重数量,更看重质量。他说,新闻专业人才的培养,不管采用什么办学形式,最重要的是要保证质量,这是对国家、对人民负责任的表现。人大新闻学院的毕业生,无论是在过去还是现在,在社会上是有口皆碑,在新闻业务部门普遍受到欢迎。有人曾用八个字概括人大新闻系(学院)人才培养的经验:"强调基础,重视实践。"长期以来,人大新闻系(学院)在办学过程中,十分注重对学生进行基本理论、基本知识、基本技能的传授,同时,也十分注意引导学生投身社会实践。人大新闻系的毕业生到新闻媒体工

[①] 何梓华:《新闻学学科建设之我见》,载郑保卫:《新时期中国新闻学学科建设30年》,经济日报出版社2009年版,第16页。

作后由于表现良好,大多数成为所在单位的领导和业务骨干。

第三,重视马克思主义新闻思想的运用。他认为,中国的新闻教育,是社会主义新闻教育,因而,必须坚持以马克思主义新闻思想为指导。在他病逝的前一年,他两次给新闻学院现任院长胡百精写信,一直强调三件事①,第一件就是"要把马克思主义新闻观的研究和教学工作做得更好"。这是他的经验之谈。要做好这件事,谈何容易! 2000 年 6 月 9 日晚上,我到铁狮子胡同看生病中的何梓华老师,从他那里了解到不少新闻学界的重大信息,比如《新闻大学》上发生的"喻权域论争"风波,其论争指向很明确,就是如何正确解释和贯彻马克思主义新闻思想。后来,何梓华老师作为第一批"马克思主义理论研究和建设工程"(简称"马工程")首席专家,主持编写"马工程"重点教材《新闻学概论》,历时 5 年,数易其稿,争论不少,各执一端,实质上还是如何正确认识和贯彻马克思主义的精神。为此,在统稿期间,他耗费了全身精力,以致累病,不得不住院治疗。再后来,我也作为"马工程"首席专家,主持重点教材《中国新闻传播史》的编写时,何老师结合他自己的经验,几次对我说,要完成此项工程,必须要有充分思想准备。他还说,在教材的编写过程中,大家对某些理论问题的认识可能并不完全一致,这很正常。在研讨阶段,应当认真贯彻"双百方针",让大家畅所欲言,充分发表各种意见。通过讨论,力求在马克思主义的基础上统一思想,达成共识。对此,第一首席一定要把握好。

第四,重视教学研究。何梓华老师始终保持冷静的头脑,密切注视中国新闻教育事业发展进程,在看到中国新闻教育高速发展并取得成绩的同时,也看到存在的问题。从 20 世纪 90 年代中期开始,中国新闻教育事业超常规发展,出现了一些令人担忧的问题。2004 年 10 月 23 日,在清华大学举办的国际新闻传播学院院长论坛上,何梓华在发言中指出,由于超常规发展,新闻专业毕业生供大于求,新闻专业教育培养的人适销,不对路。出路何在?他建议:控制招生规模,提高培养质量;重点新闻院系停招本科,以培养研究生为主;②考虑设置新专业,比如网络新闻、媒介经营管理等。③

---

① 何梓华给胡百精写信,强调三件事:要把马克思主义新闻观的研究和教学工作做得更好;在全球化时代人大新闻学院要花更多力气培养国际传播人才;完善整个教师队伍建设。见李苑:《杏坛诲人德厚流光——追记新闻教育家、中国人民大学新闻学院原院长何梓华》,载《光明日报》,2018 年 11 月 17 日。

② 何梓华老师的这一设想,清华大学新闻与传播学院在 2021 年实现。

③ 何梓华:《新世纪新闻人才培养之我见》,载钟期荣:《经济全球化与跨地区文化传播》,浙江大学出版社 2003 年版,第 133 页。

同时，他还组织全国几个主要新闻院系的负责人①成立课题组，着手进行"新闻学类专业人才发展战略及主干课程教学基本要求研究"。我有幸被何老师吸收为课题组成员。该课题前后开过三次会议，已经有了一些大致思路，后来因为何老师要主持"马工程"教材《新闻学概论》的编写工作，分身乏术，课题研究工作就搁置了。虽然如此，何老师注重新闻教育的研究精神一直教育着我，尤其是他提倡结合新闻教育的实践进行研究的路径，值得我们发扬。2013年，我将自己研究新闻教育的文章结集出版时，他在序言中写道："吴廷俊之于新闻教育有一个明显特点，就是研究新闻教育与践行新闻教育的有机结合。他常说，办新闻教育的人一定要研究新闻教育；他研究新闻教育不是为研究而研究，而是为办新闻教育的需要而研究。他担任华中理工大学新闻与信息传播学院院长后，怀着'把学院发展好，把学科发展好'的强烈责任开始研究新闻教育，并把研究成果运用到学院建设和学科发展中来，把学院发展、学科建设当成新闻教育研究的实验场所。我以为，这种认知与践行有机结合的做法是值得提倡的。"我十分感谢何老师对我的肯定。其实，这一做法是我向何老师学习来的。

（二）对全国第一家工科大学创办新闻教育特别关注

——感恩洪一龙先生

编写华中科技大学新闻传播教育发展史，有一个绕不过去的人，那就是洪一龙先生，虽然学院现在的教师很少有人认识他。

洪一龙，1925年生于浙江宁波，1951年燕京大学新闻系毕业后开始从事新闻教育和新闻管理工作。他曾在燕京大学、北京大学、中国人民大学新闻系任教，兼任过北京大学图书馆副馆长、人大新闻系总支书记等职，1978年调中央宣传部新闻局工作。他用一种全局的眼光宏观指导、大力支持和总体擘画中国新闻传播教育的发展。他在调研全国新闻工作者的状况和新闻教育的状况后，深感发展新闻教育事业的重要和紧迫。在他的积极反映和运作下，新闻教育工作进一步得到了党和国家有关部门的重视。1983年5月，中央宣传部和教育部联合召开了全国新闻教育工作座谈会。这个会议对发展中国的新闻传播教育有非常重要的意义，会后，以他为主起草的《关于加强新闻教育工作的意见》成了指导我国新闻传播教育发展的纲领性文件，为中国

---

① 课题组成员主要有：何梓华（中国人民大学）、丁淦林（复旦大学）、赵玉明（中国传媒大学）、吴高福（武汉大学）、吴廷俊（华中科技大学）、吴予敏（深圳大学）、刘树田（兰州大学）、吴文虎（暨南大学）。

新闻传播教育的大发展、大繁荣起到了十分关键的作用。武汉的武大、华工的新闻教育就是在这一背景下创建起来的。

1. 洪先生对华工新闻教育的关怀与支持

洪一龙先生不仅对全国新闻传播教育事业进行总体擘画和宏观指导,他还亲自参与和大力帮助一些学校新闻教育专业的创立和建设。华中工学院新闻系作为全国第一所以理工科为主的大学创建的新闻教育,一开始就得到了洪一龙先生的特别关怀和积极支持。洪一龙先生与华工新闻教育的关系历史较长。据记载,洪一龙1984年就被华工新闻系聘为兼职教授,成为我系首批兼职教授[①]。

(1)支持华工新闻系创办新闻事业管理专业。

洪一龙从新闻事业发展的高度,看到新闻事业管理的重要性,于是,极力倡导大学新闻系开办此类专业。这一想法与华工老校长朱九思的思想不谋而合,于是九思同志指示新闻系一定要积极参与此事。随后,中宣部便选定中国人民大学和华中工学院两校新闻系筹备开办新闻事业管理干部培训班,培养新闻经营管理方面的人才。华工新闻系之所以被选中,是因为在洪一龙先生看来,开办新闻事业管理班,不仅要学习管理类的课程,还要学习一些印刷、机械类课程,华工有这样的条件。朱九思指示系主任汪新源抓紧开班的准备。洪一龙对这个班也特别上心,从学员招收到课程设置、教学环节的安排,他都一一予以过问。学员报名踊跃,最后录取了包括《中国日报》《光明日报》《北京日报》《新华日报》《羊城晚报》《解放日报》《浙江日报》《新疆日报》《江西日报》《云南日报》《河北日报》《黑龙江日报》等30多家报社的46名学员。1986年9月15日,这个班开学那天,洪一龙从北京专程赶到武汉参加开班典礼。在典礼上,他向学员讲述了这个班的开办缘由、筹备过程,以及新闻管理专业人才对发展新闻事业的重要性,他说,你们这个班的学员是中国第一个新闻事业经营管理干部专修班的正规科班生,希望大家学成后能为中国新闻事业的经营管理规范化作出贡献。此后,他还在相关文献中,用足够的篇幅记叙了华中工学院接受中宣部委托举办全国性报纸经营管理干部专修班的情况。

1987年10月,我代表汪新源主任到黄山出席全国新闻专业自学考试指导委员会会议,洪一龙老师专门告诉我说,中宣部新闻局和国家教委商量,拟

[①] 与洪一龙先生同时受聘为我校新闻系兼职教授的有中国国际报告文学研究会会长黄钢、湖南省委宣传部副部长傅白庐。

1986年9月15日,洪一龙参加华工新闻系新闻事业经营管理干部专修班开班典礼后与系领导和办公室工作人员合影

(从左至右龚文灏、汪新源、洪一龙、申凡、周贵谟、李长玉)

将"新闻事业管理"作为"七五计划"重点研究项目下达给华工新闻系,拟在华工新闻系开办一个新闻事业管理专业,华工新闻系应努力创造条件,争取能把这个专业上上去。他说要组织人抓紧先把计划搞出来,包括步骤、目标和参加人员,最好在1987年11月中旬拿出来交中宣部审阅,中宣部认可后,再正式下达委托书。他还说,华工新闻系几年来取得了很大成绩,办得也很有些特色,不过,应该看到,武大新闻系这两年来,埋头苦干,做了很多扎实的工作,进展很快。希望华工新闻系更上一层楼。

从1987年起,我系汪新源、屠忠俊两位老师一起参与洪一龙先生牵头的中宣部委托的"七五"国家社科基金课题"现代化与新闻改革",具体负责子课题"报业经营管理研究"。该课题于1990年完成,写成研究报告《报业经营管理中的几个问题》。我系在完成该课题的同时,于1988年又办了一届新闻事业管理干部专修班,在此基础上,正式创办新闻事业经营管理专业(方向),1992年屠忠俊老师正式出版教材《报业经营管理》。通过这些活动,我系新闻事业管理的教学和研究,在一个相当长的时间内,走在全国前列。

(2)积极宣传华工新闻教育。

当初,华中工学院新闻专业即使办了几年,有了几届毕业生,全国还有很多人不知道,尤其是北方几个省。1987年12月,我和青年教师唐文彰到北京、天津联系学生实习和毕业分配事宜时,就遇到这种情况,用人单位根本不了解我们。是洪一龙先生帮我们打开局面,他不仅为我们向一些报社写便条,而且亲自给10多家报社领导一个一个打电话。通话的主要内容是介绍华工新闻系是全国第一个理工科大学办的新闻系,很有特色,质量也很高,请他们先接受实习生,用一用,如果认为好,可以考虑留下工作。

有洪一龙老师的电话和便条,我们到《北京日报》《中国青年报》《工人日报》《体育报》《中国报刊报》《农民日报》《中国教育报》《妇女报》《轻工业报》《人民铁道》《健康报》《中国贸促报》《中国文化报》《中国商业报》《冶金报》《人民日报》《煤炭报》《金融时报》《中国法制报》《科技日报》《中国乡镇企业报》《中国工商报》《人民政协报》《中国国际商报》《林业报》《工商报》以及新华社、中国新闻社等单位联系工作时,都受到热情接待,一般都是副总编辑、副社长接待,《中国教育报》还是社长接待。最后的实际效果很好,毕业生被意向性接受14人,实习落实22人左右。

1995年,洪一龙先生不顾公务繁忙,拨冗出席"海外华文报刊与中华文化传播国际学术研讨会"的全程活动,并在会上发表了《六十年代以后东南亚华文报刊的变化》的论文,以实际行动支持我们的工作。

2. 洪先生的精神不朽

洪一龙先生作为一个老新闻教育工作者,在任几十年,以极大的热情规划中国新闻教育事业的发展,并亲自从事新闻学科和新闻专业的建设,对新中国的新闻教育的发展作出了杰出贡献。后来,他虽然退休了,但仍然参与各种学术活动,无论谁遇到困难需要他帮助,他都毫不推辞,尽力而为。比如,我们无论是因"跑项目",还是因申报博士点,出差北京,一般都要到东四十条中宣部宿舍大院去看望他,并向他请教。有一次,我和周泰颐、屠忠俊老师到他家拜访。当时,他和老伴正准备晚餐,每人一碗面条,没有菜。他笑着说:"不好意思,没有什么好东西,就不请你们吃饭了。"

洪一龙作为一名老共产党员,时刻关注党和人民的事业及国家的进步,碧血丹心终生没变。2016年2月26日,洪一龙老师在北京病逝,享年92岁,他的家人没有发任何消息。我后来出差北京,从旁人口中才知道他走了,一时间,悲痛涌上心头。尤其是看到他的一纸绝笔后,不禁感慨系之。

这位"老革命"、老党员对国家前途的挂念,赤胆忠心可昭日月。他在绝笔信中写道:"我对自己能在这不平凡的时代里度过平凡的一生甚感满足,唯一遗憾的是我们国家的现状和我年轻参加革命时的理想相差太大了。但愿我们曾遭受(的)'文革'这样'空前'的浩劫能真正'绝后',让我们的子孙后代可以生活在民主和法治的社会中。"读了这些,不能不让人油然而生敬意!

洪一龙先生的精神将永远教育后人。

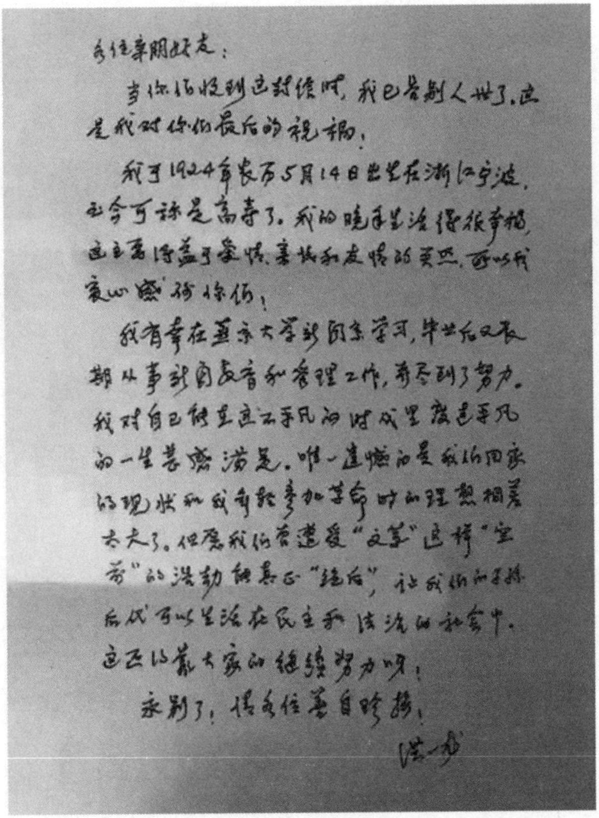

各位亲朋好友：

当你们收到这封信时，我已告别人世了。这是我对你们最后的祝福！

我于1924年农历5月14日出生在浙江宁波，至今可称是高寿了。我的晚年生活得很幸福，这主要得益于爱情、亲情和友情的关照。所以我衷心感谢你们！

我有幸在燕京大学新闻系学习，毕业后又长期从事新闻教育和管理工作，都尽到了努力。我对自己能在这一平凡的岗位上度过平凡的一生甚感满足。唯一遗憾的是我们国家的现状和我年轻参加革命时的理想相差太大了。但愿我们曾遭受"文革"这样"空前"的浩劫能真正"绝后"，让我们的子孙后代可以生活在民主和法治的社会中。这还得靠大家的继续努力呀！

永别了！请各位善自珍摄！

洪一龙

洪一龙老师的绝笔信

第十一章
感 恩 同 事

一个单位事业的发展,尤其是文化教育事业的发展,得靠几代人的不懈努力。华工新闻教育事业的发展也是这样。此外,我个人之所以能够随着这个事业发展而有一点进步,更是得益于身边同事的帮助。

一、难能可贵的坚守人

虽然人才的流动是正常的,它有利于事业发展,也有利于个人发展,但是,我还是敬重那些在华工新闻教育事业濒临垮台时在这里坚守的人们。1994年8月25日,在新闻系第一次研究生工作会议上,老教师周泰颐深情地说:"我们的研究生教育工作是在困难重重的情况下顽强地坚持下来的,不容易,我们要继续坚持,并求得发展。"其实,不仅研究生教育是如此,整个华工新闻教育都是如此。没有坚持,没有坚守,就没有华工新闻教育的今天。

据统计,1997年底,华工新闻系教职员工总数23人(其中教师17人,行政及教辅人员6人),如果加上1992年之后正常离退休人员5人——1992年离休的汪新源、1995年退休的王益民、1996年退休的蒋凤云、1997年退休的周泰颐、李长玉——总数是28人,姑且将这28人称为华工新闻系濒临崩溃前的坚守人。

（一）一线坚守甚难

上述 17 个坚守教师中,有教授 4 人(程世寿、吴廷俊、申凡、程道才)、副教授 4 人(汪苏华、屠忠俊、戚海龙、胡道立)。在这些具有高级职称的一线坚守人之中,申凡是最值得礼赞的。

申凡,1947 年生,1983 年获中国社科院新闻研究所硕士学位,作为人才引进华中工学院新闻系,是当时系里的两名专业教师之一(另一名是系主任汪新源),讲授新闻采访学。在相当长一段时间,他是华工新闻系唯一拥有高学位的教师,并长期担任新闻系分管教学的副主任,在全国新闻教育界有相当高的知名度。我进新闻系时,业务方面是他跟我谈的话,向我交代教学上应该注意的事项。此后,他在各方面对我帮助很大。申凡品质高尚,淡泊名利,为了华工新闻教育事业的发展默默奉献。1992 年,程世寿接替汪新源出任系主任,他仍做系副主任,管教学。在华工新闻系走下坡路时,他比谁都着急。据我所知,有几所学校向他伸出"橄榄枝",很有诱惑力,但是他不为所动,一直在这里坚守。他曾对我说,这是几代人打拼出来的一片天,不能随便就丢失。

综合起来看,以申凡为代表的坚守人,他们都为华工新闻教育事业作出了以下贡献。

(1)他们均为华工新闻系专业主干课程的创设者,其中绝大多数人还主编并公开出版了教材,为华工新闻专业教材建设和新闻专业人才培养做了开创性的工作:申凡《新闻采访学纲要》(华中工学院出版社 1986 年出版)、汪新源《新闻心理学》(华中工学院出版社 1986 年出版)、程世寿《新闻评论写作教程》(华中工学院出版社 1987 年出版)、程道才《广播新闻写作》(中国广播电视出版社 1989 年出版)、王益民《系统理论新闻学》(华中理工大学出版社 1989 年出版)、吴廷俊《中国新闻业历史纲要》(华中理工大学出版社 1990 年出版)等。

这些教材的出版,除了人大、复旦之外,在全国新闻教育界还算是比较早的,因而在社会上产生了一定影响,有些还在学校和湖北省获奖。如王益民的《系统理论新闻学》1989 年获湖北省新闻学会新闻论著一等奖,汪新源的《新闻心理学》、申凡的《新闻采访学纲要》、程世寿的《新闻评论写作教程》、程道才的《广播新闻写作》1991 年获华中理工大学优秀教材二等奖,吴廷俊的《中国新闻业历史纲要》1992 年获湖北省新闻学会新闻论著一等奖,等等。

(2)虽然他们大都是中年人,但是由于其教学及研究成果产生的影响而在全国新闻学界和新闻教育界有一定知名度。在华工新闻系走下坡路,不少青年教师纷纷离开时,他们也都像申凡一样收到有关学校的"橄榄枝"。有的人还不止一枝。但是他们对华工新闻系充满感情,舍不得轻易离开自己开创的这块阵地,一直在这里坚守。

尤其值得一提的是,他们中的不少人,如程世寿、程道才、申凡、汪苏华、屠忠俊、周泰颐等,和我一样,自发参加了1998年1月13日晚的那场关乎华工新闻教育生死存亡的"集体泣诉",满怀激情,向应新闻系的请求而来的学校几位主要领导朱玉泉书记、李爱珍副书记、刘献君副书记如实讲述新闻系的发展历史和现状,表达了自己对华工新闻教育的感情,以及要求学校拯救新闻系的希望。正是因为我们的"泣诉"感动了学校领导,而后才有华工新闻教育的中兴。具体情况上编第二章第三节第二目有专门叙述,此处从略。

(3)他们不仅坚守了新闻系的事业,而且积极参与了新闻学院的策划与筹建。关于新闻学院的筹划和创建过程,上编第三章第一节有详细叙述,此处从略。当时,照一般人看来,新闻系最多只能挣扎着从文学院独立出来,要成立一个学院是根本不可能的。把根本不可能的事变成了现实,其主要原因除了学校领导的重视与支持外,还有一个重要原因就在于新闻系几位一线坚守人的努力。

(二)后方坚守不易

(1)坚守中的行政教辅人员沈贞明、饶军、钱锋、彭巧莲、张华鸣、吴优兰、蒋凤云、李长玉,除吴优兰外,其余都是1990年之前进入新闻系的,是华工新闻教育事业的元老级人物。第一个被调入的行政人员沈贞明常说,新闻系的第一张桌子、第一把椅子,都是她用板车拉来的。后来,随着其他人员的陆续调入,根据系领导决定,他们分别开创了系党政办公室、系资料室、系实验室的事业。钱锋在资料室,不仅做常规工作,还做了许多创造性的工作,得到师生赞扬;张华鸣在实验室,工作认真负责,不仅想办法充分使用设备,而且钻研业务,为学生开实验课,受到学生好评;李长玉身兼党政办公室工作,虽然工作头绪多,事情杂,但她仔细周到,从未出过差错。总之,他们为开创华工新闻教育事业,也是功不可没。

(2)他们对新闻系充满深厚的感情。1989年经历波折后,学校成立人文学部,新闻系和其他文科系一样,撤销处级建制,系行政人员全部集中到学部办公。1991年,人文学部撤销,原新闻系行政人员绝大多数又回到新闻系,并且在新闻系十分困难的日子里,他们没有表现出任何动摇,在完成本职工作的情况下,尽最大的努力,完成系里临时布置的其他工作。比如在筹备海外华文报刊与中华文化传播国际学术研讨会期间,李长玉,一个50多岁的女同志,一人承担会务组的所有事务,在两年的筹备过程中,她不畏艰苦,任劳任怨,出色完成了任务。

二、可敬可爱的加盟者

1998年4月,华中理工大学新闻与信息传播学院成立,只是表明学校接受了我们发展新闻学科和新闻教育的新理念,给了我们一个大的发展空间,但能否将新的理念付诸实施,并取得预期成果,那还是一个未知数。

学院成立之初,我们只有"十几个人,七八条枪",实力不够,底气不足。虽然有那么几位坚守人打底,但是,大都是"年龄高,学历低",显然跟不上时代前进和学科发展的需要。要使我校的新闻传播学科和新闻传播教育跟上时代,求得新的发展,就得寻求加盟者,大力引进人才,尤其是要引进"年纪轻、学历高、职称高"的高层次人才。

(一)身怀绝技而来,各显神通

学院成立后,一批年纪轻、学历高的人才加盟我们的教师队伍,他们每个人都是身怀绝技,到来后各显神通,推动了我校新闻传播学科的发展。他们是(按进院的时间先后):

石长顺,1998年初进入,是学院成立后,第一个加盟的高水平新闻实务人才。

钟瑛,1999年进入,打破了学院教师博士零的纪录,成为新闻学院第一个具有博士学位的教师。

陈先红,2000年进入,打破了学院35岁以下副教授零的纪录。

舒咏平,2000年进入,是加盟的第一个具有正高职称的人才。

杨伯溆,2000年进入,打破了学院洋博士零的纪录,成为新闻学院第一个具有洋博士学位的教师。

孙旭培,2001年3月进入,是加盟的第一个全国知名高水平学术人才。

赵振宇,2001年初进入,是加盟的第一个已经成名的高级别高水平新闻实务人才。

这些可亲可爱的人才加盟,不仅提高了华科新闻传播专业的教学水平,也提高了华科新闻传播学的研究水平,推进华科新闻传播的学科高地建设,使华科新闻学院的广播电视、网络新闻传播、广告学、品牌传播、新闻法制、新闻评论等学科在全国新闻传播学界享有一定的声誉。他们本人也成为2003年申报新闻学博士学位授予权、2005年申报新闻传播一级学科博士学位授予权相应研究方向的带头人。

此后,这些加盟者还陆续进入院系管理层,增强了学院的管理力量。其中突出的有石长顺。2001年,石长顺任院长助理,次年起出任分管教学的副院长。因为他长期在新闻单位担任领导职务,有丰富的管理经验;他军人出身,办事雷厉风行,因而不仅把分管工作做得很好,而且协助我做了很多事情,凡是有重大活动,我都请他担纲组织,或者代表我最后检查一遍。他为人正派,性格耿直,办事公道,深受教职员工好评。我原本希望他接替我的工作,2005年民主推荐第一线主持工作人选,他得票最高。后来因种种原因,没能做成。对此,我感到很对不起他。2006年,学院领导班子换届,他依然做副院长,但毫无怨言,照样积极协助新院长的工作。由此也可见到他高尚的人品。2010年,因年龄原因他不再任副院长,被华中科技大学武昌分校(后更名为武昌首义学院)聘为新闻与法学学院院长,后升任该校副校长。

(二)心怀壮志而来,建功立业

学院成立后,也有一些心怀壮志的人进入学院管理层,来建功立业,为学院事业发展贡献力量。这里主要记叙陈业美、汪佩伟、张耀和万哲华四位。

陈业美在1998年4月学院成立时,被学校党委任命为副书记。他主管学生工作,一干就是5年,直到2003年6月被调到学校新成立的软件学院任党总支书记。在学生管理工作上,他坚持"纪律上严格,思想上开放"的原则,有利于新闻人才的培养。那几年,学生刊物《大学新闻》和《新闻青年》应运而生,并且越办越好,很好地说明了这一点。对此,我非常感谢他。

汪佩伟2001年4月接替程世寿任新闻学院总支书记,干到2006年4月,轮岗到人文学院任总支书记。

其实,汪佩伟早就与华工新闻教育有密切关系,甚至曾经是新闻系的一员。1983年新闻系建立之初,汪佩伟作为中共党史教研室的教师,随教研室集体划归新闻系,至1985年随党史教研室离开新闻系并入社会学系。在新闻系工作的两年期间,他还担任过新闻1983级干部专修科一班的班主任。

1994年初,文学院成立,汪佩伟出任学院党总支副书记,经常随学院领导到新闻系听取汇报,指导工作;1997年他出任学校科研处副处长兼文科办主任后,来新闻系指导工作的频率就更高。尤其要指出的是,汪佩伟应程世寿的邀请参与了新闻学院筹备和创建的全过程(上编第二章第三节第三目有相关叙述)。所以,当程世寿因年龄原因卸任党总支书记时,汪佩伟成为最佳接替者。

汪佩伟在新闻学院党总支正式任职5年,不仅主抓党的建设工作,还积极参与学院学科建设的各项工作,从新闻学博士授予权的取得,到新闻传播学一级学科博士授予权的取得,他都和我们一道四处奔走,尽心尽力。另外,还有一段时间,他分管成教口的工作。无论干什么,他都是满腔热情地投入。平时,他对我很尊重,对我的工作也很支持。毋庸讳言,在一段时间(2002年上半年),我俩在处理问题的方式上出现过分歧,但是他能顾全大局,在班子内通过批评和自我批评的方式谋求解决,这一点更令我感动。2006年4月11日下午,在送别老书记汪佩伟、欢迎新书记唐燕红的总支扩大会议上,我对汪佩伟的工作和为人作了全面肯定,并对他给予我工作的支持和个人的帮助表示了感谢。他离开学院后,有几次,在路上遇见了,我主动约请他餐叙,他也答应了。但是由于两人工作都较忙,特别是他连续几次出任孔子学院院长后,长期在国外工作,餐叙一直没能进行。

从1983年到2006年,汪佩伟与华工新闻教育事业前后有23年的交情。他在为纪念华工新闻教育35年所写的文章《我对新闻学院的情和意》的开头就说:"我对新闻与信息传播学院是有深厚感情的。"这是真话。在这篇纪念文章中,他还写道,在书记轮岗时,他曾向学校党委提出,留在新闻学院的广告系当一名教授。我知道,他曾在"中外广告史"的研究上下过功夫,还指导过这个方向的硕士研究生。他的请求是发自内心的。如果我当时知道他的这一想法,也是会帮他去争取一下的。他本来就是一个双肩挑的干部,能够在业务上再加一把劲,成为博士生导师,并能在有20多年交情的新闻专业上退休,应该是很理想的。

张耀,2003年6月,由学校组织部派来新闻学院接替陈业美任总支副书记。记得来上班的当天,他用"四心"表态,即在新闻学院工作"安心",对人"实心",做事"尽心",让领导"放心"。在今后的工作中,张耀确实照此做了。他也像陈业美那样,贯彻"纪律上严格,思想上开放"的原则,营造出宽松的新闻人才培养环境,学生刊物越办越好,在校内外产生广泛影响,《青年时代》还受到了李培根校长的赞扬。他虽然年轻,但是做事很有章法,屠忠俊老师用

"光屁股坐板凳——有板有眼"这样一句俗语赞扬他。他领导的学生口的工作,做得井井有条,他本人也在新闻学院得到了锻炼和提高,2010年,被党委常委任命为自动化学院党委书记,再后来,调任学校党政联合办公室主任兼党委书记,2023年擢升学校党委副书记。

万哲华,在学院成立时,由学校人事处推荐来担任学院办公室主任兼总支干事。这个职务级别不高,但是工作很重要。万哲华是军人出身,在部队做过营保密员、组织干事和连指导员,因而养成了组织纪律性强、吃苦耐劳的品质,同时他干事大刀阔斧,雷厉风行,为学院的事业发展出力甚多,办事甚多。可能是他粗放型的办事风格与我对工作要求的细严之间有矛盾,他没少挨我的批评,好在他扛得住,从不与我计较。在我离开院长岗位前,2005年,院务委员会决定他改任学院成教办主任。我退出行政领导岗位,乃至退休后,有些事情还是请他办。我一直很感谢他。

第十二章
感恩同仁

这里说的同仁,是指在同一个行业、与自己有关系的人。记得在学院成立后不久,我生怕干不好,有负学校领导和学院老师的希望,就请教方汉奇教授:怎么当好院长。先生听后笑了笑说:"我这一辈子最大的官是教研室主任,算科级吧,对当官我完全外行。"停顿片刻后,他说,"送你四个字——广结善缘"。我校党委副书记、教育家刘献君教授也说过一句很经典的话——"实力是根本,关系很重要"。回想起我们学校新闻传播教育事业的发展,以及我个人能够在这个事业中做一点点工作,是与广结善缘,和校内外的同仁搞好关系,获得他们的支持和帮助密不可分的。

一、感恩校内同仁

(一)各部处鼎力相助

在华工的日子里,无论是科研、教学,还是行政工作,我和我们学院都得到学校各部处同仁的大力支持和帮助。我主编的第一部教材《中国新闻业历史纲要》能够在1990年公开出版,就是因为得到了教务处教材科3000元的资助。这个数在当时还是挺多的。教材科时任科长是张顺柱同志,他后来调任教育科学研究院党总支书记。

我们举办海外华文报刊与中华文化传播国际学术研讨会,没有全校各职能部门的支持与配合是不可想象的。1994—1995年两年间,所有的国际长途和与海外来往传真,都是校办支持的;举办如此大规模的国际会议,我们一个小小的新闻系既无经验又无人力,是校科协大力协作,承担了所有会务,并且指派副主任彭世卿全程跟会。

新闻学院成立后,有些人说我们"要风得风,要雨得雨",这种状况也许是事实。出现这样的局面,除了学校主要领导的重视之外,还有各部处同仁的支持与帮助。我深深感受到:我到各部处办事,均受到热情的接待,并得到尽可能的帮助。我们要求调进的专业教师,人事处一路绿灯,对一些重要人物,他们派员千方百计做工作。比如,我们想引进正在人大攻博的兰州大学教师李磊,人事处派张淑君老师前往兰州,找到在兰大工作的李磊的爱人张燕,表示欢迎他们夫妇双双来华工工作。虽然李磊、张燕最终没能来华工,但是,华工的热情、人事处工作的细心,给他们留下了很好印象。孙旭培先生的引进,从提议到办成,前后才两个多月,完全得益于人事处办事雷厉风行,并且,处长张七一亲自到北京迎接孙旭培!

同时,新闻学院还把与相关职能部门搞好关系,争取支持和帮助,列为副院长、副书记职责范围内的一项重要工作。每年年终,副院长都要带领有关教师和工作人员到相关部门去,给他们拜拜年,邀他们聚一聚,联络联络感情。不要小看这个环节,作用还是很明显的。因为人是有感情的——虽然公事公办,但可以先办,也可以后办;可以快办,也可以慢办;还有些事情,可办可不办。我主政新闻学院那几年,学院与教务处、科研处、人事处、财务处、学生工作处、研究生院等几个主要职能部门的关系非常好,因此得到了他们的大力支持和帮助。如为了增添设备,为了办公用房的搬迁,设备处处长赵永俭及几位副处长多次到新闻学院调研,提供多方面的帮助。教务处、科研处、财务处、研究生院也都在各自工作范围内给我们学院提供了许许多多的帮助。其中有很多生动事例,因为是各副院长经手操办的,具体情况我不太清楚,不便详述。

(二)相关院系援手情深

如前所述,文科在华工是一个弱势群体,新闻学科又是弱势中的弱势。因此,它的生存、发展,必须得到各兄弟学科、兄弟院系的支持和帮助。据我亲历所见,也确实如此。

1. 社会学系的帮助与支持

我们长期没有硕士点,这是限制我们发展,甚至是威胁到我们生存的瓶颈。是社会学系帮助我们突破了这个瓶颈。社会学系时任系主任刘中荣教授报请学校研究生院同意,从1994年开始,在应用社会学专业下增添一个新闻社会学方向,正式列入招生目录,招收培养研究生。该方向由新闻系单独招生,社会学系协助新闻系培养,学位论文写作配双导师,授社会学学位。这就为我们研究生培养工作提供了很大方便。

不仅如此,当年,他们还支持我们以新闻社会学方向招收了一个有43人的研究生班。这个班能办起来、能办成功,社会学系老师们的无私帮助起了很大作用。他们不仅安排最好的教授,如雷洪、刘中荣、王平、余荣佩、黎明、李振文、陈恢忠等为这个班的学生授课并担任双导师,而且教我们的老师如何培养指导研究生,教我们的管理者如何做好研究生教育的管理和组织工作。这个研究生班的成功,不仅为新闻界培养了一批高学位的新闻实务人才,扩大了我们新闻系在社会上的影响,而且缓解了我们系经费紧张的状况。

尤其要感谢社会学系的时任主任刘中荣教授。刘老师不仅无私地允许我们在应用社会学专业下设置新闻社会学方向,还不顾年事已高,奔波各地为学生授课。每当他到外地授课,我都要把我的课与他的课排在同一时间,陪同他一道前往,并且同回,以保证他的安全。

新闻社会学方向的硕士研究生招收培养方式一直延续到1997年新闻学硕士点正式招生为止。

2. 教育科学研究院的帮助与支持

在博士点的申报表上有这样一栏,申报单位是否有博士生导师,是否有培养博士生的经历和经验。无论从理论上还是实践上看,这个条件都很重要。为了满足这个条件,我校教育科学研究院给予了大力支持和帮助。1999年6月开始,他们同意我以博士生副导师的身份,以新闻教育学方向招收培养博士研究生。在取得一定经验和具备一定经历后,2001年4月,学校学位委员会发文批准我为博士研究生导师。教科院不仅帮我们获得了申报博士点的一项重要条件,而且传授了我不少招收培养博士研究生的经验。

3. 电子与信息工程系的支持与帮助

电信系的帮助与支持是显而易见的,主要表现为在我们交叉学科道路上的全方位支持和帮助。首先,该系主任朱光喜教授到新闻学院兼任副院长。这不是一般意义上的兼任,而是投入很大精力与时间实际参与。有关学科发展的院务委员会,每年一次的学科建设研讨会,他都全程参加,从理论探讨到实际操作，朱老师都有重要的贡献。其次，该系的电子信息教研室成建制地在理论上兼为新闻学院传播系的一个教研室，主任刘文予教授也参与了我们学科建设的活动。此外，电信系还与新闻学院联合招收培养信息传播工程硕士和博士。

电信系以上三个方面的支持，促进了我们"新闻传播与信息学科大跨度交叉"办学理念的实施，以及学科的特色发展、异军突起，大大提升了我们学科在全国的地位，加速了华工新闻学博士点和新闻传播一级学科博士点获得的进程。

4. 其他院系的支持与帮助

其他有关院系也从不同方面给我们以支持和帮助。如1998年，我们实施学科交叉的办学理念，采取"2+2"的培养模式，从全校理工科专业二年级学生中招收学生，创办网络新闻传播班，培养复合型新闻传播人才，这一举措得到全校相关专业的支持。新华社发文称，"华工新闻学院在全国首创网络新闻传播专业"，其实，这是全校各兄弟学科大力支持的结果。再比如，在我们培养复合型人才的过程中，人文学院、管理学院、计算机、数学、物理等院系，一直派最好的教师为我们的学生开课，专门编写教材；人文学院、管理学院等为我们培养博士提供师资；计算机系的教授与我们联合申报课题；等等。对于这些，我们也心存感激！

二、感恩校外同仁

（一）中国新闻史学会筑建学术平台

我曾说过，我后半辈子最幸运的一件事就是参加了中国新闻史学会。它是我的学术土壤和精神家园。我在学术上取得的每一点成绩都和中国新闻史学会密不可分，都是中国新闻史学会恩泽的结果。方汉奇先生、宁树藩先生、丁淦林先生、赵玉明先生对我的教育、帮助，我铭记在心，程曼丽、陈昌凤、王润泽会长的关照，以及学会各位教授的帮助，我亦不敢忘怀。

从1992年6月中国新闻史学会成立至今，30多年来，我通过各种各样的学术交往——"第三世界"的教材编写、海外华文报刊与中华文化传播国际学术研讨会、中国新闻史学会常务理事会、年会和各种名目的学术会议——

结识了中国新闻史学界的众多同仁,比如刘家林、白润生、张涛、王绿萍、乔云霞、冯国和、王洪祥、马光仁、胡太春、马艺、曾宪明以及新加坡籍的专攻中国新闻史的学者卓南生先生等。这些新闻史学工作者现今都已年逾古稀,尽管出的成果有多少之分,但是他们在方汉奇、宁树藩等先生的教育和影响下,在学术研究上都表现出以下优良品质,感召着我。

其一,坚持唯物史观,注重史料尤其是第一手资料的搜集、整理与甄别。刘家林为了搜集史料枯坐资料室,啃馒头,饮白水,不止不休;王绿萍为了收集资料跋山涉水,顶酷暑,冒严寒,几次摔倒在山崖,甚至骨折。

其二,坚持"打深井"的治史方法。他们很多人在认准的研究方向上,坚持几十年,甚至一辈子。白润生一辈子搞民族新闻史,如痴如醉,三十年磨一剑,"衣带渐宽终不悔";胡太春几十年不间断地研究近代新闻思想史;马光仁几十年坚持搞上海新闻史;马艺十几年坚持啃"天津新闻史";乔云霞几十年坚持研究新闻界人物;等等,都出了大成果。

其三,坚持论从史出的原则。他们有几分史料说几分话,不做无根的游说,更不为了什么的需要,说"迎合"的话,搞影射史学。

这里,要特别地表一表卓南生先生。我于1992年与卓南生先生相识,经历了从相识到相知的发展阶段,至今30多年。虽然他在年龄上仅长我两岁,但是其学术成就和学术品格远在我之上,因而,我在与他交往中,尊他为先生,向他学习了许多。他学问做得好,人品也堪称一流。我不止一次在公开场合称他为新闻史学界的"白求恩",赞扬他"是一个高尚的人,一个纯粹的人,一个有道德的人,一个脱离了低级趣味的人,一个有益于人民的人"。我曾于2021年4月28日和2022年4月28日先后撰写了《对卓南生先生80寿诞的祝辞》《我与卓南生关系之梳理》两篇短文,表述了我向他学习的体会,并希望中国新闻史学界的同仁都向他学习。

(二)新闻教育界提供无私援助

华工新闻学科和新闻教育的发展,离不开全国兄弟新闻院系的帮助与支持。我们衷心感谢他们!

在与全国兄弟新闻院系交往时,我们首先要端正态度,即虚心学习的态度。一般地讲,与人交往,应该抱虚心学习的态度;特殊地讲,当年我们华工的新闻传播教育,无论是就历史还是现实论,都算处于"第三世界",因而我们虚心向第一世界、第二世界的新闻院系学习,争取得到他们的帮助。即使同是"第三世界"的新闻院系,也有值得我们学习的地方,我们也是以一种虚心的态度与之交往。

其次,要与全国新闻院系经常往来,保持良好关系,这是基本常识。我在主政新闻学院期间,按照方先生"广结善缘"的教导,很注意与兄弟新闻院系搞好关系。比如,我们如果举办学术活动,会热情邀请他们前来参加,共襄盛举;对于兄弟新闻院系的邀请,我尽可能应邀,即使有事不能前往,也事先说明原因。所以,华工新闻学院与全国许多兄弟新闻院系的关系十分融洽,交了很多可以相互支持、相互"抬桩"①的好朋友。

可拿我们与同城新闻院系的关系建设为例。在武汉,武大、华工两校新闻系同时创办,各有特色。在"一城双星"的大格局下,相互竞争是正常的。1997年,我到香港中文大学(简称中大)访学期间,看到中大和香港浸会大学两校的新闻系关系很好,心想,"远亲不如近邻",我们和武大新闻系的关系也应如此。回来后,我就向程世寿老师汇报了这种想法,他也赞同。后来,我主政新闻学院,更是积极谋求两个学院关系的建设。武大新闻学院院长罗以澄也是一个非常开明的人,不仅同意我的想法,而且付诸实际行动。武汉大学本来是华工的大哥,老罗也比我年长,他们处处做表率,我们也不敢落后。因而,两院加强往来,如果哪家举办学术活动,总是通知对方,资源共享;另外,每年两院老师还要在一起进行联谊活动。可以这样说,在我和老罗主政两校新闻学院期间,是两院关系最好的时期。此外,我们与华中师范大学、中南财经政法大学、中国地质大学(武汉)、湖北大学等学校的新闻院系也保持着良好关系,经常相互往来,相互帮助,这样的事例很多。

再次,对兄弟新闻院系的帮助和支持我们铭记在心,并在适当时候,在不违反原则的前提下予以回报。"滴水之恩,当涌泉相报",人与人之间要这样,单位与单位之间也应这样。比如,1995年,我们还没有取得新闻学硕士学位授予权,当招收培养的三个硕士研究生毕业在即,却找不到愿意帮助组织毕业答辩、授予学位的学校的时候,是郑州大学新闻系和研究生院很爽快地施以援手,使这三个学生顺利毕业并拿到学位(具体情况见上编第二章第二节第二目)。我不止一次地对我们学院院务委员会的人讲,"危难之时见真情",郑州大学的恩情,我们必须永远记住,当他们需要我们帮忙时,一定不要拒绝。

最后,我想说一句:在与兄弟新闻院系交往时,不能"一阔脸就变"。在各种因素的作用下,我们学院发展和学科建设后来几年发展得比较快,得以跻

---

① 武汉话。"帮忙""捧场"的意思。

身全国新闻教育的"第一方阵",在这种情况下,更应谦虚,不可忘乎所以。2017年底,教育部公布了第四轮全国新闻传播学学科评估结果,华中科技大学新闻与信息传播学院与复旦大学新闻学院同时被评为A,于是,有人有意无意中讲出这样的话——"华工新闻取得了与复旦新闻并列的位置"。是的,从形式上看,好像是这样的,但是,实际上,我们与复旦相比,还有相当大的差距,甚至不在一个层级上。对此,我们应该心知肚明。我私下对我们学院有关负责人讲,这个评估的结果,我们是应该高兴,但是不应该到处"炫耀",只能在校内讲讲,在找学校领导要资源的时候拿出来作为证据,对外不能讲,讲了,在兄弟新闻院系中只能产生负效应。以此类推,在对待其他一些新闻院系时,我们更不能有一点点俯视的眼神。不忘来处,常怀一颗感恩的心,架子低一点,态度谦虚一点,应该永远是我们与兄弟新闻院系的相处之道。

图书在版编目(CIP)数据

弹指间:我与华中科技大学新闻传播学科发展的三十八年/吴廷俊著.—武汉:华中科技大学出版社,2024.4
ISBN 978-7-5772-0675-2

Ⅰ.①弹… Ⅱ.①吴… Ⅲ.①高等学校-新闻学-传播学-学科发展-武汉-文集 Ⅳ.①G210-53

中国国家版本馆 CIP 数据核字(2024)第 053201 号

弹指间——我与华中科技大学新闻传播学科发展的三十八年　　吴廷俊　著
Tanzhijian——Wo yu Huazhong Keji Daxue Xinwen Chuanbo Xueke Fazhan de Sanshiba Nian

策划编辑:	周晓方　杨　玲
责任编辑:	张汇娟　余晓亮
封面设计:	原色设计
责任校对:	张汇娟
责任监印:	周治超
出版发行:	华中科技大学出版社(中国·武汉)　电话:(027)81321913
	武汉市东湖新技术开发区华工科技园　邮编:430223
录　　排:	华中科技大学惠友文印中心
印　　刷:	湖北恒泰印务有限公司
开　　本:	710mm×1000mm　1/16
印　　张:	28.5　插页:2
字　　数:	495 千字
版　　次:	2024 年 4 月第 1 版第 1 次印刷
定　　价:	199.00 元

本书若有印装质量问题,请向出版社营销中心调换
全国免费服务热线:400-6679-118　竭诚为您服务
版权所有　侵权必究